物にして言葉

カントの世界反転光学

望月俊孝

九州大学出版会

愛猫三毛子の霊に

はじめに

カント『純粋理性批判』は、方法論最終章「純粋理性の歴史《ゲシヒテ》」最終段落を、道の比喩で飾って弁論全体を締めくくる。「批判的な道だけがなお開かれてある」。どこまでも智慧を愛し求める人間理性の、認識能力の限界を見極める自己認識の世界市民法廷。理性批判という言表様式で哲学することを、テクストは「道 Weg」に譬えている。人生や学芸の修行を道の歩みに譬えるのは珍しくない。それは東洋の言語文化に生きるわれわれにも馴染みの慣用表現だし、正しい手順を踏んで進む思索動向の比喩は、哲人カントに似つかわしい。名詞形の「哲学 Philosophie」に凝り固まりがちな学派学校の教理教条をたんに歴史的《ヒストーリッシュ》に学び倣うだけでなく、なによりも事柄そのものを自分で考え「哲学する philosophieren」主体的な姿勢の学びを、テクストは繰り返し勧奨している。だからここで「道」の比喩に出会っても、ことさら驚くにはあたらない。

しかしわたしは本書のささやかな考察を、ほかならぬこの場所で「道」に遭遇した、そのときの驚きとともに始めたい（第Ⅰ部第一章）。そしてカントの哲学の道がどんな本性《ナトゥーア》のものであったのか、いまから二百年以上も前に踏み出された理性批判の道は、現代に住まうわれわれの思索をいかなる方角に導いてゆくのだろうか。それを、テクストの語りの「意味《おもむき》 Sinn」と「動き《みちゆき》 Bewegung」に耳を傾けて、仔細詳らかに聴き取りたい。

〈経験的実在論にして超越論的観念論〉。これが本書全体を導く道標だ。いまから約十年前、カント没後二百年を記念して、「道」の比喩をめぐる論考に取り組んだとき、ありがたくも縁あって「漱石とカント」と題する小文（岩波書店『漱石全集』第二次刊行、月報24、二〇〇四年三月）を物する機会に恵まれた。そこでにわかに"Empirical realism and a transcendental idealism（Kant）"という文字列が、わが網膜から脳髄に飛び込んできた。漱石『三四郎』メモの、一見単純な一句である。この英語をさしあたり「経験的実在論と超越論的観念論（カント）」と直訳してみて、しかし、なぜか言い知れず猛烈な不満を覚え、これを「経験的実在論そして超越論的観念論（カント）」と改めてもなお飽き足らず、最後に「経験的実在論にして超越論的観念論（カント）」と校正の朱を入れたその瞬間に、理性批判の全体がようやくストンと腑に落ちた。

あのときはたしかにそんな気がしたのだが、あの不思議な手ごたえは何だったのか……。直後に思い立ち、長年書き散らしたカント論考を一書にまとめるべく着手して、結局うまくいかなかった。とはいえあの時の挫折の鈍痛は、〈経験的実在論にして超越論的観念論〉という根本洞察——とあえて言わせていただきたい！——が正真正銘の本物であることを証していたのだと、いまでは充分確信できている。なによりもあの頃はまだ、本書の主導動機に見合う中心論点の精査（第Ⅲ、Ⅳ部論考群）が、致命的に欠けていた。

この言語哲学方面の不勉強にくわえ、実人生上の苦い転機も重なり、しばらくはなにも書けなかった。しかし前著『漱石とカントの反転光学——行人・道草・明暗双双』への大回りの道草が、いつしかカント哲学への帰還を促していた。しかもこのインターテクスチュアルな読書三昧のさなか、いくつもの鍵語が浮かんできた。本書副題に謳う「反転光学」は、漱石中期の「経験的実在論にして超越論的観念論（カント）」と、最晩年の漢詩中の禅語「明暗双双」とを類比的に折り重ね、じっと見つめたその末に、みずからおのずと立ち現れてきた比喩である。だが、ことによるとこの一連の出来事の当初から、あの「色即是空、空即是色」の反転往還の機微を示唆する「双双」二文字が、"empirical realism" と "transcendental idealism" とをつなぐ "and" を、「にして」の方角へと地道に引き寄せてくれていたのにちがいない。

〈経験的実在論にして超越論的観念論〉と「明暗双双」と。これはいずれも経験的な実在性の大地のうえで、種々の事象を個々ありのままに直視して、しかもこの世の総体をどこでもない場所から縹緲と観想し、つねにふたたびそのつどの現実世界に回帰して来る、不断反転往還の視座として同型である。しかもすべての正しい類比《アナロギー》がそうであるように、ここには一つの決定的な差異がある。カントの〈経験的実在論にして超越論的観念論〉よりも、「明暗双双」の反転光学の往還振幅のほうが断然広くて深いのだ。

「明暗双双」の「明」は、われわれ人間の個我《エゴ》に現象する世界諸物の差異差別の「色」相を言う。「明」中に住み慣れて自他を分け、我と物を分別し、個々の個物を実体化して怪しまぬ私《わたくし》たちの、言語分節・判断限定の常態化。これにたいし「暗」のほうは、そうした言語活動を全面的に停止休息し、その偏りを根底から一気に正す無差別平等の「空」相を道《い》う。つまり「明暗双双」の「暗」にしても「色即是空」の「空」にしても、大乗仏教の思索の神髄が極限まで徹底させた言語批判を反映して、あらゆる言語活動《ランガージュ》が寝静まる始元未然の沈黙の場所、およそ物我や自他や主客や名実の区別を超え、生死《しょうじ》や有無の差別も透脱した絶対の〈無の場所〉を、ぎりぎりの比喩《メタファー》の言葉で暗示しているようである。

これにたいして〈経験的実在論にして超越論的観念論〉の世界反転光学のほうは、どこまでも人間理性の言語活動境域内にあり、日常や科学の経験的な語りの終着点たる定言・仮言・選言的な個々具体の規定的《ベシュティメント》諸命題と、超越論的な反省の語りの始発態たる純粋統覚の「われあり」の根源形式命題とのあいだを縦横無尽に遊動する。そしてあの大乗の「双双」たる世界反転光学を、「にして」の反省《レフレクティーレント》的な言語活動の遍歴彷徨《ディスクルス》のもと小振りにして反映反復することで、カントの理性《ロゴス》批判の総体は、みずからおのずと超越論的な言語《ロゴス》批判となったのだ。なかでも第一批判は、西欧言語文化古来の〈主語＝基体＝主体⇓実体定立〉の論理推移の妥当権限が、われわれに表象される現象物に及ぶにすぎないと喝破した。しかもこの厳正なる制限下、空間時間・カテゴリーというアプリオリな根源語群による、可能的経験の判断《かたり》の「客観的実在性」をおもむろに正当化論証してみせたのだ。

「明暗双双」と〈経験的実在論にして超越論的観念論〉。ふたつの鍵語間の類比には、こうして微妙だが重大な差異が潜んでいる。その同型性と差異を双つながらに長らく見つめるうちに、あたかも〈経験的実在論にして超越論的観念論〉の不断反転のリズムに呼応して、〈物にして言葉〉という主題もおのずと定まった。ゆえに本書はやはり、前著『漱石とカントの反転光学』の姉妹編である。そしてこの「双双」たる来歴からも明らかなように、ここでは「物」も「言葉」も近代平素の語法に縛られない。

むしろいまここにすべての物が本物の物となり、あらゆる言葉が真実の言葉となる。そういう反転生成の刹那の訪れへの、祈りにも似た切なる願いが、「にして」一語にはこもっている。あるいはまた「物か言葉か」「実在か観念か」「対象か表象か」「心の外か内か」「超越か内在か」という、いかにもありがちな二項対立から一気に解き放たれて、いまここに「われわれの新たな時代 unsere Neuzeit」の思索を軽快に始めるための、批判的啓蒙近代の標語となるのが〈物にして言葉〉である。

だから「物」も「言葉」も、ここで一度は仮名に開くことも試みた。けれども〈ものにしてことば〉では、なんのことかわからない。とはいえ《もの》にして《ことば》となると、作為の力みが見え透いて嫌らしい。そこでふたたび〈物にして言葉〉と開き直って、それから先は運を天に任せておくよりほかにない。われわれの言語活動は一般に、なにかあるものが他ならぬこの物やこの種の物事として、生き生きと立ち現れてくることを初めて可能にする、差延《ディフェランス》の開けの場所にちがいない。ゆえにここではただこの一点を肝に銘じて、理性批判の思索の人事を尽くすのみである。

たしかに今日では「物」も「モノ」も見たり触れたりできる有形有像の物質・物体を第一義として、つねにすでに自明のごとくに「我」「心」「表象」「言葉」「記号」などに対置されている。それでも「なんだか物足りない」「物悲しい」気分があり、「目に物見せてやる」「腕力に物を言わす」という喧嘩腰の「物騒」な慣用句がある。さらに「物言い」「物書き」「物語」などと言うときは、文字通り、読み書き語り聞く言語の営みに、なんとも言いようのない「物」が淡く幽《かそけ》く寄り添っている。

そこであらためて「物」の原義を尋ねてみれば、これは天地のあいだにある有形無形すべての「もの、こと、ことがら」を指している。そして「それ天地は万物の逆旅にして光陰は百代の過客なり」という詩句が用例に挙がっている。しかも辞事典類の「物」の項の周囲には、「物の怪」「物憂し」「物思ひ」「物ごころ」という古語も見え、「物のあはれ」「万物静観すれば皆自得す」とか、「物の見へたるひかり、いまだ心に消えざる中にいひとむべし」との、詩学の道の教えまでもが浮上する。

じつは西洋語でも（第Ⅱ部で確認するように）“res, Ding, thing, chose”は元来広く「有形無形の物」を「一般」に言い表した。ゆえにロダンやセザンヌの時代の詩人リルケのパロールも、みずからおのずと「物詩 Dinggedicht」であった。だからまた〈物にして言葉、言葉にして物〉の不断反転光学のもと、古今東西の差異差別の隔壁を融通無碍に透過して、物という語の始元の意味《こころ》がいま、ここにふたたび芽吹いてくれればと、切に希《こいねが》う。そして砂を噛む拙稿の長い叙述のうちにさえ、〈物にして言葉〉の美しい情趣感興がわずかばかりも物になってくれたならと、ただひたすら天然自然に祈るばかりである。

二〇一四年八月九日

望月　俊孝

目次

第Ⅱ部　物への問い

第Ⅲ部　言語への超越論的な反省――カント理性批判の深層

凡例

一　カントからの引用は、アカデミー版カント全集 *Kant's gesammelte Schriften* により、巻をローマ数字、頁を算用数字で、IV 34 のように示す。『純粋理性批判』は慣例に従い、原書第一版（A版）、第二版（B版）の頁数を、A28=B44, B XI のように示す。

二　カントからの引用にあたっては、原語を訳文に補ったり、ルビで示唆したりする関係上、原文隔字体 gesperrt 等による強調は訳文に反映させていない。〔　〕内は拙稿筆者による補説・解釈である。参考文献には挙げないが、訳出にさいしては多くの既出邦訳を参照し、有益な示唆をうけた。

三　カント以外からの引用は、旧字・旧仮名も変更を加えず、用字・送り仮名も原典どおりとして、原文強調点も反映する。出典は、巻末の参考文献に掲げる著者名、刊行年、頁数を示す。全集・著作集等の場合は、著者名、巻数、頁数を示す。

四　拙稿本文ではカントとの対話に徹し、それ以外の文献との対話は章末注に場所を移す。これがしばしば法外に長くなる点は、切に寛恕を請う次第である。

初出一覧

※本書編集にあたりすべての原稿に大幅に加筆した。

序論　経験的実在論にして超越論的観念論

「超越論的観念論と純粋経験説の立場――カント・漱石・西田（一）」、『文藝と思想』（福岡女子大学文学部紀要）第72号、二〇〇八年、および「経験的実在論にして超越論的観念論――漱石とカントの反転光学――」、日本カント協会編『カントと日本の哲学　日本カント研究12』、理想社、二〇一一年の関係箇所を元に新たに執筆。

第Ⅰ部　理性批判の道の建築術

第一章　批判の道の思索

「批判の道の探究――自然の技術としての哲学の建築術」、『アルケー』（関西哲学会年報）第一二号、二〇〇四年

第二章　自然の技術としての世界建築術

「自然の技術としての建築術――カントの体系思想」、『文藝と思想』第66号、二〇〇二年。本書のために全面改稿。

第Ⅱ部　物への問い

第一章　伝統的存在論の継承と革新、第二章　新たな超越論的哲学の場所の究明

「カントにおける物への問い――伝統的存在論の継承と革新」、『文藝と思想』第59号、一九九五年。本書のために全面改稿。

第Ⅲ部　言語への超越論的な反省――カント理性批判の深層

「言語への超越論的な反省――カント理性批判の深層」、『文藝と思想』第74号、二〇一〇年

第Ⅳ部　世界反転光学の言語批判

第一章　形而上学の言語批判的な基礎づけ

「カントの形而上学の語り――人間理性の自然に沿う世界建築術（一）」、『国際社会研究』（福岡女子大学国際文理学部紀要）創刊号、二〇一二年

第二章　世界反転光学の言語論的展開

「カントの形而上学の語り――人間理性の自然に沿う世界建築術（二）」、『文藝と思想』（福岡女子大学文学部・国際文理学部紀要）第76号、二〇一二年

第三章　批判的反転光学の真理論

「カントの形而上学の語り――人間理性の自然に沿う世界建築術（三）」、『文藝と思想』第76号、二〇一二年

第四章　実践的自己規定の語らいの道へ

「カントの形而上学の語り――人間理性の自然に沿う世界建築術（四）」、『文藝と思想』第77号、二〇一三年

物にして言葉

――カントの世界反転光学――

序論　経験的実在論にして超越論的観念論

ドイツ啓蒙期に生き、人間理性の「自己矛盾 Selbstwiderspruch〔自家撞着対抗立言〕」と、自然の光たる理性そのものの限界を見極めて、だからこそなおさらに自己啓蒙の不断の継続を「公的開放的 öffentlich」に呼びかけたカント（Immanuel Kant, 1724-1804）。かれは欧州東方辺境、バルト海沿岸の国際港湾都市ケーニヒスベルク（現ロシア領カリーニングラード）に生まれ、大学教員として生き、そこに没した。カントはいわゆる西洋近代の思想家というよりも、「世界市民 Weltbürger」たる「われわれ人間」のつねに新たな時代の哲学者である。そしてその第一主著は、デカルト的近代への違和を主導動機《ライトモティーフ》とした哲学革命の文書である。(1)

幕末維新期の日本と同じく西方の先進諸国に遅れ、上からの外発的な開化を余儀なくされた「ドイツ国民の神聖ローマ帝国」。その数多の領邦国家の一つとして、帝国領域外に台頭しつつあったプロイセン王国は、啓蒙専制君主フリードリヒ大王の権勢下（在位一七四〇－八六年）、富国強兵・領土拡張・重商主義政策を推し進め文明化・近代化を急いでいた。そしてこの辺境国でも哲学の主流を成したのは、ヴォルフ（Christian Wolf, 1679-1754）の形而上学だった。ライプニッツ（Gottfried Wilhelm Leibniz, 1646-1716）をデカルト主義的に通俗化したとされるヴォルフの学統は、認識論ではロック（John Locke, 1632-1704）を始めとする英国経験論の影響を受け、「理性と経験の結婚」を標榜する。しかしその形而上学はデカルト的物心二元論に縛られて、「合理論 Rationalismus〔理性主義〕」の演繹体系構築の総

合的方法論にしたがっていた。(2)

若きカントはこの学校形而上学の空気を呼吸して、哲学修業時代をすごす。ただしその思索の基本姿勢は、処女作『活力測定考』(一七四九年)以来つねに既存テクストとの批判的な対話の積み重ねだった。とりわけ一七六〇年代以降、伝統形而上学体系との本格的な対決に乗り出して、一定の方法論的確信を得た。(3) しかも理性批判の礎を築いたと評される一七七〇年の正教授就任論文直後、ヒューム(David Hume, 1711-76)の懐疑の注意喚起で「独断のまどろみ der dogmatische Schlummer」からの覚醒を迫られ、その後の長い沈思黙考の総決算として『純粋理性批判』(一七八一/八七年)が生まれてきた。十八世紀末転換期を早々と展望した同書の出現は、純粋理性たるデカルト的自我の哲学のたんなる継承発展でなく、感性と理性の協働に生きる人間理性の批判の語りの新たな誕生である。

この前代未聞のテクストは、「ライプニッツ－ヴォルフ」(A44=B61, A273=B329)の形而上学体系の独断教条の権威を疑い、その根幹をなす合理主義の理性像の虚妄を暴き、人間理性の権能と限界を凝視する。人間存在の有限性を自覚した理性の自己批判という、この一点にカントの新しさはある。経験の大地に住まい語らうわれわれの真の近代《モデルネ》の可能性が、ここに根ざしている。旧来の枠組みに固執する伝統体系は断固解体せねばならぬ。その変革の徹底性ゆえに、守旧派は『批判』を恐怖した。「すべてを破砕するカント der alles zermalmende Kant」。同時代人の評言は、そうした問題情況を如実に映している。(4)

ただし、ここに切り拓かれた「批判の道」は、たんに否定的な破壊衝動に発するものではない。それはニュートン以後、ルソー以降のわれわれの時代の新たな形而上学体系を、「感性と悟性」という「人間的認識の二つの幹」が根ざす「経験の地盤 Boden der Erfahrung」の上で、地道に安全に構築してゆく新建築運動の呼びかけである。(5)「形而上学にあらゆる軽蔑を示すことが、当然のように時代の流行口調」(A VIII)となった哲学の危機《クリシス》を見つめ、だからこそ批判《クリティク》の道が選び取られた。カント哲学は、理性の伝統体系の脱構築を使命とする批判的建築術の営みであり、われわれ人間の学問、技術、芸術、道徳、信仰、法体系、政治体制、国際秩序、歴史等を、今一度新たな仕方で形づくろうと呼びかける、来るべき世界の哲学的設計構想である。

第一節　漱石『三四郎』からの問いかけ

そういう世界市民革命の哲学者が没して約百年後、極東アジアの大日本帝国で、夏目漱石『三四郎』の第六章冒頭、与次郎が三四郎に問いかけた。(6)


「カントの超絶唯心論がバークレーの超絶実在論にどうだとか云つたな」

「どうだとか云つた」

「聞いてゐなかつたのか」

「い丶や」

「全然《まるで》 stray sheep《ストレイシープ》だ。仕方がない(7)」


いまから百年前の東京帝国大学文科大学、西洋哲学講義後の会話である。先立つ第五章終盤、団子坂の菊人形見物で連れとはぐれた美禰子と三四郎は、小川の縁《へり》に「四尺許《ばかり》」をへだてて坐り、「白い雲」を眺めていた。(8)「迷へる子《ストレイ、シープ》」とは、美禰子が「迷子《まひご》」にあてた「英訳」である。

小説は、明治末期、二十世紀初頭の、日本近代の青春の浮遊情況を活写する。(9)三四郎は九州の田舎から出てきた自意識過剰の若者だ。かれは文明開化を加速する帝都で「現実世界」の「劇烈な活動」に驚嘆し、「遠くから此《この》世界を眺め」ている。「ふわ〱」と「魂《たましい》がふわつき出した」男は、この世界に「自由に出入りすべき通路」を見いだせず、美禰子との「love《ラッヴ》」の観念に惑溺し始める。大学の講義に出ても心ここにあらずで、「帳面《ノート》」には「stray sheep《ストレイシープ》」と書きちらす。軽佻浮薄な与次郎でさえ反応した西洋近代哲学の最重要案件にも上の空。だから「全然 stray sheep

だ」とあきれられたのだ。

テクストは迷走する近代哲学の批評であり、古来の二世界論と新たな物心二元論および主客対立の連合図式に囚われて、物体や外界の現実性を懐疑した哲学の醜聞《スキャンダル》を指弾する。「カントの超絶唯心論がバークレーの超絶実在論にどうだとか云つたな」。この簡潔な一句に、デカルト的近代の迷宮を抜け出すための、導きの糸が織り込まれている。いうまでもなく「カントの超絶唯心論」が解決の糸口だ。今日の術語法からは違和感があるが、「超絶唯心論」とは「超越論的観念論 transzendentaler Idealismus」を表す旧い訳語である。明治哲学界を牽引した巽軒《そんけん》井上哲次郎らによる『哲学字彙』（明治十七年改訂増補）は、“Transcendental”, “Transcendentalism”, “Transcendental philosophy” を「超絶的」「超絶學」「超絶哲學」と訳していた[10]。同書中「唯心論」の原語には “Idealism” と “Immaterialism” が見えるが[11]、カントの非物質主義というのは考えにくい。「超絶唯心論」が transcendental idealism に相当することは、こうした状況証拠からも容易に推察できる。

ちなみに井上は、夏目金之助と西田幾多郎の先生である。巽軒井上は明治二十三年十月に六年間のドイツ留学から帰国し、帝大文科の教授となる。漱石はこの年に第一高等中学から帝大文科英文本科に進学。翌年に哲学選科に入る西田よりも三つ年上で、漱石は二年次からは哲学会の『哲学雑誌』の編集委員も務めていた。大学卒業後は松山に移り、熊本に飛び、明治三十三（一九〇〇）年九月には文部省国費留学生として、横浜からプロイセン号でロンドンへ旅立った。そして三十六年一月に帰国。その春から四年間は帝大講師として井上と同僚である。この奇しき因縁もあり、『三四郎』の哲学講義は「砲声一発浦賀の夢を破つて」という巽軒井上の「演説口調」で始まっている[12]。あの与次郎の問いかけは術語法では学界権威にしたがいながら、巽軒流の「超絶実在論（超越論的実在論）」を痛烈に批判したものにちがいない[13]。

どういうことか。もう少しくわしく見てみよう。新聞連載を単行本にした『三四郎』は翌四十二年五月に出版される。その二ヵ月前に公刊された『文学評論』で、漱石はバークリ（George Berkeley, 1685-1753）をとりあげる。この学術書は、三十八年六月から四十年三月までの帝大講義「十八世紀英文学」原稿に加筆したもので、第二編第一章「十八世紀に於ける英国の哲学」は、「神《ゴッド》、心《ソール》、物《マター》」の「三つの実在」を立てたデカルトにたいし、まずはロックが「天賦《インネート》、観念《アイデア》」を反駁し、バークリが物体の外在を否定、「遂に」「デヴィッド、ヒユームなる豪傑」が登場し、「心も神も一棒に敲き壊《こ》はし」、「吾人が平生『我《イゴー》』と名づけつ、ある実体は、丸で幻影の様なもので、決して実在するのではない」と「痛快の至り」でみごとに言い切った経緯を簡潔明瞭に描き出す(14)。

青春小説『三四郎』は、デカルト以後、ロック、バークリ、ヒュームの展開を受けたカントに照準を当てて、十八世紀西洋文化を総括する。「カントの超絶唯心論がバークレーの超絶実在論にどうだとか云つたな」という一行は、その暗黙の批評の符牒だったにちがいない。このうち「バークレーの超絶実在論」とは、バークリが外的物質的な延長実体を否定しながらも、「神《ゴッド》、心《ソール》」という精神実体の真実在に固執した点を指す(15)。漱石の英文学講義は、バークリのスピリチュアルな形而上学的観念論を丁寧に解説する。

> デカルトが世の中を割つて物と心とすると、物と云ふ者には明瞭なる属性がある為《た》め稍《やや》もすると空漠たる心を凌《しの》いで之を圧倒する傾がある。此傾向を見て取つたバークレーは心の勢を恢復して之に相当の地位を与ふる為めに物を打破せんと企てた。夫れだから彼の筆鋒は所謂《いわゆる》唯物主義を打破する方面に向つたので、彼の主義が物の存在に反対する所からして之《これ》を唯心主義《アイデアリズム》と云ふのである。普通の哲学者の考へによると、観念なるものは外物を代表するもので、外物夫《そ》れ自身は不可知である。だから此《この》不可知なる物を代表する観念は実在のものではないといふのが一般であつたのだがバークレーは丸で此《この》議論を倒《さかさ》まにして、観念こそ実在である。物質こそ毫《ごう》も実在を有して居らぬ。外界の存在と称する者はこの観念が或《ある》一定の方法で倶発《ぐはつ》し、若《もし》くは連続するの謂《いい》に外ならぬ。それで此方法の原因となる者は神である。(バークレーが神を建立した論理はエルドマン著『哲学史』第二巻二百六十二頁に旨《うま》く書いてある(16)。)

十八世紀啓蒙の底流にはデカルト的合理主義の二元論があり、物質と精神との実体的な対置のもと、両極をつなぐ第三項として「観念 idea」が幅を利かせることとなる。「心」の外に真に「実在」する「不可知なる物」と、それを「心」に映して「代表〔represent 代行表象〕」する「観念」と。この哲学的術語法に、当時の自然学で一世を風靡した原子論・粒子仮説が重なって、「所謂《いわゆる》唯物主義」の「超絶実在論〔超越論的実在論〕」が隆盛となる。この風潮を深く憂えたバークリの『知識の原理』〔人知原理論〕（一七一〇年）は、「丸で此《この》議論を倒《さかさ》まにして、観念こそ実在」とする「唯心主義《アイデアリズム》〔観念論〕」を主張した。

バークリはさらに『ハイラスとフイロナスの問答』（一七一三年）を書き、「一千七百三十四年からクロイヌの僧正」となる。だからその非物質主義は職掌上も理の当然で、「彼の著書は哲学であると同時に神学的意義を有し」ており、「非常に抽象的な非常に茫漠たる非常に理窟詰に割り出した」「一の精霊」たる神を本尊とする。たしかにその『幻象《ヴィジョン》の新理論』〔視覚新論〕（一七〇九年）を見れば、これは「其《それ》自身に於て心理学」で、「実験的なる態度」を貫いて「経験的」である。[17] しかしバークリの「唯心主義《アイデアリズム》」はたんに認識論上の観念論《アイディアリズム》というだけでなく、「心《ソール》」と「神《ゴッド》」のみを「実在」とする勝義の唯心論《スピリチュアリズム》＝心霊主義である。[18] デカルト以後の「唯心主義《アイデアリズム》」は、こうして形而上学的スピリチュアリズムへ横滑りする。しかるに理性批判の視座からは、この点がまことに不可解で気にかかる。[19] 漱石の哲学講義はこの重大論点も含めて、英国経験論の本質動向を的確に摑みとっている。

第二節　カントの世界反転光学

以上の漱石の大学講義を、カントの用語で翻訳してみよう。デカルト以後の英国哲学史は、精神と物質を「物自体」として実体視した二元論的な「超越論的実在論」が、「経験」をめぐる「心理学的」（B XXXIX Anm., vgl. A372）な「表象」理論に切り崩されて、「質料的 material」（IV 337）観念論――延長実体たる「物質 Materie」の感覚知覚を疑う「経験的観念論」（A371）――へ転落する一本道である。しかもこの「懐疑的」「蓋然的」な観念論は、認識論上の主客対立の荒波に揉まれ、「物質的実体」の外在を否定し去るバークリの「独断的」観念論（A377, B274, IV 375）に硬化する。[20]

『批判』第二版の観念論論駁は、このうちデカルトの懐疑を標的にする。近代的思考のすべての過誤の大元に、思惟実体の直接的自己知の特権化があるからだ。他方、「空間を物自体に帰属すべき性質と見なす場合に不可避」（B274）な外界の懐疑や否定は、『批判』総体が「本来の特効薬を含みもっており」（IV 293）、すでに「超越論的感性論」（B274）がこれを根底から打ち崩してある。テクストはこの点を確認して、初版の議論を補強する。

そもそも人間が経験できるのは、物自体か現象か。そして時空は物自体の性質か、それとも物の現れを感性的に直観するアプリオリな形式か。カントは後者の筋をとり、時空の「超越論的観念性」（A28=B44, A36=B52）を提起する。つまり空間も時間も、物自体でなく現象の形式である。人間に直観可能な内外感官の対象は、自己の心も物体も等しく現象であり、「現象は物自体そのものでなく、われわれの諸表象のたんなる戯れである」（A101）。

総じて「物自体」は経験的に認識することができず、人間はこれをただ推論し思惟しうるのみである。[21] だから形而上学が経験の限界を超え、理性を「物自体」について「超越的」に使用しようとしても、そこには「超越論的仮象」が生じるだけで、ひいては原理主義的騒乱と、無政府状態と、無関心主義的倦怠が帰結する。そこで批判法廷は「超越論的観念論」の視座を打ち出して、伝統形而上学の「終りなき紛争の戦場」（A VIII）からの訣別を読者公衆に勧告する。『批判』第一版は「（外的諸関係の）観念性にかんする第四誤謬推理《パラロギスム》」で、きっぱりと宣言した。

ゆえに超越論的観念論者 der transzendentale Idealist は一個の経験的実在論者 ein empirischer Realist であり、現象と見なされた物質に現実性《ヴィルクリヒカイト》を認めている。しかもこの現実性は推論されるものであってはならず、むしろ直接的に知覚されるのである。これにたいして超越論的実在論はかならずや窮地におちいり、経験的観念論に場所を明けわたすことを余儀なくされる。そうなるのも超越論的実在論が、外的感官の対象を外的感官そのものから隔絶された或るものと見なし、たんな

る現象を、われわれの外にある自立的存在者と見なすからである。（A371）

デカルト的近代の思考枠組みを転覆する批判的啓蒙近代への「革命的転回 revolutio」の企図。それがこの一節に刻まれている。「超越論的観念論者は一個の経験的実在論者である」。これはカント批判哲学の端的な態度表明であり、『批判』を読み理解し語らい、これと立場を共にする「われわれ」への覚悟に満ちた政治声明である。「この超越論的観念論への賛意を、われわれはもうすでに最初に〔感性論で〕表明 erklären しておいた」（A370）。テクストはそう念押しして、哲学の革命演説を展開する。

　われわれは超越論的には観念論だが、経験的にはまぎれもなく実在論なのだ。だから心配しないで、ともに進もう。それになにより経験的実在論であるためには、あえて超越論的には観念論をとらねばならぬ。そしてわれわれは超越論的観念論であるからこそ、経験的実在論たりうるのだ。これにたいして、物体と自我を実体化し対置した超越論的二元論は、不可避的に経験的観念論に陥ってしまう。これはまさに近代哲学の危機であり窮地である。こうしたデカルトやバークリの二の舞にならぬように注意しよう。そもそも超越論的実在論の考え方自体がおかしいのだ。だから翻然と向き直り、超越論的観念論を採用しよう。しかもこれはたんに学校哲学の問題でなく、現実世界に住まうわれわれ人間の基本姿勢の問題である。ここに選べる道は、この二つだけである。われわれは迷うことなく超越論的観念論の道を行こう。この危機を一気に打開して、「通常一般の悟性 gemeiner Verstand〔常識〕」が安心して共有できる経験的実在論の視座を奪還しようではないか。

　理性批判の徹底的《ラディカル》な思索は、西洋近代哲学の問題の根を摑みとる。この画期の出来事はしかし同時代にも次世代にも、真の理解者を見いだすことができなかった。それどころかカントの超越論的観念論は直後から、こともあろうにバークリ流の観念論と混同される憂き目にあう。そしてカント没後二百年以上を経てもなお、問題の十全な整理はついていない。そういうカント理性批判の核心部、西洋近代哲学の急所に漱石は百年前に触れていた。じじつ『三四郎』ノートには、以下の英文メモがある。

Empirical realism and a transcendental idealism（Kant）
Transcendental realism, ipso facto empirical idealism（Berkeley）
Is space within or without us? v.p. 376[22]

カントか、あるいはバークリか。二人の哲学を対置する断片が、小説中の与次郎の科白《せりふ》に関連するのは明らかだ。一行目をさしあたり当世風におとなしく訳しておけば「経験的実在論と超越論的観念論（カント）」、二行目を丁寧に逐語訳すれば「超越論的実在論、それ自身事実上結果的に経験的観念論（バークリ）」となる。そして三行目。強い対置の磁場に発生した問いの重みを噛みしめて、ややくどく訳出するならば、「空間はわれわれの内にあるのか、それともわれわれを抜きにして外にあるのか？」となる。じつに驚くべき三行だ[23]。しかも手帳の二頁先には“○Empirical realism and a transcendental idealism”の一行が、他の二行を排して決然と書きつけられている[24]。

「カントの超絶唯心論がバークレーの超絶実在論にどうだとか云つたな」、「どうだとか云つた」。与次郎も三四郎もなにかを知らされ、気がかりながら傍らを通り過ぎるしかなかった近代哲学最大の難所に、作家は逗留しつづけて、バークリを排しカントを選択した。そして「超越論的実在論」ではなく「超越論的観念論」を採ったとき、漱石は同時にカントの「経験的実在論」も正しく受け止めた。ゆえに“Empirical realism and a transcendental idealism”を、ただ「経験的実在論と超越論的観念論」と訳していたのでは、まことに心許ないかぎりである。この英文が暗示する事柄の重大性を考慮に入れ、少しばかり気合いを込めて「経験的実在論にして超越論的観念論」と読み下したい。「経験的実在論」と「超越論的観念論」のあいだで、その両方の世界観を区切り繋ぐ接続詞“and”の意味。これをいかに理解し、その神髄をどこまで見切ることができるかに、問題の鍵はかかっている[25]。

経験的実在論にして超越論的観念論。これはけっして二つの独立した主義や立場を言うのではない。ここに経験的実在論と超越論的観念論は二にして一であり、一にして二である。カントはこれを端的に「超越論的観念論者は一個の経験的実在論者である」と表明した。だが、どうしてそう言えるのか。「経験的」と「超越論的」という批判哲学的な付加語の絶妙の使い分けがある。おそらくはそれにより、この驚くべき定言命題も打ち出せたのにちがいない。しかしそれにしても観念論と実在論との等置である。これを言うことは、いったいどのようにして可能だったのか。

比喩によって事柄に応接すれば、これはあの反転図形に生じる不可思議な出来事のようなものだろう。同じ図形が杯《さかずき》に見えたり二人の横顔の対面図に見えたり、若い令嬢に見えたり老婆に見えたり、あるいはウサギに見えたりアヒルに見えたりする、一連の両義図形のことである。ただしここには決定的な差異がある。かつてウィトゲンシュタインの『哲学探究』は「ウサギ－アヒル」の相貌知覚の反転に、なんらかの「閃き Aufleuchten」を見た[26]。この特殊事例に対比して、われわれはいま、万物を概観する眼に現れる同じ一つの、世界の普遍的相貌反転の刹那の「閃き」を話題にしているのである[27]。つまり個別具体の反転図形の知覚の二義性は、ここで最大規模に拡張され、哲学的な世界直観 Weltanschauung の総体的反転の出来事となる。超越論的観念論者と経験的実在論者との等置、あるいは超越論的な観念論と経験的な実在論との相即は、この二様の世界像の反転の最中《さなか》、その反転が往還反復される一瞬一瞬の刹那に成り立っている[28]。

そしてこの不断反転相即の場所こそが、カント批判哲学の根本視座である。アヒルの面相とウサギの面相は、たしかに同一の紙面に立ち現れてくる。しかし両者はけっして同時に現れない。だからまたわれわれは、世界の超越論的観念相と経験的実在相との、不断の相互反転の只中に身を置くことでしか、二相間の相即を実見することができない。観念論か、実在論か。どちらか一方に滞ってはならない。そういう片面停滞を解消し、世界の両局面のあわいを自由闊達に往還する。この反転光学の精神の軽やかさにこそ、理性批判の哲学の真骨頂はある[29]。

かくして超越論的観念論と経験的実在論とは、人間精神の立脚する一つの立場から展望された、「物一般 Dinge überhaupt」の二つの見方《アスペクト》、すなわち、われわれが語らい住まうこの世界の二様の面相（観念相と実在相）にほかならない。これは同じ一つの世界に直面するわれわれの二様のアスペクトの区別《クリネイン》の事柄であり、そうであるがゆえに超越論的観念論と経験的実在論は、同一の光学精神において両立接合できる。超越論的観念論にして経験的実在論。観念論でありかつ実在論。われわれ人間がそこで生き死にするただ一つの世界、これをじっとまなざす哲学的な直観二態の区別と接合。理性批判の根幹をなす世界直観そのものの、区切りと繋ぎのリズムとダイナミズムに注目したい。

　この世界を見る批判的視覚の反転往還は、けっして自動的にもたらされるものではない。それはたしかに、あるときわれわれに訪れてくる。しかし令嬢を見た反転図形に老婆を見、そこにふたたび令嬢を見るには、それなりの眼力と精神集中を必要とする。それと同様、世界観的アスペクトの反転往還運動に、哲学的視力の鍛錬は不可欠である。ましてやこの相貌間を自由自在に往復しつづけるには、かなり熟練し卓越した光学精神の軽みが求められる。その意味で、あの二様の世界直観の批判的等置は、この上なく鋭利に研ぎ澄まされた哲学的肉眼の技術《テクネー》である。経験的実在論即超越論的観念論、超越論的観念論即経験的実在論。もしもそういうことが端的に言えるのだとしたら、それはおそらく理性批判の精神集中が極まった、つねに新たな「いまここ」の場所でのことだろう。

第三節　デカルト的近代との批判的対決

　比喩の翼に身をまかせ、分不相応にも遙か遠くまで踏み入った。先を焦らず、前引の第四誤謬推理断片に立ち戻ろう。「超越論的実在論はかならずや窮地に陥り、経験的観念論に場所を明け渡すことを余儀なくされる」云々。この後半部の意味するところを、くわしく探っておかねばならない。ここに実在論と観念論の交替は、前半部に望見された世界直観の反転相即の自由闊達な趣はなく、じつに重苦しい拘束の色彩を帯びている。光り輝く純粋理性の真実在《イデア》認識に囚われた近代的独我は、この世の現実の実感と手ごたえを失い、虚空に浮かぶ仮象の国を淋しくさ迷うはめになる。なぜか。

超越論的実在論が「外的感官の対象を、感官そのものから隔絶された或るものと見なし」たからである。経験的ならざる超越論的見地では本来、「物質 Materie」も「たんなる現象」で「表象 Vorstellung」であり「観念 idée, idea」にほかならない。そして外なる物質のみならず、この世の万物を内外差別なく一挙にそう観ずること（超越論的観念論）が肝要なのだ。それなのに超越論的実在論は、「物 Ding, res」を「一般 überhaupt」に観照する肝腎要の超越論的反省の場所に、不注意にも経験的心理学的な内外区別を滑り込ませ、「物質」を「われわれの外にある自立的存在者」と錯視する。この超越論的反省の不徹底と、事柄の曖昧さ《アンフィボリー》に乗じた物一般の個体化・実体化の軽率が、哲学に方法《みち》を誤らせ、近代の思索を袋小路に導いた諸悪の根源である。

近代を悩ます「物質」および「外的世界」の「観念論」と、それゆえに深まりゆく「懐疑論」。その直接の病根として批判的診断が指弾するのは、やはりデカルト的物心二元論にほかならない。精神と物質をそれぞれ「思惟する物 res cogitans」と「延長する物 res extensa」として、「本性的 ex natura sua」「実在的 realiter」に切断し、相互に独立自存する二種の「実体 substantia」として打ち立てた「超越論的二元論」[30]。それから以後、古来の二項対立図式——精神と物体、霊と肉、知性的なものと感性的なもの、理性と動物性、形相と質料、光と闇、善と悪、人間と自然、内と外、意識と対象、言葉と物、観念と実在、等々の言語分節枠組み——は確固盤石の基礎を得た。そして近代人の理性《われ》は自閉し硬直する。とりわけ近代自然科学の興隆を背景にして、自我と物体の対抗図式に「主観」「客観」の対概念を当てはめて、相互に自立する二実体間の関係を問う「認識問題 Erkenntnisprobleme」を粗雑に拵《こしら》えてしまったことが、西洋近代哲学の致命傷となったのだ。

ところでこの二項対立症候群には、デカルト的病根のさらなる根本病巣としてプラトニズムのイデア論的存在観がある。[31]イデアを真実在と認めて感覚物を仮象とする、感性軽視・肉体蔑視の伝統的二世界論である。この世の物質的な物との感性的接触を絶ち、ひたすら自己関係的な思惟《ノエイン》にいそしむ純粋理性。この純粋自我こそが唯一不可疑の自己存在を直接的かつ明晰判明に「認識」するのだと、デカルトは思い込む。「我思う、ゆえに我あり Je pense, donc je suis.」。ここに近代哲学の第一原理が見いだされた。「思惟する自我」を独立自存の第一拠点とする形而上学の近代建築は、その新奇《モダン》な装いとは裏腹に、古代からの知性主義・理性主義の伝統を一面的に強化発展させたものにほかならない(32)。

カントの批判哲学は、この頑迷な思想伝統に巣くう純粋理性への偏執や、永遠に生きる霊魂への妄執と厳しく対峙する。その鋭い対決姿勢は、「物質」を「外的感官の対象」と呼びながら、しかもこの外なる物質の「現実性」は「直接的に知覚される」のだと主張した、前引テクストにも決然と打ち出されている。すなわち空間中に一定の場所を占める物質は、空間を認識形式とする「外的感官 äußere Sinne」の対象である。それはたしかに「外的な物äußere Dinge」であり、「われわれの外なる物 Dinge außer uns」である。しかしこの「外的」な性格にもかかわらず、あるいはそれだからこそ物質は、われわれに「直接的」に知覚されている。詭弁を弄するわけではない。むしろ「健全 gesund な通常一般の悟性」の常識のもとでは、じつに単純明快な話である。

そうした物体経験の直接性を、近代《モデルネ》の哲学者カントが難なく主張できるのはどうしてか。第一にここで「外的」という言葉は、「内的」「時間的」という言葉と対置されて、およそ「空間的」というほどの意味を付与されているにすぎないからである。そして「空間」は、たしかに「経験的」に「われわれの外」なる世界を開示するのだとしても、「超越論的」には「自我というもの das Ich」「純粋統覚 reine Apperzeption」「意識一般 Bewußtsein überhaupt」の言語分節活動の内なるアプリオリな認識形式にほかならない。すなわち「空間」はわれわれの「外」でもあり（経験的実在論）、〈内〉でもある（超越論的観念論）。あの漱石英文メモ三行目の選言の問いに、カントはあらかじめこのように応答していたのである。

第二に超越論的認識批判において、空間中の「物質」は「物自体」でなく「現象」である。ところで現象とは一般に、われわれの内外感官に直接的に現れたかぎりの「物」の「表象」である。そして「空間」は、外的現象たる物質を把握する「感性的直観」の形式である。この超越論的観念論の視座で、外的感官の直接知覚の対象たる物質は現象であり表象であり、批判的反省的な超越論的哲学の術語法上、この一連の言い換えはまったく自然で無理がない[33]。かくして第三に、この純粋理性批判の法廷であらためて、「感性」の復権が公式に提訴・請求されたのだ[34]。感性は仮象の鏡や誤謬の源ではない。経験的な現実認識をなすべく理性と並び立つ、もう一つの「幹」である。そもそも人間は、神のごとき「知的直観 intellektuelle Anschauung」は持ちあわせない。われわれが認識対象と直接交渉できるのは直観によるほかになく、その直観は「感性的」で「受容的 rezeptiv」である。つまりわれわれは身体上の外的感官および心の内的感官によってのみ、なんらかの物に直接触れることができる。ゆえに経験的認識の対象となる物は、物理的な事物も心理的な物事も、まずは感官に「与えられてある gegeben sein」のでなければならない。われわれは、感性的直観に与えられた〈物＝対象＝現象＝表象〉を「知覚 percipere, wahrnehmen」することで初めて、その「現実存在 Existenz」を知ることができる。

ここにわれわれは常識の観点だけでなく哲学的にも、空間中の「外」なる物体を直に把握しうることとなる。物質的対象は、われわれの身体上の五感により直接知覚され、空間内に現実存在する「外的な物」として、外的感官により直接的に「把捉 apprehendere」されるのである。これは外的な直観の直接性であり、一般的にはわれわれ人間の感性的直観の直接性である。ちなみにこの直観の直接性にかんして言えば、物質現象と精神現象とのあいだに優劣の差はなにもない。両者はただ、それが外的感官の対象なのか内的感官の対象なのか、つまり空間における現象か、それともたんに時間における現象か、という点で異なるにすぎない。肝腎なのは物質現象の現実性も精神現象のそれも、「推論されるものであってはならず、むしろ直接的に知覚される」という点である。

かくしてわれわれは外的な感性的直観により、物質の「現実性 Wirklichkeit」を摑むことができる。逆に言えばわれわれは物の現実存在を、ただ感性的直観によってしか知覚できない。ゆえに感性を侮り、外的感官を度外視するならば、われわれは空間中に現実存在する物質への通路を失い、この世で身体を生きる自己および他者たちからも孤立して、感覚的現実世界との一切の繋がりを絶ち切られ、純粋理性の虚ろな孤空に浮遊してまどろむよりほかにない。かかる理性主義の独断に抗し、感性的なものへの通路《みち》を死守するために、『批判』本論は「超越論的感性論 die transzendentale Ästhetik」から始めるのである。この徹底的《ラディカル》な理性批判の立論の手際、批判的論述全体の構成と配列と組み立ての妙に、読者たるわれわれは目を凝らさねばならない。超越論的な理性批判の論証手順は、すでにその章立ての建築術的な工夫とともに始まっている。[35]

これはたんに理性の哲学ではなく、理性批判の哲学である。そして純粋理性の批判は、「理性のあらゆる仕事のなかでも最も骨の折れる仕事」である理性そのものの「自己認識」を、われわれの時代に「新たに引き受ける」べく「設置」された「一つの法廷」である。

> ここにわたしの理解する批判とは、もろもろの書物や体系の批判のことではなく、理性能力一般の批判であり、しかも理性があらゆる経験に依存せずに到達しようと努力するすべての認識にかんしての、批判である。すなわちそれは形而上学一般の可能性もしくは不可能性の裁定であり、またその源泉と範囲と限界との規定であり、しかもすべては諸原理に基づいてのことである。（A XII）

理性の自己認識の仕事が厄介なのは、われわれの理性がみずからの力を恃み、「独断的に夢想する好奇心 dogmatisch schwärmende Wißbegierde」に唆《そそのか》され、経験を超えた形而上学的な理性使用の場で、「根拠を欠いた越権」に走りがちだからである。とりわけ近代の理性の時代、「自然の光 lumen naturale」がすべての闇を照らし出す啓蒙の時機に、純粋理性たる自我が、超感性的真実在を知的に直観しうると自惚れているからである。

「汝自身を知れ」。デカルト的近代との対決のために批判哲学が手にした唯一の武器は、人間理性の「自己認識」という古人の一喝である。「われわれの時代は本来的な批判の時代である」。理性の啓蒙の時代は批判の時代であり、批判の矛先は学問や宗教や立法をも貫き通して、すべての批判の主体たる理性そのものにまで向けられる。伝統および近代の文化・文明の混迷の大元には、理性自身の「錯誤 Irrung」「幻想 Blendwerk」「錯覚 Wahn」があるからだ。それを根絶し、「理性の自分自身にかんする誤解」を修正して、理性の自己分裂を解消するには、理性そのものの批判を敢行しなければならない。純粋理性批判の法廷は、この仕事を「諸原理に基づいて」遂行する。人間理性の権能と限界を見極めるための判断基準は、その「諸原理」が与えてくれる。この審判原理は「理性の永遠不易の諸法則」と呼ばれているが、理性そのものの根底にある諸原理・諸法則への遡源は、「われわれの理性の自然本性的使命の意図 die Absicht der Naturbestimmung」を掘り下げ、その声を直に聴き取ろう《フェアネーメン》とする理性の徹底的な自己認識の必然的な道筋である。「人間的自然 die menschliche Natur」に傾聴し、理性の自然本性に聴従して、おのれの本性的な有限性を思い知りながら、われわれの内なる自然が求め赴く方向《みち》を見定める（A XI-XIII）[36]。

カント批判哲学は、われわれの理性の自己認識の廷内に得られる、有限性の徹底的な自覚をもって、デカルト的近代と対峙する。「わたしは何を知ることができるのか」。そもそも「人間とは何か」。人間理性の限界を見つめる重い旋律は、批判哲学の全篇を支える通奏低音である。いまや理性は自己自身を批判的に認識し、自己の有限性の事実を直視する。そして批判的理性は、感性の受容性との協働の道に歩み出る。だから『批判』は本論の最初に「超越論的感性論」を置いたのだ。まずは感性的な現実世界への通路を確保しなければならない。そしてそのあとで初めて理性（つまり判断する悟性と推論する思弁理性）そのものの、認識的権能を論ずることができるのである。

論述の分量の点では、たしかに後続の「超越論的論理学《ローギク》」のほうが大幅に上回っている。しかし「感性と理性との諸限界」の自覚という中核論点についていえば、わずか数十頁の感性論が理性批判全体で圧倒的な主導権を握っている。感性論が理性《ロゴス》の論考に先行することで、このことが可能となったのである。そしていま、われわれの二十一世紀が耳を傾けるべき主題はやはり、ほかならぬ理性の有限性の通奏低音である。カント批判哲学のテクストは、理性の権能の正当化という表層旋律の根底で、その権能の範囲を厳しく制限し画定する、いま一つの主題をつねに密かに鳴り響かせている。

第四節　超越論的実在論の陥穽

しかしながら人間理性の誠実な自戒の声部は、なかなか聴き取ってもらえない。それどころか『批判』第二版と同時期に、ヤコービの『デイヴィド・ヒューム、信について、もしくは観念論と実在論、ある対話』（初版一七八七年春）が、人間理性の特権を誇示した啓蒙主義・理性主義の「高慢な語調」（VIII 387, 393, 394Anm., 395）をまき散らす[37]。ことほどさように「批判的な道」の前途は、つねに遙けく険しい。とりわけ十九世紀後半から二十世紀初頭にかけて新カント学派（コーヘン、リッケルト、ヴィンデルバント）を中心に、認識・学・倫理の基礎づけ論証をカントに求める読み方が一世を風靡した。ちょうどその頃に、明治日本は西洋近代と出会ったのだ。そして近代の基礎づけ主義的なカント解釈は、今日にいたるまで教科書的な哲学史の語り口となっている。

たしかに『純粋理性批判』は経験的認識をアプリオリに基礎づけて、近代の実験的実証的な自然科学を厳密に定礎したものとして読むこともできる。じじつ超越論的な感性論と分析論は空間時間と諸カテゴリーを人間的認識のアプリオリな基礎として打ち出して、これら形式原理の「客観的な実在性」「客観的妥当性」を論証したものにほかならない。しかし同時に見忘れてならないことがある。この正当化論証全体は、あの有限性の自覚のもとで「物自体そのもの」と「現象」を峻別する批判的断案の上に成り立っている。そして当のアプリオリな認識形式は物自体にではなく、現象としての物《レス》にのみ妥当するものとして「客観的実在性」を権利保証されている。

人間的認識のアプリオリな基礎となるもの――われわれの経験のうちでつねにすでに働いている直観と思惟の根源的活動形式《ランガージュ》――の「客観的妥当性」を、一定の枠内に制限しつつ正当化する。ここに理性批判の哲学の神髄がある。そしてこれはデカルト的近代の基礎づけ主義とはまったく異なる、実体的な基礎なき言語論的基礎づけの思想である。経験的に認識できるのは現象のみであり、われわれは物自体を認識できない。この超越論的理性《ロゴス》批判の決定的宣告も、もはやカント解説上の教科書的確認事項と化している。[38] だからこそ、この限界規定のもつ革命的意義を噛みしめて、滋養分を吸収し直さねばならない。

「超越論的観念論者は一個の経験的実在論者である」という宣言は、まさにこの批判的断案の系を成す。物自体と現象を峻別し、物自体の実体措定と知的直観への執着を断ち切って初めて、〈経験的実在論にして超越論的観念論〉の反転光学は可能となる。超感性的真実在たる物自体の存在と認識を求める妄執を払拭し、みずからすすんで現象世界の哲学（現象学 Phänomenologie）を志すにいたった場所でのみ、[39] 超越論的観念論者は経験的実在論者なのだと軽やかに言い切ることができる。漱石の凝視した「バークレー」か「カント」かの選言、超越論的実在論と超越論的観念論との対置は、人間理性の有限性の自覚による物自体と現象との批判的峻別に対応する。ただしこの複雑な対応関係の解明にあたっては慎重を期さねばならない。とりわけ「物自体」という曲者の取り扱いを誤ると、われわれ読者はテクストがせっかく指示した道標を見逃して、元いた場所に舞い戻ってしまうことになりかねない。[40]

拙著の論点を先取りして言えば、カント『純粋理性批判』の骨子は、伝来の「物自体」概念からの実在論的含意の徹底剥奪にある。哲学は古代中世もデカルト的近代も、純粋に「叡智的 intelligibel」な物自体が真実在だと主張した。理性批判はこれをたんに「思惟されたもの Noumenon」で、われわれの認識できぬ「即自 an sich」の物の面相として「限界概念」だと見切ったのである。ここに新たに打ち出された超越論的観念論は、超越論的実在論の伝統が前提した「物自体」の個的実体的現実存在を微塵も想定しない。古来超越論的実在論は「現象 Phaenomenon」をたんなる仮象と見なし、ゆえに非存在《メー・オン》だと軽んじたが、カントの超越論的観念論は現象としての物の面相だけが、そしてこれこそが、われわれ人間がこの世で経験的実在的に認識できる存在《オン》なのだと卒然と観念する。物自体から現象へ。神の世界創造から人間の世界認識へ。超越論的実在論から経験的実在論へ。この存在理解の立脚点の根本的な重心移動のうちに、理性批判による哲学革命の核心がある。[41]

天国、イデア界、叡智界に真実在の座を求め憧れるのは、もうよそう。われわれ人間が生きて現にあるのはこの世界、感官をとおしてわれわれに現象する物たちの世界のみである。そしてこの「経験の地盤」こそが、われわれの存在理解の故郷である。「ここがロードスだ、ここで跳べ Hic Rhodus, hic salta!」。われわれの新たな批判の時代、いまここの法廷《ばしょ》での「理性の自己認識」の徹底の果てに、理性批判の哲学はそう達観して、デカルト的近代との全面対決に乗り出した。「知性哲学者 Intellektualphilosophen」や「知性主義者 Noologisten」（A853-4=B881-2）の伝統（プラトニズムおよびキリスト教の二世界論）は昔も今も、感性に依存しない純粋理性の知的直観により「物自体」の真実在を認識しうると主張する。そして近代哲学の父デカルトは、この強固な先行措定・先行判断を暗黙の足場にして、新たに物心二元論を打ち立てた。すなわち「自我」自体を不可疑の第一拠点として実体的に定立し、そのうえで超越論的に「外」なる彼方の場所に、幾何学的延長を本質属性とする「物質」自体を、超感性的な実体として定立した。

それから以後、近代の哲学者たちは超越論的＝存在論的に切り分けられた内外二実体のあいだの、主観‐客観対立図式に呪縛されることとなる。そして唯心論《スピリチュアリズム》か唯物論《マテリアリズム》かの頑迷な対立抗争に明け暮れするなかで、近代理性は純粋自我の圏域内に知的安住を決めこむか、さもなくば独我論の自閉牢獄からの脱出を企図して、いたずらにもがき苦しまねばならなかったのだ。哲学史の教科書は「大陸合理論」と「英国経験論」にきれいに仕分けしているが、かれらの抱えた問題の根は同じである。カント理性批判は、この伝統形而上学の病根を突き止めた。そしてこの症候群を「超越論的実在論」または「超越論的な意味で理解された二元論」（A479）と命名し、根治の唯一の筋を指し示す。すなわち〈経験的実在論にして超越論的観念論〉の世界反転光学の道の建築術である。

もちろんそれまでにも、西欧の哲学者たちは種々の対策を講じてきた。たとえば大陸では「神の誠実」（デカルト）、「機会原因」（マルブランシュ）、「神即自然」（スピノザ）、「予定調和」（ライプニッツ）という超絶技巧の道具立てにより、物体と精神の再接続が工夫された。かたや大ブリテン島では心理生理学的経験科学の視点から、「観念 ideas」、とりわけ「複合観念」（ロック）や「観念連合」（ヒューム）の生成メカニズム分析を徹底し、心（ないし知性）の内なる観念と、外に存在する「物そのもの」との対応関係を科学的に推論してみたり[42]、「天賦自然の本能や先所有による by a natural instinct or prepossession」「外的対象 external objects」の「現実存在 existence」への「信念 belief」を強調しつつ、二つの対象の「恒常的連接 constant conjunction」の経験（知覚習慣）から因果関係を想定する「理性使用 the use of reason」を弁護したりする、[43]経験主義の道が模索されてきた。

しかしこれはいずれも西洋近代に発生した認識問題および心身問題への、表面的な対症療法にとどまっている。ここに動員された理窟はそれぞれに興味深い。しかしわれわれ人間の健全な、感性的で理性的な生活実感を充分に納得させうるものではない。超越論的に外なる物（純粋自我の外なる物体および外界）の現実存在への懐疑と否定という哲学の根本問題は、病根となるデカルト的二元論を前提するかぎり、けっして克服することができないのである。そしてそうなることは、問題発生当初から予想できていたはずである。デカルトはハーグ亡命中のファルツおよびボヘミアの若き王女エリザベト（Princesse Elisabeth, 1618-80）から、心身の交通可能性をめぐる反問を浴びせかけられた。

（思惟実体にほかならない）人間の精神は、いかにして身体の精気 esprit が意志的な運動をするように決定し得るのか、どうかお教え下さい。というのも運動はすべて、動かされたものから押されることによって決定されますが、それは、それを動かすものからどのように押されるか、あるいは動かすものの表面の性質や形がどうなっているかによって決定されると思われるからです。最初の二つの条件には接触ということが要求され、第三の条件には延長が要求されます。あなたは精神の概念から延長を完全に排除なさっていますが、接触ということは非物質的なものとは両立しないと思われます。[44]

鋭利で根本的な問いにたいし、デカルトは思惟する「精神」と延長する「物体」の二元にくわえて、「精神と身体との合一」も「原初的概念 notion primitive」に数え入れ、[45]日常生活と哲学との違いを際立たせてみせる。すなわち日頃から心身の「合一」を「感覚によってきわめて明晰に理解」し「体験」している「生と日常の交わり」と、精神を物体から実体的に「区別」する「形而上学的思惟」とでは事情が異なっている。われわれは前者の視点では心身合一の事実を「哲学することなしにいつも自分自身において経験している」。だから大丈夫問題ない、と言うのである。[46]

それならばしかし「哲学」は、「経験」「体験」「感覚」の生活世界とは異質な「純粋知性」の「形而上学的」なモノクロ世界で、なんらかの確実不可疑の認識原理を確保する学知の方便にすぎないのか。日常経験の生身の生と、清浄純粋なる哲学精神。二つをきれいさっぱり切り離したうえで、物心二元論の形而上学的真理の鋭利な刃からは、この世の心身合一の日常感覚を優しく庇護してさしあげて、「どうぞご自由にこの物質と延長を精神に帰属させますように」と王女に進言することは、人間デカルトとして最大限に誠実な返答だ。これはまた近代合理主義の高名な哲学者の、じつにみごとな割り切り方である[47]。しかし、それはそれ、これはこれという姑息な逃げ口上は、実存的な懐疑と憂鬱と厭世の奈落に直面した王女はもちろん、デカルトにつづく哲人たちの納得と満足を得られるものではない[48]。

こうしたデカルトの方法論的不徹底にたいし、律義で「善良なるバークリ」はデカルト的懐疑を終極までつきつめる。そして「考える我」を拠点にした超越論的実在論の思弁を、唯一の無限実体たる神と、有限実体たる物心二元との二層構造で展開するのではなく、あえて自我《こころ》と神のみの「唯心論 Spiritualismus」の方向につきつめて、「物体をたんなる仮象におとしめ」（B71）、「経験」をたんなる仮象または想像だとする「独断的観念論」（IV 375）を打ち出した。ここにわれわれの「外」なる物体も外界も、その独立存在（つまり実体性）を「否定」されることとなる。かくして残されたものはただ「知覚」されているかぎりで「ある」と認められる内的な諸観念の束と、身体を含む外的・空間的な物の存在への「断念」もしくはヒュームの「信念《ビリーフ》」だけである。

> しかしそれにしてもやはり、われわれの外なる物の現実存在を（われわれはこの外なる物からこそ、認識の全素材を、われわれの内的感官にたいしてさえも得ているのにもかかわらず）、たんに信念《グラウベン》に基づいて想定しなければならず、誰かがこの信念に疑いをもち始めたときに、満足な証明をもってかれに対抗できないなどということは、つねに哲学と普遍的人間理性とのスキャンダルでありつづける。（B XXXIX-XLI）

『批判』第二版序言末尾脚注で、齢六十三歳のカントは近代哲学の醜聞を厳しく激しく咎め立てている[49]。神霊的・精神的なものに惑溺した「熱狂的」（IV 293, 375Anm.）で「神秘的」（IV 293）な観念論。これを近代末裔とする「エレア派」以来の「真正」（IV 374）かつ「本来的」（IV 375Anm.）な観念論《イデアリスム》を、全面的に顚覆することこそが、理性批判当面の最大眼目である。[50]

だから『批判』初版直後のゲッティンゲン批評（一七八二年一月）の言いがかりは、大いに心外だったにちがいない。それはカントの超越論的観念論を、よりによってバークリ「よりも高い」「観念論の体系」だと「曲解」した。しかし「誤解」の源泉は、評者フェーダーが超越論的実在論の形而上学的独断にまどろんで、現象と物自体の批判的区別の意味を解さぬままに、経験の対象（超越論的には現象で表象）を依然として物自体だと疑わぬ点にある。くわえてデカルト的な「超越論的二元論」に付き物の懐疑を糊塗するために、「恒常的仮象が真理」（IV 376）であり「実在性」だと開き直ったのも問題である。[51] かくしてフェーダーは「たんなる表象を事物にする」錯誤を二重に犯したのだ。

そこで『プロレゴメナ』（一七八三年）は、これを「夢中の《トロイメント》」観念論だと切り返す。つまり「現実的な事物（現象でなく）をたんなる表象に変貌させる」（IV 293）バークリ流の熱狂的観念論のちょうど裏返しで同根同列の過ちだと、論争家カントは皮肉たっぷりに反撃する。そして同書末尾の付記のなかで、あらためて決然と態度表明する。

> わたしの場所は、経験という実り豊かな低地である。そして超越論的 transscendental という語は……すべての経験を超え出て行くものを意味するのではなく、たしかに経験に（アプリオリに）先行するが、しかしもっぱら経験認識を可能にすること以上のなにも使命としていないものを意味している。もしもこれらの概念が経験を踏み越すならば、その概念の使用は超越的 transscendent と呼ばれ、これは経験へと制限された内在的 immanent な使用から区別されるのである。（IV 373 Anm.）

「わたしの場所 Platz は、経験という実り豊かな低地 das fruchtbare Bathos der Erfahrung である」。天上世界への「超越」を夢見ていた「超自然的 hyperphysisch」な形而上学は、いまや独断のまどろみから覚醒して、この世の自然の大地のうえに帰還する。そしてわれわれの住む経験的実在界を、自分の足であまねく遍歴踏査する「論弁的 diskursiv」な哲学の道を歩み始める。理性批判後の〈則天《メタピュシシン》〉の形而上学は、〈経験的実在論にして超越論的観念論〉の世界反転光学のもと、経験の可能性のアプリオリな条件を批判的に問いなおすべく超越論的反省をかさねながら、つねにそのつど経験的実在性の現場に帰還する。

ちなみに理性批判のテクストの公的出現の十五年前、この世の読者公衆に向けた『視霊者の夢』（一七六六年）は、わが身の分際をわきまえぬ純粋理性の形而上学的飛翔を、スウェーデンボルグの霊界通信や遠隔透視に熱狂する世間の諸言説に読み重ねて批判した。「人間の理性は、別世界の秘密をわれわれの目から隠しているあの高い雲をかき分けて飛ぶほどに、充分な翼を与えられてはいない」（II 373）。われわれをあの「空虚な空間」へと押し上げ漂わせていた「形而上学の蝶の羽」は夢幻《ゆめまぼろし》である。

> いまや自己認識の凝結力が、絹の羽を収縮させたので、われわれはふたたび経験と通常一般の悟性との低い地盤のうえで auf dem niedrigen Boden 相見えている。もしわれわれがここを自分たちの指定の場所 unser angewiesener Platz だと見なすのであれば、つまりここを出れば罰せられずにはすまないが、われわれがもっぱら有用なものにかかわろうとするかぎり、ここに自分を満足させられるすべてがあるにちがいない場所だと見なすのであれば、これはなんという幸せなことだろう！（II 368）

あの世の浄福を心霊主義的に、あるいはまた伝統形而上学的に、空しく希求するのはもうよそう。われわれは「経験の低き地盤のうえで」この世の現状を批判的に見つめ、ここでふたたび出会い語らいながら、現世で望んでよいだけの幸福を不断に厳しく希望することにしよう。現実の問題は新たに山積するばかりだが、だからこそ大地のうえでねばり強く生きつづけ、ともに批判の道を建築術的に歩んでゆこう。超越論的観念論者の立脚する本拠地は、経験的実在世界である。「勇気をだしたまえ Courage、諸君、わたしには陸 Land が見えるぞ」（II 368）。カントが引いた犬儒派ディオゲネスの言葉のうちに、批判哲学誕生の原風景がある[52]。

『プロレゴメナ』は、その帰還の刹那の感興を印象深く復唱した。カントの観念論の思索の「場所は、経験という実り豊かな低地である」。この実在世界に足場を定め、超越論的観念論の哲学の道を切り拓き、「通常の観念論を転覆する」（IV 375）。この革命を呼びかけたとき、理性批判は、デカルトが切り離した経験的実在性の生活世界と形而上学との再接続を図っていた。それは同時に自然哲学と道徳形而上学との連繋という、最初期からの課題への応答である。初期自然哲学研究から一貫する経験的実在論の基本姿勢。それを適切に表現する哲学の言葉の探索は、学校形而上学の術語体系との批判的格闘と根本改変をカントにうながして、ついに超越論的実在論の伝統教義からの脱却を決意させたのである[53]。

これほどまでに明瞭な宣言があるにもかかわらず、『批判』の超越論的観念論への「誤解」は、カント存命中だけでなく現在にいたるまで残存する。この『批判』の革命的真義への無理解無関心こそが、デカルト的近代の深刻なスキャンダルだと言わざるをえない。「カントの超絶唯心論がバークレーの超絶実在論にどうだとか云つたな」。超越論的実在論か超越論的観念論か、バークリかカントか。明治末期に漱石が見つめていた問題は、デカルト的近代の混乱を乗り越えた、これからの批判的啓蒙近代の哲学の本領を問うと同時に、『批判』第二版の苦心惨憺の模様替えにも繋がる決定的《クリティカル》案件なのだった。

第五節　批判哲学の光学的＝建築術的生成

理性批判は、アプリオリな認識形式の「普遍的で必然的な諸法則」に、「経験」の「真理性」の「確かな標識」（IV 375）を求めている。「経験の可能性の諸条件 Bedingungen〔諸制約〕は一般に同時に、経験の諸対象の可能性の諸条件である」（A158=B197）。この「全総合判断の最高原則」のもとに、「われわれのあらゆるアプリオリな認識」の

「客観的実在性」（A156=B195）の権利根拠が確保される。そしてこの根本洞察も、まさに超越論的観念論の視座から言表されている。その観念論によれば、物体のみならず自己の精神も現象にすぎぬ。それどころか思弁的かつ道徳的実践的な「理想」たる神も含めて、すべては表象であり観念である。[54] その意味でこれはやはり、自我《こころ》と神を真実在として残したバークリの唯心論的観念論の遙か上をゆく。ただしカントはバークリの実質的・経験的な観念論にたいし、自分の観念論は「批判的」（IV 293-4, 375）で「形式的」（IV 337, 375, B518）なのだと重ねて強調する。[55] この「まったく独特の種類」の観念論と、「通常の観念論」（IV 375）との根本差異は何か。この点を見極めつつ、超越論的観念論と経験的実在論との光学的連繋の骨《こつ》をつかむこと。これが本書全体の課題である。

　経験的実在論にして超越論的観念論。「ゆえに超越論的観念論者は一個の経験的実在論者である」。いまなお不可思議に響く言葉の真実に、あらかじめ少しだけでも迫りたい。批判的観念論は経験的な「事物の現実存在」をなんら「疑う」ことなく、個々の対象の有無には少しも言及せずに、ただ「事物の感性的表象のみにかかわっている」（IV 293）。それというのもすべての「超越論的」な「認識」は、「諸対象にかかわるというよりも、むしろ諸対象を認識するわれわれの仕方にかかわっており、しかもこの認識様式がアプリオリに可能だとされるかぎりにおいて、一般的にかかわっている」（B25）からである。その意味でこれはまさに「超越論的」な観念論と呼ばれるわけなのだが、理性批判はこの絶妙な思索の構えにより、神・イデア・普遍・個物・自我・物質・モナド等の本体的実体を立てる「超越論的実在論」からは潔く訣別した。

　それと同時に「現象」は長年の非在《メー・オン》の汚名を雪ぎ、もはや「仮象」ではなくなった。だから、われわれの経験の対象は物自体でなく現象で表象だと宣言したところで、これは「全感性界」を「たんなる仮象」（IV 290, 292）に変貌させる「全般的仮象」（IV 293）の教説ではない。むしろカントの特異な観念論は、人間の認識能力を徹底的に自己批判して、感性と理性の限界を見つめる「超越論的」な「現象学」の最初の産声である。[56] 経験の可能性のアプリオリな条件を探る超越論的反省において言う観念論。それはつねに経験的実在論と表裏一体である。そしてこの経験の大地に根ざす実在論は、外的感官の対象たる「物質」および内的感官の対象たる「心」という、この双方の現実存在を実証的《ポジティーフ》＝肯定的に認める通常一般の「経験的二元論」である。

　ゆえにそれは「睡眠と覚醒の区別」（IV 376Anm.）を攪乱したり、全認識をたんなる「空想や夢」（A377）におとしめたりもしない。あれこれのリアルな夢・想像・幻影・フィクションが普段の現実の経験でないのかどうかは、経験的実在論の言語分節的な脈絡で、人間学・心理学・精神病理学および芸術批評の知見もふまえ、表象の客観的実在性の徴表に照らし合わせて、個別具体的に吟味されるべき事柄である（vgl. VII 175-6, 189-190, IV 290-1, A376, B279）。これはあまりに常識的な決着だが、外界の存在を懐疑し否定する通例の観念論を「哲学と普遍的人間理性のスキャンダル」だと告発する根本視座からは、じつに当然の筋書きである。

　かくしてカント理性批判は、デカルト的近代の個我の形而上学の夢から、この世の生の現実に覚醒し、われわれ人間の客観的実在性の語らいの場に帰還する。そしてこの反転光学の視座は、学校哲学の独断教条的思弁の旧来伝統に抗議して、現実世界を見つめる経験的実在論の足場を新たに確保すべく、批判的反省的に編み出されたものである。つまり超越論的観念論だからこそ経験的実在論たりうるのであり、逆にまた経験的実在論であるためにも超越論的観念論である。この批判哲学の世界反転光学の絶妙の息づかいを、「経験的実在論にして超越論的観念論」の一句に読み込みたい。

　ところでこの重大案件をめぐる理性批判の思索は、ついにコペルニクス的転回に逢着する。「われわれの認識はすべて対象にしたがわねばならない」という模写説的想定を転換し、「対象がわれわれの認識にしたがわねばならないと想定する」（B XVI）。この大逆転の自由な発想は、日常の素朴実在論に安住しているかぎり、けっして起こりえない。他方、伝統形而上学のごとく経験を超えた叡智的存在者を頑なに前提すれば、たしかに神の原型知性は物自体の現実存在を認識にしたがわせていると言い立てることもできる。とはいえわれわれ人間の知性にしてみれば、ここに知的直観の教義《ドグマ》をもちだして、創造神の誠実を信頼し助力を仰がぬかぎり、本来は不可知の叡智的な物自体に接近することなどできはしない。ゆえにまたデカルト的二元論以降、経験的認識の理論までもが、心の外なる物質や天賦神授の生得観念の有無をめぐり、際限なく紛糾しつづけなければならなかったのだ。
じつはカントも『可感界と叡智界の形式と原理』（以下『可感界と叡智界』と略）までは、旧来型の超越論的実在論の前提に乗って、二世界論的な形而上学を構想していた。だが直後に問題の核心を見極める[57]。そして十年の沈思黙考をへて開始された『批判』の法廷弁論は、心機一転、超越論的観念論を打ちだした。そのおりにヒュームの懐疑が重要な役目を果たしたことは、カント自身の告白するとおりである（IV 257-261）。ここに「形而上学」の「革命」を「一挙に成就」（B XV-XVI）する見通しが立つ。心の内なる観念はいかにして外なる対象自体に妥当するのか。そういう「超越」問題には一切拘泥せずに、可能的経験の直接的対象たるすべての現象について、その「対象性 Gegenständlichkeit」の形式面で、物はアプリオリな認識にしたがっていると想定する。そのようにしてカントは、われわれ人間の有限理性の自然本性に沿う、新たな形而上学への哲学《フィロゾフィーレン》の「批判的な道」の建築術を呼びかけている。

　全認識が対象にしたがうのではなく、対象が認識にしたがうのだとする主客逆転は、現象のアプリオリな「形式」について成り立っている。現実に知覚される現象の「質料」は、どこまでも経験の対象に負うている。諸対象は感官に「与えられ」ねばならず、感官はなんらかの仕方で「触発され」なければならぬ[58]。そしてわれわれ人間は受容的な感性的直観しか持ちあわせない。かかる理性の有限性の自覚を新たな形而上学の批判的建築術の中枢に保持しつづけるべく、『批判』の叙述は、フィヒテのような絶対我の純粋知性的「自己定立 Sich-Setzen」の「事行」からではなく[59]、「経験」という所与の事実《ファクトゥム》の確認から始めたのだ。しかもその権利問題 quid juris——経験の可能性のアプリオリな条件をなすものと事実上認定される純粋諸概念（空間時間・カテゴリー）の「客観的実在性」の権利要求——を徹底審理する超越論的反省の法廷弁論を、論理学からでなく感性論から始めたのである。

　われわれの経験的認識は、感性的直観を起点とする。しかも経験的認識の全素材は、身体上の外的感官に物理的・

生理的に与えられた表象である。だから『批判』は、正教授就任論文第三章「可感界の形式と原理について」の組み立て——第十四節「時間について」、第十五節「空間について」——も逆転し、空間の純粋直観から説き起こす。そればかりか『批判』第一版は序論劈頭に「経験 Erfahrung」の文字を掲げ、この不可疑の事実を「われわれ」の討議の大前提にすえたのである。

> 経験は疑いもなく、われわれの悟性が産出する最初の産物であり、この産物は感性的感覚という生成《きな》りの素材に、悟性が手を加えたものである。まさにこのことによって経験は第一の教示であり、その進展のうちで新たに教わることも無尽蔵にあるので、将来生まれてくるすべての人々は、その生の連鎖のなかで、この経験という地盤のうえで収集できる新たな知識に、けっして事欠くことはないだろう。（A1）

> われわれのあらゆる認識が経験とともに始まるということ、この点には何の疑いもない。……われわれのうちには、時間的に経験に先行するようないかなる認識もなく、あらゆる認識は経験とともに始まるのである。（B1）

経験こそがわれわれの世界認識の端緒であり、ゆえに理性批判の論述の出発点である。テクストは、デカルト的近代理性の独断と懐疑に抗弁し、「経験の地盤」という不可疑の事実にみずからの足場を見定める（経験的実在論）。そしてこの包括的な意味での「経験」について[60]、感覚的な認識「素材」（内容・質料）とアプリオリな「加工」形式とを区別して、つねに前者の所与を「直観の多様」の名のもとに前提しつつ後者に考察の焦点を絞り、経験を可能にするアプリオリな条件の超越論的反省に専念する[61]。それは純粋理性批判の「法廷」での、経験的実在認識の客観性・真理性にたいする超越論的権利主張の口頭弁論にほかならず、テクストはこの超越論的観念論の文脈でコペルニクス的な形而上学革命を敢行したのである。

　ちなみに二つの序論のあいだに位置する『プロレゴメナ』は、先の観念論批判のなかで、「順行したり逆行したりする」「諸惑星の運行」を例にあげ、「感官」が「表象」した天文「現象」は、「悟性」が「客観的判断」をくだすときに初めて認識上の「真偽」や「仮象」(IV 291)が問題になるのだと指摘した。近代の経験科学は、聖なる天界の運行として語られてきた事柄を、観測者の立つ大地の運動に帰して説明する。そしてこの新旧天文学説の関係は、新規の批判的観念論の現象概念と、伝統的な超越論的実在論の物自体概念との区別に、類比的に対応する。この点にカントが気づいたとき、フランス革命勃発を二年後にひかえ、コペルニクス的転回《レヴォルチオ》の比喩が生まれたのである。

「全星群が観察者の周りを回転すると想定していると、天界のもろもろの運動の説明がどうしてもうまくいかなかった」。そこで試みに「観察者のほうを回転させて、星たちを静止させてみた」(B XV-XVI)。コペルニクスの太陽系は、いまや経験世界全体をおおう「天界」にまで拡張される。「観察者」の住む地球の「回転」で「全星群」の運動を説明する新視点。これは可能的経験の対象たる現象世界の認識論的「憲法体制 Konstitution」を、アプリオリな時空・範疇形式で超越論的に説明する批判的観念論の視座にきれいに重なっている。そしてカントが見つめた純粋認識形式の「立法的」な投げ入れは、今日の言語論的な批判法廷では人間の言語《ランガージュ》活動の根源的な始動様式の、印欧語族系の一類型として判定することができるだろう。[62]

それはともかく、天動説から地動説への天文学上の転換は、さしあたり日常経験の内世界的な感性的世界観から、科学的で大局的な理性的世界観への転回を含意する。しかもこの新学説に接した人は、その二様の世界観のあいだの不可思議な照応関係に目を凝らす。われわれは昔ながらの天動説の日常的で詩的な視点と、近代科学の俯瞰的で観想的な視点との不断の往還反復を生き始める。そしてこのとき、これまで慣れ親しんできた当たり前の経験的実在界が、なにかしら新たな相貌のもとに出会われ始める。[63]

それとあたかも類比的に〈経験的実在論にして超越論的観念論〉とは、経験の可能性のアプリオリな条件を問う哲学が、人間理性を徹底的に自己批判して摑みとった、世界反転光学の視座である。この批判的反省の始動とともに、カントのコペルニクス的転回は経験的日常の生活世界のなかに常態化する。感官に与えられる現象の質料は、つねに個別具体の経験的対象に依存する。しかしそのアプリオリな普遍形式は、われわれがつねにすでに認識対象に投げ入れている。そういう認識論的な自覚の深まりが、人間理性に芽生えてくる。そしてこの時ようやくにして、超感性的なものを実体視する超越論的実在論から完全に脱却できるのだ。それと同時に経験的実定性の権威を振りかざす反形而上学的な実証主義の専横にも警戒しつつ、「主語‐述語」を「実体‐属性」に短絡させて〈物象化 reification〉する通例の言語行為《スピーチ・アクト》との、批判的で反省的な対話が本格的に始まるのである。

カントの認識論は近代の主観‐客観対立図式を基礎づけたと、哲学史の教科書はしきりに説いてきた。しかしこれは三批判書の一部を切り取り、テクスト全体の基本趣旨を逆読みした錯視である。理性批判は経験的認識判断の平叙文のみならず、統制的理念の接続法《コンユンクティーフ》や自由の歴史の臆測的な語り方、そして技術や道徳の命令法《インペラティーフ》や、経験の地盤での物との出会いの詩学も分析する、気宇壮大で懐の深い言語批判を展開する。経験的実在論にして超越論的観念論。この反転光学の意義をそうした超越論的言語批判の文脈で総括するならば、「実在性」「実体」「現実性」はたしかに人間理性《ロゴス》の根源語だが、あくまでも可能的経験の範囲内でしか意味をなさぬ言葉《ロゴス》である。[64]

最後に一切の論証を省いて言えば、カント理性批判はこの世のすべての物が表象だと見ぬき、これを徹底的な相互関係性のもとに捉えた点で、あらゆる実体化を排した大乗の空《くう》の論理《みち》に通じている。第一批判はわれわれの経験判断においてつねにすでに働く主語実体化の論理を跡づけて、自然の客観認識の「構成的・設立的・立憲的 konstitutiv」な言語体制を浮き彫りにする。第二批判はこの世に生きる道徳的実践理性の自由な決意の言語行為を、アプリオリな定言命令と善の概念と尊敬感情にわたり分析する。他方、第三批判が語る「自然の技術」の「統制的・調整的・規矩準縄的 regulativ」な発見原理は、自然事物の「合目的的」な現れに則した反省的《レフレクティーレント》な言語の遊動のもとに、理論理性や技術理性の規定的言語使用の作為をしたがえて、反省的判断力の無規定性の戯れの場で、言葉と物――あるいはむしろ〈物にして言葉、言葉にして物〉――の自由で生き生きとした出会いの道筋を開示する。[65]

かくしてカント理性批判の法廷弁論総体は、「立法 Gesetzgebung」と「行政・統治 Regierung」の権限分立を唱える共和制革命の宣言を内に秘めている。理性批判はそういうものとして、西洋伝統の超自然的な実体の形而上学から、人間理性の自然に沿う公的開放的な語らいの形而上学への、哲学語法の根本変革の呼びかけだったのである。[66]

注

（1）「公的開放的」というくだくだしい訳語は、『批判』法廷が切り拓く世界市民的な「公共性 Öffentlichkeit」の公明正大な語らいの場の「開け Offenheit」と、第一部冒頭に引く「批判的な道」の虚心坦懐の「開け offen」との内的連繋を凝視する。デカルト的近代の理性主義と啓蒙主義とに対比して、本書が用いる「批判的啓蒙近代」という鋳造語は、カント啓蒙論文を講義したフーコー最晩年のテクスト群との対話から生まれ出た（フーコー、二〇〇二年①②、望月拙稿、二〇〇六年②）。十七世紀中葉以降の古典主義時代から、十八世紀末転換期をへて今もなお、「王の場所」に燦然と出現した「経験的個体 individu empirique」たる「人間 l'homme」（フーコー、一九七四年、三三二頁、原語挿入引用者、以下同様）の「人間学的」「主体」の専制支配の版図拡大のもと、歴史的経験的な実定性の度を増大させる現下のデカルト的近代と、これに「いまここ hic et nunc, hier und jetzt」で退位を迫る批判的啓蒙近代の未発未完の哲学革命の企図。そもそも「人間とは何か Was ist der Mensch?」。カントの人間学講義と理性批判とを区切り繋ぐ超越論的反省の場の開けで発せられた問い。その徹底的に批判的な真意は、いまだ正面から十全に受け止められていない。それどころか「われわれ」の「人間学的眠り〔まどろみ〕le sommeil anthropologique」のなかで「この設問は、十九世紀初頭以来の思考のすみずみをめぐり、カントがともかくもその分割を示した、経験的なもの l'empirique と先験的なもの〔超越論的なもの〕le transcendental とを、あらかじめ、ひそかに混ぜあわせていたのである。この設問をつうじて、近代哲学を特徴づける、折衷的レベルでの反省が成立したわけだ」（同、三六二頁、さらに二六〇－八、三四三－四、三四八－九、四〇五－九頁、そして感動的なまでに本質的なフーコー『カントの人間学』参照）。かくも微小な差異を凝視して、『言葉と物』はカント没後二百年来の「近代哲学」の致命的失態を「告発」する。しかるに極度に禁欲的な語り口も災いして、同時代の解釈（たとえばドレイファス／ラビノウ、一九九六年、一五、五五、五九、六一、六四、六七、一〇〇、一一四、一四九頁、およびハーバーマス、一九九五年、一七三、一七七－九頁）は肝腎の論点を誤読した。五十年前の警世の書の表題を「物にして言葉」へと軽く反転して、この刹那に心機一転、つねに新たに建築術的な言語批判の道を歩み始めたい。

（2）山本道雄、一九九五年、一九九八年および二〇一〇年、参照。

（3）カントは一七六五年十二月三十一日付のランベルト（Johan Heinrich Lambert, 1728-77）宛書簡で、理性批判の著述構想にふれて言う。「わたしは何年ものあいだずっと、わたしの哲学的な検討吟味を、考えられるかぎりあらゆる面に向けてきました。考えがしばしば顚倒することもありました。そのさいにわたしはつねに誤謬や洞察の源泉を、手続きの取り方のうちに探し求めました。そしてついに辿り着きました。わたしはいま方法をわが物としたように思います。人がまやかしの知に陥るまいとするならば、かならず遵守しなければならぬ方法をです。……この方法を手にしたとき以来、わたしが直面している研究がなんであれ、ある特殊な問いを解決するためには何を知らなければならないかが、その研究の自然本性から、わたしにはいつも見えるようになりました。そしてその認識が所与のものからどれくらいの度合いで規定されているのかも、分かるようになりました。その結果、判断は、たしかに一般にそうであるよりもしばしば制限されますが、より明確で安全なものとなっています。これらすべての努力は、主として形而上学の固有の方法へ、そしてそれをつうじてさらに哲学全体の固有の方法へと向かっています」（X 55-6）。『視霊者の夢』公刊直前の書簡は、「方法」の思索の深まりを自負しつつ、春に予定していた『形而上学の固有の方法』の刊行延期を告げ、それに先立つ「いくつかの小著」の先陣を飾るべく「自然的な世界智の形而上学的始元根拠と、実践的な世界智の形而上学的始元根拠」（X 56）という著作題目案を記している。カントの批判的形而上学の建築術が、自然と道徳の二本立てで結実することを早くに先取りした、重要なテクストである。

（4）メンデルスゾーン（Moses Mendelssohn, 1729-86）の『朝の時間または神の現存在についての講義』（一七八五年夏公刊）の、「前置き Vorbericht」に見える言葉である。長く神経衰弱を患っていたメンデルスゾーンは「ランベルト、テーテンス、プラットナーの諸著作」にくわえて、カントの名前を挙げるときにだけ、この強烈な形容句を使用する。ただしこれが「ただわたしの友人たちの不充分な報告や、大いに益することが稀な学術雑誌からの」印象にすぎぬことも付言する（Mendelssohn, Bd.2, S.219）。「わたしの哲学がもはや時代の哲学ではないことは承知している」し、自分の属す「学派」の「専制政治《デスポティスムス》」が凋落するのは必定だ。いまやドイツの英才たちは「あらゆる思弁」を見捨てて「経験と実験」に邁進し、「物質主義《マテリアリスムス》の傾向」がすべてを覆いつくしかねない勢いだ。しかも「他面では」超感性的なものまでも「見たり触れたり」したがるヤコービ流の「欲望」からか、「狂　信《シュベルメライ》の傾向」が辺り一面跋扈する。この混迷情況を憂慮してメンデルスゾーンは最後に言う。現状の「全面的な変革 allgemeine Umwälzung」という喫緊の「仕事は、〔すでに衰弱したわたしより〕もっとすぐれた力の持ち主たちに遺したい。とりわけ思慮深いカントのような人に。望むらくは、かれはすべてを取り壊したのと同じ精神で、ふたたび建築してくれることだろう」（*ibid.*, S. 220）と。

同書は十月十六日付の手紙とともにカントに贈呈された。カントは十一月終り頃のシュッツ宛書簡で批評する。「尊敬するメンデルスゾーンのこの著作は主要な点において、われわれの理性が犯す瞞着の見本と見なすことができる」が、「独断的形而上学のこの最後の遺産は、ひとつながりの連関の緊密さという点でも、叙述の例外的な明晰さの点でも、この形而上学の最高に完全な所産と見なしうる」「記念碑的業績」（カント21巻、竹山重光訳、二三九‐四〇頁、X 428-9）だと。理性批判の好敵手メンデルスゾーンは、翌年初めに急逝する。ヤコービ（Friedrich Heinrich Jacobi, 1743-1819）の『スピノザの教説について、モーゼス・メンデルスゾーン氏宛書簡』（一七八五年初秋公刊）を皮切りに、メンデルスゾーンの朋友レッシング（Gotthold Ephraim Lessing, 1729-81）が「一即一切《ヘン・カイ・パーン》」のスピノザ主義だったのか否かの「汎神論論争」が、騒然と繰り広げられる真最中の出来事である。カントは『思考の方向を定めるとはどういうことか』（一七八六年夏執筆、『ベルリン月報』十月号）で、道徳的実践的な「理性信仰 Vernunftglauben」（VIII 140-2）の見地から論争の火消し役を買って出て、「『純粋理性批判』にどうしてかスピノザ主義を助長するものを見いだすことができた学者たち」（VIII 143Anm.）に皮肉たっぷりに抗弁し、『批判』第二版の加筆と『実践理性批判』の執筆に本腰を入れることとなる（vgl. V 101）。

（5）「二つの幹 zwei Stämme」は「おそらく一つの共通 eine gemeinschaftliche の、われわれに知られざる根 Wurzel に源を発している」（A15=B29）。この「根」を「構想力」と読む解釈もある。しかし拙稿はもっと根源的に、これを「物」の内なる「自然 Natur, natura」、とりわけ認識の「根本力 Grundkraft, vis primitiva」（A648=B676ff., VIII 180-1, XXVIII 564, 671f., 736f.）を建築術的に区切り繋ぐ人間の自然本性と解したい。自然《ピュシス》は隠れることを好む。感性と悟性という「自然の力 Kraft der Natur」（A294=B350）を育む智慧の樹の比喩。これを根本から生気づけるのは、なによりも自然の「隠れた質 qualitas occulta」としか「名づけ」（XXVIII 564, 671, 736）ようのないなにかである。「われわれの自然本性に必然的にともなうこととして、直観は感性的であらざるをえない。つまり直観はわれわれが諸対象によって触発される様式のみを含んでいる。これにたいし感性的直観の対象を思考する能力が悟性である」（A51=B75）。自然の定めで「必然的に」二つに分かたれた「われわれの認識力の普遍的な根」（A835=B863）は、つねに経験の肥沃な大地に覆われていて目に見えないが、『批判』は根元的な自然の息吹を感受すべく尽力し、自然の光たる理性の有限な本性を道標にして、天然自然の技術に則した詩作的思索の言葉を紡ぎ出す。

（6）夏目金之助は慶応三（一八六七）年に江戸郊外で生まれ、翌年が明治元年に当たる。かれの生涯は文明開化とともにあり、苛烈な近代化への違和感をもって漱石文学は噴出する。なかでも『三四郎』は中期三部作の幕開けを告げる画期の作であり、明治四十一（一九〇八）年九月一日から年末まで、大学の第一学期にあわせて朝日新聞に連載された。日露戦争の表面的勝利に浮かれる世相を苦々しく横目で睨み、東京行きの東海道線車中の青年に同道する第一章末尾、「然し是からは日本も段々発展するでせう」と言う三四郎の科白《せりふ》にたいし、「亡びるね……熊本より東京は広い。東京より日本は広い。日本より……日本より頭の中の方が広いでせう。……囚はれちや駄目だ。いくら日本の為めを思つたつて贔負《ひいき》の引き倒しになる許りだ」（漱石、五巻、二九二頁）と痛烈にやり返すテクストの批判的な語り口はみごとだし、「頭の中の方が広いでせう」という一句が〈経験的実在論にして超越論的観念論〉の反転光学の呼吸法をすでに巧みに暗示する。

（7）漱石、五巻、四二〇‐一頁。

（8）すでに第二章で理学士野々宮が三四郎に、「半透明」の「白い薄雲」を解説する。「あれは、みんな雪の粉ですよ。かうやつて下から見ると、些《ちつ》とも動いて居ない。然し、あれで地上に起る颶風以上の速力で動いてゐるんですよ。――君ラスキンを読みましたか……此空を写生したら面白いですね」（漱石、五巻、三〇五頁）。第四章では三四郎の傍《そば》で美禰子が「大きな空を渡つてゐる」「白い雲」を見上げ、「野々宮さんから聞いた通りを教へた」青年に囁いた。「駝鳥の襟巻《ボーア》に似てゐるでせう……雪ぢや詰《つま》らないわね……雲は雲でなくつちや不可《いけ》ないわ。かうして遠くから眺めてゐる甲斐がないぢやありませんか」（同、三七六頁）。そしていま「美禰子は二重瞼《ふたへまぶた》を細くして」言う。「空の色が濁りました……重い事。大理石《マーブル》の様に見えます」（同、四一三‐四頁）。平素日常経験と科学知と詩作の語りのあいだの視座反転の妙が、すでに巧みに織り込まれている。

（9）『三四郎』は近代的自我と現実世界との懸隔を、九州の「田舎」から出てきた「青年」の感ずる近代都市や女性の近寄りがたさと、それゆえの孤独に事寄せて描き出す。第二章第一節に言う。「世界はかやうに動揺する。自分は此動揺を見てゐる。けれどもそれに加はる事は出来ない。自分の世界と、現実の世界は一つ平面に並んで居りながら、どこも接触してゐない。さうして現実の世界は、かやうに動揺して、自分を置き去りにして行つて仕舞ふ。甚だ不安である。／三四郎は東京の真中に立つて電車と、汽車と、白い着物を着た人と、黒い着物を着た人との活動を見て、かう感じた。けれども学生々活の裏面《りめん》に横《よこた》はる思想界の活動には毫も気が付かなかつた。――明治の思想は西洋の歴史にあらはれた三百年の活動を四十年で繰り返してゐる」（漱石、五巻、二九四頁）。ここに西洋史「三百年の活動」とは、デカルト（René Descartes, 1596-1650）がいた十七世紀に始まる近代哲学の行程を指す。「明治の思想」の「四十年」は、そのまま漱石の生の道程を言い表す。三四郎は上京する汽車の中で「ベーコンの論文集」の「二十三頁」（同、二八三頁）を開いたし、大学図書館で借りた本の見返しには「ヘーゲルの伯林大学に哲学を講じたる時」（同、三二一頁）の様子を絶賛した無署名書き込みもある（明治四十年三月二十三日付、野上豊一郎宛書簡、漱石、二十三巻、三五頁、参照）。これら大きな名前を枕にして、「カントの超絶唯心論」云々の言葉がテクストに刻まれた。この観点からの『三四郎』解釈については、望月拙著、二〇一二年②序論のほか、拙稿、二〇〇九年も参照されたい。

(10) 飛田他編『哲学字彙訳語総索引』、三八八頁。ちなみに同書には"Transcendence"は登場しない。カントの「超越論的 transzendental」と「超越的 transzendent」の区別は井上の眼中になく、この点は西田幾多郎の場合も同様である。

(11) 前掲『哲学字彙訳語総索引』、四三四頁。

(12) 漱石、五巻、三一一頁。

(13) ちなみに明治四十年八月十五日付の小宮豊隆宛書簡には、「英、仏、独、希臘、羅甸をならべて人を驚かす時代は過ぎたり。巽軒は過去の装飾物なり」という、いかにも漱石らしいアカデミズム「批評」（漱石、二十三巻、一〇八－九頁）も見える。

(14) 漱石、十五巻、六六－七六頁。

(15) 『哲学字彙』で「實在」は Being, Hypostasis, *In esse*, Subsistence の訳語であり、「實体」は Thing in itself, Ding an sich, Entity, Noumenon, Reality, Substratum の訳語である。井上は Ontology を「實体學」、Realism を「實体論」として、Reality の項には「實体、眞如」という訳語のあとに、「按、起信論、當知一切法不可説、不可念、故名爲眞如」と註脚を付す。そしてのちに『大乗起信論』に依拠して、仮象的現象と本体的実在を接着する「現象即実在論」を提唱する。漱石はかかる哲学界の保守本流に対抗して、バークリを超えヒューム、カントへ向かう形而上学批判の論理をみずから精査したのである。

(16) 漱石、十五巻、七二－三頁、人名傍線は原文。あわせて Erdmann, Johann Eduard, 1897, pp.259-264 を参照。漱石の指摘どおり同二六二頁以降の解説は圧巻である。

(17) 漱石、十五巻、七四－五頁。ただし『視覚新論』は視覚観念と触覚観念のあいだの経験的習慣的な結合を論証するにあたり、触覚対象と視覚対象との種的区別を粗雑にも心の外と内の区別に短絡させた（たとえば一一一節）。しかもこの内外区別の意味が経験的か超越論的かを曖昧にして論述は推移する。しかるに後年の『視覚論弁明』（一七三三年）は、「感官の対象 the objects of sense」として「直接的に知覚される物 things immediately perceived」たる「観念 ideas」の奥に、「それ自身は知覚されぬ」「理性の対象」として「絶対的に現実存在する外的な原因や力 the absolutely existing outward cause or power」を前提する（十一、十二節）。そして「わたしが見るのは結果すなわち現象 the effects or appearances」だし、心の「外のなにか或るもの something without」「未知のなにか或るもの unknown something」の穿鑿は「光学 optics に無関係な点」だとしつつ、口をすべらせる。「おそらくわたしの考えでは、われわれの視覚の観念の原因となる同一の存在者 the same Being が、同様にわれわれの触覚の観念の原因でもあるのみならず、他のすべての感官におけるわれわれの観念すべての原因でもあり、それは諸観念の変様すべてについても言えるのだ」（二十九、三十節）と。ここには「現象」「観念」の奥に不可知の「原因」たる物自体――バークリの場合はわれわれに「観念」を告げ「自然の法則」を司る「神」、すなわち純粋能動知性たる無限の精神実体――を密かに独断措定した超越論的実在論がある。かれは経験的に「外」なる空間中の諸物体を心の内に観念論的に取り込んだうえで、超越論的に「外」なる神を純粋に唯心論的に実体化したのである。

(18)　巽軒と漱石が idealism の訳語に充てた「唯心論」「唯心主義」は、今日では spiritualism の訳語として定着している。漱石は後者を「スピリチュアリズム」と音声表記、「唯心主義」には「アイデアリズム」と明確にルビをふるなどして、両者の差異に気を配る。この文学者の慎重な術語処理とは対照的に、哲学者西田は認識論上の「観念論 Idealismus」のほかに「形而上学からは、Idealismus とは Spiritualismus の意味である」と短絡し、これは「すべての現象の根柢をなす真実在は spiritual なものであると考へるものである」（西田、十四巻、二九三頁）と、唯心論的本体論の方向性で粗雑に解説する。

(19)　カントが警戒した通常の観念論は言う。「思惟する存在者たちのほかにはなにもない。それ以外の物で、われわれが直観において知覚していると信じているような物は、思惟する存在者たちの内なる表象にすぎないのであって、じつはこの表象には、この存在者たちの外部にあるような対象は対応していない」（IV 288-9）と。かかる形而上学的な「唯心論 Pneumatismus」（A379）の本体論的独断を戒めるべく、カントの「超越論的観念論」は、徹底的な認識批判の反省的な世界光学の視座として創始されたのだ。

(20)　キリスト教徒の常識に訴えるテクストの語り口の陰に隠れて見にくいのだが、バークリの非物質主義を批判哲学的に整理して、可能なかぎり好意的に解釈すれば、これが否定するのは懐疑主義と無神論の源泉たる超越論的な意味での外的物質、すなわち「可感的対象の、それ自身における心の外なる絶対的現存」（『人知原理論』第二十四節）だったはずである。だから他方では「物質的実体ということによって、見られたり触れられたりする可感的物体だけが意味されているのならば……そのとき、私は、君やどの哲学者が主張するよりももっと、物質の存在について確信しているのです」と言う（バークリ、二〇〇八年、一七五頁、および二二八‐九頁参照）。つまりごく日常的に経験的な意味では、個々人の「有限な造られた心」（同、一七一頁）の「外」に、「可感的事物」たる物質がやはり「存在する」（同、一六八頁）のであり、そのかぎりではバークリにも常識的な経験的実在論の志向が、未整理ながらも温存されている。だからこそ『視覚新論』の経験的心理学的な光学理論にも、いまなお一定の説得力が認定されるのだろう。

ゆえにカントとバークリとの決定的な差異は、やはり後者の自我および神の「心」の形而上学にある。「心の中」の観念をかりに経験的な「実在物 real things」だと認めるにしても、そこでまた霊的実体を超越論的な真実在として根本措定したならば、現象（観念・表象・仮象）と本体との実在論的基礎づけ構造は変わらない。それどころか真実在の在処を心の外から内奥に奪還したことで、形而上学的基礎づけ主義の意志と論理は、デカルト的二元論よりもいっそう強固に貫徹されることとなる。

同じ難点は西田にも指摘しなければならないが、こういう超越論的実在論の伝統をヒュームの懐疑で痛快に払拭し、独断のまどろみから覚醒しえたなら、そしてまた「心の外」（および「心の中」）の語義を超越論的と経験的とに批判的に分節できたなら、西田もバークリもきっとカントに近づけたことだろう。「一般人の意見では、直接に知覚されるものが実在物だということで、哲学者の意見では、直接に知覚されるものが心の中の観念だということなのですね。その二つの思念が一緒になって、結果的に私が主張しているものになるのです」（同、二三〇頁）。次節の議論を先取りしていえば、バークリが提示した二視点接合の素朴な着想を、批判哲学的に徹底吟味し鍛錬し直したところに、〈経験的実在論にして超越論的観念論〉の不断反転光学の視座が生成する。

（21）理性批判のテクストは、これにより同時に「物自体そのもの」が、じつはたんなる「思想物 Gedankending」にすぎぬことを早々と道破した。しかるにこれを執拗に実体化する超越論的実在論に縛られた次代の頭脳たちは、感官を触発する原因の含意をみずから潜りこませて誤読する。かくしてドイツ観念論以降、現在にいたるカント研究も、「終りなき紛争の戦場」と化す。

（22）漱石、十九巻、四〇三頁。アンダーラインは原文による。手帳の五行先には“◯white cloud”の文字も見える。

（23）『三四郎』起稿直前の鈴木三重吉宛書簡（明治四十一年七月三十日付）には、真夏に「エルドマン氏のカントの哲学を研究したものだから頭が大分変になつた。どうかトランセンデンタル・アイに変化して仕舞たいと思ふ」（漱石、二十三巻、二〇九頁）とある。漱石がここで繙いたのは、漱石全集が推察した Benno Erdmann の「*Kants Kritizismus*（『カントの批判主義』一八七八年）」（同、五三〇頁）ではなく、漱石山房蔵書目録（漱石、二十七巻、*87*頁）にも記載のある Johann Eduard Erdmann の *A History of Philosophy*, Vol.2, London 1897 である。メモが参照指示する同書「*376*頁」に言う。“He [Kant] himself, therefore, called his doctrine as much realistic as idealistic; it is an empirical realism and a transcendental idealism; it teaches, that is to say, that objects in space really exist, are not mere appearances, but that space (the condition of their existence) lies in us. Only by the latter supposition can we rescue ourselves from the difficulties into which Berkeley fell through the view that space lies without us, and which made him a transcendental realist, though ***ipso facto*** an empirical idealist." あの英文三行は明らかにこの箇所（下線引用者）の要約だ。漱石は数年前のバークリ講義のときと同じく、エドゥアルト・エルトマン『哲学史』第二巻英訳本でカントを研究し、この近代哲学史の読み筋に決定的なものを発見したのである。

(24) 漱石、十九巻、四〇七頁。次行には "Theatrical performance" とあり、一行おいてやはり "〇White cloud"（同、四〇八頁）の文字が見える。さらに同じ手帳の「断片四九I」には、"Kant's Categories" と題した英文メモもある（同、四一六頁）。漱石とカントの本質連繋がこうして明らかになると、『三四郎』の広田先生が「批評家」（漱石、五巻、三三二頁）で「哲学者」（同、三六〇頁）と形容されたことにも重要な含意があるものと認められてくる。

(25) 事柄の重大さを重ねて確認するために、同じころ同じ局面で西田が、ロックやカントではなくバークリやフィヒテのほうに強く傾いていたことを指摘したい。『善の研究』（明治四十四年一月刊）第二編「実在」の第二章は、「意識現象が唯一の実在である」と題して説き起こす。「少しの仮定も置かない直接の知識に基づいて見れば、実在とは唯我々の意識現象即ち直接経験の事実あるのみである。この外に実在といふのは思惟の要求よりいでたる仮定にすぎない。已に意識現象の範囲を脱せぬ思惟の作用に、経験以上の実在を直覚する神秘的能力なきは言ふまでもなく、此等の仮定は、つまり思惟が直接経験の事実を系統的に組織する為に起つた抽象的概念である」（西田、一巻、四三－四四頁）。この文言だけを見れば、これはカント＝漱石の〈経験的実在論にして超越論的観念論〉に近似の表明と読み取れぬこともない。ところが西田は真逆に注解する。「凡ての独断を排除し、最も疑なき直接の知識より出立せんとする極めて批判的の考と、直接経験の事実以外に実在を仮定する考とは、どうしても両立することはできぬ。ロック、カントの如き大哲学者でも此の両主義の矛盾を免れない。余は今凡ての仮定的思想を棄てゝ厳密に前の主義を取ろうと思ふのである。哲学史の上に於て見ればバークレー、フィヒテの如きは此の主義をとつた人と思ふ」（同、四四頁、さらに十巻、一三〇頁も参照）と。いったい何が起こったのか。『善の研究』は「意識現象」の外なる物自体の亡霊を嫌忌して、神と自我の「意識現象」のスピリチュアルな超越論的実在論の方へ逸れていく。肝腎要の場所で生じた漱石との偏差は何に起因するのか。この点についてくわしくは、望月拙稿、二〇一一年を参照されたい。

（26）ウィトゲンシュタイン、八巻、三八三頁以下。事物の相貌反転の例として、光学関係に限定していえば、量子力学の「光子」に先立つ、光の粒子説（デカルト、ボイル、ニュートン）と波動説（フック、ホイヘンス）の確執がある。そしてまた物理科学的な光学理論を代表するニュートンの抽象的・数量的・人為解析的・還元主義的な『光学』と、人間の経験的生活世界に根ざすゲーテ（Johann Wolfgang von Goethe, 1749-1832）の多次元的で具体的・質的・自然総観的・全体論的な『色彩学』との因縁の対決がある。「色彩学者に」という副題をもつゲーテの詩「大切なのはWas es gibt〔与えられてあるもの〕」に言う。「自然をそばに引き寄せて／利益をそこから引き出すならば／きみの仕事は正しくて／人類に貢献したと言えるでしょう／反対にきみが〔ニュートンのように〕光を切りきざみ／無理やりにあまたの色を引き出すならば／また〔デカルトのように〕出たらめな理論理窟をこねくりまわし／光こそ極ある球だと唱えるならば／聴く者はあきれ戸惑い　感覚も／心の内も麻痺してしまうことでしょう」（高橋義人、一九九〇年①、三二－三頁参照）。ちなみに最晩年のウィトゲンシュタインには、ゲーテの系譜に連なる『色彩について』という言語ゲーム論的省察がある。

（27）ニュートン力学からアインシュタイン相対性理論をへて量子力学に向かう転換の例を待つまでもなく、世界相貌反転は、近代天文学の天動説から地動説への変転において馴染みのものである。さしあたりの比喩として、大地に縛られた天動説の視点を経験的実在論、太陽系を遠くから俯瞰する地動説を超越論的観念論に類比的に対応させることもできるだろう。ただし『批判』の見地から精確に言えば、天動説から地動説への反転は、あくまでも経験的実在論の視座内部での出来事である。つまり物理自然の天文現象という実在事象解釈の、日常経験に根ざす視点から経験科学的な視点への変異である。この経験的実在性水準のコペルニクス革命そのものを、さらに超越論的に俯瞰した刹那、『批判』の経験的実在論と超越論的観念論の反転相即は発生する。「これまでは、われわれの全認識は諸対象に従わねばならぬと想定されていた。しかし……一度試みに、諸対象がわれわれの認識に従わねばならないと想定してみよう」（B XV-XVI）。経験世界全体の超越論的反省による認識論のコペルニクス的転回。その根底には、デカルト的物心二元の超越論的実在論からの脱却という、形而上学革命の企図が隠されている。これは近代天文学革命の深層で、天動説を長く縛る神話的神学的な信念体系からの脱却が進行していたのと類比的である。理性批判のテクストに重層する世界反転光学が全面始動する端緒には、デカルト的近代の理性主義との対決がある。この点についてはつづく第三節以降と、第二部でくわしく論じたい。

（28）ここに副詞的な蠢きの気配として幽かに感得される「刹那」の閃きをも、体言化し実体化し個体化する性癖が古今東西の言語《ラング》にはある。たとえば部派仏教の一派たる説一切有部が主題化した「刹那滅」は、森羅万象の有為転変を一瞬一瞬の現象世界の生滅反復と見る。これはそのかぎりで表面上、仏教の根本教義たる「諸行無常」に近接するが、じつは現象界の彼岸に無為無制約の本体（法 dharma）を置く超越論的実在論の反映にほかならず、この永遠不変の実有の絶対視点から、現象生滅する各「現在」の「刹那」を「独立した時間単位として切り出し、切り出された時間単位が相互に外面的に対立する」（植村恒一郎、二〇〇四年、四四頁）べく分別する。目を西に転ずれば、パルメニデスの徒として現象界の運動変化の矛盾を衝くゼノンの逆理も同根の理窟である。さらにデカルト『省察』が神の現存在を証明すべくスコラの「連続創造説」を援用し、時間の「無数の部分」たる各「瞬間 momentum, moment」の相互独立を主張するさいにも（山田弘明訳、七七－八、一九二－三頁参照）、刹那の単位化・個体化が働いている。これにたいし本書で「光学」「反転」「往還」は比喩であり、「刹那」はもはや時間でも空間でもなく、それでも「いまここ」としか言いようのない世界反転の時節《とき》である。それは極微の長さをもつのか、数直線上の一点のようにいかなる幅ももたないのか、などという穿鑿分別を一切許さぬ一瞬の明滅の出来事として、同一律も矛盾律も排中律も黙りこむしかない、極限の比喩である。

（29）その軽妙繊細な反転は、徹底的に批判的な精神集中の賜物である。フーコー『言葉と物』第九章が鋭く指弾する、「われわれ」の「近代」の「人間学的」思考に蔓延する「奇妙な経験的-超越論的二重体 un étrange doublet empirico-transcendental」への頽落の危機を断然回避すべく、現下の思索には極度の緊張が強いられる。ウサギとアヒルの二局面はけっして同時に現れない。この反転図形の比喩は、「経験的」と「超越論的」をどこまでも厳しく区切りつつ、ひたすら光学的に繋いでゆくことで、あの両面を安易に癒着させた現今の「二重体」、すなわち実証主義的、科学主義的、唯物論的もしくは唯心論的な新手の「経験的＝超越論的」な実在論への行路逸脱を警戒する。その点を深く肝に銘じておくためにも、カントの〈経験的実在論にして超越論的観念論〉と、漱石の「明暗双双」「則天去私」の詩学との類比は欠かせない。

「人間の死」を生きる言語活動、生死《しょうじ》一貫の詩作的思索の哲学の道。『言葉と物』発生前夜の文藝批評に言う。「ルーセルの体験は、語彙の《譬喩的空間》とでも呼ぶことができるだろうものの中に位置している。全面的には文法学者たちのそれでないような空間、というよりはむしろその空間そのものなのだが、別なふうに扱われているのだ。その空間は言葉《パロール》の慣習的文彩《フィギュール》の誕生の場所と見なされているのではなくて、言語の中にしつらえられた空白、単語の内部そのものに狡猾で、砂漠のような、罠のあるその空虚をひらく空白と見なされているのである。この遊び、修辞学がそれを利用して自己の言わんとするところをひきたたせていた遊びを、ルーセルは自分自身のために、できるだけひろく拡大すべき、そして細心緻密に測定すべき欠落と見なすのである。彼はそこに、表現の半・自由より以上に、存在の絶対的空白、純粋な創作によって埋め、支配し、充たすべき空白を感じとっているのだ。それは、彼が〔西欧近代社会の実定性における〕現実と対立させて「想念《コンセプシオン》」と呼んでいるものである（『私においては、想像力がすべてである』）。彼は現実的なるものをもう一つの〔イデア的真実在の〕世界で〔経験的=超越論的に〕二重化《うらうち》することではなしに、言語の自発的二重化の数々〔つまり〈物にして言葉、言葉にして物〉の反転光学の不断往還反復！〕において、思い設けなかった一つの空間を露呈（découvrir）し、そしてそれをいまだかつて言われたことのないことどもによって、覆う（recouvrir）ことをめざすのである」（フーコー、一九七五年、二〇－一頁、さらに同、二〇〇六年①、二一－九頁参照）。小部屋のカーテンを閉め切った文学の局地戦、「狂気」の詩人の純粋言語空間での孤軍奮闘を、理性批判の不断反転光学によって天地人の開けに全面展開し、世界市民的な共和制革命の端緒を摑むこと。それが拙稿の見果てぬ課題である。

（30）デカルトは存命中から、この形而上学が惹起する心身問題を論難されていた。そして難点はまったく払拭されぬまま、以後の近代哲学を拘束した。近年、作者の汚名を雪ぐべく奮闘する一連のデカルト研究がある。坂井昭宏は言う。「繰り返し述べてきたように、心身の実体的結合から出発し、したがってその真只中において精神と身体との明晰かつ判明な観念を形成することによって心身の『実在的区別 distinctio realis』を論証すること、これがデカルトの『省察』の主題であり、したがってその際、以前には『本性の一性』として理解されていた心身の結合は当然変容を受け、『複合の一性』としてのみ理解されること、すなわち、デカルトの体系、彼の理論的な立場とは、じつに心身の実在的区別とその実体的結合の同時的存立を許容するものであること、否、むしろ心身の実体的結合なしにはデカルトの体系そのものが成立しえない、とこのように結論しても誤りではないであろう」（坂井、一九九六年、八一頁）。作者の遺志を汲み、「区別」と「結合」を「同時に存立せしめる相補的な『二元性論』（dualicisme）」を「デカルトの体系」（同、八四頁）に見る読み筋は魅力的だ。しかし物心の本質・本性にかんする「実在的区別」を、それぞれの「実体」の「現実存在」の論証にまで練り上げる「形而上学」の語りの基本線と、日常的な「生」の現場で「経験」される心身の「実体的結合」の「感覚」とのあいだには歴然たる乖離がある。拙稿は、とくに前者の形而上学的実体化の思想伝統に、爾後近代哲学のすべての問題の根があると見定めて、ここに批判の照準を合わせている。

（31）デカルト形而上学に、プラトン主義とアウグスティヌス神学への親和性を指摘した野田又夫（一九七一年、六一－二、一五七－六二頁）を始めとして、この系譜学はデカルト研究の常識的確認事項に属している。この文脈でデカルトの革新性は、アリストテレス＝スコラの伝統的世界観を転覆し、ゆえに種々の敵対者をもち、禁書処分の策動にも遭遇しつつ、プラトン的知性主義に基づく近代自然学の幾何学的＝機械論的な物体的実在観を打ち出した点に求められる。ただしその形而上学的思弁は、なによりも神の存在とわたしの霊魂の不死という信仰箇条を主軸に展開されていた。しかもデカルトに独自のいわゆる「永遠真理創造説」は、神と独立に先在するイデアの知性的範型を認めずに、あらゆる被造物の本質をなす永遠真理のイデアをも意のままに瞬間ごとに作出するキリスト教の神の大いなる自由意志を強調する。そしてこれは「普遍数学」の哲学体系構想とも相俟って、自然の「世界」に真空の虚無を認めぬ「延長即物質説」を招来する（小林道夫、一九九五年、一三－九および七九－八六頁、および村上勝三、二〇一二年、第一部、参照）。

ゆえに『省察』は、考えるわれ（精神実体）の内に神が賦与した「本有観念 idea innata」の「客観的〔表現的〕実在性 relitas obiectiva」と、神の創造による外的な物体的事物（延長実体および諸様態）の「現実的すなわち形相的な実在性 realitas actualis sive formalis」のあいだの、内外それぞれの「度合い gradus」の比例関係を、神の誠実性と「知性認識 intelligere」の明証性とで原理的に接合する、超越論的実在論的な対応説の真理論を唱えたし、感覚の受動的拘束性の原因を、そこに現実存在しているはずの延長実体の物理的能作に推認した。しかしこの物心二元論の根底には、つねにすでに神と純粋自我のスピリチュアリズムの根がはびこっていた。これを英国のバークリ僧正は、経験的心理学的な観念分析の培地で純粋培養したのである。

（32）　山田晶はアリストテレス＝スコラの〈物 res－概念 ratio－名 nomen〉の三項図式を基盤にすえ、「レスかラチオか」の問題を軸に動く中世哲学との対比のもとに、「近世以後の西洋哲学」のあり方を論難する。近世以後「哲学とは『《ラチオ》について論ずること』となるのである。つまり、哲学者はもっぱら『ラチオ』について語り探究する人となるのである。いわゆる近世の『ラチオナリスム』の誕生である。それとともに、これまで『レス』の問題として論ぜられていたことが、『ラチオ』の問題の中に吸収されてゆくのである。最後のスコラ哲学者として、デカルトに先立ち、彼に影響を与えたと考えられるスアレツにおいて、存在と本質との区別は、存在的（レアル）ではなく概念的（ラチオニス）とされるようになるのは、その典型的な例である。つまり『エンス』も『レス』も、そのレアルな境地（エレメント）において考察されるのではなく、『エンスの概念』ないし『レスの概念』として概念（ラチオ）の境地において考察の対象となり、存在と本質とはこの概念を構成する概念的構成要素として、どちらも『概念』（存在概念と本質概念）になり、その区別は当然『概念的区別』distinctio rationis となるのである。／しかしこのような『レス』の『ラチオ』への吸収は、本来『レス』に属すべきものと、本来『ラチオ』に属すべきものとを、同じ『ラチオ』の概念のもとに混同し、哲学探究の道を、一元化する方向に進むことを意図しながら却って複雑にし、不毛な問題を生ぜしめる端緒になったように思われる。その傾向は、既にデカルトの『私』の思想にあらわれている」（山田晶、一九八六年、七三三頁）。山田はこの理性主義の系譜に「カント」（同、七二八-三〇頁）も数えている。しかしカント最大の魅力は、『批判』以前の理性主義から理性批判への革命的転回にある。拙稿はこの明白な事実を、テクストに沿い地道に確認する同行二人の遍路である。

檜垣良成は、山田の近代理性主義批判に取材して、カントの理性批判的転回の機微を前批判期の理性主義の「徹底改善」と「自壊」に見定めた。しかるに「中世のトマス・アクィナスにおいては、ratio は、究極の res である『神』との緊張関係にあり」、「ratio が、それだけで孤立せず、res との対立関係にあることによって、かえって、裏側から支えられていたのである」と述べ、「カントの哲学形成は、或る意味でトマスにおける ratio と res との区別の取り戻しであり、『実在性』（Realität）の意味の回復なのである」（檜垣、一九九八年、三〇六-七頁）と総括する条りは、肝腎の res を一面的に「物自体」の相で理解した山田と同じ超越論的実在論への揺り戻しの危険な匂いがある（同、二二八-九頁参照）。拙稿としては、そこに言う「或る意味」や「『実在性』（Realität）の意味」の意味を厳しく問いつめて、ここに切り拓かれたカント解釈の新たな道筋を一歩でも先に進められたならと希望する。言うまでもなく〈経験的実在論にして超越論的観念論〉の世界反転光学が、その前進の鍵を握るものにほかならない。

（33）逆に「表象」の心理学的用法に囚われていると、〈経験的実在論にして超越論的観念論〉の反転光学の呼吸はつかめない。それどころか自分の偏狭な「表象」理解を棚に上げ、カントの超越論的論理学および観念論を心理主義だ独我論だ不可知論だと非難する失態まで演じかねない。逸脱の端緒はすでにラインホルト（Karl Leonhard Reinhold, 1757-1823）の『人間の表象能力についての新理論の試み』（一七八九年）に見える。「根元哲学」の「意識律 Satz des Bewußtseins」は、「意識のうちで表象は、主観によって、主観と客観から区別され、かつこの両者へ関係づけられる」と語り、「主観-表象-客観」の三項図式を描き出す。その不備を衝いてシュルツェ（Gottlob Ernst Schulze, 1761-1833）の『エーネジデムス』（一七九二年）は、古代ギリシアの懐疑家アイネシデモスを騙る匿名著者と、ラインホルト経由でカントを研究するヘルミアスとの往復書簡体で、意識内の「表象」の存在の直接的確実性と「物自体」の不可知性の対照を強調する。これに衝撃を受けたフィヒテ（Johann Gottlieb Fichte, 1762-1814）は「エーネジデムス批評」（一七九四年）を著し、知識学体系構想に乗り出してゆく（栗原隆、一九九〇年参照）。物自体による外的触発の思弁的亡霊に惑わされて徒らに反発した知識学は、「意識律」の根底に根源的絶対自我の「事行」を据え、内的知的直観で「絶対的主観」たる可分的「自我」を実在措定し、これに可分的「非我 Nicht-Ich」が「絶対的客観」として端的に反立する。この主観-

客観対立図式が根源的に先行するかぎり、どんなに理窟をこねても「表象」の心理主義は脱却できないのである。

(34) 「感性の復権」は現代哲学の専売特許ではない。経験主義の系譜がすでに感覚重視を含意する。この線上にヴォルフの『経験的心理学』（一七三二年）があり、バウムガルテン（Alexander Gottlieb Baumgarten, 1714-62）の『美学』（一七五〇年）があり、バーク（Edmund Burke, 1729-97）の『崇高と美の観念の起源』（一七五七年）があり、カントの『美と崇高の感情にかんする観察』（一七六四年）や人間学講義（一七七二－三年冬学期以降）の感性論、および『判断力批判』（一七九〇年）の第一部「感性的《エステーティッシュ》判断力の批判」がある。一連の流れにあってとくに重要なのは、やはり『純粋理性批判』（一七八一年）の本論が「超越論的感性論」で始まったという一事である。十八世紀ドイツ啓蒙期における「感性 Sensualitas, Sinnlichkeit」の概念史については、中澤武、二〇一二年、参照。

(35) 弁証論序論第二節A「理性一般について」冒頭でも、念押しがなされている。「われわれのすべての認識は、諸感官から始まり、そこから悟性に進み、理性のもとで終る。理性を超えてより高次のものは、なに一つとしてわれわれのうちに見いだされない。われわれは理性により、直観の素材を加工 bearbeiten して、それを思考の最高の統一のもとへもたらすのである」（A298-9=B355）。

(36) テクストの奏でる内的自然の聴従モチーフは、『判断力批判』で全面展開される美と有機体の「自然の技術」に呼応する。理性の自己認識の批判法廷開設は、理性の内なる自然の技術の発露であり、自己の本性に傾聴する哲学の道の建築計画公表の場の設えである。「形而上学は、学としてはそうでないにしても、自然素質 Naturanlage〔自然の設備〕としては（つまり自然本性上の形而上学 metaphysica naturalis は）現実的にある」（B21）。『純粋理性批判』は「自然素質としての形而上学はいかにして可能か」の問いから説き起こし、「なべて理性の胎内 Schoß から湧き出る諸課題……理性自身の自然本性によって呈示されている諸課題にのみかかわる」ような「学問としての形而上学はいかにして可能か」（B22）との問いをもって、われわれの新たな時代の形而上学の批判的建築術を遂行する。この理性批判の建築術の基本方針は、デカルト的近代に支配的なテクノロジーとは別のかたちの制作可能性を開示するにちがいない。古くて新しい「つくること」の道の可能性の思索について、本書第一部第一章および拙稿、二〇〇六年①を参照していただければ幸いである。

(37) 外なる物と神の現存在の信念の直接的確実性を感覚感情への「啓示 Offenbarung」に基づける「わたし」と、カント『プロレゴメナ』の観念論が気がかりな「かれ」との学芸批評は、「人間の権威権能《アウトリテート》」（Jacobi, Bd.2, S.138-9）を太字で劈頭に置き、他の「被造物」に「優越」した人間の「理性と生命の度合い」（*ibid.*, S.263, 268, 270, 285）を掉尾で確認する。さらに同書全集版序言（一八一五年）は、観念論か実在論かの二項対立に縛られたまま、カントとの差異を鮮明にすべく「悟性と理性」を「鋭くきっぱり区別 mit der Schärfe und Bestimmtheit unterscheiden」して、「人間」に賦与された理性を聖別する。悟性は「動物」と階層的に連続した「反省能力 Reflexionsvermögen」にすぎず、「たんに感性の上辺を漂う概念・判断・推論の能力」だが、理性は「超感性的なものを聴き取る器官 das Organ der Vernehmung des Übersinnlichen」であり、「真・善・美それ自体を先行措定 Voraussetzung〔前提〕する能力」（*ibid.*, S.7-11）で、「直接的確実性の能力、あの啓示能力」（*ibid.*, S.221Anm., vgl. auch S.207）だ。「理性的動物」という古来の人間定義から、「理性的 rational」という限定詞を他の「動物」との絶対種差に祭り上げ、「人間」を「神」との直接性にまで高めようとの魂胆である。「実在論的な〔真の〕理性主義者 Real=rationalist」ヤコービは、「たんに唯名論《ノミナル》的な〔名ばかりの〕理性主義者」の元祖を「アリストテレス」に見て非難する。そして「理性」と「悟性」、「原型 Urbild」と「模型 Abbild」、「本質 Wesen」と「言葉《ロゴス》 Wort」（*ibid.*, S.11-2）という倒錯した一連の「種的 speifisch」（*ibid.*, S.61）、「質的区別」（*ibid.*, S.25）を繰り出して、スコラの「知性《ヌース》 intellectus」と「理性《ロゴス》 ratio」の位階秩序を逆転する。

ここに理性批判の苦心の賜物たる区別、すなわち純粋悟性の「構成的」「規定的 bestimmend な判断力」と、純粋思弁理性の「統制的」「反省的 reflektierend な判断力」との峻別は、みごとに看過され秘密裡に転倒されている（*ibid.*, S.73）。この術語法の粗暴な転覆劇が、スピノザ式物心一体の「知的直観」の周囲に湧き出てくる、ドイツ観念《イデア》論という名の超越論的実在論の隠れた源泉にほかならない。感性的で「物質的」な外的自然世界と、超感性的で「知性的」な内的精神世界との二世界論的実在論。奇妙奇天烈な〈経験的-超越論的二重体〉を死守すべく、「理性による合理的直観 eine rationale Anschauung durch die Vernunft」とか「理性直観 Vernunftanschauung」（*ibid.*, S.59-60）という羊頭狗肉の新語を老大家は鋳造する。「言葉 Wort」「文字 Buchstabe」「精神 Geist」の区別を、父・子・聖霊の三位一体に重ねてではあれ、それなりに弁えておりながら（*ibid.*, S.63-5）、ヤコービはなぜ頑なにも肝腎な点に気づこうとしないのか。かれの重んずる「感情」と「信仰」も、じつはこの世に生きるわれわれの語らいの「広場 Platz」（B XXI, XXX, IV 373）に生まれるのであり、それを根底でささえる「理性」も人間の言語《レゲイン》活動の能力なのである。

（38）ヴィンデルバント最晩年の『哲学概論』（原著初版一九一四年）の第一部第一節冒頭部を引いておく。「本質と現象」の「範疇に於て考へられる區別は、凡ての學的從つてまた凡ての哲學的思索の根本前提、即ち哲學的思索が現はされる最も一般的な形式である。上の區別は、吾々が眼で見た世界並びに人生の姿 Prima-vista-Bild に滿足し得ないこと、從つてその姿が元來何を意味するか、その背後 dahinter には何が潜んでゐるかを知らんがために、まさしくその背後へ行かんと欲するものであることを意味する。實在

die Wirklichkeit は人間がそれを素樸な知覺や思念で以て把握するとは何か別のものではあるまいか、といふ漠然とした考、懐疑的な豫感がそのうちには存してゐる。實在するもの das Wirkliche は恐らくそれが現はれてゐる erscheint ままではない、即ち素樸な體験に差當り與へられる表象は『ただ』現象の價値しか有してゐないのである。／この根本前提は凡ての哲學的思索を貫いてゐる。メフィストフェレスがファウストに就いて／『あらゆる外観 Schein をお遠ざけになつて／ただ本體の深み der Wesen Tiefe をお探りになる』／と言へるところは凡ての穿鑿に當篏る。吾々は好んでそれを物自體の探究と呼ぶ。併しながら吾々がヴォルフやカント以来用ひ慣れてゐるこの名前は古來周知の事柄を現はしてゐる。物自體は完全に十六人の祖先を有する」（速水他訳、四〇－一頁、傍点原文、原語挿入引用者）。

ヘーゲル色の術語に染まった新カント学派の哲学史は、古代ギリシア以来の「アルケー」探究の系譜をたどり、「眞なる實在と現象する實在」（同、四一頁）、「本質に屬する形而上學的實在性 metaphysische Realität」と「現象に屬する經驗的實在性 empirische Realität」との対比を鮮明に打ち出してくる。つまり一方では自然科学的な経験的実在論を語りつつも、これを「相對的」「第二次的」「非本來的」と貶めて、「本來的」「絶對的」（同、四三頁）な超越論的実在論を志向する〈経験的‐超越論的二重体〉の近代哲学史の典型である。しかもこの二世界論的実在論は Wirklichkeit と Realität の批判的区別も不問に付したまま、「プラトン」の「*οὐσία*」と「獨逸語」の「Wesen（本質）」を短絡させ、「中世ラテンの術語」に言う「essentia（本質）」と「existentia（存在）」の「對立」に、「ヴォルフ及びカント」の「Ding-an-sich（物自體）と Erscheinung（現象）」、および「ヘーゲル」の「Sein（有）と Dasein（定有）との區別」（同、四二頁）という二項図式を猥雑に折り重ね、事態を致命的に錯綜させてしまう。『批判』はかかる学校哲学の二枚舌の払拭をめざす。すなわち「物」の真義を探る哲学や芸術や宗教の語りを、かかる超越論的実在論のドグマから解放して、「われわれ人間」の住まう「経験の地盤」に帰還させることが、理性批判の世界市民的な哲学革命の最大眼目なのである。

（39）『自然科学の形而上学的始元根拠』（一七八六年）の第四章「現象学の形而上学的始元根拠」の「定義」に言う。「物質とは、運動可能なものがそれとして、経験の対象でありうるかぎりでの、運動可能なものである」（IV 554）。そして「注解」に言う。「ここで話題になっているのは、仮象を真理に変貌させることではなく、現象を経験に変貌させることである。……この点に注意することは、ここだけでなく哲学全体で必要である。それというのも、ふだん諸現象が話題になるときには、この現象という表現を意味のうえで仮象と同じだと見なす悪しき理解がつねに生じているからである」（IV 555）。感官の対象たる「現象 Erscheinung」は超越論的に見て観念であり表象だが、たんなる「仮象Schein」ではない。そしてこの「現象の経験への変貌Verwandlung」、すなわち〈超越論的観念論にして経験的実在論〉の還相反転光学が、この物体的な「自然の形而上学」だけでなく「哲学全体」の批判的な建築術において最重要課題となるのである。

(40)　波多野精一『西洋哲學史要』(一九〇一〈明治三十四〉年)は言う。「認識の對象たる自然は、既に論ぜしが如く、與へられたる感覺を主觀の法則に從て排列するによりて生ずる現象なり。然らば感覺を與ふるものは何ぞ。現象は感覺ありてはじめて成立つものなれば感覺の源は現象に非ざるものに求むべきは明なり。其は何ぞ物其自なり。然るに存在といひ因果といひ、凡ての範疇は唯現象にのみ効力を有するものに非ずや。吾等はいかにして物其自が存在し又は感覺の原因たるを認識し得るぞ。カントの學説がこゝに一大矛盾を示せるは明なり」(『波多野精一全集』第一巻、二六〇頁)。ここに「物其自」はDinge an sichの訳語だが、これを「主觀に頓着なく自立獨存するもの」(同、二五四頁)と解説する哲学史は「超越論的実在論」――しかも「吾人を取捲ける現象世界と眞の實在界とを區別」して、前者を「支配」する「空間や時間」や「原因結果」を知らぬ「ブラーフマンは實に物其自なり」(同、二八頁)と教条的に語る「卓絶的(transcendental)」「形而上學(metaphysics)」(同、五頁)――に頽落する。

そして野田又夫『西洋哲學史』も言う。「カントの哲学にはいろいろな問題がふくまれていた。第一にかれは認識の対象に関して『現象』と『物自体』を区別し、現象は知りうるが物自体は知りえぬと考えた。しかしわれわれの知りえぬ物自体が存在するということ自身はどうして知りうるか。実在論をすてて観念論に徹底するなら、現象の背後に物自体を想定することをむしろやめるべきでないのか。第二、自律的な実践理性は『自由原因』であってこれは現象に属せず物自体の世界に属する、とカントは考えたが、これはカント自身の形而上学批判に反しないか。理論理性における超越論的自我を、物自体として実体化することはあやまっている、とかれは主張するのだから、実践理性についてもその点をもっと慎重に考えねばならないのではないか。――つまりカントにおいて主観・客観の意識関係と、現象・物自体の形而上学的区別とが交錯して、問題を生んでいるのである」(野田、一九六五年、一〇九‐一〇頁)と。ただし当該記述はすでにカントを離れ、ラインホルトからフィヒテに向かう「ドイツ観念論」の初発の問題意識を教科書的に代弁したものである。そして元来不可知の「物自体が存在するということ自身はどうして知りうるか」との問いは、かれらの根本的な誤読に発している。ゆえに野田は言う。「カントは、第一に、ヒュームのような、理性を斥ける懐疑的自然主義に対して、科学的理性の実在妥当を確保してニュートンの自然学の客観性を肯定し得るような知識論をもとめるとともに、第二に、そういう科学的自然の基礎となる形而上学的真実在を、もっぱら道徳的信仰の内容と解する態度をきめる(ライプニッツのモナドの世界はいまやもっぱら、自由な道徳的人格の国として、その存在が実践的にのみ信じられるものとなる）」（同、九三 - 四頁）。ここにもなお「科学的自然の基礎となる形而上学的真実在」という問題含みの語句は残るが、「物自体」の「存在」をめぐる「知」と「信」の区別はカントに即して的確に摑まれている。

（41）それはただひたすら「われわれ」の哲学の語りに徹することである。しかもここで「われわれ」とは、ヘーゲル『精神現象学』序論に謳う「われわれにとって」（Hegel, Bd.3, S.76, 80）のごとく、テクストの学的な叙述主体《かたりて》（および読者・聴講者）たる「われわれ哲学者」の――近代文学理論に言う作者の神的絶対視点のごとき――「排他的」で「殆ど祕教的（esoterisch）」（辻村公一、一九九三年、一五一頁、さらに同書、四、三三頁参照）な難行苦行者の限定視点では断じてない。むしろ通常一般の悟性の経験的実在論に基本定位する大乗的な理性批判の「われわれ」は、超越論的「絶対知」の場所に定位するドイツ観念論的で「ヘーゲル的な『吾々にとつて』（Das Hegelsche „für uns"）を轉回して」、「吾々が今此處に生きてゐるといふ事實」（同、一六六頁）を広く共有し語らう「生のままの人間の實存」（同、一八七頁）、世界市民的な「われわれ人間」の経験の可能性の開けにほかならない。本来的には世界光学の様態を言う副詞だったはずの「絶対に」を、性急にもあらかじめ「絶対者 das Absolute」として名詞化 substantivieren し、無限なる生や理性や精神や真如を実体として体言化して、その自体即自《アン・ジッヒ》の存在を主観的意識表象の外や「彼岸」（同、一六一、一七六、一七八、一八一、一八三 - 五頁）に前提してきた、古今東西の超越論的実在論の根深い作為。その伝統形而上学の教義《ドグマ》をいまここで豁然と殲滅し、批判的反転光学の易行が軽やかに始動するその刹那、「われわれ」の哲学の根本視座の革命的な百八十度「轉回」は、このわたしを含む「任意の個物」の「相依相屬的生起」（zusammengehöges Geschehen）を道《い》う「一即一切、一切即一」の徹底「縁起」的な「世界觀」（同、一九六頁）の発露として、みずからおのずと「性起 sich ereignen」するのにちがいない。

（42）古代原子論に端を発し、近代に復活した粒子仮説をふまえ、ロックは心の外なる「物そのもの Things themselves」を物質的なものとして定立し、〈物 - 観念 - 心〉の三項枠組みの知識論を確立した。そして知性的に想定された「物質分子 particle of Matter」の形や大きさなどの一次性質と、それが感覚器官を「触発 affect」し色や味などの「可感的 sensible」性質を感受させる「能力」（二次性質）とを区別することで、「知覚の因果説」の問題構制を整備して、意識《こころ》の直接対象たる「観念」を分析する経験主義の認識理論を、物心二元の実在論的枠組みに封じ込めた。ここで批判哲学的に問い糺したいのは、この物心二元論の意味合いだ。それはデカルトと同じ「超越論的二元論」なのか、それとも〈経験的実在論にして超越論的観念論〉の視座からも容認できる「経験的二元論」なのか。この決定的に重要な区別をあいまいに放置したことが従来のロック解釈、ひいては西洋近世哲学史研究の混乱の元だったのではあるまいか。たとえばロックの「観念説 Theory of Ideas」を「知覚のヴェール説」と評し、これがわれわれの経験的認識を外的客観的実在物の世界から遠ざけたのだと論難するロック批判は、「物そのもの」を暗に超越論的実在論の意味で理解する。しかもこの形而上学的実在論の枠組みは、自己意識から言語へのパラダイム転換を標榜した言語論的転回以降もなお、知識論の大前提として隠然たる支配権を発揮しており、固有名（個別名辞）や文の指示理論をめぐる議論や、言語体系と外的世界との対応関係をめぐる論争のなかで、言語内在的なものと言語外的実在との繋がりを問うという錯視を、いたずらに惹起しつづけている。

　冨田恭彦はこの錯綜した問題系に斬り込むべく、「クワイン的自然主義」に与して「物そのもの」の科学仮説的性格を強調し（冨田、一九九一年、第Ⅱ部、および二〇〇六年、第一章）、経験的実在論の本領へ引き戻す。そして「物／心という二項関係」のもとで「物を直接あるがままに知覚していると信じている」「われわれの日常の素朴な感官知覚に認められる直接実在論的態度」と、「物自体／観念／心（ないし知性）という三項関係を基本として」「ある種のメタレヴェルにおける考察」を展開した「知識論の立場」との「区別をあえて強調する」（冨田、一九九一年、一四三‐五頁）とともに、この二視点間の「読み替え関係」（同、一四六頁）つまり「動的連関ないし重層的連関」（同、一〇二、一六一頁）に注視して言う。日常の「経験的対象に付与されていた実在物としての性格が、知覚表象説の三項関係においては、観念の原因である物そのものに受け継がれ、知覚表象説は、この物そのものが継承する実在性のために、観念論に陥ることを免れているのである」（冨田、二〇〇六年、五三頁）と。つまりここで「『物そのもの』に与えられる実在性は、もともと日常的に物だと思われているものが持っていた実在性」（冨田、二〇〇五年、一九九頁）なのであり、ゆえにロックの「物そのもの」は、伝統形而上学が独断教条的に唱えてきた叡智的・本体的な「物自体そのもの Dinge an sich selbst」とは異なる次元にあり、あくまで経験科学の「よりよい」理論構築を地道に「スパイラル」状に駆動する「内在的メタ自然学」（冨田、一九九一年、二〇二頁以下）の鍵概念である。

　じじつ『人間知性論』第二巻第八章で固性、延長、単一性、可動性等をそなえる「物そのもの」――「われわれの外に現実存在する物 things existing without us」「物体そのもの Bodies themselves」「客観そのもの Objects themselves」――は、経験的「自然哲学 Natural Philosophy」の「物理的研究 Physical Enquiries」に属するものとして語られる。そしてこれはカントが「積極的」（A252, B307, B308, A255=B311）な意味での物自体と呼び峻拒した、旧式の超越論的実在物とは明らかに異なっているのみならず、

「経験の可能性」のアプリオリな条件を問う認識批判の「限界概念」としての「消極的」な「物自体」や、「統覚の統一」の客観的な相関項として想定される「超越論的対象＝x」などよりも、ずっと手前の「経験的な意味での物自体」（A29=B45, vgl. A45=B62-3）の概念レベルにあって、まさに経験的自然研究の「発見的 heuristisch」な統制原理として機能すべき自然学的な術語に相当する。ゆえに『人間知性論』第四巻第十二章も「われわれの知識の進歩について」と題して言う。「仮説は、もしそれらがうまく作られるならば、少なくとも大いに記憶の助けとなるし、しばしばわれわれを新たな発見に導いてくれる」（同第十三節）。かくして理性批判の見地から翻って判定すれば、ロックの物心二元論は、「思惟する物」と「延長する物」を独立の「実体」として定立したデカルト派の超越論的二元論の形而上学ではなく、どこまでも経験科学的で「実証的 positive」な西洋近代の自然研究の基礎地盤となる経験的二元論の枠内での作業仮説である。

　ただし「物がそれ自体においてあるとおりの観念 an Idea of the thing, as it is in it self」に一連の「本原的な一次性質 original or primary Qualities」を帰属させ、心の外に「物体そのもの」を定立した瞬間に（同第二巻第八章第二十三節）、ロック自身が右の物心二元論の批判的区別を十全に自覚しえていたかどうかは心許ない。そして炯眼な冨田でさえ「ロックの場合に、百歩譲って『超越論的』という言葉遣いが許されるなら、日常的な『物』については超越論的観念論だけど、粒子仮説的な物そのものについては、明らかに、超越論的実在論なわけ」（冨田、二〇〇五年、二二八頁）と無雑作に言い切った。冨田は『批判』の反転光学の傍らを通り過ぎ、観念論論駁にも不満の意を表明して、「観念論じゃないと言うんだったら、物自体はちゃんとあるんですよと言わなければならないんじゃないの？」「観念の向こうにちゃんと物があることを言わなきゃという」罪作りな錯視に惑わされて、いつのまにかデカルト譲りの超越論的な物心二元論ドグマの圏域に舞い戻り、「私たちが日常『物』だと思っているもの」（同、二三二－三頁）をめぐる素朴で直接的な経験的実在論の生活世界とは別の彼岸や背後に、超越論的な真実在の世界を措定する空しい理窟に籠絡されかけている。「原子」「微小粒子」「物」という術語が暗黙のうちに示唆する、基礎的根本的な物質個体の思弁的な「統制的」理念。これを不当にも「実体化 hypostasieren」して「構成的」に使用する「超越論的仮象」の「弁証的」な論理。われわれの徹底的に言語論的な理性批判は、この手の形而上学的実在論の基礎づけ思考の根深い伝統にも、心して対処しなければならない。拙稿は冨田の非「基礎づけ主義」的知識論の方向性に大いに賛同する。しかし「基礎づけ主義者」カントとの教科書的決めつけには猛反発し、テクストに虚心坦懐に耳を澄まして、問題の根にある伝統形而上学の超越論的実在論の是非を問い糺す。

　ただしカントも正教授就任論文では、右の二元論の批判的区別に想到していない。「感性的に認識されたものは現象するとおりの物の表象であり、知性的なものはあるがままの物事の表象である sensitive cog[n]itata esse rerum repraesentationes, ***uti apparent***, intellectualia autem, ***sicuti sunt***」（II 392）。「厳密な意味での知性的なものについて言えば、そこでは知性の使用は実在的であり in quibus ***usus intellectus*** est ***realis***、対象や関係の概念は知性の自然本性そのものによって与えられており、いかなる感官の使用からも抽象されたわけでなく、感性的認識そのものの形式も含まない」。「知性的概念」を「純粋観念 ***ideas puras***」（II 394）と命名したテクストはまだイデア論的伝統に呪縛されている。それから十年をかけて理性批判が公的論述を開始するにいたるまでには、懸案の超越論的実在論と経験的実在論の区別の意味を判然と洞察したうえで、ロックの経験心理学的で発生論的な、白紙の心からの発達心理学の観念分析を、超越論的観念論の論理学的な、いわば成人した知性の命題論理構造分析の反省水準にまで高め、考察位相を全面転換する必要がある。いまなお多くの研究者を悩ます「観念論か実在論か」「内在主義か外在主義か」という二項対立を払拭し、日常天然色の感覚経験の通例語法とは異なるロック＝クワイン＝冨田式の科学的実在論の普遍的物質観・世界観をも、超越論的でなく経験的な実在論の文脈で混乱なく有意義に語らう場所を確保するためにも、カントが打ち出した〈経験的実在論にして超越論的観念論〉の反転光学の帰趨をできるだけ丁寧に探ってみたい。

（43）ヒューム『人間知性の研究』第五節および十二節参照。これはヤコービの前掲対話篇も、原文を添えて引用検討した箇所である（Jacobi, Bd.2, S.152-63）。注目すべきことに、このうち第五節は「語の意味を知る」にあたっての「感覚 feeling」ないし「信念 belief」の重要性を語っている。しかも「信念は想像だけで届くものなどよりも、もっと新鮮で生き生きと力強く強固で堅固な、対象の概念にほかならない」という周知の命題が登場するのは、「定義 definition」しがたい「感覚」を「言葉を用いて make use of words」表現し「記述 description」するという文脈中である。「この感覚ないし概念様式」をあえて言葉で表現すれば、「その真なる固有の名称 its true and proper name は……信念であり、この用語は誰もが通常の生活で充分に理解しているものだ」（Hume, 1975, pp.48-9）。この日常言語論的省察水準の実在論と、認識論的な「哲学」の懐疑ゆえの観念論とのあいだで、ヒュームは揺れている。そのぎこちなさを一気に解消すべく、カントは〈経験的実在論にして超越論的観念論〉の言語批判を展開するのである。

（44）一六四三年五月十六日付デカルト宛書簡。『デカルト＝エリザベト往復書簡』、一四頁。さらに王女の六月二十日付書簡は言う。「精神に物質や延長を認める方が、非物質的なものに物体を動かしたり動かされたりする能力を認めるよりも、私にはより容易であると白状いたします」（同、二六頁）。心身の形而上学的区別と、生理自然学的合一。デカルト哲学のかかえる問題の核心を衝き、王女と哲学者との知的交流が始まった。デカルトは『哲学の原理 Principia philosophiae』（一六四四年七月、アムステルダム刊）の巻頭に王女への献辞を掲げ、形而上学と自然学（力学・天体論・地球論）の諸原理を講義形式で叙述する。そしておもむろに『情念論』草稿執筆にとりかかる。

（45）『省察』（一六四一年八月、パリ刊）の第六省察は、精神と身体の実在的区別を確証すると同時に述べていた。「私」には自己身体の空間的操作能力にくわえ、身体に密着した生理的感覚があり、「また自然 natura は、これらの苦痛や飢えや渇きなどの感覚 sensus によって、私は水夫が舟に乗っているような具合に、私の身体にただ乗っている adesse だけではなく、身体ときわめて緊密に結ばれ arctissime esse coniunctum、いわば混合されており quasi permixtum、したがって身体とある一なるものを構成しているる adeo ut unum quid cum illo componam〔私の身体とある一つの一体のようになっている〕、ということをも教えている」（山田弘明訳、一二一頁、原語補足引用者、〔　〕内は仏訳 comme un tout を重く見る谷川多佳子、一九九五年、一五〇－一頁参照）。そして第四答弁は念押しする。「私が精神と身体の区別について論じた、同じその『第六省察』において、同時にまた私は、実体的に精神が身体と合一していることを証明したのです」（『デカルト著作集2』、二七六－七頁）。しかし独立実体たる精神や身体と、その「実体的」合一の「概念」は同じ意味で「原初的」なのか。それぞれを直に知るという「純粋知性」「想像力に助けられた知性」「感覚」の区別、それに依拠した「形而上学的思惟」「数学の研究」「生と日常の交わり」（『デカルト＝エリザベト往復書簡』、二九頁）のあいだの視点移動のうちに、「原初的」の語義も微妙に遊動するのではあるまいか。そもそも生ける身心のうちにあるのは二実体の「合一」か、それとも「経験的」に一なる全体の形而上学的分断か。デカルトはこの重要論点を曖昧にしたまま、特有の割り切り戦法で、王女との哲学的な対話を始めている。

（46）同年六月二十八日付エリザベト宛書簡より。『デカルト＝エリザベト往復書簡』、二八－三三頁参照。

（47）これは『方法序説』（一六三七年六月、匿名、レイデン刊）以来の自覚的方法である。同書は第三部で「実生活の行動 les action de la vie」（『世界の名著22』、一八二頁）にかんする暫定道徳の諸格率を掲げ、第四部冒頭に言う。「さて、前にもいったように、実生活にとっては pour les mœurs〔風紀素行については〕、きわめて不確実とわかっている意見にでも、それが疑いえぬものであるかのように、従うことが、ときとして必要であると、私はずっと以前から気づいていた。しかしながら、いまや私はただ真理の探求 la recherché de la verité のみにとりかかろうと望んでいるのであるから、まったく反対のことをすべきである、と考えた。ほんのわずかの疑いでもかけうるものはすべて、絶対に偽なるものとして投げすて、そうしたうえで、まったく疑いえぬ何ものかが、私の信念のうちに残らぬかどうか、を見ることにすべきである、と考えた」（同、一八七－八頁）。「私」は実人生と隔絶した徹底懐疑を決行し、戦略的作為のもとに絶対不可疑のコギトを発見して、物心二元の形而上学の端緒を摑みとる。『省察』も「悪い霊」を持ち出す誇張懐疑直前に言う。「いま私が問題にしているのは、行動 agere にかかわる事がらではなく、もっぱら認識 cognoscere にかかわる事がらだけであるから、どんなに不信をたくましくしても、すぎることはありえない」（同、二四三頁、以上、原語補足引用者）。「実生活の活動と真理の探求との区別」を顧慮せぬ懐疑論者の懐疑は嘲笑の的となる（第五答弁）。これにたいし「私」の懐疑は形而上学に「アルキメデス」の「確固不動の一点」を確保して、かれらの懐疑を打破したのである。実生活と真理探求、行為と認識、実践と理論を切り分ける方法的二元論。エリザベトの反問に発した「心身合一」の人間的生の思索は、従来方針の延長線上で『情念論』（一六四九年十一月、アムステルダム、パリ刊）に結実する。ここで心身二元の「能動」「受動」は、「動物精気 spiritus animalis, esprits animaux」の運動および脳中央の松果腺を介して接合され、デカルトは「われわれ」の実生活上の「精神の諸情念」を平然と枚挙・定義する。のみならずその原因と身体的表徴と効用を解説し、情念を巧みに統制する「高邁 générosité」の「徳」を論ずる。かくしてテクストはみずからおのずと、自己の出立地たる経験の地盤に帰還した。そして誇張懐疑で思弁的に孤立したかに見えた「われ」も、いまやふたたび生身の「われわれ」の語らいの只中にある。それは奇しくもデカルトの死の三ヵ月前のことだった。

ところで『哲学の原理』のフランス語版序文（一六四七年）は述べている。「かくて哲学全体は一本の木のようなものであって、その根は形而上学であり、その幹は自然学であり、この幹からでている枝は他のもろもろの学問であり、これらは三つの主要な学問、すなわち医学と機械学と道徳とに帰着します。ここにいう道徳は、最も高い最も完全な道徳であって、他の諸学の全き知識を前提し、知恵の最後の段階であります」（同、三二五頁）と。ならばこの木は、いったいどこに根を張り生きるのか。真理探求の根幹と実生活の枝葉のあいだを切断する哲学方法論（同書第一部第三節参照）。それははたして「全体」として上首尾に機能しうるものなのか。この点を今一度じっくり問い直してみるべきである。

カント理性批判は、この大問題に果敢に挑戦する。あの〈経験的実在論にして超越論的観念論〉の世界反転光学が、デカルト的近代の抱え込む難題打開の糸口となる。デカルトのように理論と実践を切り分けても、形而上学が物心二元を実体化してしまえば、世界と人間的生の全体はこの根本教義に縛られて、身心問題や独我論を回避する苦しい理窟を捻出しつづけざるをえない。いまだなお心の哲学や科学の哲学をも悩ます躓きの石を、理性批判は二百年以上も前に、いとも軽やかに撤去し尽くしていたのではあるまいか。そういう大それた期待と展望のもとに、カントを新たに読み解きたい。

(48)　エリザベト宛の一六四三年六月二十三日付書簡に言う。「殿下が心身の合一についてわれわれがもっている概念が曖昧だと考えられたのは、あまり注意を要しない〔日常の〕思考よりも、むしろこうした省察のせいであると私は判断しております。というのも、精神と身体の区別と合一とを、きわめて判明にかつ同時に理解することは、人間精神にはできないと思われるからです。けだしそのためには、心身をただ一つのものと理解すると同時に、二つのものと理解しなければなりませんが、それは矛盾するからです」（『デカルト＝エリザベト往復書簡』、三〇‐一頁）。問題のすべてはこの「矛盾」にある。デカルトはこれを回避すべく、心身合一の実人生の「思考」と物心二元の形而上学的「省察」とを切り分けた。しかもあの徹底懐疑は「一生に一度」のことで、「知性をその諸原理を省察することにたびたび用いるとするなら、知性は想像力や感覚の機能に十分携わることができないので、それはきわめて有害であるとも思います」（同、三二頁）とまで王女に進言した。これに王女は七月一日付で再反論する。「感覚は、精神が身体を動かすことを私に示していると思いますが、どういう仕方で精神がそうするかを教えないと思います（知性や想像力も同様に教えません）。そのため、われわれには知られていない諸特性が精神にはあって、その特性は精神の非延長性について、あなたの『形而上学的省察』が見事な理由によって私に説得したことを、あるいは覆すかもしれないと思います。そしてこの疑問は、真偽を語る場合にあなたがそこで与えた規則に基づいていると思われます。……あなたが理由を与えて下さらなければ、私はこの世において確実なものを見出すことを諦めることになるでしょう。あなたは、最初の推論において私が陥っていた懐疑論から私を救って下さった唯一の方なのですから」（同、三五‐六頁）。じつに本質的な内在批判である。王女は二年後の書簡でも、デカルトと「同じ原理にしたがっている」と紹介された「ド・ホーヘランデ氏の小さな本」（同、一二三四頁）を厳しく批評する。「精神がいかに身体と合一し、身体の様相（それは身体に起こってくる善悪に関わります）に順応せざるを得ないかを、比較によって示していることについては、まだ私は満足できません。なぜなら、彼は微細物質は火の熱あるいは発酵熱によってより粗い物質のなかに取り囲まれると想定しますが、その微細物質はそれにもかかわらず物体的であって、その小さな部分の量と面積によって圧力あるいは運動を受け取るのであり、それは非物体的な精神のよくするところではないからです」（同、一二四八頁）。そして『情念論』の「動物精気」説も、これと同じ論難を免れることができないはずである。

師弟の見解の相違は、それぞれの世界観・人生観に深く結びつく。デカルトのプラトン的理性主義のオプティミズムは言う。「われわれ自身を絶対的に請け合うことができるのは、われわれが自分自身のものである間だけです。そして理性を使うことができないくらいなら、命を失うほうがましです。というのも、信仰の教えがないときでさえも、自然的な哲学によってだけでも、死後われわれの精神は今よりもより幸福な状態にあることが期待されるからです。そしてこの哲学は、精神に対して、その自由をまったく奪う身体に結び付けられていること以上に、厭わしく、恐るべきものはないと教えるのです」（一六四五年九月一日付、同、一一九－一二〇頁）。人が知るべき事柄のうちで「第一に主要なことは、神があること」、「第二に知るべきことは、われわれの精神の本性です。精神が身体なしにも存続し、身体よりもはるかに高貴であり、この世では見出されない無限に多くの満足を〔来世において〕享受し得るかぎりにおいてです。というのは、それがわれわれに死を恐れないようにさせ、この世のことがらからわれわれの愛着を引き離して、運命の力のうちにあるすべてのものを軽侮の念をもってしか眺めないようにさせるからです」（同月十五日、同、一三〇頁）。師匠の迂闊な発言に、経験的実在性の大地に生きる王女のペシミズムは反発し皮肉を言う。「精神の不死を知り、精神が身体よりもはるかに高貴であると知ることは、われわれに死を軽蔑させると同時に、死を追い求めさせることもできます。なぜなら、われわれは〔来世で〕身体の病気や情念を免れ、もっと幸福に生きるであろうことは疑い得ないからです。そして、この真理を確信すると自ら言っている人たちが、啓示された掟もたずに生き、利点の多い死よりもつらい生の方を選んだことに、私は驚きます」（同月三十日付、同、一三七頁）。身心問題をめぐる王女の懐疑と煩悶が、デカルト形而上学の物心二元論と、経験的日常のリアルな生の実感とのあいだの、かくも致命的な齟齬に深く鋭く根ざすことを重く見たい。ゆえにデカルトもこれに「騎士の愛と父の愛とを注いでいるかのごとくに」（野田又夫、一九七一年、九五頁）応接したのだろう。しかしかれは急逝し、王女懸命の問いは途方に暮れるのだ。

（49）諸家が指摘するように（B. Erdmann 1878, S.200 und Lehmann 1969, S.180, 石川文康、一九九四年、一五八－九頁）、この長い脚注の加筆動機はヤコービの『デイヴィド・ヒューム』への反発にある。感覚的経験を単純素朴に信頼する実在論者ヤコービは、付録論文「超越論的観念論について」で、『批判』初版の第四誤謬推理（A370, 372-3, 374-5Anm., 378, 379-80）や超越論的感性論、演繹論等（A36-7, 491, 101, 125, 126-7）を困惑気味に引いて批評する。「これらわずかな箇所から充分に証明されたものとわたしは信じるのだが、カント派の哲学者は諸対象〔物自体〕が感官に印象 Eindrücke をもたらし、それにより諸感覚を呼び起こし erregen、こうして諸表象を成就する zuwege bringen と語るときに、自分の体系の精神を見捨てている」（Jacobi Bd.2, S.301）と。ここまではじつに正しい。しかしまことに遺憾ながら、ヤコービはここからテクストを完全に逆読みする。「われわれの外にあって表象とは別の何かである」と「想定される」対象そのもの、すなわち「現象一般の叡智的な原因」たる「超越論的対象」が感官を触発するからこそ、「感性」は「実在 Reales と実在のあいだの判明な実在的媒体、なにか Etwas となにかの現実的媒介」（*ibid.*, S.302-3, vgl. auch S.308）となるはずだ。しかし、そもそも「あの前提〔触発する物自体〕なくして、わたしはこの体系に立ち入ることができなかったし、あの前提をもっていてはそこに留まることができなかったのだ」（*ibid.*, S.304）と。

　たしかに超越論的対象も「経験」の「対象」も見境なく「実体」たる「物自体」なのだと解して、その「実在性」や「個体性 Individualität」（*ibid.*, S.214-5, vgl. S.258, 261）、原因性や現実存在を平然と語る〈経験的-超越論的二重体〉の実在論にとどまるかぎり、〈経験的実在論にして超越論的観念論〉の反転光学の「体系に立ち入る」ことは端からできぬ相談だ。そしてまた「観念論」を「思弁的エゴイスムス」（*ibid.*, S.310）だと非難するのみならず、のちの無神論論争では「ニヒリスムス」だと決めつけて（一七九九年秋公開フィヒテ宛書簡）、個人内奥に直接体感される具象実在の人格神、愛すべき大文字の汝たる至高の他者への情熱的信仰こそが第一義だと言い募る、初期ロマン派の「信念哲学」「感情哲学」からの見当違いの難癖を、あたかもカント解釈上最大の難関のごとくに大声で語り継ぐ哲学史にも、同じ裁定を下さねばならない。そもそもテクストの首尾一貫した読みを妨げる「前提」のほうが怪しいと、どうして人は気づかなかったのか。積極的な物自体という根強い独断教条を廃棄すべく、純粋悟性概念の「超越論的使用」（A238=B298, A246-8=B303-5, A257=B311）の不当権利要求を断然却下して、伝統的な（そしてまた新手の）超越論的実在論の思考枠組みから完全に脱却すること。これが理性批判の最重要課題なのであり、われわれの「学問としての形而上学」への道の建築術は、この基本方針の確認から出立しなければならないのである。

（50）　方法論第二章「純粋理性の規準」第三節に言う。われわれの「真実認定 Fürwahrhalten、ないし判断の主観的妥当性は、（同時に客観的に妥当する）確信との関係で、以下の三つの階層をもつ。私念 Meinen、信念 Glauben、知識 Wissen である。私念とは、主観的にも客観的にも不充分 unzureichend だと意識される真実認定である。それが主観的にだけ充分で、同時に客観的には不充分だと認定されるとき、信念と言う。最後に主観的にも客観的にも充分な真実認定が、知識である。主観的な充足性 Zulänglichkeit は（わたし自身にとっての）確信 Überzeugung〔得心・納得〕と呼ばれ、客観的充足性は（皆 jederman にとっての）確実性 Gewißheit〔確知・確証〕と言われている」（A822=B850, vgl. B XXX, V 461-4, VIII 141, 396, IX 65-73, XX 297-9）。この明快な判定基準に照らして、「われわれの外なる物の現実存在」にかんする経験的知識についても、正当な権限を十全に論証したはずなのに、どうして読者公衆は理解しないのか。前引の「スキャンダル」発言には、そういう苛立ちも読み取れる。ちなみに右の一節は、個々の「わたし」がなにかを「主張する behaupten、つまり皆に必然的に妥当する判断を言表 aussprechen する」（A821=B849）という言語行為を、たんに私的な「説得 Überredung」から区別する弁論術《レートリケー》上の眼目の確認にほかならない。

(51)　かかる「恒常的仮象 beständiger Schein」の概念は、ランベルトの仮象論に由来する。「変化が実在的 real であるならば、時間が何であるにせよ時間は実在的です。時間が実在的でないとしたら変化も実在的ではありません。しかしたとえ観念論者でさえ、すくなくとも自分の諸表象において、諸変化がその始まりや終りと同様現実的 wirklich に起こっており、現実存在 existiert しているということを認めなければならない、とわたしには思われます。そしてそのために時間をなにか実在的でないものと見なすことはできないのです」（X 107）。ランベルトの一七七〇年十月十三日付のカント宛書簡は、カントの正教授就任論文をそう批評したうえで言う。「時間と空間をたんなる像や現象と見なす人があっても、わたしはまったく気にせず放っておきます。というのも恒常的仮象はわれわれにとって真理だからです」（X 108. あわせて石川文康、一九九四年、一五四 - 六頁参照）。ここに早くもかけられた「観念論者」の嫌疑が、理性批判の成否にかかわる重大案件となったことは想像に難くない。『批判』はこれに正面から応接し、「超越論的観念論者は一個の経験的実在論者である」と宣言した。しかしランベルトの衣鉢を継ぐフェーダーは、同じ無理解を繰り返してカントを苛立たせたのである。

(52)　このときカントは四十二歳。漱石が大学を辞めて朝日新聞に入社したのは四十歳。デカルトが『方法序説』を世に問うたのは四十一歳。ともに不惑の年を迎えた直後の壮挙である。ただし前二者とデカルトとでは出立の方向が真逆である。デカルトは感覚的・経験的な諸事物を超越した形而上学的省察の旅に出る。これにたいし漱石とカントは経験的実在性の大地に帰還して、そこで地道に超越論的反省の詩作的思索 dichtendes Denken を批判的に展開する。「根本的に哲学はすべてが散文 prosaisch である。今ふたたび詩的 poetisch に哲学しようとの提案は、商人にこれからは帳簿を散文でなく韻文でつけようと提案するものだと受けとめてよいだろう」（VIII 406Anm.）。後年の雑誌論文で、感情哲学の陶酔的な形而上学と対峙すべく決然と態度表明する人の、それでもなおテクストに滲み出てくる、禁欲的な比喩の声部をぜひとも聴き取り味わいたい。

(53)　家族の不運と不幸と確執ゆえに心身の不調を患う王女エリザベトを細やかに気遣って、デカルトは一六四五年五月一日付書簡に真心こめて言う。「偉大な精神の人は、きわめて強靭で力強い推論をするので、彼らもまた情念をもち、一般の人よりもより激しい情念をしばしばもつことさえあるにもかかわらず、彼らの理性が常に主人であり続け、苦悩でさえも彼らに仕え、彼らがこの世に生を受けて以来享受している完全な幸福に貢献するのです。というのは、偉大な精神は、一方で自らが不死であり、きわめて大きな満足を受け取ることができるとみなし、さらに他方で死すべき脆弱な身体、つまり多くの病気にかかりやすく、わずかの年月のうちに死を免れない身体と結びついているとみなします。そして、この世での運命が自分にほほえむようにするために、できるかぎりのあらゆることをいたしますが、それにもかかわらず永遠の観点からは運命をほとんど評価しないので、それをまるで芝居の出来事を見るようにしか見ないのです。舞台で上演される悲しく痛ましい物語が、われわれの涙を誘っているにもかかわらず、喜劇と同じくらい、われわれに気晴らしを与えることがよくあります。それと同じように、私が今はなしているこれらの偉大な精神の人たちは、彼らに起こるすべてのことがらにおいて、最も悲痛で耐え難いことがらにおいてさえも、自らにおいて満足を得るのです」（『デカルト＝エリザベト往復書簡』、七二頁、傍点引用者）。こうして事柄の導きにより、デカルトも問題の核心部に引き寄せられる。実人生の最もリアルな出来事を、あたかも舞台上のシェークスピアの悲喜劇のごとくに見る技法。それはしかし生身の肉体から切り離された「理性」的「精神」の「永遠の観点から」、いわばこの世のすべてを突き放して眺める超越的な遠さとして理解してよいものか。この世で「わたしは何をなすべきか」、「何を希望してよいか」。そもそも「人間とは何なのか」。世界市民たるわれわれの公的開放的な哲学の最重要局面で、「不死」なる精神実体の形而上学的教義は、普遍的根本前提として不可欠か。それはむしろすぐれて宗教的な案件として、あらためて批判的に吟味されるべき事柄なのではあるまいか。デカルトは数学的物理自然の新たな形而上学をキリスト教の信仰箇条に密着して打ち立てるべく、哲学と日常経験のあいだを分断する。カントはこの学校哲学の暗黙の前提を問い直し、人間的な生の経験に根ざす理性批判の新たな形而上学を建築する。実人生に不可避の悲劇のリアリティーをも「まるで芝居の出来事」のように、遙かな近みで表象する〈経験的実在論にして超越論的観念論〉の世界反転光学。この徹底的に批判的な哲学の道行きの始動情況を、いま新たに見つめ直したい。

（54）この超越論的観念論の視座は、大乗仏教の「瑜伽行派によって主張された唯識（vijñapti-mātra――ただ表象のみ）の教説」（服部正明、一九八六年、一〇七頁）に比定することもできる。しかしその無我説に、ウパニシャッドの「最高存在すなわちブラフマン（brahman 梵）と個我すなわちアートマン（ātman 我）の同一性――梵我一如――の教義」（同、一〇一頁）を重ねあわせ、「唯識学派によれば、客体的対象界を仮構する意識そのものも、最終的には、虚妄であり、非実在」なのであり、人間的意識――「六種の識」と「自我意識」と「アーラヤ識（ālaya-vijñāna 蔵識）」――の言語活動により「観念的に仮構されたこの現象世界を越えて、恒常不変の最高実在があり、それは〔実存の〕根拠の転換へと人を導くヨーガの実修によって達成されるのである」（同、一一二頁）と説かれるとき、これは明らかに超越論的実在論となっている。この東洋伝統教義にたいしても、われわれの理性批判は細心の警戒を怠らない。カントとドイツ観念論、漱石『三四郎』と西田『善の研究』とのあいだを決定的に分かつ哲学の道の最大難関が、ここに潜むと拙稿は睨んでいる。

(55) カントは一七九二年十二月四日付のベック宛書簡でも、自身の「批判的観念論」が「表象の形式にかんする観念性について語る」ものであり、「空間と時間の観念性の原理」であるのにたいし、「バークリの観念論」は「質料、つまり客観とその現実存在そのものにかんして表象の観念性」(XI 395)を主張するものだと力説する。

(56) カントの「一般現象学 phaenomenologia generalis」の構想は古く、「形而上学に先行」する「たんに消極的な学」(X 98)との触れ込みが、一七七〇年九月二日付ランベルト宛書簡に見いだせる(さらに同年の『可感界と叡智界』第三章参照)。これが仮象か真実在かの旧来型の二世界論を完全に脱却し、理性批判の世界反転光学が十全に発動したとき、そこに初めて積極的な現象学が出現する。それは一面的な「ドクサ」に偏執しない「現出(Erscheinung)」を弁明《ロゴン・ディドナイ》するべく、「ロゴスのヘラクレイトス的、プラトン的な説明のなかで」語られていた始元の哲学の真意を、「二千年後にはじめて」「十分な意味で引きうけ」(ヘルト、一九八六年、四一-三頁)たものにほかならない。

(57) 一七七二年二月二十二日付ヘルツ宛書簡に言う。「理論的部門をその全範囲で、あらゆる諸部分の相互関連を考慮しつつ、じっくり検討してみて気づいたのですが、わたしにはなにか本質的なものが欠けています。これをわたしは他の人たちと同様、わたしの長い形而上学研究で顧慮しないままにいましたが、じつはこれこそがこれまでのところ依然としてみずから身を隠している形而上学の全秘密を解く鍵となるものです。わたしはこう自問しました。われわれのうちにあって表象と呼ばれているものは、いかなる根拠に基づいて対象に関連するのかと」(X 129-30)。カントは理性批判の境域に着実に近づいている。しかし肝腎の問いを次のように相変らず旧来型の視角から展開することで、以後の長い沈黙を予感させる。「わたしは就職論文では、知性的表象の本性をたんに消極的に表現し、それは対象による心の変容ではなかろうとするだけで満足しました。しかしその場合、一つの表象が一つの対象に関連しながら、しかもこの対象から少しも触発されていないということがいかにして可能かを、わたしは黙って放置しました。わたしが述べたところでは、感性的表象は物がどう現象するかを表象し、知性的表象は物のあるがままを表象するのですが、後者の物はそれがわれわれを触発する仕方によって表象になるのでないとしたら、ほかにいったい何によってわれわれに与えられるのでしょう。そしてそうした知性的表象がわれわれの内的活動に基づいているとすれば、その表象によって産出されるわけでもない対象と、この表象との一致はどこから生じているのでしょう。そしてこれらの対象についての純粋理性の諸公理にしても、どうしてこれらの対象と一致するのでしょう。そもそもこの一致は、経験からの助けを借りることが許されなかったのです」(X 130-1)。カントは「わたしの企図の本質的なものについてはうまくいったと言える」と自信ありげで、「純粋理性の批判」の

「約三ヵ月以内」（X 132）の出版までも予告する。しかし肝腎の「感性的表象」と「知性的表象」の区別が、超越論的実在論による現象と物自体の区別の呪縛を脱却できていないことは、「触発」概念の危うい用法からも明らかだ。約九年後の批判弁論は、ここに見える難題を、世界反転光学でみごとに解決することになる。

　ところで右の理性批判構想の発芽直後、七二―三年冬学期からは人間学講義が開講され、以降この通俗講義は夏学期の自然地理学と対をなし、形而上学講義の「入門編」の位置を占める。坂部恵が早くに注目した出来事の意味は、やはりきわめて大きい（坂部、一九七六年、第一章第五、六節参照）。ここでとくに見逃せないのは、バウムガルテン『形而上学』を教科書とする毎冬学期の形而上学講義から、経験的心理学を扱う部分が人間学講義として分離独立した経緯である。「カントが後年批判哲学の体系の中で、批判的観念論は経験的実在論にほかならない、とくり返しいうとき、それはけっして空言ではなく、カントは、人間学者としては、徹底した経験論者であり、またすぐれたリアリストであった……。カントは、学問以外に目のとどかぬ、一つ眼の巨人ではなく、あくまで、二つ眼の市民として、現実の人間社会に深く根を下し、みずからの思想をそこにもとづけていた」（同、五八頁）。

　「傾向性からしても一個の研究者」（XX 44）たることを自負する人が、大学・学派・学界内に自閉して「自分の対象を他の人々の視点からも眺めるようにしむけてくれる、もう一つの眼」を欠く「キュクロープス」的学者学問の独善性、とりわけ伝統形而上学教義の「自惚れとエゴイズム」を真正面から批判的にまなざしたとき、広く現世の実情を見つめる経験的で実用的な人間学は、みずからおのずと「人間理性の自己認識の眼」たる「超越論的人間学 anthropologia transcendentalis」に脱皮変態《メタモルフォーゼ》する（XV 395, vgl. XVI 198-9, 205, XVIII 82-3）。理性批判の総体は、この意味でまぎれもなく徹底的に「人間とは何か」を問うている。そして第一批判の序論冒頭を飾る「経験 Erfahrung」の一語は、実地具体の経験的なものを踏査遍歴する自然史・地理学・人間学を豊かな滋養土壌としてもっている（拙稿本文次頁参照）。〈経験的実在論にして超越論的観念論〉の反転光学は、「一つ眼的なもの」を厳しく批判する光学の比喩の重層のもと、学校形而上学の権威と対決した一連の講義の建築術から生まれ出る。ゆえにまた理性批判は〈経験的-超越論的二重体〉の実在論とは異なる、もう一つ別の批判的人間学への道を決然と指向しえたのである。

（58）　カントの認識批判はこのアポステリオリな「質料」面で、「あらかじめ感覚のうちになかったものは知性のうちにない Nihil est in intellectu, quod non prius fuerit in sensu.」とするアリストテレス＝トマスの伝統を継承し、同時代の経験主義の主張に耳を傾けて、デカルト的合理主義の行き過ぎを是正した。感性論冒頭に言う。「しかし直観は、われわれに対象が与えられるかぎりでのみ成立する。しかるにこのこと〔対象が与えられること〕は、すくなくともわれわれ人間にとっては、それが心を一定の仕方で触発することによってのみ可能である。われわれが諸対象により触発される仕方によって諸表象を獲得する素質（受容性）は感性と言われる」（A19 = B33）。テクストの語りは、つねにすでに「われわれに対象が与えられる gegeben wird」という受動態の境域にある。ゆえに「それ er が、心 das Gemüt を一定の仕方で触発する affiziere」という一句でも、「それ」はあくまで「われわれ人間」に「与えられるかぎり」での「対象」だと観念しなければならぬ。そしてこれを積極的な「物自体」と混同し、これを主語とした触発の能動態（これぞまさしく超越論的実在論）に逸脱せぬように留意したい。「感性」の「受容性 Rezeptivität」は理性批判全体の要であり、これを定義する命題は「触発される affiziert werden」という受動態を用いている。全論述の起点をこの受動態に徹すること、そして触発の根本原因を云々する理窟を差し挟む余地を払拭することが、感性論に始まるテクストの建築術の根本原理である。

感性の受動性の論点を本格導入し始めた『可感界と叡智界』第三節でも、触発は基本的に「触発される afficitur」（II 392）と受動態である。しかし同書はまだヌーメナの超越論的実在性を前提する。そのために「感官を触発する多様なもの varia, quae sensus afficiunt」（II 392）とか、「あるものがわれわれの感官を触発しうる aliquid sensus nostros afficere potest かぎりでのみ、それ〔つねに受動的なわれわれ人間の直観〕は可能である」（II 397）という論述の弛緩を許し、本体的な物自体による触発という理解に短絡する。「現象は原因によって引き起こされたもの causata として対象の現前 praesentia obiecti を証言しており、これは観念論への反駁となる」（*ibid.*）。そう語るとき、カントはまだ超越論的実在論の主観‐客観対立に囚われている。かかる独断的態度表明と同水準で『批判』を解釈してはならない。デカルト的近代の形而上学教義の権勢に負け、物自体の感官触発論の理窟へ逸れるカント研究は、純粋理性の批判に徹する覚悟と勇気が足りないのだ。

ちなみにデカルト第六省察は、徹底懐疑の作為で排除したはずの「感覚 sensus」の境位を回顧して言う。「さて、まず第一に、私は、私が頭や手や足やその他すべての肢体をもつことを感覚したのであった。そしてこれらの肢体から成るこの身体 corpus を、私の部分であるかのように、あるいはむしろ私の全体であるかのようにさえみなした。また、この身体が、ほかの多くの物体の間に inter alia multa corpora 位置しており、これらの物体から、さまざまなしかたで、ときにはつごうのよいように、ときにはつごうの悪いように、影響されうる affici potest〔触発されうる〕ことをも感覚した。そして、つごうのよい影響を、ある種の快感の感覚によって、つごうの悪い影響を、苦痛の感覚によって認めたのである。なおまた、苦痛と快感とのほかにも、私の内部において、飢えや渇きその他このような欲望を感覚したし、さらには、喜びや悲しみや怒りや、その他これに類似した情念 affectus〔心情、気分、心の状態〕に向かうところの、ある身体的傾向をも感覚したのである」（『世界の名著22』、二九三頁、原語補足引用者）。ここでも「触発」は「感覚」の受容性に合わせて受動態である。しかしデカルトの二元論は、ただちに外的物体的事物を主語にした能動態に話法を転換する。たとえば『哲学の原理』第二部第一節、「何かわれわれの精神とはちがった事物 res aliqua. quae a mente nostra diversa est」を主語とした efficere, afficere の用法、および同第一部五十二節、「実体 substantia は、それが存在するものであるというだけでは ex hoc solo, quod sit res existens、ただちに気づかれるわけにはゆかない。ただ存在するというだけではわれわれを触発することができないからである quia hoc solum per se nos non afficit。むしろ、われわれが実体を容易に認めるのは、それのなんらかの属性からである」という条り参照。さらにデカルトの動詞 afficere の用法については村上勝三、二〇〇五年、二三九－四一頁参照。そういう超越論的実在論の語り口からは厳しく距離を置く理性批判の思索の場所で、〈経験的実在論にして超越論的観念論〉の世界反転光学はおもむろに始動する。

（59）　フィヒテの『知識学の概念、またはいわゆる哲学の概念について』（一七九四年五月）は序言冒頭「カントの天才的な精神」（Fichte, Bd.1, S.31）を讃えつつ、「独断的体系と批判的体系とを一般に、両者が争う権利主張において合一する」（*ibid.*, S.29）論点となるのは、「われわれの認識と物自体そのものとの連関」だと言い切り、超越論的に実在的な「非我」ないし「客観」との「間接的」連関を、「たんに主観的」な「感情」（*ibid.*, Anm.）に求めている。即自レベルの主客対立の再措定、つまり超越論的実在論への揺り戻し。カント超越論的観念論からの致命的な逸脱である。つづく『全知識学の基礎』（同年九月）は本論劈頭「すべての人間的知識の絶対的に第一で端的に無制約な根本命題」（*ibid.*, S.91）を探究し、「経験的意識の事実」から「経験的規定」（*ibid.*, S.92）をすべて捨象し反省抽出した「われあり Ich bin」（*ibid.*, S.94）の自己同一的な「自我」の「事行 Tathandlung」の知的直観に即して根本命題を提示する。「自我はそれ自身の存在 sein eigenes Sein を根源的に端的に定立する」（*ibid.*, S.98）。つまり「自我はそれ自身を定立する。そして自我はそれ自身によるたんなる定立により存在する。そしてまた逆に自我は存在する。そして自我はそのたんなる存在により、その存在を定立する。――自我は働くもの das Handelnde であると同時にそのはたらきの所産である。すなわち活動的なもの das Tätige であり、またその活動によって産出されたものである。行為《はたらき》 Handlung と所為 Tat は一つにしてまさに同じ Eins und ebendasselbe である。それゆえ『われあり』は一つの事行の表現である」（*ibid.*, S.96）。

デカルトの方法的懐疑を捨象的反省で一気に反復した知識学は、二百年前の精神実体の発話「われあり、われ現実存在す」に倣い、端的に「われあり」と言う自我の事行の絶対確実性から出発する。ただし事行は現実存在する「実体」でなく、純粋実践理性の圧倒的優位を含蓄して「努力 Streben」の「当為 Sollen」であり、「体系的スピノザ主義」の「理論的部門」で第一根本命題はたんに「統制的妥当性をもつだけである」(*ibid.*, S.122)。しかも知識学は事行それ自身がつねにすでに言語活動的であることを、生の自己感情の学的言語化文脈で当初から自覚していた(vgl. *ibid.*, S.79)。とはいえテクストはドイツ「民族 die Nation」の「言語 die Sprache」にも縛られて(vgl. *ibid.*, S.44-5 Anm.)、第一に「同一律」、第二に「反対律」(矛盾律および排中律)、第三に「根拠律」というようにして明らかに個体化・実体化を志向した論理《ロゴス》を、「実在的」(*ibid.*, S.8)な根本諸命題の演繹手続きの端緒に置く。そして全能動性・全実在性の帰属すべき「自我という言葉 das Wort Ich」(*ibid.*, S.97)を「絶対我 das absolute Ich」(*ibid.*, S.119-20)として、つねに事行の「形式的」な「絶対的主語〔主観〕」(*ibid.*, S.97Anm., 97)に立てる。だからフィヒテは、カントの反転光学がカテゴリーの客観的実在性の超越論的演繹を純粋自我でなく経験の可能性に定位させた真意を、十全に理解することができないのだ(vgl. *ibid.*, S.99)。老カントが折にふれて厳しく指摘していたとおり(XII 241, 370)、知識学体系構想は理性批判の正道を倒錯し、「自我性 Ichheit」の作為の隘路を永く踏み迷うこととなる。

イェーナでの無神論論争の災禍を経て、『人間の使命』(一八〇〇年)で「懐疑」「知」「信仰」の三階梯を上昇し、究極の実在的根拠の在所を「絶対知 das absolute Wissen」から彼岸の「絶対者 das Absolute」へ深化させるベルリン時代、とくにカント没年(一八〇四年)以降の知識学講義の展開も加味すれば、知識学を叙述する「哲学者」の純粋な「思弁」と、経験的実在的な「生」の現場にある「読者」の「自我」の根源的反省とは、テクスト表面で鋭く対置されつつも、自己意識内奥に「原確実性 Urgewißheit」をもつ「知的 intellektuell」な「直観」と「感情」(Fichte, Bd.5, S.355-7)のもとで教条的形而上学的に癒着する。ゆえに「超越論的観念論」(Fichte, Bd.1, S.474)とは名ばかりで、実はヤコービの「教条主義〔独断論〕」が自我の外に措定した「物自体」に過剰反応し、これを思弁的に無化すべく性急迂闊にも「自我自体」(*ibid.*, 428)の超越論的実在論へ退化変態した、ゆえにバークリと同型のスピリチュアルな主観的=基体的な観念《イデア》論、つまり自由と存在が絶対的に融合した「観念〔理想〕=実在論 Ideal-Realismus」にほかならない。

「絶対者」たる「神」の「存在 Seyn」の真理性について、「一つの像ないし図式 ein Bild oder Schema」(Fichte, Bd.2, S.696)もしくは「唯一の現象 Eine Erscheinung」の映現の必然性と、そこからの多様な現象(すなわち世界)の展開とを探りとる「本体 - 現象」の後期知識学は、深まりゆくニヒリスムスの時代を生きた一個の真面目な人の、道徳的実践的な「信仰」告白と見ることもできる。その場合は「絶対者」に直面した自我の「自己滅却 Selbstvernichtung」の意味も訊ねつつ、「絶対知」の叙述にまつわる「光」「眼」「投映 Projektion」「写像 Abbilden」「見照 Sehen」「可視性 Sichtbarkeit」等、善のイデアの「太陽」の光輝にも比肩しうる多分に神学的な光学の比喩の質を、批判哲学的に吟味しなければならないのだが、それはまた別の話である。

(60) この「経験」概念が、たんに個人の直接感覚によるものではなく、他者からの伝聞や学習による間接経験、さらには世代間の経験の蓄積を含意するものであることは、見過ごされてはならない。望月拙稿、二〇〇一年を参照されたい。

(61) 第二版序論は「経験」に寄り添う前置詞 mit と aus を強調して言う。「われわれの全認識が経験とともに始まるとはいえ、だからといってその認識の丸ごとすべてが経験から発源するわけではない」(B1)。これはロックに照準した異議申し立てだ。『人間知性論』は第一巻第一章第二節で、理性批判の基本設計を先取りして言う。「それゆえわたしの目的は、人間的認識 humane Knowledge の起源と確実性と範囲 the Original, Certainty, and Extent を探究することであり、これとあわせて信念、意見、同意 Belief, Opinion, and Assent の根拠と程度を探究することである」と。そして第二巻第一章「観念一般およびその起源について」の第二節では、「あらゆる文字 all Characters が取り除かれ、いかなる観念もない白紙 white Paper」に「心 the Mind」をなぞらえて、「それはどこから理性と認識のすべての素材 all the materials をわがものとするのか」と問い、「一語で」答える。「経験から From Experience」と。「経験のうちでわれわれの全認識は創設されるのであり、それは根本的に経験から生ずるのだ from that it ultimately derives it self」と。

カントはこの最後の部分に嚙みついた。そして白紙の心に刻み込まれるロックの認識の文字素材を、われわれ人間のアプリオリな諸観念により言葉のはたらきへ賦活化した。「じじつわれわれの経験認識そのものが一つの複合物であり、われわれが印象 Eindrücke により感受 empfangen するものと、われわれ自身の認識能力が(感性的な印象をたんにきっかけとして)自分自身から調達してくるものとから出来ている、というのは充分にありうるだろう」(B1)。『批判』はこの根本前提のもと、「経験から独立し、あらゆる感官の印象からさえも独立しているような認識」を「アプリオリ」と呼び、これを「経験的な認識」すなわち「その源泉 Quellen がアポステリオリで、つまり経験のうちにあるような認識」(B2)から区別する。そして前者の筋の「純粋理性から aus der reinen Vernunft」のアプリオリな「起源 Ursprung」をもつ直観と思惟の純粋形式、すなわち人間的認識の根源語群について、その「客観的実在性」つまり有意味性の確証を企図している。

その点は第一版序論の当該箇所に歴然である。「いまやおのずと明らかであり、きわめて注目すべきことだが、われわれの経験のうちにさえも、アプリオリな起源を有しているはずの諸認識が混入しているのであり、これらの認識はおそらくはただ、われわれの感官の諸表象に意味連関 Zusammenhang をもたらすためだけに役立つのである。じじつわれわれの経験から感官に帰属するすべてのものが除去されたとしてもなお、ある特定の根源的 ursprünglich な諸概念と、それらから生み出された諸判断とが残存するのであり、これらは完全にアプリオリに、経験から独立して成立したものであるにちがいない。それというのもこれらのアプリオリな概念や判断のおかげで、人は感官に現象する諸対象について、たんに経験が教えるであろうことよりも多くを言表できる **mehr sagen kann** のであり、すくなくともより多くを言表できると信じている。つまりそれらのおかげで諸主張は、真の普遍性と厳密な必然性をはらむことになるのであって、これはたんに経験的な認識には提供できないものである」（A2）。理性批判は「経験」という「認識」——それはロックでも「感覚 Sensation」と「反省 Reflection」とからなる——と、その「経験的」な「素材」をなす「諸観念」（つまり「諸感覚 Empfindungen」）との概念階層の差異を睨んで、先達の課題を継承更新したのである。

(62)　この件は本書第三部以降で詳述する。ただ一点、あらかじめ確認したい。ここで「根源的」とは、言語起源論文脈に連なる歴史的な意味でもなければ、発達心理学的な探究に繋がる発生的な意味でもなく、超越論的な感性論と論理学との論述連繋から見いだされた「存在-論的 onto-logisch」な根本原理にかかわる意味で理解されたい。また「言語活動 langage」はソシュール（Ferdinand de Saussure, 1857-1913）の一般言語学に想を得た用語だが、広く人間精神と言葉との繋がりを見つめる言語哲学の思想伝統に根ざしている。

(63)　不断反転光学の比喩のイマージュを増幅すべく、ドゥルーズ（Gilles Deleuze, 1925-95）の詩作的思索を引くことを赦されたい。『差異と反復』序論冒頭に言う。「反復は一般性ではない。……差異は、本性上、反復と、たとえどれほど極限的な類似であろうと、その類似とのあいだにある。／……反復は代理されえない〔かけがえのない〕ものに対してのみ必然的で根拠のある行動になる……。行動としての、かつ視点としての反復は、交換不可能な、置換不可能な或る特異性に関わる。……／反復すること、それは行動することである。ただし、類事物も等価物もない何かユニークで特異なものに対して行動することである。……祝祭というものには、『再開不可能』なものを反復するという明白なパラドックス以外のいかなるパラドックスもない。一回目に、二回目、三回目を加算するというのではなく、第一回目を『n』乗するのだ。このような力《ピュイサンス》=累乗の関係=比《ラポール》のもとで、反復は、内面化されることによって転倒されるのである。……個別的なものに関する一般性であるかぎりでの一般性と、特異な《サンギュリエ》ものに関する普遍性としての反復……。わたしたちは、一個の芸術作品を概念なき特異性《サンギュラリテ》として反復するのであって、一つの詩が暗唱され〔心で覚えられ」なければならないということは、偶然ではないのだ」（ドゥルーズ、二〇〇七年、上二〇－二頁、あわせて二八－九、三四－五、五一－二頁参照、補説およびルビ訳書）。ここに、カント理性批判を根底で駆動する反省的判断力の、秘めやかな「視点としての反復」を見ることができる。

（64）上田閑照は西田を西田以上に理解して、「純粋経験という出来事」を「根源語」と呼ぶ。それは「主客未分の現前である『純粋経験』そのものが、言葉が徹底的に奪われるという根本経験であり、それと一つに、言葉が新たに生まれるという根本経験であり、そのようなものとして根源的な『言葉の出来事』だということ」を道《い》う、最高度に「術語的」な「名づけ」である（上田、二〇〇八年、四六－五〇頁、さらに三二五頁参照）。他方、拙稿が諸カテゴリーを「根源語 Urworte」と呼ぶときは、「明暗双双」の「暗」中に「言葉が徹底的に奪われ」た刹那、即座に反転して、すでにこの世の起死回生を果たした〈超越論的観念論にして経験的実在論〉の還相で、「純粋統覚」の「われ」と諸カテゴリーとが等根源的に立ち上がってくる原初的な言語分節の始動局面を言う。この決定的な差異にもかかわらず、「明暗双双という言葉に合わせて言」われた「虚実双双」（同、二六頁）の上田言語哲学に、拙稿は大いに啓発されている。ゆえにその「根源語」という詩作的思索の根本語《グルントヴォルト》を、あえて異なる位相で継承する冒険に打って出たしだいである。

（65）「単なる同時代者の間というよりも、時代に一歩先んじて考える一流の思想家の間の一種の親和力」（坂部恵、一九七六年、四頁）がゲーテを『判断力批判』に熱中させて、「根源現象 das Urphänomen」（ゲーテ、十四巻、三四六－七、四三五、四三九頁）の理念を醸成する。ハンブルク版『箴言と省察』の「神と自然」章に言う。「根源現象は、理念的 ideal〔理想的〕、現実的 real〔実在的〕、象徴的 symbolisch、同一的 identisch。／経験 Empirie においては、経験自体の無制限の増加、そこから、救済の希望、しかし、完全無欠については絶望。／根源現象は、／究極の認識可能なものとして理念的、／認識されたものとして現実的、／あらゆるケースを包含するがゆえに象徴的、／あらゆるケースと同一的」。「根源現象の直接の感知はわたしたちを一種の不安におとし入れる。わたしたちは自己の不十分さを感ずるのだ。経験という永遠のたわむれによって生気を与えられた場合にのみ、根源現象はわたしたちを喜ばせる」。「わたしが究極的には根源現象に安んじていても、それはやはり諦念 Resignation に過ぎない。しかしわたしが人間性の限界まで行ってあきらめているのか、それともわたしの偏狭な個人的存在という仮定的な限定の内側であきらめているのか、その二つのあいだには大きな相違がある」（ゲーテ、十三巻、二〇五－六頁）。また「認識と学問」章に言う。「学術の四つの時期。／子どもらしい kindliche、すなわち／詩的、迷信的な時期。／経験的な empirische、すなわち／探究的、好奇的な時期。／教条的な dogmatische、すなわち／教訓的、杓子定規的な時期。／理念的な ideele、すなわち／方法的、神秘的 mystisch な時期」（同、二六三頁）。「あらゆる事実 alles Faktische がすでに理論であることを理解するのが最高であろう。空の青さはわたしたちに色彩論の原理を明らかにしてくれる。現象の背後に何物をも求めてはならない。現象そのものが学理 die Lehre なのだ」。「普遍とは何か。／個別の事例 Der einzelne Fall。特殊とは何か。／数百万の事例」（同、二七六頁）。「概念は経験の総計 Summe であり、理念は経験の結果 Resultat である。総計を出すには悟性が、結果を把握するには理性が必要とされる」（同、二八二頁）。

詩人も「経験」と「現象」に徹し、「背後 dahinter」を探らぬ覚悟を決めている。ゆえに「芸術と芸術家」章は、カントの「自然の技術」に唱和する。「芸術はもう一つの自然である。これまた神秘的 geheimnisvoll〔秘密に満ちたもの〕ではあるが、もっとわかりやすい verständlicher。なぜなら、それは人間の理解力 Verstand〔悟性〕から生れるものだからである」。「自然は創造主といっしょに取り決めた法則 Gesetzen に従って、芸術は天才と了解し合った規定 Regeln に従って、働きを及ぼす」（同、三〇九頁）。「美を生むためには、現象となって現われる一つの法則が要求される。／バラの例。／花において植物的法則は、その最高の現象形態を示す。そしてバラがまた、この現象の頂点ということになろう。／果皮もなお美たり得る。／果実はけっして美たり得ない。なぜなら、果実においては、植物的法則が自己のなかへ（単なる法則のなかへ）退くからである」。「最大の自由を得、もっとも固有の条件に従いつつ現象となって現われる法則は、客観的な美を生み出す。その美はもちろん、自分を把握してくれる、自分にふさわしい主体〔主観たち〕を見出さなければならない」。「象徴的表現 die Symbolik は現象を理念に、理念を一つの形象 ein Bild に変換する。かくして理念は、その形象のなかでつねに無限に活動しつづけ、とらえがたいままである。そして、あらゆる言語で語られてさえ、なおいつまでも言い表わしがたいものでありつづけるだろう」。「特殊なものがより普遍的なものを、夢や影としてではなく、探究しがたいものの生き生きとした瞬間的な啓示として表わす場合、それが真の象徴である」。「天才は一種の遍在力 eine Art Ubiquität を発揮する。経験以前には普遍のなかへ、経験以後には特殊のなかへ」（同、三一一‐五頁）。「芸術家たちが自然と言う場合、はっきりと意識しないままに、それをつねに理念の意味に解しているのである」。「芸術をも生命をも破壊せずに自然と理念とを分離することはできない」（同、三二七‐八頁、原語挿入引用者）。

「反省的判断力」の「発見的」「統制原理」の神髄を受け止めた、これほどみごとな言葉はほかにない。最晩年の詩人は、遺稿編纂者となる若者に重ねて言う。「悟性は、結局、自然には到達できないのだ。神性に触れるためには、人間は自分を最高の理性にまで高めるだけの力がなければだめだ。神性は、自然と人倫の根源現象の中に顕われている。神性は根源現象の背後にひそんでいる。もともとそれは神性から出発しているのだ」（エッカーマン、一九六八年、六五頁）。ただし「人間の到達しうる最高のものは……驚異を感じるということだよ。根源現象に出会って驚いたら、そのことに満足すべきだね。それ以上高望みしても、人間に叶えられることではないから、それより奥深く探究してみたところで、なんにもならない。そこに限界があるのさ。しかし、人間はある根源現象を見ただけではなかなか満足しないもので、まだもっと奥へ進めるにちがいない、と考える。ちょうど子供みたいに、鏡を覗きこむと、その裏側になにがあるのかとすぐ裏返して見ようとするようなものだ」（同、六九頁）。かかるカント‐ゲーテの経験的実在論の現象一元論を百年後、言語論的に徹底反復したのがウィトゲンシュタイン『哲学探究』である（関口浩喜、二〇〇九年、二三〇‐一頁、さらに飯田隆、二〇〇一年、村田純一、二〇〇一年、粂川麻里生、二〇〇一年参照）。大胆な類比で言えば、『論考』と『探究』は第一、第三批判の再演であり、ウィトゲンシュタインの一連のテクストは、長い禁欲的な「沈黙」のうちで、第二批判の主題を能弁に語っていたのである。

（66）そうした言語的＝政治的な理性批判の、反省的判断力の語りの蠢動を、われわれが住まい語らう経験の地盤で、二百年後に展開した一つの卓抜な言説《ディスクール》が、フーコーというテクストだ、と言えば買い被りが過ぎるだろうか。あるいはこの「作者」に迷惑な誤読だろうか。『知の考古学』の企ては「言説の一つ一つの契機を、出来事の闖入として迎え入れる用意」を整えるべく、「あらかじめ定められた連続性の諸形態」を「宙づりにして」「揺さぶり」（フーコー、二〇一二年、五一‐二頁）、「非連続性、断絶、閾、限界、系列、変換」（同、四三頁）への感度を上げ、「『語られたこと choses dites』のレヴェルを、その種別性 spécificité において出現させ」（同、八頁）、「分散のシステムを記述する」（同、七六頁）ものとして、規定的な普遍概念から解き放たれた反省的判断力の批判的な建築術に通底する。「物にして言葉 Dinge und/gleich Worte」という拙稿表題は、この密かな連繫の気配に後押しされている。しかもそれは「言葉と物 les mots et les choes」の切断の深みに足を取られたデカルト的近代の「人文科学の考古学」からの批判的反転更生をねらっている。

「問題はまさしく、『物』をなしで済ませることなのだ。物を『脱現前化する dé-présentifier』こと。……言説以前の『物』の謎めいた財宝を、言説のうちでしか姿を現すことのない諸対象の規則的な形成によって置き換えること。それらの諸対象を、物の基底 ***fond des choses*** に関連づけることによって定めるのではなく、それらが一つの言説の対象として形成されることを可能にし、それらの歴史的出現の諸条件を構成するような、諸規則の総体に関係づけることによって定めること」。こうして「物そのもの les choses mêmes」と「言説の対象 objets d'un discours」の差異を執拗に語るとき（同、九四‐五頁）、『知の考古学』は「もはや言説」が「一つの経験の最初の地盤にも、一つの認識のアプリオリな審級にも関係づけられること」のない「抽象的」で「一般的で無制限かつ一見するとかたちのない領野」を確保すべく（同、一四九‐五〇頁、さらに二四四‐五、三四四、三五八‐六二、三七八‐八〇頁等参照）、いわば〈経験的実在論にして超越論的観念論〉の不断反転の各瞬間にのみ偏執する。そして詩的に張りつめた政治闘争的頑なさにより、この世で一番肝腎なはずの「物」も「言葉」（同、九六‐七、一〇八、一二二、一三五頁）も経験的実在性ないし歴史的実定性の地平に一面的に固着させ、二つをいたずらに定冠詞つきで対置し、個体化し物象化してしまっている。かかる言説マニアのテクストを超えて、ここではもっと軽やかに大らかに〈物にして言葉〉の反転光学の道に沿う〈超越論的な始元論《アルケオロギー》〉を遊びたい。

「物」「対象」「現象」「表象」という哲学の「諸概念の出現の場所」（同、一一九‐二〇頁）に、どこまでも批判的に立ち会うためにである。「言葉たち **mots, Worte, words**」は、意味深い無冠詞複数形、さらにいえば単複無差別相で徹底的に〈反省的 **reflektierend**〉に聴き取られたとき、たんに発音や文字や単語や命題や文のみならず、フーコーという名の「わたし」が追い求めた「言表 **énoncé**」（同、第Ⅲ章）さえも、みずからおのずと含意しているはずである。しかもそれはこの石、白い雲、狼煙、音楽、舞踏の語りでもなければならぬ。ベラスケスの絵を読み解く『言葉と物』第一章は言う。「言語《ランガージュ》と可視的なものとの関係を開かれたままにしておこうとするならば、両者からもっと近いところにとどまれるように、両者の不両立性に逆らうのではなくそこから出発して語ろうと欲するならば、そのときは固有名詞を抹殺し、〔反省的判断力の反転光学の！〕無限の努力を重ねていかなければなるまい。絵画がすこしずつその明るさをともしていくのは、おそらく、灰色で、無名な、あまりにも幅広いゆえに細心で反復的である、そうした言語《ランガージュ》の媒介をつうじてであろう」（フーコー、一九七四年、三四頁）。

「作者」が「記号についての書物」と呼ぶ『言葉と物』の元来の題名は、英訳本が公然と謳うように「物の秩序」である（フーコー、二〇〇六年②、二六八‐七一頁）。原著刊行直前の文藝批評『レーモン・ルーセル』の対話体最終章は、漱石晩年の「明暗双双」「則天去私」の文学論に暗合するかのように言う。西欧近代のあまりにも人間学的なエピステーメーの圧倒的な実定性に囲繞されたがゆえの狂気の文学。その奥底の中心部に閉じこめられた黒い太陽のごとく不断に死につつ語る「《私《ジュ》》」（フーコー、一九七五年、二一七頁）。「それはルーセルの言語の空間、この言語がそこから語るところの空虚であり、作品と狂気がそれによって通じ合い排除し合う不在だ。そしてこの空虚というのを、私〔文藝批評家フーコー〕はメタフォールで言っているわけでは少しもない——それが言わんとするのは、語《ことば》の欠乏、それらが指す事物よりも数少なく、この経済のおかげで何ごとかを意味できるという、語の欠乏なのだ。もし言語が存在物《エートル》と同じくらい豊かであったとしたら、それは事物《もの》の無駄で無言な分身であるだろう、つまり存在なんかしないだろう。だがそれでも、事物はそれを名指す名がなければ、夜の中にとどまっていることだろう。言語というもののこのような、光明をもたらす欠落、それをルーセルは苦悩にいたるまで、そう言いたければ妄執《オブセッシオン》にいたるまで感じとったのだ」（同、二三〇頁）。作者・人間・主体の死の場所からのテクストの語り。人間理性の自己批判の法廷弁論も、やはりこの生死《しょうじ》一貫の語りの水準にあるものとして聴き取りたい。

第Ⅰ部

理性批判の道の建築術

第一章　批判の道の思索

第一節　智慧に向かう批判哲学の道

経験的実在論にして超越論的観念論、超越論的観念論にして経験的実在論。この壮大な反転光学を、実在と観念、対象と表象、記号内容《シニフィエ》と記号作用《シニフィアン》という一連の概念対との類比に乗り、簡潔に言い直せば〈物にして言葉、言葉にして物〉となる。理性批判の哲学は、意識一般の言語活動《ランガージュ》を近代市民世界の啓蒙の只中で徹底吟味した、有限理性の超越論的反省である。そして三批判書は「純粋理性の体系」たる「学問としての形而上学」の可能性と確かな方法《みち》を問う、「世界概念に沿う哲学」の道の建築術の着手である。ゆえに『純粋理性批判』は、印象深い「道」の比喩で飾って長大な第一法廷弁論を締めくくる。

学問的な方法を遵守する者についていえば、ここでかれらにある選択肢は、教条的か懐疑的かというものだが、どんな場合にもかれらは体系的に手続きをとって進行する責務をもつ。ここで第一の選択肢についてはあの有名なヴォルフを、第二の選択肢の場合はデイヴィド・ヒュームの名前を挙げておけば、わたしの目下の意図からは、他の人たちの名前を挙げずにおくことができる。批判的な道だけがなお開かれてある。読者がこの道をわたしと連れ立って歩みとおすだけの好意と忍耐とを持ち合わせておられたとするならば、いまや以下の点について判断されることだろう。すなわち、この小径を大通りにするために読者が自分の持てるものを寄与しようという気になったなら、これまでの多くの世紀にわたり成し遂げられなかったことが、今世紀の終らないうちにも達成されるのではないか、つまり人間理性の知識欲がつねに携わってきたのに、これまでは無駄に終ってしまった事柄において、人間理性を完全に満足させることになりうるのではないか、という点についての判断である。（A856=B884）

この道の歩みは終始一貫、来るべき新たな形而上学の建築術に寄せる哲学の言語行為である。理性批判とは「方法《メトーデ》の論考」であり、批判的な形而上学の体系建築に向け、人間理性の正しい道《ホドス》に沿う思索の「確《ジッヒャー》かな進み行き」を公的に確保しようとする革命文書である[1]。

この大文脈からも分かるように、「これまでの多くの世紀にわたり成し遂げられ」ず「無駄に終ってしまった事柄」とは、本来的な形而上学の建築という哲学史の課題である。純粋理性の歴史において、哲学の歩みがめざす「智慧 Weisheit」はどこまでも「見極めがたい」。ゆえに哲学の「原型《ウアビルト》」は「どこにも具体的《イン・コンクレート》に与えられていない」。しかしそれは、この世に生きて哲学する者に共通の使命として「課せられて」ある。哲学の歴史は大文字の「客観的な」哲学をめざす、「あらゆる主観的な哲学」の無数の登攀道の模索である。

人は多くの道をたどって、これに近づこうと試みる。いつか、感性の草木の繁茂によってひどく覆われた、ただ一本の小径が発見され、それまで見誤られてきた摸像《ナハビルト》を、人間たちに恵まれ許されるかぎりで、あの原型に等しいものとするのに成功する、そのときにいたるまで。（A838=B866）

批判哲学は道の探求であり、道としての哲学である。哲学は智の愛求の正しい道を探りつつ進みゆくことであり、理性批判は、われわれのめざすべき「智慧」の見極めがたさを覚悟した、現下《いまここ》の道の思索である。ゆえにわれわれは

「哲学」でなく「哲学すること」を学ばなければならぬ。そしてどこまでも「智慧」を愛し求めてゆくしかない。テクストはいま死の沈黙の鏡に面して語っている。人間理性の自己認識の歴史の終りが、つねに同時に始まりでもある哲学の物語り。太陽は日々に新しい。ここに「発見 entdecken」が望まれる「一本の小径 Fußsteig」、この野山を独り登る思索の坂道は、『批判』がいま切り拓きつつある「批判的な道 der kritische Weg」を暗示する。

かかる「道」の比喩は、三批判書の要所で駆使されている。そして教条主義〔独断論〕と懐疑主義との対立を「批判」で乗り越えるモチーフは、人間理性の「特異な運命」（A VII）を物語る第一批判初版序言に呼応する。「形而上学」の「終りなき闘争の戦場」（A VIII）で、「専制的《デスポティシュ》」な「教条主義者たち」と、かれらの「内戦」から生まれくる「まったき無政府状態」に乗じた「ある種の遊牧民《ノマーデン》」たる「懐疑主義者たち」（A IX）が[2]、今も昔もせめぎあう。「万学の女王」（A VIII）たる形而上学の衰亡の危機。その時代診断と「道」の比喩との絡まり具合を確認しよう。

> いまや、すべての道が無駄に試みられ（人はみずからそう説き伏せる）、そのあとに諸学を支配しているのは、倦怠とまったくの無差別無関心主義である。これは混沌《カオス》と闇夜《ナハト》の母である。だが、それと同時に、諸学を近々改造し啓蒙する源泉となり、すくなくともその序曲となるものである。（A X, vgl. XXVIII 540）

この世の万物を覆う無差別無関心の「混沌と闇夜の母」。比喩に比喩を重ねる序言はいま、「無差別無関心主義 Indifferentismus」「無差別無頓着 Gleichgültigkeit」「無差別無関心主義者たち Indifferentisten」と同道する。しかもなお「人間の自然本性には、無差別無関心 gleichgültig ではありえぬ」「諸探究」の「対象」がある。これを哲学の建築術の前途に睨みつつ、「無差別」系の鍵語を隔字体《ゲシュペルト》で連発するテクストは、言語道断の沈黙の無の場所に坐して、人間理性の「批判の時代」に向かう「判断力」の「成熟」を確信する。[3]

『批判』はこの沈思黙考の静寂の深みに胚胎し、つねにふたたび生死《しょうじ》の現場に立ち上がってきた、非人称公平無私の「わたし」の起死回生の言葉である。[4] 明暗双双。数々の独断《ドグマ》や懐疑《スケプシス》との対話を経て自己批判的となった人間理性が、いまこの刹那に新生を誓い、これからの旅路を遠望する大いなる「小径」の探索の物語り。テクストの語りの場《トポス》は、第一に純粋理性の歴史であり、第二に学問の建築術であり、第三にその方法論である。

哲学は道であり、この世の人間理性の歴史のうちにたどるべき道である。それは単純な一本道でなく、共通の目標となるあの峰の頂きをめざしての、すべての可能な道の共同探索の道程である。これまでにも「数々の茨の道」（VI 367, vgl. B XLIII）の歩みがあった。カントは過去の哲学のさまざまな道行きとの批判的対話から、理性批判の道筋を見いだした。『批判』の法廷弁論は、古代ギリシア以来の西洋哲学史の途上、われわれの新たな時代を画する批判的理性の出現の革命的出来事である。そのような物語りとしての歴史の道については、別の機会に論究した。(5) ここでは第二、第三の論点を主題化したい。まず究明されるべきは哲学の建築術の道であり、あるいはむしろそのような道の建築術である。(6)

感性から乖離したデカルト派の純粋理性主義に乗じる、近代啓蒙の独断専行。これをヒュームの徹底懐疑が打ちのめし、心ある哲学は絶句する。ところが学校形而上学の思弁は、わが身を守るべく饒舌となり、「いまや」この喧噪のさなか、純粋理性の学問世界を無差別平等の「無関心主義」が支配する。もはやすべてはどうでもよい、どうあがいてみたところでみんな同じだという、人間理性の「混沌と闇夜」。投げやりな絶望の暗転が迫りくる生の現場に、一条の曙光がさしこんでくる。そして新たな批判的啓蒙近代の「序曲」が静かに響きわたる。テクストはその調べに、「時代の成熟した判断力」による「純粋理性それ自身の批判」の「法廷」（A XI-XII）の開設要求を聴き取り、宣言する。

この道、ただ一つだけ残り、委ねられ gelassen〔放下され〕てあった道。わたしはいま、そのなかに身を転じてある。そしてはばかりながら思う。経験から自由な使用において、理性をこれまで自己分裂させてきたすべての誤謬を除去するものに、わたしはこの道の上で出会ったのだと。（A XII）

形而上学の「戦場」と、理性批判の「法廷」の比喩に、「道」の比喩が折り重なる。しかもこの法廷弁論は最後に、形而上学の成否の「判断」を「読者」に仰ぎ、ここに「ただ一つ」残された「批判」の「小径」を「大通り Heeresstraße」にしてゆこうと呼びかけた。

　理性批判は、「読者世界」の「公衆」を「世界市民的」な討議論弁《ディスクルス》の場に招請する、「弁証的 dialektisch〔討論的・対話問答的〕」な法廷弁論の記録である。世の中にはこの点を顧みずに曲解し、純粋統覚の独話《モノローグ》や独我論《ゾリプツィスムス》を非難するむきもある。[7] たしかに人の切実な言葉も、聞き手や読み手の態度や能力しだいで独り言に終ることがある。じじつカントが遺した難解な言葉は、「批判的な道」を「連れ立って」歩む同時代次世代の「読者」に恵まれない。カントはひきつづき「自然の形而上学」と「道徳の形而上学」の「始元根拠」を起草したが、革命の真意は汲み取られず、批判的で形式的な超越論的観念論の呼びかけは、十九世紀以降の哲学史のなかで、唯一の「絶対者」を熱く語るドイツ観念論の、思弁的展開の前座に置かれてしまう。理性批判が周到に「準備」して協働の着手を期待した新たな形而上学の建築術は、十八世紀が「終らないうちにも達成される」どころか、次の二つの世紀末転換期を経てもなお、すべてが「無駄に終って」いるように見える。

　とはいえテクストは日々に新しい。人間理性の自己啓蒙を鼓吹する批判の語りは、各所で実定的に凝り固まりがちな独断教条を、そのつどのいまここで根底から揺り動かしてくる。「物とは何か」「形而上学とは何か」「真理とは何か」「客観とは何か」。テクストはいま、それら鍵語の意味を根本から問い直す。しかも『批判』第一版と第二版のあいだには、『啓蒙とは何か』や『思考の方向を定めるとはどういうことか』という政治哲学文書が公開されている。一連のテクストの語りが事実として独話に終っても、真摯で誠実な思索の現場は、理念においてつねに「本来の公衆」たる読者世界の批判的討議共同体のうちにある。ゆえに理性批判は、「学校概念」でなく「世界概念」に沿う哲学の道を歩みつづけるのである。

第二節　方法の確かな道の思索

「批判的な道」の新建築運動の呼びかけから六年後、作者は『批判』第二版序言を「学問の確かな道 der sichere Weg」の探索と発見の歴史物語りとして起草した。テクストは論理学、数学、自然学の「確かな進行 der sichere Gang」(B VII, XIX usw.)をふりかえり、来るべき新たな形而上学にも学問としての確かな歩みを希求する。[8] 近代啓蒙が本格始動した時節、数学と自然学の革命的な行き方に倣ってのことである。

> わたしはこう考えてみたい。数学と自然学は一挙に成就した革命によって、いまあるところのものとなったのだが、この実例は充分注目に値するものであり、ゆえにそれらの学問にとってかくも有益だった思考法改変の本質部分を熟慮して、理性認識たる数学や自然学と形而上学との類比《アナロギー》が許すかぎりで、ここですくなくとも試みにそれを模倣してみよう。これまでは、われわれの全認識は諸対象にしたがわねばならないと想定されていた。しかし諸対象について、諸概念によりアプリオリになにごとかを確認し、それによってわれわれの認識を拡張しようとするすべての試みは、この前提のもとでは水泡に帰してきた。だから一度試みに、諸対象がわれわれの認識にしたがわねばならない〔そのはずだ〕と想定してみよう。そうすることでわれわれは形而上学の諸課題において、いっそう上手に前進するのではないだろうか。(B XV-XVI)

拙稿の思索の事柄《みち》は、コペルニクス的転回という根幹部に逢着する。諸現象の総体たる自然の認識で、諸対象は理性のアプリオリな認識にしたがっており、その認識形式を「われわれ自身が諸物の内に置き入れる」と想定する「思考法の変革された方法」[9]。これは人間的認識の技術論《テクノロジー》的本性を、幾重にもわたって明るみにもたらしている。

第一にカント超越論的認識論は、経験的な「質料」とアプリオリな「形式」との二項関係で動いている。これは材料とそれを形づくるものという伝統的な技術《テクネー》モデルに依拠した思考法《ロジック》であり、自然へのアプリオリな形式の「置き入れ」は、人間的認識一般を形成する超越論的技術と呼んでよい。第二に、そのアプリオリな諸形式はカテゴリーの「使用」にかんする「数学的 mathematisch」と「力動的 dynamisch」（A160=B199）の分類からもうかがわれるように、万物を量（外延量・内包量）として把握して、実体・因果論的関係枠組みに包摂し、空間時間の網目に位置づけることを可能にするものであり、まさに数学的で「機械力学的 mechanisch」な近代科学の技術本性と通底する。[10]

第三にその「思考法の革命」の範例は、ガリレオ、トリチェリらの「実験の方法」に求められる。しかるに実験はすでに一つの「機械的 mechanisch な技術」（V 305）の実践であり、物質の「メカニズム」（V 305）に依拠した経験的実証の技法である。関連して第四に、「理性は理性自身が自分の設計構想 Entwurf〔企投〕にしたがって産出するものだけを洞察する」（B XIII, vgl. V 384）。このすぐれて技術制作論的認識観を、カントは同時代の実験哲学者たちと共有した。第五に哲学史および科学史の教科書は、近代科学の技術的根本性格を指摘するさいに、「知は力なり」「自然はそれにしたがうことによって支配される」というベーコンの言葉を好んで引くが、『批判』も自然学の「大道 der Heeresweg」の発見に寄与した「聡明なるヴェルラムのベーコンの提案」（B XII）を賞賛し、『大革新』序言の一節を第二版巻頭題辞とする。[11]

こうした科学技術論的文脈で、『批判』は「方法の論考 ein Traktat von der Methode」（B XXII）を自認する。そしてあの「批判的な道」への誘いも、「学問的な方法 eine szientifische Methode」を「〔看取し見護り〕遵守する者たち die Beobachter」への呼びかけである。かくして学問の方法という言葉は、批判の道をゆく拙稿の身をこわばらせる。カント認識論の根底に看取される超越論的技術は、近代科学の方法に同道し、現代科学技術文明の「作ることの支配 Machenschaft」へと人間理性を方向づけるものなのか。そしてあの思考法の革命は、古代中世の自然世界への帰属・従属を、近現代の人為技術による自然支配へ転換する思索の画期としてあったのか。

たしかにそういうテクストの読みも可能だし、そのように読まれてもきた。[12] しかしここでは試みに、同じテクストを逆向きに読んでみたい。そして現代文明の基礎をなすテクノロジーの自然支配を、テクノロジーの自然帰属へ転回する道筋を、コペルニクス的転回の思索そのもののうちに探りたい。

すくなくともここで「学問的方法」は、今日のいわゆる精密諸科学《サイエンス》の行き方を言うのではない。古来、学問《スキエンチア》は多様な分肢をもちながら、根元的に全体として一つのものだった。これにたいし近代とりわけ十九世紀以降、産業化分業化の進行する科学技術文明下、学問は大学諸学部の専門学科に分化独立し、方法の独自性を競い自閉的に細分化して、それぞれに緻密化する道を邁進する。かかる科学の方法、「ますます技術《テヒニク》に身を委ね、昂じ果てた方法衝動」に急き立てられ、「たんに学問に奉仕する道具」というだけでなく、「むしろ方法のほうが諸科学を自分に奉仕させる」というまでに「技術的‐科学的な計量」の型にはまった「方法」のありさまを、ハイデガーは「言葉への途上」の講演で、「老子」の「道《タオ》」にも比すべき「道《ヴェーク》であるもの」の「極端な変種ないし逸脱種」と呼んだ。そしてこれは「すべてのものの道を拓きつつ動かし be-wëgenden、すべてのものをそれの軌道に引きこむ道の、その偉大なる隠された流れから逸れた汚廃水にすぎぬ[13]」と厳しく難じていた。

『批判』から百年二百年後の学問世界で、諸科学の「方法」が各所で淀み滞留し全体的な「流れ」を見失う、この末期症状にいたる事態を、カントがどこまで見透していたかは定かでない。しかし現下の学問世界の危機的状況に直面するわれわれに、ほかならぬ『批判』の「方法」の思索が、学問の道行きの分断細分化から連繋再統合への転回《ケーレ》の契機を与えてくれる可能性をもつのは確かである。なぜならば批判的な方法の論考は、たんに自然の科学的理論的な認識の基礎づけをめざすのではなく、その形而上学体系の基本設計において、人間理性の学問全体の建築術の「経験 Erfahrung」の道をゆくものだからである。そしてまたその道は、哲学の「学校概念」と「世界概念 Weltbegriff（conceptus cosmicus）」の岐路に立ち、たんに学的な「認識の論理的完全性」に拘泥するのではなく、われわれの全認識を「人間理性の本質的な諸目的」に関係づける、哲学的世界建築術への道を選びとるものだからである（A838-9=B866-7）。

方法《メトドス》とは道《ホドス》に沿い《メタ》歩むことであり、哲学・論理学の伝統では、言葉《ロゴス》を用いるわれわれの思索が物に即した正しい道に沿って進むように教導することを言う。『批判』の「超越論的論理学《ローギク》」は分析論《アナリュティク》と弁証論《ディアレクティク》からなるが、これはアリストテレスのアナリュティカ、プラトンのディアレクティケーの名のもとに伝承される方法論との対話であり、超越論的批判と呼ばれる新たな思索の場所で、伝統的な方法との対話を方法的に遂行しようとしたものである。経験的理論認識の「真理の論理学」と、経験を超えた思弁的認識の「仮象の論理学」。哲学する人間理性の進むべき道筋を探り、先人たちの足跡との対話を重ねる「方法の論考《トラクタートゥス》」が、同書を締めくくる第二部を「超越論的方法論」と題したのは、批判的思索という事柄の理に適って自然当然である。理性批判は自然本性的に方法的な理性の自己認識をとおして、われわれの理性を「批判的な道」へ、批判という方法へ牽引《トラクターレ》し導いてゆく。

ゆえに問題は、そこに開示された批判の小径がどこに向かうのかという一点にある。純粋理性はいま自己自身との批判的な対話をとおして、世界のどのような相貌の開ける場所に赴こうとしているのか。科学の認識論的な基礎づけという近代哲学の主題を引き受けたとされる「超越論的分析論」の「肯定的」な意義は、十九世紀来の哲学史教科書やカント研究文献で繰り返し指摘され強調されてきた。しかし批判哲学の道に沿って思索《ナッハデンケン》しようと試みるわれわれは、この一面のみを強調しすぎることのないように慎みたい。そして理性批判の道の全行程をとおして求められる「方法」を、近代主流の学知を代表し支配する技術理性の科学的方法に限定する短絡に陥らぬよう、みずからに厳しく戒めたい。

第三節　理性批判の道の建築術

近代の知の拡張と進歩。自然研究を中心に理性が学知の明るみの際限ない領土開拓・制圧の世界旅行に乗り出していた啓蒙期、あえて時代の動向に逆らって、理論的認識能力の限界を見極めるのが『批判』第一の眼目である。「わたしは信に場所《プラッツ》〔本拠地〕を確保するために、知を終結《アウフヘーベン》させなければならなかった」（B XXX）。第二版序言の告白は、可能的経験の限界を自然本性的に超え出る純粋理性の活躍の本領《エレメント》を、たんなる思弁から道徳的実践の領域へ移し変える、批判哲学全体の基本方針を決然と表明する。

そもそも同書第一部「超越論的原理論 Elementarlehre〔基礎教程〕」の建築術は、感性（直観）から悟性（概念、原則）、理性（理念）へ上昇する、人間理性の自己認識の思索の道行きを示していた。テクストはこの行程全体をとおして、経験的理論認識から統制的な思弁的理念へ、そして諸理念の実践的認識つまり自由、魂の不死、神の存在という三大理念の実践的な客観的実在性の確信へ、人間理性の思考と語りの各本領を踏査しながら、感覚知覚経験を越えて進みゆく。理性批判はやはり、来るべき学問としての形而上学体系への道を切り拓く準備教育である。じじつ『実践理性批判』も、第一批判の道の比喩に美しく呼応して、論弁全体の掉尾で静かに語りかけている。

一言でいえば（批判的に探査され方法的に導入された）学問こそが、智慧の教えに導く狭き門である。ここで智慧の教えとは、人が何をなすべきかという点のみならず、何が教師たちの指針として役立てられるべきかを教えるものとして理解していただきたい。すなわち誰もが進むべき智慧への道を良好かつ明瞭に踏みならして切り拓き、他の人々が誤った道に迷い込まぬように安全確保《ジッヒエルン》するための、指針を教えるのだ。哲学がつねに守護者でありつづけなければならぬ一つの学問、その学問の精細な探究に公衆はなんら関与することはないにせよ、しかしその教えには関心をもつはずだ。そしてその教えは、そういう研究の後に初めて、正しく明確に公衆の理解しうるものとなるのである。（V 163, vgl. 141）

理性批判の哲学は「智慧への道」を着実かつ公明正大に進むべき「学問」、つまり道徳の形而上学のただ一人の「守護者 Aufbewahrerin」として、その真性を維持保管することを究極の使命とする。この世にあって「わたしは何をなすべきか」。とりわけ世界公衆の自己啓蒙の推進を任務とする「教師たち」は、思索と行為の正しい方向を示す準縄として、何を「指針」に仰ぐべきか。「智慧の教え」は、われわれ人間がともに道徳的政治的に正しく生きてゆくにあたり、肝腎要の事柄をさし示す道標である。そして来るべき批判的形而上学の体系建築は、その教えの庭に到達するための「狭き門」である。[14]

そのためにも第一批判の弁証論は、「ソクラテス的な仕方で」「相手方の無知」を暴露して、理性の超越論的仮象をめぐる「誤謬の源泉を塞ぐ」ことで、「道徳性と宗教にたいするあらゆる非難」（B XXXI）を斥けた。この下準備の意義を過小評価してはならない。それに先立つ分析論も「人間理性の目的論 teleologia rationis humanae」（A839=B867）の哲学営為を志向する道の途上にあるものとして、カテゴリーの権利主張を制限しつつ正当化し、その客観的妥当性を物自体でなく現象としての「経験の対象」についてのみ承認した、あの限定的否定の厳しい力動性において理解されなければならない。

現象と物自体の区別は批判哲学全体の要諦である。理性の自己認識は、ここに初めて理性批判となる。ゆえにまた物《ディング》にかんするこの区別をどう理解するかが、カント解釈上枢要の問題だ。現象とはわれわれの感官に現れてあるかぎりでの物《レス》であり（経験的実在論《レアリスムス》）、物自体でなくたんなる表象である（超越論的観念論）。現象と物自体の光学的判別は、人間の認識能力における感性と理性の区別に対応し、感官で直観すること（受容性）と概念で思惟すること（自発性）との区別を反映する。「感性と理性との諸限界」（X 123）という『批判』建築計画当初案に謳われた二項図式が、理性批判の全行程を貫いている。そして三批判書はこの二項関係の類比を、理性の全活動領野で「汎通的 durchgängig」に踏査する。

大きくは経験的理論認識、道徳的実践的意志規定、物の美と崇高の感性的《エステティッシュ》な判断、自然の有機的組織化の目的論的判定など、細かくは感覚、概念、原則、理念等の活動領野で徹底的に類比的に、ゆえに根本的には反省的判断力の統制原理たる「自然の技術」に則して展開する批判的思考。それは人間の本性的な有限性ゆえの、内的根源的な対抗関係《アンタゴニスム》の徴表たる二項図式に導かれ、人間理性の各所領に固有な活動本性を見極め弁えるとともに、多様な活動領域間の境界を画定する。この批判的思索の動向は、細分化し分化独立する近代の技術的=科学的理性の、自己分裂傾向に重ねて理解することもできる。あるいは、そういう理解を是認するか否かを問う前に、われわれのカント研究がつねに厳しい分業体制のもと各領域の議論の精緻化に汲々として、研究諸成果の連絡連繫を図るのが疎かになる傾向にある。そして今日の人文・社会・自然諸科学の原理論でも、カントは各学問の生成史に細切れに位置づけられ、断片的な意義と限界が物語られているのが実情である。

「批判 Kritik」とは、ギリシアの端緒において「分ける《クリネイン》」こと、区別し切断し分別し判断することである。カントの思索はその意味で批判的に、現象の秩序における感性的な自然の国《ライヒ》（感性界、可感界）と、物自体の秩序における超感性的な諸目的の国（悟性界、可想界）とを峻別し、それぞれに純粋悟性の立法（普遍的自然法則）と、純粋理性の立法（道徳法則の普遍性の形式）を振り分けた。ただしここで物自体とはあくまでも「限界《グレンツ》概念」であり、理性批判は理論と実践の二大立法の「領域 Gebiet（ditio）」を峻別し国境《グレンツ》線を画定することで、人間理性の国際紛争、つまり経験主義と理性主義の対立に淵源する理性の自己矛盾《アンチノミー》（内的な対抗弁論 contradictio, Widerspruch）を調停する司法手続きである。

『批判』の「純粋理性の建築術」は、「人間理性の立法」たる「哲学」を「二つの対象」に応じて「自然の哲学」と「道徳の哲学」に分節し、「純粋理性の体系（学問）」たる「形而上学」も、自然と道徳のそれに分類される（A840-1＝B868-9）。カントの批判的建築術は、この二部構成を基本にすえている。しかもこの分節構造は、思索の対象となる事柄《もの》に固有の本性に即して、物理自然の機械的＝力学的な必然性連関と、道徳的意志規定の自由な目的論的連関とを見つめ、理性使用の方法《みちゆき》を求めることから論理必然的に帰結した。ちなみに十九世紀中葉に表立つ学問方法論争も、この二項図式を背景的な拠り所の一つとして、自然科学的方法論の一党独裁に抵抗し、それとは異なる精神諸科学（文化科学）に独自の方法論を探るべく生起した。だからこそいま改めて自然と道徳、理論と実践、現象と物自体を区別する理性批判の本来の意味《おもむき》を、「二元論」「二世界説」という教科書的烙印の印象から自由になって、慎重に読み取り直す必要がある。

結論を先に言う。批判による区別は遮蔽でなく、事柄を適切に切り分けることで、全体を新たに正しく関係づける建築術的手続きである。批判哲学は、理性の領土を分割し、国境に壁を打ち建て、相互に分断・隔離することを企図したものでは断じてない。批判の国境は切断し接合する、区切り繋ぐ。哲学は「自然法則とともに道徳法則をも内容として含み、当初《アンファングス》はそれを二つの別個の体系のうちにもつが、最終的《ツーレッツト》にはただ一つの哲学的体系のうちに含みもつ」（A840=B868, vgl. V 195-8）。道は「通行 commercium, Gemeinschaft」（vgl. A213=B260）の手立てであり、町と町を繋ぐものであり、とりわけ国境越えの道は異民族異文化間の相互交流の動脈である。

二つの独立した体系分肢をもつ哲学は、部門相互の十全な連繫があって初めて一体系となる。そのためにも最初から最後まで、体系的＝建築術的に哲学する思索の道をゆかねばならぬ。第一、第二批判の自然と自由にたいする人間理性の各立法権限の限定的正当化に続いて、第三批判が不可欠となる。その思索課題は、「自然概念の領域《ゲビート》から自由概念の領域への移行 Übergang」である。自然の機械力学的な「合法則性」に覆われた感性的な現象の国から、「超感性的基体」の住む自由の「究極目的」の国へ国境を越えて進《ユーバーゲーエン》みゆく第三批判書は、新たな形而上学体系の批判的建築術への道を、いよいよ本格的に切り拓くものとして、理性批判の完結篇と呼ぶにふさわしい[15]。

第四節　自然の建築術に聴従する道

『判断力批判』は、経験をつみ判断をかさねる人間理性の正しい思索の道を探る、超越論的な反省の徹底継続である。われわれ人間の思索の道、なかんずく批判哲学それ自身の理路の正否の審判《ウアタイル》はここに下される。批判とは批評であり、判定、判断である。理性批判は法廷（司法機関）であり、死すべきものとしてこの世に生きるわれわれの「政治共同体的 politisch〔ポリス的〕」な判断が問われる、公的開放性の場所《プラッツ》である。第三批判は批判哲学的思索の本領を発揮する判断力、つまり悟性と理性のアプリオリな立法に従属せず自分自身にたち還り自己本来の道を歩み始めた「反省的判断力」の、活躍の場を経験の「地盤 ein Boden（territorium）」に見定める。

理論と実践の二部門に分かれる一つの「哲学の領域が、この〔地盤の〕上に建立 errichten され、哲学の立法が執行 ausüben〔実施遂行〕され」（V 174-5）なければならない。二つの立法府は、「憲法 Verfassung, constitutio」および下位の諸法全体の体系（世界共同体の理念）を打ち建てる。そして「行政府 Regierung」は、法の執行のための「諸規則 Regeln」を指令する。第三批判は自然と道徳、理論と実践、経験的認識の真と自律的行為の善を、分担所掌する両立法府を調整統括し法を執行すべき、統一政府の革命的創設を使命とする。ゆえに反省的判断力のアプリオリな原理は「統治的 regulativ〔統制的〕」なのである。(16)

　自然と自由の普遍的立法の二領域は、当初「見渡しがたい深淵」に隔てられた「二つの異なる世界」であるかに思われた。しかしその境界はじつは地続きの国境である。われわれは反省的に類比を重ね、経験の地盤を遍歴する批判的判断力の思索をとおして、国境を越えてゆくことができるかもしれない。第三批判はそういう国境通過の正しい道筋、合法的な通関手続きの基本線を、一つずつ経験に尋ねながら探り求める。経験世界を地理的歴史的に遍く歴訪し、経験の体系的統一の道筋を「われわれの内でも外でも」（V 196）踏破して、知恵への道を探る人間理性の批判的反省的な思索動向に注視したい。

　「判断 Urteil」とは、つねにすでに言葉で分節されてあった物たちを繋辞でつなぐものであり、繋辞でつなぎつつ主語と述語に分節するものである。反省的判断力の移行の運動《みちゆき》は、判断作用の分節と接合の絶えざる反転の、批判的なズレを喚起する反省的《レフレクティーレント》＝反照的な重層反復をとおして、「存在の家」としての言葉を、そしてわれわれ人間の住まう経験世界《レーベンスヴェルト》を、建築術的に秩序正しく設えてゆく高次の言語活動のことをいう。そして『判断力批判』は、われわれの「論弁的 diskursiv〔討議的・遍歴徘徊的〕」な悟性の言語分節による世界建築術の正道を見分けるために、「自然の技術」というアプリオリな原理を「導きの糸 Leitfaden」にして、経験の地盤を遍歴踏査しつつ物との対話を重ねてゆく。この世に出会われる美しいもの、崇高なもの、自然の有機的に組織されたもの、そして個々の物たちを不可欠の有機的部分《タイル》として含みもつ目的論的な世界全体。この一連の批判的＝反省的対話をとおして、人間理性は物の内なる自然本性の声を聴き取り、いまここで現に生きてゆくべきわれわれの、哲学的世界建築術の道を指南されるのだ(17)。

物がその物としてそなえる固有の筋目に沿い、反省的に切り分け、物の内的な体系的統一の建築構造を見定めることが批判である。ゆえに理性批判は総合的な方法の道をゆく。『プロレゴメナ』は、「完成した作品」のあとに構想された「設計図《プラン》」として「分析的方法」をとる。しかし『純粋理性批判』は「どこまでも総合的な教授法《レールアルト》によって起草執筆されなければならない。それはこの学問が、それ自身のあらゆる分節肢 Articulationen を、全体として一個のある特別な認識能力〔純粋理性〕のもつ分肢建築構造 Gliederbau として、その自然な結合において目の前に呈示するためだった」(IV 262)。

ここで批判反省される純粋理性は、「それ自身のうちできわめて汎通的に結びついた領分 Sphäre」であり、この球体状《スパイラ》の物の完全な建築術的体系性は「一個の有機的に組織された身体」に喩えられる。理性批判は、批判的に哲学する理性自身の建築術的自然本性の内的深層に分け入って、物の内なる建築術的自然本性に呼応しうる理性本来の境域に帰還する。物の筋目を見分け言分けして進む批判の道には、物の内なる「自然の技術」への呼応を志す人間理性の哲学的思索の血潮が流れている。理性批判は物の、物たちの、万物が住まう世界の内に秘める建築術的な自然の技術の、密やかで幽かな呼び声を聞き分け聴き取る《フェアネーメン》、理性それ自身の自然な態勢を取り戻すための準備教育である(18)。

カントの建築術的な理性批判は、人間の有限な自然本性に即して直観と思惟、認識と実践、知と信とを峻別し、そのうえで正しく適切に関係づけることを、思索行程の始めから企図している。「内容なき思想は空虚であり、概念なき直観は盲目である」(A51=B75)。『純粋理性批判』の開始を告げる二つの序論は劈頭で、「経験」が全認識の道行きの出発点であることを確認し、超越論的原理論も長大な論理学部門に先立って感性論を第一に据える。理性批判は経験とともに始まり、物が現象として「与えられて」ある地点から歩み始める。

第一批判は感性から悟性をへて理性理念へ上昇し、超感性的なものの弁証的思弁から道徳的実践への移行《うつりゆき》を開始する。これを引き受けて第二批判は、純粋理性の原則を思索の端緒とし、自由の概念論をへて、道徳感情の感性論へ帰還する。理性批判は自己の諸領を上昇下降して巡回する、純粋理性の自己認識の旅である。それは「経験の可能性」の護符を懐に携えた道行きであり、ゆえに感性から出て感性に帰還する。実践的諸理念をめぐり再度弁証的に超感性的世界へ上昇した思索は、「思弁理性との結合における純粋実践理性の優位」を確認し、諸理念の客観的実在性の「要請」を手にして「経験の地盤」に復帰する。

そして第三批判は、経験の道行き《エアファールング》の途次に出会われる具体的な物たちとの数々の対話に導かれ、美の感性論から理性の目的論理へ上昇し、最高善（徳と幸福との合致）を経験世界に実現すべき歴史的実践の建築術の道を探っている。[19]『批判』第二版序言が「学問の確かな道」を語り、「思考法の革命」の時節到来を告げたとき、カントはまだ理性批判の体系的完結の思索を経験していない。しかし『普遍史の理念』と『臆測的始元』で建築術的な歴史理性批判の思索の道に踏み出して、第二批判の思索の完了を目前にひかえたとき、かれは批判哲学全体の道行きにかんする一定の見通しを得ていたはずである。テクストの語る学問の方法の道の「確かさ Sicherheit」は、かかる全体的な道の建築術的な理念のもとに理解されなければならない。

この道の確かさ、行方も知れず行きつ戻りつ「彷徨徘徊 Herumtappen」をつづける危険から護られて、確かな前進の歩みを保証する信頼のおける安全性としての確かさは、近代理性が求めた学知の「確実性 Gewißheit, certitudo」へも通じてゆく。しかし哲学の全行程を近代科学の基礎づけとして狭く限局した、デカルトの「われあり」の極点的な確実性とは根本的に異質である。しかもデカルトの学問建築の道は、この一点に始まっている。それは既存の建築物のすべてを解体し、あらゆる物の拠って立つ大地世界も徹底消去して、虚空に浮かぶ思惟実体のみを土台とした、スクラップ・アンド・ビルドの近代建築である。

デカルトはあらゆる学問知の「確実性」の基礎に、「われあり」の実体性の直知をすえた。カントは純粋思惟形式の無内容性ゆえに、この形而上学的思弁の方途を却下した。そしてデカルト的物心二元論の哲学がとる超越論的実在論、およびこれに依拠した主観‐客観対立図式が不可避的に経験的観念論に陥ってきたことを「哲学の躓きの石《スキャンダル》」だと論難し、近代哲学の全行程を反転して、理性批判の思索の立脚点を経験的実在論の上に確保しつづけるべく、超越論的観念論の道を選びとる。

物がある。現象として与えられてある。現象は表象であり、物自体ではない（超越論的観念論）。しかしわれわれが物の存在《ザイン》に出会われる場所は、物が現れる経験行程を物と対話しながら進みゆく道の上にしかない（経験的実在論）。超越論的観念論はその点を見定め自覚して、経験の道にみずから赴き遍く経めぐり、ここを歩き通すことを志す理性の決意表明である。そして理性批判は、この経験世界の確かな道の歩みの牽引指南書である。経験的実在論《レアリスム》がわれわれのつねにすでに出会われている物の現《レス》にある在り処に汎通的に定位しつくす批判哲学の基本姿勢を言い表すのだとすれば、これと不可分の超越論的観念論は、この経験の道をゆくわれわれの理論と実践の可能性を根元的に開くものにほかならない。

コペルニクス的転回の思索の道の秘められた意味《おもむき》は、以上の体系的文脈のもとに初めて明かされる。自然の諸物の内にアプリオリな認識形式を置き入れる純粋悟性の立法。この経験的理論認識の根底にはたらく超越論的技術への認識批判的反省回顧は、世界を物理自然の諸部分に切り刻み、場当たり的に操作する科学技術的専制支配から反転して、人間理性が個々具体の現象物との経験的対話の建築術的な道を歩み始めるべく、天然自然の世界《コスモス》に向けて投げかけた最初の挨拶である。それはまた人間理性の言葉《ロゴス》と物との対話的討議共同体を創設する憲法発布である。諸カテゴリーが経験の「立憲的 konstitutiv」な原理であるとは、この意味で解したい。物との対話の原言語《ウアシュプラッヘ》ないし基礎文法たるアプリオリな認識形式により、世界はさしあたり物理的機械論的自然としてわれわれに開かれる。しかし物の内なる自然との経験的で実質的な対話は、これからいよいよ始まるのである。

経験の道の上での言葉と物の呼びかけと応答。この哲学的対話は、科学的自然研究のそれも環境世界におけるテクノロジー行使のそれも、「自然の技術」を反省的な統制原理として批判的＝建築術的に方向づけられねばならない。

そのような物と言葉の対話の道に、われわれはいかにして入ってゆけるのか。世界の体系的＝総合的な統一力の衰弱が顕著な現下の危機的状況では、物との哲学的対話は、裁判の公的討議の場で論理の正しい筋道を立てて審問する公平な裁判官のみならず、世界の片隅の私秘的な空隙に追いやられたクライアントの声に受容的に応接する詩人的臨床家も必要とする。この世の物の内なる自然との対話の総体を、美しく有機的な語らいの広場に設えてゆくためにも、われわれの哲学的思索は形而上学体系への徹底的に批判的な道を建築してゆかなければならない。

注

（1）この建築術的企図を前面に出して方法論冒頭に言う。「純粋で思弁的な理性の全認識の総体を、わたしは一つの建物に見立てている。これについてわれわれは、われわれの内に少なくとも理念をもっている。そこでわたしはこう言うことができる。われわれは超越論的原理論において、建築資材をざっと見積もり、それがどういう建築物に適しており、どのような高さと強さに適しているかを規定した。そこで明らかになったように、たとえわれわれが天まで届くような一個の塔をもくろんだとしても、材料のストックは、もっぱら一軒の住宅に足るほどにすぎない。とはいえこの住宅は経験という平地の上でのわれわれの仕事にぴったりの広さをもち、これを見渡すのに充分な高さをもっている。他方であの大胆な企ては、素材の不足ゆえ失敗に終らざるをえなかった。ここで言語の混乱を引き合いに出すまでもない。労働者たちはこの混乱により、計画〔設計図〕について不可避的に分裂し、世界中に散り散りになり、各自が自分の企画〔設計構想〕にしたがい別個に建築せざるをえなくなった。いまやわれわれの問題となるのは材料でなく、計画のほうである。われわれの全能力をおそらく凌駕しかねない好き勝手で盲目的な企画は、あえてなすべきでない。この警告をわれわれは受けたのだが、とはいえやはり一つの堅固な居住地の設立を放棄するわけにはいかないのだから、われわれの問題は、われわれに与えられていてしかも同時にわれわれの必要に適うようなストックとの関係のもと、一個の建築物の見積もりを立てることである」（A707=B735）。バベルの塔の無謀を指弾する建築術の比喩。これは理性批判がつねに同時に、形而上学の根本諸概念をめぐる言語批判でもあることを告げている。

（2）アリストテレス、ドゥンス・スコトゥス、カントの存在論との対話のなかで、「〈常識《サンス・コマン》〉あるいは〈良識《ボン・サンス》〉」による「〈割りふり《レパルティシオン》〉の原理としての表象＝再現前化」に対比してドゥルーズは言う。「ノマド的と呼ばなければならない配分、すなわち、所有地もなければ囲いも限度もない遊牧的《ノマド》なノモスについては、話はまったく違ってくる。この場合には、もはや配分されるものを分割するという事態はなく、むしろ、限界のない、少なくとも明確な限界はない開かれた空間のなかでおのれを配分するものどもを割りふるという事態があるのだ。……彷徨《エランス》の配分……。諸事物や諸存在を、力《ピュイサンス》という観点から考察するようなヒエラルキー……。一義的な《存在》は、遊牧的《ノマド》配分であると同時に、戴冠せるアナーキーであるのだ」（ドゥルーズ、二〇〇七年、上一一〇－三頁）。「ノマド」の一語を手がかりに、純粋差異の現代思想とカントとの地下茎を探るのは別の機会に期待したい。ただ一点、同書冒頭の箴言風の態度表明が気にかかる。「同一性をどのように理解しようとも、いずれにせよ同一性の優位によって表象＝再現前化《ルプレザンタシオン》の世界が定義される。……一切の同一性は、差異と反復の遊びとしての或るいっそう深い遊びによって見せかけ《シミュレ》られたものでしかなく、まるで光学的な『効果』のように生産されたものでしかないのだ。わたしたちは、それ自身における差異を、そして〈異なるもの〉と〈異なるもの〉との関係を、表象＝再現前化の諸形式から独立に思考したい。なぜなら、この諸形式は、その差異とその関係を、《同じ》ものに連れ戻し、それらをして否定的なものを経由させてしまうからである」。この「表象」観の根底には「同一性」か「差異」か、本体的な「主観」や「実体」か「見せかけ《シミュラクル》」（同、一一頁）かという二項対立がある。ドゥルーズの眼は、プラトン哲学やヘーゲル主義と対決するなかで、いつしかその超越論的実在論の錯視に染まっていたのではあるまいか。〈経験的実在論にして超越論的観念論〉の反転光学は、二十世紀末転換期の理性批判の偏倚をも矯正し、もっと自由闊達な表象世界観を切り開く。

（3）　牽強付会の誹りを懼れずに言う。テクストは暗に「無差別非決定 indifferentia, *ἀδιάφορα*」の超越論的実在論と厳しく対峙する。古くはプロティノスの根源的「一者 **τὸ ἕν**」からの万物生命の流出。近くはベーメ（Jakob Böhme, 1575-1624）の神智学に言う「永遠の無」たる「無底 Ungrund」の無差別と、そこに兆す「闇 Finsterniß」と「光 Licht」の二極性。そしてまたシェリング（Friedrich Wilhelm Joseph von Schelling, 1775-1854）の『人間的自由の本質』（一八〇九年）が「無制限の擬人観」（Schelling, Bd. 4, S.543）で捻出する「無底」「根元底 Urgrund」たる「絶対的無差別 Indifferenz」と、そこに閃く一連の「二元性 Dualität」（*ibid.*, S.298-300）すなわち「神のうちなる自然」と「絶対的に見られた神、現実存在するかぎりの神」、「闇 Dunkel」と「光」、「神の本質《ヴェーゼン》」と「憧憬の言葉 das Wort」、「諸力の分開《シャイドゥング》」と「新しい存在者《ヴェーゼン》」、「盲目的」な「被造物の我意 Eigenwille」と「普遍意志 Universalwille たる知性」（*ibid.*, S.250-6, 296-8）、そして「われわれのうちなる二原理、つまり無意識の闇の原理と意識的な原理」（*ibid.*, S.325）という分岐の弁証法の「実在論と観念論の交互透入 Wechseldurchdringung」（*ibid.*, S.242, vgl. S.314 usw.）に成る「実在-観念論 Real-Idealismus」。この思想伝統の「最も深い難點」（辻村公一、一九九三年、一一九頁、および第Ⅲ章参照）との真っ向からの対決が理性批判である。

カント存命中、シェリング同一哲学期、『わが哲学体系の叙述』（一八〇一年）はすでに精神と自然、主観と客観、観念性と実在性との「絶対的理性」における「全面的無差別」（Schelling, Bd.3, S.10f.）を説いていた。これをヘーゲル（Georg Wilhelm Friedrich Hegel, 1770-1831）の『精神現象学』（一八〇七年）序言は「すべての牛が黒くなる闇夜」と皮肉った。しかし前年にミュンヘンに移り、カトリック神学者バーダー（Franz Xaver von Baader, 1765-1841）の影響下、ベーメに心酔したシェリングには、テュービンゲン神学寮《シュティフト》同志の警声は届かない。同年十一月二日付ヘーゲル宛書簡をもって二人の文通は断絶し、シェリングは右の「無底」の思弁に突入する。「なぜ一般になにかがあり、なぜ無ではないのか Warum ist überhaupt etwas, warum ist nicht nichts.」（Schelling, Bd.4, S.108）。およそ人間理性の能力と権限を超えた問いが、倒錯的な始元の思索、無制約者の知的直観《イデアツィオン》からの出立に向けて、シェリングを特異運命的に招じ入れていた。しかしこの問いは、絶対無差別の場所でなお有と無の差別に拘泥する。むしろここになにか「ある」、一般に物が「ある」ことにそのつど驚きつつ、これを淡々と――ゆえに物の「本質存在 Was-sein」と「現実存在 Daß-sein」の区別のみならず、「経験の地盤」のうえに与えられてある多様多彩な個々の差異差別も含め――すべて丸ごとありのまま受けとめて、もはや「なぜ」という根拠づけの問いを微塵も差し挟まぬことを覚悟する。この至極自然体の判断力、世界万物がみずからおのずと差異化・種別化する〈物にして言葉〉の「自然の技術」を経験的な生の継続中に返照反映する任雲自在の判断力の「成熟」こそが、カント理性批判の端緒である。そしてこのように物と自由に戯れる反省的判断力の「明暗双双」の自覚の徹底が、シェリングもゲーテも愛した『判断力批判』の語りの神髄である。

（4）いまここで世界万物の言語分節活動局面に帰還したテクストは、以後終始一貫、〈経験的実在論にして超越論的観念論〉の反転光学の語りを仔細に展開する。その法廷弁論のすべての言葉はそのつどつねに、あの「無差別無関心主義」の判断停止《エポケー》からの帰還反転の刹那の閃きを反芻しているにちがいない。『批判』は無言のうちに、漱石の「明暗双双」「則天去私」と同じ境界《きょうがい》に坐している。そしてそれだからこそ超越論的仮象による形而上学的実在論への不断の誘惑に、最期まで耐え抜くことができたのだ。

（5）望月拙稿、二〇〇三年①、二〇〇四年を参照していただきたい。

（6）次章および、望月拙稿、二〇〇二年、二〇〇三年②を参照されたい。

（7）代表例としてアーペル、一九八六年、一六一-二一一頁参照。さらにはカント倫理学の「構想」に、とりわけ「純粋実践理性という理念」を導入した『道徳形而上学の基礎づけ』の「決定的な箇所」にまで、「独我論」の嫌疑をなすりつける論考もある（クールマン、二〇〇〇年、一六七、一七四、一八〇、一八六頁等、アーペル、二〇〇〇年、一三〇－一頁）。アーペルの「超越論的言語遂行論」の構想に依拠した「討議倫理学」の議論展開は、カント実践哲学の言語論的含意を浮き彫りにした点で示唆に富む。しかしその「究極的な基礎づけ」主義は、およそ批判哲学の基本趣旨と相容れない。しかも理性批判のテクストの語りは第三批判をまたずとも当初から、経験の地盤に住まうわれわれ人間の視座に根ざして複数主義的で「相互主観的」であり、つねに不可避的に対話的で「討議的」で「コミュニケーション的」である（ヘッフェ、二〇〇〇年、二一〇、二一六－八頁）。ただし拙稿は、すでに古いこの論争点には立ち入らず、ここに「独我論」を非難しつづける錯視の根底に、「感覚所与の原因としての認識不可能な物自体」（アーペル、一九八六年、二二頁、さらに八二－三頁参照）という独断措定や、旧式の「二世界説」的先入主が働いている点（アーペル、二〇〇〇年、一四〇－一頁、クールマン、一八二、一九九頁）を確認するにとどめておく。

（8）多くの邦訳は無頓着だが、「確かさ Sicherheit〔安心安全性〕」と「確実性 Gewißheit〔確知性〕」は厳密に区別すべきである。デカルト『序説』は「実生活上の安心安全な確かさ une assurance morale」と次元を異にした「形而上学的な確実性 une certitude métaphysique」を追い求めていた（第四部第七段落）。そしてカント直後には、フィヒテ『知識学の概念』が宣言する。「知識学はそれ自身一つの学」（Fichte, Bd.1, S.47）であり、その「根本命題」は「あらゆる確実性の基礎 die Grundlage となるはずのもの」で、「この命題は端的に確実である、つまりそれは確実であるがゆえに確実なのである」（*ibid.*, S.48）と。デカルトからカントをはさみフィヒテ知識学体系構想にいたる、近代形而上学の根本動向を凝縮現示した圧倒的叙述として、辻村公一、一九九三年、五三－七八頁参照。カントの批判的形而上学の道の建築術は、デカルト的近代を駆動する「確実性」偏執の究極的基礎づけ主義への異議申し立てである。それはまたデカルト－フィヒテの根源的純粋自我の妄念（我執の最終残滓）に囚われた理性主義の存在理解を翻然と離脱して（同、八〇－四、九四－一〇五、一一二頁参照）、「われわれ」の現にある生の経験的実在性の実感に根ざしつつ、つねに同時に批判的反転光学を不断に継続してゆく、新たな哲学実践の大らかで「確かな」則天去私の道行きへの誘いである。

（9）ここでは対象への認識の全面従属〔聴従〕関係 Zugehörigkeit が否定され、部分的に（アプリオリな認識にかんしてのみ）関係の百八十度転回が試みられている。「〜にしたがう sich nach~richten」とは「〜にしたがって自己を正しい方角 Richtung に差し向ける」ことを言い、「道」の比喩に呼応し「裁判官 Richter」（B XIII）の比喩にも通じている。

（10）カントは Mechanik, mechanisch と Dynamik, dynamisch とを繊細に区別して、幾何学的で機械論的 mechanistisch なデカルト自

然学はもとより、ニュートン『自然哲学の数学的原理』やライプニッツ『モナド論』(そしてシェリング自然哲学)とも異なる、理性批判独自の自然学体系を構想する。「ゆえに自然科学の形而上学的始元諸根拠は四章立てでもたらされる。第一章は運動を純粋な量として、その合成について考察し、運動体の質はすべて度外視する。これは運動学 Phoronomie と呼ぶことができる。第二章はこの運動を物質の質に属するものとして、根源的運動力の名のもとに考究する。ゆえに力動学 Dynamik と呼ばれる。第三章はこの質をそなえた諸物質を、それぞれに固有の運動をとおして相互の関係のうちに考察するもので、機械力学 Mechanik の名で登場する。しかるに第四章は、これら物質の運動や静止をたんに表象様式すなわち様相との関連のもとに、つまり外的感官の現象として規定するのであり、現象学 Phänomenologie と呼ばれる」(IV 477)。「諸物の現存在に属する多様なものを、その内的原理から引き出すことを記号表示する」「自然 Natur という語」(IV 468)の原義に寄り添って、理性批判は機械論 Mechanismus の自然観から慎重に距離をとり、「実体形相」のドグマとも一線を画し、物理自然現象一般の力動的な質たる内的原理の究明に尽力する。そして『遺作草稿群 Opus postmum』は、物体的自然の形而上学から物理自然学 Physik への移行を課題とし、「一般力動学 dynamica generalis, allgemeine Kräftenlehre」の思索に注力する。「数学的」との対比のもとに dynamisch を「力学的」と訳出する慣行は、mechanisch との差異を覆い隠す。ゆえにここではあえて「力動的」と「機械力学的」とに訳し分けてみる。

(11)　それは従来の「限りない錯誤」の歩みを終らせて、「人間の功利と尊厳の基礎」を築く「われわれの革新」への呼びかけであり、第一批判掉尾ともきれいに呼応する。そもそもベーコン『学問の進歩』は「自然神学」から「自然に関する学問または理論」を早々と独立させ、この「自然哲学」の「思弁的な部門」を「自然学と形而上学とに区分」したうえで、アリストテレス的な存在-神-論たる「第一哲学」としての「形而上学」の伝統に異議を唱えていた(ベーコン、一九六六年、八五-七頁)。ここにカントの批判的な「自然の形而上学」の先駆けを見ることができる。

(12)　筆者自身、第一批判の超越論的認識論を「経験科学の技術製作的根本性格」に照明を当てた経験的認識の基礎づけと解し、それとの対比で『判断力批判』第一部の重要性を強調したことがある(拙稿、一九九四年)。しかしここでは第一、第三批判の自然哲学の統一的把握をめざしたい。学問の確かな「方法」の探索を課題に掲げる『批判』第二版序言を、デカルト『方法序説』と並べると、表面的な類似の陰に潜む差異が見えてくる。「屈折光学、気象学、幾何学」の序論を兼ねる『序説』は、新たな数学的=機械論的自然学の本体論的形而上学的な基礎づけを企図して、旧来の「論理学」と「古代人の解析と現代人の代数」の「欠点」を退け「長所」を抽出し、「四つの規則」を提示した(同書第二部)。『批判』序言も「論理学がすでに最古の時代から確かな歩みを進めてきたこと」（B VIII）から説き起こすものの、その刷新をねらい「超越論的論理学」を打ち出すテクストは「数学と自然学」を前面に押し立てて自然学の「実験の方法」に注目する。それは「思考法の変革された方法」の範例であり、『序説』第六部が具体的特殊事象（原理・原因にたいする結果）の実証のために実験の必要性を付言したのとは本質的に異なる意味をもつ。そもそも『批判』の方法論は数学と哲学の差異を強調し、デカルト的近代の「普遍数学 mathesis universalis」の理念とは一線を画す。『批判』はこの一連の方法論的吟味の徹底により、超越論的実在論を経験的実在論へ転換する形而上学の基本姿勢の一大変革を企図している。そういう大きな読み筋のもとに、テクストの語りに耳を傾けたい。

（13）Heidegger, Bd. 12, S.167-8, 186-7.

（14）学問の道の「確かさ」は、人間理性の思考が誤った道に迷いこまぬように正しく方向づける安全性の保証・担保であり、これは物事全体の体系的な道筋の洞察により初めて確保される。だから「確かな道」の筋書は、体系建築術の叙述と深く絡み合う（vgl. B XXII-XXIV, A13=B27）。そしてこの根底には、物の内なる自然への問いかけと応答の経験の道の確かさを確信した理性批判の世界観がある。ゆえにカントは後年、戦争の反復たる人間史を見るにつけ実現困難と思われる永遠平和を「保証（担保）する Gewähr（Garantie）leisten」ものとして、「偉大な技術者 die große Künstlerin たる自然（natura daedala rerum 諸物の巧みなる自然）」（VIII 360）の名を呼ぶのである。

（15）『純粋理性批判』第二版は、第二批判の実践哲学的展開を先取りして、「超越論的諸理念」の「体系」（A337=B394）について新たな脚注を付す。「形而上学はみずからの探究の本来的な目的として、ただ三つの理念をもつ。神、自由そして不死である。この二番目の概念は、一番目の概念と結合して、一つの必然的な結論として三番目の概念に到達することとなっている。この学問が従事するその他いっさいの事柄は、たんに手段として役立つのであり、すべてはこれらの理念 Ideen と、その実在性 Realität に行き着くためのものである。形而上学はこれらの理念を自然科学のためでなく、自然を超えた場所に来るために um über die Natur hinaus zu kommen 必要とする」（B395 Anm.）。ここに「形而上学 Metaphysik」の派生語義たる「超越 meta→hyper, trans, super, über hinaus, jenseits, außer」の継受は明らかである（vgl. A846-7=B873-4, IV 265-6, XVIII 6, 301, XX 260, 316-7, XXVIII 174, 381-2, 468, 540, XXIX 773）。しかし理性批判は、この名称の表面語法の根底に、もう一つの含意を腹蔵する。

　それは、自然の道に沿い自然のあとに付き随うという形而上学《メタ・タ・ピュシカ》の根本義であり、この点は前引箇所の本文でも、思弁理性の弁証的な道行きに沿って示唆されている。「自己自身（魂）の認識から世界認識へ向かい、これを介して根源存在者へと前進することは、まさに自然 natürlich な歩み行きであり、諸前提から結論に向かう理性の論理的進行に似通ってみえる」（A337=B394-5）。人間理性の自然本性に則した新たな批判的形而上学の建築術が、この世の「物 Ding, res」たちの自然本性と図らずも合致する道の発見を希求して、第三批判は「自然の技術」による「自然概念の領域から自由概念の領域への移行」（V 196, vgl. V 175-6, 179）、「理論哲学の感性的基体から実践哲学の可想的基体への移行」（XX 246）すなわち「感性的自然としての感性界」から「知性界すなわち超感性的自然」（V 43）への国境越えの行儀作法を自己鍛錬する。自然は隠れることを好む。拙稿は、かかる自然《ピュシス》の道に沿う理性《ロゴス》批判の体系建築構想の、形而上学的な本義の探索に着手する。

（16）　カント法哲学における国家の立法・行政・司法の三権力の区別については、『道徳の形而上学』「法論」第二部第一章「国家法」（VI 311ff.）を参照。

（17）　若き詩人ヘルダーリン（Johann Christian Friedrich Hölderlin, 1770-1843）も愛した『判断力批判』の第四十二節は、天才の「美しい技術 schöne Künste〔芸術〕」を論ずる諸節を直後にひかえ、「自然合目的性の可能性の根拠」を問う第二部の「目的論」（V 301）にも目を配りつつ、「美しいものへの知性的関心」を主題化する。「美しいものを美しいものとして、われわれがこれに直接的関心をいだくことができるためには、それは自然でなければならない。もしくはわれわれによって自然と見なされなければならない」（V 302）。ここで純然たる自然美と、人為技術の美（とりわけ自然を偽装した作為の美）との差異が強調されるのは意味深長である。「諸理念（理性はこれに道徳的感情のうちで直接的関心を惹き起こす）が、客観的実在性をもそなえているということ、つまり自然がすくなくとも〔その〕形跡 Spur を示したり、合図 Wink をくれていたりすることに、理性は関心を寄せるのだ」（V 300）。こうして周到に布石を置き、テクストは一つの反語に力をこめる。「人は言うだろう。美感的《エステティシュ》判断に道徳的感情との親縁性を示唆するこの解釈 Deutung は、あまりに手が込みすぎていて、自然がその美しい諸形式において比喩的 figürlich にわたしたちに語りかけている暗号文 Chiffreschrift を、正しく解読したもの die wahre Auslegung とは認められない、と」（V 301）。言うまでもなく、テクストはその逆が言いたいのである。

　理性批判の反転光学に言う経験的実在論は、自然美に「直接的関心」を寄せる詩人の言葉の意味内実《リアリティー》を抱擁し、この世の醜い現実に直面しつつも、だからこそ「道徳的感情」を、さらには「なにか宗教的感情に似たもの」を、充分な節度をもって伝達共有するための、世界市民的な語らいの場を建立する懐の深さをそなえている。スピノザ主義の唯一無限の「実体」にしても、形而上学の教義《ドグマ》ではなく純粋な詩と信仰の言葉としては美しい。だから第三批判は最後の脚注に言う。「美の讃嘆と、かくも多様な自然の諸目的による感動とを熟考する心は、世界の理性的創始者の明晰な表象をもつよりも前に、それを感じることができている。しかもこの讃嘆と感動は、なにか宗教的感情に似たものをそなえている。ゆえにこの讃嘆と感動は、まずは道徳的な判定様式に類比的な世界の判定様式により、道徳的感情（われわれに知られていない原因への感謝と尊敬）に作用して、それゆえに道徳的諸理念を惹起することで、この心に作用するのだと思われる」（V 482Anm.）。

実定的な「社会共同体 Gesellschaft」のなかで「経験的」に煽られた「あらゆる傾向性や情熱」（V 298）の党派性を排し、純粋知性的な道徳感情の高揚を淡々と語るテクストは、この世に現にある物の自然への信頼と、これに寄り添うことで生まれる絶妙な詩作的思索の言葉への期待を隠さない。欧州の地では「最も実在的なあるもの ens realissimum」「実在性の全体 omnitudo realitatis」「根元的なあるもの ens originarium」「最高のあるもの ens summum」「あるもののなかのあるもの ens entium」（A576-9=B604-7）として、「神」という言葉が永く語り継がれてきた。これをたんに否定的消極的なニヒリストの口吻で、「すべての意味 alle Bedeutung を失い」「あらゆる内実を欠いた ohne allen Inhalt」諸概念への空虚な題目 leere Titel」（A679=B707, A696=B724）に切り下げたりせずにすむような、われわれ人間の批判的啓蒙近代の哲学の道。この壮大な言語論的理性批判の確かな方向感覚を保ちつつ、本書では第一批判の語りを熟読玩味してみたい。

（18）分析・総合、分解・合成、解体・構築は、哲学の伝統的な学的認識の方法であり、分析＝解体に偏りがちな近代の技術論的方法の展開進行の只中で、カントはこれを革命的に転覆し、方法の本筋に戻して建築術的体系へ昇華した。この解釈の見通しは総合・体系のギリシア原義にも支えられる。「総合 Synthesis」の始元にある *συντίθημι* は、物を一緒の場所に置き加合して全体的な形を構成構築することを言う。同じく物を一緒の場所に据え、組み合わせ、統一結合して全体を有機的に組織する *συνίστημι* から「体系 System」の語は派生する。総合的方法と体系建築術は通底し、理性批判を全体として総合的に遂行する思索は、事柄の体系的統一を探索して進んでいる。そのような体系的＝総合的道行きは、物事のもつれを解きほぐし諸要素の本領へ帰還して、原理を見定める「分析 Analysis」の道を前提しており、ゆえに理性批判の体系建築の道は、分析と総合の不断の交替転換の力動性により駆動されなければならない。しかもこの事情の根底には、論弁的悟性の把握する物の概念が抽象的な「分析的普遍」でしかないという人間理性の制約がある。批判的な哲学の道の建築術は、自己の有限性をみつめる人間理性が、世界の全体を具体的に一挙に抱握する直観的悟性の「総合的普遍」に憧れミメーシスする試みであり、それは同時に、若き日のカント『天界論』の〈神と自然の世界建築術〉の批判的＝反省的な取り戻しである（次章参照）。カント理性批判はこの全体的な行程をとおして、世界の内で働く自然の建築術の道筋に帰属聴従する能力たる理性を、万物の解体＝分裂の渦中に取り戻し回復する人間理性の癒し手となることをめざしている。

（19）後年の未完論考『形而上学の進歩にかんする懸賞論文』末尾に付された命題も、この文脈で理解したい。「形而上学がそのまわりを回転する二つの軸 zwey Angeln がある。第一は空間と時間の観念性である。……第二は自由概念の実在性の教説である。これは認識可能な超感性的なものの概念であり、ここで形而上学はたんに実践的に教義的〔定説的〕nur praktisch=dogmatisch である。ところでこれらの軸はともに、いわば支柱 der Pfosten のなかに埋め込まれている。相互に従属しあうすべての制約の総体性における、無制約的なものの理性概念の支柱にである」（XX 311）。同論考でも、独断教条主義と懐疑主義をへて、理性批判が「形而上学の運命を決す」べく踏み出す「第三の最も新しい歩み」（XX 263）は、「一つの確かな進歩 ein sicherer Fortschritt たる学問論 die Wissenschaftslehre」（XX 273）として、空間と時間の「観念性」および「完全な実在性の教説」により、「確かで論証可能な学を認可する」（XX 268）と言われている。残る問題は「自由」等の道徳的実践的理念の「客観的実在性」の位置づけだが、これはこの世の人間の語らいの場での〈物にして言葉〉の意味内実として、とりわけ「私念」「知識」と区別された「信念」（XX 297）の事柄として、別の機会に改めて省察したい。

第二章　自然の技術としての世界建築術

第一節　学問体系の批判的建築術

理性批判は「純粋理性の体系（すなわち学問）」への「準備教育《プロペドイティク》」であり、来るべき形而上学の体系建築に向けて理性に手ほどきする「予行演習《フォアユーブング》」（A841=B869）である。それは建築の基盤を探り基礎を固め、体系の創設定礎に着手することとして建築術的である。『批判』は理性の学問体系の新たな建築術の始まりである。しかもこの建築術そのものの基礎は、みずから批判的となった純粋理性それ自身に求められる。「人間的理性はそれ自身の自然本性からして建築術的であり」（A474=B502）、それゆえに批判も形而上学も体系を建築する理性の営為となる。理性批判の建築術は人間理性という物に即し、その自然本性に根ざした技術である。すくなくともカントはそれを、人間理性の自然本性的な技術の道として構想し語っている。まずはこの点を第一の確認事項として銘記したい。

　批判哲学は過去の数々の「主観的」な哲学的建築物、そして「純粋理性の歴史《ゲシヒテ》」の総体との批判的な対話から生まれ出た、形而上学体系の脱構築プランである。この建築術的な対話は、個々の建築作品に固有の生起《ゲシェーエン》の道筋で語らせる法廷弁論の只中に、人間理性にただ一つ残され委ねられた道がおのずと浮かび上がってくることを待ち望む。

ニュートン、ルソー、アリストテレス、プラトン、エピクロス、デカルト、ロック、ライプニッツ、ヒューム、ヴォルフなど、大きな名前で呼ばれる哲学営為との対決を重ね、人間理性の自然本性を凝視して、その能力と限界を厳しく見極めること。そのようにして「数々の茨の道」を歩みゆくなかで、ついに「ただ一つの」「批判的な道」が発見されてくる。

　かかる理性の自己認識の法廷弁論そのものが、じつは始めから徹底的に批判的かつ建築術的なのだが、この理性批判自身にかんする判決《ウアタイル》が求められる最終論告で、人間理性の弁護人たるテクストは、ここに幽かに見いだされた批判の「小径」を「大通り Heeresstraße」に「する machen」こと、「批判の道」を協働して「作る」ことを、世界市民社会の陪審員たる「読者」に促している。この哲学の道の建築参画の呼びかけは、二百年後のいまここで、いかなる意味をもちうるか。われわれはこれに前向きに応ずるべきか。その判断が問われている。ゆえにあらためて尋ねてみなければならない。批判の道は建築が営まれる大地とどうかかわり、その道が通う境域でいかに振る舞うものなのか。批判の道とその建築術が人間理性の本性に根ざすのだとしても、それが世界《コスモス》のあらゆる物の生命を育む大地に暴力的に振る舞うのだとしたら、道の拡幅工事への参画要請は遺憾ながら斥けなければならぬ。そもそもこの比喩自体が、啓蒙専制君主フリードリヒ大王時代の「軍用道路《ヘーレスシュトラーセ》」整備と領土拡張政策に重なる点は、しばらく脇に置くとしてもである。

　建築術にかぎらず「技術 Technik, Kunst」というものは、人間を人間（作る人 homo faber）たらしめる人間の自然本性に属している[1]。しかるに現代の科学技術《テクノロジー》は環境世界の生命的自然と対立し、これを解体し破壊し死滅させる傾向を増している。ゆえに天然自然と人為技術との関係を、あらためて問い直さなければならない[2]。この今日的な根本問題に取り組むにあたり、まずはカントの見つめた人間理性の建築術的な自然本性が、いかなる意味をもちうるのかを探る必要がある。

　理性批判は革命である。ゆえにわれわれの哲学者も「すべてを破砕するカント」と恐れられた。そこで『批判』第二版は応えて言う。批判の「第一の効用」は「否定的消極的」（B XXIV）であり、思弁理性の使用を可能的経験の限界内に制限する。しかし同時に「純粋理性の端的に必然的な実践的使用（道徳的使用）」を、「思弁理性からの反作用にたいし保護 sichern」することで、理性が「自己矛盾に陥らないように」貢献する。批判はあたかも「警察 Polizei」のように、社会《ポリス》の日常業務と市民生活が「平穏安全 ruhig und sicher」に営まれるために尽力する「積極的できわめて重要な効用」（B XXV）を秘めている。

十八世紀欧州啓蒙近代、形而上学は「果てしない紛争〔訴訟沙汰〕の戦場」と化し、人間理性は「完全な無政府状態 völlige Anarchie」（A IX）に置かれていた。いまや理性は徹底的な自己批判の法廷で、種々の「自己矛盾 Widerspruch mit sich selbst」を解消したあとでなければ、新たな形而上学の建築に安心して取り組めない。批判とは来るべき「学問としての形而上学」建築のための、「基礎〔土台〕der Grund, das Fundament」の探索であり、「基礎固め die Grundlegung」であり、建築設計にほかならない。批判はたんに否定的破壊的でなく同時に肯定的建設的であり、この建築術的な企図に即して形而上学体系への「予備学〔準備教育〕」である。

> 形而上学のこれまでのやり方を変更するあの試み、幾何学者や自然研究者の事例に倣い、われわれが形而上学の全体的な革命 eine gänzliche Revolution を企てることによる変更の試みのうちに、純粋思弁理性にかんするこの批判の仕事がある。批判は方法についての論考であり、学の体系そのものではない。しかし批判はこの学問の全体的な見取り図 der ganze Umriß〔略図、概略、輪郭、スケッチ〕を、その外枠 Grenzen〔限界〕についても、全体的な内的分肢構造 der ganze innere Gliederbau についても描きだす。じじつこれは純粋思弁理性そのものにそなわる独自な事柄だが、この理性は思惟対象を選択する多様な仕方にかんして、自分自身の能力を測量し、自分に課題を提出する多くの仕方もあらかじめ完全枚挙して、そうすることで形而上学の体系のための設計図 Vorriß〔あらかじめの投影図〕を描くことができるし、またそうすべきである。
> （B XXII-XXIII）

革命、裁判、政治、航海、道の隠喩《メタファー》とならんで、建築の比喩は理性批判の叙述に印象的かつ頻繁に用いられる。しかもこれが批判の本質にかかわる重要性をもつことは、『批判』方法論の章題「純粋理性の建築術」に明白だ。「質料 Materie〔素材〕」と「形相 Form〔形式、かたち〕」、「構成的 konstitutiv」と「統制的 regulativ」という基礎概念対とも共鳴する建築の隠喩は、そもそもいかなる意味を有するか。はたして『批判』の建築術は、自然を効率的かつ暴力的に支配し破壊する、デカルト的近代の技術理性のスクラップ・アンド・ビルドの建築精神を反映したものにすぎないのか。

カントの学問体系構想を、技術による自然支配という理性主義文脈で読む通例の解釈に抗弁し、その建築術思想が『判断力批判』の「自然の技術」の出現を予告し準備するものであることを、ここで明らかにしてみたい。すなわち技術理性批判の論点を解釈の根底にすえて、物の自然の趣に聴従する「自然の技術」としての「建築術」という、新たな読み筋をテクストに探ることが本章の主要課題である[3]。

さて、カント批判哲学で「建築術 Architektonik」概念は、第一義的に学問論文脈にあって「体系の技術 Kunst der Systeme」を意味している。「学問的な方法の遵守を旨とする者は……どんな場合にも体系的に手続きをへて進行する責務がある」（A856=B884）。この一文で始まる『批判』最終章最終段落は、すでに前章の始めに引いてある。これに先立つ方法論第三章「純粋理性の建築術」は、こう説き起こされる。

わたしは建築術のもとに、体系の技術を理解する。体系的統一とは、通常一般の認識を初めて学問にするもの、つまり認識のたんなる集合から一つの体系を作るものである。ゆえに建築術とは、われわれの認識一般における学問的なもの das Scientifische についての教え《レーレ》〔学そのものに先立つ学問論〕であり、ゆえに必然的に方法論《メトーデンレーレ》〔方法の教え〕に属している。（A832=B860）

ここにも明白なように、「建築術」は「体系」「体系的統一」と不可分に結びつく[4]。カントの建築術の基本線を見極め

るには、「体系」概念の実像を正確に把握しておく必要がある。(5)

ところがニーチェ以降、現代哲学の主潮流は種々の体系《システム》を嫌悪し呪詛して、もはや体系なるものは時代錯誤だし不可能で醜悪だとでも言いたげに、アフォリズム、断片、エセー等の表現形式を重用する。この思想動向はやはり無視できない。(6) しかるに前引箇所につづく以下の叙述に接するとき、カントの体系建築術の語りは、こうした二十世紀の脱構築的思想潮流に真っ向から逆らっているように見える。

理性の統治 die Regierung のもとでは、われわれの認識一般は狂想詩 Rhapsodie であってはならず、それらはむしろ一つの体系をなさねばならないのであり、この体系においてのみわれわれの認識一般は、理性の本質的諸目的を下支えし促進することができる。ところでわたしが体系のもとに理解するのは、一つの理念のもとでの多様な認識の統一である。この理念は一つの全体の形式についての理性概念であり、しかもこれによって多様なものの範囲 der Umfang および諸部分相互の位置がアプリオリに規定されるかぎりでの理性概念である。ゆえに学的理性概念は、この概念に一致する全体の目的と形式を含んでいる。すべての部分はこの目的の統一に自己を関係づけ、この目的の理念において相互に関係しあうのであるが、この目的の統一のおかげで、どの部分が欠けても他の諸部分が知られていれば気づくことができるし、いかなる偶然的付加も生じないし、アプリオリに規定された自己の諸輪郭をもたずに、大きさが無規定なままの完全性も生じないことになる。（A832-3=B860-1）

テクストは「理性の統治」を語っている。そして認識一般が「狂想詩」のように切れ切れの断片の「集合 Aggregat」となることを嫌い、一つの「全体」のアプリオリな理念のもとですべての認識が体系として統一されることを求めている。多様なものの体系的統一の「目的と形式」の理念。それはデカルト的近代の継続というよりも、じつは古代中世の思想伝統との新たな革命的連繫の道筋の模索である。

右の記述を表面的に眺めた場合、そこに理性《ロゴス》の全体主義的な専制支配の影を見るという初歩的な誤読も生じうる。

そのうえ発想の自由な展開を本旨とする狂想詩にたいし、近代建築は鋼鉄とコンクリートの物質的な固体性固定性の印象を免れない。ゆえにこの比喩の観念連合からは、共同体構成員の自由を否定する頑迷固陋な専制支配の印象が強化されかねない恐れがある。しかしここで狂想詩が否定的に語られているのは、それが諸認識の無法則の自由、統治の全面否定たる「無政府状態 Anarchie」、つまり統治原理《アルケー》をなす執政官《アルコーン》の欠如ゆえの無秩序を象徴するかぎりのことである。そもそも統治・支配・統制は、かならずしもただちに全体主義的な専制支配となるわけではない。そして理性批判の政治哲学は全市民の自由と平等を基本理念とする法の支配、つまり「共和的体制 republikanische Verfassung」を統治の理想形態に掲げている。

くわえて建築の固定性を言い立てる論難は浅薄で一面的すぎる。たしかに実際の建築物には、たんに物質の無機的・没生命的・機械構造的な集塊《マッス》の印象のみをあたえるものが多い。とりわけ経済的・工学的に合理主義的な近代建築、たとえば高度経済成長期に増殖した戦後日本の箱型集合住宅群には、明らかにその傾向が強い。そして人はたいていの場合、「建築」のもとに技術産物として打ち建てられた「建物」を思い浮かべ、哲学の「体系」もそれぞれに完結した箱物建造物として理解しがちである。これにたいし哲学する探究の道行きの動性に即して体系の「建築術」が語られるとき、建築とは建築する技術の営みであり、学問の「体系的な手続き Verfahren」の進みゆく道の建築術でなければならぬ。思索の道を体系的に進んでゆくことが、そのままただちに道の建築となる。そのような哲学の建築術の道をテクストから読み取りたい。

それになにより技術的目的合理性のみに囚われぬ「芸術 Kunst」としての建築、カントの頃には「美しい造形技術 schöne bildende Kunst」と呼ばれた「建築術 Baukunst」（V 322）であるならば、物質素材の絶妙の配置・構成により人間精神の自由を表現し、この世に生きとし生けるものの有機的生命の生動性までも印象づけてくるはずである。一例としてブルーノ・タウトの名をあげよう。カントと同じケーニヒスベルクに生まれ、数々の建築業績を欧州に残し、第二次世界大戦前夜に日本で数年間の「休暇」を過ごして、トルコに客死したタウト。かれの桂離宮「発見」の物語は有名だが、その建築思想と実践は「釣合い proportio〔比例、均整、均衡〕の芸術」を具現した、「建築の美」を重視する有機的性格を帯びたものである(7)。

あたかもこれに呼応するように、カントの建築術も有機的である。じじつその体系建築の記述は、随所でただちに生物有機体との「類比 Analogie〔類推〕」に彩られる。前引箇所につづき、テクストはこう述べる。

> ゆえにこの〔体系としての〕全体は分肢に区分 gegliedert されて（連接 articulatio〔分節〕）おり、集積 gehäuft されている（累積 coacervatio）のではない。この全体はたしかに内的に（内的な受領包摂により per intus susceptionem）成長することはあっても、外的に（付加により per appositionem）成長することはない。それはちょうど動物の身体 ein tierischer Körper のようなもので、じじつその成長においては分肢 Glied〔構成要素〕が付加されるわけではない。むしろプロポーションの変化をおこすことなく、あらゆる分肢が自己の目的のためにいっそう強く有能になる。（A833=B861）

のちにカントは『判断力批判』第二部で、反省的統制原理に基づく有機体論を本格展開する。しかも有機体の全体的目的は、諸部分の自由を抑圧せずに、あらゆる部分（分肢）を適材適所に配置して各構成要素の目的達成を推進し、これにより全体の生命の高揚に寄与するものと理解されている。カントの学的建築術は、生物の「有機的組織化 Organisation」に見える生命の生動性との類比で語られる。学問としての形而上学は、あの共和的な統治・統制の理念とも共鳴しつつ（V 375Anm.）、生命有機体論的に構想されている。

この確認は重要である。生物有機体としての批判的建築術。建築と有機体とのつながりは、カントの学的体系の技術たる建築術が、「自然の有機的技術 die organische Technik der Natur」とも呼びうるような自然的性格をそなえるものであろうことを期待させる。本章ではこの筋で、地道に冒険的な考察を展開してみたい(8)。

第二節　批判哲学の建築術的来歴

批判哲学生成に向かう画期の出来事を、八〇年代の形而上学省察断片は回顧する。

> 始めわたしはこの学説《レールベグリフ》を薄明のうちに見た。わたしはまったく真剣に、諸命題とその反対とを証明しようとした。それは懐疑論を打ち建てるためでなく、悟性の幻想がどこにあるかを発見できると見込んだからである。六九年がわたしに大きな光を与えてくれた。（XVIII 69［R5037］）

二律背反論の最初の着想の閃きを得て、『批判』への一筋の道を明瞭に照らし始める「六九年」の「大きな光」。これを受けて翌七〇年の正教授就任論文『可感界と叡智界』は、理性批判の重要論点の一つである空間時間の観念性の洞察を、すでに充分にわがものとした。しかしそれゆえにまた、批判哲学の本格的な成立を妨げる大きな難問をかかえこみ、カントは第一批判公刊までに十年余りの沈黙を強いられる。

ただし批判的理性の建築術の学問論構想そのものは、早くに確立していた。沈黙期中盤一七七六年十一月二十四日付のマルクス・ヘルツ宛書簡は、『批判』本体の課題と超越論的方法論の構成を先取りして述べている。

> じじつわたしは、自分が研究している領域で若干の功績を挙げようとする希望を捨てていません。わたしが長いことなにもしていないように見えるため、各方面から非難を受けています。しかしじっさいのところわたしは、あなたとお別れしてからこの数年、いまだかつてなかったほど体系的に、かつ持続的に仕事をしてきました。……最後の障害はこの夏やっと克服したばかりです。……あらゆる経験的諸原理から独立に判断する理性、つまり純粋理性の領野が概観できなければいけません。なぜならその領野はわれわれ自身のなかにあり、経験からはいかなる開明も期待できないからです。このことをあなたはご存知です。ところでその領野の全範囲、その領野の区分、限界〔外枠、輪郭〕、全内容を確かな原理にしたがい記述し

て、将来われわれが理性の地盤 Boden にあるのか、それとも詭弁的推理の地盤にあるのかどうかを、確かに mit Sicherheit〔確信をもち安んじて〕知りうるように境界石を置くためには、純粋理性の批判 eine Critik、訓練 eine Disciplin、規準 ein Canon および建築術 eine Architektonik が、つまり形式の完備した学問が必要で、その学問のためには、すでに現存するようなものはなに一つとして使用できず、その学問を基礎づけるためには、まったく独自の技術的表現さえ必要となるのです。(X 198-9)[9]

これがカントというテクストに確認できる、「建築術 Architektonik」の批判哲学的な初出用例である。とはいえ沈黙期の思索は当初から、「純粋理性」の全領野を「概観」する「形式の完備した学問」の「基礎づけ Grundlegung」を企図して「体系的」建築術的に営まれていたにちがいない。一七七一年六月七日付ヘルツ宛書簡は、「感性と理性との諸限界」の名のもとに、批判哲学全体の建築構想を宣言する。

感性だけでなく知性という人間の精神力の主観的原理に基づくものを、対象に直接関係するものから区別すること。この点の確実で判明な洞察 die gewisse und deutliche Einsicht が哲学全体で、いやそれどころか人間の最も重要な目的一般にたいして、どんなに大きな影響をもつものか、あなたはご承知のはずです。体系中毒 Systemensucht に心を奪われることがないならば、たとえそれがどんなに広い適用範囲をもつとしても、同一の根本的規則にかんして加えられる諸研究は互いに立証しあうはずです。ですからわたしはいま感性と理性との諸限界という題目のもと、感性界のために規定された根本概念ならびに法則の関係と、趣味論、形而上学および道徳の本性をなすものの設計構想 Entwurf〔見取り図〕とをあわせ含むべき著作を、いささか詳細に仕上げることに没頭しています。(X 122-3)

ここに「建築術」の語は見られない。しかも当代流行の「体系中毒」は敬遠されている。しかし理性批判の研究を体系的に遂行しようとする意気込みは明瞭だ。建築術的含意が濃厚な「設計構想〔見取り図〕」の語に注目したい。カント理性批判は『批判』第一版竣工に先立つ沈黙期をとおして、当初から建築術的に構想され練り上げられてゆく。

しかもその沈思黙考の成果を公表した著作そのものが、来るべき本来的な形而上学の体系建築のための設計図なのである。

この二重の意味で建築術的な哲学は、じっさいの本格的な形而上学の建設施工に先立つ批判的な設計の営為として、いまだけっして固定的・確定的なものではない。ここで建築術的に生成した書物は、たしかにそれ自身すでに一つの体系だ[10]。否、理性批判は形而上学体系建築の予備学として、それ自身が建築術的に構想され、一個の体系を形成しなければならぬ。ただしその体系構想は、環境変動に応じて変異形成を繰り返す生物有機体に似て、純粋理性たる自己と経験的可感界および理念的可想界との反省的対話をつうじて逐次改良をほどこされる。そして批判期全体にわたる体系思想の練磨の過程で、建築の基本設計の変更可能性も検討されながら[11]、厳しく整備彫琢されていったのである。

学問の体系的完全性を誇示して作品の出来を競う「体系中毒」からは一線を画し、カントの哲学的建築術は建築施工に先立つ設計と基礎づけ作業に注力し、ここで批判的思考の本領を発揮する。それは、二十世紀の懐疑的相対主義思潮のごとく体系全般を徹底忌避して否定的破壊的にのみふるまうのではなく、本来的な体系の建築を企図して既存体系を批判吟味し改善改修変革する営みである。哲学の途上的性格を強調したカントの建築術思想は、この建築設計の批判的力動性において理解されなければならない。

ところで学問体系論と建築術との繋がりは、なにもカントにかぎったことでなく、かれに先立つドイツ啓蒙期の思想家に広く認められる着想である。そもそもヴォルフが第一哲学たる存在論を「建築術的な学 scientia architectonica」と呼んでいた。それをバウムガルテンが継承し、ランベルトの『建築術の基本計画』（Anlage zur Architektonic, 1771）が現れる。カントの建築術的な体系論は、学校哲学という生育土壌や、ランベルトとの往復書簡も含め[12]、明らかにこの大きな流れに棹さしている。

しかもこの建築術的学問論の共通前提として、神を建築家と見る伝統がある。超越絶対神の世界創造を語る中世キリスト教神学を母胎として、たとえばライプニッツも神を万物の建築家と見る。(13) このモチーフはそもそも十八世紀自然神学 Physikotheologie の共有財産であり、淵源をさぐれば古くはプラトン『ティマイオス』に言う世界建築の工匠神デミウルゴスに遡る。そしてここに顕著な「多様の統一」の調和観照の源泉は西洋哲学そのものの始元、すなわち存在一般、在るもの全体、万物《パンタ》をコスモスと見た「自然について《ペリ・ピュセオース》」の一連の思索に求めることができる。

　整然たる秩序を原義とする「コスモス」としての世界。みごとな世界建築物を建立する建築家たる一なる神。この思想伝統を背景に、「存在するもの ὄν, ens, Ding」を「一般的 καθόλου, in genere, überhaupt」に考察する「存在論 ontologia, Ontologie」（一般形而上学）は「建築術的な学」となる。(14) そもそも「オントロギア」とは、アリストテレス第一哲学の考察様式にヴォルフが命名したものだった。カント『純粋理性批判』は、そうした存在論の思索課題を「超越論的分析論」で受け継いだ。そして「超越論的弁証論」では、魂・世界・神にかんする特殊形而上学を批判吟味した。近代啓蒙の新たな存在論および形而上学全体は、神的世界建築の人間理性によるミメーシスとして、建築術的体系をなすはずだし、なすべきである。そして批判哲学の法廷弁論テクストも現に建築術的である。

　問題はその建築術の質である。さしあたりの見通しを言えば、カントの超越論的哲学とヴォルフ学校哲学の存在論を分けるのは、あの建築術ミメーシスの認識論的批判の有無である。しかもカントの認識批判は同時に、神的至高知性にたいする人間理性の有限性の自覚であり、理性能力の限界を画定する理性批判の必要性の自覚でもある。かれはこの自覚を徹底して、「世界概念に沿う哲学 Philosohie nach dem Weltbegriff」の新たな建築術を企図している。それは「世界」の概念把握を「求める nach」有限理性の不断の智の愛求の営みである。魂‐世界‐神という弁証論の上昇構造は、自然世界をめぐる理性の二律背反を仲立ちとして、人間的自己の心理学と神学が批判的に対話することを密かに企図しているにちがいない。

　そこでいささか遠回りだが、まずは初期の自然神学的な世界建築の思想内実に目を凝らしたい。そこから批判期にいたる建築術の変遷を概観し、ここに一貫して保持されるものと大きく変容するものとを精確に見分けることで、学校形而上学とは異なる批判的建築術の固有特質を見極めることができるはずである。

第三節　神の世界建築術——体系思想の胎動

一七五五年、カント三十一歳。マギスター学位をとり、教授資格を得て私講師となり、ケーニヒスベルクの教壇に立つ。この年の『天界の一般自然史と理論』〔以下『天界論』〕は、いかなる権威にも怖じぬ青年の客気に燃えた自然哲学を力強く打ち出している。ここにもやはり「建築家 Architekt」「建築術 Architektonik」の語は見られない。しかし「体系」「体系的」の語は頻出し、学理体系をさすものとは別に[15]、同書主題の宇宙生成の天文学文脈で、太陽系を始めとする惑星系や、それを包括する天の川銀河等の恒星系、さらに数々の恒星系を統括する全宇宙体系へと壮大に展開する、物理自然の「体系的体制 eine systematische Verfassung」(I 237, 241, 246 usw.) が語られる。しかもテクストはこれを「世界建築 Weltbau」「世界建築物 Weltgebäude」と呼称する[16]。

> これらの星の体系 Sternsystemata〔諸銀河〕を、これまた全自然の偉大な連鎖の諸項と見なすとき、先とまったく同じ理由で、これらは相互に連関し結合していると考えられる。つまりこれらの体系は全自然をつらぬき支配《ヘルシェン》する第一の形成の法則によって互いに結合し、もっと巨大な新体系〔銀河群、銀河団〕を成す。そしてこの新体系は、それまでのどれよりも格段に強い引力をもつ物体が、諸体系を規則的に配置する中心点を占め、そこからこの物体の引力により新体系全体が統治《レギーレン》されるのだ。……
>
> とはいえこの体系的な設備《しつらい》 die systematische Einrichtungen の最後は結局どうなるのか。創造 die Schöpfung そのものはどこで終るのか。容易に気づかれることだが、創造が無限な存在者の力と関係していると考えるならば、創造に限界のあるはずがない。……神的諸性質を啓示する領野は、これらの性質そのものと同じく無限である。永遠性が空間の無限性と結びつかぬところでは、この最高存在者の証拠を摑むのに永遠性でさえ充分でない。まことに形成、形式、美、完全性は、世界

建築の素材となる根本諸断片、諸実体の諸連関である。そしてこれは神の智慧がつねに配慮する諸施設 Anstalten に認められる。そしてまたこれも神の智慧にこのうえなくふさわしいのだが、こうした諸施設はこれら諸実体に植えこまれた普遍的諸法則から、強制されぬ継起 eine ungezwungene Folge をつうじて展開する。ゆえに世界建築物の秩序と設備が、創造された自然素材の宝庫から一連の時間とともに徐々に生じてくると考えたとしても、それは充分な根拠に基づいてのことである。ただしあらゆる変化の根底には、根本物質の諸性質や諸力が横たわっており、この根本物質そのものは神の現存在の直接的な帰結である。（I 308-10）

ここで世界建築術の根本主体は神である。テクストは唯一絶対神の「無限の力」と「智慧」にふさわしい「創造」の「時間」の「永遠性」、物理空間的な「無限性」を力説する。しかも自然の「普遍的諸法則」にしたがい体系的に「展開」「形成」する「根本諸断片 Grundstücke」「諸実体 Substanzen」「根本物質 Grundmaterie」は、その「性質や力 Eigenschaften und Kräfte」とともに、すべてが「神の現存在の直接的な帰結」だと熱弁する。[17]

こうして『天界論』では物理自然のみごとな建築術的壮観がそのまま、「神あり」という形而上学的命題の証左である。「わたしがこの試みに着手したのは、宗教の諸義務にかんして自分が安全安心 in Sicherheit だとわかって以後のことである」（I 221）。「わたしは神の真理の不可謬性を確信しており」、「世界建築の美と完全なる秩序から、全知の創造者を裏書きする証明の価値全体を承認する」（I 222）。「自然はカオスのなかにあってさえ、規則的に秩序立ってふるまうしかないのであり、まさにそれゆえに神はある es ist ein Gott」（I 228, vgl. auch 239, 293-4, 333-4, 346）。のちに理性批判は、神の存在論的、宇宙論的〔世界論的〕、自然神学的な現存在証明を却下する。そして世界の空間的な果て、時間的な始めと終りの有無について、いっさいの思弁的判断を停止せよと勧告する。あの批判期の厳しい謙抑とは対照的に、若きカントは自然神学の威信にすすんで拠りかかる。[18] この信仰の語りの質を考慮に入れ、そこに見られる世界建築術の細部を探ってみよう。

　ここに講述した学説《レールベグリフ》により、われわれには創造の無限の領野への展望が開かれて、この偉大な工作主任の無限性に適ったしかたで、神の作品を表象することができる。巨大な惑星世界建築のなかで、地球などは一粒の砂にすぎず、ほとんど目にもとまらない。この巨大さだけでも知性を驚嘆させるのだが、銀河の総体を満たす無数の宇宙と体系に目をやるとき、人はどれほどの驚愕で魅惑されることだろう。（I 255-6）

手放しの讃嘆と崇敬のもとに、「神」は「世界建築」の「作品 Werk」を制作する「偉大な工作主任 der große Werkmeister」であり、これは文脈からして芸術の大家たる建築の巨匠である。そもそも Architekt のギリシア語源「アルキテクトーン」は、「アルケー〔始元、原理〕」と「テクトーン〔大工、工作者〕」の合成語で大工「棟梁」に代表される「主任技術者」をさす。くわえて建築術《アルキテクトニケー》はウィトルウィウス『建築書』にも見えるように、たんに個々の私邸や寺院を建てるだけでなく、小は日時計や水揚げ器、兵器制作から、大は造船、城壁築造や都市計画にいたるまで、時代の先端技術の粋を凝らした総合学知を意味してきた。これらの点をふまえれば、テクストに見える Werkmeister はやはり「アルキテクトーン」の直訳と見てよいだろう[19]。

　ところでこの擬人法の理解には大いに慎重を要す。今日、建築家はおもに「設計 design, plan, Entwurf」に従事して、「施工 build, Gestaltung」は現場監督のもと建設業者が行う分業が通例である。『天界論』の世界建築の場合、設計主体がひとえに神である点に疑いはない。テクストはじつに能弁に、神の「最高の智慧の設計構想〔下絵、立案〕der Entwurf einer höchsten Weisheit」（I 225）、「完全性の計画案〔設計図〕Plan der Vollkommenheit」、そして「この上なく智慧深き意図 eine höchst weise Absicht」（I 228）を語っている。しかも創造と摂理の正統教義《オルトドクシー》によれば、全知全能の神の支配は世界建築の設計だけでなく、建設施工から爾後の維持管理、修繕改修にまで及んでいるはずである。ゆえに『天界論』は、本論を総括する第二部第八章の冒頭に言う。

　この世界建築物を目にするとき、その設備のこのうえなく卓越した配置と、諸関係の完全性のうちに見える神の手の確かなメルクマールとに気づかずにはいられない。理性はこれほどの美と、これほどの卓越性とに思いを寄せて驚嘆したあとでは、これらすべてを偶然と偶発に帰することもあえて辞さぬ厚顔の愚行に、当然のごとく憤激する。これらすべてはあの最高の智慧が設計構想し、一なる無限の力がみずから実行したものにちがいない。さもなければ、一つの目的のうちに集約するかくも多くの意図が、この世界建築物の体制のうちに見いだされるなどということは不可能だったはずである。（I 331-2）

「理性」はここで信仰感情に燃え、世界を目的論的に観想して、多様の統一の伝統モチーフを奏でつつ[20]、始元の「設計構想」のみならず、眼前の「世界建築物」の「設備《しつらい》」に見える「神の手の確かなメルクマール」に言及する。そしてこれは「一なる無限の力がみずから実行したものにちがいない」と言明する。かくして『天界論』の神は、古代ギリシアのアルキテクトーンと同じく、世界建築の設計・施工の両面にわたる技能《テクネー》のアルコーンとして、建築家であり大工《テクトーン》の棟梁《アルケー》である。

ところでアルコーンとは共同体を創始し集団を統率する第一人者、都市国家《ポリス》では最高執政官たる統治者である。この原義を軸に「偉大な工作主任」の比喩の政治的《ポリティッシュ》な含意をさぐってみれば、創造と摂理の神は壮麗なる諸目的の国《ライヒ》の王として、世界建築の唯一絶対の立法者であり統治者である。世界の「神的創始者 der göttliche Urheber」たる「全知 höchstweis」（I 222）の「根源存在者 Urwesen は、もろもろの存在者そのものと、それらの第一の作用法則の源泉さえも自己のうちにもっており」（I 226）、全根本物質を「無 das Nichts」（I 263）から産出すると同時に根源的に立法する。そしてこの物理自然世界の創設立憲《コンスティトゥイーレン》とともに、「神的統治 die göttliche Regierung」（I 222）が歴史的に全面執行され、創造と「神的摂理 die göttliche Vorsehung」（I 223）は細大漏らさず永遠に完遂されることになる。

創造は一瞬の仕事ではない。創造は、無限の諸実体と諸物質の産出とともに始まり、その後もつねに豊穣の度合いを増しながら、無限の経過全体をとおしてはたらいている。……充分に形成された自然の領域は、全総体の無限に小さな部分にすぎず、全総体は未来の諸世界の種子を含み、所要時間に長短の差はあれ、カオスの粗野な状態から脱却しようと努めている。

創造はけっして完成することはない。むろん創造はかつて始まった。しかしけっして終ることはないだろう。創造はつねにはたらき、より多くの自然を登場させ、新しい物や世界を産出しつづける。創造がもたらす作品は、創造が適用される時間に関係する。無数の果てしない世界により、無限空間の無際限な範囲全体を生気づけるために、創造はまさに永遠性しか必要としていない。（I 314）

「種子 Samen」や「生気づけ beleben」という語には、生ける「自然」のモチーフが読み取れる。そして人間文化の歴史と同じく、あるいはそれよりもっと本源的に、ここでは「自然の領域」にも歴史の時間的な生長、展開がある。[21]しかもその歴史空間は永遠で無限である。若きカントの「一般自然史」は、かかる壮大な世界建築の歴史物語りとして、神と自然の協働を熱く語りだす。この永遠無限の歴史的営為において、設計する神は同時に施工も一手にとり仕切り全体を体系的に組織する現場監督であり、設計施工両面のアルキテクトーンすなわち第一の統率的、統制的、棟梁的な技術者である。しかも神は全物質の自然力に、世界建築のための「種子」を「植えつける」ことで、じっさいの施工作業を物の内なる自然の手に委ねている。生ける自然は永遠の創造過程において神と一体にはたらいており、ゆえに世界建築の施工主体は神にして自然である。

第四節　天界の自然神学と機械力学

テクストはこの自然神学的弁神論を、「正統信仰の最高裁判所《アレオパゴス》の厳格性」（I 222）のもと、「公正な裁判官たち」（I 235）に弁証すべく強いられている。それというのも『天界論』は「ニュートンの諸原則にしたがって論じた、世界建築物全体の体制と機械力学的起源とにかんする試論」（I 215）という、いささか危険な副題を掲げたからである。同書は神の世界「創造の偉大な諸成分を無限の全域で結合する体系的なものを発見する」と銘打ちながら、他方では

「諸天体そのものの形成とその運動の起源を、自然の原初状態から機械力学的 mechanisch な諸法則により導き出す」（I 221）ことをめざしている。ゆえにテクストは「ニュートンの哲学《ヴェルトヴァイスハイト》〔世界智〕から借りてきた」「引力と斥力 die Anziehungs- und Zurückstoßungskraft」（I 234）、および「普遍的自然諸法則」を前面に出して、「わたしに物質を与えよ、わたしはそこから一つの世界を建築してみせよう」（I 230）とまで豪語する。[22]

かくも挑発的な「主題 Vorwurf」は、「その内的な困難という側面からも、宗教との関係でも、大部分の読者に最初から敵意ある偏見を抱かせかねず」（I 221）、「自然主義者」（I 223）の無神論に加担するものと誤認される虞さえある。そこで同書序文は著者のみならず読者の安全確保のため、まずは「信仰の弁護人 Sachwalter」（I 222）の懸念に耳を傾ける。

> もしも世界建築があらゆる秩序や美とともに、自然の普遍的運動諸法則に身を委ねた物質の結果にすぎないのだとすれば、そしてもしも自然諸力の盲目的な機械力学《メハーニク》が、かくも壮麗にカオスから自己展開する術《すべ》を自分で心得ていて、そうした完全性にみずからおのずと到達するのだとしたら、世界建築物の美を注視することで引き出される神的創始者の証明は、力をまったく失ってしまう。自然は自分自身で充足し、神的統治は不必要となる。かくしてキリスト教の只中にエピクロスがふたたび蘇り、不敬虔な哲学が信仰を踏みつけにする。（I 222）

ここで「宗教の弁護者 Vertheidiger」（I 223）は、物理自然の「盲目的な機械力学《メハーニク》」に猛反発するあまり、逆に全世界建築を隅から隅まで「最高存在者の直接の手」（I 221）に委ねたがっている。そして「たとえばジャマイカ島」の「海風」に神の「恵み深い配慮の最も判明な証拠の一つ」（I 223）を見るという、粗雑性急なる目的論を狂信的に展開する。カントの『天界論』は（そして後年の『判断力批判』も）これにはもちろん与しない。

近代啓蒙の合理主義的な物理自然の「不敬虔な哲学」か、それとも正統教義の徹底護持か。両極端に硬直した時代言説の間隙をぬうようにして、テクストは新たな弁神論の道を探索し、自然神学にまつわる係争案件の問題の根を見定める。

自然における数々の一致、美、諸目的、そして目的と手段の完全な連関に、人はいつも気づいて褒めそやしてきた。ところが人はこの面で自然を称揚しながら、他面では自然を貶めようとする。人は言う。この巧みな韻律は自然と無縁《フレムト》であり、自然の普遍的諸法則に任せていたら、それが成就するものは無秩序でしかないだろう。これらの一致はある他者《フレムデ》の手を示しており、その御手が、規則正しさをまったく欠いた物質に強制して、智慧深き計画案〔設計図〕の中へ引き入れる術を心得ていらしたのだ、と。（I 222-3）

そういう護教派お定まりの弁舌は神と自然を疎遠と見る点で、じつは自然主義的無神論と同一歩調をとっており、それがために論争の焦点は創造神を信じるか否かの二者択一に切り詰められる。『天界論』はこの教条的先入主の虚を突いて、間髪を入れず決然と言う。

しかしながらわたしは答弁する。もしも物質の普遍的作用諸法則が至高の設計構想からの帰結だとするならば、それら法則の使命 Bestimmungen〔諸規定〕はおそらく、至高の智慧があらかじめ立てた計画案を、みずからおのずと満たそうと努めること以外にありえない、と。（I 223）

物理自然世界の全原質の産出の刹那、神は「普遍的作用諸法則」の立法により、自然と根源的に直結し、万物のふるまいを自然法則により「規定」する。ここに神の「至高の智慧」は、世界建築の「至高の設計構想」を啓示して、永遠の「使命」を帯びた自然の歴史は、その「計画案」を「みずからおのずと満たそうと努め」ている。こうして『天界論』は神と自然との親近性を序文冒頭に打ち出した。そして、あの第二部第八章でも念押しする。

ここでさらに問題となるのは、次の点だけである。この最高の知性による宇宙《ウニヴェルスム》の設備の設計構想は、永遠なる諸自然本性の本質的使命〔諸規定〕のうちにすでに据えつけられ、普遍的運動諸法則のうちに植えつけられていて、その設計構想がそこから最も完全な秩序にふさわしい仕方で、強制されずに自己展開したのであるか。それとも世界の構成分の普遍的諸性質は、相互の一致という点ではまったく無能力で、結合にむけた関係を微塵ももたず、ある他者《フレムデ》の手を徹頭徹尾必要としてきたのであって、この〔神の超自然の〕見知らぬ手から制限と婚姻の結び合わせをもらい受け、ここに完全性と美それ自体が垣間見えるのか。（I 332）

約半世紀後に「自然の無力」を唱えるヘーゲルならば、後者の筋を勇んで選択するだろう。しかしカントは若くしてすでに教条独断の熱誠からは距離をとり、自然の内的な秩序形成能力のほうを前面に打ち出してくる。つまり『天界論』の世界建築の施工事業は、神の「設計構想」を託された物質的諸実体の「永遠なる諸自然本性」が担当し、「宇宙」の諸事象は「みずからおのずと von selber」（I 223, 227, 229, 239, 276）「自己展開 sich entwickeln」する。かくして「諸物の自然 Naturen der Dinge, rerum naturae」、あるいはこれを一般名辞で総称した「自然 die Natur」が、世界建築の施工実行主体となる。すでに見たように通常の建設工事でも、主任建築家および棟梁のもとに大工、左官、鳶職、建具師など、多種多彩な職人が動員されている。だから世界建築の施工事業に神以外のものが関与する発想自体は、すくなくとも今日の目からして奇異でない。しかしこの比喩の思考の筋は、すでにキリスト教の伝統教義からの決定的な離脱の一歩を踏み出している。[23]

しかもここで神の世界建築の協働主体は、天使でも人間でもなく「自然」である。それは諸物の内なる「自然本性」であり、その「本質的 wesentlich な使命〔諸規定〕」のうちには神の企図した「設計構想」が「永遠」に「据えつけられ gelegt」「植えつけられ gepflanzt」ている。ゆえに自然の施工技術は、もはや神的超自然の「奇蹟」（I 311, 333, vgl. auch II 110Anm.）を一切必要とせず、むしろ徹頭徹尾自然物の自然本性による自然な技術である。つまり天文世界のみごとな諸施設は、自然の彼方に外在する「至高の存在者」（I 221）の「直接の手」（I 221, 262, 333, 336, 343, 346-7）や、「直接的な神的差配」（I 240）、「直接の意志」や「意図」（I 337-9, 341-2）、「選択」（I 240, 271, 311, 342, 345）に頼らずに[24]、ただひたすら「自然の手」（I 337）により自然の諸法則に沿って展開する。「自然と無縁」な「他者の手」には「強制されず ungezwungen」、みずからおのずと自己形成する世界建築の施工事業。それは「自然の普遍的諸法則により自己規定する物質 sich bestimmende Materie」の「自然なふるまい natürliches Betragen によって」（I 225）、「まったく自然に ganz natürlich」（I 227）営まれている。そのように語るテクストの念頭には、自己形成的な自然の自由がある。それはもちろん「エピクロス」が説く「原子 Atomen」すなわち「元素的諸粒子 elementarische Theilchen」の「直線的落下運動からの逸脱」（I 226）の、「たんなる偶発 Ungefähr」や「偶然 Zufall」（I 225, 227, 248, 331, 334, 345-6）による放恣の自由では断じてない[25]。

むしろ「万物の原素材 der Urstoff aller Dinge たる物質は、一定の諸法則に束縛されていて」、これにしたがい「美しい諸結合を必然的に産出するのでなければならない。物質にはこの完全性の計画案から逸脱する自由はなく」、全物質はつねに神の「最高に智慧深き意図の支配下にある」（I 228）[26]。とはいえ神の世界統治は「ある種」の「法外 außerordentlich」な「強制 Zwang」（I 333, 347, 364）による専制でなく、自然そのものの自由な臣従である。つまりこの世の全物質は神授の自然法則に「自由に身を委ねて frei überlassen」（I 228）いる。そして世界建築の施工を担う物の自然は、棟梁たる神の立法に聴従し、みずからおのずと自己形成する。「それ自身の裁量に委ねられた自然 die sich selbst überlassene Natur」（I 221, vgl. 225）は「自然の諸力が自然自身の手に放下 gelassen された状態」（I 293, vgl.332）で、「みずからの自由な振舞い」（I 347）をなにも妨げられることがない。

『天界論』はかかる自然の自由を、「空虚な空間」（I 229, 262, 267, 276, usw.）に浮かんだ諸粒子および諸天体の単純な「円運動」（I 229-30, 238, 244, 266-8, 279, usw.）に見る。それは純粋に物理的な現象である。ただしこの「円運動」の「自由」は、今日の術語に言う物体の「自由落下」や「自由電子」のそれを意味しない。というのも同書は処女作『活力測定考』（一七五五年）以来の「活力 die lebendige Kraft」概念に縛られており、肝腎要の「慣性 Trägheit」（I 330, 364）の正確な理解を欠くからである。

> わたしはこう想定する。われわれの太陽系世界に属する諸球体や、すべての惑星、彗星を成す全物質は、万物の始元には、その元素的根本素材に解体しており、世界建造物の全空間を満たしていたが、今日ではこれらの形成された諸天体がそこで回転運動している。自然のこの状態は、かりに体系を顧慮することなく、この状態それ自体をそれだけで an und für sich selbst 考察するならば、無のあとに続くことができる最も単純な状態でしかないように見える。その頃はまだなにも形成されていなかった。……創造と直に境を接した自然は、ありうるかぎり粗野で未形成のままだった。けれどもこのようなカオスをなす諸元素であれ、それら元素の本質は神的知性の永遠なる理念《イデア》からの帰結である以上、その本質特性には、起源以来保有する完全性の徴表がうかがえる。意図もなく設計構想されたかに見える最も単純で普遍的な諸性質をもち、たんに受動的で、もろもろの形式や配備を必要とするように見える物質は、最も単純な状態にありながら、しかも自然的な展開により、いっそう完全な一つの体制へ自己を形成しようとする努力をもっている。……
>
> 　こういう仕方で満たされた空間では、普遍的静止はただ一瞬間持続するにすぎない。諸元素は相互に運動へさしむける本質的な力をもち、それら自身が生命の源泉である。物質はただちに自己形成の努力のうちにある。……このように自己形成する自然を、カオスの空間全体にわたり追跡していけば、この作用のすべての結果が、結局は種々の物塊の合成に至り、その形成が成就されたのちは、この物塊が引力の平衡により静止して永久に不動となるであろうことが、容易に知られる。けれども自然はなお別種の力〔斥力〕を蔵している。それは物質が微粒子に解体したときにとくに現れ、この力によって微粒子は相互に反発しあい、引力との抗争により、いわば自然の永続的な生命をなすような運動を生ずるのだ。（I 263-4）

若きカントの「自己形成する自然 die sich bildende Natur」（I 264, 266）において、「物質 die Materie」ないし「元素 die Elemente」は、神的知性の世界建築理念に沿う「自己形成の努力」を本質とする。ここで「努力 Bestrebung」とは伝統術語に言う「コナートゥス conatus」であり、自然の自己形成は物の内的本質形相の自己展開を含意する。しかもそれは「自然の永続的生命」の営みとして、生命体（とりわけ植物）の成長のイメージに仮託して語られる。[27]
こうして神の世界建築に参与する自然の根底には、古代中世以来の生ける自然、すなわち生成や産みの母胎でもあるピュシスやナトゥーラの息吹が脈打っている。ただしここでは個々の元素そのものが生きて自発的に動くわけではない。つまり古代の素朴な物活論のように、根本物質が内部生命をもってみずから蠢くのではない。むしろいずれの元素も互いに他を引きつける「本質的な引力 eine wesentliche Atractionskraft」（I 230）をそなえており、これが作動し合うことで根本物質が一致協力して、世界建築の体系形成の運動をみずからおのずと生動的に開始する。

自己形成する自然の素材を運動へもたらした駆動装置 das Triebwerk〔衝動・欲求・欲動の仕掛け〕を見いだすことは、ここではもはや難しくない。もろもろの物質素材の結合統一をもたらした動因 der Antrieb〔原動力・動機・誘因・推進力・衝動〕そのものは引力だが、これは物質に本質的にそなわっており、自然の最初の活動にあたってみずから運動の第一原因となるのだから、これがその運動の源泉だったのだ。（I 339-40）

かくして「自然の持続的生命ともいうべき運動」（I 265）は、「神の直接の手」に頼らずに天界に発動する。このかぎりで自然の「諸元素」は「それら自身が生命の源泉である」。しかも物質の「引力」には、これとは「別種の力」である「斥力」が対抗する。ここに円運動する物質は「躍動力」を獲得し[28]、これらの力の対抗関係《アンタゴニスムス》のおかげで、世界建築の自己形成運動は「引力の平衡」（そして熱力学的平衡）の総体的な死を迎えることもない。だから「世界空間は、無数の世界によって終りなく生気づけられることになるだろう」（I 310）。

ここに言う物理自然の「生命」は、「植物や昆虫」のそれではない。「わたしに物質を与えてみよ、一匹の芋虫がどのようにして産出されるのかを、諸君に見せてあげよう」などとはとても言えないと、テクストは謙抑の釘をさす。「この対象の真の内的な性質の無知」（I 230）の自覚ゆえにである[29]。だからまたなおさらのこと、物質の「生命」に寄せる青年カントの詩作的思弁は、他の惑星の「住人」たる「理性的存在者」（I 330, 355）の想像をふくらませ、ますます熱を帯びてくる。天界の「どの体系であれ、その中心点が燃える物体で占められているのはどうしてか」（I 323）。「惑星」は「たんに冷たく死んだ塊」だが、「太陽は現実に燃える物体である」。この「燃える火」（I 324）は、

「いわば自分自身から活動しているaus sich selbst wirksam」（I 325）。そして「この中心点からは、すべてを生気づける熱が広がっている」（I 355）。「太陽は自分からの距離に応じて物質を生気づけ、これを生物的経営組織の諸活動Verrichtungen der animalischen Ökonomieに役立つものにする」（I 358）。

「とはいえ自然が世界の松明として掲げた貴重な火にも、無常Vergänglichkeitの徴候は明らかに見てとれる。この松明が消える時はやがてくる」（I 326, vgl. 317-9）。そして「いま〔太陽系という〕世界建築物全体の光と生命の中心点である場所を、永遠の暗闇が占めることになるだろう」（I 327）。「諸世界も諸体系もすべて自分の役を演じきったあとは舞台を去ってゆく」。しかし「無限の創造は充分に巨大」であり、個々の星群の退場は「一本の花、一匹の虫」の死滅に等しい。だからなにも嘆くにはおよばない。「自然はある種の浪費により、その豊饒を証明する。つまり自然のかなりの部分は無常にさらされているが、無数の新たな産出により、自然はまったく無傷で完全なまま維持される」（I 318）。

「自然」の観想のうちに深まる「静かな愉悦」と「より高貴な驚嘆」（I 312）をもって、カントの弁神論は最高潮にある。「神の現前する無限の空間」（I 306, 312-3, vgl. 314）にあって、信仰の気分を高揚させたテクストは、「創造の奇蹟Wunder der Schöpfung」（I 367）を詩的に語りだす。「自然の不死鳥は、自分の灰からふたたび若返り、復活するためにのみ自身を焼き尽くす。無限にわたるすべての時間と空間をつうじて、この不死鳥をわれわれが追跡するとき、……これらすべてを熟考する精神は深い驚嘆のうちに沈潜する」。こういう崇高な比喩で「自然」の営為を飾りたてるとき、テクストは「神的啓示の計画案」に思いを馳せて、無限時空を満たす「啓示の奇蹟」（I 321）に想いを寄せている。

かかる弁神論の信仰の語りと、自然の建築施工から「奇蹟」を排した機械力学の語りとでは、やはり思索の水準と表情が大きく異なっている。神の建築設計による「奇蹟」の自然神学と、物理自然の建築施工の機械力学。啓示の光と自然の光、信と知と。テクストはまだ一連の差異を明快に打ち出すには至っていない。しかし世界建築術の比喩の細心の語り分けには、すでに理性批判の思索の片鱗が見て取れる。そしていま注目すべきは、神の世界建築の施工作業を永遠無限に全面代行する、生ける自然の自由な建築術のほうである。

第五節　物の内なる自然の技術

若きカントの生ける自然は、「能産的自然 natura naturans」の系譜にある。ただしそれはスピノザ（Baruch De Spinoza, 1632-77）の「神即自然 Deus seu Natura」の本体論的な形而上学よりも、[30] 古代ギリシア以来の目的論的自然学の伝統のほうに与している。後年の理性批判による概念枠組みの大変革、とりわけ存在論的な超越概念《トランスツェンデンターレ》の体系的位置価の大転換にもかかわらず、カント体系思想のいのちを一貫してつなぐもの、それが世界建築の施工技術の自然本性的な自由である。『天界論』が幾重にも強調する天然自然の建築術の内的性格に注目し、批判哲学的な示唆を探りたい。[31]

自然は物の内ではたらき、技術は物の外からはたらきかける。通常の建築術は、人為技術一般の例にもれず、所与の建設資材（素材《モルフェー》・質料《マテリア》・物質《マテリエ》）の現実存在を前提し、その外なる建築家の設計プランに沿って、職人や工作機械が物質素材に一定のかたち（形姿《エイドス》・形相《フォルマ》・形式《フォルム》）を与えるべく物の外からはたらきかける。これにたいし『天界論』の建築術では、世界を無から創造する神の絶対的超越性にもかかわらず（あるいはそれゆえに）、世界制作に実働する技術は物質素材の内なる自然の手中にある。そして自然世界は全体および微小細部にわたり、物の本性がそれ自身の内から体系的に自己展開し自己形成する。

天然自然は物の内ではたらき、人為技術は物の外からはたらきかける。カントの自然哲学はこの端的な差異の把握により、自然を超越した唯一絶対の神の正統教義を黙過し迂回して、遠く古代ギリシアの神々と魂《プシュケー》の流れを汲む自然哲学《ペリ・ピュセオース》の伝統に接続する。[32] その数千年来の目的論的な自然哲学を、デカルト、ガリレオ、ニュートン以後のいまここで、あらためて言語《ロゴス》批判的に語り直すこと。これがカントの生涯をかけた思索課題だったのではあるまいか。後年の『判断力批判』は、キリスト教信仰がいまだ根強い十八世紀末西洋で、この難業を革命的に完遂した理性《ロゴス》批判の記録である。それは同時に自然の学知の機械論化の荒波を乗り越えて、美しく生き生きとした自然の語りの場所を新たに確保すべく、「自然の技術」という類比概念を、目的論的自然理解の統制原理として呈示する地点に到達する。

それに先立つこと三十五年前、『天界論』は若書きながらも批判期自然哲学への絶妙の布石となっている。ニュートン物理を徹底した機械力学的運動法則に沿う諸天体の自然学と、ライプニッツ弁神論に追随する目的論的オプティミズム。この二つを融和接合した摩訶不思議な建築術は、「実体形相」や「隠れた質」を奉ずる古代中世以来の超越論的実在論の形而上学に無批判に依拠して情熱的に語りだされている。その点でやはり粗削りとはいえ、『天界論』に見定められた物の内的自然の建築術は、やがて「自然の技術」の比喩にまで洗練され成熟してゆく、理性批判の体系建築術の遠く遙かな母胎なのにちがいない。

カオスからみずからおのずと完全な世界体制へ展開形成してゆく隠れた技術 eine geheime Kunst を、神は自然の諸力のなかに据えつけた。これがたとえ真実だとしても、人は言うだろう。人間の知性はごくありふれた諸対象 Gegenstände の場合でもかなり愚鈍なのだから、かくも偉大な先行投企 Vorwurf〔対象 objectum〕のうちに隠された諸性質 die verborgene Eigenschaften を、はたして探究することができるのだろうか、と。（I 229）

古来自然《ピュシス》は隠れることを好む。物の内なる自然本性として、つねに隠れてはたらく天工《たくみ》の世界建築術。それをはたしてわれわれは認識することができるのか。むしろその秘術は「人間知性に永遠に隠されている」（I 315）のではあるまいか。もはや宗教の信仰問題というよりも、批判哲学の問うべき「事柄そのものにかかわる困難」（I 229）を鋭く嗅ぎ取って、『天界論』はかなり慎重な言い回しで重大な主題を提示する。物の内奥に隠然と息づいて「カオスからみずからおのずと von selber 完全な世界体制へ展開形成 sich ausbilden してゆく」天然自然の気宇壮大な世界建築術。その「隠れた技術」は「人間の知性」には探究不可能であり、理論的経験的自然学的にも思弁的形而上学的にも不可知である。

この認識能力の有限性の早い自覚を、理性批判は徹底する。しかも円熟期の思索は翻然と切り返し、「自然の諸力」のうちに「隠された諸性質」をそのまま受け止めるべく、「自然の隠された計画」（VIII 27）や「自然の技術」という比喩の言葉を軽快に打ち出してくる。そしてこの反省的判断力の目的論的統制原理のもとに、規定的判断力の機械論的構成原理を位置づける《ウンターオルドネン》（vgl. V 378-9, 414-5, 417, 421-2）という、批判的啓蒙近代の新たな自然哲学の話法を革命的に提起する。

しかもこのとき理性批判の「生命」概念には、奇妙な事態が生じている。テクストはもはや物質の生命や活力どころか、動植物や微生物の生命さえも語らずに、これら「自然物 Naturding」や「自然産物 Naturprodukt」を「有機的に組織された存在者 das organisierte Wesen」と言い表す。そして「有機的に組織された産物の内なる自然とその能力」を「技術《クンスト》の類比物《アナロゴン》」と呼ぶのもためらって、これを「生命の類比物」と呼んだほうが「この究めがたい性質 unerforschliche Eigenschaft」（V 293）に近づけるだろう、とまで言い出すのである。有機体を有機体たらしめる「有機的組織化 Organisation」の内的なはたらきに、生命そのものでなく生命との類比《アナロギー》を見る。ここではいったい何が起こっているのだろうか[33]。

理性批判は一方で、「物質」の本質を機械力学的な「慣性 Trägheit, inertia」原理に見いだして、「外的原因」がなければなにも変化を示さぬ物質の「無生命性 Leblosigkeit」を表明する。そして以前は物質に認めていた「表象」「欲求」「努力」といった内的意識的なもの、伝統的な「実体形相」に連なる内的本質的なものを、批判的な自然形而上学は「物質」から厳しく排除する（vgl. IV 544, V 394）。経験的実証的な自然科学の「物質」の機械論化が極限まで徹底されて、「自然」の様相も一変する。かつて自由で生き生きとした自然を讃嘆していたテクストの表舞台には、いまや機械論の原因‐結果のカテゴリーに縛られた自然必然性のアプリオリな合法則性が躍り出る。

他方で理性批判は、「物質」から排除された「生命 Leben」をわれわれ人間の内的経験に依拠した経験心理学的な内省視点から捉え返し、この語の用法を「意識的 bewußt」に身体運動する動物的活動レベル以上に限定する。そして「有機的 organisch」な身体形成と、意識的な「生命」とを概念的に切り分けて、第三批判第二部の有機体の「内的合目的性」の分析でも「生命」の語の使用を避けるという、かなり禁欲的な姿勢を堅持する。

　現代のわれわれは、十九世紀の「生物学 Biologie」の確立と、二十世紀半ば以降の「生命科学 life sciences, Biowissenschaften, Lebenswissenschaften」の隆盛により、動植物を微小単細胞個体も含め、なんの抵抗感もなく「生物 Lebewesen」と呼ぶ。それを「有機体 organism」と呼ぶときも、これはただちに「生けるシステム living system」を言う。そして物質と異なる生物固有の運動変化は、「生体物質 living substance, biological matter」の物理化学的な形成過程も含めて「生命現象」「生命活動」と呼ばれている。

　いまや「生命」は経験科学の根本所与として最初から前提されている。そして生物個体の物質的空間的内部の器官・組織・細胞等の複雑な形成メカニズムに、ミクロの分子レベルで人為的に介入する「生物工学 biotechnology」の研究開発の進展もめざましい。ここに「生命」は物の内に隠れた自然本性ではない。それは「生ける物 living things」に外から手を加える高度精密技術の目で観察され、人為的に制御可能な環境下で精密技術により分析され、どこまでも操作可能な対象として理解されている。かかる科学技術動向をどこまで見透かしていたかは定かでないが、理性批判は自然目的論を排除する近代自然科学一般について、その根底に潜む技術理性の超越論的支配関心を剔抉して言う。

それにしてもなぜ目的論は通常、理論的自然科学の固有部門をなさず、むしろ神学への予備学《プロペドイティク》や移行として関係づけられているのだろうか。こうなるのは、自然をそのメカニズムの上から〔機械論的に〕研究するにあたり、われわれの観察や実験に服従させることができ、そのようにしてわれわれがそれを自然と同じように、すくなくとも諸法則の類似性にしたがい、自分で産出 selbst hervorbringen することができるであろうようなものに、この〔理論的自然科学の〕研究を繋ぎとめておくためである。じっさい人が完全に洞察するものは、諸概念にしたがって自分で作り、仕上げることができるものにかぎられる。ところが有機的組織化は、自然の内的な目的であり、技術による類似的再現呈示 eine ähnliche Darstellung durch Kunst のあらゆる能力を無限に超えている。（V 383-4）

動植物身体の「有機的組織化」の営みにおいて、自然は自己の「内的な目的 innerer Zweck」に向けて物の内で活動する。あらゆる自然産物の産出原因は自然自身であり、なかでも有機体は素材物質の内なる「自然が、自己をみずから有機的に組織化 sich selbst organisieren する」（V 374）。これにたいし「われわれ」の「技術」は物の外から計らい作為する。「技術作品《クンストヴェルク》」は、素材となる「物質（諸部分）から区別された理性的原因の産物」（V 373）であり、この「産物の外なる技術者《キュンストラー》（理性的存在者）」（V 374）が産出原因となる。

　理性批判が語る「自然の技術」は、人間の技術との鋭い対置のもとにある。しかも自然の「技術」「目的」「意図」は、反省的判断力の語る自然研究上の比喩である。それは一個の有機体を「全体」として、技術産物でなく自然の有機体と呼ぶにあたっての「体系的統一の認識根拠」（V 373）であり、その目的が「あたかも自然の内に（われわれの内にでなく）見いだされるかのように」（V 360）語る自然解釈上の判定原理である。この批判的な「目的論はたしかに自然について、あたかも自然における合目的性が意図的であるかのように語《シュプレッヘン》るのだが、それと同時に自然つまり物質に、この意図を添加するように語るのだ。これにより……この〔自然の意図という〕語《ヴォルト》が、ここではただ反省的判断力の原理であり、規定的判断力の原理ではないことを告知しようとしているのである」（V 383）。

　かくして理性批判の自然目的論は、『天界論』の「欺瞞的な循環論法」からはきっぱり訣別する。あらかじめ「自然科学のコンテクストに神の概念を持ちこんで、自然における合目的性を説明できるようにしたうえで、この合目的性を今度は神があること daß ein Gott sei を証明するために使用する」という、自然神学的論証の倒錯ぶり。これを痛切に反省し、比喩をあくまで比喩と自覚して語りだされた「自然の目的という表現が、この手の混乱をすでに充分に防止する」（V 381）。「まさにわれわれが知っているかぎりのことだけを述べるこの表現」は、「自然の配置Anordnung における神的目的」といった旧式の自然神学的「表現」との差異も、明確に示唆するからである。ゆえに批判的目的論は、「自然におけるあの合目的的な諸形式を、智慧深い世界創始者 ein weiser Welturheber から導出する」（V 382）という企図を持たないし、「自然のうえに別の知性的存在者を工作主任 Werkmeister として置こうとする」（V 383）こともない。[34] 批判的な自然目的論は、われわれ人間のでも擬人化された神のでもなく、自然そのものの「内的な目的」を比喩の言葉で語っている。反省的判断力が慎ましく言表する「自然の技術」は、人為技術と天然自然との類似のみを言いつのるのではなく、両者の根本差異を凝視しあぶりだす。

自然界の動植物は「有機的に組織され自己をみずから有機的に組織する存在者」として「自然目的 Naturzweck」である。人為技術は有機体の内的自己形成の営みに外から介入できても、それを根本から創出することはない。そもそも「有機的に組織された存在者はたんなる機械ではない。というのも機械は運動力 bewegende Kraft しかもたないが、前者は自己の内に形成力 bildende Kraft を所有しているからであり、……自己増殖する sich fortpflanzende 形成力は、あの運動能力（メカニズム）だけでは説明できない」。有機体の諸部分は、この内的な自己形成のふるまいゆえに自然の「道具 Werkzeug」と見られるのであり、しかも「他の諸部分を（したがってすべての部分が他の部分を相互に）産出する器官 hervorbringendes Organ として」（V 374）理解されなければならないのだ。[35]

思えば「有機体 organism, organisme, Organismus」という近代語は、人為技術の「道具 ὄργανον」に想を得た比喩である。理性批判はこの技術アナロジーに、自然と技術の内外視差の剣で斬り込んだ。そして伝統形而上学の独断的目的論が主張する「自然目的の実在論」のみならず、「自然目的の観念論」を唱える「エピクロスおよびデモクリトス」の「偶然性の体系」も、「スピノザ」の「宿命性の体系」をも決然と却下する（V 391-5, 439-440）。物の内で隠れてはたらく「自然の技術」とは、詩的類比の累乗で物の命に肉薄する批判的目的論の語りの道である。「有機的組織化」の営みを意識的「生命の類比物」と呼ぶ弁論術《レートリケー》。この意表を突く比喩は、有機体をなす物質空間内部というよりも、感官感覚の経験的内外区分に比例する意味で、物の内なる自然本性を示唆する新たな言葉の創発である[36]。

それと同時に第三批判は、先立つ超越論的認識批判を引き継いで、自然学と神学、形而上学と信仰の語りの場所の棲み分けの総仕上げに従事する。その手始めが自然科学の機械論と自然目的論との原理的峻別であり、これはあの『天界論』が語っていた世界建築術の、施工担当の物理自然の機械力学と建築家たる神の設計的知性との分業体制の、批判哲学的な変奏にほかならない。円熟晩成のテクストは、神の自然神学的証明を吟味して言う。

> 世界における諸物が相互に役立っているのは何のためか。ある一つの物における多様なものがこの物のために良いのは何のためか。……判断力に不可避的に目的論的判定を迫ってくる対象の可能性の原理としてはただ、自然のメカニズムをある知性的世界創始者の建築術のもとに位置づけるという原理しか、われわれの理性には自分の能力のうちに、判断力のための持ち合わせがない。しかしあの叡智的世界原因（つまり至高の技術者）の概念を規定する与件、つまり諸原理はたんに経験的なのだから、その世界原因の諸結果において経験がわれわれに啓示する諸性質以上のものを、それら諸原理は推論させることができないのである。（V 437-8）

ここに自然神学は、あくまでも「経験的」で反省的な自然目的論となる。そしてテクストはいま、道徳実践的な理性信仰を前面に打ち出した第一、第二批判の論述趣旨を反映して、「道徳神学 Moraltheologie（倫理神学 Ethikotheologie）」（V 436, 442）の提唱に努めてゆく。「自然目的論」による「神の現存在」の「見せかけの証明」（V 461-2）の知を廃棄して、実践的な「信仰」（V 467-85）の語りの場所を開く。理性批判の隠れた弁論術《レートリケー》の最大眼目が、ここで最終的に達成されるのである。

第六節　『天界論』の行方――比喩の語りの批判的成熟

信仰の語りの本領は自然神学から道徳神学へ、たんに思弁的な自然形而上学から実践的な理性宗教へ移される。しかも神・物質・精神を根本措定したデカルト的近代の超越論的実在論の独断教条は、批判的な世界反転光学により一掃された。しかしテクストの文彩に目を凝らしてみれば、この思考法の大変動の最中にも、神と自然の世界建築術の比喩は連綿と命を繋いでいる。『天界論』が語っていた物の内ではたらく生ける自然の「隠れた技術」は、第三批判が「生命の類比物」と呼ぶ「有機的」な「自然の技術」を先取りした比喩にほかならない。しかも『天界論』は、各部表題をポープの詩句で飾っている。たとえば論文の大半を占める第二部の扉には、「愛の連鎖 the chain of love」をなす「われわれの世界」の生成を謳う一節が掲げられる(37)。

見よ、自己形成する自然が、自分の大いなる目的に向けて運動する。
陽光に映える塵はどれも、他の塵に向かって動いてゆく。
どの塵も引きつけられ、また他の塵を自分に引きつけて、
最も近い塵をふたたび包み、これを形づくろうと努力する。
熟視せよ、物質たちが千通りのしかたで
普遍的な中心に向かい突き進む。（I 259）

一七五三年七月、ベルリンのプロイセン学術アカデミーは、五五年度懸賞論文課題を告知した。「すべては善であるという命題に含まれるポープの体系の検討」である。そして『天界論』は当該年度の刊行だ。同書がポープ（I 241, 259, 318, 349, 360, 365）やハラー（I 315, 321, 365）、アディソン（I 322）を引くのは、この学界動向に呼応したものにちがが

いない（vgl. XVII 229-39）。しかもこれは明らかに学校哲学の弁神論教義に忠誠を誓う保身の身振りであり、ニュートン機械力学の徹底を目論む若い哲学徒の用意周到な護身術である[38]。

ただしテクストが詩人たちを本文に動員するのは、「創造」を讃嘆する第二部第七章と、異星人に思いを馳せる第三部に限られる。しかも後者は「付録 Anhang」の「空想 Phantasie」（I 351）を名乗っており、詩句を引くさいには「自然学の論文に指定された限界を超えて、推測を広げたりしないようにしよう」（I 360）との節度も持ちあわせている。のみならず『天界論』は星雲説着想の恩人「ダーラムのライト氏」（I 231）にたいしても、かれが「狂信的な感激 **eine fanatische Begeisterung**」に浸り、「精神的な引力と斥力をもつ神々の種族の強力な存在者」を「宇宙の中心物体」と見立てて、「全自然の玉座」に着かせた「恣意的な虚構」（I 329）に難色を示す。この不条理な空想は、太陽系の形成に神の最初の一撃を要請したニュートンと同様[39]、自然学的仮説の域を完全に逸脱しているからである。

かくしてテクストは自然神学的弁神論と自然学的機械力学、信と知の語りの位相差を鋭く凝視する。ゆえに「結語 **Beschluß**」の最終段落も、詩的な言葉《パロール》が生まれくる静謐の感興に寄せて、こう述べる。

> じじつ……これまでの考察で心満たされた人が、晴朗な夜に星鏤めた天空を見つめるとき、高貴な魂たちだけが感受する満足がわきおこる。自然のあまねき沈黙、諸感官の静寂のもと、不死の精神の隠れた認識能力は、名状しがたい言葉《シュプラッヘ》を語り《レーデン》、解きほぐせぬ諸概念を伝えている。それはたしかに感受されるが、記述しがたい諸概念である。（I 367）

荘重な詩作的思索の調べは、のちに第二批判「結語」で反復される。「わが上なる星鏤めた天空と、わが内なる道徳的法則」（V 161）。ただし長年のあいだにテクストは成熟し、この「二つの物」を「暗闇に、あるいは熱狂《ユーバシュヴェングリヒ》的なもののうちに覆い隠されたものとして、わたしの視野の外に探したり、たんに臆測したりしてはならない」（V 161-2）と強く警告するまでになっている。

ゆえに『批判』では第一に、「不死の精神の隠れた認識能力」に訴えて臆測の多弁を弄することは差し控えられる。

そして「名状しがたい言葉を語り、解きほぐせぬ諸概念を伝え」る詩人のわざの秘密のみならず、およそすべての「人間の魂の深層に隠された技術 eine verborgene Kunst」の一端が、「われわれの悟性の図式作用《シェマティスムス》」（A141=B180）の名のもとに超越論的に究明されている。くわえて第二に、『天界論』が神の創造のわざを讃嘆し謳いあげた物理世界の「無限性」「永遠性」は影をひそめ、「世界」の「真の無限性」の根拠は右の「第二の物」（V 162）、つまり道徳法則による世界建築術に見定められる。そして自然と自由、感性的と超感性的、理論と実践という二本立ての批判的な形而上学建築構想が確定する。

　それと同時に第三に、「精神界 Geisterwelt」（I 330-1, 360, 364-5）と「物質界 materialische Welt」（I 360, 364）をあらかじめ相互独立させてから、「精神的存在者」と「物質」の結合を語っていた『天界論』の超越論的物心二元論は、〈経験的実在論にして超越論的観念論〉の世界反転光学により打破される。そして理性批判は第四に、超越論的認識批判をとおして学術言語の批判を汎通的に展開する。感性的な物理自然の機械力学を記述する定言文と、道徳的世界の究極目的の自由な当為を語る定言的命令法《インペラチーフ》、そして同一の世界をめぐる理論・実践二様の語りを「自然の技術」で反省的に繋ぐ接続法《コンユンクティーフ》という、批判的啓蒙近代の世界市民の語りの機微が繊細緻密に解きほぐされてゆく。

　この言語批判の徹底遂行により、創造と摂理の神に寄せる『天界論』の信仰の語りは、理性批判テクストの後景に退き、「すべての学のエンツィクロペディー」は「経験の対象でありうるものを考量するかぎりの自然論（したがって物体論、心理学、普遍的世界学）」から、旧式の自然神学的な弁神論を排除する。そして批判的な「学としての目的論」は「（本来そう呼ばれている）自然科学」にも「神学」にも属さずに、「本来はただ自然記述に属するにすぎない」（V 416-7）と言い渡される。かつて『天界論』を動機づけていた「自然神学《フュジコテオロギー》は、誤解された自然的目的論《フュジッシェ・テレオロギー》であり、神学への準備（予備学）としてのみ使用可能である」（V 442）。しかも「目的論の原理」が「自然科学の内的原理」となるのは「自然の物一般」でなく、ただ動植物等の「有機的存在者における自然目的の経験的諸法則」についてのみ、しかも「目的論的な判定様式」（V 382）の原理としてのことだと言明されるのである。[40]

かくして若き日の世界建築術の独断教条的な語りは、批判哲学の前景から姿を消す。ただしこれは理性の自己認識の難業と、それに依拠した新たな形而上学の批判的体系建築の準備作業とに、論述の全力が注がれたことを意味している。世界建築術の理念そのものは依然一貫して、カントの思索の根底に生動する。さしあたりの傍証として『天界論』出版後の顚末を追ってみよう。一七五五年春、プロイセン国王フリードリヒ二世に匿名の献辞を添えて印刷された『天界論』は、出版社の倒産と全財産差し押さえの憂き目にあう。同書はいくつかの好意的な書評や広告で取り上げられはしたものの、広く市場に出まわることなく、ごく一部に知られるのみに終っていた。その後一七六一年にランベルトが、カントの理論と内容の酷似する『世界建築の設備にかんする宇宙論的書簡』を刊行する。これを受けてカントは一七六三年、自説の先取権を主張する思惑もあったのだろう、『神の存在論証のための唯一可能な証明根拠』の第二部第七考察を「宇宙生成論 Kosmogonie」と題して、八年前の『天界論』の要約紹介に充てている。

ただし『天界論』はその後も長く再刊されずに放置される。ところが一七九一年、つまり理性批判が全叙述の完結──未完の批判の道の建築術のひとまずの締めくくり──を告げた『判断力批判』刊行翌年に、『天界論』抜粋版が公刊される。これはカントの依頼と校閲のもと、ゲンジヒェン（Johann Friedrich Gensichen, 1759-1807）が作成し[41]、ハーシェルの『天界の建築構造について』の独訳版（*Über den Bau des Himmels*）の付録として公開されたものである。そしてこれを皮切りに『天界論』そのものも、カント生前に一七九七年から数年で複数の版が公刊されることになる（vgl. I 545-7）。

こうしたカント晩年の『天界論』刊行は、いったい何を意味するのだろう。さまざまな推測が可能である。反射望遠鏡の観測に基づくハーシェルの実証的な学説に続き[42]、一七九六年にはラプラスの『世界体系の展覧』（*Exposition du système du monde*）も現れた。こうした天文学研究の進展を背景に、『天界論』再刊は時宜にかなっていた。また批判哲学の老大家の若き思弁の記録には、読者世界の需要もあっただろう。これら外的事情にくわえてカントには、信頼性の高まった自分の天文理論の先取権を確保する密かな動機もあったにちがいない。さしあたり同書再刊の理由は、それだけで充分かと思われる。

しかしすでに見たように、初期自然哲学と批判期のそれには大きな懸隔がある。とりわけ『天界論』の中核をなす物体の力学と生命について、カントは一大変革を経験したばかりである。理性批判の正確な理解が読者公衆に定着していない段階で、かつての形而上学的思弁の跡を公開するのは得策とも思われない。にもかかわらずカントはなぜ、みずからすすんで同書再刊を希望したのだろう。やはり批判叙述の完結が、最大の理由と考えられる。若きカントの自然神学は、理性批判の声望の陰に秘匿される必要もなく、むしろ三批判書公刊のおかげで、それとセットでようやく公明正大に陽の目を見ることができたのだ。

しかもこのたびはテクストの片隅に埋もれていた声部が、批判精神に共鳴し表だってくる。じじつ『天界論』序論は、この試論が「わずかな臆測に基づく危険な旅行」（I 221）の「大胆な企て」（I 225）であり、「恣意的な虚構はすべて極力慎重に排除した」ものの、あくまでも「類比」を手引きにして「かなり蓋然的な臆測」を駆使した「自然学の冒険」（I 234）だと弁明する。その諸理論には「最大の幾何学的な厳密性や数学的な無謬性」は望むべくもなく、ゆえにそれを基準に同書を裁いてはならず、むしろ蓋然的な諸仮説に基づく論証の論理的一貫性に同書の信頼性はある。しかも自分は「最大の驚嘆すべき対象の魅力」に誘われて「構想力」（I 235）の翼を過度に広げていたりする。だからこの点はどうか寛恕願いたい。テクストはじつに率直に語っている。血気盛んな若い思弁のなかでも、注意深く自説の蓋然性を強調する哲学的誠実。これが批判後に同書再刊を許容可能にした根本理由にちがいない。独断のまどろみからの覚醒という告白により、前批判期（とくに初期）の自然哲学は、当時の合理主義的独断論の枠内にあると軽視されるのが一般的だが、テクストはその自己批評的な語り口において、当初から思索的・探究的だったのである。

ちなみに批判期真只中の啓蒙雑誌論文『人間の歴史の臆測的始元』（一七八六年）も、人類最古の史料とされる『旧約聖書』創世記第二章（エデンの園）から第六章（ノアの洪水）までを「地図」に見立てて、人間史の曙時代の「遊覧旅行」を楽しみ、「構想力の翼」にのった「臆測」の「気晴らし」（VIII 109-10）に興じている。カントは、同時期に順次刊行されていたヘルダー（Johann Gottfried Herder, 1744-1803）の『人類史の哲学の構想』の吟味をつうじて、理論的実証的であるべき自然史と、道徳実践的意図に基づく自由の人間史とを方法論的に区別する必要性を痛感し、その批判的区別をここに初めて打ち出した。そしてその自覚を欠く『世界市民的見地における普遍史の理念』（一七八四年）を自己批判して、人類史の哲学の全体構想を一篇の反省的《レフレクティーレント》な物語りに編み直したのである。[43]

自然の「有機的な力」を万物の生成の統一原理として前提するヘルダーの有機体論的歴史哲学は、カント『天界論』と近親関係にあり、この点でかれは若きカント直系の弟子である。ヘルダーが『構想』で『天界論』を念頭におき、コペルニクス、ケプラー、ニュートン、ホイヘンスとともにカントを称え、師匠と同種の宇宙論で叙述を始めたのは、哲学史上の皮肉としてまことに興味深い。ゆえにまたヘルダーはかなり心外だったにちがいない。かつての聴講者へのカントの論評の刃は鋭く凄まじい。これはしかし苛烈なまでの理性批判の徹底性のしからしむるところである。カントはここで、アナロジーを奔放に駆使するヘルダーの独断的形而上学的思弁と、「概念を規定するさいの論理的な綿密性」（VIII 45）の欠如とに、自身の『普遍史の理念』が陥っていた自然史と人間史との無批判的接合を重ね見て、その非をもろともに厳しく裁断したのである。[44]

理性批判は感性と理性、認識と思考、現象と物自体、理論と実践、自然と自由という一連の批判的区別を見つめ、個々の概念の厳密な規定を確定しつつある。批判哲学の建築設計と資材調達と施工作業が、いまや一気に進んでいる。この大切な時期にカントが取り組むヘルダー論評は、同時にまた過去の自分との批判的対決である。カント哲学は非常にきわどく険しい批判の「小径」を独り歩んでいる。その叙述作業がひとまず完結し、理性批判の体系が建立されたとき、とりわけ目的論的自然哲学の批判吟味が完了したことで、ようやく『天界論』の若く生き生きとした構想力による哲学ファンタジーも、すすんで再刊できたのである。『天界論』は理性批判により批判とともに批判ゆえに、おのれの学説の蓋然性の自覚のもとで再度の刊行を許されたのだ。

第七節　道徳的政治的な批判的建築術

「わたしは何を知ることができるのか」。たしかに自然の「隠れた技術」を知ることはできない。しかしそれを「類比」により詩作的に思念して、自然の目的論的な理解と解釈を「反省的」に語らうことはできる。そしてこの批判的自然目的論を紐帯にして、理論的な自然科学の機械論の語りを、道徳的な究極目的に向かう実践哲学の語りと接続し、さらに道徳法則の自律をあえて神の命令に読みかえた理性信仰の語りへも繋いでゆく、人間知性の語らいの場を新たに建築する道に踏み出すことは可能だろう。

そうした後年の言語理性批判の妙技にはほど遠く、『天界論』の性急な信仰心は、自然の「隠れた技術」を始元《アルケー》とする機械力学そのものに、神の創造の仕事《わざ》の歴史的・生命的な自己展開を思弁的に直観した。その点で致命的に未整理だったとはいえ、ここに語りだされた神と自然の本質的な近さはやはり注目に値する。先に見たように「宗教の弁護者」は神と物理自然を「異他的」と思いなし、天界の美しい「神的秩序」を自然に外的で強制的なものと見る。これにたいし『天界論』は、自然法則の根底に神の創造と摂理を見ることで、自然か神かの二項対立から全物質を解放する。そして天界の体系的秩序形成を、物の内なる自然が自発自展する自由な建築術として描き出す。「偉大な工作主任」たる神は、天界の「憲法 Verfassung」の普遍的立法を総理して、じっさいの建築施工に従事する自然の「隠れた技術」が神の「統治 Regierung」を実現する。

天界建築術の分業体制が先取りした立法・行政の二権分立を、理性批判は konstitutiv と regulativ の概念対で先鋭化する。このうち前者は、カントや現象学の邦訳文献で「構成的」と訳出するのが慣わしだが、それはたんになにかを「製作、構築、構成する konstruieren」のではない。もっと建築術的な香りを濃厚に醸し出し、なんらかの団体や国家を「設置、樹立する konstituieren」ことを言う。その区別はたしかに微妙だが、konstruktiv と konstitutiv の差異は名詞形でさらに明瞭だ。すなわちKonstruktionが事物の「製作、構築」や「構造、組成」を広く表すのにたいして、Konstitutionのほうは協会団体の秩序を維持形成する「規約、法規」を表しており、とくに教会の「憲章」や国家の「憲法Verfassung（constitutio）」（VI 311）を端的に指すのである(45)。

理性批判はラテン語constitutioの含蓄を汲み、純粋悟性概念による自然の立法と純粋実践理性の道徳の立法の権限を吟味して、二部門体制の形而上学体系を構想する。テクストが建立を誓願する共和国の国会は、理論的認識と道徳的実践の二院制、あるいは自然の国と自由の国との重層連邦制である。西洋近代の政治革命の季節、カントはテクストの核心部へ立憲連邦共和国の建築の比喩を埋め込んだ。その全体は道徳的政治的な理性の実践的関心に基づく哲学の語りである。「構成的」な「立法Gesetzgebung」は「法Gesetz」を制定し、なかでも「憲法」は国家全体を建立する基本法である。それにたいし「統制的regulativ」が「統治Regierung〔支配、行政、政府〕」に繫がるのは明らかだ。それは国政の細部具体の特殊事案をうまく「調整、調節、規制regulieren」すべく、数々の「規則Regel」を工夫・案出・執行する。ここに浮上した全体と部分の対照から建築術的含意をさらに引き出せば、「構成的」が建築全体の基本設計に当たるのにたいし、「統制的」は細部にわたる実施計画や、建築作業のための規矩術、竣工後の施設の維持管理や、外装・内装・家具の設《しつら》い、日常の住まい方に及ぶ、建築遂行面を引き受ける形容詞である。

かくして「構成的」「統制的」の概念対は、「立法」「行政」の革命的な分権の建築術に照応する。批判的啓蒙近代の哲学の共和国は、二権を分立協働させて初めて良好に樹立運営されるのだ。しかも理性批判では、神的知性の普遍的立法と統治のモチーフは背景に退き、自然にたいする人間知性のアプリオリな立法の比喩が前面に出る。言うまでもなくここに自然とは、物自体ならざる「諸現象の総体」としての感性的自然である。この経験的自然認識の「構成的」原理たる諸概念（空間時間とカテゴリー）に、規定的判断力の機械論的自然理解は従属する。反省的判断力の「統制的」原理はこれを補い、個別特殊の具体的自然現象と対話して、経験的自然探究を正しく方向づける。ここに立法・行政の二権分立は、自然認識にたずさわる人間理性の言語活動《ランガージュ》の批判的な超越論的反省の表現となる。

同じ比喩は『天界論』では、どこまでも信仰に基づく弁神論の形而上学の語りであった。とはいえその正統信仰の法廷弁論は、狂信的な護教派の目的論と無神論的自然主義の機械論の対立を調停するなかで、後年の革命の主題を幽かに摑み始めていた。理性批判の思索は、自然の「隠れた技術」たる世界建築術の語りの場所で、事柄の区切りと繋がりを凝視し成熟する。時代思潮に棹さして「神」と「物質」の現実存在を根本措定した『天界論』の超越論的実在論は、七〇年代の沈思黙考を経て〈経験的実在論にして超越論的観念論〉の批判的反転光学に玉座を譲る。このこと自体がすでに形而上学の画期の出来事だが、カントの哲学の語りは同時に「構成的」「統制的」の権力分立の比喩により、若い頃からの共和制革命の設計構想を密かに育んでいた。このすぐれて道徳的＝政治的な隠喩により、第二批判が提唱する「実践理性の優位」もすでに第一批判内奥に先取りされていたのである。

批判とは人間理性の認識能力の限界画定であり、経験的理論的に認識可能な事柄とそうでない事柄との峻別である。理性批判の法廷は、道徳実践と理性信仰に「場所 Platz」（B XXI, XXX）を空けるべく、理論的認識の権限の及ぶ範囲を感官への現象に制限した。しかしその判決は、現象を超えてなにかを考え語ることの一切を禁じたわけではない。『批判』はつねに慎重に「超感性的なもの」や「物自体」に属する事柄について、とくに道徳的実践的な見地から多くを語っている。そして第二批判要請論では自由、魂の不死、神の存在について、道徳実践的な認識の可能性を主張してさえいる。

神の世界建築術のモチーフとの関連で言えば、神の現存在の思弁的論証の全面的不可能性と、道徳的理性信仰に依拠した証明可能性との洞察が、三批判書の叙述へ向かう画期となっている。テクストは神の現存在の思弁的認識を断念し、それでもなお神について語ろうとする。人間理性の自然本性に基づき、やむにやまれずにである。神は知覚されえないのだから、現実存在すると確言できぬ。しかし知覚されないからといって、存在しないとも断言できない。そうした有無分別の反省的無規定性の場で、あえて神を語るのだ。

人間的認識と神の現存在とは、いわば現象と物自体との区別のごとくに次元を異にする。そのあわいを繋ぐものは、もはや類比推論しかありえない。しかもたんに事柄の類似性を指摘し詩想たくましく連想を展開するばかりのヘルダー風の無批判な類比でなく、類似性の根底で絶対に埋められぬ差異を凝視しつづけるのである。事柄の差異と類同性の自覚による「反省的判断力の推論」（vgl. IX 131-3）。これが批判期の類比の基本であり、これに基づく「臆測 Vermuthung, Mutmaßung」を、テクストはそれと自覚して語っている[46]。

ただし臆測は、たんなる仮説や仮構、妄想や夢想に終るのではない。それが道徳実践的な意図、および一定の論理的整合性（とりわけ概念の無矛盾性）に支えられれば、「主観的に充分 hinreichend」な「真実認定 Fürwahrhalten〔信憑〕」たる「確信 Überzeugung」となる。そして道徳的決意に向かう人間主体の心術を問う観点では、そうした確信があれば充分である。道徳実践的な見地では、理論的「真理に至る証明 ein Beweis κατ᾽ αληθειαν」による「知 Wissen」の「確実性 Gewißheit」がなくとも、「人間の分際に見合う κατ᾽ ανθρωπον」「反省的判断力にとって」の証明が得られ、たんに「私念 Meinen〔臆見〕」でない理性的な「信念 Glauben〔信仰〕」が確保されれば、それで充分なのだとテクストは繰り返し言う（A822=B850, A828-30=B856-8, V 125-6, 142-6, 463, 467-8, IX 65-73, XX 297-9, 305-6）。素朴な信仰感情に衝き動かされた党派的な思弁を戒め、構想力の無批判な暴走を矯め、理性の自己矛盾の無政府的騒乱を回避して、そのうえでなお経験的な所与を超えて進む理性的思考の語りを正しく方向づけること、これがカント理性批判の最大眼目である。

人間的認識の限界画定と、その限界内でのアプリオリな認識（空間時間、諸カテゴリー、そして純粋悟性原則）の客観的妥当性の権利主張の正当化。長く難儀な分析論の仕事を終えた『批判』は、つづく弁証論第一章第一節を「理念一般について」と題し、その冒頭、「概念」に「ちょうど合った表現」や、概念に適した「意味 Bedeutung」をもつ「語 Wort」を見つけるのに苦労する「われわれの諸言語 Sprachen」の通弊を見つめ、しかしみだりに「新語を鍛造するのは、言語における立法の越権であり、めったにうまくいくものではない」と厳に戒めたうえで（A312-3=B368-9）、この節全体をプラトンの「イデア」との直接対話にあてている。そしてこの「崇高なる哲学者」が「自分自身を理解した以上によく理解する」（A313-4=B370）ことをめざして言う。

人間的理性が真実に原因性を発揮して、諸理念《イデア》Ideenが（行為とその対象の）作用因となるのは、道徳的《ジットリヒ》なものにおいてのことである。プラトンはしかし、ここだけでなく自然そのものにかんしても、それがイデアに起源を発するという明白な証明を見ており、これは正当だった。一つの植物、一つの動物、そして世界建築Weltbauの規則正しい配置die regelmäßige Anordnung（ゆえにおそらくまた自然秩序の全体）が明瞭に示しているように、これらはイデアにしたがってのみ可能である。たしかに個々の被造物はそれぞれがその現実存在の条件のもとにあるので、自分の種Artの最も完全なもののイデアに一致しているわけではない（だからたとえば人間は人間性のイデアに一致していないが、それでも人間はそのイデアを自分の行為の原型Urbildとして自身の魂の内に携えている）。これにたいして自然のイデアは、最高の知性において個別的に、変わらぬ仕方で汎通的に規定されており、そのイデアは諸物の根源的な原因となっている。そして全世界の諸物の結合の全体das Ganze ihrer Verbindung im Weltallだけは、またそれのみが、かのイデアに完全に適合する。表現の大げさな点を除けば、この哲学者の精神の高揚、すなわち世界秩序の自然的なものを模型として観察することから始め、諸目的つまりイデアにしたがった世界秩序の建築術的な結合へ上昇してゆく高揚は、尊敬と継承に値する努力である。また道徳性と立法と宗教の諸原理にかかわるものでは、イデアこそが初めて（善なるものの）経験そのものを可能にするのだから、イデアは経験のうちで完全に表現されえないにせよ、プラトンの精神的高揚の本来の功績は、まったくもってこの諸原理にかんしてこそ認められる。人々がその功績を認めないのは、その諸原理をまたもや経験的諸規則で判定しているからにすぎない。だが原理としての経験的諸規則の妥当性は、まさにイデアにより無効にされるべきものだったのだ。じじつ自然の考察では、経験がわれわれに規則を手渡してくれるし、経験こそが真理の源泉なのだが、これにたいし道徳的諸法則にかんして、経験は（遺憾ながら！）仮象の母である。そして自分がなすべきことについての諸法則を、なされていることから導き出したり、あるいはそれによって制限しようとしたりすることは、最も非難すべき事柄である。（A317-9=B374-5）

理性批判の「精神Geist」が吐露する「遺憾leider」の感嘆符がある。そして「わたしがなすべきことwas ich tun soll」と「なされていること was getan wird」との鋭い対置が、「理念《イデア》」と「経験」との分節に重ね合わされている。カントはプラトン哲学の神髄にふれつつ、若き日の自己の思弁の「高揚」を根本的に軌道修正する。

カントの世界建築思想は当初から、キリスト教の創造と摂理の神を迂回して、プラトンのデミウルゴスに親密である。そしていまテクストは自然イデア論に同調して、先達の世界認識の正当性を直説法で語っている。問題なのはプラトンの「表現の大げさな点」だけのようでさえある。(47) とはいえその過剰表現への厳しい指摘は、自身の『天界論』に向けられたものでもある。しかも注意深く見れば、カントが「尊敬」し「継承 Nachfolge」の必要を認めたプラトンの「高揚」は、到達点を創造神でなく目的論的「世界秩序の建築術的結合」にまで抑制されている。くわえてこれに先立つ重要な脚注は、「可能的経験」を超えた「思弁的認識」の「拡張」、とりわけイデアの「神秘的演繹」と「実体化」にはけっして「追随することができない」(A314=B371) のだと、あらかじめ明確に釘をさす。

それになにより理性批判の語りが、思弁的認識から道徳的実践へと軸足を移すのにあわせて、右のプラトン批評の力点も、自然神学的な世界建築術から道徳的なそれへシフトする。そもそも右の「植物」「動物」に先立って「プラトン的共和国」(A316=B372) の理念が、イデア論の道徳実践的な根本動機を反芻する。テクストはこの法的政治的な共同体の「必然的理念」、「各人の自由が他のすべての人の自由とも共存しうるようにする諸法則にしたがった、最大の人間的自由の憲法体制 Verfassung」の理念をとおして、完全な原型的共同体への不断の接近という人間史のモチーフを語り始めている。

かくして弁証論《ディアレクティク》の課題は「純粋理性の超越論的使用と、その諸原理および諸理念を正確に知る」ことで、「あれらの荘厳なる道徳的建築物 jene majestätische sittliche Gebäude のために、地盤 Boden を平坦かつ強固 baufest なものにする」ことである。その法廷弁論は、道徳的な世界建築のための(基礎づけ Grundlegung に先立つ)地盤の地ならしにほかならない(vgl. A319=B375-6)。魂、世界、神という特殊形而上学の伝統主題をめぐり、人間理性はいたずらな思弁の「宝」探しに没頭して、道徳的な「建築作品」の打ち立てられるべき「地盤」の「いたるところ」に

「モグラの坑道」をはりめぐらし、あの建築物を「不安定な」ものにしている（vgl. A319=B375-6）。そこで弁証論法廷は、魂の実体性、単純性等をめぐる純粋理性の誤謬推理《パラロギスム》、世界の始まりや自由等の有無をめぐる純粋理性の二律背反《アンチノミー》、そして神の存在の思弁的論証の論理的不備を指摘して、一連の超越論的仮象にまつわる誤りを回避する。そして人間理性を無政府状態から救い出し、無数のモグラ穴を埋める地盤固めの基礎工事を敢行する。そもそも魂の不死、自由、神の理念は、純粋理性の思弁よりも道徳的実践的な関心に応えるべきものである。あの諸理念は世界認識にかんして新たな対象認識をなにも提供せず、経験的認識にかんして「構成的」でない。とはいえその諸理念は実践的関心との関連で、経験的世界認識に寄与する思弁理性の「統制的」原理として重要な役割を担い、人間の内的自己意識と世界全体の認識の体系的理性統一を可能にしてくれる。

　理念による経験的認識の体系的統一の論点が、理性批判の建築術思想の骨格をなすことは、あらためて言うまでもない。ここで確認したかったのは「超越論的弁証論」そのものが、みずから終始一貫建築術的に動いていることである。しかもこの純粋思弁理性批判の論述が、人間理性の建築術的な「自然本性」と「関心」に衝き動かされたものだという点である。理性の「世界論的 kosmologisch」な諸理念をめぐる二律背反章は、第三節「理性の関心について」で、「実践的関心」と「思弁的関心」（正命題派）や、「経験主義」的関心（反対命題派）の区別にふれてから、おもむろに言う。

> 人間の理性は、その自然本性からして建築術的 ihrer Natur nach architektonisch である。言い換えれば人間理性は、あらゆる認識を一つの可能的体系に属するものと見なすのである。ゆえに人間理性は、目の前にもつ一つの認識が、なんらかの体系のなかで他の諸認識と共存することを、すくなくとも不可能にすることのないような原理しか承認しない。ところが上述の反対諸命題《アンチテーゼ》は、認識の建築物の完成をまったく不可能にするような種類のものである。それら反対命題にしたがうと、世界のどんな状態にもそれに先立つ状態がつねにあり、どんな部分のなかにもさらに分割される部分が含まれており、世界の

どんな出来事の前にもそれとまったく同様に他のもっと前の出来事から生じた出来事があり、そしてまた現実存在一般においては一切のものが条件つきで、なんらかの無条件的な第一の現実存在というものは認められないことになる。つまりこれらの反対命題は、なにか第一のものをけっして許容せず、建築の基礎として端的に役立ちうるような始元《アンファング》をけっして認めようとしない。ゆえにこの前提のもとでは、認識の完全な建築物はまったく不可能である。それゆえ理性の建築術的関心（この関心は経験的統一でなく純粋な理性統一をアプリオリに要求する）には、正命題の諸主張の自然的推奨がともなうことになる。（A474-5=B502-3）

本章冒頭でふれたように、理性批判の建築術は人間理性の「自然本性」に基づく体系の技術である。それゆえに二律背反の各正命題には、「自然的推奨」がともなうと判決される。「理性の自然本性からして」。この文言は右の断片を見るかぎりでは、その「建築術的関心」が強く奥深いことを言い立てるだけの修辞表現にも見える。しかも人間理性の建築術的本性と「世界」とのかかわりについて、ここではなにも語られない。しかし若きカントの『天界論』は、神的知性の世界設計と自由な生ける自然との世界建築術の協働を本気で熱く語っていた。『批判』はいま、それを新たな詩学で語り直そうとしているのである。

第八節　批判的理性の建築術的生成

世界建築術の語りはいま、神的知性と自然とによる世界創造から、人間理性による現象世界の認識の事柄へ、したがってまた超越論的実在論の形而上学的教義から、〈経験的実在論にして超越論的観念論〉の反転光学へ、体系的な位相と位置価を大きく転換させている。しかもかつては世界に自存する個々の素材物質それ自体の内なる自然本性の発露として活躍していた建築術が、いまや人間理性の内なる自然本性に語りの主導権を移譲する。

とはいえ批判哲学生成の筋道を辿って見るならば、「超感性的自然 übersinnliche Natur」とも呼ばれる理性の自然本性は、それ自身がやはり自由な自然として、世界万物の内なる自然本性とともに、それに育まれて生成したものだと暗に想定されているにちがいない。ゆえにまた人間理性（模型的知性）の自然本性的建築術は、『天界論』の世界創造を「原型」として、その「理念」に「倣った nach」体系的世界認識を企図するのである。人間理性の世界建築術は、万能の神と自由な自然との協働による原型的世界建築術に憧れ「それに向けて nach」、とはいえ独断的形而上学的にでなく、どこまでも批判的反省的に遂行されることになる。『批判』の理性の世界建築術は、すでに第三批判の「自然の技術」の境地にある。

ところで前引テクストの建築術的人間理性は、道徳的建築物の建立に先立ち、経験的世界認識の体系的統一を問うている。そして四つのアンチノミーが世界認識の四つの礎石（無制約的な「第一のもの」「始元」）の定礎を阻むことを、深刻な問題として指摘する。話題はいま認識論的世界建築の基礎づけである。コギトという「アルキメデスの点」を確固不動の基礎にすえ、そこから絶対確実な学知を新たに建築しようと企てたデカルト的近代の哲学はまさに基礎づけ主義的であり、カントの超越論的認識批判もこの系譜に属す、というのが哲学史の教科書的解説である。他方、そういう「究極的基礎づけ」については「ミュンヒハウゼンのトリレンマ」を始めとして多くの難点が語られており、知や価値の相対主義の問題ともからんで現代哲学の主要論点になっている。カントの批判的建築術は、こうしたた基礎づけ主義の文脈に埋没するものなのか。そして理性批判の構想する形而上学の体系建築は、いわゆる近代建築のごとくに硬直的なのか。

カントはたしかに道徳の、そしてまた世界認識の建築物の基礎を求めて理性批判を遂行した。そして二律背反論についていえば、正命題の主張する世界の始まりや自由の存在は、明らかに「端的な基礎」となるべきものとして求められている。しかしそれらはあくまで「理念」であり、しかもさしあたりは経験的世界認識の体系的統一のための「統制的」原理にすぎないと再三にわたって強調されている。さらにまた諸理念を建築術的に活用してゆくにあたっては、読者公衆に公開された理性批判法廷で、正命題の実践的利害関心と反対命題の経験主義的利害関心とを矛盾対立させることなく、物自体と現象との批判的概念区分によって調停する正規の司法手続きが踏まれている。経験的認識の原則をまげることなく、経験的認識全体の体系的統一のためにも、道徳実践的理性関心を優先して、まずは思弁的な建築術的諸理念を統制的に活用せよ。この第一司法裁定をも、人は無限背進や循環論証の「独断的中断」だと見なすのか。理性批判は「究極的な基礎づけ」を企てているのではない。それを誤解して批判的判決を「独断的」として排斥するとき、人間理性には一切の前向きな学知の建築術は不可能となる。そして人類の文化文明の歴史は、ただひたすら否定的解体的な脱構築の脱の繰り言に終始せざるをえなくなる。

ところで理性の自然本性に根ざす「建築術的関心」は、たんに弁証論のみならず理性批判全体にとって重要である。この点はすでに第二節で、批判哲学の生成履歴の状況証拠からも確認した。ここではさらに『批判』の思索の内実に迫って考察したい。理性批判をカントに強く促したものが世界認識をめぐるアンチノミーだったことは、「独断のまどろみ」からの「覚醒」という印象的な言い回しにより、よく知られている。一七九八年九月二十一日付のガルヴェ宛書簡を引いてみよう。

> 神の現実存在や〔魂の〕不死等の研究は、わたしの出発点ではありません。むしろ純粋理性のアンチノミーこそがわたしの出発点でした。「世界には始めがある――否、世界には始めがない」から、第四〔批判書では第三〕の「人間には自由がある――いやそれどころか自由はなく、人間においてはすべてが自然必然である」にいたるまで。このアンチノミーがわたしを独断的なまどろみ der dogmatische Schlummer から目覚めさせ、理性そのものの批判に駆り立てたのです。理性がそれ自身と見かけ上矛盾するというスキャンダルを除去するために。（XII 257-8）

同じ表現は、これもよく引かれるように『プロレゴメナ』で「原因と結果の結合の概念」にかんする疑念を表明したヒュームの名前とともに印象深く打ち出されている。

わたしは率直に告白する。あのデイヴィド・ヒュームの抗弁 Erinnerung〔督促〕こそが、何年も前にわたしの独断的なまどろみを初めて打ち破り、思弁哲学の領野でのわたしの諸研究にまったく別の方向を与えてくれた。とはいえかれの諸帰結にかんしては、わたしはとうてい耳を貸すことができなかった。あれらの帰結がかれに生じてきたのは、たんにかれが自分の課題を全体的に思い描くことなく、ただその一部分だけに飛びついたからである。しかし部分は全体を考慮に入れないと、なんの情報も提供してくれない。仕上げられなかったとはいえ、定礎された思想が着手され、その思想が他人によりわれわれに遺産として残されているならば、これは充分に期待してよいのだが、この思想を引き継いで思索を続けていけば、この聡明な人物の行き着いたところより、さらに遠くまで進展してゆくことができるだろう。ともあれこの光明の最初の火花については、この人物に感謝しなければならない。

ゆえにわたしはまず、ヒュームの異論が普遍的に思い描かれるものではないかどうかを試みた。そしてただちに原因と結果の結合の概念は、悟性がそれによってアプリオリに物の諸結合を考えるただ一つの概念だなどとはとても言えず、むしろ形而上学は全体として ganz und gar こうした〔アプリオリな〕諸結合から成り立っているのだ、ということを見いだした。わたしはこれらの結合の数を確定しようとした。そしてこのことがわたしの望みどおりに、つまり唯一の原理から成し遂げられたので、わたしはこれらの概念の演繹にとりかかった。そしてわたしはいま、これらの概念がヒュームの憂慮したように経験から導き出されたものではなく、純粋悟性から生じたものであることを確信した。……いまやわたしはヒュームの問題をたんに一つの特殊事例において解決しえたばかりでなく、純粋理性の能力全体 das ganze Vermögen にかんして解決することができた。こうしてわたしはひたすらゆったりとした、しかし確かな歩みを重ね、ついに純粋理性の全範囲 der ganze Umfang を、この範囲の限界 Grenzen〔外枠〕ならびに内容 Inhalt〔内実・中身〕にかんし、普遍的諸原理にしたがって完全に規定することができた。そしてこのことは、一つの確かな計画案 Plan〔企画、設計図、図面〕にしたがって形而上学の体系を築き上げるために、形而上学が必要としたことだった。

しかし、ヒュームの課題をできるかぎり最大に拡張したかたちで仕上げたもの（すなわち『純粋理性批判』）は、この課題そのものが初めて思い描かれたときにそうだったのと同じような目にあうのではないかと、わたしは恐れている。

(IV 260-1)[48]

同書「序文」全体はヒュームとの批判的対話に供されており、建築術メタファーを頻発するものとなっている。これはたんに作者無意識の筆の勢いではない。学問としての「将来的な形而上学」の可能性を確保する同書全体の趣旨に沿い、ヒュームの「破壊的 zerstörend な哲学」(IV 258 Anm.) に対抗すべく、あらかじめ現代ポストモダンの否定的《ニヒル》な物言いにも釘をさしておくために、あえて建築術メタファーを繰り出しているのである。

「主として」(IV 257) 因果性という「ただ一つの」概念に投げつけられた懐疑の礫は、たんにこの概念の「自然認識全体」にかかわる経験的「使用」の正当性、有用性、不可欠性を問うだけでなく、これまでアプリオリとされてきた「この概念の起源」に疑念を表明し、独断に抗弁し、原因概念のアプリオリな起源にかんする権利主張の正当化を、人間理性に初めて督促するものだった (IV 258-9)。形而上学史上最も「決定的 entscheidend」な「攻撃」となった発問により「一閃の火花」が飛ぶ (IV 257)。ここで entscheidend とは「危機的、致命的、決定的」を意味する kritisch の同義語である。そのようなヒュームの懐疑《スケプシス》が形而上学の歴史を切断する画期《エポケー》の「分かれ目」をなし、理性批判による「形而上学の全体的な革命」(B XXII) の最初の烽火《のろし》となった。「懐疑主義」ならざる「懐疑的方法 skeptische Methode」の批判的重要性は二律背反章も語るところだが、カントの「独断的なまどろみ」はヒュームの真摯な懐疑の閃光で打ち破られたのである[49]。

ゆえにカントはヒュームを「聡明なる人物」「聡明なる先駆者」(IV 260) と呼び、かれの放った「最初の火花」に「感謝し」つつ親密に語らうのである。そして「ヒュームは健全な悟性〔常識〕を権利主張しえただけでなく、……そのうえさらに……批判的理性を権利主張することもできたはずだ」(IV 258-9) と、ヒュームの不徹底を惜しむのである。理性批判による形而上学の「全体的な改革 eine gänzliche Reform」(IV 258) は、ヒュームの着手した批判の端緒——「仕上げられなかったとはいえ定礎された思想」——の遺産を継承し、先人をはるかに超えて懐疑の批判的本性を徹底的に自己展開させたものであり、その意味で「ヒュームの課題をできるかぎり最大に拡張したかたちで仕上げたもの」である。

ここに建築術的なのは「定礎」とか「仕上げ」といった文言だけではない。カントとヒュームとの批判的対決は終始一貫、形而上学体系の全体と部分の建築術的関係（または批判的解釈学的関係）を主要論点とする。テクストは言う。ヒュームの懐疑における批判の最初の閃きには敬意を表するものの、「かれの諸帰結にかんしては、わたしはとうてい耳を貸すことができなかった。あれらの帰結がかれに生じてきたのは、たんにかれが自分の課題を全体的に im ganzen 思い描くことなく、ただその一部分 ein Teil だけに飛びついたからである。しかし部分は全体を考慮に入れないと、なんの情報も提供してくれない」と。ここで「部分」とは原因概念であり、アプリオリな諸原理のなかの「たんに一つの特殊事例」である。ヒュームの懐疑は（そしてまた否定的なだけのポストモダン言説も）、そうした部分だけに囚われたために批判の「最初の火花」を放つのみに終り、数々の「破壊的な」帰結をもたらすばかりで、形而上学の「認識に光明をもたらさなかった」のだ。

しかしながら「もしもこの火花が感度のよい火口《ほくち》に当たり、そのかすかな輝きが注意深く保存され大きくされたとしたならば、この火花をきっかけにして、きっと一つの光明が灯されることができただろう」（IV 257）。ヒュームの懐疑の「火花」は思想の燃素に点火して、燎原の火のごとくに世界認識全体へと燃え広がり、批判哲学の革命的「光明」にまで大きく成長しなければならない。いうまでもなく「感度のよい火口」とは暗にカント自身をさす。部分に拘泥したヒュームの懐疑のうちに、カントは形而上学全体を揺るがす大問題を見る。この問題意識はアンチノミー論に直結し、人間的世界認識全体を考慮して、理性批判は問題を建築術的に引き受けた。「批判的理性」はヒュームの課題を「普遍的に思い描き」、たんに原因性のみならずアプリオリな概念すべての「演繹」に努め、あの課題を「純粋理性の能力全体にかんして解決すること」をめざしたのである[50]。

理性批判は理性の自己認識であり、「純粋な思考にのみ従事するかぎりでの理性の自然本性のうちへきわめて深く入り込む」（IV 259, vgl. A695=B723）。批判的理性はこの難事業に取り組むにあたり、自己の自然本性に根づく建築術的思考法をみずからの方法として採用する。そして人間理性の建築術的自然本性の徹底的自覚のゆえに、理性批判はみずからおのずと大きく成長した。『プロレゴメナ』序文、そして『純粋理性批判』そのものの建築術メタファーは、形而上学体系の建築企図を示唆するだけでなく、批判哲学そのものの建築術的な出自も暗に反映する。カントの「独断のまどろみ」を破る二つのもの、すなわち原因性へのヒューム的懐疑とアンチノミーという二つの大問題は、批判哲学を建築術的に形成する部分と全体として体系的に結びつく。二つの難問はさしあたり事柄としては別個のものであり、カント個人を悩ませ始めた時期も微妙にずれるにちがいない。しかし部分の問題に全体を認め、視界全体のうちに部分を見る建築術的思考の要諦から言えば、問題の発生は同時である。独断のまどろみからの覚醒の二事例は、本質的に同じ事態を言い表す。それはまた批判哲学そのものの本性的に建築術的な生成の実態をも重ねて示唆していたのである。

第九節　自然の技術としての批判的建築術

批判哲学は、人間理性の自然本性的な建築術的関心により、みずからおのずと体系的に自己形成した。『批判』方法論第三章「純粋理性の建築術」、第二版序文、『プロレゴメナ』序文などの証言に見たように、理性の建築術とは、新たな形而上学の基礎づけをめざす批判哲学において、世界認識の学的体系の建築術である。いまや神の世界創造は背景に退き、世界建築術の様相は一変する。変異の徴表はすでに多岐に及ぶが、「世界建築家」概念の異同を軸に確認しよう。かつて『天界論』は宗教的関心に基づき、神の存在論証の文脈で、神と自然の建築術的協働を語っていた。『批判』はその自然神学的思弁の論証力を吟味する。そして超越論的理想章の第六節は「自然神学的証明の不可能性について」と銘打って、否定的見解を画然と打ち出してくる。[51]

この〔自然神学的〕推論にしたがうとき、かくも多くの自然設備の合目的性と良好な押韻的調和とで証明されるのは、たんに形式の偶然性だけであり、質料〔物質〕の偶然性つまり世界における実体の偶然性は証明されないにちがいない。じじつ後者の証明のためには、さらに必要なことがある。世界の諸物がそれ自体 an sich selbst、その実体からみても最高の智慧の産物でなかったとすれば、それらは普遍的諸法則にしたがってこの秩序と調和をもたらしえないだろう、との証明が必要なのである。しかしこの論証のためには、人間的技術との類比による説明根拠とはまったく異なる証明根拠が要求されるだろう。ゆえにこの〔自然神学的〕証明が証明しうるのは、せいぜいのところ世界建築家 Weltbaumeister、つまり自分が加工する素材の有用性につねに大いに制限されるであろうような建築家にすぎず、すべてを自分の理念のもとにしたがえる世界創造者 Weltschöpfer ではないことになる。これでは充足的根源存在者を証明するという目の前の大きな意図を満たすのに、はなはだ不充分である。われわれが質料そのものの偶然性を証明しようとするならば、超越論的論拠〔世界論的証明を介し存在論的証明へ遡る論拠〕を逃げ道としなければならないが、そうするのはここでまさに避けるべきことだった。（A626-7=B654-5）

「世界建築家」と「世界創造者」の区別は、自然神学的論証の不備をつく理性批判の核心であり、建築術変異の実態把握において決定的に重要である。『天界論』で世界建築は創造と同義であり、神は建築家として物理天文世界を創造した。しかも万物を無から産み出す神の創造と摂理は、物の内なる自然本性（物質の内的自然力）と一体であり、神は世界建築の設計・監督に徹し、建築施工は神に臣従する自由な自然の自己展開に委ねられた。そして若きカントの思弁は、経験的に観察される現実世界の「美しい秩序だった全体」を跳躍台にして、いとも簡単に「世界創造者」の存在論証へ上昇できていた。

理性批判の刃は、ここに数本の切断線を刻みこむ。第一に、「物質」は機械論化され、自由な生ける自然との紐帯が断ち切られる。経験的に認識される物質は、自己形成的な本質形相をすでに失った。関連して第二に、物質的「質料」とその「形式」が徹底的に区別された。「諸物の自然本性を互いに一致する意図に向けて設計構想した、まったく自足的な至高の知性」（I 227-8）の統率統制《レギールング》のもと、かつて物質は「まったく自然」に「必然的」にみずからおのずと調和的世界を形成した。それがいまや批判的理性の視圏では、「調和」や秩序や美の「合目的性」の「形式」は、「世界の諸物にまったく異他的 ganz fremd で、それら諸物にたんに偶然的に付着しているにすぎない」（A625=B653）。そして第三に、相互に疎遠な自然の質料と形式は、物に外からはたらく「人間的技術 menschliche Kunst」との「類比」で理解されている。そしてこの類比の射程内にあるか否かで、「世界建築家」と「世界創造者」が区別されるのである。いまや「世界建築家」は（プラトンのデミウルゴスのように）所与の物質素材を前提に、その固有性質の「制限」のもとで質料に外から形式を与えることとなる。ここに『天界論』の「偉大な工作主任」たる創造神の面影はもはやない。

このことはしかし第四に、世界建築術モチーフの破棄を意味しない。むしろ神の創造と自然の建築術との批判的切断面が、ここにいよいよ明瞭となってくる。批判的理性の見るところ、創造神の現存在は思弁的に論証されえず、道徳的に要請されるべきである。この実践的関心のうちに神信仰の語りの拠点が見いだされることで、建築術的世界観の荷は軽くなる。そしてその本領は自然神学よりも、経験的自然研究に見定められることとなる。

この〔自然神学的〕証明はつねに尊敬の念で呼ばれるに値する。これは最も古く明晰で、通常一般の人間理性に最適の証明である。これは自然の研究を生気づけ、この証明自身も同じくその存在を自然研究に負っており、自然研究によっていつも新たな力を獲得する。われわれの観察がおのずから目的と意図を発見できなかっただろうところに、この証明はそれを持ち込み、われわれの自然知識を拡張する。その手引きとなるのは、その原理が自然の外にある特殊な統一である。しかるにこの知識は逆にふたたびその原因、つまりその知識の機縁となった理念に影響を及ぼし、至高の創始者に寄せる信仰を不抜の確信にまで増大させる。

ゆえにこの証明の威信をいささかでも傷つけようとしてみたところで、絶望的であるのみならずまったく徒労だろう。理性はかくも強力な、自分の手の中でますます成長してゆく証明根拠、とはいえたんに経験的な証明根拠により不断に高められるのであり、かくして理性は精緻な抽象的思弁のいかなる懐疑によっても抑圧されることがない。ゆえに理性が自然の奇蹟と世界建築の威厳に一瞥を投げるとき、理性は思い煩うあらゆる優柔不断から脱するのだ。それはまるで夢から覚めるようであり、かくして理性は大いなるものから大いなるものへ高まり、このうえなく偉大なものに到達し、条件づけられたものから条件へ高まり、ついに最上の無制約的創始者にまで上昇するのである。（A623-4=B651-2）

自然神学的証明の却下に先立ち、テクストはこうして自然目的論に好意を示している。しかもかつての若い思弁を彷彿とさせる筆勢で、「信仰」に「不抜の確信」をもたらす「証明の威信」を語っている。これはしかしカントの自己批判の不徹底ではなく、理性批判の切断面の鋭利さの証しである。テクストは「多様性、秩序、合目的性、美」を遍く湛える自然界の「かくも多くの偉大な奇蹟」を前にして「あらゆる言葉 alle Sprache」が勢威を失い、「言語を絶し、それだけにいっそう雄弁な驚嘆 ein sprachloses, aber desto beredteres Erstaunen のうちに、われわれの判断が消え入らざるをえぬ」（A622=B650）圧倒的なまでの崇高感情に包まれた沈黙の場所で、ますます高揚する「理性」の「信仰」を吐露しつつ、それでもあえて合理的神学の批判を徹底遂行したのである。

いまや世界建築術は自然神学よりも「われわれの自然知識」、「たんに経験的」な「自然研究」に関係づけられる。素材物質からは自由な生ける自然が奪われて、世界建築術は人為技術との類比で語られる。しかしこれにより建築術は自然から遠ざかるどころか、われわれの目的論的な世界認識のなかで、経験的な自然の諸現象との靭帯を確保する。創造の神の建築術は、世界認識の学的建築術の伝統背景に退いた。しかし建築術の比喩は自然《もの》と理性《ことば》の反省的な対話のもと、学的認識体系の建築術の主題旋律に乗り、新たな装いで舞台に躍り出る。そして第三批判は世界建築術を自然の認識・理解・解釈の事柄として、感性的《エステティッシュ》な観想と学的研究を生気づける「合目的的」な「自然の技術」の語りを展開する。いまや世界建築術は、経験的実在性の現象世界を認識し語る人間理性を主体として、「自然の技術」

の比喩で語りだされている。自由で生き生きとした自然の世界建築術。「自然の技術」という言葉は、若き日の思弁的自然哲学の徹底的に批判的な語り直しにほかならない。

　この円熟の語りの境地に到達するまでには、かなり骨の折れる理性批判の作業が求められた。かつて自由な生ける自然は、物（ここでは物質）「それ自体」の内なる本質・本性を意味したが、批判的理性はこれを直截に語ることを許されない。そこで第三批判は物の内なる「自然の技術」へ反省的に肉薄する。まずは感官に現象する物の表面の美しい形の趣味判断分析に着手して、次に有機的身体内部の建築術的分節構造に分け入ってゆく。そしてこの空間的な外から内への接近の余勢を借りて、意識的「生命の類比物」たる「有機的組織化」の内面性の語りへ迫るのだ。かかる物の内奥への詩的反省的な観入を可能にするのは、やはり人為技術と自然との類比以外にありえない。もはやそれ以外に手立てがないところで、第三批判は技術アナロジーによる自然理解の有効性と限界を見極めつつ、デカルト的近代に失われた自然の有機的形成力の語りの解釈学的な回復をめざしている。「自然の技術」という思索の言葉は、こうして批判的反省的に鍛え上げられたのだ。

　本章では、カントの建築術思想が「自然の技術」の母胎であることを確認すべく、『天界論』にまで遡って考察した。ここで一点、技術理性批判の文脈で重要な確認事項がある。第一批判は「世界建築家」と「世界創造者」を区別する直前の段落で、自然と技術の類比をめぐって述べている。

> 　ここで自然的理性により、その〔自然神学的〕推論についてあげ足を取るのはやめておく。つまりこの推論で自然的理性は、いくつかの自然産物と、人間的技術が産出するものとの類比〔自然産物と家屋、船舶、時計などとの類似性〕に基づき、それ〔人間的技術〕が自然に暴力《ゲバルト》をふるい、自然に強制《ネーティゲン》して、自然をその諸目的にしたがってふるまわせるのではなく、むしろ自然がわれわれの諸目的に屈従するようにしむけているときの、まさにそういう〔人為技術的〕原因性、つまり知性と意志とが、自然の根底に横たわっているのだと推論する。ところでこのとき自然的理性は、自由にはたらく自然〔こ

れはすべての技術を、そしてさらにはおそらく理性をも初めて可能にするものである）の内的可能性を、さらにある別の超人間的な技術から導出している。しかしそうした推論の仕方は、このうえなく鋭い超越論的批判には、おそらく耐えられないだろう。とはいえ以下の点は認めねばならない。われわれがある原因を挙げることを求められるのだとしたら、ここではわれわれがその原因と作用様式とを完全に知っている唯一のもの、つまりこの合目的的な諸産物〔人間的技術の産物〕との類比にしたがうよりも安全安心 sicherer な仕方で振舞うことはできない。理性は、自分が知っている原因性から、自分が知らない曖昧で証明不能の説明根拠へ移行しようとするとき、自分自身でその責任を負うことはできないだろう。(A626=B654)

第三批判が本格的に取り組む課題を先取りして、テクストは技術アナロジーの批判吟味に着手する。そして類比の起点となる「人間的技術」について、「それが自然に暴力をふるい、自然に強制して、自然をその諸目的にしたがってふるまわせるのではなく、むしろ自然がわれわれの諸目的に屈従するようにしむけている」との洞察を表明する。(52) われわれの住まい語らう経験的実在世界を、機械的な物理自然の諸部分に切り刻み、人為の目的に服属させるテクノロジーの専制支配。第三批判の語りだす「自然の合目的性」「自然目的」「自然の目的」「自然の技術」という比喩の言葉は、近代技術文明が「暴力」的に展開するテクノロジーの実効支配にたいし、思考法の根本的な方向転換を迫っている。

かつて『天界論』も依拠していた自然神学の「自然的理性の推論」は、「自由にはたらく自然 die freiwirkende Natur の内的可能性」を「ある別の超人間的な技術 eine andere, obgleich übermenschliche Kunst」から、つまり神の創造の業から導出するものだった。これにたいし「人間的技術」は物の外からはたらきかけ、物の「自由」を奪い去る。理性批判はこの苦い内外対照のもと、「世界創造者」と「世界建築家」を鋭く区別する。しかもなおテクストは、もはや接続法でしか語れぬ「自由にはたらく自然」こそが、われわれの「すべての技術」と「理性」を「可能にする」のだと括弧内で呟いている。創造の「神」が「自然の諸力のなかに据えつけた」「隠れた技術」という『天界論』の教条の語り。これを批判哲学的に換骨奪胎した晩成のテクストは、神ならざる人間の技術との類比を手引きにして、デカルト的近代に失われた「超人間的技術」との紐帯を「自然の技術」という比喩の言葉で、われわれの自然理解・世界認識の建築術の語りの場所に回復する。

理性批判の哲学総体は、将来の新たな形而上学の体系建築の基礎づけをめざす学的建築術の遂行である。その建築術は『天界論』の神と自然の協働的な世界建築術を認識批判的にミメーシスしたものであり、しかも人間理性の「建築術的」な自然本性に沿う「自然の技術」の語りである。来るべき形而上学体系の批判的建築術は、たんに恣意的な技術を越えて、理性そのもののアプリオリな自然の道に沿う「自然の技術」でなければならない(53)。

第十節　世界概念に沿う哲学の建築術

最後に、『批判』方法論第三章「純粋理性の建築術」に立ち還ろう。そして拙稿第I部の総括を兼ねて、哲学の「世界概念 Weltbegriff（conceptus cosmicus）」（A838=B866）と「学校概念」の批判的分節を注視しよう。「なんらかの任意の目的への熟練」を「意図」するだけの「学問」の「学校概念」にたいし、「世界概念は必然的にすべての人が関心をよせることにかかわる概念」（A840=B868 Anm.）である。そしてこの意味での哲学、つまり「理性の立法者」で「理想の教師」である「哲学者」の哲学は、「あらゆる認識を人間理性の本質的な諸目的に関連づける学問（人間理性の目的論 teleologia rationis humanae）」（A839=B867）である。純粋理性は法廷弁論の大づめで、ますます自己批判的で反省的となる。そして「たんに学問として求められる認識体系」でしかない思弁的学校形而上学と、哲学の「世界概念」を鋭く対置して、「世界の智慧 Weltweisheit」たる哲学の真の建築術を道徳的実践的な信念で語りだす。

学派学校の穴ぐらに籠り、既成の術語法を身につけ、仲間内で馴れ合うのではなく、差異の体系たる諸言説の世界のただなかで、批判的かつ建築術的に哲学する。「哲学はこの世界概念に沿って《ナッハ》、いかなる体系的統一を目的の観点から指令するのか」（A839-40=B867-8）。じつにこの問いこそが、建築術章のみならず純粋理性批判全体の主題である。しかも人間理性が自己批判的に「純粋」たろうとするのは、自己のうちなる普遍的な自然本性の声に耳を澄まして、「自然の技術」としての建築術の息吹を感受するためであり、すべては哲学革命の要請にほかならない。「建築術」とは「体系の技術」であり、「体系的統一とは、通常一般の認識を初めて学問にするもの、つまり認識のたんなる寄せ集めから、一つの体系を作りだすものである」。だからあらゆる学問は、それが「学問的なもの」であろうとするかぎり、つねに建築術的な智の愛求でなければならない。「この世にあって哲学する in-der-Welt-seiend philosophieren」。しかも形而上学の自然素質に聴き従って、学問としての形而上学の新たな建築に向けて哲学する。哲学の「学校概念」と「世界概念」の区別は、思弁から実践への形而上学的思考の転換の道筋に沿い、学問的体系建築の質そのものを、「人間理性の本質的な諸目的」との連関で、批判的かつ道徳実践的に厳しく問いかえすものである。

この道徳目的論の観点からすれば、学派学校の思弁的形而上学者は「数学者、自然学者、論理学者」と同様、「理性の技術者」（A839=B867, vgl. A717=B745）にすぎない。すなわち諸知識の論理的で体系的整備の言語技能に長けた、たんなる学問的熟練者である。しかし哲学がそういうものでしかないのなら、それは人間がこの世に生きてあることにおいて、いかなる意味をもちうるだろう。それは本質的に何の役に立つのだろうか……。この鋭い自己批判の問いで、哲学は二分されている。哲学の世界概念と学校概念。それは哲学体系がこの世界に公的に開かれているか否かを問う、すぐれて批判的で実践的な哲学区分である。

しかも真に体系的に哲学する人間理性の、道徳目的論的な自己批判では、その学問知が体系的だからといって、ただちに建築術的とは言えないのである。

一つの理念にしたがって、理性の主要目的に基づいて企図されるというのではなく、むしろ経験的に、つまり偶然に姿を現すあれこれの意図（その集合をあらかじめ知ることはできない）にしたがって企図される図式《シェーマ》は、技術的《テヒニッシュ》な統一を与える。これにたいして、一つの理念にしたがってのみ生じる図式（ここで理性は諸目的をアプリオリに課するのであって、経験的に期待するのではない）は、建築術的統一を根拠づける。（A833-4=B861-2, vgl. A834-5=B862-3, A847=B875）

この二つを厳しく見分けつつ、哲学の、そして学問一般の批判的な建築術を遂行してゆかなければならない。[54] われわれは真に純粋理性的で建築術的な体系的統一と、たんに「経験的」「偶然的」に製造された技術的な統一と。

かくも徹底的に批判的な哲学の建築術は、カントが教育実践の最初期から語りつづけてきた哲学観の、批判期における公的昇華である。すでに『一七六五 - 六六年冬学期講義計画公告』は、大学内の哲学教育の現場で「永遠の学校的先入見が発生する」（II 305）のを懸念して、学生が「学校のためでなく生のためにこそ、より練れて悧巧になる」ような「世界の智慧」としての哲学の「教授法」（II 306）を提案した。しかもその教育方法は「人間的な認識の自然な前進」の道、すなわち「経験」による「直観的な判断」をとおして「概念」にいたる「悟性」の自己形成に始まり、諸概念を相互に関連づける「理性」の思考をへて、「よく秩序づけられた学問の全体」（II 305）へ上昇する道筋と、「まったく同じ道」をたどるものでなければならないとされていた。

そういう長年の大学講義を、教職引退後に編集公刊した『人間学』（一七九八年）の「序言」もまた、「実用的な人間学」の基本姿勢を説明するにあたり、「学校」と「世界」の対置を駆使している。同書は「学校生活の後に来なければならぬ世界知 Weltkenntniss」たることをめざし、「世界市民たる人間についての認識」（VII 120）を内容とする。[55] さらにイェッシェ編『イマヌエル・カントの論理学　講義のためのハンドブック』（一八〇〇年）へのカントの「序論」は、哲学の学校概念と世界概念を鋭く対比しながらこう述べる。

理性の技術者、つまり臆見の愛好者 Philodox だとソクラテスが呼ぶ者は、ただひたすら思弁的な知を求めて努力するだけで、この知が人間的理性の最終目的のためにどれだけ寄与するのかを顧慮しない。かれは、あらゆる任意の目的にたいする理性使用のための規則を与える。実践的な哲学者 Philosoph、つまり教えと事例による智慧の教師こそが、本来的な哲学者である。じじつ哲学とは完全な智慧の理念であり、人間理性の最終諸目的は、かかる智慧によってわれわれに示されるのである。（IX 24）

かくして哲学の学校概念と世界概念の批判的区別は、プラトン『国家』第五巻結論部の「臆見の愛好者」と、善美なるものの智慧に愛着を寄せる真の「哲学者（愛智者）」との対比に呼応し、学知の論理的体系性の完備に自己満足する講壇哲学の自閉を戒める。そしてこれからの哲学を、世界に生きてある人間の共通協働の営みとして、「人間的理性の最終目的」への問いが指し示す実践哲学的な方向《みち》へと再始動させようと企図している。

「わたしは何を知ることができるか」、「わたしは何をなすべきか」、「わたしは何を希望することがゆるされるか」、そもそも「人間とは何か」。これら四つの問いに取り組む哲学こそが「世界市民的な意味での哲学」である。しかも一連の対比で際立たせられた「世界概念に沿う哲学」は、「一、人間的認識の源泉／二、あらゆる知識の可能的で有用な使用の範囲、そして最後に／三、理性の限界」を「規定する」（IX 25）という、理性批判の課題に接続されている。批判哲学は、この公的開放的な思索の場所で生成してきたのであり、「世界」との繫がりをみずから志向する。もはや言うまでもなく、ここで「学校」に対置される「生《レーベン》」の「世界」とは、俗世を離れた彼岸世界ではなく、われわれ「人間」が現に暮らしているこの世間、ほかならぬこの現実世界である。

カント批判哲学は、われわれが言語的に住まう経験の大地のうえで、人間理性の理論的、思弁的、技術的、実用的そして道徳実践的な使用の、アプリオリな原理の権限を公的に究明する。そしてソクラテスを実践的な哲学者の理想に掲げて、善とは何か、正義とは何か、法とは何かという問いを、理性的な討議の場で問い究めてゆく。理性批判は、学的体系性の技術的整備に収束しがちな形而上学的思弁を揺り動かし、われわれ人間がこの世界のうちにあり、ここにこうして生きてあることの「究極目的 der Endzweck」、「人間の全使命 die ganze Bestimmung des Menschen」（A840=B868）への問いに哲学的思索をさし向ける。天文学文脈で「宇宙、宇宙論的」と訳される Welt, kosmologisch を、本章はあえて「世界、世界論的」と訳出した。これは「世界概念に沿う哲学」という理性批判の基本理念を、本書の思索の指針としても保持してゆきたいと願ったからにほかならない[56]。

注

（1）『人間学』第二部E「人類の性格」（VII 322ff.）は、人間が類として自然本性的にそなえている「素質 Anlage」として、「技術的 technisch」「実用的 pragmatisch」「道徳的」の三つを挙げている。そして前二者は「熟練 Geschicklichkeit」と「悧巧 Klugheit」の仮言命法に対応する広義の技術的な能力を意味している。

（2）カント批判哲学のうちに技術理性批判の論点を読み取ることができる。望月拙稿、一九九九年、二〇〇二年、二〇〇五年、二〇〇六年①を参照されたい。

（3）「自然の技術」にかんしては、望月拙稿、一九九三年①②、一九九四年、一九九七年、一九九八年を参照されたい。

（4）第一批判以外にも『論理学』序論VI節「認識の特殊な論理的完全性」の末尾に近い箇所（IX 48-9, vgl. 93）や、『人間学』第五十九節の「天才」としての「建築術的な頭脳」——この点は〈自然の技術としての建築術〉という論題とも密接にからむ——にかんする記述（VII 226-7）、そして『自然地理学』の序論第二節（IX 158）を参照。

（5）望月拙稿、一九八七年を参照されたい。また大いに啓発的な文献として、石川文康「カントの体系論」（同、一九九六年所収）がある。さらにアイヒベルガーの *Kants Architektur der Vernunt* は、考察の焦点を第一批判認識論の建築術メタファーの解明に絞り、ルネサンスの中心点遠近法（一点透視図法）を念頭において、カントの叙述の詳細を跡づけることを主眼とする。ゆえに理性批判全体への目配りを欠く恨みはあるが、ポストモダンの建築論が近代建築および遠近法の暴力性を指摘するのにたいし、カント建築術の暴力性を否定すべく努めている（Eichberger, 1999, S.190ff.）。この点については建築作品と自然産物との類比か、それとも自然と技術との類比かの区別が重要だが、ポストモダンの近代建築批判の多くが前者に依拠するのにたいし、アイヒベルガーはカントの建築術メタファーにおける理性の力動性に着目することで、後者の類比に接近しえている。拙稿本文でのちに見るように、カント自身も伝統的な自然神学的思考における作品どうしの類比から、第三批判の自然と技術の類比へ前進するなかで、物の内なる自然の技術に肉薄し、世界認識における人間理性の自然な建築術を展望できるようになるのである。

（6）デリダの「脱構築 déconstruction」が気に懸かる。プラトニズムの存在論および形而上学の「解体 Destruktion, Abbau」というハイデガーの哲学的営為の本質を、「脱構築」の語で受けとめたとき、それはたんに否定的な「破壊」に終始するのでなく、「解体」による「再構築」の肯定的・建設的な意味を兼ねそなえていた。これはすくなくとも外形的に、カントの批判的建築術と同型的である。しかしそれはただちに両者の思想内実の同型性を意味しない。カントの建築術は、デリダの脱構築とどのように切り結び、いかなる現代的意義をもちうるか。その点にいま立ち入ることはできないが、外的、感覚的、物質的、自然的なものを消去しつつ、内的、知性的、観念的、精神的なものの真理の純粋現前を思考の「テロス〔目的、終極〕」とする「現前の形而上学」の階層秩序、とりわけその「存在-神-目的論 onto-théo-téléologie」の体制を転倒しようとする「脱構築」の批判的意義を汲み取らずに、歴史的・文献学的な興味からカントの体系建築術に注目するだけならば、時代錯誤の誹りを免れない。

（7）タウト（Bruno Julius Florian Taut, 1880-1938）の建築哲学については、望月拙稿、二〇〇五年、二〇〇六年③を参照されたい。タウト『建築藝術論』に言う。「技術は、建築物を、鞏固にして、風雨や寒暑に備へ、構造は建築物を堅牢にして自然の暴威を禦ぎ、また機能は建築物を使用する人々にあらゆる點で利便と快適とを與へる。／さてかう考へてみると、建築にはこの三位一體——即ち技術・構造及び機能以外の前提はまつたく存在しないかのやうに見える。／然しもつと深く考へてみると、これだけではいけないのである。建築が眞に一個の藝術であるならば、このやうな味氣ない概念が建築の前提であつてはなるまい。況んや建築が技術や構造或は機能に依存したり、またかかるものによつて作り出される筈はないのである」（タウト、一九四八年、四頁）。同書のほかタウト『建築とは何か』『続　建築とは何か』の訳業は、カントの主要著作の翻訳者でもある篠田英雄による。

（8）地上の全動物種を「一つの共通な原形象 Urbild〔原型〕にしたがって」「一つの共通な太初の母 Urmutter から」産みだす「自然の技術」（V 418-9）。この類比思考の原理があくまでも反省的で統制的なものであることをふまえたうえで、第三批判第八十節は「理性の大胆な冒険 ein gewagtes Abenteuer」（V 419 Anm.）に打って出る。「さてここで自然の考古学者 Archäolog の自由裁量に任されたことがある。かれは自然の最古の諸革命の名残をとどめる痕跡から、自分に既知であったり臆測できたりする自然の全メカニズムに沿って、被造物たちのあの大家族 jene große Familie（じじつ上述のごとく汎通的に連関する類縁性 Verwandtschaft〔親和性〕に一つの根拠があるのだとすれば、人は被造物をそのように表象しなければならないだろう）を生じさせてもかまわない。かれは、混沌状態から脱したばかりの地球（いわば一匹の大きな動物）の母の懐 der Mutterschoß に、最初はごくわずかにしか合目的的でない形状をもつ被造物を産ませ、これら被造物にさらに別の被造物を産ませるにあたっては、それぞれの棲息地や相互関係にいっそう適合するように形作らせることができる。そしてこの子宮 diese Gebärmutter そのものは凝固し硬直化したものの、その胎児たち ihre Geburten はもはやそこから退化しない一定数の種に限定されることになっただろう。しかもこの多様性は充分保たれていて、あの母胎の実り豊かな形成力のはたらきが、最終的に到達したままの状態で維持されている。――とはいえ自然の考古学者はこの最終地点で、これら全被造物のうえに合目的的に置かれた一つの有機的組織化を、この普遍の母に付与しなければならない。さもなくば動物界と植物界の諸産物の目的形式は、その可能性のうえでまったく考えることができないのである」（V 419）。

ウィトゲンシュタインは種々の「ゲーム Spiel」の「家族的類似性 Familienähnlichkeit」を指摘した。全動物種の一大家族を生みなす「自然の技術」の戯れ。これに寄せたカントの詩作的思索は、ゲーテの「原植物 Urpflanze」「類型 Typus」の象徴形態に通底する。「それは経験ではない。理念です」という無粋な二項対立でシラーは先達を苛立たせたが、ゲーテは気を取り直して応酬する。「私が自分でも知らずに理念を持っていて、しかもそれを眼で見ているということは、とても嬉しいことです」と。この二つの天才をある日イェーナで劇的に出会わせたもの、それがカント第三批判なのだった（高橋義人、一九八八年、第Ⅰ章第五節および第Ⅱ章第二節参照）。詩人＝自然学者ゲーテは、カントの「直観的（範型的）知性 intuitiver (vorbildlicher) Verstand」という体系的統一把握のための建築術的な「規矩準縄 Maßgabe」（V 407）の理念に大感激して、「直観的判断力」という危うい言い方を好んだが、どこまでも「自然に則した naturgemäß」「則天去私」の感性豊かな「産出的構想力」は、じつはスピノザ神学の幾何学的・非感性的な「知的直観」による超越論的実在論の思弁的独断からは一線を画して、むしろこの世で現に多様に「現象」する諸「理念」の美感的《エステティッシュ》で行為的・実験的・創造的な発見《エウレカ》に定位した。

カッシーラー『カントの生涯と学説』は、ゲーテのカント評で「緒論」冒頭を飾り、巻末まで詩人の伴走を仰いでいる。その叙述の方法《みちゆき》がすでに美しい建築術であり、第六章はいまなお最良の第三批判への道案内である。「ゲーテを『判断力批判』に繋ぎとめたものは、単にその内容ではなく、その構築の仕方と事象に即した配置の仕方 die Art ihres Aufbaus und ihrer sachlichen Disposition であった。この構築が独自のものであったがゆえに、ゲーテはこの著作に『生涯の最も楽しい時期』を負っていると告白した。『私はこの著作のうちに、私の最もかけ離れた様々な仕事が並び合うものとして置かれ、芸術作品と自然の作品とが一体化して扱われ、また美的判断力と目的論的判断力とが相互に照明し合っているのを見た。……詩芸術と比較博物学とが、同一の判断力に従うことによって、かくも密接な類縁関係にあるということが、私を喜ばせた』。しかしゲーテを惹きつけた『判断力批判』のこの根本特徴こそが、哲学的専門批判において判定が下される場合に、古くから躓きの石となったのである。ゲーテにとっては理解の本来の鍵となったものが、一般には、とりわけ近代的把握にとっては、カントの見解およびカントの叙述方法とは最も異質な特徴の一つとみなされる」（カッシーラー、一九八六年、二九一－二頁、原語挿入引用者）。

(9)　「最後の障害」と思われたものは、しかしけっして最後ではなかった。翌一七七七年八月二十日付のヘルツ宛書簡に言う。「あなたとお別れしたとき以来、以前には部分的に哲学の各種の対象に向けられていたわたしの諸研究は、体系的形態を獲得してまいりましたし、わたしを徐々に全体の理念へと導いてくれました。この理念は、体系の価値についての判断と諸部分の相互的影響を初めて可能にするものです。しかしこの仕事を完成するには、わたしが純粋理性批判と呼ぶものが、石のように途上に横たわっています」（X 213）と。第一批判の完成にいたる道はなお険しい。しかもここで「この仕事の完成」が形而上学の体系そのものの建立を意味するのだとしたら、批判はまだその途上の一里塚である。ともあれ、カントの「諸研究」の「体系的形態」は次第に整備されつつある。この「沈黙の十年」の思索過程は、批判の体系建築のための設計の試行の積み重ねなのである。

(10)　第一批判刊行直後、一七八一年五月十一日以降（推定）のヘルツ宛書簡でカントは言う。大学の「聴講者」のなかで最も優れたあなたのような「人だけが短時日のうちに、わたしの体系 mein System を概念把握して、その価値について決定的な判断を下しうるのだと、わたしは望むことができるのです。……わたしの著書は、成否はどうであれ、われわれがきわめて深く関心を寄せる人間的認識のこの部分において、思考法の全体的変容 eine gänzliche Veränderung を引き起こすものにほかならないのです」（X 269）と。

(11)　書簡集からもうかがえるように、三批判書のすべてが当初予定されたタイトルの変更を余儀なくされている。とりわけ第三批判形成途上では、カント哲学体系構想そのものについて、理論と実践の二本立てから目的論を含む三本立てへという設計変更の可能性までもが、一時的にせよ検討されている（一七八七年十二月二十八日付ラインホルト宛書簡、本書三九九頁参照）。

(12)　ランベルトには『世界建築の設備にかんする宇宙論的書簡』（一七六一年）もあり、これがカントとの往復書簡の契機となる。『歴史的哲学辞典』の「建築術」の項に言う。ランベルトの「『建築術の基本計画』は《基礎論《グルントレーレ》》であり、もはやヴォルフやバウムガルテンのように存在者にかんする仕上がった教説たる存在論でなく、《人間的認識の建築物《ゲボイデ》》の基礎づけ、つまり単純な基本概念と公理にかんする教えとなっている」（Kaulbach, 1971, S.502）。この前史記述は示唆に富む。しかしそこに仄見える存在論と認識論の対置には警戒が必要だ。その意味合いがランベルトと批判期カントではまったく異なるからである。この点については、あの世界反転光学と絡めて第Ⅱ部で詳しく論じたい。

（13）ライプニッツ『人間知性新論』第四部第三章第二十七節に言う。「この〔叡智的世界と物質的世界という二つの〕世界は、作用因に関しては常に完全に並行していますが、目的因に関してはそうではありません。というのも、諸々の精神が物質において支配する程度に応じて、物質にすばらしい秩序をつくりだすからです。このことは、人間が、宇宙の偉大な建築家を模倣する小さな神のように、地上を美しくするために行なってきた変化から明白です」（著作集五巻、一七二頁）と。

（14）姉の家を建築設計したウィトゲンシュタインが、存在論の超越論的で建築術的な概念事情を熟知していたことは想像に難くない。「原植物」という「根源現象」を見つめるゲーテに想いを馳せて、『哲学探究』第一部一二二節が打ち出す「総括眺望呈示 die übersichtliche Darstellung」「総観呈示 synoptic presentation」の概念は、〈経験的実在論にして超越論的観念論〉と類比的に同型の反転光学を含意する。「われわれの無理解の主源泉は、われわれがわれわれの語の使用を総括眺望 übersehen していない点にある。――われわれの文法には総括眺望性 Übersichtlichkeit が欠けている。――総括眺望呈示が仲立ちする理解は、われわれがまさに『諸連関を見る Zusammenhänge sehen』ところにある。〔語と語を区切り繋ぐ〕中間項 Zwischenglieder を〔反省的判断力で〕発見 Finden し発明 Erfinden することの重要性。／この総括眺望呈示の概念は、われわれにとって定礎的な意味 grundlegende Bedeutung がある。この概念が記号表示 bezeichnen しているのは、われわれの呈示形式、つまりわれわれが物を見る方式 die Art, wie wir die Dinge sehen なのである。（これが『世界観』eine 'Weltanschauung' というものだろうか？）」（Wittgenstein, 2001, S. 42, 関連して飯田隆、二〇〇一年、五－一〇頁、粂川麻里生、二〇〇一年、四二－三頁参照）。

（15）「学的理論体系」をさす System を、『カント全集』第二巻の宮武昭訳は Lehrverfassung, Lehrbegriff とともに「学説」と訳出する。ゆえにその訳文からはうかがい知れないが、原典テクストは他の学者や自分の天文理論を多くの箇所で System と呼んでいる（vgl. I 222, 232, 240, 255, 268, 271, 277）。

（16）同じく全集版は Weltbau を「宇宙構造」、Weltgebäude をたんに「宇宙」と訳出して、天文学・宇宙論の科学的文脈のほうを際立たせている。しかし拙稿はこれを神と自然の世界建築術の文脈で理解すべく、あえて「世界建築」「世界建築物」と直訳する。

（17）空虚な無限空間中に大小軽重無数の「粒子 Theilchen」となって分散する「元素的根本素材 der elementarische Grundstoff」（I

263, 269, 276, 312, 323)。この「根本物質」の創造の直接性こそが、じつは『天界論』全論述の形而上学的な要点である。

(18) この「『独断のまどろみ』は、ライプニッツ流の形而上学を未消化のままに鵜呑みにすることによってではなく、かえって、それを誰よりも深くみずからの思想の究極的な支えとするところに成立した。カントは、現実の人間の眼を仮に閉じて、徹底して神の視点に立つという『独断』の『のぞきからくり』を設定することによって、外来の〔ニュートン力学の〕機械論的カテゴリーをその本家における以上に巧みに駆使して、宇宙発生の真相に肉薄する展望を獲得するという時流を抜いた独創をあえてなしえたのであった。ともすれば、批判期のカントを目安として、批判期前のそれも前半にぞくする一七五〇年代のカントを、自然研究の面での独創にもかかわらず、思想全体としては単なる未熟な準備期、習作期とみなしがちな従来のカント観に立つかぎり、より根本的なこの独創は見落とされてしまい、この時期のカントがそれ自体としてもち、批判期にはかえって失われてしまいもする、思想家としての独特の偉大さを統一的に理解する道は閉ざされてしまうであろう」(坂部恵、一九七六年、一七九頁)。

　批判期に「失われる」若きカントの独断と懐疑、および分裂葛藤の語りの魅力を、坂部はしきりに惜しんでいる(同、七八、一一四、一二二、一二八-三一、一五〇-三、二〇〇-二、二一一頁)。キリスト教の信仰を共有しないわたしも、その瑞々しい詩作的思弁の魅力を否定するつもりはない。またカント個人が理性批判により、信仰そのものを変えたとも思わない。信仰に場所を空けるべく知を限る。批判以前も以後も神への信仰の念は本質的に変わっておらず、ただ純粋理性の思弁能力の自己評価と、事柄の哲学的な表現方法とが大きく変貌をとげたのだ。強固な神信仰にもかかわらず、あえて形而上学的思弁の独断的飛翔を厳しく抑制した理性批判にこそ、カント哲学の本領と「独特の偉大さ」はあるだろう。しかもその批判の徹底性は、若きカントの思弁を衝き動かした本源のものを失わず、むしろそれを「実践理性の優位」と「自然の技術」とにより言語論的に救済し、正しい語りの場所に位置づけた。その思索の主導動機の一貫性と、叙法の批判的抑制の織りなす、テクストの語りの機微に目を凝らしたい。

(19) ちなみに「アルキテクトーン ἀρχιτέκτων, architectus」の当時の独訳は Baumeister で、「アルキテクトニケー ἀρχιτεκτονική, architectura」は Baukunst である(麻生/黒崎他『羅独-独羅学術語彙辞典』、二六、四四一頁)。

(20) この多様の統一の筋書きは、すでに序文で布石が打たれている。「そもそも物質はなぜ秩序と均整を目的とするような法則をもたなければならなかったか。他の物から独立した自然本性をもつ個々の多くの物が、互いにみずからおのずと規定しあうことで、そこから整然たる全体が生じてくるなどということが、はたして可能だったのか。もしもそれらの物がこれを実行しているのだとするならば、それらの第一源泉の共通性が否定しがたく証明されるのではないか。そしてこの源泉とは、完全に自足した最高知性にちがいなく、諸物の自然本性はこの知性のうちで、互いに一致する意図にむけて設計構想されたのではあるまいか」（I 227-8）。

(21) ラヴジョイが「存在の連鎖の時間化」（同、一九七五年、第九講）と命名した十八世紀自然哲学の、新たな主題のドイツにおける展開については、渡辺祐邦、一九九〇年を、そして若きカントの「発生的、時間的」な世界生成論《コスモゴニー》の意義については松山壽一、一九九七年、二〇〇三－六頁を参照。

(22) とはいえカント『天界論』のニュートン受容には一定の制限と歪みがある。この点を緻密に精査した示唆に富む論考として松山壽一、一九九七年、第三、四章参照。

(23) デカルト第三省察の神証明が前提した、あのスコラの連続創造説との差異は歴然である。ゆえにまた『天界論』は、ガリレオ裁判で『世界論』出版を躊躇した「デカルト」（I 228）よりも慎重に言葉を選び弁明する。あるいはむしろ、信仰の語らいに「場所」を開けるべく思弁的独断知を廃棄する『批判』の方針を先取りして言えば、カントは初期から一貫して神学と哲学の棲み分けをめざしていたのである。その調停案を『天界論』は神と自然の世界建築術の協働に模索する。「われわれのこの体系における自然の秩序にしたがえば、創造 **die Schöpfung** あるいはむしろ自然の展開形成 **die Ausbildung der Natur** は、最初にこの〔全宇宙の引力の〕中心点で始まり、連続的に前進し **mit stetiger Fortschreitung**、もっと離れた全方面に徐々に拡大し、永遠に進行する無限空間を諸世界と諸秩序で満たすのだ。しばしのあいだ静かな喜びをもって、この表象にふけってみよう。全能の無限領野の眺望が開示され、人間精神はこのうえなく高貴な驚きに高揚する。創造の継続的完成 **die successive Vollendung** にかかわる理論のこの部分ほどに、精神を高揚させるものは他にない」（I 312）。「創造」から「自然の展開形成」へのさりげない言い換えがある。これにぜひとも注目したい。いまや神の連続創造は、自然の自己形成が代行する。ゆえにまた「自然の豊饒」は「神の全能そのものの執行 **Ausübung** にほかならない」（I 317）。

　ところが後年の理性批判では、自然神学的証明が存在論的な基盤を失い、道徳的な神学の領内へ追い込まれる。これによってしかし、自然知と神信仰の語りの棲み分けはいよいよ明確となる。そして『世界市民的見地における普遍史の理念』（一七八四年）の「自然の意図 **Naturabsicht**」や「計画 **Plan**」や「目的 **Zweck**」（VIII 17-8, 27, 29）の比喩も、「智慧深い創造者の配剤 **Anordnung**」（VIII 22）や「摂理」（VIII 30）への目配せを極力抑制し、『判断力批判』の「自然の技術」へと精度を高めてゆく。ここに世界建築術は、その施工実務のみならず、ついに基本計画までもが自然の任務となる。そして「経験の地盤」での自然認識の可能性のアプリオリな条件をめぐり、純粋悟性の「立法」と反省的判断力の「統治」との二権分立の共和体制の比喩が、批判の

「法廷」で公的に弁証される。晩年の『永遠平和論』（一七九五年）が「第一補説」脚注で、「人間理性の制限」に鑑みて「摂理」よりも「自然」を「より適切」で「より謙虚」（VIII 362）な用語と認定したのは、批判哲学の自己展開史の総括として、まことに意味深い。この一連の読み筋については望月拙稿、二〇〇三年②および二〇〇六年②を参照されたい。

（24）『天界論』は、「信心深い顔つきで無精な無知 eine träg Unwissenheit を覆い隠そうとする怠惰な哲学 die faule Weltweisheit」（I 334）がもちだしてくる「機械仕掛けの神 ein Gott in der Maschine」（I 333）を厳しく指弾する。そして『批判』も方法論第一章第三節「仮説にかんする純粋理性の訓練」に言う。「超越論的仮説というのは、その仮説のもとで理性のたんなる理念が自然物の説明のために用いられるのであるが、これはなんの説明でもないだろう。……自然における秩序と合目的性はふたたび自然の諸根拠から、自然の諸法則に沿って説明されるのでなければならない。そしてここでは最も粗野な仮説でさえ、それがただ自然的 physisch でありさえすれば、超自然的 hyperphysisch な仮説よりも、つまり神的創始者を引き合いに出して説明のために前提することよりも、いっそう堪えやすい。じじつこれは怠惰な理性 die faule Vernunft（ignava ratio）の原理だろう。ここで理性は……すべての〔客観的に実在的な〕原因の傍らを一気に通り過ぎ、理性にはとても安楽なたんなる理念のうちに休息する。……／理性の思弁的使用の超越論的仮説は……およそ許しがたい」（A772-3=B800-1）と。

（25）『天界論』序文の趣旨は、第二部最終章でも繰り返される。「ルクレティウスの諸原子の偶発的な交差が世界を形づくったわけではない。そこに植えこまれた諸力と諸法則は、このうえなく智慧深い知性を源泉としており、それらが秩序の変わらざる根源だったのである。つまりこの秩序は、これらの力と法則とから偶発的にではなく、むしろ必然的に流れ出てきたのにちがいない」（I 334）と。

（26）かくして「自然、および諸実体の相互作用について指示された永遠の諸法則は、神なしでも必然的で自立的な原理というわけではない」（I 332）。むしろ「自然は根源存在者に依存する。……この根源存在者は、もろもろの存在者そのものと、その第一の作用法則の源泉さえも、おのれのうちに含んでいる」（I 226）。

（27）神の創造の業により根源物質のうちに諸力や法則が「植えつけられ gepflanzt」「植えこまれ eingepflanzt」ているという比喩は、すでに見たように何度も登場する（I 310, 332-4, 340, 354）。そして原初の自然の「総体は、将来の諸世界の種子 der Samen を含みもち」（I 314, vgl. 327）、「物体はいわば無限に小さな萌芽 ein unendlich kleiner Keime から急速に成長 fortwachsen する」（I 265）と言われている。

(28) カント全集の理想社版でも岩波版でも「跳躍力」と訳出された「躍動力 Schwungskraft」(I 229, 245-6, 257, 266, 298-9, 302, 305, 308, 316, 323, 335-6, 340, 347) は、「活力」や「活気」と訳すこともできるだろう。松山壽一は、ビュフォンの『自然誌』第一巻に取材してこれを「遠心力」と訳し、投石器の石が中心から遠ざかろうとする「衝動力」——ニュートンはこれを「向心力 vis centripeta」に対して「コナートゥス conatus」と呼び、カントは「投射力 eine schießende Kraft」(I 243) と呼ぶ——に相当すると教えている(松山、一九九七年、一八七‐九三頁)。たしかに粒子や天体の円運動における物体の「躍動力」は、引力による「向心力 Centralkraft」(I 299, 340) や「向心傾向 Centralneigung」(I 347) に対抗し、まさに「遠心力 Centerfliehkraft」(I 299) となるだろう。ただし若いカントの「躍動力」の力動学的《デュナーミッシュ》な含意はそれを超過する。すくなくともこれが純粋に機械力学的《メハーニッシュ》な慣性法則に基づく「遠心力」とは異なる点に留意したい。「すでに何度か述べたように、宇宙空間は空虚である。あるいは少なくとも無限に希薄な物質で満たされている。したがってこの物質には、共通の運動を諸天体のうちに刻印する手段などなかった。この難点はきわめて重要かつ正当だったから、自分の哲学〔世界智〕の見解に当然の自信をもっていたニュートンでさえ、この難点を解消する希望を放棄せざるを得なかった。すなわち、他のすべての現象が一致して機械的起源を示したにもかかわらず、惑星にそなわる躍動力の刻印 Eindrückung を、自然の諸法則と物質の諸力とによって解明するという希望を断念せざるをえなかった。単純な基本諸法則からかなりかけ離れた複雑な諸性質については探究の苦労を放棄して、神の直接的な意志を持ち出すことで満足する。これは哲学者たるものには悲しむべき決心である。しかるにニュートンはここで自然と神の指とを分け、自然の諸法則として採用されたものの運行と神の目配せとを互いに分かつ限界線を認めた。かくも偉大な哲学者が絶望したあとでは、このように困難な事柄においてなおも幸運な前進を希望することは、僭越とも思われる。／しかしながら、あのニュートンに希望を失わせたまさにこの困難、すなわち、諸天体に与えられた躍動力、世界建築の体系的なものはこれの方向と諸規定とによって形成されるのだが、その躍動力を自然の諸力から概念把握する困難こそが、前章までにわれわれが述べてきた学説体制の源泉である」(I 338-9)。テクストはこうしてニュートンを超えると自負するが、そこには明らかに旧来型の「活力」概念の混入がある。『天界論』は「ニュートンが不充分なままに残した機械力学概念」(I 339) に、ライプニッツ‐ヴォルフ系の自然モナド論を公然と加味したのである。

(29) 後年『判断力批判』はこの「無知」の自覚を深めて言う。「いつかニュートンのような人が登場し、なんらかの意図が秩序づけたわけでもない自然諸法則にしたがって、たった一本の草の茎の産出でさえも概念把握できるようにするだろうと希望するのは……人間にとって不合理である」(V 400) と。これにたいし『天界論』のほうは「芋虫」の「ニュートン」に望みをつないでおり、その「最初の一歩」に「先立って」（I 230）、まずはもっと単純な天体の「生命」に肉薄せんとの意気込みである。

（30）『判断力批判』に言う。「スピノザは自然の諸目的を、そもそも諸産物と見なさず、むしろ一個の根源存在者 Urwesen に内属する諸偶有性 Accidenzen と見なし、この根源存在者をあの自然諸物の基体 Substrat とする。そして自然諸物にかんする原因性でなく、たんに自存性 Subsistenz をこの根源存在者に付与する。そしてまたかれは（この根源存在者およびこれに内属する諸偶有性としての全自然物の無制約的必然性ゆえに）、たしかにすべての合目的性に必要な根拠の統一をそれら自然諸形式にたいして保証する。しかし同時に自然諸形式の偶然性を奪い去るため、目的統一はそもそも考えられない。それとともにスピノザは自然諸形式から意図的なものをすべて奪い去る。ちょうど自然諸物の根源的根拠から知性をすべて奪い去るのと同様に」（V 393, vgl. V 421, 439-40, XXVIII 666）。スピノザは、神にして能産的自然の「無制約的必然性」の形而上学を展開する。この圧倒的な本体一元論に、ライプニッツは目的論的形而上学と機械論的自然学との二元論で応戦し、若きカントは物理自然世界の合目的的秩序と機械力学の両立を模索する。ゆえに『天界論』は神と物質と精神を最初から実体視する。しかし自然と神の建築術的分業体制はすでに明瞭だ。正教授就任論文も依然として学校形而上学圏内で可感界と叡智界の二世界論を踏襲するが、理性批判はついに理性主義の超越論的実在論から脱却し、〈経験的実在論にして超越論的観念論〉の反転光学のテクストを織り上げる。ここに機械論と目的論とのアンチノミーは、われわれ人間の自然認識の規定的と反省的との叙法《かたり》の区別で処理される。

しかるにフィヒテ以後の「超越論的観念論」は、「観念・表象」ならざる「イデア」に恋慕して、「イデア論 Ideenlehre」復古の超越論的実在論に変態する。シェリングは理性批判が却下した「直観的知性」「知的直観」に魅了され、超越論的実在論圏内に舞い戻る。そしてフィヒテ初期知識学の「超越論的自我」にスピノザの唯一実体を読み重ね、「哲学は無制約者から出発すべきだ」と豪語する。『哲学の原理としての自我、あるいは人間の知における無制約者について』（一七九五年）に言う。「実体が無制約者だとするならば、自我が唯一実体だ」（Schelling, Bd.1, S.116）。「自我は全存在、全実在性を含んでいる」（*ibid.*, S.110）。「絶対的実体（自我）の原因性を表現する最高のイデアは、絶対的威力のイデアである」（*ibid.*, S.119）。「絶対的自我は端的に要求する。有限的自我が絶対的自我に等しくなることを、つまり有限的自我が自己の内なるすべての数多性と変転をまったく根絶することを。非我により制限された有限的自我にとって道徳法則であるものは、無限的自我にとって自然法則である。つまりそれはただ絶対的自我の存在とともに、そこで同時に与えられている」（*ibid.*, S.122）と。

また『わが哲学体系の叙述』（一八〇一年）に言う。「絶対的同一性は端的に無限」であり、「存在する一切は絶対的同一性そのものである」。「存在する一切が自体的に考察された場合、それは絶対的同一性の現象でさえなく、絶対的同一性そのものである」（Schelling, Bd.3, S.14-6）。そして「この総体性の外部は、それ自体が無である」（*ibid.*, S.21）と。さらに『自由論』（一八〇九年）は言う。「近代ヨーロッパの全哲学は、その（デカルトによる）端緒以来、共通の欠陥をもっている。この哲学には自然というものが存在せず、その哲学には生ける根底が欠けている。それによりスピノザの実在論もライプニッツの観念論も同じく抽象的である。観念論《イデアリスムス》は哲学の霊魂であり、実在論はその肉体である。両者が一緒になってこそ一つの生ける全体を成す」（Schelling, Bd.4, 248）と。ここに批判的反転光学を知らぬ独断的形而上学の「実在‐観念《イデア》論 Real-Idealismus」があり、自我と自然をめぐるフィヒテ＝シェリング的な「超越論哲学」の主観面と客観面との表裏一体がある。これをフーコーの言葉で批評すれば「経験的‐超越論的な二重体」の「人間学主義」の本格始動であり、ヘーゲルの「即自かつ対自 an und für sich」の絶対的観念論は、一連のドイツ観念《イデア》論の体系的完遂態である。ヘーゲル『精神現象学』「自己意識」章の「人間学」的な含意については、コジェーヴ、一九八七年、第一章と、中埜肇、一九七九年、一八〇‐二頁参照。

（31）この内的な自然の自由は、その普遍的法則との関係で明らかに批判期の人間理性の道徳的自律の自由と類比的である。道徳的定言命法の「自然法則の定式」は、たんに自然法則の「普遍性の形式」との同型性を言うだけでなく、「自然法」思想の長い伝統も顧慮していたはずである。その点はしかし脇におき、ここではただ物の自然本性の自己展開が、神の強制からの自由として語られている点に注目したい。『天界論』は現象と物自体との批判的区別の遙か以前、自然にたいする人間悟性のアプリオリな立法の遙か手前の場所で、物の内なる自然の自由を根源的に問う。そして世界建築術の協働における自然の自由を、全知全能ゆえの神の非強制的な促しへの、自主的応答として語りだす。ここで自然は、あらかじめあった神の強制から自由になるのではなく、強制的なものを一切必要としない神の至高の智慧のゆえに、始めから自由なものとして創造されている。

　かくして物の順序からすれば、人間の選択意思の自由のみならず、批判哲学の要石となる理性の自律の自由も、自然の根源的自由を母胎として、その自己展開により形成された世界体系の地盤上で初めて可能になるのだろう。つまり人間のあらゆる自由の根底には、自然の自由があるはずだ。若きカントはおそらく、こうした存在の秩序の形而上学を確信していたのにちがいない。理性批判はなによりもこの教条的確信を打破したのだが、とはいえ自由な自然の語りのモチーフは、いわば批判的解釈学的パースペクティヴとしてテクスト内に保持されてゆく。それはさしあたり第一、第二批判では、折りにふれて語られるだけである。しかし『判断力批判』はこれを「自然の技術」という比喩のもと、反省的判断力の統制原理として批判的に権限付与（正当化）し直した。

これにより自由で合目的的な自然のモチーフは、自然哲学のみならず歴史哲学から法と政治の哲学にいたるまで、およそ世界智としての哲学の全般にわたり語りだされることとなる。第一批判から第三批判への叙述の進み行きの印象からは、第三批判の自然哲学は、第一批判の機械論的認識原理による全般的抑圧からの、事後的で局所的な自然の解放を主題化したものと見えなくもない。しかし「自然の技術」が若きカントの自由な自然の批判的な取り戻し《ヴィーダーホーレン》だとするならば、機械論的カテゴリーの強制からの解放と見えたものも、じつはその強制以前の思索の場所への批判的反省的な帰郷なのである。

(32) その集大成たるアリストテレス『自然学』に言う。「ある《オン》と言われるものどものうち」「自然《ピュシス》によってあるものども」はすべて「それ自身の内にそれの運動《キネーシス》および停止《スタシス》の原理《アルケー》をもっている」。「或るものの自然とは、これがその或るものの内に第一義的にそれ自体において、付帯的にでなく内属している、その或るものの運動と静止の原理であり原因である」。これにたいし「技術《テクネー》によってあるかぎりのすべてのものは、それ自身の内に転化への衝動《ホルメー》をなにも植えつけられていない」。その「或るもの（たとえば家とか、その他およそ人間の手で作られるもの）は、その制作の原理を他のものの内、そのもの自身の外にもっており、また他の或るもの〔病める医者など〕は、それ自身の内にもってはいても、それ自体においてでなく、それがもつ付帯性ゆえにたまたま自分が自身にとって原因となるようなものどもである」（*Physica*, 192b8-34）。物の内か外か。運動静止の原理たる自然と技術の差異。それを次の一句が一気に乗り越える。「技術《テクネー》は一般に、一方では自然《ピュシス》の成し遂げえないところの物事を完成させ、他方では、自然のなすところを模倣する」（*ibid.*, 199a 15ff.）と。この目的論的存在論の教条的支柱を欠いた技術と自然との乖離状況を、カント第三批判は凝視して、近代の新たな自然目的論の語りのかたちを探索するのである。

(33) カントの「有機的」の語の使用について詳細は望月拙稿、一九九八年を参照されたい。ちなみにブルーノ・タウトは『宇宙建築家』と題する一九一九年の著作で、勢いよく萌えたち生長する植物としての「クリスタルハウス」のメタフォリカルなスケッチを提案した。

(34) それどころか理性批判は、世界を創造する「工作主任」という粗雑な比喩に、もはや魅力を感じていない。そもそも「普遍的な根源存在者たる神は諸実体の現実存在の原因でもある」という超越論的実在論の「神学」の「命題」のもとでは、人間の「自由を救うことなどできないだろう」。ここで「人間というものは、あらゆる技術作品の最高主任 der oberste Meister aller Kunstwerke によって組み立てられゼンマイを巻かれたマリオネットか、あるいはヴォカンソンの自動機械となるだろう」（V 100-1）からである。自然の機械論と目的論の調停問題に、自然必然性と自由のアンチノミーが深刻に絡むことで、カントの世界建築術の比喩はいっそう厳しく洗練を迫られるのである。

（35）近代自然科学は、実体形相としての自然概念を拒絶して、没生命的物質の力学的運動に注目した。とはいえ生物機械論は、生命的自然の内的性格を類比的になぞっている。じじつ機械時計が生物理解の有効なモデルたりえたのは、動力源が機械内部にあったからだろう。人間の手を離れて自動的に運動する機械のふるまいは、みずからおのずと生成変化する自然の様子にかさなるし、機械の原動力が機械力学的なものから熱力学的なものや化学反応のエネルギーにうつり、そこに情報処理的な自動制御機構が加われば、その印象はますます強まってくる。しかしそれでもまだ機械と有機体には、決定的な差異がのこっている。上述の内的なものは、いずれも機械の運動や機能にのみかかわっている。これにたいして有機的合目的的自然は、たんに有機体の運動や機能の原理であるばかりでなく、なによりもまずは有機体の形態産出の内的原理なのである。

（36）『判断力批判』と同じころ、ゲーテ『植物のメタモルフォーゼ』は言う。「変則的メタモルフォーゼは後退的メタモルフォーゼと名づけることもできる。なぜなら前の〔規則的メタモルフォーゼの〕場合、自然は前方の大きな目的に向かって急ぐ **die Natur vorwärts zu dem großen Zwecke hineilt** のにたいし、この場合には自然は一段階、あるいは、二、三段階後退するからである。前の場合、自然は抗しがたい衝動 **Trieb** と力強い緊張 **Anstrengung** をもって花を形成し、愛の行為の準備を整える **zu den Werken der Liebe rüftet** が、この〔変則的メタモルフォーゼの〕場合いわば自然は弛緩して、決断のつかないまま、その被造物 **ihr Geschöpf** を、未決定の、軟弱な、われわれの目にはしばしば好ましくうつるけれど内的には力ない不活発な状態に放置しておくのである」（ゲーテ、十四巻、五六頁、原語挿入引用者）。カントの三批判書にも頻繁に見られる「自然」を主語にした反省的＝批判的目的論の語り。テクストの「精神」の声を聴かずに「文字面」を見て、主語を基体化・実体化し「能産的自然」や「神」に重ね合わせるとき、文はふたたび規定的＝独断的な目的論に退化変態する。後述するポープの弁神論と、ゲーテの自然学の差異——物事を分節し語る判断力の姿勢の反転——こそが重要である。じじつゲーテの自然観察の語りは、この世の「物」と直に親しく対話する詩人が発見した副詞的な「自然の技術《ことば》」の気韻を写し（同、三〇六‐七、四四一‐三、四六四‐五頁参照）、「物」が自然に——みずからおのずと——形成展示する純粋現象の根源に迫ろうとした、詩作的思索の智への愛の発露である。そしてこれとは独立に、若き日の自己を批判して得たカント第三批判の「自然」——すなわち無名非人称の「道」——の建築術の語りもまた、同じ愛智の精神の表白である。

（37）ポープ（Alexander Pope, 1688-1744）はイギリス古典主義の詩人で、当該詩句は『人間論』（*An Essay on Man*, 4 vols., London,

1733-4）の独訳版（B. H. Brockes, 1740）、第三書簡第一連からのもの。引用最終二行は原詩では、「次に見よ、物質にはさまざまな命が授けられていて／静止した一個の中心たる、普遍的善をめざして突き進む See matter next, with various life endued,/Press to one centre still, the gen'ral good.」である。『人間論』は、同じイングランドのシャフツベリ（Anthony Ashley Cooper, 3rd Earl of Shaftesbury, 1671-1713）に触発され、ライプニッツ『弁神論——神の善意・人間の自由・悪の起源』（ラテン語版一七一〇年、ドイツ語版一七二〇年）を祖述した哲学詩。

（38）　ちなみに同年十一月一日、万聖節の祝日にリスボン大地震発生。カントは翌年初旬に自然科学的な地震論を三点発表。フランスではヴォルテールとルソーがオプティミズム論争を繰り広げ、それがケーニヒスベルクにも飛び火する。一七五九年十月、カントは「講義内容予告」を兼ねた『オプティミズムについての若干の考察の試み』を公表。反オプティミズム陣営に公然と抗弁する。「神が選択するならば、つねに最善のもののみを選択する、という思想ほどに自然なものはたぶんない」（II 29）。劈頭にこう宣言するテクストは、「正統な信仰」（II 30）と「健全な理性の諸原則」（II 33）を前提して、学校哲学の教義を積み重ねる。いわく「神は最高の実在性である」（II 30Anm.）、「実在性の最大の度合い ein größter Grad der Realität は可能であり、それは神において見いだされる」（II 32）。「無限の度合いの完全性こそが、永遠なる神をあらゆる被造物を超越したものとする」。そして「この世界こそが、あらゆる有限なもののうちで最も完全なものである」（II 33）と。最高度に実在的な神の現存在への信念のもと、現実世界を丸ごと肯定し、「全体は最善であり、すべては全体のために善である」（II 35）と掉尾に太字で刻んだ筆鋒は、篤実な信仰に根ざすものとはいえ、理性批判の見地からみれば独断的である。

ただし直後のリントナー宛書簡（十月二十八日付）は、これが「オプティミズムを手短に弁護した」「綱領宣言 ein programmate」にすぎぬことを弁えている。そして今後も学校党派的「キュクロープス」の無礼な反論には、ただ「沈黙で答える」のが「一番礼儀にかなったやり方」（X 19）だと判断する、無難な処世術も心得ている。しかも「この狭い世界」のなかで「自分の講壇の金敷の前に坐り、毎日変わりばえのしない講義の重い金槌を同じ調子で振り続けている」（X 18-9）のを「つきはなして」「自嘲」する私信の筆致と、あの公的試論の「紋切形の身につかぬ空言」とのあいだには、「当時のカントのいわば引き裂かれた意識の全貌」（坂部恵、一九七六年、一六五-六頁）を見ることもできる。「カントは、ここで、生涯の一つの時期が終りに近づき、新しい時期にふみ入らんとする境界にいる。カントは、みずからの思想全体を捕らえてはなさぬ根本的矛盾の存在に気づいてはいるが、まだその外側にのがれ出て、それを客観化する位置にはいない。彼は、みずからが『夢み暮している』ことに気づいているが、その夢からさめて、それを『独断のまどろみ』としてつき放してみうる時点には、まだほど遠い、というのがこの時期のカントの思想のあり方である」（同、一六七頁）。

ルソーやヒュームの精神との本格的な出会いを果たし、批判的に対話し始める以前のカントが、自己の「根本的矛盾」にどれだけ深く「気づいてい」たかは不明だが（同、二〇‐一頁）、この点をことさら穿鑿する必要もないだろう。「人間の視点を一旦はなれ」「無限者としての神の視点にみずからを置いて」（同、一七四頁）語る五〇年代の『天界論』および『オプティミズム試論』は、まぎれもなく超越論的実在論に立脚する。これと八〇年代の理性批判の視座とのあいだの、眼も眩むばかりの懸隔を凝視してみれば、その数十年間の劇烈な思想変革のさなか、当の「矛盾」の自覚と「理性の不安」とが、たまさか萌したただろうことは想像に難くない。ただしその不安はあくまでも過渡の出来事である。理性批判そのものは、一切の不安をかき消した「安心 Sicherheit」の「道」の境位から現実世界を丸ごと引き受ける。ともかくも現に与えられた諸現象の世界を、もはや最善だとも無限だともなんとも言わず、むしろただ「一市民としての素朴な常識の眼から」（同、一七八頁）、まさに「人間の眼」の「強靭な現実感覚」（同、一七九‐八〇頁）で、ただあるがままに物を見る。そして〈経験的実在論にして超越論的観念論〉の反転光学のもと、この世の漸進的改善改良の継続を公的開放的に呼びかける。理性批判の革命劇は、たんに「テオリア的」（同、一七四頁）で思弁的な弁神論から現実世界との道徳的実践的な交渉への、哲学の精神そのものの方向転換にこそある。

（39）　重力の諸特性について「私は仮説を立てない hypotheses non fingo」と宣言した『プリンキピア』末尾の第三篇一般的注解で、ニュートンは言う。「六個の主惑星は、太陽を中心とする同心円上を回転し、同一の運動方向をもち、ほぼ同一の平面上にあります。……これらすべての規則正しい運動を生ずることは、力学的原因だけからでは得られようもありません。……この、太陽、惑星、彗星の壮麗きわまりない体系は、至知至能の存在の深慮《コンシリウム》と支配《ドミニウム》とによって生ぜられたのでなければほかにありえようがありません」（ニュートン、一九七九年、五六〇‐一頁）と。

（40）　イタリア旅行直後のゲーテの論考、「自然の単純な模倣、手法、様式」（『ドイツ・メルクール』、一七八九年二月）に言う。「自然の模倣、普遍的な言葉 eine allgemeine Sprache を得ようとする努力、さらには対象そのものの精密な深い研究を通して、ついに芸術 die Kunst が物の本性 die Eigenschaften der Dinge やその存在形式をますます正確に知るようになり、あまたの形態を見渡し、特色あるさまざまな形状を比較して模写することができるようになれば、このとき様式 der Stil はおよそ芸術の到達しうる最高の段階に立つものとなる。ここで芸術は、人間の最高の努力に匹敵するものとなるであろう。／単純な模倣 die einfache

Nachahmung が静かな存在と快適な〔愛に満ちた〕現在にもとづき、手法 die Manier が現象 eine Erscheinung を軽やかで感受性ゆたかな心によって把握するものだとすれば、様式 der Stil は認識の最も深い基盤に根ざし、また物の本質 das Wesen der Dinge を目に見え、手に捉えられる形態で認識できることが可能なかぎり、物の本質に根ざすものである」（ゲーテ、十三巻、一二四頁、原語挿入引用者）。

　ガリレオ‐ニュートン系の近代の通常科学とは厳しく一線を画した、古典主義詩人たる自然学者の芸術論。これは『植物のメタモルフォーゼ』（同年十一月から十二月に執筆、翌年刊行）という美しい小品を産み、ただちに『判断力批判』という最良の知己を得る。一七九〇年十月、ゲーテは同書の研究に没頭。個々の物の表面の「形態 Gestalten」や「形状 Formen」を単純に模写するのみならず、それらの「普遍的」な法則性が根ざす奥深い自然本性に肉迫し、これを摑んで「ますます正確」に表現する「様式」芸術。この最高段階の芸術理念は、「同時に自然であるようにみえる」「天才 Genie」の「美しい技術」の「範例的」な「独創性」（V 306-8）を称揚したカントに呼応共鳴して、デカルト的近代の「人間主義」を超えた――汎自然主義的で超人《ユーバーメンシュリヒ》的な――「生気づけの原理 das belebende Prinzip」たる「精神 Geist」（V 313）の、この世での革命的発現をつねに待ち望んでいる。

（41）一七九一年四月十九日付のゲンジヒェン宛のカントの書簡、参照。

（42）ハーシェル（Sir Frederick William Herschel, 1738‐1822）はドイツ、ハノーファー出身で、音楽家としてイギリスに渡り、後に天文学者に転身する。一七八一年に自作の望遠鏡で天王星を発見し、さらに星雲や天の川銀河の観測をすすめ、円盤構造を推定した。

（43）くわしくは望月拙稿、二〇〇四年および二〇〇六年②を参照されたい。

（44）カントが健在だったなら、ヘーゲル体系にも同じ裁断を下したはずである。実践的で宗教的な生《レーベン》の関心の過度 übermäßig な優先は、フィヒテ、シェリング、ヘーゲルと、一世代年長のヘルダーとに共通し、カント哲学の道――理論と実践、自然と自由の、区切りと繫ぎの語らいの場所の批判的建築術の徹底遂行――から逸れる経緯も同じである。フィヒテの「絶対我」の超越論的観念論を「主観的」と難じたシェリングが、これに「客観的」な「自然哲学」を並行させ、この主客両面を併呑する絶対的同一性を打ち出したとき、超越論的真実在の観念《イデア》論への逸脱は加速する。そしてヘーゲルは唯一無限実体たる自体的即自 an sich の「絶対者」と、「絶対知」へ向かう対自的 für sich な精神の概念運動との往還を円環体系的に弁証する。この絶対的観念論は、カント超越論的観念論からの変異退化の完遂態である。有限な人間理性が自己批判して智慧を愛求するカントの世界開放的な哲学実践は、「学」としての大文字の哲学が実体内完結を宣言したときに（Hegel, Bd.3, S.14）臨終する。理性主義貫徹の序曲『精神現象学』（一八〇七年）は、デカルト的近代の実体的自己意識とプラトニズムのイデア的真実在との結婚披露の式次であり、式場はスピノザ的実体に点火された無限精神の「生 Leben」である。「真なるものを実体としてでなく、まったく同様に主体としても把握し表現すること」（*ibid.*, S.23）。これが体系叙述にかける弁証法的思弁の奮闘努力のモットーである。無限精神実体が有限な意識に現象してくる主体化と生成の形而上学。実体にして主体、「即自かつ対自」の存在-神-論の基本方針ゆえに、ヘーゲルはどこまでも〈経験的-超越論的二重体〉の実在論を脱け出せない。

それどころかイェーナ初期には、存命中のカントをヤコービやフィヒテと同列の「主観性の反省哲学」（Hegel, Bd. 2, S.287）呼ばわりする的外れな言いがかりまでつけていた。「理性と感性、知性と自然……絶対的主観性と絶対的客観性」（*ibid.*, S.21）、「有限なものと無限なもの、感性界と叡智界、必然的世界と自由の世界」（*ibid.*, S.27f.）、「精神と世界、魂と身体、自我と自然等」（*ibid.*, S.302）。一連の「分裂 Entzweiung」（*ibid.*, S.20）を「時代」そのものに見るのはよい。しかしこの分裂を経験の地盤のうえで超越論的に媒介統一してみせた理性批判の反省的思索に、絶対者と人間、物自体と現象、客観と主観の「存在論的」な対立を言い募る読み筋のほうが、よほどどうかしているのである。カントたちの「思考の教条主義（独断論）」たる「主観性の形而上学」では、「理性の対象にして絶対的客観たる絶対者が理性的認識の絶対的彼岸に変わってしまう」（*ibid.*, S.430）。『信と知』末尾でこう言い放つとき、これを批判的反転光学の視座から評定するならば、ヘーゲルもじつはヤコービやフィヒテと同様、「彼岸」に「絶対者」を立てる超越論的実在論のもとにあり、そこからカントを非難しているのである。全一者の自己展開にして人間精神の自己形成という超越論的実在論即絶対的観念論の、流出と帰一の弁証法的思弁の重苦しい往還運動。「絶対的他在における純粋自己認識、このエーテルそのものが学の基礎であり地盤であり、一般に知である」（Hegel, Bd.3, S.29）。エックハルト式の神学的反転光学の調べに乗った『精神現象学』の「悲劇」（vgl. *ibid.*, S.534ff., Bd.2, S.495）の圧倒的叙述は、ロマンティックな物語りとして魅力的だが、理性批判の闊達な反転光学とは異質である。やはりヘーゲルの「思弁的イデアリスムスは思弁的レアリスムス」なのである（中埜肇、一九七九年、五七頁、あわせて同書第三部第二章第二節参照）。

ヘーゲルの実体即主体の思弁との差異をあぶりだすべく、カントに「一即全《ヘン・カイ・パーン》」を見てもいい。ただしここで超越論的論理学の究極点をなす根源的統覚の「一性 Einheit」は、スピノザ式の神即自然の実体たる絶対の「一者 das Eins」ではない。しかもヘーゲルがこの即自を対自的な主体に変貌させる遙か以前に、カントの純粋統覚は最初から言語活動の主語であり、全現象物は

「一般 überhaupt」に、その「超越論的統覚の根源的総合的統一」のもとにある。そしてこのアプリオリな形式と経験的質料との建築術的統一は、とりもなおさず「現象の総体」たる「一つの自然」であり（超越論的観念論）、この表象世界がただちにわれわれ全員が住まい語らう「一つの経験」なのである（経験的実在論）。スピノザ式唯一根源実体たる物自体を撥無した乾坤一擲の「一即全」。しかもこの体系的統一の反省的で統制的な純粋形式性は、「無一物中無尽蔵」。くわえてその反転光学はなによりもまず経験的実在論を起点とするゆえに、逆に「全而一、一而全」の不断往還を皆で唱和してゆくべきだろう。かかる前代未聞の哲学の道を、カントの超越論的言語《ロゴス》批判のうちに探りたい。

(45) 一連の差異をふまえてのことだろう。現象学関連文献を始めとして、現代思想の訳書の多くは Konstitution を「構成」、Konstruktion を「構築」として訳し分けている。そしてカントも konstitutiv と Konstruktion, konstruieren とを注意深く使い分けているのだから、両方に「構成」を訳語として充てるのは、初学者のために不親切である。

(46) あの『臆測的始元』は、経験知に「自然の類比」を加味して、「人間の歴史」の「第一の始元」を物語る。その臆測の叙法について、冒頭第二段落に言う。「ともあれ、臆測は同意を過度に要求してはならない。臆測はせいぜいのところ、理性をともなう構想力にゆるされた心の健康と気晴らしのための運動であり、けっしてまじめな仕事ではないということが、まずは告知されなければならない」（VIII 109）と。

(47) カントは後年、『哲学に最近あらわれた高慢な口調について』（一七九六年）では、「知的直観」の教説に酔う同時代の「霊感による哲学者 philosophus per inspirationem」（VIII 389）や古代「アカデメイア派のプラトン」（VIII 398）との鋭い対比のもと、第七書簡に見えるプラトン自身を弁護して言う。幾何学図形の合目的性に驚嘆した「プラトンには、疑いもなく、ぼんやりとではあれ、ごく最近になってようやく言語明瞭に表現された問い、『アプリオリな総合命題はいかにして可能か』が浮かんでいたのだ」（VIII 391Anm.）、「プラトンは自分の知的直観をただ背進的に、アプリオリな総合的認識の可能性の説明のためにのみ使用したのであって、前進的に、つまり神的知性のうちに読み取れるイデアによって認識を拡大するために用いたわけではない」（VIII 398）のだと。『国家』に見える「洞窟」や「太陽」の比喩は、規定的定言的に語りえぬなにかを反省的類比的に比喩の力で語りだそうとする、詩作的思索の自覚的な実践である。そしてプラトンのイデア論の真の意図は、善美なるものの実践知への促しにある。イデアにかんするさまざまな教説は、そのままドグマとして継承されるべきではなく、むしろ実践知の探究へと対話者を誘う「ミュートス」の語りとして受けとめられなければならない。カント理性批判に見える建築術、道、法廷等の一連の比喩は、プラトニズムの独断教条に回収される以前のプラトンの語りの精神を継承したものとして受け止めたい。

(48)　同じく同書第五十節は、二律背反章があつかう「世界論的理念」について言う。「純粋理性が、その超越的使用において作り出したこの産物は、純粋理性の最も注目に値する現象である。この産物はまた何よりも強力に働いて、哲学をその独断的なまどろみから目覚めさせ、理性そのものを批判するという難事に向かわせるものである」(IV 338)と。

(49)　ヒュームはたんなる懐疑論者でなく懐疑の哲学者である。日常を離れて哲学に打ち込むべく駆り立てる懐疑に、理性批判の反転光学の萌芽がある。カントはそれを受け継ぎ大きく育てる。ヒューム『人間本性論』第一巻第四部第二節「感覚能力 the senses に関する懐疑論 scepticism について」の冒頭に言う。「われわれは、『いかなる諸原因がわれわれに物体の存在 the existence of body を信じさせるのか』と問うてもよいが、『物体が存在するか否か』と問うことは、無益である。物体が存在するということは、われわれのあらゆる論究 all our reasonings において、当然のこととしなければならない点なのである」(木曾好能訳、二一九頁)。そして同巻第七節「この巻の結論」に言う。「してみると、ここに、私は、日常生活 the common affairs of life において、自分が、他の人々と同様に、生き、話し、行為するように、絶対的かつ必然的に決定されているのを、見出す。しかし、私の自然な傾向 my natural propensity と、私の精神の気と情念の動き the course of my animal spirits and passions とが、私に、世間の一般的な原則 the general maxims of the world を、呑気に信じさせるにもかかわらず、それでもやはり私は、私のそれまでの気分 my former disposition の名残りを感じるので、私の本と書き物のすべてを火の中に投げ入れ、人生の快楽を推論と哲学のために諦めることをこれ以上けっしてすまいと決意したいほどである。と言うのは、これが、私を現在支配している憂鬱な気分にあっての、私の気持ちだからである。……私に、このような時間の浪費をなすべき、どんな義務があるのか。またそれは、人類の利益のために、あるいは、私個人の利益のために、どのような役に立つのか。……私が私の傾向に抵抗するときには、私は、抵抗のための十分な理由 a good reason をもつようにしたい。そして、これ以上、〔理由もなく、〕私がこれまでに出合ったようなやり切れない孤独や荒れる潮路 such dreary solitudes, and rough passages に、迷い込むことのないようにしたいものである。／これらが、私の憂鬱と無気力の感情 the sentiments of my spleen and indolence であり、実際、私は、哲学が、これらの感情に抵抗する力をもたず、哲学が、理性と確信の力によるよりも、真面目で陽気な気分 a serious good-humour'd disposition の回復によって、より多く勝利を期待するということを認めなければならない。人生のあらゆる出来事のうちにあって、われわれは、やはり懐疑 our scepticism を堅持しなければならない。……いや、それどころか、もしわれわれが哲学者であるとすれば、それは、懐疑的な原理 sceptical principles

に基づいてのみでなければならず、われわれが感じる、われわれ自身をそのように（哲学者として）用いたいという傾向からでなければならない。理性が生き生き lively としており、何らかの傾向と共存する場合には、理性に同意しなければならない。そうでない場合には、理性は、われわれに働きかけるどんな資格 any title ももつことができないのである」（同、三〇五－六頁、原語挿入引用者）と。

（50）「デイヴィド・ヒューム、かれこそが純粋理性の諸権利にたいし、ありとあらゆる異議を唱え始めた張本人であり、この訴えにより、その諸権利の全面的な審理が必要になったのだ、と言うことができる」（V 50）。第二批判はこう述べて、第一批判を総括する。「ところで『純粋理性批判』でのわたしの論述にかんしていうと、これはたしかにあのヒュームの懐疑論により惹起されたのだが、しかしそれよりもかなり進んで純粋理論理性の総合的使用の全領野、したがってまた一般に形而上学と呼ばれているものの全領野をも覆うものとなった。そしてわたしは、原因性の概念にかかわるこのスコットランドの哲学者の懐疑にかんして、以下のような訴訟手続きをとった。もしもヒュームが（これはほぼどこでも起こることだが）経験の諸対象を物自体そのものと見なしたのだとすれば、かれが原因の概念を欺瞞的で偽りのまがいものだと宣告したのは、まったく正しかった。……／しかしわたしの諸審理から判明したのだが、われわれが経験においてかかわっている諸対象は、けっして物自体そのものでなく、たんに諸現象である」（V 52-3）。「自由の原因性」という思弁的理念の「実践的」な「客観的実在性」の「演繹」を完了した重大局面で、「この明敏な人物」（V 52）からの根本的な挑戦をあらためて回顧したテクストの語りはきわめて印象的である。理性批判の実践哲学的展開の局面については、しかし、別の機会にあらためてじっくり検討することとしたい。

（51）「世界建築家」と「世界創造者」の区別がすでに六三年の『唯一の証明根拠』（II 122ff.）に登場する点も含め、自然神学的思考の批判的変異の実態については改めて考察したい。

（52）「それ sie」は「人間的技術」をさすと見る。邦訳のうち天野貞祐（講談社学術文庫）、有福孝岳（岩波全集）、熊野純彦（作品社）はこの読み方である。これにたいし篠田英雄（岩波文庫）、原佑（理想社全集）、中山元（光文社文庫）、石川文康（筑摩書房）のように、これを神学的思弁の「推論」主体たる「理性」ないし「自然的理性」と読むと、技術理性批判の含意はやや見えにくくなる。

（53）『天界論』から十年後の『六五－六六年冬学期講義計画公告』序言冒頭に言う。「若者たちの教育指導にはつねに困難が付き物である。教授者の洞察により、歳月を先取りしてしまうのである。そして自然の順序では、もっと訓練を積み試練を受けた理性にしか概念把握できない知識を、悟性の成熟を待たずに与えなければならない。学校式の先入見が永遠に生じてくるのは、ここからである。……とはいえこの点で公的授業を完全に自然に一致させるのは無理だとしても、自然に則してもっと快適にすることは可能である。そもそも人間の認識の自然な前進は、こうである。まずは悟性が養成される。悟性は経験から直観的な諸判断を獲得し、これをつうじて諸概念に到達し、育成される。そのうえでこれら諸概念は、その諸根拠と諸帰結との関係づけのもと、理性によって認識され、最後に学問によって、よく秩序づけられた全体のうちで認識される。だから教育指導は、これとまったく同じ道をとるべきである。ゆえに教師に期待されるのは、自分の聴講者をまずは悟性的人間に、ついで理性的人間に、そして最後に学識者へ育成することである。このやり方には利点がある。いつものことながら、たとえ研修生が最終段階にまで到達しなくとも、かれはこの教育指導で得るものがあったのであり、学校のためでなく人生のために、いっそう熟達し怜悧になったのである」（II 305-6 傍点引用者）。

自然の道に沿う技術としての人間理性の批判的建築術。「学問 Wissenschaft」や「学問的なもの das szientifische」による人間的認識の全体的完成に向かう教育の理念は、教授持ち回りの教育学講義――カントは「一七七六／七七年冬学期、一七八〇年夏学期、一七八三／八四年冬学期、一七八六／八七年冬学期の四回にわたって」担当（加藤泰史解説、カント17巻、四二五頁）――では、反省的判断力に密接する「司法判断的 judiziös」の語で表明されている。「人間の自然素質の展開は、おのずと von selbst 起こるわけではない。だからあらゆる教育は――一つの技術 eine Kunst である。――自然はそのための本能を人間に配備しなかった。――この技術の起源も進展も、あるいは機械的で、なんの計画 Plan〔設計図〕もなく、所与の情況しだいで配列されたものか、それとも司法判断的なものであるかのいずれかである。教育技術が機械的に生じてくるのは、たんにわれわれが折々に遭遇する情況下、あるものが人間に有害か有益かを経験する、たまさかの諸機会からである。たんに機械的に生じた教育技術はみな、非常に多くの誤謬や欠陥を身にまとっているにちがいない。その根底になんの計画もないからである。ゆえに教育技術、教育学は、司法判断的にならねばならない。教育技術が人間の自然本性を展開し、その使命の達成をめざすべきであるなら、そうならねばならぬ。……教育技術における機械論は、学問に変貌しなければならない。そうでなければ教育技術は、けっして一つの筋道のとおった努めとはならないだろう。そしてある世代が、すでに別の世代の打ち建てたものを壊したがることになるだろう」（IX 447 傍点引用者）。

形而上学講義の組み立てと、教育そのものの全体計画と。約二十年を隔てた二つのテクストの文脈は異なるものの、教育という

「技術」を「人間の自然本性」に則したものにする志向は一致する。それどころかカント『教育学』が示唆する、野性の訓練 Disciplinieren—文化的陶冶 Cultivieren—市民的文明的開化 Civilisieren—道徳的教化 Moralisieren という「人間の自然素質」展開の四段階（IX 449-50）は、「完全な技術はふたたび自然となる」（IX 492, vgl. VIII 117-8）という歴史哲学テーゼにより、世界市民的共和制革命を展望する政治哲学的課題を射程に収めている。そして『判断力批判』の「自然の技術」という類比概念は、理性批判のこうした主導動機を、反省的判断力の叙法のうちに全面的に引き受けている。かかる解釈仮説のもとに、引き続き第一批判を丹念に読み進めたい。

（54）　建築術 Architektonik, Baukunst とは、この語の古代ギリシアの故郷《ハイマート》において、大工の棟梁の技術（アルキテクトニケー・テクネー）である。それは工作主任の技術であり、制作行為の目的のもとに束ねられる個々の技術について、またそれら諸技術全体の束ね方について、つねに批評的批判的でなければならない。家とは人の住まう場所であり、建物および建築行為は間取りや調度の細部にまで配慮が行き届き、全体として体系的にうまく整えられているとき、たんに技術的に良いというだけでなく、すぐれて建築的だと賞賛される。建築術は技術の中の技術として、建築的という言葉そのものが技術一般の体系的な完成度にかんする批判的なメルクマールなのである。引用箇所では「図式」概念が、「技術的」と「建築術的」の差異にからめて、興味深いしかたで使用されている。この点に注目しつつ、拙稿第Ⅲ部以降の言語論的考察を先取りして、弁証論付録の一節も参照しておきたい。「ゆえに理性の理念は、感性の図式の類比物である。しかしそこには相違があり、理性の図式への悟性諸概念の適用は（諸カテゴリーのその感性的図式への適用の場合のように）対象そのものの認識だというわけではなく、むしろたんにすべての悟性使用の体系的統一の規則ないし原理にすぎない。ところで悟性の使用の汎通的統一を悟性にアプリオリに制定する原則はいずれも、たんに間接的ではあれ、経験の対象について妥当するのだから、純粋理性の諸原則も、経験の対象にかんして客観的実在性をもつであろう」（A665=B693）。

（55）　批判期の人間学講義の「一七八〇年代の講義草稿」（XV 799-801[R1502a]）における「学校知」と「世界知」の区別も興味深い。

（56）　「わたしは傾向性からしても一個の研究者である。わたしは認識への激しい渇望と、認識においてさらに進みたいという落ち着きのない好奇心と、また認識を獲得するたびごとの満足とを感じている。これだけが人類の栄誉となりうると信じ、なにも知らない俗衆を軽蔑した時期があった。ルソーがわたしを正してくれた。この偽りの優越感は消滅し、わたしは人間を敬うことを学ぶ。そして、もしこの考察だけが他のすべての諸考察に、人間性の権利を打ち立てるような価値を与えることができるのだと信じなかったならば、わたしは自分を、通常一般の労働者よりももっと役立たずだと見なすだろう」（XX 44）。

坂部恵は、この『美と崇高』手択本メモを何度も反芻しつつ（坂部、一九七六年、九‐一〇、一三八‐九、一六〇頁）、同じ時期の『六五‐六六年冬学期講義計画公告』に頻出する哲学の呼称「ヴェルトヴァイスハイト」〔Weltweisheit 世界の智慧〕に注視して、これを「哲学の『学校概念』と『世間概念』の区別」（同、二八頁）に重ね合わせる。そして六〇年代中頃の「顔を学校の内側に向けた時に絶えず外側を想い、外側に向けた時には内側を忘れぬ、といった、双面神的な、カントの批判意識の独特な境位」（同、三三頁）のうちに理性批判の源泉を見る（同、四五、五六頁）。ここに「学校の内側」はスコラ式形而上学に自閉自足する、学者カント自身の「知的貴族主義的」（同、一六一頁）な「独断のまどろみ」であり、その「外側」とはわれわれ人間が現に住まい語らう世間・世界・宇宙である。かくしてカント壮年の世界市民的見地の哲学は、この「双面神的」な「批判意識」を醸成し、学校形而上学の徹底批判を経て、新たな批判的形而上学の建築術に打って出る。ゆえに批判哲学は、すでにおのずと広義の反転光学を重層する語りとなっている。拙稿はそのなかでも、〈経験的実在論にして超越論的観念論〉の視点切り替えを「世界反転光学」と呼んで主題化する。

第Ⅱ部　物への問い

第一章　伝統的存在論の継承と革新

第一節　物一般への超越論的な問い

物がある。世界がある。いまここに、わたしがいて、あなたがいて、かれらがいる。それは経験的な所与の事実として、疑うべくもなく自明である。しかしそもそも物があるとはいかなることか。わたしがいるとはどういうことか。個々の物があり、人がいて、世界と呼ばれるものがある。このことへの驚きを端緒にして「存在《ある》とは何か」の問いが生まれる。そしてこの問いは古代ギリシアから現代にいたるまで、哲学の根本問題でありつづけてきた。この存在論の問題を、カントの哲学をとおして考えてみたい(1)。

教科書的な見方によれば、『純粋理性批判』は近代特有の認識論の哲学である。じじつその長大難渋な叙述は、「経験の可能性の条件」たる「アプリオリな認識」について、それ自身の可能性と、可能性の条件を探究する「超越論的認識 transzendentale Erkenntnis」の営みだと自己申告されている。

一定の表象（直観もしくは概念）がアプリオリにのみ適用され可能であるということ、そしてそれはいかにしてかということとを、われわれがそれによって認識するようなアプリオリな認識だけが、超越論的認識と呼ばれなければならない。（A56=B80）

しかも『批判』が課題とし遂行する「超越論的認識」は、物や対象にかかわるというよりも、われわれ人間の認識のあり方もしくは認識能力にかかわるものである。

わたしが超越論的な認識と呼ぶのは、対象にというよりも、むしろアプリオリに可能だとされるかぎりでのわれわれの対象認識のあり方に、一般的にかかわるようなすべての認識である。（B25）

ゆえに理性批判は最終的に必然的に学へ行き着く。……／……この学のあつかうものは無限の多様性をもつ理性の対象ではなく、むしろ理性自身だけである。……経験のうちで理性の前にあらわれてくる対象にかんして、理性が前もって自分自身の能力を完全に思い知っていたならば、経験のあらゆる限界を超えて試みられる理性使用の範囲と限界を、完全かつ安全に規定することが容易くなるにちがいない。（B22-3）

超越論的という語は、わたしの場合、われわれの認識の、物への連関を意味するものではけっしてなく、むしろただ認識能力への連関を意味するのである。（IV 293）

カント批判哲学の第一の問いは、「わたしは何を知りうるか」である。第一主著はこの認識論の問いをめぐり、人間理性の認識能力そのものを批判吟味する。それは理性の認識権限が正当に及びうる「範囲」を画定すると同時に、その認識能力の「限界」を見極める「理性の自己認識」である。理性批判は明らかに、認識論の問いを前面に出している。

しかも『批判』そのものが、「超越論的分析論」に「存在論という尊大な名前」を与えることを慎んで、「純粋悟性のたんなる分析論」（A247＝B303）という控えめな名称のほうがふさわしいと判断した。したがって、そこに存在論的関心を読み込む試みは、いささか的外れなものにも見える。しかし、あらかじめ問う。こうして教科書的に「認識論」か「存在論」かの判別をすることに、はたしてどれだけの正当な根拠があるのだろうか。この二項対立図式のもとで「存在論」の語は何を意味してしまっているのか、と。

「わたしは何を知りうるか」。この問いは「何をWas?」の語のうちに、われわれ人間の理性的認識の対象となるべき物への問いを含蓄する。しかも「超越論的」な理性批判は、「純粋理性の体系」たる「超越論的哲学Transzendental-Philosophie」を「一つの理説Doktrin」として打ち立てる「予備学」ないし「準備」である。そしていま新たに批判的な「形而上学」の原理的部門として建築されるべき「超越論的哲学」とは、じつは「一般形而上学」たる「存在論Ontologie」の往時の別名にほかならない。

『批判』はこの語法を充分ふまえている。若きカントの『自然モナド論』（一七五六年）は、「形而上学を幾何学と結びつけて自然哲学において使用する」という総題のもと、「超越論的哲学philosophia transcendentalis」の必要性を熱く訴えた[2]。『可感界と叡智界』（一七七〇年）の第二節は、「世界の定義」の第一の注意事項として、「（超越論的な意味でのin sensu transcendentali）質料MATERIA」をとりあげた[3]。直後にヒュームの懐疑の注意喚起で「独断のまどろみ」からの覚醒を迫られた人は、デカルト的近代の「理性主義Rationalismus」「知性主義Intellektualismus」に群がる学校形而上学との、全面対決に乗り出した。そして長い沈思黙考の総決算として、第一批判が生まれたのである。

ゆえに「超越論的論理学」第一部「分析論」は、学校哲学の「存在論」すなわち「一般形而上学」との批判的対決にあてられる[4]。そして「弁証論」は、伝統的な「特殊形而上学」の三部門たる合理的心理学・世界論・神学に応接し、これらの思弁的越権を断罪する[5]。しかも『批判』をしめくくる「超越論的方法論」は、これからの新たな時代の形而上学の体系構想を語りつつ、来るべき「超越論的哲学」をあらためて「存在論」と等置する[6]。

超越論的哲学は悟性のみを考察する。すなわち与えられてあるだろう対象 Objekte, die gegeben wäre を想定せずに、対象一般 Gegenstände überhaupt に連関するすべての概念や原則の体系において理性自身を考察する（存在論 Ontologia）。（A845=B873）

カント理性批判は、存在論の問いそのものを単純に拒絶するものではない。「存在論という尊大な名前」への警戒信号も、当時の学校形而上学における「存在論」が「物一般について、アプリオリな総合的認識を体系的な理説においても与えるのだと自惚れる」（A247=B303）ものであったことへの、痛烈な皮肉を言外にこめたものにちがいない。この当世風な名前だけの「尊大な」「存在論」などとは違い、「超越論的分析論」は経験的認識の実質に寄り添い、「体系的な理説」に先立つ「理性批判」に位置づけられる。そして超越論的な認識批判を経て新たに建築される「存在論」として、カントの「超越論的哲学」は、「物一般」についての「アプリオリな総合的認識」への旧来型の僭越な権利主張を厳しく却下する。[7]

理性批判はそのようにして、存在論の問いの次元を保持しつづけている。[8] なによりも「超越論的 transzendental」という術語の積極活用が、それを如実に物語っている。たしかに「超越論的」の基本語義は、ここで「対象に一般的に（＝対象一般に）かかわる認識」から、われわれの「対象認識のあり方に一般的にかかわる認識」へと重心移動されている。そしてこの微妙な語義変更は、じつはそのまま伝統的な存在論への対決姿勢を示している。しかし「対象」であれ「対象認識」であれ、「一般的」な仕方で事柄にかかわるという肝腎要の一点は、「超越論的」の文字のうちに終始一貫保たれている。[9]

かくして『批判』のテクストでは、「超越論的」とともに「一般 überhaupt」の語が、重要な意味を担って頻繁に登場する。ゆえにカントの「物一般」「対象一般」「現象一般」「意識一般」「直観一般」「経験一般」等の術語群が、そもそもいかなる意味を持つのかについても、ねばりづよく探ってゆかなければならない。そのなかでも「物一般

Ding überhaupt」は、伝統的な存在論の基底をなす術語であり、アリストテレスの ὂν ᾗ ὄν やスコラ哲学の ens qua ens に相当するものとして、カント当時のドイツ語文献でも広く用いられた。

第一哲学たる存在論が問う「あるものとしてのあるもの ens qua ens」は、他の諸学が対象とする個別特殊の存在領域群から区別され、「あるもの一般 ens in genere」とも言い換えられた。またラテン語の「あるもの ens」は、当時のドイツ語文献で「物 Ding」と訳された[10]。ゆえに「物一般」は、「あるものとしてのあるものと、これに自体的に属するものとを考察する」（*Met.* 1003a21f.）、アリストテレス形而上学以来の伝統的な第一哲学（存在論）の観点を受け継ぐものである。カントの「超越論的」な理性批判は、この「物一般」という術語とともに、「あるものをあるものとして考察する」存在論の基本姿勢を、みずからのうちに取り込んでいる。そして「物一般」は、「一般」という観点で考察された「物」、あるいは「物」を「一般的に」考察する観点そのものを意味している。

かかる大文脈のもとに、『批判』は「超越論的分析論」の第一主題たる純粋悟性概念を、「アリストテレスにならってカテゴリーと名づける」（A79-80=B105）のだ。しかもアリストテレスのカテゴリーが「あるものとしてのあるもの」の述語群だったのと同様に、カントのカテゴリーも超越論的図式化を受ける以前の「純粋なカテゴリー」としては、「物一般」「対象一般」の思惟形式にほかならない[11]。カントの超越論的認識批判は、存在論の伝統を根本から革新するために、「一般」の考察視点を積極的に取り込んだ。そしてそのかぎりで「あるものをあるものとして」問う存在論の超越論的な問い、すなわち「物一般」を問う超越論的な問いを正しく批判的に継承するのである。

第二節　「物」と「物体」の区別

存在論的思惟の伝統の継承と革新。哲学の歴史の区切りと繋がり。カントの「超越論的」な理性批判にあって、「物 Ding」は枢要な位置を占めている。しかもこの概念の外延はこのうえなく広い。それは術語としては中世スコラの「レス res」[12]、さらにさかのぼればアリストテレスの「プラグマ πρᾶγμα」の訳語である。[13] ゆえにすでに自明なのだが、「物」はなにかあるものが物体的か非物体的か、有形か無形かの別をことさらに問う以前の考察の場所にある。ゆえにまたデカルトの言う「延長する物 res exensa」と「思惟する物 res cogitans」の両者を包括する概念である。[14]

さらに根本的には、先の「物一般」でも垣間見られたように、当時の哲学文献で「物 Ding」は「あるもの ens」の訳語でもある。[15] だからそれは存在論的＝超越論的な概念として、「あるもの」ないし「あると言われるかぎりのすべてのもの」を意味する術語である。そしてこの背景事情をふまえれば、「物 Ding」は「レス」なのか「エンス」なのかという点は、第二義的な問題にすぎないことになる。[16]

そもそも「エンス」と「レス」はスコラの「超越概念 transcendentia, transcendentalia」に属している。つまり両者ともに最高度に広範な外延をもつ同じ事柄、「あるということそのもの ipsum esse, Sein selbst」を、それぞれ別の観点から考察言表したものにほかならない。古来スコラの伝統では、アリストテレスの十個のカテゴリーに包摂することができず、むしろそれ自身がそれら十個の「類」に分かたれるべく、最も普遍的とされた諸範疇をも超えた高次の「超越概念」が――「神」の「存在《エッセ》」をめぐる神学的な関心《インテル＝エッセ》にも強く裏打ちされて――熱心に議論されていた。そして「あるもの ens」と「物 res」は、「一なるもの unum」や「善なるもの bonum」、「真なるもの verum」、「なにか或るもの aliquid」とともに、この「超越概念」の基本リストに属していた。

そのなかで最も基礎的な概念が、動詞「ある esse」から直接派生した「エンス」である。たとえばトマスの場合、「知性が最初に、いわば最もよく知られたものとして捉えるもので、しかもあらゆる概念がそれのうちに還元されるもの、それがエンスである」。そしてこの究極根本の原理たる「エンス」にたいし、「レス」以下の諸概念は「すべてのエンスにともなうところの全般的なあり方 modus」をそれぞれに言い表した術語である。なかでも「レス」は「エンス」の「何性 quidditas」すなわち「本質 essentia」を言表する重要な「名 nomen」であった。[17] しかも「レス」はすべての「あるもの ens」に、「それ自体において in se」かつ「肯定的」にともなうあり方だとされていた。[18]

『批判』はこの術語伝統をふまえつつ、しかもそれと細やかに距離をとりながら、「物一般」の概念を駆使している。とくに第二版はカテゴリー表の解説のあとで、スコラの超越概念を名ざしで批判する。重要局面なので長く引く。

しかるに古人たちの超越論的哲学には、純粋悟性諸概念を含むもう一つの章が見いだされる。かれらに言わせれば、これらの概念はカテゴリーには数え入れられないが、諸対象についてのアプリオリな諸概念として妥当するのであって、しかもその場合にカテゴリーの数が増やされることは、ありえないとのことである。これらの概念のことを講述した命題がある。それはスコラ哲学者たちのあいだでかなり取りざたされたもので、「あるものはなんであれ一なるもの、真なるもの、善なるものである quodlibet ens est unum, verum, bonum」という命題である。ところでこの原理を演繹推論のために使用しても（同語反復の諸命題が得られたにすぎず）かなり悲惨な結果となった。ゆえに、この原理は近年でも形而上学に配置するのがつねではあるが、それはたんにこの原理に敬意を表してのことである。とはいえ、かくも長い時代を生き延びた思想には、たとえそれが空虚なものに見えようとも、その起源を探究する価値はあるし、当然こう推察できる。この思想はなんらかの悟性規則に根拠を持つのではないか、そしてしばしば起こるように、たんにその根拠が誤訳されただけなのではなかったかと。これらの概念は諸物の超越論的な述語だと誤って考えられてきたが、むしろ一般に諸物の認識すべてについての、論理的な諸要件であり諸基準にほかならない。（B113-4）

末尾に見える『批判』特有の対置、すなわち「諸物の述語 Prädikate der Dinge」か「諸物の認識」の「論理的」「諸基準」かという鋭い選言のうちに、テクストの基本姿勢は明らかである。じじつこの対置は、同じ第二版で加筆された「超越論的認識」の先の名目定義、すなわち「対象にというよりも、むしろアプリオリに可能であるとされるかぎりでのわれわれの対象認識のあり方に、一般的にかかわるようなすべての認識」（B25）という対比ともきれいに呼応する。テクストはいま、学校形而上学の核心部に単身斬り込んでいる。[19]

伝統形而上学との対決企図を物騒に孕みつつ、カントの「物 Ding」は超越概念たる「エンス」や「レス」の思索と語りの伝統を背景にもつ。ゆえにそれはすべてのカテゴリーを超えているはずであり、『批判』はまさにこの点を、懸案の伝統批判戦略の前面に押し出してゆく。すなわち「物」は本来、それが「実体」か「属性」かという点にかんして、無差別中立無記である。ゆえにまたカントの「物」は、「思惟する物」と「延長する物」を相互独立の実体として根本措定したデカルト的二元論の狭い了見を遙かに超えて、「あるもの」を「一般的」にまなざす広漠たる「超越論的」な考察次元にあるはずである。

この単純な、しかし形而上学的にはかなり重大な革命的事由により、『批判』の「物」はけっしてただちに「物体 Körper, corpus」「物質 Materie」を意味しない。たしかに「物体」「物質」は、近代自然科学の進展と技術理性の覇権拡大ともに、「物」のなかでもひときわ優位を占めるようになる。その物理的な実物主義の実効支配が実利実益の現実世界に急激に繁殖繁茂する寸前の空隙で、超越論的な理性批判のテクストは、「物」と「物体」「物質」とをつねに注意深く使い分けている。この批判的区別を確認することは、二百年以上の時を隔てて、いま新たにカントを読むうえできわめて重要である。

それでは「物体」「物質」とは何か。それは「物」のように「超越論的」な考察の次元にある概念ではなく、むしろ本来的にはすでにれっきとした「経験概念 Erfahrungsbegriff」であり「経験的 empirisch」な概念である。理性批判はこの「超越論的」と「経験的」の光学的位相差を、「物」と「物体」の区別に重ね見ることで、デカルト的近代の錯綜した問題状況を打開する糸口を摑みとる。難渋を極めるカント物体論の思索の跡を訪ねてみよう。

しかしたんに判断においてだけでなく概念においてさえも、アプリオリな起源をもつものがいくつかある。諸君、物体の経験概念から、すべての経験的なものを徐々に除去してみたまえ。つまり色、硬さ軟らかさ、重さを除去して、不可入性さえも除去するのである。すると（いまや物体はまったく消失したが）それでもなおそれが占めていた空間は残っていて、諸君

はこれを除去することができないのだ。（B5-6）

そこで物体の表象から、悟性がそれについて思惟するもの、たとえば実体、力、分割可能性等を切り離し、同じく感覚に属するもの、たとえば不可入性、硬さ、色等を切り離したならば、この経験的な直観から、わたしにはまだなにか或るものが残っている。すなわち延長と形態だ。これらは純粋直観に属しており、この純粋直観は感官の現実的な対象なしに、つまり感覚なしに、感性のたんなる形式として、心《ゲミュート》のうちでアプリオリに生ずるのである。（A20-21=B35）

前者は第二版が大幅に書き換えた序論の一節、後者は感性論冒頭部である。ここに「物体」は「経験概念」であり、これには哲学史上諸学派が語ってきた種々の「経験的」な意味内実が盛られている。そしてまたわれわれの感性的な外的直観の「形式」たる「空間」が、さらにこれに付随して「延長 Ausdehnung」や「形態 Gestalt」が「アプリオリ」に含まれている。ちなみにこの「アプリオリ」と「経験的」（むしろ本来的には「アポステリオリ」）との分節法は、「超越論的」と「経験的」の区別に類比的に呼応して、やはり重大な批判的威力を内蔵する。しかも前者の系列にある「空間」が、「物体」の名目定義と「アプリオリ」に不可分であるからこそ、「すべての物体は延長をもつ alle Körper sind ausgedehnt」（A7=B11, IV 266-7）という命題が、理性批判に言う「分析判断」の代表例となるのである。(20)

これにたいし「経験的な総合判断」の例は、「すべての物体は重さをもつ alle Körper sind schwer」（A7=B11, vgl. B2）あるいは「いくつかの物体は重い Einige Körper sind schwer」（IV 266）である。ここで「重い」という「述語は、物体一般のたんなる概念のうちでわたしが考えるものとは、まったく別のなにか或るものである」（A7=B11）。のみならず「色」や「硬さ軟らかさ」、さらには「不可入性さえも」が「感覚 Empfindung」に属する「経験的なもの」なのであり、「物体」についての「総合判断」は、これら述語の「付加 Hinzufügung」（A7=B11）によって初めて得られるのである。

ところで、単刀直入にそう言われたとき、人はどうして躊躇や反発を覚えるのか。カントの「分析判断」と「総合判断」の区別をめぐっては、諸家の議論が侃々諤々喧しい。この長年の紛糾ぶりを横目に睨みつつ、いまは静かに考えよう。たしかに普段通俗《ゲマイン》の日常経験場面において、物体はすでにたいてい色つきで、つねに一定の大きさや重さをもち、触れれば硬軟の別もある。この常識的で素朴な物体観を暗黙の前提とするならば、カントの立言は人を大いに戸惑わせるものである。ただし物体の色の場合、照射光の具合や色覚異常のせいで見かけに欺かれる危険がある。対象の大小・軽重・硬軟の見分けにしても、じつは個々人折々の感じ方に左右されやすい。では物体自体に固有の性質とは何だろう。

おそらくはそういう生活実感にも寄り添って、アリストテレス－スコラの自然哲学は、温・冷・乾・湿こそが自然物に自体的にそなわる「一次性質 primae qualitates」であり、それ以外の重さ軽さ・色・味・匂いなどは、「一次性質」を原因として人間の知覚に現れた「二次性質 secundae qualitates」にすぎないと教えてきた。他方、古代ギリシアの原子論も、感覚される色や匂いから離れ、たんに多様な形と大きさを本質属性とする、多数の不可分量の極小実体を思弁的に措定した。これにエピクロスが、個々のアトムの運動原因をなす「内在力 vis insita」として、「重さ gravitas」を加味したのだと哲学史は伝えている。

デカルト的近代の草創期、十七世紀近代科学革命の曙に、ガッサンディ、ボイルの粒子論は、古代原子論に言う感覚的に不可知の基礎物質単位の理窟を継承する。そしてロックは、「心の外」なる「物そのもの Things themselves」の「一次性質」として、延長、形、単一性、可動性のほかに「固性 solidity」を数え入れる。他方、これら第一性質が感覚器官に刺激して、結果的に色、音、味などの可感的な性質の観念を産み出すにいたる、「物そのもの」のなんらかの力能を、かれは「二次性質」と呼んだのである。

かかる精緻壮大な物体論史をふまえても、先のカントの立言はやはり奇妙だし、当時最先端の哲学常識からも逸脱しているように見える。ただしこれは当人も充分覚悟の仕儀だろう。それどころかロックらの「固性」を横目で睨みつつ、「不可入性さえも」が「色」と同じく「感覚に属する」「経験的」なものだとさりげなく付言してみせるとき、[21]これは明敏なる先達らの物性分類談義全般への、かなり辛辣な挑戦である。[22]

他方で、「すべての物体は延長をもつ」が分析命題だと言うにしても、これはデカルトの物体即延長観の踏襲ではない。というのも、科学的に常識とされている物体概念からの一連の捨象手続き、つまり純粋知性的および感覚的経験的な意味内実の「除去 weglassen」「切り離し absondern」の果てに残る『批判』の「空間」は、あくまでも感性のアプリオリな形式にすぎないからである。しかもこの「空間」の限定態たる「延長」や「形態」は、われわれの「心《ゲミュート》のうちでアプリオリに生ずる」「純粋直観に属して」いる。これはけっしてデカルトが言う（心の外なる）物体自体の本質属性ではありえない。しかもここに物体が「占めていた空間」が残っていたとしても、「いまや物体はまったく消失した」のだと（テクスト内奥の真意が括弧内で）吐露されている。つまり延長のみを内包とする「物体一般のたんなる概念」は、じつは「物体の経験概念」の意味内実を欠いた空虚な形骸にすぎないのだ。[23]ここにもカント一流の皮肉が炸裂している。

第三節　「超越論的」と「経験的」

じつに目まぐるしくしたたかに、ロックとデカルトの二巨頭に抗弁する理性批判の両面作戦。ここで「物体」には何が起こっているのか。とても重大な局面なので、もうしばらくこの法廷弁論につきあおう。

同様にして、物体的であるにせよ物体的でないにせよ、なんであれ一つの対象についての諸君の経験的な概念から、諸君に経験が教えてくれるすべての属性を除去するとしよう。それでも諸君がその概念から取り去ることのできない属性がある。諸君がそれによって、その対象を実体として考えたり、あるいは実体に付帯するものとして考えたりする属性である（ただしこの〔実体‐付帯性の〕概念は対象一般の規定以上のものを含んでいる）。ゆえに諸君は、この概念が諸君の胸におのずとわいてくる必然性に衝き動かされて、この概念が諸君の認識能力のうちにアプリオリにその座を占めていることを、白状しなければならないだろう。（B6）

第二版序論の前引箇所につづく一節である。先には「物体の経験概念」から「すべての経験的なもの」を捨象して、「空間」のアプリオリな直観形式が抽出されていた。それに次いでここでは「物体的」か否かの別を問わずに、広くなんらかの「対象」（すなわち「物」）の「経験的な概念」が出発点である。そしてここから「同様にして」「経験が教えてくれるすべての属性を除去」してみることで、かならずや「実体‐付帯性」のアプリオリな概念対が抽出されてくることが力説されている[24]。

テクストのさりげない筆の運びのうちに、デカルト的近代における物体概念の、ひいては主観‐客観対立図式の認識論的問題構制の、革命的な解体構築が敢行されている。デカルトの形而上学的思弁は「延長する物」と「思惟する物」を、互いに独立自存する二種の個的な「実体 substantia」として区別した。ここでは物体自体そのものが本質的に延長実体であり、これにたいし純粋精神たる自我自体は思惟実体である。かかる物心の理性主義的な「実在的区別 distinctio realis」を、『批判』は「超越論的二元論」の「超越論的実在論」と命名する。そしてカントみずからは「経験的二元論」の「経験的実在論」を宣言して、デカルトとの根本差異を強調する。両者の物心二元論は、表向きの延長と思惟の徴表を眺めれば、きれいに呼応しているかに見える。しかし物心の「実在的な区別」は二人のあいだで、じつのところまったく似て非なるものとなっている。

デカルトの超越論的二元論か、カントの経験的二元論か。現実存在《エクシステレ》する物《レス》の実在性《レアリタス》の場所はどこなのか。とりわけ物体と精神、物体的なものと非物体的なものの実在的区別を語るべき哲学の本領は、「超越論的」な形而上学の考察次元か、それとも「経験的」な自然学の考察次元なのか。われわれの近代の思索の基本姿勢を問いつめる、じつに厳しい選言である。カント自身も囚われた前者の立場から後者へと、自覚的に態度変更する沈黙の十年のある日ある刹那、批判哲学の根本精神は受胎して、ついに『純粋理性批判』が公の世に生まれ出た。そしてまた直後の論争の渦中、第二版の加筆改稿に向かうテクストの成熟も、この選言をめぐる批判の思索の深まりを如実に示している。

学校形而上学の超越論的二元論から、理性批判の経験的二元論へ。カントに起こった思考法の革命を、「物体」と「空間」の関係をめぐる長い思索の道筋に沿い確認してみよう。若い日の『自然モナド論』は当代流行の粒子仮説に乗じて、「モナド monas と言われる単純実体 substantia simplex」の「定義 DEFINITIO」から出発する。そして「諸物体は諸モナドからなる Corpora constant monadibus」という「定理 THEOREMA」から説き起こし、「根源的絶対的に単純な諸部分」（I 477）たる個々のモナドの不可分割性と、幾何学的な「空間」の「無限分割可能性 divisibilitas infinita」（I 479）とを対置することで、ベルリン・アカデミー懸案の形而上学と幾何学との「係争事案 lis を調停処理する componere」（I 476）ことができたつもりになっている。数学的自然学とモナドの形而上学の権限の棲み分けを徹底し、「たんに空間のうちにあるだけでなく空間を満たしもする」「物体の単純要素」（I 480）の実体性を死守すべく、これを空間同様の無限分割可能性の攻撃（その急先鋒はオイラー）から救出せんとする法廷戦術。これはしかし『批判』の絶妙な解決策の域には遠く及ばない。何かが致命的に欠けているのである。

「物質の要素」で「物体の根源的諸部分」たる「モナド」は、経験的に知覚できるものでなく、まぎれもなく一つの形而上学的原理である。しかも『批判』の見地から翻って言えば、超越論的実在論の物心二元論に立脚した物質的実体概念であり、ヴォルフのドイツ語版自然学（一七二三年）と同じく、『自然モナド論』は物質的単純実体を独断教条的に措定して出立する。かかる「モナド」とは対照的に、幾何学的な「空間はまったく実体性を欠いており、諸々の単一なモナドの外的関係の現象 phaenomenon である」（I 479）。つまり「空間は実体ではなく、諸実体の外的関係の現象である」（I 480）。テクストが執拗にそう連呼するとき、若いカントの思索は本体・仮象、実体・現象の旧弊な二項図式で動いている。[25] 十年前の処女作『活力測定考』も「諸実体が自分の外部に作用する力を持たないとすれば、空間も延長もありえないだろう」（I 23）と、「実体」の本体論的な優位を匂わせていたが、ここに「現象」概念を新たに加味したことで、二項対立の印象は一層きわだっている。

そしてこの延長線上、十四年後の『可感界と叡智界』は、「主観的で観念的」（II 403）な感性の「形式」たる「純粋直観」（II 402）としての時間と空間を説く。しかしこの可感的時空論と『批判』の感性論とでは、体系的な位置価がまったく違っている。「それら〔空間と時間〕の概念はもちろん理性的な観念でなく、しかもなんらかの〔諸実体の〕結合の客観的な観念 ideas obiectivas ではなくて、現象 phaenomena である」（II 391）。正教授就任論文がそう述べるとき、「理性的」で「客観的な観念」はプラトニズムの伝統が語り継ぐ「イデア」の色味が濃く、この客観的本体と主観的な「現象」とが旧態依然に対立する。純粋知性が認識する（物体的および非物体的な）単純実体の「結合」の「絶対的全体性 totalitas absoluta」（*ibid.*）たる叡智界。そしてわれわれの感性的直観に現象する時空の可感界。デカルト的物心二元論をプラトン的二世界論に押し込めた学校形而上学的な立論は、物体自体の安楽椅子を純粋知性の超越論的哲学に安置して、空間と物理現象を経験的感性的な数学的自然学に追いやることで、『批判』とは真逆の方角に突き進む。

それが正教授就任論文だったからなのだろうか。『可感界と叡智界』は学校形而上学の超越論的実在論教義に囚われて、可感的現象界から独立に存在する叡智的諸実体の形而上的な世界の夢を、依然として思弁的に追いかける。[26]伝統的概念枠組みを温存したままでも、自然科学上の新たな知見と形而上学とは調停できるという甘い見通しのもと、現象の感性的な認識と客観的で自体的な真実在の純粋知性認識とをいままで以上に厳しく峻別し、感性的認識原理を知性的認識へ混入させる誤りを防止することにより、形而上学の混乱は解消されるのだとふんでいた。時空が叡智的な超感性的物自体にではなく、現象にのみかかわる感性の主観的条件であることを強調したのも、そういう思惑があってのことだった。[27]

これにたいし『批判』はもはやイデア的な物体自体を語らない。そして物心の分節および物体概念の本領を、経験的実在性の現象界に見る。『批判』は「物体の経験概念」を出立点に置き、そこからの一連の捨象手続きにより、「空間」や「物一般」を「超越論的」に反省する感性論の語りの域に到達する。「すべての物体は（空間的な）延長をもつ」という命題が（そして本来的にはそれのみが！）、「分析判断」なのだと公然と言い切ることができたとき、カントにはやはり決定的ななにかが起こっている。ここに来るまでに十年近くの沈黙を要するような、重大事件が生じているのである。

理性批判の物心二元論は、デカルトのように超越論的な次元の実在的区別ではない。むしろ『批判』の「物体Körper」も「心Seele」も、経験的実在論の基礎文脈にあって、すでに「現実的wirklich」に「われわれの経験の対象」となっているものであり、「われわれの感官に与えられたかぎりでの物」である。しかもここで物体・精神の実在的区別は、「心」が「内的感官の対象」、「物体」は「外的感官の対象」というように、われわれの感官の内外区分、ゆえにまた感性的な直観形式たる時間と空間の根本分節に基づいている。すなわち物心の実在的区別は、経験的感性的な考察次元での「物」ないし「対象」の下位分類である。そしてまさにそれゆえに、カントの「物体」は本来的に「経験概念」なのである。

だからまたカントとデカルトが「物体」のことを「外的な物äußere Dinge」とか「われわれの外の物Dinge außer uns」と呼ぶときにも、その意味は根本的に異なっている。デカルトは「外」という語を暗黙のうちに「超越論的」に、カントは批判的自覚的に「経験的」な意味で用いている。この区別がきわめて重要だ。あるいはこの「外」という単純な語の用法の奥に潜む決定的なズレを発見し、その差異の意味内実を徹底的に自覚しえたその瞬間に、理性批判の哲学は生まれたのだと言い直してもよい。

じじつ『批判』は全篇の要の位置、まさに分析論から弁証論へ移り行く「付録」のなかで、この内外分節を含む「反省概念の二義性」を主題化して、伝統形而上学における「経験的悟性使用と超越論的悟性使用との混同」を告発する（次章第三節参照）。そして弁証論の「純粋理性の誤謬推理」章は、デカルト派の「合理的心理学」との直接対決である。思惟する自我の純粋精神《ガイスト》をそれだけでただちに実体化する「超越論的仮象 transzendentaler Schein」。カントの第一批判は、人間理性の自然本性に根ざす不可避の仮象と格闘し、これを断固粉砕すべく粉骨砕身の弁舌をふるうのだ。(28)

そもそもデカルト形而上学が、魂の不死の教義《ドグマ》に急かされて、物体・精神の実在的区別を最初から実体的に措定して、物心二元論を超越論的＝存在論的に打ち出してしまったことが、いたずらに近代哲学を呪縛しつづける錯視の源泉だったのだ。精神と物体を思惟実体と延長実体として根源的に分断し、これを純粋に思弁的な超越論的実在論の立場で固定する。これこそが真の形而上学の新たな起点だと僭称した理性主義は、純粋知性の内と外、精神と物体、人間と自然のあいだを最初から根本的かつ致命的に乖離させている。しかもこれに連動して登場してきた主観－客観対立図式のもとでは、認識問題をいくら熱心に論じてみたところで、素朴な模写説はもとより、純粋な構成主義《コンストラクティヴィズム》でも話しがうまく運ぶはずがない。かくして近代の認識論哲学は、感官から独立で不可知の「外的な物」や外界の現実存在について不可避的に懐疑に陥ってゆく。そしてついには物体の現実存在を否定し去るバークリのように、独断教条的な「経験的観念論」を採らざるをえなくなる。(29)

これにたいしてカントの理性批判は、「通常一般《ゲマイン》の理性」の常識に適う「経験的実在論」から出立する。ここで経験的に与えられる「物」は、感官の内外区分に基づいて物体と心に分節され、そのかぎりで「空間」や「延長」は「物体一般のたんなる概念」の内包となっていた。ただしこの純粋概念は「物体」の空虚な形骸にすぎず、「色」「重さ」「不可入性」をもちろん含有しない。ましてや持続的に現実存在する「実体」を意味しない。つまりこの「超越論的」な「一般」の次元での「純粋」な物心概念区分は、いまだに実在的実体的な区別ではない。カントの「物体」は「経験概念」において初めて「実体」なのであり、(30) しかもこの「実体」という認識規定は、われわれの経験的認識を可能にする純粋悟性の「アプリオリな総合」により、「物体一般のたんなる概念」に付加されるべきものである。(31)

ゆえに『批判』は、『プロレゴメナ』や『自然科学の形而上学的始元根拠』の叙述をふまえた第二版序論加筆部分、

「自然科学（自然学）Naturwissenschaft（Physica）はみずからのうちにアプリオリな総合判断を原理として含む」と題する新設の段落で、「物体界のあらゆる変化において、物質の量 die Quantität der Materie は不変のままであるという命題」を例示して、アプリオリな総合の必要性について述べている。

それというのも物質の概念でわたしが考えているのは持続性《ベハーリヒカイト》ではなく、物質が空間を満たすことで空間のうちにそれが現前しているということにすぎないからである。ゆえにわたしが物質概念のうちで考えていなかった或るものを、そこにアプリオリに付加して考えるために、わたしは現実にその概念を超え出てゆく。ゆえにあの命題は分析的でなく、むしろ総合的なのであり、それでいてアプリオリに考えられたのだ。そして自然科学の純粋部門の他の諸命題でもそうなのである。（B18）

先には「物体の表象」のうちで「悟性がそれについて思惟するもの」として、「たとえば実体、力、分割可能性等」が挙げられた。これらアプリオリに総合的な知性的諸規定と、感性的な「純粋直観に属して」いる「延長と形態」とがあいまって、「純粋」自然学の経験的実在的な「物質」概念が形づくられる。そしてさらに「感覚に属するもの」として「たとえば不可入性、硬さ、色等」（A20-21=B35）の「経験的」に総合的な諸規定が加味されることで、「物体の経験概念」がいよいよ十全な姿を見せてくる。理性批判のテクストは「物体」をめぐり、「経験的」な概念相と「超越論的」に「純粋」な概念相とのあいだを、分析的および総合的な公式手続きを踏んで自由闊達に往還する。そして「物体」「物質」は、この徹底的に批判的な反省的思索のなかで、「経験的」または「純粋」な「自然科学（自然学）」の認識対象となり、「心理学」の対象たる「心」から公式に区別されるのである。(32)

超越論的実在論の形而上学的《メタフユジッシュ》な「物体」概念から、批判哲学的な経験的実在論の自然学的《フユジッシュ》な「物体」概念へ。術語の意味の華麗な転身劇の根底では、「時間」「空間」、「いつ **πότε**, quando」「どこで **ποῦ**, ubi」の所管部署を、アリストテレス以来の純粋知性のカテゴリー群から、感性のアプリオリな形式へと移管する、範疇論的な革命の一大事業が敢行されており、じつはこれが決定的に重要である。感官から遠く離れた不可知のデカルト的延長実体は、そしてまたロックの「物そのもの」も、いまやわれわれの外的感官に現象する物体となったのだ。かくしてカントの「物体」は、まさに感性的直観の直接的な対象なのである。

「すべての物体は延長をもつ」という命題が、そしてこれのみが「分析判断」である。このことを理性批判が再三強調することの真意もここにある。『批判』は、デカルトのように「考える物」や「延長する物」を無理やりに——あるいは印欧語族の主語論理に無自覚無批判に乗っかって——最初から「実体」として措定するのではなく、むしろ「超越論的」な考察次元ではあえてスコラの「超越概念」の隠れた本義に立ち返り、「実体」を含む諸カテゴリーをも超えた考察次元で、「物一般」「あるものとしてのあるもの」を問う基本姿勢を貫いた。そしてこれによりデカルト的近代からの大転換を成し遂げたのだ。『批判』に見る「物体」と「物」、「経験的」と「超越論的」の区別は、近代の思索の歴史における超越論的実在論から経験的実在論への回心の革命劇を生々しく反映して、まことに意義深い。

第四節　認識主体と対象

かくして『批判』の「物 Ding」は、「エンス」「レス」をめぐるスコラの存在論的思惟の伝統を背景にして、「実体」を含むすべてのカテゴリーを超えた「超越概念」である。「物」それ自身はいまだ「実体」でなく、ましてや経験的に認識可能な「物体」でも「心」でもない。「物」とは理性批判の最も基礎的な術語であり、その超越論的な反省の水準面ではなんらかの「物一般」でしかなく、それが経験的実在性の地盤のうえで初めて、場合によっては「実体」となり、場合によっては「付帯性」となるのであり、あるいはまた場合によっては「物体的なもの」となり、場合によっては「非物体的なもの」となるのである。

ところで「物」は、それが人間の感性や悟性や理性とのなんらかの関係において捉えられるとき、ただちに「対象

Objekt, Gegenstand」と言い換えられる。[33] もともとスコラ哲学でも「対象 obiectum」とは魂の前に投げ置かれたもの、魂の前に対置されたものを意味しており、[34]「魂 anima」の「はたらき actus」や「志向 intentio」との関係のもとにあるかぎりでの、すべての「レス」や「エンス」が「対象」と呼ばれていた。だから『批判』は「対象」概念にかんしても、スコラの用語法を正しく継承したと言えるのである。[35] かかる「物」と「対象」の術語連繋のもと、「物一般」は躊躇なく「対象一般」と言い換えられる。そして長く議論の絶えない「物自体」も、ただちに「対象自体」と言い換えられている。

右の事実確認は、一見するところ奇異に映るかもしれない。それというのも教科書的な哲学史では、中世スコラにおける obiectum と subiectum の関係が、近代認識論哲学で百八十度転換し、しかも近代の主観－客観対立図式を最終的に明確に打ち立てたのが、ほかならぬカントだと解説されてきたからである。[36] その通説によれば、近代の認識論で「主観」を意味する Subjekt の語は、アリストテレスの「基体・主語 ὑποκείμενον」のラテン語訳の一つ subiectum から派生したものであり、[37]「基体」は変化をつうじて同一にとどまるものとして「実体 οὐσία, substantia」に近い意味でも用いられたため、今日的な語法で言えば「客観的なもの」、つまりわれわれの認識に依存することなく、主観から独立に存在するものを意味していたことになる。これにたいし中世の obiectum は精神のはたらきに相関的な表象たる対象を意味するのだから、それは精神の外に独立に存在する近代的な「客観」などではなく、むしろかえって「主観的なもの」を意味していた、と言うのである。

しかしながら一方で、ここに言う Subjekt の語義逆転なるものは、伝統的に「基体」とされてきたもののうち、近代のテクストでは「認識主体」たる人間の「自我 ego, je, I, ich」が浮上してきたことの見かけ上の結果にすぎない。デカルトの「われ思う cogito, je panse」以降、たしかに近代の哲学的思惟の主題は、自我がいかにして外なる物について確実な知を獲得できるのかという認識問題へ移行した。そしてこれにより精神のはたらきの基体たる自我が、哲学の表舞台に立つようになる。「対象にというよりも、むしろ……われわれの対象認識のあり方に、一般的にかかわるようなすべての認識を超越論的認識と名づける」とカントが宣言し、伝統的な存在論（超越論的哲学）に認識論的な観点を導入したことも、さしあたりはこの大きな流れのなかに位置づけることができる。かくしてカント理性批判では、たしかに自我が頻繁にSubjektと呼ばれている。

　しかしその場合でも、この語は基本的に、人間理性の自発性のはたらき、とりわけ「超越論的統覚」の多様の総合的統一のはたらきの、「一性Einheit」の「基体」を言い表している。そこからまた派生的に、自我の認識や行為のはたらきの自覚に即して「主観」「主体」を含意する。このSubjektの派生的な意味だけに着目すれば、たしかに中世から近代にかけて意味の逆転が起こっているかに見える。しかしそれはあくまで見かけのことで、むしろ「基体」という語の本来の意味に注目するならば、カントと中世スコラとのあいだには、かえって連続性のほうを指摘しなければならない。

　徹底的な理性批判の見地からみて深刻なのは、あの語義逆転神話の根底で、じつは超越論的実在論の教義《ドグマ》が隠然とはたらいていて、これが大元のsubiectumを「実体substantia」へと横滑りさせ、超越論的な意味で「心の外」に措定している点である[38]。たしかにこの短絡を跳躍台にすれば、中世のsubiectumがじつは「客観」だったのだと見せかける離れ業も可能だろう。しかしそれではなぜ「主語」というもう一つの基本語義が、議論の脇に追いやられなければならないのか。そもそも*ὑποκείμενον*もsubiectumも、命題の「基体」としては「主語」を意味しており、この点は『批判』のSubjektでも変わらない。

　しかも「主語となって述語とならないもの」をただちに「実体」と言い慣わす伝統教説に、カントはいまここで強く異議を唱えている。すなわちたんに「基体」「主観」「主語」を意味するSubjektを、性急にも「実体Substanz」とすり替えるデカルト的な合理的心理学の、「われ思う」という命題をめぐる光学的な欺瞞、この「超越論的な仮象」による自然本性的な錯視の除去こそが、弁証論「誤謬推理」章の主要課題なのだった。この点も充分に考えあわせるならば、通説に言う語義逆転なるものは、『批判』のカントにかんするかぎり、じつは二重三重にも罪作りな虚構であると言わざるをえない。

他方、翻って Objekt 語法の逆転について言えば、これも同じく超越論的実在論の教義に乗じ、まさに近代合理主義の眼で「客観」「客観的なもの」を、あらかじめ「主観の認識や表象から独立に自存する対象」として想定しているのである。しかもそれとの鋭い対照のもと、中世の「対象 obiectum」をことさらに「主観的なもの」と見ることで、語法逆転説を恣意的に案出する。そしてまた「対象 obiectum, Gegenstand」と「客観 Objekt」の訳語の使い分けで、この見せかけを巧妙に演出する。ただし当該通説が subiectum, obiectum の語義転換を印象づけるにあたり、デカルト的二元論を大前提にして立論したことは、西洋近代哲学の基本動向に即して誠実だったと評しうる。「思惟する物」たる自我の精神と、「延長する物」たる物体とを、独立自存の被造「実体」として根本措定する超越論的な二元論。これこそがまさに教科書的な主観 - 客観対立図式を陰で創出していたのである。

じじつ近代の認識論的問題構制は、デカルト的物心二元論によって厳しく限定されてきた。たとえばロックは「実体」を複合観念と位置づけつつも、自我と物体を最初から「実体」として捉えている。フィヒテ以降のドイツ観念論にしても、カントの「物自体」を目の敵にして、「主観」と「客観」、「人間理性」と「自然」の「分裂 Entzweiung」の「融和 Versönen」をめざしたが、これはまさに主観 - 客観対立図式がこのかたちで、かれらの前に立ちはだかっていたからにほかならない。そして新カント学派（とりわけマールブルク学派）が科学の客観的認識の基礎づけとして「カントの認識論」を評価したとき、主観 - 客観対立図式はすでに近代哲学史の教科書的常識と化していた。あの subiectum と obiectum の語義逆転説は、この大文脈のもとに醸成されてきたのだろう。

じつは批判以前のカントもまた、ヴォルフの信奉するデカルト的二元論に縛られて、あるいはもっと根本的には唯一絶対神による物体的および非物体的な単純実体の創造の信仰教義に衝き動かされて、デカルト的近代に典型的な主観 - 客観対立図式のなかで動いていた。『可感界と叡智界』はまさにプラトニズムの二世界論のもと、感性と知性、受容性と自発性、フェノメノンとヌーメノン、可感的と叡智的の二項対立を、主観的と客観的の概念対に単純に重ね合わせて言う。

> 認識のうちにあって感性的なものに属するものはなんであれ、主観の特殊な素質に依存する。そしてそのかぎりで対象の現前により、あれこれの変容を受けることができるのだが、その変容は主観の多様性に応じて種々さまざまなものになりうる。他方、そのような主観的条件を免れた認識はなんであれ、ただ対象にのみかかわっている。ゆえに明らかなように、感性的に認識されたものは、現象するとおりの物の表象 rerum repraesentationes, ***uti apparent*** であり、これにたいして知性的なものはまさに物があるがままの ***sicuti sunt*** 表象である。（II 392）

> 可感界の形式の原理は、現象 ***phaenomena*** であるかぎりでの万物 omnia の普遍的結合 ***nexus universalis*** の根拠 ratio を含むものである。叡智界の形式は客観的な原理を認知する。つまり現実存在するもの自体の連結 exsitentium in se colligatio がそれによって生じているなんらかの原因 cansa を認知する。しかし世界が現象として見られる spectatur かぎり、つまり人間の心の感性との関係において見られた場合には、世界は形式の主観的な原理だけしか認知しない。（II 398）

「感性的なもの」は「主観的」であり、「知性的なもの」は「客観的」である。「知性的なものはまさに物があるがままの表象」であり、「主観的条件を免れた認識」として「ただ対象にのみかかわっている」。そして「現実存在するもの自体の連結」たる「叡智界の形式は客観的な原理を認知する」。これにたいし「人間の心《メンス》の感性との関係において」「現象として見られる」かぎりの「可感界の形式の原理」は、「主観の特殊な素質に依存」しており、「現象」の「世界は形式の主観的な原理だけしか認知しない」。

ここに言う「可感界の形式」とは、感性的な「純粋直観 intuitus purus」たる「時間 tempus」と「空間 spatium」である。他方、「叡智界の形式」とは「可能性、現実存在、必然性、実体、原因等」の純粋知性概念であり、これは「純粋知性の自然本性そのもののうちに」あり、「心に植えつけられた法則から抽象される」「獲得的 acquisiti」（II

395）な概念である。のちの『批判』では空間時間とカテゴリーの両方があいまって、可感界・感性界・現象界すなわち経験的実在界のアプリオリな形式原理となるのにたいし、ここでは感性的純粋直観と純粋知性概念のそれぞれが、可感界と叡智界、現象と本体とに振り分けられている。そしてこの伝統的二世界論のうえに、「主観的」と「客観的」の対比が単純に折り重なっている。テクストは時空の主観性を一面的に強調して言う。

時間はなにか客観的で実在的なものではなく、実体でも偶有性でも関係でもなく、人間の心の自然本性によって必然的な主観的条件であり、可感的なものすべてを確実な法則によって並列的《コオルディナンディ》に秩序づけるための条件であり、純粋直観である。（II 400）

空間はなにか客観的で実在的なものではなく、実体でも偶有性でも関係でもない。それはむしろ主観的で観念的なものであり、いわば心の自然本性から確固たる法則にしたがって生じてきた図式のようなものであって、総じて外的に感覚されたすべてのものを並列的に秩序づけるための図式である。（II 403）

「客観的」なものは「実在的 realis」であり、「主観的」なものは「観念的 idealis」である。テクストは超越論的実在論の見地に立ち、純粋知性概念による認識の対象たる叡智界の客観的実在性と、時空形式により感性的経験的に認識される可感界の主観的観念性とを鋭く切り分ける。そして「感性的認識の国内原理がその国境を越えて移住して来て、知性的なものに刺激して苦しめるなどということがないように」（II 411）する。そういう論稿全体の意図のためには、この知性純血保護政策が最善だと思われたのだろう。しかし批判直前の思索は、かなり危ない橋を渡っている。「総じて外的に感覚されたすべてのもの」にかんする「観念論 idealism」だとの誹りを免れがたい、じつに粗雑な議論を打ち出してしまっている。[39]

すべての問題の根は、世界が多数の単純実体で構成されているとする、学校形而上学的通念である。「実体的なもので合成されたもの compositus substantiali において、分析の終着点は、全体でない部分つまり単純者 Simplex のみである。それと同様にして総合の終着点は、部分でない全体つまり世界 Mundus のみである」（II 387）。「世界」を哲学するはずの思索の出立点を、かかる単純実体の学校教義に置くかぎり、旧来の超越論的実在論の思想圏から卒業することはできないだろう。じじつテクストは、プラトン的二世界論にデカルト的二元論を加味した伝統形而上学の布置のもとで、教科書的な主観－客観対立図式を鮮明に浮かび上がらせている。

　それから約十年後の『批判』の超越論的な反省は、もはやデカルト的近代の主観－客観対立図式に縛られない。カントはここで、超越論的な物心二元論を断固として拒絶する。そして中世スコラに遡る subiectum と obiectum の伝統語法を駆使しつつ、まったく新たな〈経験的実在論にして超越論的観念論〉の視座から、われわれの経験的認識における「主観客観連関 Beziehung des Subjekts auf das Objekt」の成立事情について、鋭く緻密な言語論的反省をめぐらした。もっと厳密に言えば、『批判』は新たな主客分節を、われわれ人間主観の「認識」「直観」「概念」等の、「対象への連関」の問題として定式化する。つまりそれら「主観的」な「表象」の、「客観的妥当性 objektive Gültigkeit」「客観的実在性 objektive Realität」の問題系として引き受ける。

　じじつカテゴリーの超越論的演繹の課題は、純粋悟性の「アプリオリな諸概念がいかにして対象へ連関することができるかという、その仕方の説明」（A85=B117）である。否、そもそも『批判』本論の劈頭、超越論的感性論はこう説き起こす。

> いかなる仕方で、どういう媒体により、認識が諸対象に連関するにしても、それにより認識が諸対象に直接的に連関するもの、そしてあらゆる思考がそれを媒体としてめざしているものは、直観である。（A19=B33）

周知のように、空間時間やカテゴリーといったアプリオリな認識が、「客観的実在性」を正当に権利主張できるのは、「物自体そのもの」でなく「現象」としての対象に限られる。[40] そしてこの権限の論証こそが、感性論および分析論の主要課題である（現象の経験的実在論）。しかもこの革命的な超越論的認識批判の文脈にあって、「現象 Erscheinung」とはたんなる「仮象 Schein」ではなく、われわれ人間の「感官の対象」「経験の対象」となった「表象 Vorstellung」すなわち「観念 idea」である（現象の超越論的観念論）。

『批判』の説くアプリオリな認識の、したがってまたあらゆる経験的認識の「客観的実在性」は、われわれ人間の表象世界の外にはけっして出られない。だからあの subiectum と obiectum の語義逆転説の、唯一にして決定的な難点は、それが依拠したデカルト的近代の超越論的実在論の哲学史の大枠に、あろうことか『批判』のカントを押し込めた不見識にある。そしてカントの「物自体」や、超越論的演繹論および観念論論駁の意義をめぐる数百年来の解釈の混乱も、じつはテクストの「主観 Subjekt」と「対象 Objekt, Gegenstand」の語義にかんする、根本的な誤解または無理解に由来する。

第五節　超越論的実在論から経験的実在論へ

『批判』は理性主義の学校教条との対決の記録であり、みずからの生まれ育った揺籃を出て、新たな理性批判の道に自立し踏み出す「移行 Übergang」の思索の報告である。万物の「形式と原理」を二世界論的に切り分けて、形而上学的思弁の縄張りを維持存続しようとした正教授就任論文から、叡智的物自体の教説の息の根を止めた『批判』への革命劇。これを一言で表せば、超越論的実在論から経験的実在論へ、ということになる。カント理性批判は哲学的思惟の本拠地の一大転換のうちに生起する。

この変革劇を生々しく写し取り、主観客観概念対は不可避的に二義的ないし多義的となる。まずは超越論的実在論の見地で語られる主観‐客観と、経験的実在論の見地で語られる主観‐客観とが峻別されなければならない。前節の考察にもとづき、それぞれの特徴を際立たせるために、教科書的な哲学史の慣用句もふまえ、前者を〈主観‐客観対立〉と表記して、後者には〈主客連関〉を充てることができるだろう。テクストはこの二義性を、そしてここに派生する微妙極まりない多義性を自覚しつつ、注意深く使い分けている。あらためて言うまでもなく、語義も文意もテクストの意味《おもむき》も、文脈《コンテクスト》に応じ変化する。『批判』の弁論術《レートリケー》は、つねに文脈の差異を強調し、同じ語に別の意味を細やかに盛り込んでいる。

思索と語りの水準は目覚ましく高まっている。『可感界と叡智界』との差異の所在を訪ねて、まずは超越論的感性論の語り口に注目しよう。なによりも第一章「空間について」の、「上述の諸概念からの諸帰結」と題する節の、第二段落から第三段落序盤の叙述が重要だ。ここでは「客観 Objekt」と「対象 Gegenstand」をあえて機械的に訳し分けてみよう。両者の語義に（同一文脈では！）なんの差異もないことを確認するためである。

（b）空間はたんに外的感官のあらゆる現象の形式でしかない。つまり感性の主観的な条件なのであり、その条件のもとでのみ、われわれには外的直観が可能である。ところで諸対象に触発される主観の受容性は、これら諸客観のあらゆる直観に必然的に先行する。だからこそ以下のことが理解されてくる。いかにしてあらゆる現象の形式が、あらゆる現実的な諸知覚に先立ち、アプリオリに心《ゲミュート》のなかで与えられてあることができるのか。そしてまたあらゆる対象がそのなかで規定されねばならぬ純粋直観として、この形式が諸対象の諸関係の諸原理を、あらゆる経験に先立って含むことができるのは、どのようにしてか。これらの点がいまや理解できるのである。

かくしてわれわれは人間という立脚点からのみ、空間について、また延長をもつ存在者について等々、語ることができる。われわれがその条件のもとでのみ諸対象に触発されるだろう刹那に、外的直観を獲得できるという、その主観的な条件からわれわれが立ち去るならば、空間についての表象はなにも意味をなさない。この述語は、諸物がわれわれに現象しているかぎりでのみ、つまり感性の諸対象であるかぎりでのみ、諸物に付与されるのである。（A26-7=B42-3）

第二版序言が打ち出すコペルニクス的転回のモチーフが、すでに静かに鳴り響いている。われわれの「外的直観」の

「あらゆる対象」が「そのなかで規定されねばならぬ純粋直観」。「現象の形式」たる「空間が表象するのは、なんらかの若干の物自体の特性や、それら物自体相互の関係における特性ではまったくない」（A26＝B42）。超越論的実在論の伝統が固執した「物自体」にたいしては、右に先立つ第一段落冒頭で、こうしてすでに退場勧告がなされている。「これまでは、われわれの全認識は諸対象にしたがわねばならないと想定されていた。しかし……一度、試みに、諸対象がわれわれの認識にしたがわねばならないと想定してみよう」（B XVf.）。この思考法の革命のただなかで、つまり認識と対象の関係逆転提案の根底で、「われわれの全認識」の「対象」について、「物自体」から「現象」への根本転換が提唱されている。沈黙の十年のうちに、叡智的な「物自体」の超越論的実在論から可感的な「現象」の経験的実在論への禅譲革命が成就した。『批判』の語りはすべて、この実在論革命のうえに生起する。コペルニクス的転回も例外ではない。この認識論的な転回は、デカルト的近代を呪縛する物自体の超越論的実在論から、批判的啓蒙近代が新たに提起する現象の経験的実在論への、形而上学革命からの派生態なのである。

　不可知・独立自存の「物自体」については、「諸対象」が「われわれの認識」にしたがうなどと「想定」すること自体が不可能だ。それとは逆に、当の「諸対象」が「現象」であり「表象」なのであってみれば、そういう逆転劇も考えやすい。もちろん「現象のうちで感覚に対応するもの」、つまり経験的認識の全実質をなす「現象の質料」（A20＝B34）については、依然として「現実的な諸知覚」に尋ねるしかないだろう。そのかぎりで「われわれの全認識」は、どこまでも「諸対象にしたがわねばならない」。しかし「あらゆる現象の形式」については別である。たとえば「外的感官のあらゆる現象の形式」たる「空間」は、「あらゆる現実的な諸知覚に先立ち、アプリオリに心《ゲミュート》のなかで与えられてある」。そしてこの「感性の主観的な条件」のもとでのみ、「われわれには外的直観が可能」である。だから経験的認識のアプリオリな形式という一点で、そしてこの純粋形式の局面でのみ、「諸対象がわれわれの認識にしたがわねばならないと想定」することができるのだ[41]。

　かくして『批判』の根本課題は、超感性的な物自体に執着する超越論的実在論から、「諸対象に触発される主観の受容性」たる「感性」に立脚した経験的実在論への転向である。諸君は経験的実在論者か、それともいまだに超越論的実在論者なのか。これは先の「物体」概念の本領をめぐる選言、すなわちカントの経験的な物心二元論か、デカルトの超越論的な物心二元論かの根本形態である。この〈あれかこれか〉は、理性批判の存亡を左右する厳しい選言だ。だからなおさらのこと、物自体か現象かの選言も厳格なものとなる。そして理性批判の審判は、「あらゆる可能的経験」の「対象」は現象だと裁定する認識批判の基本テーゼに帰着する。

テクストの根底ではつねに、物自体の超越論的実在論か、それとも現象の経験的実在論かが、「学問としての形而上学」の可能性をかけた分かれ道で問われている。そしてカントは現象の経験的実在論の道を選び取る。だから『批判』本論は、感性論から始まるのである。しかも経験的認識の全質料を確保するべく、時間よりも空間が先行しなければならない。正教授就任論文の時間・空間の叙述順序を逆転させたテクストの建築術に、経験的実在論の思索の深まりが確認できる。そして前引箇所につづく第三段落後半部では、『批判』空間論の革命的な帰結として、空間の「経験的実在性 die empirische Realität」と「超越論的観念性 die transzendentale Idealität」が隔字体で綴られる。経験的実在論にして超越論的観念論。世界反転光学が、ここで公式に始動する。この理性批判の主導動機が、世界を包む「空間」の「〔場所〕究明 Erörterungen」の結論として打ち出されてくる重大場面も、ぜひとも注視しておきたい。

かくしてわれわれの究明が教えるのは、対象としてわれわれに外的に立ちあらわれてくることができるすべてのものにかんしての、空間の実在性（つまり客観的妥当性）である。しかしそれと同時に、われわれの感性の特性を顧慮せずに諸物がそれ自体で理性によって考量される場合の、諸物にかんする空間の観念性である。ゆえにわれわれが主張するのは、（あらゆる可能的な外的経験にかんする）空間の経験的実在性である。しかもそれと同時に空間の超越論的観念性である。つまりわれわれがあらゆる経験の可能性の条件を放擲し、諸物自体そのものの根底に横たわるなにか或るものとして空間を想定したとたん、それは無となるだろうという主張である。（A27-8=B43-4）

テクストはいま、『可感界と叡智界』が固執した超越論的実在論と完全に縁を切り、〈経験的実在論にして超越論的観念論〉の視座を前面に押し出している（vgl. auch A34-9=B51-6）。そしてこれを不可避不可欠の端緒として、『批判』の叙述が始まっている。

この大文脈は疑いもなく明らかであり、テクスト自身もその筋で読まれることを望んでいる。じじつ空間中の物体や外界の現実存在の懐疑に陥る「超越論的実在論」（A369）でなく、「この超越論的観念論の側にみずから立つことを、われわれはすでに最初に〔感性論で〕宣言しておいた」（A370）のだ。そういう旗幟鮮明な態度表明が、弁証論「第四誤謬推理」の節でも反復されている（vgl. auch A34-9=B51-6, A371-2, A378-9）。この中心論点は第二版の「観念論論駁」で先鋭に変奏される。そして「純粋理性の二律背反」第七節は「世界論的弁証論の解決の鍵となる超越論的観念論」（A490=B518）と題して、「空間と時間のうちでは諸現象の経験的真理が充分に安全保障《ジッヒエルン》されている」（A492=B520）と確認する。こうして息の長い筆の構えがある以上、〈経験的実在論にして超越論的観念論〉という主導動機《ライトモチーフ》を見誤ることもないはずである。

空間論結論部に立ち戻ろう。ここに「対象」「客観」は「現象」としての「物」であり、「物自体そのもの」ではない。物自体と現象の区別の精確な意味については、あらためて（第二章第二節で）探索することとして、ここではそれが「実在的区別 distinctio realis」ではないことを確認したい。それはわれわれの「感性の諸対象であるかぎり」での「物」と、「われわれの感性の特性を顧慮せずに諸物がそれ自体で理性によって考量される場合」の「物一般」を「超越論的」にまなざす考察局面の光学的な差異のうちに語られている[42]。しかもそれが、『可感界と叡智界』の二世界論に短絡することなく、「経験の可能性」の感性的条件への「顧慮」の有無という判定基準により、「感性」と「理性」との視点の違いに沿って語られている。テクストの奥底では超越論的実在論から経験的実在論への革命モチーフが鳴り響いている。ゆえにテクストはこの重要局面で、伝統形而上学が純粋知性の認識対象として語ってきた「物自体」については、「対象」「客観」の文字を極力用いないという細やかな配慮も忘れない[43]。

そして批判哲学の視座の深まりは、なによりも「人間という立脚点からのみ」の一句に結晶する。しかも文頭の主語は「われわれ Wir」である。よくみれば超越論的感性論は当初から一人称複数の語りである。それがたんに法廷弁論や論文の慣用口調でなく、理性批判の主題にかかわる叙法だということが、（第一版では）ここで初めて明かされる。直後には、神や天使や異星人といったような「われわれ人間」に特有の感性的直観とは違う「他の思惟する存在者たちの諸直観について、われわれはまったく判断できない」（A27=B43）とつぶやいて、テクストはおのれの弁論そのものが「人間という立脚点」に限定されてあることを自白する。さらに第二版はこの重要論点を前面に押し出すべく、感性論冒頭に「すくなくともわれわれ人間にとっては」（B33）の一句を書き加え、感性的直観の受容性という人間的条件の不可避の事実性を強調してみせたのだ[44]。

第六節　超越論的実在論から超越論的観念論へ

「人間という立脚点」、つまり経験的実在界に住まう「われわれ人間」の哲学に徹する覚悟の表明は、神的な「知的直観 intuitus intellectualis, intellectuelle Anschauung」の欠落と、それゆえに直観的ならざる人間悟性の論弁性という『批判』の中心論点に直結する。そして人間的認識能力の有限性の自覚の深まりは、知を限り実践と信仰に場所を開くという理性批判総体の論述方針に帰着する。可感界と叡智界のあいだの切断線はいまや解消され、同じ一つの世界を感性界と見たり悟性界として思考したりする、視座転換の光学的世界観にシフトする。ゆえにまたこの人間活動の〈基体＝主体＝主語〉への「超越論的」な反省の場で、純粋思弁理性（狭義の悟性）と純粋実践理性（狭義の理性）との根源分節が、批判哲学の主題として浮上する。悟性のアプリオリな自然の立法と、理性のアプリオリな自由の立法という批判的形而上学の二部門体制の建築術が、一気に重要性を帯びてくる[45]。

その点は機会を改め第Ⅳ部で論じることにして、いまは『可感界と叡智界』の語りの視座との対比に注視しよう。

『批判』は「人間という立脚点」を強調する。これにより「空間」が「われわれ」の「感性」の「主観的」条件にすぎないということの、正確な意味が初めて明晰判明になる。テクストは当該意味の確認に全力を尽くしている。「われわれがその条件のもとでのみ、諸対象に触発されるだろう刹那に、外的直観を獲得できるという、その主観的な条件」。ここに「主観的」とは、個々人主観に左右されることではない。より高度に知性的な「他の思惟する存在者」、とりわけ神的な「原型知性」たる「直観的知性 intuitiver Verstand」との鋭い対比のもと、「われわれ人間」による「物」の認識全般に不可避必然の共通事、ここではとくに感性的な外的直観のアプリオリな形式たる「空間」を特徴づける形容詞として、「主観的」の語は用いられている。

「わたしは何を知ることができるのか」、「人間とは何か」。世界市民的な哲学の道に沿い、人間主観的という subjektiv の語法がいまや十全に獲得された。それゆえに外的な純粋直観の「主観的な表象」たる空間は、ここにただちに「客観的妥当性」「客観的実在性」をそなえることができたのだ。空間という感性的直観形式の「超越論的」な主観性は、つねに同時にその客観性である。いわゆる個々人主観の特殊性・偶然性を原理的に免れた、「われわれ人間」のアプリオリな認識の「普遍性」と「必然性」。『批判』の超越論的な反省は、人間的認識の純粋形式に主観客観直接連繫の可能性の場所をみているのである。

人間一般の意味での「われわれ人間」を、可能的経験の認識活動の下に横たわる「主語、基体 substratum, subiectum」にすえ、アプリオリな認識の「客観的妥当性」を確保する。話の筋はあまりに単純であるように見える。しかしながらカントというテクストは、この「超越論的」な主客相即の新語法を、空間時間のみならず純粋悟性概念をも射程におさめて完全習得するまでに、艱難辛苦の十年を経験しなければならなかった。そしてここにひとたび成熟した『批判』語法から翻ってみれば、『可感界と叡智界』の「時間」「空間」を形容していた subiectivus も、じつは同じ事柄を話したがっていたものと推察できる。

じじつあのときも「世界が現象として見られるかぎり、つまり人間の心の感性との関係において見られた場合には、世界は形式の主観的な原理だけしか認知しない」と言われていた。そして「時間」とは「人間の心の自然本性によって必然的な主観的条件」（傍点引用者）なのだとされていた[46]。ただし『可感界と叡智界』はこの命題の意味を、『批判』の反省水準にまで高めるだけの力量を持ち合わせない。なによりも可感界と叡智界、感性と知性、経験的認識と純粋知性認識、現象と本体を単純に対置する二世界論が、時空形式の扱いを純粋悟性概念に比べて不当に差別した。そしてこの世の時空の人間的主観性を、彼岸の「客観的」な真実在から隔絶したものとして印象づけた。しかもテクストは丸ごと超越論的実在論の物心二元論に呪縛されていた。とりわけ単純実体の現実存在の教義が曲者である。これがカントを物心両面で苦しめて、人間一般の語りを阻害していた元凶である。

批判以前の超越論的実在論では、認識の〈基体＝主体＝主語〉はただちに個々の精神的な単純実体たる一人称単数の ego である。ここでかりに「われわれ人間」が語られたとしても、それは個々独立の「人間」として各個別々に生きる「われ・われ」でしかありえない。ゆえに人間的な「心」の主観性も、つねにそのつどの個々人主観に短絡する。これを原理的かつ実質的に「われわれ」の複数性一般性に開き直すには、世界の「すべての実体」の現実存在の「唯一の原因」として、全自我に人間的共通性を授けた「創造者 ***creator***」（II 408）たる「神」（II 396, 397）に登壇を願うよりほかにない。

テクストはしかも、時空の人間的主観性を個々人主観と見誤る読者の不注意を、あらかじめ抑止する配慮を怠った。第三章「可感界の形式の原理について」は時空を主題化すると同時に、『批判』と同じく幾何学や自然学の「確実性 certitudo」を求めていた。ゆえに諸現象の「並列的〔同位的〕秩序づけ coordinatio」に資する時空の「純粋直観」は、「人間の心 mens humanae」の「自然本性 natura」に根ざす「普遍的 catholica」「必然的〔必要不可欠〕な条件 conditio necessaria」であり、その意味で「絶対的に第一の原理 absolute primum principium」である。さらに空間は「明証性 evidentia」もそなえており、以上の点からして時空は個々人主観の恣意性からは充分に遠ざけられたかにもみえる。

ところがしかし、すべての論述趣旨を決定する論文序盤、「世界の定義」のために「並列的秩序づけ」の「形式FORMA」を解説する第一章第二節二項は、『批判』の思索水準の遙か手前で悪戦苦闘し停滞する。

この並列的秩序づけは、実在的で客観的なものであり、たんなる恣意判断に支えられた、観念的で主観的なものではない、と思念される。（II 390）

ここに「実在的で客観的なもの」は、超越論的実在論の文脈にあって本体的叡智界に即して語られており、テクストはそれに「観念的で主観的なもの」を対置する。しかも後者の根底には「たんなる恣意判断 murum arbitrium」があると指摘する。『批判』を先取りするはずの可感界の形式たる時空の観念性という重要論点に、あろうことか個人（もしくは人間本性）の「恣意」の主観性を読みとりかねない誤解の種を、テクストみずから撒いている。しかも同じ段落の末尾では、「空間と時間の概念」についてこう述べる。

しかしわたしはやがて〔第三章で〕示すだろう。これら〔空間と時間の〕概念は、もちろん理性的なものではなく、さらにはなんらかの結合の客観的なイデアでもなく、現象なのだということを。（II 391）

たんに「主観的で観念的 idealis なもの」と、「実在的で客観的」な「イデア idea」という不用意な対置法。一つの術語 idea を理不尽にも「観念」か「イデア」か、観念論か実在論か、「主観的」か「客観的」かの股裂き状態に追い込んだ、デカルト的近代の問題状況を生々しく反映して、『可感界と叡智界』も混乱をきわめている。

すでに四年前の『視霊者の夢』は、形而上学者の真実在への飛翔の夢に皮肉な調子で引導を渡し、「われわれ」がふたたび「経験と通常一般の悟性との低き地盤の上にある」ことを「幸いなるかな！」（II 368）と寿いでいた。二年前の『空間における方位の区別の第一根拠について』でも、『批判』の外的直観形式たる空間を微かに先取りして、上下・左右・前後の三次元をもつ幾何学的な「普遍的で絶対的な空間」（II 381）に、「あらゆる物質の現実存在からは独立」な「ある独自の実在性」（II 378）を論証しようとした[47]。にもかかわらず正教授就任論文が、かかる苦汁を嘗めているのはどうしてか。そこに決定的に欠けるものは何なのか。第一に『批判』で到達する〈経験的実在論にして超越論的観念論〉の澄明な境地について、なにも知らずにいたからである。第二に学校形而上学の超越論的実在論からきっぱりと絶縁し、この世に現に生きてある人間の立脚点たる経験的実在論に帰還して、ここから哲学と実人生のすべてを全面的にやり直すという決意と覚悟が欠けていた。

しかも第三に、この新たな道筋で思索し語ることを可能にする、適切な言葉が容易に見つからなかったのである。『可感界と叡智界』は、「時間の客観的実在性 realitas temporis obiectiva」を唱えた「イギリスの哲学者たち」や「ライプニッツとその追随者たち」の「誤った意見」（II 400f.）を激しく論難する。しかしそうすることで、じつはみずからも「客観的実在性」を超越論的実在論の文脈でしか理解していない。この術語を『批判』の感性論のように、あらゆる「可能的経験」にかんする時間の「客観的妥当性」として、つまり「経験的実在性」たる「客観的実在性」として闊達に語る術《すべ》をまだ知らないのである[48]。

やはり超越論的実在論から経験的実在論への全面転向が、『批判』への鍵である。そして人間の常識とも言える経験的実在論の世界観を、「経験主義の頭目」（A854=B882）たるアリストテレスのカテゴリーや、その正統後継たる中世スコラの超越概念とも接続し直して、しかもけっして保守反動的にではなく、まったく新たに語り始めることを可能にしたのが、「物 Ding, res」を「一般的 überhaupt」に考察する「超越論的」な反省の視座なのだ。『批判』はこれを「批判的」「形式的」な「超越論的観念論」と命名した。つまり超越論的実在論から経験的実在論への革命は、つねに同時に「超越論的」な「物」への問いの次元での独断的実在論から批判的観念論への転身を、「われわれ人間」の哲学《フィロゾフィーレン》に促していた。いまや『批判』全篇は、超越論的な感性論も論理学も〈経験的実在論にして超越論的観念論〉の世界反転光学の呼吸法で、軽快に綴られる。

「ゆえにわれわれが主張するのは、（あらゆる可能的な外的経験にかんする）空間の経験的実在性である。しかもそれと同時に空間の超越論的観念性である」。いまや「われわれ」のテクストは、このように目の回る弁舌の離れ業を軽々とこなしている。あるいはまた空間のことを「なにか外的なものに連関づけられる主観的な表象で、しかもアプリオリに客観的と呼ばれうるかもしれぬ表象」（A28＝B44 傍点引用者）だと平然と解説する。『可感界と叡智界』は旧弊の対置法で空間の「客観的実在性」を否認し、主観的観念性を主張しておきながら、自分はいわゆる「観念論」ではないと苦しい言い訳をした。あのころの学校形而上学的な頑迷さとくらべれば、まるで天地ほどに隔たる軽快な転身ぶりである。

われわれの生きてある実在世界の空間は、人間的に「主観的で観念的なもの」である。そう恬淡率直に語りうる適切な文脈を、『批判』は十全に弁えた。「超越論的観念性」の一語が、思索の到達度を歴然と告げている。あるいはこの術語を豁然と手中に収めえたことで、心機一転、乾坤新たなる「形而上学の安全安心な道」が開けたのだ。空間の観念性と主観性は、古来の超越論的実在論の高みからではなく、新たな超越論的観念論の文脈で思索され、理解され、語られなければならないのである。

第七節　経験的実在論にして超越論的観念論

理性主義的な学校形而上学の超越論的実在論から、アリストテレス＝スコラの経験主義に連なる経験的実在論へ。しかもいずれの実在論をも「存在-神-論 Onto-theo-logie」の教条的思弁から解き放ち、「われわれ人間」の批判的啓蒙近代の哲学として、新たな筋道《メトドス》で語り継いでゆくためにも、プラトン＝デカルト系の二世界論的二元論および個的実体の超越論的実在論から完全に脱却して、徹底的な理性批判の超越論的観念論へ転身する。そしてこの二重の形而上学革命の帰結として、われわれが現に生きてある「一つの経験」の世界を、〈経験的実在論にして超越論的観念論〉の不断反転光学のもとに凝視する。

するとコペルニクス的転回の比喩も、ここにおのずと生まれてくる。われわれの全認識が対象にしたがうのではなく、可能的経験の「諸対象」がわれわれの「アプリオリな認識」にしたがわなければならない。テクストはこの重大局面で、人間的認識のアプリオリな形式について、超越論的な主観性‐客観性の同時相即連関を語っている。しかも〈経験的実在論にして超越論的観念論〉の反転光学のもとで、「物」「対象」「現象」を「一般的」に見つめているからこそ、「経験的」な主観性と「超越論的」な主観性とを明快に区別できている。

あるワインの美味は、そのワインの客観的諸規定には属さない。つまりある客観が現象として考察された場合の、その客観的諸規定にさえ属しておらず、むしろそのワインを味わう主観にそなわる感官の特殊性質に属している。色は諸物体の諸性質でなく、それら物体の性質の直観に付随する。これもやはり視覚の感官の諸変様にすぎず、視覚はある特定の仕方で光に触発されている。これにたいし空間は、外的な諸客観の条件として、これら外的客観の現象または直観に、必然的なしかたで属している。……味や色はたんに特殊な有機的組織化の諸結果として偶然的に付加されて、その〔ワインなどの〕現象と結びついているにすぎない。だから味や色はアプリオリな表象でもなく、むしろ感覚に基づいている。さらに美味ともなると、これは感覚の結果たる（快不快の）感情に基づいている。（A28-9）

古今の諸学説は「味や色」「音や熱さ」（B44）や「香り」（B70 Anm.）など、日常経験される五感の知覚対象を、外的な物体そのものに属さぬ「二次性質」、あるいはたんに感官への作用結果として語ってきた。テクストはそういう先人の議論をふまえている。ただし「諸物体」は、すでに物自体でなく「現象として考察され」ている。だからそれはデカルトの超越論的二元論に言う、感覚的に不可知の延長実体ではない。またロックの自然学に言う「固性」をもった「物そのもの」なども、もはや「物自体」として語ることは許されず、むしろ丸ごと経験的実在論の文脈に取り込まれるべきである。[49]

そのうえでテクストは言う。日常の飲食物に知覚される「味 Geschmack」などは、その物体的対象の「客観的諸規定」に属さない。それはむしろ個々の「主観にそなわる感官の特殊な性質」との関連で、[50]折々の諸事情に「偶然的」に左右され、いわば感覚器官の「特殊な有機的組織化《オルガニザツィオン》の諸結果として」、事物の認知内容に結びつけられた個人主観的な「感覚Empfindung」にすぎないし、[51]「美味Wohlgeschmack」ともなると、これは「感覚の結果たる（快不快の）感情Gefühl（der Lust und Unlust）に基づいて」いて、経験的な個別主観性の度合いはいっそう増してくる。[52]

「これにたいして空間は、外的な諸客観の条件として、これら外的客観の現象ないし直観に必然的なしかたで属している」。それは「けっしてなんらかの諸物自体の特性ではなく」、あくまでもわれわれの「感性の主観的条件」（A26=B42）にすぎないが、まさにそうした人間一般のアプリオリな、つまり普遍的で必然的な共通主観性の事柄として、[53]つねに同時に可能的経験の客観性の条件である。「経験の可能性の条件は一般に同時に、経験の対象の可能性の条件である」（A158=B197）。この超越論的認識批判の根本命題を鮮やかに先取りして、『批判』は感性的直観のアプリオリな形式たる空間について、その主観性と客観性の端的な連繫を、超越論的な反省の場で表明する。「ゆえにわれわれが主張するのは、（あらゆる可能的な外的経験にかんする）空間の経験的実在性である。しかもそれと同時に空間の超越論的観念性である」。アプリオリな主客相即を超越論的な大前提として、個々具体の経験的認識の「主観的」側面（目の前の感覚内容や感情的要素）と、経験的特定事象領域で普遍的必然的と認識される自然法則の客観性とが、きれいに分節できるようになる。

このみごとな概念整理は、日常的な経験世界に埋没した素朴実在論にはとうてい望めない。この手の無批判な常識は、空間中の個々の物体が個々人の心の外に独立して現実存在し、しかもその物自体が「色」や「香り」をもっていて、それが感覚器官に刺激して模写されるのだと盲信する。[54]他面で学校形而上学の超越論的実在論、個物の形而上学、なかでもデカルト的物心二元論に囚われているかぎり、やはり『批判』の思索の妙技には到りえない。そこでは客観と主観とが実体的に隔絶し、反転光学の筋道は最初からふさがれる。そして自然科学の客観的物質は、ますます精神の実体的な外部に固定されてゆく。

デカルト的近代は〈主観‐客観対立図式〉に呪縛されている。これを根底から打ち砕くべく、『批判』は両面（ないし三面）の敵に対峙する。模写説的な素朴実在論はもとより、超越論的物心二元論にも、その延長線上にある科学的実在論にも与せずに、近代技術理性に巣くう主客対立を根絶するべく、〈経験的実在論にして超越論的観念論〉の反転光学に打って出る。物体的か非物体的か、実体か属性か、主観か客観かなどと言う前に、そもそも「物がある」とはいかなることか。「ある」とは一般に何なのか。この存在論の問いをめぐる哲学の根本視座を『批判』は新たに回復する。素朴実在論でも科学的実在論でも超越論的実在論でもない理性批判の「人間という立脚点」。それを〈経験的実在論にして超越論的観念論〉の視座に見定めること自体が、すでにかなり高度に超越論的な思索の事柄である。

『批判』はこの超越論的な反省の現場に、あえてスコラの術語法を召喚した。しかもこれを逆手にとり、旧来枠組みの筋目に逆らい活用した。「魂の外なる物 res extra animam」を暗黙裡に個物として実体化してきた学校形而上学を、根こそぎ転覆するためである。[55] いまや経験的認識の「対象＝客観 obiectum, Objekt, Gegenstand」は、超越論的な意味で「実在の物 res realis」ではありえない。むしろそれは“obiectum”の原義に忠実に、認識活動の「基体＝主観 subiectum, Subjekt」たる人間の、どこまでも有限な「理性 ratio, Vernunft」が見ることのできる「物 res, Ding」である。

ここで人間的認識の「対象」たる「物」は、スコラ旧来の対置法に照らして言えば、「概念的な物 res rationis」の位置を占めている。これは「それ自体で存立する物 res per se subsistens」すなわち「物自体そのもの Ding an sich selbst」ではなく、「現象 phaenomenon, Erscheinung」としての「物」であり「表象 repraesentatio, Vorstellung」である。だから空間の「客観的実在性」も、叡智界の本体を射程に収める「絶対的超越論的実在性」ではなく、可感的経験界の全現象に妥当する「経験的実在性」である。『批判』テクストはそのように決然と言い切った。これは「われわれ人間」の哲学が、超越論的実在論ではなく経験的実在論に立ちえていることの「純粋理性そのもの」の「自己認識」であり、「批判」の「法廷」での「宣言」にほかならない。そしてこの態度表明を可能にしたのが、「超越論的観念性」の一語だったのである。われわれの経験的実在論の地盤への帰還は、そのままただちに超越論的観念論の生起の決定的瞬間である[56]。

『批判』の世界反転光学はこのとき、自己の思索の出立点を空間論に見定めた。理性批判の口頭弁論は、純粋統覚の「われ思う」からでなく、ましてやデカルトの精神実体の「われ思う」などではなく、あくまでも空間の純粋直観から始めなければならない。学校学界ではデカルト的二元論に縛られた同時代人たちが、「われわれの外なる物」たる諸物体や、外的物質的世界そのものの現実存在について懐疑の網にからめとられている。「われわれ人間」はしかし経験的認識の全質料を、空間形式をとおした外的な感性的直観から入手する。それになにより知的直観ではなく感性的な直観こそが、可能的経験の対象となる現象物が与えられてくる唯一の拠点にほかならない。かくして『批判』は物との直接の出会いの時《いま》、アプリオリな主客連関の場所《ここ》から出発する。

目の前の個々の現実からはひとまず距離を置き、広く遙かに「物一般」を見つめ、人間的な経験的実在世界の総体を鳥瞰して、つねにふたたびそのつどの個別具体の現実に還り来る。この世の現実から「彼岸 ἐπέκεινα」の浄土へ脱俗逃避するのではない。穢れた可感界を捨てて、善美の叡智界に帰依するのではない。人間の感性的諸限界を理性主義的に超出する超越論的実在論の独断的思弁の飛翔を、『批判』は断じて許さない。ましてやこの世とあの世の二つの実在界を器用に行き来する、不可思議な心霊語りの方便など求めない[57]。

『批判』は「われわれ人間」の有限性を痛切に自覚して、「感性的なもの」と「超感性的なもの」との峻別の臨界にたたずむ純粋思弁理性の自己批判である。それはどこまでも経験的実在性の大地を拠点として、しかも個々折々の現実に埋没せずに、この世の「物」を「一般的」に観る。この超越論的な反省は、しかも物自体の思弁的認識の方向に短絡せずに、頑迷素朴な日常経験的実在論と独断教条的な超越論的実在論とのあいだに踏みとどまる。そして後者が信仰教義に基づき熱弁する真実在の幻影、人間理性の自然本性に根ざす種々の超越論的仮象の誘惑をふり払い、つねに批判的に「経験の地盤」に帰還することを決意する。〈経験的実在論にして超越論的観念論〉の反転光学とは、この徹底的な理性批判の力動性の比喩である。だから事柄に即してもっと丁寧に表記すれば、〈経験的実在論にして超越論的観念論、超越論的観念論にして経験的実在論〉と不断に往還継続しなければならない。

理性批判の世界光学の自己反転運動は、『批判』が主題化した「経験の可能性の条件」への問いとともに起動する。テクスト全篇の語りは、超越論的認識批判の各重要局面での反転光学の反復運動である。一連の端緒をひらく空間論に引きつづき取材すれば、ここに「経験的実在論」とは空間の「経験的実在性」を言う見地であり、「超越論的観念論」とはその「超越論的観念性」を言う見地である。しかもそれをただそれぞれに言うのではなく、二つの局面をともに「経験の可能性の条件」への問いに乗せて、「公的開放的 öffentlich」に発言するのである。

これは理性批判の法廷弁論であり、特定の相手にたいする抗弁である。じじつ『批判』の経験的実在論も超越論的観念論も、まずは超越論的実在論とりわけ個物の形而上学への抗弁なのだった。しかもいまではさらに派生的に、素朴実在論や科学的実在論への異議申し立てである。この重層的な公的抗弁のただなかで、〈経験的実在論にして超越論的観念論、超越論的観念論にして経験的実在論〉の反転運動が生起する。そしてこれが『批判』独自の超越論的哲学の境域を形作るのだ。

超越論的実在論への抗弁場面から見てみよう。『可感界と叡智界』が「客観的実在性」（II 400）と呼んだものに、『批判』は「絶対的実在性 absolute Realität」（A35=B52, A37=B54, A38=B55, A39=B56）ないし「絶対的超越論的実在性」（A36=B53）の術語を充て、これを「経験的実在性」という新たな「客観的実在性」から区別する。まさに超越論的実在論から経験的実在論への、形而上学革命宣言の符牒としてである。[58] テクストは同じ文脈で、空間時間の「超越論的観念性」を強調する。つまり空間の「経験的実在性」も「超越論的観念性」も、超越論的実在論の教義に抗弁するべく生まれてきた術語である。ここに「絶対的超越論的実在性」と「経験的実在性」は、「あれかこれか」の選言である。そして「絶対的超越論的実在性」と「超越論的観念性」（傍点引用者）のあいだも同様である。これにたいし空間の「経験的実在性」と「超越論的観念性」は、「あれでもありこれでもある」し「あれかつこれ」で「あれにしてこれ」である。かくして『批判』の根本視座は〈経験的実在論にして超越論的観念論〉である。拙稿はこれを「世界反転光学」の比喩で受けとめた。これはしかしカント解釈のうえで、どこまで必要かつ有効か。「経験の可能性の条件」への問いに重ねて確かめよう。

『可感界と叡智界』の超越論的実在論は、「理性的」と「感性的」、「イデア」と「現象」という旧式の二世界論的対置に、「実在的で客観的なもの」と「観念的で主観的なもの」の区別を単純に重ね、空間の観念性、主観性を一面的に唱えていた。『批判』は空間の観念性と主観性、および実在性と客観性をともに主張する。これは超越論的実在論のみならず、経験的な素朴実在論の目にも不可思議に映る仕儀だろう。じじつ後者は空間の実在性と客観性のみを信じ込み、その観念性と主観性には毫も思い到らない。理性批判はこの両者のあいだに立って、見かけの対立を調停する。この絶妙の哲学法廷弁論を可能にしたもの、それが〈経験的実在論にして超越論的観念論〉の反転光学である。

「経験的」と「超越論的」の批判的分節。これが問題解決の決め手である。ここに革命的に起動した〈経験的実在論にして超越論的観念論〉の、すぐれて超越論的な反省光学のもとで、空間のアプリオリな直観形式の主観性と客観性の連繋相即が洞察される。『批判』の法廷弁論はこの全体設計のもとに展開する。つまり批判哲学は経験的実在論だけでもなければ超越論的観念論だけでもない。二局面が不断に交替する世界反転光学にこそ、テクストの語りの神髄がある。そしてそうでなければならないのは、批判哲学が総体として「経験の可能性の条件」を問うものだからである。

「経験の可能性の条件は一般に同時に、経験の対象の可能性の条件である」。すべてはこの命題を中心に回っている。あるいはこの「われわれ」の「発話 sagen」（A158=B197）の場所こそが、〈経験的実在論にして超越論的観念論、超越論的観念論にして経験的実在論〉の「にして」なのだと言ってよい。それは「経験の可能性の条件」と「経験の対象の可能性の条件」が「一般に同時に」等しいことを告げる命題の、そのなかでも繋辞《コプラ》「である sind」についての超越論的な思索と語りの現場である。カントの術語を援用すれば、『批判』の叙述を根底で駆動した超越論的な「反省的判断力 reflektierende Urteilskraft」の思索と語りの場所が「にして」である。あるいはむしろ「にして」の反転の往還折り返しの刹那の、深い暗中沈黙の読点である。[59]「われわれ人間」の哲学の「批判的な道」の成否は、この超越論的な反省の次元の発見の有無と、この発見の語りの方法論的な自覚の深まりとにかかっている。

この反転光学の比喩を、もう一歩先にすすめよう。『批判』はいま空間の観念性と主観性を提唱する。これは経験の「可能性の条件」を問うことを知らぬ素朴実在論には、思いもよらぬ発言である。しかもその観念性と主観性の意味は、『可感界と叡智界』の超越論的実在論のそれとは大きく異なっている。『批判』は外界の現実存在への懐疑からは距離をおき、経験的実在論の大地を本拠として、人間主観の空間観念の意味を超越論的に問うている。ここに〈経験的実在論にして超越論的観念論〉の反転光学の往相が生起する。

他面で、空間を「経験の可能性」のアプリオリな条件として、その実在性と客観性を権利主張するとき、これは〈超越論的観念論にして経験的実在論〉という還相の発露である。テクストは「客観的実在性」の語を、『可感界と叡智界』のように「絶対的超越論的実在性」ではなく、「経験的実在性」の意味で用いるべきことを十全に覚悟する。[60]『批判』の世界反転光学は、〈経験的実在論にして超越論的観念論、超越論的観念論にして経験的実在論〉の往還の不断反復をとおして、「われわれ人間」の「経験の可能性の条件」を「一般的」に問うている。批判光学の反転は、この問いを唯一の原動力として、不断に駆動されている。そしてまたこの反転光学の往還の刹那こそが、「経験の可能性の条件」への問いの書字発声の源泉なのである。[61]

第八節　『批判』の「客観的実在性」の射程

いまやテクストは明快に言う。「ゆえに経験の可能性こそが、われわれのあらゆるアプリオリな認識に、客観的実在性を与えるのだ」(A156=B195) と。「経験の可能性」への問いに駆動された思索の根本動向、およびこれに連動した〈経験的実在論にして超越論的観念論〉の世界反転光学の出自からして、すでに明白なことだが、『批判』の「客観的実在性 objektive Realität」は、デカルトの『省察』が「客観的実在性 realitas obiectiva」と呼んだものと同等の場所を占めている。しかもデカルトが神や物体の存在証明の文脈で希求した物そのものの「形相的実在性 realitas formalis」や「現実的実在性 realitas actualis」を[62]、もはや対比の相手にしていない。それというのもこれらは、『批判』の歩みがすでに後にしてきた「超越論的実在論」の語彙群にほかならないからである。

この深刻かつ重大な局面をあえて粗略な類比で把握すれば、『省察』の "realitas obiectiva" と "realitas actualis sive formalis" との対置は、カントの現象と物自体の区別に等しいだろう。この基本構図をみるかぎり、『批判』の「超越論的統覚」の純粋自己意識の内なる諸表象の「客観的実在性」は、デカルトも駆使したスコラの術語法に忠実である[63]。これにたいし「経験的実在性」ならざる「絶対的超越論的実在性」を意味した『可感界と叡智界』の「客観的実在性」は、迂闊にもスコラの語法を逸脱し、『省察』の対置法を百八十度逆転させて、「客観的」な真実在たる「イデア」、つまり「積極的」なヌーメノンたる物自体の「現実的」で「形相的な実在性」を射程に収めようとしていたのである。

それから十年後の『批判』はこれを再逆転して、元の学校形而上学の語法に軌道修正する。かつて執着した純粋悟性の「超越論的使用」を潔く断念し、「経験的使用」に専心すべく覚悟して、空間時間とカテゴリーの「客観的実在性」を、現象物ゆえに表象にすぎぬ「感官の対象」への「客観的妥当性」として全面的に語り直す。この「経験的実在性」を「現象における実在的なもの（現象的実在性 realitas phaenomenon）」(A265=B320) として綴るテクストの内奥では[64]、かくも血のにじむ紆余曲折があったのだ。そしていま「客観的実在性」のスコラ的原義を復活させることができた瞬間に、カントの形而上学革命の全体構想も成就した。理性批判はあえて "realitas obiectiva" の古い語法を貫徹する。そうすることで、デカルト的近代の理性主義を根こそぎ解体する。そして「われわれ人間」がともに生き、「物」を認識し、語らい住まう「経験の地盤」のうえで、まったく新たに「学問としての形而上学」の「確かな sicher〔安全安心な〕道」を歩み始めるのである。

しかもこの『批判』の革命劇は、近代合理主義が軽視してきた感性的なもの、経験的なもの、現象としての物、とりわけ「感覚 Empfindung に対応するもの」としての「現象の質料」（A20=B34）の、世界市民権の全面回復にほかならない。デカルトの『方法序説』と『省察』は、経験世界の「感覚 sense, sensus」や日常見聞、数学を含む学校の教え、自己意識の内実等、知られたもの表象されたものの「確実性 certitudo」と現実存在をすべて疑った。しかし翻って「わたしの内」にあるすべての「観念 idea」を疑わしいと思っている自己自身の、意識活動だけは疑えないのだと直観し、ここに近代の新たな形而上学建築のための「絶対」に「確実 certus」な「アルキメデスの点」を見定めた。

「われはある。われは現実存在する Ego sum, ego existo」。この「命題」を叫ぶ『省察』の高揚感はただならぬものがある。この大仰な語り口からも逆に透かして見えるのだが、この発見驚愕《エウレカ》にいたる徹底懐疑の根底で、じつはデカルトがけっして疑わなかったものがある。神、精神、物体がそれぞれに個物として、それ自体で現実存在すると確信する形而上学の教義である。「第一哲学についての省察、ここでは神の現実存在と、人間精神の物体からの区別とが、論証されている」。同書が掲げた表題のうちに、すべてが誠実に明かされている。テクストは最初から、この宗教的な哲学信条の「論証」を企図して綴られたのだ。

デカルトの新しさは、経験主義的な匂いが色濃いアリストテレス＝トマス系の「個物」概念に斬り込んで、感官から独立自存する個的実体を超越論的＝存在論的に語り直す、理性主義の形而上学的実在論の境涯にある。つまり単純実体としての「物 res」は、たんに「概念的にあるもの ens rationis」として「知性のうちにある esse in intellectu」というだけでなく、「実在的にあるもの ens reale」として「物においてある esse in re」のだと主張する伝統形而上学の本領を、経験的な常識や神の創造の啓示的真理に頼らずに、純粋理性の精神活動によって絶対確実な確証をもって確保しようとした点にある。

「欺く神」や「悪しき霊」を繰り出す誇張懐疑の果てに、テクストは「われ ego」の精神活動そのものと直に出会う。そして「考える物 res cogitans」と「延長する物 res extensa」との超越論的二元論を打ち出すべく、精神実体の「活動的 actualis」で「形式的 formalis」な内発的能動性と、外なる物体的実体から触発されて「観念」を与えられる感性の受動性とを、自己の精神内部でも鋭く切断する。だからデカルトの新しさはまた、こうした快刀乱麻の理性主義の徹底ぶりで一連の二項対立図式を極限まで先鋭化した点にある。そして近代認識論哲学の主観‐客観対立図式も、実質的にはここに用意されていたのである。

カントの『可感界と叡智界』は、こうしたデカルト的近代の徹底である。そして空間の「客観的実在性」を「絶対的超越論的実在性」と解した術語法は、近代合理主義に立脚する科学的実在論の（とりわけ十九世紀以降の）自己展開の明敏な先取りである。『批判』はこの「超越論的」な「客観的実在性」の探索の道をきっぱり放擲する。そして理性主義の刃で理不尽に切り分けられた感性と理性のあいだに、自然な接続を回復すべく図るのである。それは同時に、物体と精神、身体と精神、主観と客観がつねにすでに連繫し、しかもなんらかの仕方で分節されている、われわれの「経験」の可能性の場所の確保である。

ここで「経験」そのものは、理性批判が新たに論証すべき課題ではなく、むしろ「われわれ人間」の現存在の共通地盤であり、いまここでの「公的開放的」な法廷弁論全体の大前提である。だから『批判』の序論は、「われわれ人間」の「経験」の「事実 factum」から説き起こす。そして超越論的感性論と分析論は、空間時間・カテゴリーの「客観的実在性」の権利要求を審理して、これら「アプリオリな認識」が「経験の可能性の条件」であるかぎりで正当化する。つまりけっして物自体にではなく、あくまでも感官に現象する対象への妥当性のみを（デカルトの目から見ればかなり厳しく制限的に）正当化する。

かくして『批判』の「客観的実在性」の射程はきわめて短い。短いどころか、射程距離はゼロである。いまやわれわれの感官に直に現象する物だけが、そしてそれこそが経験的認識の対象である。そして「超越論的統覚 transzendentale Apperzeption」は、いま新たに「知覚に向かう ad-perceptio」ことを覚悟した純粋悟性として、われわれに知覚された現象界、表象界の外にはけっして出て行かない（超越論的観念論）。しかしそれゆえにまた、「アプリオリな認識」の「客観的実在性」の守備範囲はきわめて広い。それは「可能的経験」の全体を遍く隅々まで網羅して、空間的にも時間的にも無辺際である。じじつ後代の電波望遠鏡や電子顕微鏡、内視鏡や磁気共鳴画像（MRI）、あるいは考古学の放射性炭素年代測定や、気象観測衛星による日々の天気予報や大規模気候変動予測等、あらゆる科学的な観察手法と精密機器が、われわれの「経験の可能性」をアポステリオリに拡張してきたし、これからもどんどん拡張してゆくことだろう（経験的実在論）。

ところでここが一番肝腎なところなのだが、この壮大な可能的経験の時空現象領域が、じつはそのまま丸ごと超越論的統覚の「われ思う das Ich denke」の〈内〉にある。逆に言えば純粋統覚の大文字の〈われ〉は、まさに「われわれ人間」の「一つの意識一般 ein Bewußtsein überhaupt」（B143, IV 300, 304, 312）の〈われ〉として、いわば世界大に広がった人間的認識の「基体＝主語＝主観 subiectum, Subjekt」を名指す記号である。[65]この「超越論的な主観」は、「物」を「一般的」に考察する縹緲たる反省の只中にあって、それ自身もはやけっして「実体」などではありえない。ましてや神のごとき大いなる無限実体でないのは言うまでもない。それは実体的な個我に自閉したデカルトの「われ思う ego cogito」でもなく、『可感界と叡智界』が無批判に前提した精神的な「単純実体」の「われ」でもない。テクストはここで大死一番、デカルト的近代の超越論的物心二元論の呪縛から脱却し、人類の「健全な共通知性 gesunder und gemeiner Verstand」に向けて開かれた、人間一般の認識と思考と発話の「主語」たる〈われ〉、つまり可能的には誰でもあるが、いまだ誰でもない無名・非人称・中性の〈われ das Ich〉の境涯にある（超越論的観念論）。

そしてこの「人間という立脚点」にある超越論的な「主観性」、すなわち「われわれ人間」のアプリオリな認識の

「普遍性」と「必然性」が、ただちに経験的認識の「客観性」の条件である。「経験の可能性の条件は一般に同時に、経験の対象の可能性の条件である」。この命題を語る超越論的な反省こそが、やはり人間的認識の純粋形式の主観性と客観性の直接連繫の場所である。この「超越論的」な主客連関の生地《きじ》のもとに、いまようやく「経験的」な主観‐客観対立の語りの構図も新たに浮かんでくる。そしてここに初めて精神的なものと物体的なものの言語分節も成り立ってくる（経験的二元論）。

この反転光学の還相局面にかぎってみれば、カントが経験的認識の（そして近代科学）の主観‐客観対立図式を基礎づけたとする教科書言説も、さしあたり妥当である。テクストはそう読むことができるし、現にそう読まれてきた。ただし、そこに言われる「基礎づけ」の意味が曖昧である。つねにすでに主客が内外に対立しているかに見える経験的認識の客観性を、超越論的主観のアプリオリな認識の普遍性・必然性に基礎づけたと言うときの、その「基礎づけ」の意味こそが問題である。しかもテクストは、いまや逆向きに読むことも可能である。じじつ上述のように『可感界と叡智界』から『批判』へ革命的に転向した思索の力動性に注視するならば、理性批判の法廷弁論は、むしろ超越論的な物心二元論に基づくデカルト的近代の主観‐客観対立図式の徹底解体にほかならない。

ここではいったい何が起こっているのか。かなり重大な事態であることだけはまちがいない。章を改め、深く静かに一息いれて、引きつづき、じっくり考えてみよう。

注

（1）言うまでもなく第Ⅱ部表題は、ハイデガー『物への問い――カントの超越論的原則論について』（一九六二年）を言外に睨んでいる。一九九二年春から三年間、九州大学の細川亮一氏の『純粋理性批判』演習に参加させていただいた。第Ⅱ部の初出拙稿（一九九五年）は同演習と同氏論文（細川、一九九四年）に大いに啓発されて成ったものであり、それがなければ〈物にして言葉〉という着想もない。ここに改めて心からの感謝を申し上げたい。

（2）「たいていの人々が自然学の領域では当然、形而上学などなくてもやってゆけると思っているにせよ、やはり、形而上学こそこの領域での唯一の支柱であり、光をともすものである。というのも、物体が諸部分から成るとして、物体がそれら諸部分からどのように合成されているか、物体が空間を占めるのは根源的諸部分の単なる共存によるか、それとも力の相互葛藤によるか、といったことを明らかにすることは確かに少なからず重要だからである。ところでいったい、この仕事で形而上学は幾何学といかに提携できるのであろうか。超越哲学 philosophia transcendentalis を幾何学と結び合わせるよりは、グリュフィス〔グリフォン、グリフィン〕を馬と結び合わせる方がまだやさしいと思えるというのに。実際、超越哲学はその空間の無限分割可能性を頑強に否定するのに対し、幾何学はこれを他のものを主張する場合に慣れているのと同じ確実性で主張するのである。また幾何学は自由運動には空虚な空間が必要だと主張するのに対して、超越哲学はこれを排斥する。幾何学が万有引力もしくは普遍的重力が機械的原因からとうてい説明できず、静止物体に内在し遠隔作用を行う力に由来すると言明すれば、超越哲学はこれを想像力がもて遊ぶ空しい玩具として遠ざける」（松山壽一訳、カント2巻、二三九‐四〇頁、I 475f.）。ここで philosophia transcendentalis はライプニッツ＝ヴォルフ学派の形而上学――とりわけデカルト的物心二元論に立脚したヴォルフの物質的単純実体論――を指す。ゆえに全集訳文は批判期の「超越論的哲学」と区別するために、「超越哲学」を訳語に選んだようである。しかし『批判』の編み出した「超越論的観念論」と、伝統形而上学の「超越論的実在論」との区別を充分ふまえれば、この訳語の操作がなくとも、批判以前と以後の「超越論的哲学」の差異は容易に摑めるはずである。また革命的な路線変更をはさんでなお、「超越論的哲学」たる「形而上学」を「唯一の支柱」とする「自然学」の道の探索という方針は、『自然科学の形而上学的始元根拠』から『遺作草稿群』にかけて終生一貫したことも見えてくる。

（3）正教授就任時のテクストは、問題の「世界の質料」を「ここで諸実体であると考えられている諸部分」（II 389）といきなり言い換える。これにより当該論述全体がなお、旧式の超越論的実在論の思想圏内にあることをテクストみずから自白する。

（4）カントが長年冬学期の形而上学講義の教科書として使用したバウムガルテン『形而上学』（第四版、一七五七年）によれば、「存在論とは、あるものの一般的な述語の学である scientia praedicatorum entis generaliorum」。そして「一般的に述語づけられたあるもの」は、ただちに「人間の認識の第一原理である」（XVII 24）。カントはこの前半部を引き受けて、後半部に抗弁する。批判期の講義（一七八二‐三年）を伝えるムロンゴヴィウスのノートに言う。「われわれはいま、あらゆる物一般の性状にかんする学なるものに問いかける。人はこれを存在論とよぶ。（存在論とは、あらゆる物の一般的述語をあつかう学だとされている。これらはこのうえなく多くの物に共通な述語である。――これら述語は普遍 universalia ではない。つまりあらゆる物に共通の述語ではない。かくして人は、存在論とは何かをまったく知らない）」（XXIX 784, vgl. XXVIII 390 und auch 7, 174, 541-2）と。

（5）この点は第一批判を読むうえで基礎的な確認事項に属しており、とくに野田又夫の解説は示唆に富む（野田、一九七九年、五二－六頁）。「知性認識をこれまで支えて来た神学から離すこと、一般存在論を神学から分離すること」（同、四四頁）。神に「創造された物 res creata」たる「個物」の形而上学的言説からの脱却という『批判』の眼目を、改めてテクストに沿って細かく跡づけることが、本章全体の考察課題である。

（6）くわしくは本書第Ⅳ部で検討するが、カントの構想する新たな批判的形而上学は、「自然の形而上学」という思弁的部門と「道徳の形而上学」という実践的部門の二つからなっている。このうち自然形而上学が、これまでは「とりわけこの形而上学という名をわがものとしてきた」のだが、これは「あるかぎりでのすべてのもの alles, sofern es ist を、アプリオリな概念に基づいて考究する」。そしてこの「自然の形而上学」の下位分類局面で「超越論的哲学」は、「自然すなわち与えられた対象の総体」を考察する「純粋理性の自然論 Physiologie」から区別される。カントの「自然の形而上学」は、対象にかんしていえば「あると言われるかぎりのすべてのもの」を考察するアリストテレス形而上学の伝統に即したものであり、なかでも「超越論的哲学」とは、対象が「与えられている」か否かを考慮することなしに、「あるもの」を「一般に」考察する「存在論」にほかならない。

そして「超越論的分析論」は、「超越論的哲学」から「純粋理性の自然論」へ、しかもそのなかでも「内在的 immanent 自然論」――「感官のあらゆる対象の総体としての自然、すなわちわれわれに与えられるかぎりでの自然を、そのもとでそれがわれわれに一般的に与えられうるようなアプリオリな諸条件にかんしてのみ考察する」のを課題とする――への「移行 Übergang」を媒介するものにほかならない（「純粋理性の建築術」章、とくに A845=B873 以降参照）。ちなみにこの「移行」問題は、『遺作草稿群』の中心課題の一つとなるものだが、拙稿次章第六節以降ではこれを超越論的理性批判の〈下降ベクトル〉の名のもとに主題化することにしたい。

（7）『純粋理性にかんして、今後新たな一切の批判が最近の批判によって無用になるはずの発見について』（一七九〇年）と題する、理性批判完結時の論文（以下『純粋理性批判の無用論』と略記）も言う。存在論ないし形而上学は「その概念と原則が、物一般の認識への権利要求としては否認され、可能な経験の対象という非常に狭められた領野へと制限される」（VIII 190 Anm.）と。

（8）ケイジル『カント辞典』はこの点を的確にふまえ（Caygill, 1995, pp.307-8）、じつに鋭く指摘する。「批判哲学を認識論的プロジェクトとして読むのは、時代錯誤の事後的な解釈であり、認識論と存在論を区別する十九世紀的先入主に基づく読み方である」(*ibid.*, p.176, see also pp.239-40, 344-5)。カントの「超越論的」な認識批判は、伝統形而上学との対決のもとに、新たな存在論の語りの場所を切り拓こうとしているのである。

(9)「超越論的 transzendental」と「一般 überhaupt」との術語的な結びつきを『批判』は自覚しており、この点で(しかもこの点でのみ)伝統を継承しつつ、この同じ思索の場所で形而上学革命をめざすのである。そういう理性批判の基本姿勢を読み取るべく、B25から引いた「超越論的認識」の定式中、überhaupt の語は動詞 beschäftigt にかかる副詞とみて、二つの mit 以下の双方に「一般」の考察視点を反映させることとした。そのように解釈することは、第二版での insofern 節の挿入具合からみても正当だと確信する。そしてこの「一般 überhaupt」の副詞的用法の徹底により、『批判』に固有の〈経験的実在論にして超越論的観念論〉の世界反転光学の「反省的 reflektierend」な思索も生まれてきた。この解釈仮説のもと、以下においても überhaupt はできるだけ副詞として訳出したい。そしてこれを「物」等の名詞にかけて訳す場合にも、「物」を「一般的」に考察する視点という原音を繊細に聴き取りながら、テクスト解釈をすすめたい。

(10) 麻生／黒崎他『羅独-独羅学術語彙辞典』一一七頁以降参照。

(11)「純粋なカテゴリー」は、いっさいの「規定 Bestimmung」を欠いた「対象一般についての概念」(B128)とも、「対象一般にかかわる唯一の概念」(A290=B346)とも、「物一般の表象」(A245)とも言われている(vgl. A247-8=B304-5, A285-6=B341-2, XX 272)。この術語継承手続きは同時に *κατηγορία* の原義もふまえてなされたのにちがいない。その動詞形 *κατηγορέω* は、「述語づける」「意味表示 signify する」「指示 indicare する」を意味するだけでなく、むしろ「抗弁 speak against する」「告訴告発 accuse する」という裁判関連の言語行為を第一義とする。純粋理性批判の法廷におけるカテゴリーの演繹という『批判』一流の比喩。それがしかもアリストテレス-スコラの伝統的なカテゴリー論への抗弁を腹蔵するという仕方で、カントというテクストはかなり高度に批判的=哲学的な言語行為を、じつにしたたかに敢行する。

(12) res は real(実在的)や Realismus(実在論)の語源でもあり、この訳語法との関連では res を「実在」と訳す手も考えられる(檜垣良成、一九九八年)。しかしイデアを「真実在」としてみたり、神を究極の res と語ったりする思想伝統のもとでは、「実在」の語になにか特別の意味をこめる傾きがある。拙稿はこの筋から距離を保つためにも、res を単純に Ding に対応させて「物」と訳出することとしたい。ちなみに「物(実在的なもの)ein Ding(Reales)の概念」(A234=B286)という言い回しからも、カントが

Dingの正しい出自を自覚していることは明らかである。

(13) この翻訳上の関係は単純である。しかしここに派生する問題は深刻かつ重大である。アリストテレス『命題論』第七章は、「プラグマ」(原文では複数形の「プラグマタ」)を「普遍的なもの」と「個別的なもの」に分類する。これにラテン註解者たちが「レス」を充てたことで、哲学史の教科書に言う「普遍論争」——「普遍」に「『もの』としての性格、すなわち『実在性(レアリタス)』」を認めるか否かの問い——が発生する(山田晶、一九八六年、一七三-九頁参照)。しかもその根底ではアリストテレス由来の二つの教説、すなわち〈物 res - 概念 ratio - 名 nomen〉の三項図式と、「個物 singulare, individuum」を「第一実体」とする教義にくわえ、神の知性と意志による個々の個物の直接創造というキリスト教の信仰教義が強く作動していたため、トマスの「レス」の第一義的で本来的な用法は、「魂の内 in anima」なる「概念的なレス res rationis」ではなく、「実在的なレス res reale」としての外的「個物」、つまりそれ自身がすでに個々の個物である人間の「知性的 intellectiva」な「魂の外 extra animam」にあり、それぞれが独立に「自体的な存在 esse per se」を有して「実在するものとしての『レス』」を指すものに限定されたのである(同、二三九-四五、六一一、六一七、六三三、および九二四-四五頁参照)。

「物 res, thing, Ding, chose」をあらかじめ人間知性の外に、物体的にせよ非物体的にせよ、可感的にせよ叡智的にせよ現実存在する「個物」として実体化する思想伝統が、ここに確立する。デカルト的物心二元論も、ライプニッツのモナドも、ロックの「物そのもの」の概念も、この個的実体の実在論の枠内で蠢いている。たとえその個物が可感的な経験世界内に想定されたとしても、その個的実体が感官から独立に自存するとされるかぎりは、カントの難ずる意味で「超越論的実在論」なのだと評定されなければならない。

これにたいして『批判』は「物」を「物」として、あくまでも「一般的 in genere」な無規定性のもとで「反省的 reflektierend」に考察する。この超越論的な反省は、「物」の概念を右の伝統形而上学の一連の縛りから解放し、アリストテレスの「プラグマ」、つまり命題によって言表される「ことがら」あるいは命題の「主語となるもの res subiecta」がいた場所(同、二〇七-二一、および二六九-七〇頁参照)へ、すなわち個物か普遍か、実体か属性か、肯定か否定かという言語分節以前の無規定性の開けへ、一気に引き戻すべく機能する。そしてこの超越論的観念論の視座から反転して経験的実在論に帰還するとき、理性批判は、「物」の原義を想起しつつ「実用的 pragmatisch な見地の人間学」にも裏打ちされて、「言語遂行論 Sprachpragmatik」の実践哲学的な示唆を取り込むことになるだろう。『批判』の「超越論的分析論」は、カテゴリー論から命題論へと進み行くアリストテレス「オルガノン」との対話であり、その言語論的含蓄を現代哲学の数々の営為に引き継ぐ紐帯である。物にして言葉。カントの「超越論的」な「論理学」に、「物 res」と「言葉 ratio, nomen」との根源的な分かれと新たな出会いの場所の閃きを看取したい。

（14）だからカントは「人間の魂（ないし自己）」も「物 Ding」と呼んではばからない（vgl. B XXVII）。「物」はけっしてただちに「物質」ではない。この点を強調するのはほかでもない。これがいまここで哲学するうえでも、カントを読むうえでも重要だからである。そしてまたこの重大論点が、デカルト的近代ではつねに覆い隠されがちだからである。

たとえば『批判』第二版からちょうど二十年後のヘーゲル『精神現象学』で、「知覚」の意識段階に「物 das Ding」が「多くの特性をもって von vielen Eigenschaften」登場するときに、それは多くの「物質素材 Materien〔質料〕」の「もまた das Auch」（Hegel, Bd.3, S.94, 96）であり、たとえば「白く」も「辛く」も「立方体」でもある「塩」のように、「自由な物質素材」の「集積体 eine Sammulung」（*ibid.*, S.95, 99-101）である。「知覚する悟性、しばしば健全な常識と呼ばれる人間悟性」（*ibid.*, S.105）は、かくして「物」を「物質」に短絡させ、「哲学」が従事するたんなる「思考物 Gedankendinge」（*ibid.*, S.106）に対置する。そしてこうなるのは、それに先立つ「感性的確実性 die sinnliche Gewißheit〔感覚的確信〕」段階で、「いま」「ここ」の無媒介直接知の「対象 Gegenstand」となる「個別的 einzeln」な「事柄 Sache」が、すでに「この物」と「このわたし」（*ibid.*, S.87）との主客対立のもとにあって、「感性的な物たる外的な物 äußere Dinge の実在性ないし存在」（*ibid.*, S.90）という相でしか理解されていないからである。

「学の体系」の「第一部」となるはずだった思弁の序曲は、この点を鋭く批判していたかにもみえる。しかし「主人と奴隷」の弁証法が、たんなる「人格」をこえた「自立的な自己意識」（*ibid.*, S.149）として、相互承認をめぐる「生死を賭けた戦い」を展開するとき、この対人関係の媒介項たる「物」は、すでにやはり「欲望の対象である物としての物」（*ibid.*, S.150）、「労働」と「享受」の対象となる個々の物件になりはてている。そして『大論理学』「本質論」「現象」篇に「物」がふたたび「現実存在〔実存〕するもの Existierendes つまり物」（Hegel, Bd.6, S.124）として出現するときには、理性批判の反転光学からみてじつに異様な——〈経験的-超越論的二重体〉の自然科学的実在論とでもいうべき——思弁が歴然と始まっている。テクストはさしあたりまず「物」の「現実存在」と「物自体 Ding-an-sich」（*ibid.*, S.129）を分析的に区別したうえで、「物自体は現実存在する、それは物の本質的な現実存在である」（*ibid.*, S.130）と断言し、「物」は「自立的な物質素材」から「成り立つ besteht」（*ibid.*, S.139）と端的に言い切ることとなる（vgl. auch Bd.8, S.254-61）。

(15) 麻生／黒崎他『羅独-独羅学術語彙辞典』四七三頁以降、および一一七頁以降、三三六頁以降参照。

(16) ちなみにカントにおいて「物 Ding」は「事物事象 Sache」とも言い換えられるが、後者は明らかに「レス」の訳語である。これにたいし「エンス」――動詞「ある esse」の現在分詞の中性単数形――の訳語としては、文法的に等価な「存在者 das Wesen」が用いられることもあるが、このドイツ語は同時に「本質 essentia」を意味するものとしても通用していた。ゆえに「エッセンチア」――それは「第一義的にあるもの *τὸ πρώτως ὄν*」を意味するギリシア語「ウーシア *οὐσία*」の訳語として、「エッセ」を女性名詞化して作られた――と「エンス」との混同を招くことを恐れたためでもあろう。当時の学術文献では「エンス」の訳語としては、むしろあえて「物 Ding」が選ばれたのである。

(17) 以上、トマス『真理論 De veritate』第一問第一項「真理とは何か」の主文（トマス、一九九〇年、二〇-八頁）を参照。ちなみにヴォルフ『第一哲学あるいは存在論』で、「エンス」と「レス」はこう定義されている。「現実存在 existere しうるもの、したがってそれに現実存在 existentia が抵触しないものは、エンスと言われる」（第一三四節）。「ある esse もの、あるいはありうると把握されるものはどれも、それがなにか或るもの aliquid であるかぎり、レスと言われる」（第二四三節）。

(18) この「肯定的」という点をめぐって問題が生じてくる。カント『負量の概念』（一七六三年）は、この問題に深く関与する。これにたいしてすくなくとも『批判』の「物」は、そもそも「肯定性」と「否定性」のカテゴリーを超えるものでなければならないのである。

(19) いわゆる認識論の問題局面でいえば、トマスの認識論における「物 res」は「魂の外」にある質料的個物であり、これは『批判』が物自体と呼ぶものに相当する。しかもスコラの超越概念は、そういう「諸物の述語」として、つまり物自体の認識内容の精査の文脈で論じられていた。ここに理性批判と伝統との決定的距離は明らかであり、本章ではこの点について厳しく見極めてゆくこととしたい。

(20) 第三批判と同時期公開のエーベルハルトへの対抗論文『純粋理性批判の無用論』を先取りして、ラインホルト宛一七八九年五月十二日付書簡は、論争点の一つとなった分析判断と総合判断の区別を解説し、「物体」の「延長」および「分割可能性」について述べている。「物体という概念で、延長は本質的な部分です。というのも延長は物体の第一位のメルクマールであり、これはそれ以外の内的メルクマールから導出されうるものではないからです。これにたいして分割可能性もたしかに必然的な述語として物体概念に属していますが、それはあの述語（延長していること）から導出されるような（下位の）述語にすぎず、ゆえに物体の一属性です。ところで分割可能性は、延長するもの（複合的なもの）の概念から、同一律にしたがって導出されます。そして「いかなる物体も分割可能である」という判断はアプリオリな判断ですが、この判断は物の一属性をこの物（主語）の述語としており、したがって総合的な判断ではありません」（XI 35）。書簡はさらに「論理的」と「実在的」との批判的区別をまじえて付言する。「延長するものの概念は、分割可能なものの概念と論理的に異なっています。というのも前者は後者を含んでいますが、それよりもさらに多くのことを含んでいるからです。これにたいし事柄そのものにおいては、両概念のあいだに同一性があります。というのも分割可能性は、現実的には、延長の概念のうちにあるからです。ところで実在的区別とは、まさに総合的判断に求められるものです。……論理学は、この実在的区別のことをまったく気にかけず、これを捨象しています。実在的区別が認識の内容にかかわるものだからです」（XI 35-6, vgl. VIII 229）。形式的な一般論理学とは異なり、『批判』の存在論的な超越論的論理学は、「物」の「実在的区別」に迫るべくアプリオリな総合的判断の可能性を問う。ゆえにまた『自然科学の形而上学的始元根拠』は明快に注記する。たんに幾何学的で論理的な「空間の無限分割可能性」から、「物質が自然学的に無限に分割可能であることが必然的に帰結するわけではなく」（VII 505）、むしろ物質の「諸部分は、現象の現実存在 Existenz einer Erscheinung に属するものとしては、ただ思考のうちにのみ、つまり分割そのもののうちにのみ現実存在するにすぎない」のであり、「この分割は無限に進行するとしても、しかし無限に与えられたものとしてあるのではけっしてない」（VII 507）と。そして『遺作草稿群』は、自然の形而上学から自然学への移行を課題とする。一七九八年九月二十一日付ガルヴェ宛書簡に言う。「わたしがいま従事する課題は『自然科学の形而上学的始元諸根拠から自然学への移行』にかんするものです。この課題はぜひとも解決したいと思います。そうしないと批判哲学の体系に空隙が生じてしまいますから」（XII 257, vgl. 258）。カント自然哲学はこうして経験的実在性の大地に帰還すべく思索を重ねてゆくのである。

（21）　これに呼応するようにして、「純粋自然科学」の可能性を問う『プロレゴメナ』第十五節は、物理学の諸概念のうち「まったく純粋というわけでなく、経験的諸源泉から独立でない多くのもの」の例として、「運動、不可入性（物質の経験的概念はこれに基づいている）、慣性」（IV 295）を挙げている。他方、おそらくは当時の学界常識に沿った分かりやすさと通俗性とを配慮してのことだろう。『批判』は「物体の概念」を「あらかじめ分析的」に「認識する」ことができる「徴表」として、「延長、不可入性、形態など」（A8=B12）を数え上げた。こうして「純粋」と「経験的」、「分析的」と「総合的」の概念対が、かならずしも単純に重なり合うわけではないということが、「不可入性」の微妙な位置づけからも見えてくる。ただしカント理性批判は、もっと根本的な論点を見すえている。『プロレゴメナ』第十三節注解二に言う。「すでにロックの時代よりもずっと以前」から、「温かさ、色、味など」が「物自体そのものにではなく、むしろたんにその現象に属するにすぎない」とされてきたが、理性批判は「延長、場所、そして一般に空間と、これに付属するすべてのもの（不可入性ないし物質性、形態など）」といった「一次性質 primariae と呼ばれるもの」も「たんなる現象に数える」（IV 289）のだと。理性批判がいかなる場所、どういう方向で思索をめぐらしていたかが如実にわかるテクスト群である。

（22）テクスト第四版（一七九四年）は、「さえも selbst」一語を削除する。これがカントの手によるものだとするならば、「物そのもの」の一次性質たる「固性」と、二次性質でさえない「可感的 sensible」な「色」等との同列化は進み、ロックへの挑発は辛辣の度を増してくる。なおドイツ語 Undurchdringlichkeit はペリパトス学派に由来する impenetrabilitas の訳語であり、若きカントの『自然モナド論』はこれを、「ある物体の単純要素がその空間を占める力 Vis, qua elementum corporis simplex spatiam suum occupat」（I 482）、すなわち「他のものを自分から遠ざける」物体に「内在的 insita」な「運動力 vis motrix」たる「斥力 vis repulsionis, vis repulsiva」（I 483, 484）と規定した。これにたいし『可感界と叡智界』では、「他の空間の限界ではない空間は充実的 completum（固性的 solidum）である」（II 403 Anm.）として、「固性」が空間へ曖昧に引き寄せられている。このあたりの概念規定の揺らぎを整理して、『自然科学の形而上学的始元根拠』第二章定義四に言う。「物質の不可入性が、圧縮の強度に比例し増大する抵抗に基づく場合、これをわたしは相対的な不可入性と名づける。しかし、物質がそれ自体としていかなる圧縮も許容しないという仮定に基づく場合、これは絶対的な不可入性と呼ばれる。絶対的な不可入性による〔デカルト的な〕空間の充実が数学的と呼ばれるのにたいし、たんに相対的な不可入性による場合は力動的な空間充実と呼ばれる」（IV 501-2）と。ここにカント力動学の不可入性は、ロックの微小粒子、ガッサンディの原子がそなえる「固性 soliditas」——すなわち極大の抵抗力ゆえに不可入的（野田又夫、一九七一年、第四章参照）——の概念にきれいに重なることとなる。

（23）これを物体の純粋概念と呼ぶことができる。感性論冒頭部の前引箇所直前に言う。「そのうちで感覚に属するものがなにも出会われないようなすべての表象を、わたしは（超越論的な意味で）純粋 rein と呼ぶ。したがって感性的直観一般の純粋形式は、心のうちでアプリオリに出会われるのであり、その純粋形式のうちでは諸現象のあらゆる多様が一定の関係のもとに直観されるのである」（A20=B34）。『批判』はこの意味で純粋な物体概念を前提し、物体をめぐる判断の「分析的」「総合的」の区別を判定しているのである。

(24)　今度も括弧内で「この〔実体‐付帯性の〕概念は対象一般の規定以上のものを含んでいる」と釘を刺す懇切な注意書きは、あらゆる経験的認識を可能にするアプリオリな総合がそこで作動していることを暗に示唆するのにちがいない。「対象の経験的概念」からすべての経験的なものを捨象することで、超越論的な「対象一般の概念」が成立する。この「対象一般」(ないし「物一般」)はまったく無規定のなにか或るもの＝Xであり、この内容空虚な概念よりも、「実体」のカテゴリーのほうが多くの規定をアプリオリに含んでいる。「対象一般」にかんし「実体」概念はアプリオリな総合を可能にし、それに「実体」か「属性」かというアプリオリな規定を与えるのである。したがってまた「対象一般」「物一般」は、それ自身としてはいまだ実体でも属性でもない無規定のなにか或るものである。

それはあらゆる「実体化 Hypostasierung」「物象化 Verdinglichung, Materialisation」以前の〈存在論的な次元〉として、ハイデガーの思索が終始問い求めた存在への問いの「地平 Horizont」に比定することができる。ハイデガーはこの〈存在論的な問いの地平〉を開くにあたり、「存在者 das Seiende」と「存在そのもの Sein selbst」との「存在論的な差異」を強調した。全般的に実体化しつくした感のある現代の「存在者」概念を目の当たりにして、これは不可欠の手続きだったにちがいない。しかし存在論の思索の歴史を丁寧に辿ってみるならば、すくなくとも『批判』のカントでは、アリストテレス＝トマスの性急な個的実体化に抗して、「存在者」は「あるもの ens」「物 res, Ding」の名のもとに、〈存在そのもの〉への問いの次元に保持されていた。しかも理性批判の「超越論的」な「一般」の視座そのものは、中心点から周縁境界線までの「地平」の遠近法を遙かに凌駕して、あたかもどこにも中心をもたずに世界大に広がる縹緲幽玄の趣を厳かにたたえている。

(25)　前年の『形而上学的認識の第一原理』ではこうも言われていた。「場所、位置、空間は諸実体の関係 relatio であり、諸実体はこの関係により、実在的に自己と区別される他の実体に、相互的決定をとおしてかかわっており、こうした方法で外的結合 nexus externus のもとで一緒になる。……しかしこの諸実体の相互的結合は、神的知性の力強き表象のうちで個々をまなざしつつ着想懐念された素描を必要とする」。ゆえに「もしもそれが神のお気に召すならば、形而上学的な意味においてさえ、多数の世界が存在しうるということは不合理ではまったくない」(I 414)。『批判』からは遠くかけはなれた、合理主義の学校形而上学的思弁である。

(26)　「感性的に認識されたものは、現象するとおりの事物の表象（rerum repraesentationes, ***uti apparent***）であり、これにたいし知性的なものは、存在するとおりの事物の表象（***sicuti sunt***）である」(II 392)。この第四節の命題に旧来型の思弁傾向が露見する。第十三節は可感界と叡智界の区別を、超越論的実在論的に提示する。「可感界の形式の原理とは、現象であるかぎりでの万物の普遍的結合の根拠 ratio nexus universalis omnium, quatenus sunt phaenomena を含むもののことである。叡智界の形式は客観的原理を、つまりそれ自体において存在するものの結合 existentium in se colligatio をもたらすなんらかの原因を認める」（II 398）と。そして第四章「叡智界の形式と原理について」の諸節は、唯一の必然的存在者たる「創造者」（II 408）の近みで、多くの偶然的諸実体の「相互作用 commercium」（II 407）の可能性を解明すべく、純粋知性の「実在的 reale」な、つまりたんに「論理的」ではない使用の道筋を見定めようとする。この旧式の思考パターンを重く見るならば、同書表題中の mundus intelligibilis の訳語には旧式の「叡智界」を当てがって、思弁の批判的制限を含意しうる訳語「可想界」から区別するのが便宜だと考える。

（27）　前引のランベルト宛一七七〇年九月二日付書簡に言う。「感性の最も普遍的な諸法則が、まちがって形而上学で大きな役割を演じています。形而上学では、しかし純粋理性の諸概念と諸原則のみが重要です。そこで思うのですが、ある一つのまったく特別な学が形而上学に先行しなければなりません。それはたんに消極的な学（一般現象学 phaenomenologica generalis）であり、そこでは感性の諸原理にたいして妥当性と限界とが規定されるのですが、そうすることで、これら感性の原理が、純粋理性の諸対象にかんする判断を混乱させることはなくなります。じっさい、これまではそういうことがほとんどいつでも起こっていたのです」。「空間と時間」とその「諸公理」は、「経験的認識」や「感官の対象」たる「現象」にかんしては「非常に実在的」だが、純粋理性概念によって思惟される「実体」にそれを関係づけたりすると、ひどい誤謬命題が生じてくるのだと書簡は言明する（X 98）。カントはまだ、感官の対象（現象）と純粋理性の対象（物自体）を実在的に区別して、空間時間の諸規定による汚染から形而上学的真実在を救出しようともがいている。

（28）　粉骨砕身と言うのは、これがかつてカントの住んでいた思想圏への自己批判でもあるからである。たとえば『視霊者の夢』はすでに皮肉な調子を濃密に込めて、そもそも「霊魂（幽霊）なるものがあるかどうか知らないし、そればかりか霊魂という言葉 das Wort Geist が何を意味《ベドイテン》するのかもわたしは知らない」（II 320）と言いながらも、「生命の原理」を含む「非物質的な存在者 immaterielle Wesen」に固有の作用法則を「霊魂的 pneumatisch」と形容して、こう述べていた。かかる存在者は「自己活動的な原理であり、したがって実体 Substanzen であり、それ自身で存立する自然本性のもの」であって、「これらが互いに直接統一されれば、おそらく一つの大いなる全体を形成するだろうし、人はこれを非物質的世界（叡智界 mundus intelligibilis）と呼ぶことができる」（II 329）のだと。

これにたいして『批判』の「誤謬推理」章は言う。合理的心理学の対象たる純粋な「魂 Seele」は、理念においては「実体」として思惟されることがあるにしても、けっして「霊魂」のごとくに実在的な「実体」として規定されない。すくなくとも「生存中、この思惟する存在者は（人間として）それ自身、同時に外的感官の対象〔身体〕なのだから」（B415）、〈経験的実在論にして超越論的観念論〉の眼で「われわれが内的および外的な諸現象を、経験におけるたんなる諸表象として一緒につかまえておくかぎり、不条理なものはなにも見いだされないし、この二種類の感官の連帯を奇異に思わせるものはなにもない」（A386）と。

(29)　本書序論を参照されたい。デカルト的近代の超越論的実在論は、個物の存在論から認識論へと進みゆくことで、存在論と認識論との乖離を惹起した。主観－客観対立図式をめぐる各種難問もここに淵源する。これにたいし『批判』の〈経験的実在論にして超越論的観念論〉の反転光学は、認識論と存在論との批判的再接合を大元で可能にする。

(30)　第二版超越論的演繹の直前に、この点が強調されている。「わたしが物体の概念を実体のカテゴリーのもとへもたらすとき、このカテゴリーにより以下の点が規定されている。すなわち物体の経験的直観は、経験〔の定言的判断〕において、いつもただ主語と見なされなければならず、けっしてたんなる述語と見なされてはならない」（B129）と。

(31)　『批判』の「実体」概念は、「持続性 Beharrichkeit, perdurabilitas」（A144=B183, IV 485）を「図式」とする。そしてなにかが「一定時間をつうじて現実存在する、つまり存続 dauern する」（IV 485）ということは、かならずしもただちに旧来型の独立自存性を意味しない。むしろ「持続性」という新たな徴表は、物塊や原子や素粒子だけでなく、各種保存則の説く質量・運動量・エネルギーでも、折々の文脈や判断主体の着眼により「実体」として語りうる柔軟性を秘めている。ロックの粒子仮説による硬質な「物そのもの」および「実体の複合観念」と対比しつつ、「物体」概念をめぐるカントの「経験的」と「超越論的」のあいだの往還の意味について、あらためて考えてみたいところである。

(32)　そもそも「物」の「経験的な概念」も「アプリオリに与えられた概念」も「定義 definieren されることはできず」、ただ「解明 explizieren されることができるだけ」である。「じじつ経験的概念においてわれわれはある種の感官の諸対象について、たんにいくつかの徴表をもつだけなので、この対象を記号表示 bezeichnen する語 Wort のもとで、あるときには比較的多くの徴表が考えられ、別のときにはより少ない徴表が考えられたりしてはいないかどうか、まったく確かではない。だからある人は黄金の概念において、重さや色や粘性 Zähigkeit のほかに、錆びないという性質も考えることができるのにたいし、別の人は黄金についてなにも知らないということもおそらくありうるのである」（A727-8=B755-6）。ちなみにロック『人間知性論』第三巻第三章第十八節は、物質の微小部分の「実在的体制 the real Constitution」は不可知だとしたうえで、「黄金」の「名目的本質 nominal Essence」としては「色、重さ、可融性 Fusibility、凝固性 Fixedness 等」を挙げ、さらに第四巻第十二章第九節では「黄色で重く可融的な物体」たる「黄金」の複合観念との必然的な結びつきを「経験」によって確かめるべきものとして、「可鍛性 Malleableness、凝固性、そして王水における可溶性 Solubility」を挙げている。先達ロックを煩わせた「黄金」の名目定義以上の困難が「物体」や「実体」の概念にあるのを覚悟したうえで、『批判』はわれわれの「一つの経験」の可能性に向けて地道な思索を進めてゆくのである。

（33）さらには「表象」でさえもが「対象」と呼ばれうる。「ところで人はたしかにあらゆるものを、そしてさらには個々の表象をも、人がそれらを意識しているかぎりにおいて、対象 Objekt と呼ぶことができる」（A189=B234）。これは「原因性の法則」にかんする「第二類推」の「証明」の只中での指摘である。さしあたりまずはこの緩めの語法をふまえたうえで、「この語〔対象〕が諸現象のもとで何を意味しなければならないのか」（A189=B234-5）を見極めること、これが超越論的認識批判の主要課題となる。

（34）ラテン語 obiectum はギリシア語 ἀντικείμενον に対応する造語である。後者の原義は「向こう側に置かれたもの」だが、アリストテレスには複数形で「互いに対置され関係し合うもの」を意味する基本用例があり、これは古典期に opposita と訳された。これにたいし『霊魂論』第二巻第四章には認識能力たる「魂」の感覚や思考の「活動」に「対置されるもの」を意味する用例があり、これが十三世紀初頭以降好んで obiectum と訳された（中畑正志、二〇一一年、第二章参照）。そして Gegenstand というドイツ語は、大きく下ってカントの時代に鋳造された学術語であり、ラテン語起源の音韻表記 Objekt の単純直訳的な言い換えである。ちなみに英語やフランス語には、ラテン語 obiectum に対応する object, objet のみが見られる。カント自身も Gegenstand と Objekt を無造作に言い換えており、ゆえに邦訳も両者を訳し分ける必要はなく、本章でもさしあたり両者を「対象」と訳出することにする。ただし Objekt が Subjekt と対で用いられる場合（あるいはその形容詞形 objektiv, subjektiv）は、これを「客観」（ないし「客観的」）と訳して「主観」（ないし「主観的」）との対応を図ったほうが、現代の慣用に即するだろうし、そういう配慮はここでも怠らぬつもりである。

（35）ただし一点けっして見逃せない重大な差異がある。本章後述の諸論点とも関係してくるが、トマスの「レス」と「対象」のあいだには、ちょうど物自体と現象ほどの懸隔がある。それにたいして『批判』は「物」と「対象」をかなり柔軟に言い換える。これを睨んで山田晶は言う。中世スコラの真理定義にたいするカントの「批判は、『《レス》と知性の対等』の本来の意味の根本的誤解の上に成立している。その誤解の根原は、『レス』を『対象』Gegenstand, obiectumと解した点に存する。『レス』はスコラ哲学において『対象』と厳密に区別される。『対象』は『レス』と認識主体との間に成立するものである。認識主体は一であっても、認識能力は多様である。それゆえ能力の多様なるに応じて、同一の『レス』が、視覚の対象、感覚の対象、知性の対象、数学の対象等、無数の『対象として構成される』obiectum constituitur のである。『レス』は、認識主体のア・プリオリ（トマス的にいえば、『対象のラチオ』ratio obiectiva）の多様性によって認識主体の前に多様な仕方で対象化されてあらわれる根原であり、その意味で対象を超越する『もの』である。対象を超越するといっても、プラトン的意味で現象界を超越するのではなく、却ってそれこそはすべての対象界を可能ならしめる根原として現実に実在している『もの』なのである」（山田、一九八六年、七二九頁）。ここで「レス」は個物を第一実体としたアリストテレスの教義にくわえ、究極の「レス」たる神が個的実体を直接創造するという信仰箇条にも支えられ、まさにカントが「物自体そのもの」と呼ぶ相貌を呈している。しかもその背景にはアリストテレス『命題論』第一章に言う「音声においてあるもの」と「魂において感受されているもの」と「物 πράγματα においてあるもの」との区別を受けた、「名 nomen」と「概念 ratio」と「物 res」の峻別がある。これを横目に睨みつつ「物にして言葉」を謳う拙稿は、アリストテレス＝トマスの形而上学的教義から解き放たれた理性批判の超越論的反省の場所で、「物」がどういう実相を現してくるのかをカントとともに見定めたい。そして論理構造的な類比に照らして言えば、このカント解釈の試みは、「レス」を「しるし signum」との関係のもとに「意味 sensus」として捉えた、アウグスティヌスの一般記号論の「物」の系譜（同、七五四‐六六、七七八‐八〇頁参照）のほうに連なるだろうと予想されるのである。

(36)　古い典型例は『岩波講座哲学7』（一九六八年）の岩崎武雄「認識の諸概念　1主観と客観」（草稿担当、加藤尚武）に見える。最近のものでは『岩波哲学・思想事典』（一九九八年）の「主観」（木田元）の項がある。「hypokeimenon とその訳語 subiectum は、古代から近代初頭までは一貫して『基体』と『主語』を意味していた。そこにはカント以降の『主観』という意味はまったくふくまれておらず、むしろ『基体』という意味での subiectum は心の外にそれ自体で自存するものである。それに対して obiectum およびそこから派生した形容詞 obiectivus には、意味のかなりの変遷が認められる。つまり、アリストテレスのもとで『対象』を意味していた antikeimenon＝obiectum が中世スコラ哲学・近代初頭の哲学においては『知性に投影されたもの（quod obicitur intellectui）』を意味するようになる。例えばドゥンス・スコトゥスにあっては、obiectum は志向的対象つまり表象を意味しているし、デカルトやスピノザのもとでも realitas obiectiva は、現実化された事象内容である realitas actualis（現実的事象内容）や事物そのものの形相として存在する事象内容 realitas formalis（形相的事象内容）に対して、単に表象されたかぎりでの事象内容、つまり可能的事象内容を意味している。したがって、中世から近代初頭にかけては、subiectum がそれ自体で存在する客観的存在者を意味し、obiectum が主観的表象を意味していたのであるが、これがカントのあたりで意味を逆転し、Subjekt が『主観』を、Objekt が『客観』を意味することになり、しかもこの二つの概念が対をなすようになるのである。たとえば objektive Realität も、カントのもとでは客観として現実化された事象内容を意味し、デカルトの realitas obiectiva とまったく逆の意味になる」（木田、七三四頁）。

拙稿はこの手の教科書的な解説に異議を唱えるべく、本節ではさしあたり subiectum と obiectum の語義「逆転」説の虚構性を暴いたうえで、第八節ではカントの objektive Realität が超越論的実在論の匂いのするデカルトの realitas actualis や realitas formalis からは潔く手を引いて、ただ realitas obiectiva のみを超越論的観念論の文脈で継承したものであることを論じたい。この作業に着手するにあたってあらかじめ、問題の核心をなすデカルトの realitas obiectiva についての古い解説（初出一九三六年）を引いておく。「デカルトは多くの『スコラ』學者と同様、觀念の——作用に對して考へられたる——内容も精神を離れて現存する事物と等しく一種の實在（realitas, esse）である、としたが、此處で彼れが『客觀的』實在性といふも亦『スコラ』的用語法に從つたものであつて、觀念の内容が含むところの實在性といふ意味であり、其『客觀的』は近世的に（カント以後の慣用に從つて）言表はせば寧ろ『主觀的』と言はるべきものである。『哲學原理』に、或内容が一の觀念に含まれて居ることを『客觀的に、即ち言はば映像に於けるが如くに包含されて居る（objective tantum sive tanquam in imagine contientur）』と言ひ、また『客觀的即ち表現的に（objective sive repraesentative）云々』といつて居る語が此意味を最簡明に示して居る」（朝永三十郎、一九八五年、八二頁）。ここに、右の語義逆転説の一源泉を見て取ることができる。

（37）　ὑποκείμενον は動詞 ὑποκεῖσθαι の現在分詞中性形で、「下に置かれているもの」を原義とする。それと意味が対応する動詞 subicio と substerno の過去分詞中性形 subiectum と substratum がスコラ公式の訳語に用いられた。『純粋理性批判』は後者由来の「基体 Sbstratum, Substrat」も重要局面で用いている。たとえば「時間」は諸変化のもとに持続する「基体」（A144=B183, B224-5）である。また弁証論「超越論的理想」章に言う。「ゆえにわれわれの理性における汎通的規定の根底には、超越論的基体が置かれていて、これがいわば諸物のすべての可能な諸述語がそこから取り出されうるような、素材の全備蓄を含んでいるのだとすれば、この基体は一切の実在性 ein All der Realität（実在性の全体 omnitudo realitatis）の理念にほかならない」（A575-6=B603-4）。この伝統形而上学の実在思想を換骨奪胎した、『判断力批判』の「自然の超感性的基体」という鍵語については、別の機会に立ち入って考察した（望月拙稿、一九八六年）。

(38) 一番の大元にはアリストテレスがいる。*οὐσία* という術語は『形而上学』第七巻第三章では「何であるか《ト・ティ・エーン・エイナイ》（本質）」「普遍《カトルー》」「類《ゲノス》」「事物の基体《ヒュポケイメノン》」を意味するとされ、このなかでも「真の意味での *οὐσία*」とされる「基体」は、「質料《ヒュレー》」「型式《モルフェー》ないし形相《エイドス》」あるいは「両者の結合体《シュノロン》」を意味しうると解説される。また第五巻第八章では「単純物体およびそれらから構成されるもの」「それらに内在する原因」「事物の内にある特有性」「何であるか」を意味するとされ、要するに「基体」や「形相」を意味すると語釈されている。ここからも明らかなように *οὐσία* は一義的に「実体」を意味しない。元来は動詞「ある *εἶναι*」の現在分詞女性形にすぎず、通常はたんに「財産」を意味した *οὐσία* に、アリストテレス＝スコラ伝統は特別の意味を込め、諸事物の「基体」たる第一の *οὐσία* を「個物 *τόδε τι*」、第二のそれを類・普遍・述語形態と規定して、公式の語義を「実体 substantia」に見定めてゆく。ここでなにより問題なのは、かかる「実体」探究を第一哲学の使命とした超越論的実在論――ハイデガーの言葉になおせば「存在-神-論 Onto-theo-logie」の「形而上学」――の思想動向である。それが存在するために他のなにものも必要とせず「それ自身によって根底的に存立している物 res per se subsistens」というデカルトの「実体」も、まさにこの系譜に属している。本文中の「実体 *οὐσία*, substantia」にこの問題連関を読み重ね、『批判』が取り戻した「超越概念」という後期スコラの別の思索水準と鋭く対照しつつ、できるかぎり徹底的に批判的な思索をすすめたい。

(39) その点が自分でも気になったのか、テクストはあらかじめ苦しい言い訳をする。「しかるに現象とは厳密には物の外観 rerum species でありイデア ideae ではなく、対象の内的で絶対的な性質を模写表現 exprimo していないとはいえ、それでもやはりそれら現象の認識はこのうえなく真である。なぜなら第一に、現象が感覚的な懐念ないし把捉 sensuales conceptus s. apprehensiones なのであるかぎり、まさに対象の現前を原因にして引き起こされたこと causata de praesentia obiecti が証言されているからである。そしてこれは観念論に対抗するものである」（II 397）と。テクストは暗黙のうちに単純実体たる自然モナドや合成体たる物体を措定して、この叡智界の「対象の内的で絶対的な性質」と、外的感官を経て心に現象する「外観」とのあいだに、なんらかの因果関係を想定する。「観念論者たちに対抗」して「物体の実在的な現実存在 realis corporum existentia」を明白に論証したと自慢した同趣旨の記述が『形而上学的認識の第一原理』（一七五五年）の第三章第一節応用一（I 411f.）にも見られるが、『批判』の見地から評価すれば、これはデカルトやロックと同じ超越論的な物心二元論にとどまったまま、類を異にする単純実体のあいだに「相互結合 mutuus nexus」（I 411）や「相互作用 commercium」（I 412）を工面する無理筋を歩んでいる。『視霊者の夢』の懐疑を経験したあとの正教授就任論文は、さすがにこの問題に深入りするのをためらっている。しかし処女論文『活力測定考』で力強く打ち出した「自然的影響 physischer Einfluß」（I 20f.）概念の改善の道筋には未練を残しており（vgl. II 407-9）、あの〈経験的実在論にして超越論的観念論〉の反転光学に立脚してデカルトに正面から抗弁した『批判』第二版の「観念論論駁」とは、およそ異質な独断的形而上学の思弁を反芻するにとどまっている。

（40）『純粋理性批判』のための紙片に言う。「諸対象にかんする純粋悟性の能力の要約的概念。／われわれに与えられている諸対象が物自体そのものであって、たんなる諸現象ではないとするならば、われわれは諸対象のアプリオリな認識をなにも持たないことになるだろう。じじつわれわれが認識をそれら諸対象から受け取るのだとしたら、その認識は経験的であってアプリオリではないだろうし、かといってわれわれが諸対象から独立に自分でその諸概念を作ろうとしても、これらの概念はなんらかの対象への連関をなにも持つことはなく、ゆえにそれは内容を欠いた概念となるだろう。以上からわかるように、それは諸現象でなければならないのである。ところでこれら諸現象は諸表象として、一つの同じ統覚に属しており」（XXIII 20）云々と。

（41）『批判』は随所で「経験」と「経験的認識」を言い換える（vgl. B147, B165-6）。「経験」「経験的」という訳語の陰で見えにくくなっているが、こういうさりげない語法整備にカント哲学の真骨頂がある。「経験の類推」証明冒頭部に言う。「経験 Erfahrung とは、経験的認識 ein empirisches Erkenntnis である。つまり諸知覚 Wahrnehmungen により、一つの客観を規定する認識である。ゆえに経験は諸知覚の総合だが、総合そのものは知覚のうちに含まれていない。むしろこの総合は、一つの意識における諸知覚の多様の総合的統一を含んでおり、この統一が感官の諸客観の認識、すなわち経験（たんに感官の直観または感覚 Empfindung ではなく）の本質をなす」（B218-9）。ここでも括弧内の付言が重要である。あらゆる経験的認識は「素材 Stoff」「質料 Materie」の提供を「感覚」に負う。それは「経験主義 Empirizismus」が主張するとおりだが、感性的な「直観」「知覚」がただちに対象の「認識」であるわけでなく、「感覚」に依拠した「経験的 empirisch, empiricus」（vgl. IX 92）なものはまだ「経験認識 Erfahrungserkenntnis」たりえない。この批判的峻別は、「経験的判断」を「主観的」「知覚判断」と「客観的」「経験判断」（IV 298）に区分する『プロレゴメナ』第十八節で前面に押し出される。右の第二版加筆もこれをふまえたものにちがいない。

　この empirisch と Erfahrung の概念位相の区別の根底には、伝統的な「経験 *ἐμπειρία*」概念から批判的な「経験 experientia, experience」概念への転換要請がある。前者は、純粋知性認識の明証的確実性との対比のもとに、感官の感覚や印象に基づくことが強調されて、偶然性・主観性・曖昧性・混雑性等の否定的な特徴づけがなされてきた。これにたいしベーコンやガリレイ以後の「実験 experimentum」精神を体現する後者の「方法」的な経験概念は（B II, B XIIff., B XVIIIf. Anm.）、経験的実在性の大地における「実証的 positiv」な対象認識への「確かな」道筋を示している。『批判』はかかる時代診断のもとに、物の経験的認識の可能性のアプリオリな条件をなす、直観と思惟の「純粋形式」の徹底究明に尽力するのである。

(42)　テクストはそれを「われわれの超越論的な区別」（A45=B62）と呼ぶ。そしてそれとの鋭い対比のもとに、「経験的な意味」での現象と物自体の区別も語られている（A29-30=B45, A45-6=B62-3, B69-70 Anm.）。後者については拙稿第七節で簡単にふれるとして、ここでは『批判』が物自体と現象の区別に、「超越論的」と「経験的」の二義を見ることで、非常に複雑な光学的解析に取り組んでいることを確認しておきたい。

(43)　たとえば「諸対象に触発される主観の受容性」とか「諸対象に触発されるであろう刹那」と言うときの「諸対象」も、その触発の根源的受動性に即して、つねにすでに現象物の側面で読みとらなければならない。ここに物自体の匂いを嗅ぎつけようと無理な算段を弄した二重触発説の読み筋は、理性批判の歩みに逆行していて、すべてを台無しにしてしまう。

(44)　第一版序言は、「人間理性 die menschliche Vernunft」の「特異な運命」（A VII）から説き起こす。ゆえに第一版序論冒頭「経験は疑いもなく、われわれの悟性が産出する最初の産物である」（A1）という一文中、「われわれの悟性 unser Verstand」は人間悟性のはずである。しかしすべての読者が、これを感性論の「われわれ」の語りに結びつけてくれるとはかぎらない。第二版は親切心から、こういう加筆をしたのだろう。

(45)　感性論における「法の概念」（A43=B61）への言及、弁証論における「プラトンの共和国」（A316=B372）への言及は、道徳的実践的な超感性的理念の適切な語りの「場所 Platz」（B XXX）を確保するという、『批判』の基本方針を暗示する。

(46)　公平を期して弁明しておけば、第十節（II 396f.）の「われわれのすべての直観」「われわれの感官」「われわれの心」等は、文脈からして明らかに「人間」の事柄として読むことができる。そういう人間の語りは『視霊者の夢』のみならず、もっと昔のテクストにも認めることはできる。いまここで問題にしているのは、この暗黙の人間視点を、『批判』がいかにしてテクストの語りの主題に高めることができたかの一点にある。

(47)　この魅力的なテクストは多くの混乱をはらみつつ、当該空間を「絶対的な宇宙空間」（II 377）、「一つの統一としての普遍的な空間」、「絶対空間」（II 378）とか、「絶対的で根源的な空間」「純粋空間」（II 383）と呼んでいる。そしてこれは「外的な感覚の対象でなく、むしろこれらすべての外的感覚を初めて可能にする根本概念」であり、「その実在性は内的感官に充分に直観されている」（II 383）という洞察を示している。外的感官の対象たる諸物体相互の位置関係や、「右手」「左手」で例示される「不一致対称物」

(Ⅱ 381f.) をめぐる考察も含めて、『批判』の語る空間の「経験的実在性」を遙か遠くに望み見る論考である。

(48) 同様の難点はマクタガートの「時間の非実在性」(The Unreality of Time, 1908)——奇しくも漱石『三四郎』連載と同年の英国学術雑誌論文——にも指摘できるだろう。入不二基義は、その「証明」が依拠する「実在 reality」概念の多義性を分析し、「無時間的な永遠の相の下で『実在』を捉えるという『構え』が、始めから根深い形でマクタガートにはある」(入不二、二〇〇二年、一七二頁)と指摘した。そしてこの先達の理路を「内側から徹底的に検討・批判して」、「第四の形而上学的な立場」(同、一〇頁)を打ち出した。その「極北」の視座の「反転」の語りは示唆に富む。ただしここでも「実在」概念が「本物(実在)と見かけ(仮象)の区別」の「反転」の「多重化」のなかで、どこまでも超越論的実在論の含意をひきずる点が気にかかる(同、二八六-九二頁)。

拙稿としてはこの伝統語法とは手を切って、入不二の言う過去・現在・未来等の時制《テンス》やアスペクトの差異(「隔たりとつながり」)の「関係としての時間」と、もはや「無関係という関係でさえない無関係としての時間」、いわば「未生」の時間、時間「以前」の時間とのあいだの、あの「ねじれたすれ違い」(同、二七六-七頁等)の反復のうちに、カントの〈経験的実在論にして超越論的観念論〉——それはまだ「時間」概念一般をアプリオリに前提する——よりも遙かに深い〈明暗双双〉もしくは〈色即是空、空即是色〉の不断反転光学との類比を看取したい。〈物にして言葉、言葉にして物〉の「そのつど」「とりあえず」の反転の刹那、「時間」の表情豊かな具体相が、われわれ人間の語らいの直下《じきげ》の「もっとも近い足もと」(入不二、二〇〇七年、二五一頁)で、経験的実在性の度を増して立ちあがってくる。その精緻な時間論は、「パトナムの内在的」で「ソフトな実在論」や、ネーゲルの「形而上学的」で「ハードな実在論」を乗り越えて(入不二、二〇〇九年、第九章)、超越論的「実在論の完遂であると同時に消去であるような段階」(同、一八二頁)こそを遠望する。そしてこの「極限的な実在論」の「実在」を、まさに「ないよりもっとないこと」とか「空集合以前」(同、二七八頁および二二九、三二四頁)と詩的に表現する。

(49) 本書序論の、ロックにかんする註解を参照していただければ幸いである。

(50) 直後に言う。「たとえば色や味などは、正しくは、諸物の諸性質として考察されるのではなく、たんにわれわれの主観の諸変化として考察されるのであって、しかもこれらの変化は、人が異なるに応じて異なることがありうるのである」(A29=B45 傍点引用者)と。

(51) ただしそれは、かならずしもただちに「仮象 der Schein」というわけではない。第二版加筆部分の脚注に言う。「現象の諸述語は、客観そのものに添付されうる。ただしわれわれの感官との関係のうちで。たとえばバラには赤色や香が添付できる。しかし仮象はけっして述語として対象に添付されえない。それというのもまさに仮象とは、たんに諸感官との関係のもとで、あるいは一般に主観との関係のもとで対象に付随するものを、この客観それ自身のものとして添付するものだからである。たとえば当初は土星に添付されていた二つの柄が、それである」（B69-70 Anm.）。

(52) テクストはさらに時間が「端的になにか現実的なものであり、つまり内的直観の現実的な形式」であることを確認する文脈で、これが「内的経験にかんする主観的実在性をもつ」（A37=B53）ことに言及する。

(53) 人間一般における普遍性と必然性をそなえたアプリオリな主観性は、とりもなおさず認識の客観性、すなわちその事柄が普遍的必然的にそうであることを、誰もがかならず認めるという「超越論的真理」の条件である。これはいわゆる「間主観性 Intersubjektivität」の概念とも通じるが、個々別々主観を前提したうえで〈あいだ〉を語る術語よりも、根源的な主客未分の場所を明かしている。すなわち「物一般」の超越論的な反省の次元は、物と物、物と我、我と他我たちが分かれる以前の、無差別平等の場所にほかならない。

(54) 『批判』はこの手の先入見を標的にして、経験的認識の対象をただちに「物自体」と見なす見解を吟味する。現象と物自体の「経験的な意味」での区別と「超越論的」な区別との混同を戒める一連の考察には、そういう含意を読み取ることができるだろう。

(55) 日常素朴な経験的実在論を、アリストテレス＝スコラの術語群は形而上学的に強化した。その学校形而上学の知覚理論は、人間の心の外にある「物 res」をあらかじめ「個物」と見なして実体化する。とりわけスコラの場合は、唯一絶対神によるあらゆる個的実体の直接創造の教義が、この先入見を下支えしていたのにちがいない。「魂の外に在るものとしてのレス〔実在的な物 res reale〕と、魂の内に在るものとしてのレス〔概念的な物 res rationis〕とは、並存関係ではなく依存関係にある。すなわちまず魂の外にレスがあり、それは『確定されたエッセ』esse ratum を有しており、それの存在は、それが誰かによって認識されるか否かに関係しない。その意味で認識する魂から独立な自体的存在 esse per se を有している。これに対し、魂の内なるレスは、魂の外なるレスに存在的に依存する。すなわち知性は、魂の外に独立して存在するレスがなければ、これを認識することができない。したがって魂の内なるレスは成立しない。その意味で魂の内なるレスは、魂の外なるレスに依存している」（山田晶、一九八六年、九三一頁）。ここに鮮やかに活写されたトマス認識論の基本構図は、日常素朴な経験的実在論の根底に、古来の〈存在-神-論〉に根ざした超越論的実在論を巧みに潜り込ませている。そしてこの伝統形而上学の内外実体分離の思考枠組みは、スアレスをとおしてデカルト的近代に継承されてきた。

『批判』が相手にしているのは、この思想伝統の総体なのだと言ってよい。個物は超越的な神学や学校形而上学の専売特許ではなく、むしろ経験的実在性の大地に住まう「われわれ人間」の「生 Leben」の事柄である。とりわけ人はこの「経験の地盤」のうえで初めて、かけがえのない具体的な「個人 Individuum」となる。そしてこの世界で他の人格や物件と出会い語らう処々折々の経験（認識・制作・実践）の積み重ねのなかで、各自の生や物事の意味内実はますます豊かなものになってゆく。〈経験的実在論にして超越論的観念論〉の反転光学は、そういう経験的実質的な個体生成論の可能性を秘めている。

（56）『批判』自家用本（A29）への書き込みに言う。「純粋な観念論は、われわれの外なる諸物の現実存在に襲いかかる。批判的観念論はその現実存在を未決定 unentschieden にしておいて、たんにこう主張する。それら諸物の直観の形式はただわれわれのうちにのみある、と。／一つの観念論、これに基づきアプリオリな認識と数学との可能性が認識されうるのである」（XXIII 23）。

（57）『可感界と叡智界』にはまだ、その欲張りな傾きがある。ただし理窟のうえでは叡智界のみを実在界とすることで、思想的誠実を保っている。同様に「善良なるバークリ」（B71）も物体界を否定して、自己と神の唯心論にひきこもる。これにたいして「主語となつて述語とならないもの」の主語論理と「述語となつて主語とならないもの」の述語論理との双方向の徹底探索により、個物と一般者、歴史的経験的実在と形而上学的真実在の二つの実在界を、「内在即超越、超越即内在の絶対矛盾的自己同一の原理」（西田、十巻、一三二頁）で器用に往還する人もいた。とはいえ西田の主眼はやはり後者の伝統形而上学の筋にある。「真の実在を理解し、天地人生の真面目を知らうと思うたならば、疑ひうるだけ疑つて、凡ての人工的仮定を去り、疑ふにももはや疑ひ様のない、直接の知識を本として出立せねばならぬ」（西田、一巻、四〇頁）。これが一貫して譲らぬ基本方針である。しかもデカルトの cogito, ergo sum は「実在と思惟との合一せる直覚的事実をいひ現はしたもの」だとして、これをすべての「出立点」（同、四二頁）とするのが西田の思索の定型である。

この自省的直覚的な思索は、最晩年の「デカルト哲学について」（昭和十九年九月『思想』第二六五号、二十年十二月没後出版『哲学論文集第六』所収）でも反復されている。「カント哲学以来、デカルト哲学は棄てられた。独断的、形而上学的と考へられた。哲学は批評的であり、認識論的でなければならないと考へられて居る。真の実在とは如何なるものかを究明して、そこからすべての問題を考へると云ふ如きことは顧みられなくなつた」（西田、十巻、一一七頁）。こう嘆息した保守反動のテクストは宣言する。「私は古来の伝統の如く、哲学は真実在の学と考へるものである。それはオントース・オンの学、オントロギーである。そこに哲学の本質があるのである。哲学は、その立場から、種々なる問題を考へるのである。知識を論ずるのが知識哲学であり、道徳を論ずるのが道徳哲学である。批評哲学とは知識に対する深い反省である。此故にそれは哲学である。それは知識と真実在との深刻なる対決である。併し真実在の問題は不可知なる物自体の問題として捨てられた。問題を打ち切つてしまへばそれまでであるが、そこに多く問題が残されてゐると云はざるを得ない。哲学は主観主義的となつた」（同、一一九頁）と。新カント派の色に染まったカント解釈に縛られて、「カント哲学は科学的自己の自覚の哲学である」（同、一二四‐五頁）と誤読した人は、見当違いの反発心から「物自体」の超越論的実在論に固執した。しかし西田の哲学の道に出会われていた「真の無の場所」は、じつはもっと別様の「表現」で語られるべきものではなかったか。本書はそこにありえたはずの思索の道筋を、あえてカント理性批判のテクスト総体に尋ねてみたいのである。

（58）テクストはこれにより不可避的に、劇烈な論争渦中に投げこまれる。そして超越論的実在論の教説を批判すべく、旧式の「客観的実在性」の語法も避けがたい（vgl. B70）。

（59）『批判』の「超越論的」とは、事柄を「一般に überhaupt, in genere」考察する基本姿勢を意味する術語であった。それは同時に経験の可能性の条件となるアプリオリな認識の可能性を問う考察視点でもある。ところで経験的実在性の場所には、種々の個別・特殊・普遍が「与えられて」いる。「超越論的」の意味で「一般に」とは、それらのすべての包摂階層を超えた最上級の「普遍」の開けの視座探索にほかならない。ゆえに『判断力批判』のテクスト（V 179）が提示する原義に沿い、「超越論的」な理性批判は、まさにすぐれて「反省的 reflektierend」な判断力の思索と語りだと言うことができる。本書拙稿の見通しを少しでも良くするために、あえてかなり粗い類比に頼って言えば、〈経験的実在論にして超越論的観念論〉の前件と後件の関係は、規定的判断力と反省的判断力との関係に等しい。そしてこの類比を開く「にして」そのものが、反省的判断力により駆動されているのである。

（60）その覚悟の深さは、超越論的弁証論の第三章「純粋理性の理想」の、「最も実在的な存在者 ens realissimum」（A576=B604）の概念をめぐる伝統的三段論法に寄せた、なにげない一句のうちに滲み出る。「実在性一般の普遍的概念は、アプリオリには区分されえない。それというのも人は経験なしに、あの実在性の類に含まれているであろう実在性の一定の種を、知ることがないからである」（A577=B605）。ありとあらゆる「物」の「実在性」を有意味に（つまり言語分節的に）語りうる場所は、「経験」の地盤をおいてほかにない。

（61）「絶対矛盾的自己同一」の「場所的論理」の「立場」で西田が問い求めていた「絶対現在の瞬間的自己限定」（西田、十巻、一四〇頁）は、スピノザや「ヘルバルト」や「ロッチェ」の「実在論的立場」（同、一三九頁）の延長線上ではなく、カント理性批判の不断反転光学の往還の刹那にこそ、「事即理、理即事」（同、一三六頁）として真実に発露するのではあるまいか。かかる冒険的な見通しのもとに考察を進めたい。

（62）　第三省察に言う。「しかし、その観念が私のうちにある事物のうちで、何らかの事物が私の外に存在するかどうかを探究するための、なおもう一つの道が私に浮かんでくる、すなわち、それらの観念が単にある意識様態であるかぎりは、それらの間にいかなる不平等も認められず、すべての観念は同じ仕方で私から出てくると思われる。だが、ある観念がある事物を、他の観念が他の事物を表現しているかぎりは、それらの観念が相互に非常に異なっていることは明らかである。というのは疑いもないことだが、実体を私に示す観念は、単に様態あるいは偶有性のみを表現する観念よりも、いっそう大きな何かであり、いわばより多くの表象的実在性 realitas obiectiva をそのうちに含んでいるからである。そしてさらに、それによって私が、永遠で、無限で、全知で、全能で、自分以外の万物の創造者たる、ある最高の神を理解する観念が、有限な実体を示す観念よりも、たしかにより多くの表象的実在性をそのうちにもっているからである。ところで、いまや自然の光によって明らかであるが、作用因および全体因のうちには、少なくともこの原因の結果のうちにあるのと、同じだけのもの〔実在性〕がなければならない。というのも、結果は、原因からでなくて一体どこから自分の実在性を得ることができるだろうか？　そして原因は、自分もまた実在性をもつのでなければ、いかにしてそれを結果に与えることができるだろうか？と私はたずねるからである。ここからして、無からは何も生じえないことだけでなく、より完全なものは、すなわち、そのうちにより多くの実在性を含むものは、完全性がより少ないものからは生じえないこともまた帰結する。このことは、現実的すなわち形相的実在性 realitas actualis sive formalis をもつ結果についてのみならず、そこにおいてはただ表象的実在性のみが考慮される観念についても、明らかに真である」（デカルト『省察』、山田弘明訳、六五－七頁、原語補足引用者。「物体的実体」の存在をめぐる議論については、同、一一八－一二〇頁、また realitas obiectiva と realitas formalis の差異を語るデカルトの「定義」については、同、一六一頁参照）と。

テクストは「私のうちにある in me sunt」「観念 ideae」と「私の外に存在する extra me existant」「事物 res」との対置を基本にすえている。この両方に“res”を語源とする「実在性 realitas」の概念がからみ事態は錯綜しているが、論述全体はスコラの「知性のうちにあること esse in intellectu」と「物のうちにあること esse in re」、すなわち「概念的にあるもの ens rationis」と「実在的にあるもの ens reale」という厳格な対置法に則って、「表象的〔客観的〕実在性」と「現実的すなわち形相的実在性」との単純な区別を語っている。そして〈考える物 res cogitans〉たる「私」の「外」と「内」の区別に、「実在性」の大小と、「原因」「結果」の必然的連関という二つの論拠をからめ、アンセルムスの神の存在論的証明と同様に、意識（有限的精神実体）の内から外への〈超越〉を強硬に権利主張する。しかしこうしたアプリオリな神の存在証明は成り立たないし、他の思弁的証明も根本的にはこれに依存していて不成立なのだと、『批判』は反論する。

問題の“realitas obiectiva”を機械的に訳せば「客観的実在性」である。元来「主観」「客観」は人間的認識の「観」の事柄を言い表すのだから、そう訳しておけばよさそうなものだし、この意味を十全にふまえてのことだろう、三木清はこれを「客観的實在性」（岩波文庫、六一頁）と訳出した。桝田啓三郎訳（角川文庫、五五‐六六頁）もそれを踏襲する。しかしその他の訳者には「客観」が、まさにデカルトの超越論的実在論に言う「私の外に存在する」「事物」そのものを強く想起せしめたのにちがいない。比較的最近の邦訳書は同じ原語を「表現的実在性」（観念において表現されているかぎりの実在性）」（『世界の名著22』、井上庄七・森啓訳、二六〇頁）とか、「思念的実在性」（『デカルト著作集』第二巻、所雄章訳、五八頁）、そして右のように「表象的実在性」と訳出することで、それが「私」の意識内にあるものを表示する点を強調すべく、余計な苦心をしてきたのである。しかもこれらの「主観的」な匂いのする訳語群に、カント邦訳書の「客観的実在性」を対比することで、あの“obiectiva”から“objektiv”への語義の主客転換説が助長されたのだとすれば、これはカント解釈ならびに近代哲学研究上まことに大きな損失だったといわねばならぬ（錯誤の一源泉として朝永三十郎、一九八五年、八二頁参照）。むしろここでは“obiectiva‐objektiv”の表面的一貫性の奥底にひそむ、『批判』の革命的な転換劇にこそ注視したい。そして現代語に言う「客観的」もじつはまさしく「現象的」で「表象的」にすぎないのだという、理性批判の根本洞察に深く想いを到したい。

（63）　細かく言えばデカルトの「対象的〔客観的〕実在性」と「形相的実在性」の対置は、前提をなす「観念 idée, idea」語法の導入により、十六、七世紀「バロック・スコラ」の「対象的概念 conceptus obiectivus」と「形相的概念 conceptus formalis」の概念対を巧みに「回避して素通り」することで「『正しい』誤読」を敢行したとも言える（山内志朗、二〇一三年、一二〇‐四、一七六‐八三頁）。しかし肝腎要の「客観的」と「形相的」の対置法は、前注に確認した十三世紀「ゴシック・スコラ」以来の超越論的実在論の伝統を踏襲する。

（64）　これは分析論「付録」に登場する術語であり、「経験的悟性使用を超越論的悟性使用と混同することによる反省概念の二義性」という節の表題と位置取りも、まことに意味深長である。この「現象的実在性」は原則論では「知覚の先取」が主題化する「内包量」、つまり「すべての現象において」「対象のもとで感覚に対応する実在的なもの」（A166）、あるいは「感覚の対象である実在的なもの」（B207）と言われていた。そしてこれらの語群は、カテゴリーの「超越論的な使用」（A238f.=B297f.）で「ただ純粋悟性によってのみ表象される」「叡智的実在性 realitas noumenon」（A264=B320）から、厳しく区別されるのである。

（65）　ここにウィトゲンシュタイン『論理哲学論考』の命題を当てはめることもできるだろう。「五・六三一　主体は世界に属さない。それは世界の限界である」。『論考』は一篇の哲学詩として読まれるべきである。同書の論証の総体を最後に「投げ棄て」るべき「梯子」に譬えた六・五四は、地の文全体を一気に「ナンセンス unsinnig」へ反転させるべく、括弧内の「沈黙」の場所から詩的に語っている。そしてこの沈黙の場所から日常言語世界に帰還した『哲学探究』は、「初めに行為ありき」をモットーに、ゲーテの「根源現象」に連なる「総括眺望呈示 die übersichtliche Darstellung」を「われわれの語の使用」に求め、「言語ゲーム」の思索を能弁に展開する。第一部六五四節に言う。「われわれの誤りは、事実 die Tatsachen を『根源現象 Urphänomene』とみるべきところで、〈現象の背後にまわる〉説明を求める点である。つまりわれわれがそこで言うべきだったのは、『こういう言語ゲームが行われている』〔という行為の事実〕なのである」（Wittgenstein, 2001, S.141, 粂川麻里生、二〇〇一年、三九－四三頁参照）。この正統後継の根本洞察に重ねて言えば、百五十年前の『批判』の超越論的感性論と分析論は、空間時間・カテゴリーからなる「われわれ」印欧語族の「言語ゲーム」の「根源現象」を観察しつつ、これら根源語群の経験的実在性のアプリオリな権利根拠を論証した法廷弁論にほかならない。

第二章　新たな超越論的哲学の場所の究明

第一節　物にして言葉、言葉にして物

われわれは経験的実在性の大地に生きてある。わたしとあなたとかれは、それぞれ独立の個人であり、われわれの周囲にはさまざまな個物があふれている。精神と物体は日常的には曖昧に、しかし科学的には画然と分かたれており、物事の認識において主観と客観は鋭く対立する。ここではそのように見えているし、そうでしかありえないように思われる。これが人間的な認識と生の現実である。ただしそれはあくまで一面においてのことである。『批判』はこの人間的な現実を直視する。そしてこれを不断に凝視しつづけるべく、われわれ人間が地理的歴史的に広く共有する「経験」の事実から説き起こす。

この世の経験的な実在《リアリティー》とは何なのか。ここで相互に実体的に分かたれてある個物とは何か。物体とは何であり、精神とは何なのか。そもそも「物」とは何であり、「物がある」とはいかなることか。われわれはいまここで何を知ることができているのか。事柄の根本に迫る一連の問いは、「物」を「一般的」に問う存在論の「超越論的」な反省の場所へ、われわれ人間の思索を導いてゆく。そしてこのとき「物としての物」「あるというかぎりでの物」がいま

だ物体でも精神でもなく、個々の単純実体などでも断じてない、ということに気づかされる。

　個物の形而上学たる超越論的実在論から、物一般の哲学的反省たる超越論的観念論へ。そしてそれゆえにまた〈経験的実在論にして超越論的観念論〉の世界反転光学へ。もしも『批判』の発見驚愕《エウレカ》を言うとしたら、それはあの十年の沈黙のどこかに出来していただろう、この存在論的な根本洞察のうちに見定めて語りたい。「物一般」はいまだに「実体」でも「個物」でもない。もちろん「物体」でも「精神」でも「神」でもない。それら学校形而上学の概念区分に先立って、われわれがいま経験している「対象《もの》」が「一般」に、「物自体」なのか「現象」なのかという点こそが、まずは問われなければならなかった。ここに『批判』独自の「超越論的」な反省と問いが生起した。そしてこれこそがカント以後の（いまも未然の）批判的啓蒙近代の哲学と、いまだに進行しつつあるデカルト的近代の現状とを、画然と分かつ革命的な出来事なのである。

　想像に想像を重ね、あえてあらかじめ結論めいたことを言ってしまえば、近代経験科学の目覚ましい進展ぶりを横目で睨みつつ、自身の『可感界と叡智界』をも呪縛した伝統術語群と格闘する沈思黙考のただなかで、カントというテクストはある日ある刹那に、この世のすべての「物」が「言葉」であることに、はたと気づいてしまったのだ。「空間」「時間」が人間主観の感性的な観念で表象だというのみならず、「実体‐属性」「原因‐結果」という「カテゴリー」の分節枠組みそのものが、じつは叡智界の物自体そのものの知的直観の実相を告げるのではなく、この世の現象を把捉する人間理性、つまり神的な「直観的知性」ならざる有限な「論弁的〔討議的・言説的〕知性 diskursiver Verstand」の言語活動の実態を呈示しているのだ、と悟って愕然としてしまったのにちがいない。[1]

　ゆえに理性《ロゴス》批判は言語《ロゴス》批判として、徹底遂行されなければならない。感性と理性それぞれの支配領域を二世界論的に分断するのではなく、感性理性の協働のもと、この世のあらゆる「物」に寄り添いはたらく、「言葉」の根源的な蠢動に注視しなければならない。新たなカテゴリー論、命題論、三段論法論は、われわれ人間に認識可能な「物一般」をめぐる「言葉」の問題として、「超越論的な論理学 die transzendentale Logik」の表題のもとに講述すべきである。『批判』テクストの建築術の基本方針は、いまここに、こうして定まった。

かくして理性批判の〈経験的実在論にして超越論的観念論、超越論的観念論にして経験的実在論〉の反転光学の、不断往還のそのつどの刹那の閃きの呼吸に唱和して、〈物にして言葉、言葉にして物〉の主導動機が低く静かに鳴り渡る。それはかならずしも「経験的」な個々具体局面の発話や書字の言語行為を、こと細かくあつかうわけではない。しかしテクストはつねに「命題 Sätze, propositio」の論理に注視して、「われわれ人間」の概念や判断や推論の言語活動を「一般的」に主題化する。しかもただ「言葉」の問題に終始した形式論理の伝統を乗り越えて、経験可能な「物」と直に対話する「超越論的」な論理をめざしている。

この思索の根本動向からして、理性批判の反転光学の語りは、あらゆる言語活動の寝静まる絶対無差別の境域にまではあえて立ち入らない。禅語「明暗双双」の「暗」の一文字が幽かに暗示する始元未然の沈黙の無の場所のことを、作者カント個人はまだ知らない。それでもテクストは「物一般」の一語により、あの「色即是空、空即是色」の不断反転往還が息長く批判している、「物」の五蘊言語的な実体化の陥穽を明敏に察知した。そしてその不断往還折り返し刹那の読点を、『批判』の反転光学もまたかろうじて類比的に共有することで、あらゆる主語実体化の言語分節機能が起動する以前の空開《リヒトゥング》の場所、およそ主客や自他や身心や生死の差別の計らいを停止《エポケー》した、主客未分、自他一如、生死一貫の縹緲たる境涯の気配を暗黙のうちに嗅ぎ取っている。超越論的な理性《ロゴス》批判の反省的判断力は、いま、そこから黙然と翻り、「われわれ人間」の「一つの経験」の根底でつねにすでにはたらく言語活動《ランガージュ》の、根源の始発の現場に立ち会おうとしているのである。[2]

ゆえにテクストの語りの総体は、「経験」というもののすべてが、じつは人間の言語的思考の作り物、いわば論弁的分別知の拵え物であることの、自覚の芽生えと徹底批判の軌跡である。そしてこの論点は第一批判の最初から、じつに巧みに打ち出されている。あらためて第一版序論第一文を確認しよう。

経験は疑いもなく、われわれの悟性が産出する第一の産物であり、これは感性的な感覚という生成《きな》りの素材を、悟性が加工しているのである。（A1）

「われわれ」の論弁的な「悟性」による「第一の産物 das erste Produkt」たる「経験」の「産出 hervorbringen」「加工 bearbeiten」。これら人為・人工・作為系の語群が、「感性的な感覚という生成りの素材 der rohe Stoff」の自然なありさまと鋭い対照をなしている。しかもわれわれの現に住まう「自然」の世界は、感官に立ちあらわれた「あらゆる現象の総体 Inbegriff aller Erscheinungen」（B 163, vgl. A114, IV 318, 467）である。超越論的認識批判のテクストは明らかに、人為技術と天然自然とのあわいのなりゆきを見つめている。

ただし、読み方はここで決定的に分かれてくる。デカルト的近代の合理主義・技術主義・産業主義と、東洋伝統の無為自然・行雲流水・天衣無縫の境地を単純粗雑に対置して、右の断片をデカルト－カント－フッサールという、教科書的な哲学史に言う近代的自我の意識哲学の系譜に押し込めてみれば、科学技術による自然支配の基礎づけと正当化という、『批判』の見やすい読み筋が浮かんでくる。そしてそういう読み方もたしかに可能である。しかしこれは右の文章の肌理《テクスチャー》と、書物全体の文脈《コンテクスト》と、書物が置かれたインターテクスチュアルな言説空間とを完全に度外視した、あまりに乱暴でお粗末な読書作法である。

カント理性批判は、デカルト的近代の理性主義との対決から生まれ出て、学校形而上学の概念枠組みの徹底解体と、新たな形而上学の革命的な建築運動の着手をめざしている。この点は前章までの考察から、すでに誰の目にも明らかだろう。この大文脈をふまえるならば、右の一文中「経験」に近く寄り添う「疑いもなく ohne Zweifel」の一句は、デカルトの誇張懐疑と理性主義の非を、単刀直入に告発した挑戦状にほかならない。テクストはしかも第二版の書き換え時にも、「われわれのあらゆる認識が経験をもって始まることには、なんの疑いもない daran ist gar kein Zweifel」（B1）と入念に繰り返す。

「経験 Erfahrung」の一語を、大部著述全体の劈頭に置く。しかも感性の自然性をさりげなく印象づけ、十年前の『可感界と叡智界』の合理主義的な割り切り方とは真逆の道をゆく。感性と知性の持ち分を二世界論的に切り離すのではなく、形而上学的思弁の独断飛翔にふける「われわれの悟性」の純粋概念を、感性的直観との実り豊かな連繫の場所となる「経験」の「地盤 Boden」に引き戻す。そしてこの大地のうえで「将来生まれくるすべての人の生の連鎖 das zusammengekettete Leben」のうちに、つねに「新たな知識」（A1）が恵まれてあらんことを希望する。この自然体のテクストの筆捌きに、デカルトの「われ」の過剰懐疑の意志主義が絶対確実な真理を求めて力みかえった作為にたいする、密かな指弾の声を聴き取ったとしても、もはやけっして深読みにすぎることはないだろう。

近代の人為人工技術の最大の問題点は、たとえば自然の有機的体系文脈を顧みず、ありとあらゆるものを個々の事物や事象に切り分け、それをさらに細分断片化して、恣意的な目的のための手段、とりわけ自己利益追求の方便として操作改変してきたところにある。これにたいして『純粋理性批判』のテクストの建築術、そして来るべき新たな批判的形而上学の道の建築術は、第Ⅰ部でも見たように、『判断力批判』の鍵語たる「自然の技術 Technik der Natur」に結実する技術理性批判の主導動機によって推進されている。だとしたならば、人間の自然本性に根ざす感性と理性との、その意味でどこまでも「主観的」でしかない「アプリオリな認識」について、地道に慎重に直観・概念・命題と手順をふんで「客観的妥当性」の権利主張の正当性を問う第一批判の法廷手続きも、同じ技術理性批判の根本動機に導かれたものとして読み取ることはできないか。

経験的認識の感覚的所与たる「質料 Materie」へのアプリオリな「形式 Form」の賦与という、カント認識批判の基本枠組みは、アリストテレスの「質料」「形相」の概念対に淵源する技術アナロジーにほかならない。人間の技術的製作行為は所与の素材に一定の形態を付与することで成り立つが、カントの超越論的認識批判は、現象の総体たる自然界の客観的認識の可能性の条件、すなわち経験の対象一般の可能性の条件の探究にさいして、技術的製作行為に固有の「質料‐形式」図式を駆使することで、純粋に理論的な経験的認識そのものの技術的な本性を浮き彫りにした。とくに第二版序言で、科学実験の方法とコペルニクス的転回の比喩に重ねて高唱される、自然世界のうちへのアプリオリな形式の「置き入れ hineinlegen」（B XIV, XVIII）は、われわれの「ただ一つの経験」（A110）を「創設 konstituieren」する人間理性の、言語活動《ランガージュ》に内蔵された超越論的な技術にほかならない。

ところでまさにこの文脈で、「立法 Gesetzgebung」の比喩が登場するのは意味深い。

> 悟性はそれ自身が自然にたいする立法である。つまり悟性がなければ、そもそも自然はないだろう。つまり諸規則にしたがった諸現象の多様の総合的統一はないだろう。それというのも諸現象はまさに諸現象として、われわれの外には起こらずに、むしろわれわれの感性の内にのみ現実存在するのだからである。（A126-7）

ゆえに人間悟性は「自然の諸法則の源泉、したがって自然の形式的統一の源泉」（A127）である。一連の立言は、一見すると「たしかに非常に不条理 widersinnig で奇異 befremdlich に響く」（A114, vgl. A127, B164, IV 320）ものである。しかし右にも強調される現象と物自体の批判的区別を根底にすえ、「自然」が「諸現象の総体」すなわち「たんに心の諸表象の集合」（A114）にほかならぬことを考え合わせてみれば、そして〈経験的実在論にして超越論的観念論〉の反転の呼吸を十全に会得するならば、この立法の比喩も理解にさほど難くない。

しかも「質料的に見られた自然 natura materialiter spectata」（B163, vgl. IV 295, 318, 467, B446 Anm.）にたいするアプリオリな「立法」は、「経験にかんして構成的 konstitutiv〔立憲的〕」（A664=B692, IV 364, vgl. V 168）な純粋悟性の諸原則をとおして、「（たんに自然一般として見られた）自然」すなわち「（形式的に見られた自然 natura formaliter spectata としての）自然の必然的な合法則性」（B165, IV 296, 318）をなす「超越論的」で「普遍的」な諸法則（vgl. IV 318-9, V 179-80, 183-6, XX 203, 208-9, 215-6）についてのみ行使されるのであり、その他の「経験的」で「特殊的」で具体的な「多くの諸法則をわれわれは経験によって学ぶ」（A126, vgl. B165, A216=B263, XX 203-4）しかないのである。

形式と質料、超越論的と経験的、普遍的と特殊的という批判哲学の一連の方法的概念対は、「自然という言葉 das

Wort Natur」（IV 295, 467）や「表現」（A418=B446）の基本的な意味を、形而上学的にも自然学的にも日常言語的にも、そもそもどう理解するのかという根本の問いにかかわっている。そしてこの自然全体の経験的多様の「体系的統一 die systematische Einheit」を、この世でいかにして実り豊かに語ってゆくべきかという、理性批判全体の根幹をなす建築術的＝言語論的な問いに向かっている。[3]

以上の諸点を考慮に入れれば、アプリオリな「立法」の比喩は、われわれ人間の住まい語らう経験的実在的な自然界の「憲法 Konstitution, Verfassung」の根源的制定発布という、高度に政治的共同体的な言語行為を含意していることが見えてくる。しかも第一批判から第三批判に向かう論述のなかで、経験的自然認識の「構成的」な原理と「統制的 regulativ」な原理との峻別要請の声はますます高まってゆく。理性批判テクスト総体は、来るべき新たな形而上学の「共和国 Republik」創設革命を先取りして、独断的理性主義のあらゆる暴力的「専制 Despotismus」（vgl. A692=B720）に対抗すべく、共和制の根幹をなす「立法」と「行政統治 Regierung」との権限分立を主張した、「世界市民的 weltbürgerlich」な「法廷」弁論なのである。[4]

批判期の愛すべき小品『人間の歴史の臆測的始元』（一七八六年）は、物の自然と離反した人為技術のもたらす「災悪」「悪徳」を直視しつつ、「教育の真の原理にしたがった文化的陶冶 Kultur」の課題に論及し、「完全な技術 vollkommene Kunst がふたたび自然となる」ことこそが「人類の道徳的な使命の最終目標」（VIII 116-8）だと熱弁をふるっている。そしてフランス革命勃発翌年春公刊の『判断力批判』（一七九〇年）は、「すべてのなかでも詩 Dichtkunst が最高位を主張する」（V 326）古典主義時代の芸術概念たる「美しい技術 schöne Künste」について言う。

　自然は、それが同時に技術として見えたときに美しかった。そして技術は、それが技術であることをわれわれが自覚していながらも、われわれには自然として見えるときにのみ、美しいと呼ばれることができる。（V 306）

かかる理性批判の語りの根本動向からして、これを自然界での人間の技術理性の専制支配の正当化と見る読み筋には、すでにかなり無理がある。その点をひとまず確認して、さらに言うならば、自然への立法という論弁的知性の超越論的な技術は、自然にたいする不当な技術支配か否かの選言の遙か以前の根源の場所にあって、世界諸事物の言語分節という人間理性の仕業自体が、およそわれわれに不可避の自然本性的な技術であることを告げている。

物にして言葉、言葉にして物。『批判』の隠れた通奏低音は、この根源的な言語技術の起動の刹那の気配を感受して初めて聴き取れる。ここに本質的に言語批判となった理性批判は、自然の道に沿う物の語りの技術を物にするべく、〈経験的実在論にして超越論的観念論、超越論的観念論にして経験的実在論〉の反転光学を駆使して、人間の自然本性に根ざす感性と理性の越権を排除する。そのうえでさらに第三批判は、質料的な自然世界に立ちあらわれてくる、個別特殊な諸物の自然本性の聴取の道へ乗り出してゆく。そしてカント哲学はこの経験世界の遍歴踏査《ディスクルス》の道行きをふまえつつ、つねに新たな批判的形而上学の建築術に着手する。

そういう論述行程を遠望しつつ、『批判』はすでに感性論第一章で、空間や物体をめぐる言語論を語っている。前章に引いた重要箇所を再掲しよう。

> かくしてわれわれは人間という立脚点からのみ、空間について、延長をもつ存在者について等々、語ることができるのである。われわれがその条件のもとでのみ、諸対象に触発されるだろう刹那に、外的直観を獲得できるという、その主観的な条件からわれわれが立ち去るならば、空間についての表象はなにも意味をなさない。この述語は、諸物がわれわれに現象しているかぎりでのみ、つまり感性の諸対象であるかぎりでのみ、諸物に付与されるのである。(A26-7=B42-3)

感性のアプリオリな形式としての「空間」は、ここで「語り reden」や「述語 Prädikat」の観点で論じられている。しかもそれは個々人各々折々の言語行為《スピーチアクト》の問題でなく、「われわれ」「人間」の言語活動《ランガージュ》の事柄として一般に考察されている。ここにデカルトやロックの言語哲学とは異なる、超越論的な言語批判の新たな始動への目配せを感知しても、よもや読み込み過ぎにはならないだろう。

第二節　超越論的観念論の真景

人間理性の自己批判の法廷は、経験を可能にする「アプリオリな総合命題」の可能性を審理して、諸命題の「客観的実在性」をさしあたりは術語の伝統用法に忠実に、「われわれの感性の内」なる諸現象・諸表象・諸観念に限って認定する。しかもそれと同時に、デカルトの超越論的実在論が権利主張した「形相的実在性」、つまり精神実体の外なる物自体への「現実的」な妥当性を全面的に断念する、捨て身の戦術に打って出る。これはしかし「人間という立脚点から」は正攻法であり、ここに理性批判は超越論的な言語批判となり、一般記号論の正道を切り拓く。そしてこの言語論的な文脈で、「客観的実在性」の体系的位置価を、存在論的＝認識論的に一気に浮揚させるのだ。

いまや『批判』の船旅は微塵も疑い迷うことなく、経験的実在性の陸地沿岸を安全安心に進みゆく。そしてこの「経験の地盤」のうえで、普遍的必然的に妥当するアプリオリな認識の「客観的実在性」と、個々人主観の特殊性・偶然性を免れぬ感覚感情の「主観的実在性」（A197＝B242）とを明快に区別する。さらに『プロレゴメナ』はこの論点を、周知の「経験判断 Erfahrungsurteil」と「知覚判断 Wahrnehmungsurteil」の区別で敷衍して[5]、これを『批判』第二版演繹論は統覚の「超越論的統一」の客観的妥当性と、「経験的統一」の主観的妥当性との対比で引き受ける（B139-40）[6]。

ラテン語の「客観的実在性 realitas obiectiva」は、デカルト理性主義のもとにあって、「考えるわれ」という個的実体内部に幽閉されていた。しかもたんに観られた物の観念の実在性として、自我の外なる実体自体を摑む「形相的実在性」の遙か下位に甘んじた。それが『批判』のドイツ語「客観的実在性 objektive Realität」になってからは、「常識 gemeiner Verstand, sensus communis」にも適う経験的実在論の見地のもと、「われわれ人間」の世界共通主観性に根ざす「アプリオリな認識」の後ろ盾も得て、個人主観の経験的制約に縛られた「主観的実在性」の上位に立っている。しかもこの局面にあって「客観的」「主観的」の区別は、個々の「経験的判断 empirisches Urteil」の妥当価値の判定問題である。いまやこの対概念の使用法も含め、[7] すべての「物」が「われわれの内」なる諸表象の「意味 Bedeutung」をめぐる言語分節の事柄と化している。[8]

物にして言葉、言葉にして物。この超越論的な言語批判の反転光学の視圏では、〈言語的なもの・記号的なもの〉の〈外〉などはありえない。個物の形而上学たる超越論的実在論の呪縛を脱した『批判』の革命劇に即してみれば、カントの「客観的実在性」は、デカルトのそれとは根本的に異なっている。しかもこの術語の意味転換は、概念史通説に言うような、表象的なもの・観念的なもの・意識的なものの「内」から「外」への境界超越の移行成就では断じてない。むしろその意味変換は、そういう「超越論的」な外部への固執そのものの撥無による、まったく新たな言語批判の本格始動を告げている。

かかる壮大深遠なる一般記号論的な理性批判の展開の萌芽を、〈経験的実在論にして超越論的観念論〉の世界反転光学は宿している。だから『批判』はこの超越論的な言語批判の道を徹底踏査してゆくためにも、バークリの上をいく「より高い観念論」（IV 373）などという揶揄は物ともせず、初版の「超越論的観念論」の名称変更でお茶を濁したりせずに、[9]「超越論的観念論」の語りそのものをさらに洗練強化してゆくべきだったのだ。

ゆえにわれわれが言おうとしていたのは、これである。すなわち、われわれの直観はすべてが現象の表象にすぎない。……われわれが一般にわれわれの主観を、あるいは感官の主観的な性状だけでも廃棄するなら、空間と時間における諸客観のあらゆる性状や関係は消え去るだろうし、空間と時間さえもが消え去るだろう。これら〔諸客観の性状や関係〕はすべて諸現象として、それ自体そのものにおいて現実存在できるのではなく、われわれの内にのみ現実存在できるのである。（A42＝B59）

> われわれが超越論的感性論で充分証明したように、空間または時間において直観されるすべてのもの、したがってわれわれに可能な一つの経験のすべての対象は、諸現象つまりたんなる諸表象にほかならない。これらの表象は、それが表象されているとおりに、延長をもつ存在者として、あるいは諸変化の系列として、われわれの思想の外部にそれ自体で根拠づけられた現実存在をもっているわけではない。この学説を、わたしは超越論的観念論と名づけている。（A491-2=B518-9）

言われていることはじつに明快だ。カントの「超越論的観念論」は、アプリオリな直観形式たる空間時間の観念性を主張するとともに、「外的感官および内的感官の観念性、したがってたんなる諸現象としての感官の客観すべての観念性」、つまり経験可能な「物一般」の観念性を洞察した革命的な「この理論」（B66）のことを言う。[10] つまりわれわれ人間が現に生きてあり、見聞きし、語らい住まう、経験的実在界のすべての「物」が、そもそも「一般に überhaupt」（刹那反転！）、じつはそのまま丸ごと「現象」であり「表象」であり、つまりは観念《アイディア》であり言葉《ロゴス》なのだと卒然と見切ってしまい、全身全霊が震撼せしめられた、ある一つの哲学的な根本経験を言うのにちがいない。[11]

心機一転。ここではやはり、決定的な事件が起きている。あえて哲学史的な術語で平たく言えば、これは超越論的な反省の場所での「観念 idea」語法の全面展開である。デカルトは神の知性の内なる「イデア」というスコラの術語を人間知性に転用した。この斬新な用語法で、「観念」の守備範囲はかなり広がった。[12] しかし「考えるわれ」という精神実体の超越論的な〈外〉に、「形相的かつ現実的」なる「神」と「物体」が実体措定されたことで、「観念」語法は不可避的に心理学的な色彩を帯びることとなる。そしてとりわけ物体にかんする認識と言表の問題をめぐり、「観念」の語は知覚の因果説や真理の指示説等、種々のアポリアを惹き起こしてデカルト的近代の哲学を難渋させてきた。[13]

そこで「善良なるバークリ」は、この哲学的難点を解消して内心の信仰の道を安泰に保つべく、当代趨勢の唯物主義に抗議する。そして外界に現実存在するすべての「物体をたんなる仮象におとしめた」（B71）。この「神秘的かつ空想的」（IV 293）で「独断的」（A377, B274, IV 375）な観念論は、もちろん常識的観点からは暴挙に映る。しかしデカルト的近代の超越論的実在論の大枠のなかで、「神」と「自我」という純粋知性的な精神実体の孤塁を守り抜き、ここにイデアの真実在の場所を確保していくためには、唯心主義《スピリチュアリズム》の観念論《アイディアリズム》は論理必然的な帰結だったのだ。だから右の「善良なる」という形容には、たんなる皮肉だけでなく、先達の哲学的な律義さへの讃辞もこもっているのにちがいない[14]。

　じじつこれにより、デカルト的二元論の一角が崩れて『省察』の本音も露呈した。ここにヒュームの懐疑が追い打ちをかけ、カントはこの「注意喚起」により「独断的まどろみ」（IV 260）から覚醒する。それからの長い沈思黙考の時を経て、『批判』はついに〈経験的実在論にして超越論的観念論〉の境涯にたどりつく。われわれの思索と語りの足場はつねに経験的実在性の「実り豊かな低地」（IV 373 Anm.）に保ちつつ、しかもこの世にありとあらゆる「物」を「一般に」考察する視座、この超越論的な反省の縹緲たる局面では、あえてすべての経験的判断を完全に停止して、いかなる実体も立てないで黙然と観る。そもそも「実体」も「因果」も、可能的経験の対象にのみ「客観的妥当性」を認可された言葉なのだから。そして「物体」どころか純粋知性たる「考えるわれ」、そして「ありてあるもの」たる「神」も――この最後の二つにはたんなる現象とは呼びがたい気配があるものの――、一切の分節差別を一気に捨象しつくして、「一般に」「あるというかぎりのあるもの」はみな無差別平等に「表象」であり「観念」であり、ゆえに世界万物はわれわれ人間の言語活動の映像なのだとする、批判的啓蒙近代の哲学の新境地を革命的に拓いたのである。

　「すべてを破砕するカント」。同時代の率直な評言は、こうした真実在撥無の局面にこそ的中する。可能的な経験の限界を超える「超感性的なもの das Übersinnliche」。これについては、たんなる思弁から実践へという細やかな深謀遠慮も『批判』にはある。じじつ第二版書き換え箇所はこの点を何度も強調している。しかしテクストの真意を悟らぬ人たちは、そこにたんなる破壊衝動のみを感受し恐怖した。この情緒的反応にもたしかに根拠はある。『批判』はまさに、旧来型の学校形而上学への破産宣告にほかならないからである。

「すべての独断的形而上学の崩壊の時が、疑いもなく現にある」(IV 367)。革命の時代診断は、学校形而上学の本丸たる一般形而上学＝存在論＝超越論的哲学の財産目録の精密検査に基づき、理性批判の法廷で下された。中世スコラの超越概念は無限実体たる「神」の述語として「有 ens」「一 unum」「真 verum」「善 bonum」を語っていた。デカルトの形而上学も、この超越論的実在論の教条そのままに、神と物心二元を根源的に実体措定した。デカルト的近代はこれを踏襲したが、『批判』の「物一般」の思索と語りは、「実体」概念をあらかじめ前提し使用することを断じて許さない。そもそも「実体 Substanz, substantia」の語源たる「ウーシア」は「財産」を意味する俗語である。その点もふまえてのことにちがいない。考えられただけの「可能的な百ターレル」と、目の前の「現実的な百ターレル」を鋭く対置して、『批判』の語用論は、神の現存在の存在論的証明に無効宣告したのである[15]。

いまや「物一般」の「超越論的」な反省のもと、すべては「表象」である。だから『批判』は「理念《イデア》一般 Ideen überhaupt」も、その思想の根底にある「道徳的 sittlich」な形而上学の建築術的関心を確認しつつ、あえて「表象一般」の「類 Gattung」に収めたうえで、その「階層構造」の最高位に置くのである。

類は表象一般 Vorstellung übergaupt (repraesentatio) である。これのもとには、意識をともなう表象(知覚 perceptio)がある。主観の状態の変容として、ただ主観のみに関係づけられる知覚 Perception は、感覚 Empfindung (sensatio) であり、客観的な知覚は認識 Erkenntnis (cognitio) である。認識は直観または概念 Anschauung oder Begriff (intuitus vel conceptus) である。直観は直接的に対象に関係づけられ個別的である。概念は多くの物に共通でありうる徴表を介して間接的である。概念は経験的概念または純粋概念である。そして純粋概念は、それが(感性の純粋形象 reines Bild のうちにでなく)たんに悟性のうちにみずからの源泉をもつかぎり、想念 Notio と呼ばれている。諸想念からなる概念は、経験の可能性を超え出るものであり、これは理念《イデア》 Idee つまり理性概念である。(A320=B376-7)

デカルトは「観念 idea」を精神実体内に格納した。それがいま「物一般」をめぐる超越論的反省のうちで、われわれ人間に広く共有された「表象 Vorstellung, repraesentatio」一般として語られる。かつては彼岸の真実在だった「イデア idea, Idee」にしても、伝家の超越論的実在性を剝奪され[16]、いまやわれわれの純粋理性が思念する表象である。デカルト的近代は idea の語を「観念」「イデア」の二義に解して、単純実体たる知性の内と外の股裂き状態に置いてきた。この「観念」語法の致命的な欠陥が解消され、この世のありとあらゆる物事は一般に、長く「あの世」のこととして語られてきた事象も含めて、じつは「表象」である。そしてすべての表象は、われわれ人間の超越論的反省の語りの内に取り込まれている。もはやこの反省思考の「外」は論理的《ロゴス》にありえない[17]。

個的実体の超越論的実在論を完全に脱却した超越論的観念論にして初めて、かかる全般的な表象世界の縹緲たる真景を「反省遂行的 reflektierend」に開示することができるのだ。いまやこの世のすべては、われわれの反省の思索と語らいの内にある。「物一般」は「表象」であり、万物は一般に、言語活動の父母未生以前の場所に蠢く、不定無言の言葉たち《テクスト》である。そのうえで一番肝腎の問題は、つねにそのつどいまここの現実に還ってくること。われわれの言語活動のうちなる諸表象を、現に出会われてある個々の事物、他の誰でもないこの「わたし」を含む個人・個物の自然本性に聴従しつつ、それぞれの細かな差異に照らし合わせて、「経験の地盤」のうえで「客観的実在性」をもって、われわれのあいだで有意味に言表することである。すなわちわれわれのありとあらゆる表象を徹底吟味して、普遍的で必然的な妥当性をもった「規定的 bestimmend」な判断《ことば》のかたちに仕上げること[18]。そしてここに生まれてきた数々の具体的命題を、われわれ世界市民の共通言語として、公的開放的に正しく語らうことのできる場を開くこと。経験的実在論にして超越論的観念論、超越論的観念論にして経験的実在論。これこそが、理性批判法廷でテクストが切に訴えつづけていた中心題目である。

第三節　内外分別二義の判別

いまや万物は、超越論的な表象一般の世界にある。物一般は現象として、言語活動による適切な、望むらくは美しく生き生きとした分節を、ここで待っている。他方われわれは、この表象界の外なる物自体のもとには出て行けない。いかに意志強固でも、この世の外に出てゆくことは不可能だ[19]。否、古来の超越論的実在論を完全滅却したわれわれは、もはやそういう超越論的な外部に出てゆく必要がない。そもそも超越論的観念論の根本義からして、彼岸真実在の措定などありえない。そしてまた「客観的実在性」の正統な定義からして、命題の真理は表象世界の超越論的な外に出るものでは断じてない。この意味で『批判』の「客観的実在性」の射程距離はゼロである。しかしその守備範囲はまさに世界大である。

経験的実在論にして超越論的観念論。それはわれわれ人間の「意識一般」の〈内〉なる表象一般を、この意味で客観的実在性をもつ命題のかたちにして、「経験の地盤」のうえで語らうべく決意することにほかならない。物一般の無差別平等の表象一般の見地では、自他も主客も物我も内外も未分である。ゆえに統覚の外を臨む「窓」や「無窓」の比喩自体が無意味である。すべての物事の分別は、超越論的な表象世界の〈内〉で生起する。いうまでもなくわれわれ人間の言語活動によってである。

理性批判は超越論的な言語批判である。そして『批判』の思索は、空間論を端緒とする。デカルト的近代と真正面から対峙するためにも、そうでなければならなかった。

われわれが外的諸対象と呼んでいるものは、われわれの感性のたんなる表象にほかならない。（A30=B45）

学校形而上学の超越論的実在論は、「われわれの感性」の「外的諸対象」を物体自体として実体措定する。このとき右の命題は、バークリの「経験的観念論」（A491=B519）のそれと見分けがつかなくなる。のみならず『批判』テクストは純粋自我も自然世界も神も「たんなる表象にほかならない」とまで宣告しているのである。教条独断の惰眠をむさぼる輩には一大事である。

テクストはいま、十年の沈思黙考を経て旧来の思考枠組みから脱却し、経験的観念論「よりも高い」超越論的観念論の反省の見地に立っている。物自体を実体措定した学校教理を完滅するためにも、「外」にあると言われる「物体」の概念精査に着手しなければならない。

> われわれの超越論的観念論は、これとは逆に〔デカルトやバークリのような経験的観念論とは異なり〕、以下の点を認可する。外的な諸直観の諸対象が、まさに空間において直観されるそのままに現実的にもあるということ、そして時間におけるあらゆる変化も、それを内的感官が表象するそのとおりに現実的にあるということ、これである。（A491=B520）

これから先の理窟は前章に見た。ここで確認したいのは、この「外的」直観と「内的」直観の区別が、超越論的観念論の縹緲たる表象一般の世界の内にあって、しかもそこから経験的実在論の語りの文脈に還ってくる、その途次に初めて浮上しているという点である。超越論的観念論にして経験的実在論。この世界反転光学の還相局面で、空間と時間、量・質・関係・様相、実体-属性、原因-結果という一連の世界認識の根源語群が立ち上がる。[20] そしていずれもわれわれの経験の可能性のアプリオリな条件として、現象一般への客観的妥当性をもつ言葉として、経験的な使用権限を公式に「認可 erlauben」されるのである。

ここに「経験的」な内外区分と「超越論的」なそれとが（vgl. A373）、批判哲学的に鋭く判別されたこと。しかも超越論的実在論の固執する超越論的外部が全面的に放擲されて、万物が超越論的な表象の世界内で、可能的経験的な言語分節の事柄となったこと。そしてこの言語活動の端緒として、「外」なる空間中の物体（物理現象）と「内」なる時間中の意識変化（心理現象）との根本分節が、「経験的二元論」という新たな装いのもとに登場してくること。

この三点が決定的に重要である。[21] そしてこの根源的言語批判の文脈で初めて、「物体」が基本的に「経験概念」だとされていたことの重みも明らかになってくる。[22]

経験的実在論にして超越論的観念論、超越論的観念論にして経験的実在論。『批判』の世界反転光学のもと、「物一般」は「意識一般」の「超越論的」な内なる反省局面で語られる。これにたいし「外」なる「物体」は「経験的」に可能な認識の「客観的実在性」の探索局面で語られる。空間中に一定の場所を占める「物体」の名目定義からして、「物体はいずれも延長をもつ」という命題は、「矛盾律」に基づく「アプリオリ」な「分析的判断」（IV 267, vgl. auch A8, B11-2）である。しかしそれは「たんに解明的 erläuternd」であって「拡張的 erweiternd」ではない。「物体についてのわたしの概念」を拡張し、「わたしの認識を拡大する」（IV 266）ためには、「ある物体は重さをもつ」（IV 266, vgl. auch A8, B12-3, B142）という経験的総合判断や、「物体的世界のすべての変化において物質の量は不変のままである」という自然科学の「アプリオリな総合的諸判断」（B17）が不可欠である。

空間時間・カテゴリーの根源語群は、このアプリオリな総合の可能性の条件として、理性批判法廷に召喚されている。「統覚の総合的統一の原則はあらゆる悟性使用の最高原理である」と題した第二版「超越論的演繹」第十七節の冒頭に言う。

> 感性との連関で、あらゆる直観の可能性の最高原則は、超越論的感性論によればこうだった。直観のあらゆる多様は、空間と時間という形式的条件のもとに服している、と。これとまったく同じ直観の、悟性との連関における最高原則はこうである。直観のあらゆる多様は、統覚の根源的‐総合的統一の諸条件のもとに服している。（B136）

目にも鮮やかな対句である。しかも「統覚の総合的統一が最高点」なのであり、「人はあらゆる悟性使用を、さらには全論理学さえ、そしてこれにつづく超越論的哲学をも、この頂点に繋ぎ留めておかなければならない」（B134 Anm.）と言う。『批判』は一貫してアプリオリな総合を重視する。カントの「われ思う」の「われ」は、デカルト的近代の超越論的実在論の形而上学的飛翔を断念し、感性的直観の知覚のほうへ決然と方向転換して、経験的実在性の大地に帰還した「超越論的統覚」だからである。

この一人称単数の「われ」は個々独立自存の精神実体でなく、「われわれ人間」の誰もがそれを生きてある「われ思う」の「主語」である。つねにこの経験の可能性の大地で「現象の質料」たる「直観のあらゆる多様」に目を見ひらいた、人間的認識の「基体」たる「われ」である。この「われ」は「物一般」の超越論的な反省局面では、「現象の総体」たる「自然」の広大さに等しく、まさに世界大に広がった縹緲たる「意識一般」である。ただし無差別平等の「表象一般」は内容空虚である。ゆえにわれわれの「自己」は「他」の仲間と協働し、つねにそのつどのいまここで経験に尋ねつつ現実世界を遍歴踏査する。そしてこの世で現に出会われる個々具体の物の趣に沿い、それにふさわしい言葉を紡ぎ出してゆく。経験的実在論にして超越論的観念論、超越論的観念論にして経験的実在論。この反転光学は、そういう経験的実在性の言語批判の道行きを根源的に駆動する。

これにたいしデカルトの方法的懐疑は、「われ思う」の「われ」と感性との連繋路をいたずらに遮断した。そして純粋知性の思惟活動の明晰判明な直観により、たんなる自己意識を実体化して特権化した。しかも無限実体たる神による個物創造の教義と、物体・精神を実体的に区別すべしという哲学的要請とを織り重ね、デカルト的近代の超越論的=存在論的な宇宙空間は、最初から精神と物体との実在的な分裂情況にある。これに主観‐客観対立図式が絡んできて、自然科学の「客観」たる「物体」自体は、これを認識する「主観」自体の超越論的な外部に現実存在することとなる。ここに近代の認識問題は、この意味での内から外への「超越 Transzendenz」の機微の謎解きゲームとなり果てた。

カントの『批判』は心と物体を、感性のアプリオリな形式たる時間と空間の区別、感官の内外区分に読み重ねて区別する。それは「経験的」な意味での「内」と「外」との言語分節である。理性批判において超越論的な「外」は問題外であり、考慮の外であって、「物」「あるもの」はすべて「超越論的」な反省の〈内〉にある。「物一般」は、「あるものをあるものとして」考察する「存在‐論 Onto-logie」の、超越論的反省の縹緲たる開けの〈内〉で自覚的に語られる。[23]「物一般」の超越論的な虚空の視圏は、「内‐外」「主‐客」「心理‐物理」等、すべての分別にたいして決定的《クリティッシュ》に先行しており、この「物一般」の存在論的な反省の場所が、カント超越論的哲学を根底で支えている。かかる「物」への問いの閃きの場所で、人間理性の「われ」が、認識の「基体＝主観」として浮上したときに初めて、「純粋自己意識」と他の「物」との認識論的関係を「一般的」に反省すること、つまり「超越論的」な認識批判が新たな哲学の課題となってくる。

デカルト的近代の認識論では、物体と自我がそれぞれに独立した個的有限実体として現実存在し、そのうえでこの両者のあいだに「主観‐客観」関係が結ばれて、そこに初めて人間的認識が成立するという順序である。しかるにその論述冒頭、哲学は創造の神の絶対視点にあるかのようである。カントの批判的認識論は、実体として独立自存する「主観」「客観」のあいだの「超越」の関係づけをめざす趣旨のものではない。[24]その「超越論的」な認識批判では、「物一般」の考察局面が存在論的な問いの開けとして先行する。しかもこの超越論的な反省の縹緲たる視座のもと、「物一般」はいまだ個々の「実体」として相互に分裂することなく、ただひたすら「物」として世界の内で無差別平等に共にある。

この超越論的な反省の次元は、「物」と「物」との区別と関係の可能性、すなわち「実在的可能性 reale Möglichkeit」の開けであり、したがってまた「われ」と「物」との実質的＝質料的な出会いの可能性の場所でもある。かかる超越論的な関係可能性の開けの場所で、「われ」は「物」と出会い、「物」は「われ」の「対象」となる。そしてここにたんに「論理的述語」ではない「実在的述語（つまり物の規定）」（A598＝B626）の語りの場所が開かれてくる。このような存在論的な問いの開けを、あえてデカルト的物心二元論の主観‐客観対立図式から翻ってみれば、それはまさに「主観」と「客観」との関係をつねにすでに可能にする超越論的な開けとして、〈主観と客観とのあいだ das Zwischen des Subjekts und Objekts〉にほかならない。[25]あるいはこれを主客未分、物我一如の「無の場所」と呼んでもよいだろう。

この超越論的反省の視座を、存在論の問いの長い伝統から継承したカントは、「対象」概念についても、さしあたりまずは中世スコラ語法を尊重し、そのうえであの「思考法の革命」を敢行した。存在論の「物一般」の開けを前提して決行された認識論上の「コペルニクス的転回」。これは、デカルト的物心二元論を前提に言われる主観・客観の語義逆転とは、まったくの別物である。人間の認識能力をめぐるカント超越論的批判の土俵上、主観（認識主体）と客観（認識対象）はつねにすでに「物一般」の存在論的な連関のもとにある。『批判』はここに超越論的反省をめぐらして、「われ」と「物」の主客連関がアプリオリに可能だとしたら、それはいかにしてか、またいかなる範囲でのことかを静かに観想する。

「われわれのすべての認識が対象にしたがわなければならない」と想定するのではなく、逆にすくなくとも対象認識のアプリオリな形式にかんしては、「対象がわれわれの認識にしたがわなければならない」と想定する思考法の大転換[26]。それは、認識主体との関係を離れて独立自存する超越論的な「外」なる実体については遂行不可能である。『批判』の認識論はつねにすでにわれわれの有限理性との関係のもとにある「物」を「客観」とするのであり、右の思考法の革命も、かかる人間的認識の「対象」たる「現象」にかんしてのものである。カントのコペルニクス的転回は、スコラの「対象」と「客観的実在性」の術語法を実直に継承した「物一般」への超越論的な問いの次元で、初めて決行されたのである。

第四節　超越論的対象、物一般、物自体

超越論的理性批判は、「物一般」および「対象」の公式用法において、アリストテレス＝スコラの存在論の問い、「あるものをあるものとして一般的に考察する」第一哲学の伝統を継承する。これを媒介したのは皮肉にも、『批判』

が打倒すべきドイツ啓蒙主流の「ライプニッツ－ヴォルフ哲学」（A44=B61）である。「すべてを破砕する」カントの革新性はたしかに重要だが、『批判』は哲学的思惟の伝統から孤立して、すべてを一から始めたわけではない。理性批判はみずからの思索の厳密性と理解可能性および公共性を確保するべく、伝統的な考察枠組みと術語法を順守して論述を進めたし、新たに思索を始めたばかりのドイツ語を、伝統哲学用語たるラテン語に接続対応させようと努めたのである。

ただしこの伝統の継承は、墨守を意味しない。むしろ語法の継承は考え方の一大変革の前提である。真の変革は伝統からの断絶でなく、伝統との直接対決のうえに生まれ出る。カントは「超越論的認識」の意味を、「対象」に一般的にかかわるというよりも、「われわれのアプリオリな対象認識のあり方」に一般的にかかわるものへと変更することで、存在論的思惟の伝統に認識論的な問題構制を正しく導入する新案を提起した。そしてアプリオリな対象認識にかんする「思考法の変革」を宣言した。デカルト的近代の認識問題を拘束した超越論的物心二元の主客対立を『批判』は拒絶して、中世スコラの「対象」概念に立ち返る。これは表面的には伝統の揺り戻しだが、デカルト以後の形而上学を真に変革するための根本的な仕切り直しであり、存在論的思索の核心部の新たな取り戻し《ヴィーダーホーレン》だったのだ。

カント理性批判により、超越論的哲学は総じていかなる変容を被ったのか。枢要な術語の意味に注視して、くわしく確認してみよう。カントと伝統的存在論は、「物一般」「あるものとしてのあるもの」が指し示す〈存在-論的〉な問いの開けを共有する。そしてこの場所は、純粋悟性概念《カテゴリー》を駆使する純粋知性の思考可能性の水準面に相当する。伝統的存在論とカントとの根本差異は、この純粋知性の次元で、たんに「思弁的」に「物」の認識が可能だとするか否かの一点にある。すなわち純粋知性の存在論な考察の次元にかんする認識論的な評価が、独断教条的な理性主義の超越論的哲学と、理性批判を経た超越論的哲学とのあいだで真逆に異なるのである。

問題の鍵をにぎる術語として、まずは「超越論的対象 der transzendentale Gegenstand, das transzendentale Objekt」に注目しよう。「超越論的対象」とは何か。この点をめぐっても古来多くの議論がある。しかしこの術語は基本的に「物一般」「対象一般」のたんなる言い換えである。この点は「一般」と「超越論的」の術語連繋からすでに自明だろう。問題はこの術語の実際用法であり、理性批判がくわえた意味変更である。『批判』は純粋カテゴリーが「超越論的対象」「対象一般」の思惟形式として、これに連関することまでは承認する。しかしこれにより「物一般についてのアプリオリな総合的認識」が可能だとは考えない。批判法廷は純粋知性の次元における「物」の思弁的認識を否認するのである。

これを言い換えれば、「純粋カテゴリー」は「超越論的意味 transzendentale Beduetung」を有するが、「超越論的使用 transzendentaler Gebrauch」は不可だということである。

思惟とは、与えられた直観を対象に連関させるはたらきである。もしもこの直観の様式がいかなる仕方でも与えられていないとするならば、そのとき対象はたんに超越論的であり、悟性概念は超越論的使用（すなわち多様一般についての思惟の統一）しか持たないことになる。ところで純粋なカテゴリーのうちでは、われわれに唯一可能な直観たる感性的直観のあらゆる条件が捨象されており、ゆえに純粋カテゴリーによってはいかなる対象も規定されず、さまざまな様式での対象一般にかんする思惟のみが表現されるだけである。……それゆえカテゴリーのたんに超越論的な使用は、本当のところは（なにか或るものを認識するための）いかなる使用でもない。（A247=B304）

純粋カテゴリーは、感性の形式的諸条件を欠いた場合は、たんに超越論的な意味を持つだけであり、超越論的使用は持たない。なぜならば、この超越論的使用はそれ自体が不可能だからである。（A248=B305）

「物一般」「超越論的対象」を「純粋カテゴリー」で「規定 bestimmen」して「認識 erkennen」するのは不可能であり、われわれはただ物を物として一般的に「思惟 denken」できるだけである。『批判』の純粋知性の次元は、「感性的直観のあらゆる条件が捨象された」たんなる思惟可能性の水準であり、この超越論的な空開の視圏では、カテゴリーの「使用」もありえない。認識は直観と思惟があいまって成り立つのだが、われわれ人間に「唯一可能な直観」は「感性的直観」であり、理論的認識の対象は感官をとおして与えられうる経験の対象だけである。ゆえにカテゴリーの使用も「経験的な使用」にかぎられる。

純粋悟性概念はけっして超越論的には使用されえず、つねにただ経験的にのみ使用されうる。そして純粋悟性の諸原則は、ただ可能的経験の普遍的条件との連関においてのみ、感官の対象へと連関づけることができるのであり、けっして物一般へと……連関づけることはできないのである。（A246=B303）[27]

人間理性は物の認識において、感性の制約を免れえない。純粋カテゴリーは物一般に連関するが、思惟と直観の接合のもとに「可能的経験の普遍的条件」を語る純粋悟性原則は、これを「物一般」に「連関づけることはできないのである」。カントの認識批判は、人間理性の有限性の洞察に基づいて、純粋範疇言語の「超越論的使用」の権限を否認する。

かかる理性批判の苦汁を知らぬ伝統的存在論（およびその末裔）は、独断教条的に物一般の純粋知性認識を権利要求する。つまり純粋カテゴリーの「超越論的使用」の権能を僭越にも主張する。そして純粋知性の次元で物の認識が、つまり「対象一般にかかわる認識」が成立すると考える。この思想伝統のもとでは、物を一般的に静観眺望する存在論的考察が、ただちに物を「それ自体において an sich selbst, in se」認識したことを意味している。[28] 言い換えれば「物一般」の超越論的考察が、「物自体」の思弁的認識へ短絡する。こうして「超越論的使用」を主張する伝統的存在論の独断教条主義と、みずからの批判的な立場との差異を鮮明に打ち出すべく、テクストは言う。

なんらかの原則における概念の超越論的使用とは、その概念が物に一般的にかつ自体的に auf Dinge überhaupt und an sich selbst 連関させられた場合の使用であり、これにたいして経験的使用とは、その概念がたんに現象（すなわち可能的経験の

対象）にのみ連関させられたときの使用である。（A238-9=B298）

「原則における」カテゴリーの「使用」の区別に関連して、「物自体」と「現象」の区別が浮上する。純粋カテゴリーは伝統的存在論でもカントでも、等しく「物一般」にかかわっている。しかし伝統的存在論が純粋知性の超越論的次元で「物自体」の認識が可能だとするのにたいし、超越論的理性批判はそういう「物自体」の認識は不可能で、われわれの感性に与えられるかぎりでの「現象」だけが認識可能なのだと釘をさす[29]。人間悟性は純粋知性のたんなる思惟の次元から感性的直観の次元へ降り立って、「現象としての物」を「経験的」に認識するしかない。あえて比喩的に言えば、伝統的存在論の僭称する「超越論的使用」が「物一般」から「物自体」へ飛翔する上昇ベクトルを舞うのにたいし、『批判』の承認する「経験的使用」は「物一般」から「現象」への下降ベクトルを地道にたどるのである[30]。以上のような伝統形而上学とカントとの思索の根本差異を反映し、「物自体」「ヌーメノン Noumenon」の概念は、諸家の論争状況で「大いなる誤解を招きうるような二義性」を帯びることになる。ゆえにテクストはここでも術語の正しい用法の確立に腐心する。

物にかんするわれわれの直観様式を捨象することで、われわれの感性的直観の対象ではないかぎりでの物をヌーメノンのもとに理解するとき、これは消極的な意味のヌーメノンである。これにたいし非感性的な直観の対象をヌーメノンのもとに理解するとき、われわれはある特殊な直観様式を想定しており、それは知的直観のことだが、これはわれわれの直観でなく、われわれはその可能性さえも洞察することができない。そしてこの場合にヌーメノンとは、積極的な意味におけるヌーメノンである。（B307）

ここで「消極的な意味のヌーメノン」とはわれわれにけっして認識されず、たんに思惟されうるにすぎないものとして、「感性の越権を制限するためのたんなる限界概念」（B310）と言われた「物自体」である。これにたいし「積極的な意味」のヌーメノンとは、伝統形而上学がカテゴリーの「超越論的使用」で認識できると言い張った「物自体」でである。

後者のヌーメノンとは、人間の直観とは別種の「知的直観 intellektuelle Anschauung」を前提する。ところがこの種の直観は「神的な知性」にのみ可能なのだから（vgl. B311-2）、有限な人間知性には「積極的な意味」のヌーメノンを認識することができない。そして伝統的存在論も本当のところは、ヌーメノンのたんなる思惟に基づき超越論的考察を展開しているにもかかわらず、このヌーメノン概念の「二義性」に惑わされ、「われわれの感性の外のなにか或るもの一般 Etwas überhaupt としての知性的存在にかんする、まったく無規定な概念 ganz unbestimmter Begriff」、つまり消極的なヌーメノンを取り違えて、「われわれが悟性によって一定の仕方で認識できるはずだと思われている存在者の、規定された概念 ein bestimmter Begriff」（B307）と思い込んでいるのである。さもなくば伝統的存在論は不遜にも、自分が神のごとき知をもつと自惚れていることになる。

かくして人間理性の批判は「積極的な意味」のヌーメノン概念を却下して、「たんに消極的な意味」のみを採用する。

それゆえ、われわれによってヌーメノンと呼ばれるものは、たんに消極的な意味においてのみ、それとして理解されるのでなければならない。（B309）

この「消極的なヌーメノンとしての物自体」の概念は、その無規定性、不可知性という点で「物一般」「超越論的対象」の概念と重なりあう。(31)『批判』に固有の理路でも、純粋悟性概念は物を「自体的 an sich selbst」に捉えるが、「あらゆる感性の条件の捨象」ゆえに、物にかんして規定された概念を与えることなく、たんに「なにか或るもの一般」として、あらゆる具体性を欠いたまま無規定的に思惟しうるにすぎない。

伝統形而上学はこの「物一般」の無規定性を不当に超出し、「物自体」の積極的肯定的な規定性を詐取している。

『批判』はこの越権行為に抗弁し、純粋知性の思弁を「物一般」にかんする徹底的無規定性のもとに押し戻す。そしてこの本来的な無規定性を確認すべく、「感性的直観の条件の捨象」ゆえの「たんなる思惟」という論点を再三強調する。カントの「物」への問い、「ある」への問いは、かかる純粋思惟の無規定性の場所に開かれる。それはたしかにきわめて抽象的な空開である。しかし「物」とは何か、「ある」とはいかなることかが思索の主題となること自体がかなり特異な事態であり、つねにすでに具体的個物に出会われている日常経験の現場から顧みれば、かなり抽象的な思弁の事柄なのである。

第五節　物の諸相をめぐる光学実験

「物一般」「超越論的対象」と「物自体」「ヌーメノン」は、ともに感性のあらゆる制約をはなれた純粋知性の考察次元に属している。この抽象的思弁の局面で、伝統的形而上学は物の無規定性を規定性へすりかえる。これにたいしカントの超越論的な認識批判は、この水準面では純粋思惟の無規定性のもとに踏みとどまる。そして「物」の規定可能性は、有限なる人間の理性と感性の協働のもと、「可能的経験」の対象たる「現象」「フェノメノン」に求めてゆく。ここに「物自体」と「現象」の区別は、伝統形而上学にたいする理性批判の対決姿勢を鮮明に映し出す。「わたしは何を知りうるか」。「物自体」と「現象」の区別は、われわれの理論的認識対象となるべき「物」への問いについて、超越論的な理性批判が公的に告知した認識論的な判定にほかならない。先の「ヌーメノン」という語の積極的な意味と消極的な意味の鑑別も、「物自体」は人間的認識の対象たりうるかという一点にかかわっており、この認識の問いから派生したのである。かくして「物一般」と「物自体」の論述コンテクストは明らかに異なっている。両概念は同じく純粋知性の次元に属しているが[32]、「物一般」は存在論の概念であり、「物自体」は感官の対象たる「現象」から区別されるべきものとして、超越論的理性批判の認識論の術語である。つまり「物一般」と「物自体」

は存在論か認識論かという考察の視点《ロゴス》にかかわる分別であり、両者を「実在的 realiter」に区別するものではない。

そして「物自体」と「現象」の見分けも、実在的な区別ではない。それは超越論的な認識批判の文脈で、実在的に同一の「物」を光学的に区別して見せる、かなり論争的な概念対である。『プロレゴメナ』での激しい抗議を経て、『批判』第二版序言で現象と物自体の区別をあらためて説明するにあたり、カントは同書の論証そのものを光学的な「実験」に喩えている。


〔純粋理性の〕実験は、われわれがアプリオリに想定する諸概念と諸原則についてのみ行われうるだろう。しかもその実験は同じ諸対象を、一方では経験のための感官および悟性の対象として考察し、しかし他方ではせいぜいのところ、経験の限界を超え出て行こうとする孤立した理性のために、たんに思考されるだけの対象として考察し、かくして同じ諸対象を二つの異なる側面から考察できるように、諸概念と諸原則を設《しつら》えることでなされている。ところで諸物があの二重の視点から考察される場合には、純粋理性の原理との調和が生じるのにたいし、一様の視点だと理性の自己自身との不可避的な矛盾葛藤が生まれるのだが、これがはっきりすればこの実験により、あの区別が正しいという判決がえられるのである。（B XVIII-XIX Anm., vgl. B XXI Anm.）

伝統形而上学の超越論的実在論は、感性界の諸現象を仮象として無化する一方で、感性から独立自存する本体的真実在として、物自体を独断教条的に前提しつづけてきた。理性批判は物自体の思弁的認識の不可能性を宣告し、これは「たんに思考されるだけの対象」だと裁定し、そもそも現象と物自体の区別は「同じ諸対象 dieselbe Gegenstände」の「二つの異なる側面 zwei verschidene Seiten」にすぎないと喝破する。かくして諸現象の背後的真実在を主張した超越論的実在論のフェノメノンとヌーメノンの二項対立は、同じ物をあるときは感性的、あるときは純粋理性的に「考察する」「二重の視点 doppelter Gesichtspunkt」の反転光学の言葉として換骨奪胎されたのである。(33)

ここに物自体の旧来型教条は払拭され、現象と物自体の区別の意味も根本的に転換される。しかもその区別は、理性の自己矛盾を回避するのに不可欠の「偉大な試金石」（B XVIII）として、批判哲学の中枢に新たな型式で温存される。つまりわれわれの経験的認識のアプリオリな諸条件を問う超越論的認識批判の文脈で、あくまでも同一の実在物をまなざす二重視点の反転光学的な概念区分として、現象と物自体の新たな術語法が打ち出される。それがみごとに定式化された箇所を、もう一つ引いておこう(34)。

空間と時間は感性的直観の形式にすぎず、ゆえに現象としての物の現実存在の条件であるにすぎない。さらにわれわれが悟性概念を、物の認識のための要素としてもつのは、これに対応する直観が与えられうるかぎりにおいてのみである。したがってわれわれは物自体そのものとしての対象でなく、むしろただ感性的直観の客観であるかぎりの対象、すなわち現象としての対象についてのみ認識をもちうるのである。以上の点が、批判の分析的部門で証明される。するとたしかにここからは、理性のあらゆる思弁的認識はたんなる経験の対象についてのみ可能だという制限が帰結する。しかしながら充分に注意しなければならないが、そうした場合でもなお以下の点は留保されている。すなわちわれわれはまさにこの同一の諸対象を物自体として、たとえ認識できないにしても、すくなくとも思惟することはできるはずである。（B XXV-XXVI）

まずは「物の現実存在 Existenz の条件」が「空間と時間」に局限された点が注目に値する。そして「物自体そのもの Dinge an sich selbst」と「現象としての物 Dinge als Erscheinungen」の区別は、「経験的」な「認識」の「対象」となりうる「物」を一般に問う超越論的認識批判の文脈で、「まさにこの同一の諸対象 eben dieselbe Gegenstände」の二側面として総括されている。この二面を区別する根拠は人間の認識能力の二つの幹、つまり理性と感性の分岐にある。そして同一の対象を感性の制約をはなれた純粋知性の思惟の観点で把握するか、感性的直観の目で摑まえるかという視点の差異を、物の「自体」と「現象」の概念対置が表現する。それとともにこの光学的解析は、われわれが物をそれ自体としては「認識」できず、これをただ「思惟」しうるのみであり、たんに現象としてしか「認識」できないという、人間理性の有限性を改めて厳粛に告知する。

以上諸点をふまえると、フェノメナ・ヌーメナ章の重要性がきわだってくる。「あらゆる対象一般をフェノメナとヌーメナとに区別する理由について」という表題がすでに意味深い。「あらゆる対象一般」という存在論の考察の場で、フェノメナかヌーメナかの超越論的認識批判の裁定が下される。カントは「物一般」の語で存在論的思惟の伝統を継承した。そこに「現象」「物自体」の概念対で、認識論的問題構制を導入する。『批判』の革新的意義は、この存在論的反省局面への認識論的観点の導入にある。超越論的理性批判は存在論的な認識批判であり、あの「超越論的認識」の意味変更も、じつはその延長線上にある。

「物一般」と「物自体」、「物自体」と「現象」。いずれの概念対も「物」の実在的区別を含意しない。「あらゆる対象一般」を「フェノメナとヌーメナとに区別」するという場合も、物の全体集合たる「物一般」が、「物自体」と「現象」という二つの実在的部分集合に分断されるわけではない。「現象」と「物自体」の認識批判的な判別は、「物一般」という存在論的な問いの水準で、あたかも同じ平面全体の表裏の区別として成り立っている。ゆえに「現象界」と「物自体界」、「感性界 Sinnenwelt」と「悟性界 Verstandeswelt」、「可感界 mundus sensibilis」と「可想界 mundus intelligibilis」というカントの二世界論も、けっして二つの世界の実在的区別を言うのではなく、同一の世界にたいする人間主観の二つの姿勢、感性的と理性的、理論的と実践的という光学的な視座の差異を意味している。(35)

フェノメナ・ヌーメナ章は、物自体と現象の区別の精確な意味を分析論の掉尾で確認し、弁証論へ橋渡しする間奏曲《インテルメッツォ》である。それは一般形而上学たる存在論の思弁をめぐる認識批判の成果を確認し、新たに特殊形而上学三部門との対決に乗り出すべく、法廷弁論の批判的装備を再点検するための幕間狂言である。その意味で物自体と現象、フェノメナとヌーメナの区別は、ここにいたるまでの『批判』の超越論的論証の結論に相当する。

そもそも第一批判の超越論的原理論は「一つの実験」である。理性批判は数学や実験科学の「思考法の革命」に倣い、それとの類比により、形而上学でも「対象が認識にしたがう」と想定するコペルニクス的転回を試みる。しかも『批判』はこの「試み」そのものを、科学の「実験」になぞらえる。そして「純粋理性の実験」は、「対象がわれわれの認識にしたがう」という命題を「仮説」（B XXII Anm.）として掲げ、その立証に努めている。その作業は感性論では「対象の直観」について試みられ、分析論では「対象の認識」とそれに必要な「概念」について試みられ、この一連の考察過程で右の根本仮説には、「物自体」と「現象」の区別が第二仮説として重ね合わされてくる。

ところでこの「純粋理性の実験」は「対象」についてというよりも、「われわれがアプリオリに想定する概念や原則」にかんしてなされている。しかもこれら概念や原則を超越論的に案配して、「同じ対象が一方では感官と悟性による経験の対象（現象）として考察され、他方では経験の限界を超出して孤立する理性にとっての、たんに考えられるだけの対象（物自体）として考察されうるように、つまり同じ対象が二つの異なった側面から考察されうるようにする」（B XVIII-XIX Anm.）。分析論はこの光学的思考実験をつうじて、対象がわれわれのアプリオリな理性認識にしたがうことを論証する。それとともに「われわれのアプリオリな理性認識は諸現象にのみかかわるのであり、これにたいし諸事物自体そのもの die Sache an sich selbst は、たしかにそれだけで現実的 für sich wirklich なのだとしても、しかしわれわれには認識されないままに残される」（B XX）ことが確認される。[36]

以上の論証前半部を受け、とりわけ第二仮説の正しさを検証するのが、超越論的論理学の第二部門たる弁証論である。「われわれのアプリオリな理性認識にかんする先の第一部門での評価の帰結の正しさを検証する実験が、まさしくここにある」（B XX）。そしてその検証実験は、第一仮説と第二仮説にかんする帰謬法により、以下の手順で遂行される。

経験とあらゆる現象との限界を必然的に超え出るようにわれわれを促すもの、それは無制約者 das Unbedingte〔無条件的なもの〕だが、理性はこの無制約者を物自体のうちに、必然的にあらゆる正当性をもって……求めている。ところでわれわれの経験認識が物自体としての対象にしたがっているのだと想定した場合、無制約者を矛盾なしに考えることはまったく不可能になる。これにたいし、われわれに与えられている物についてのわれわれの表象が、物自体としてのこの物にしたがうのではなく、むしろこの対象が現象として、われわれの表象様式にしたがうのだと想定した場合は、先の矛盾は解消する。それゆえ無制約者は、われわれが認識するかぎりでの物（われわれに与えられるかぎりでの物）においてではなく、われわれが認識しないかぎりでの物、すなわち事物自体としての物において見いだされなければならない。（B XX）

ここに「われわれが思考様式の変革された方法として想定したものの正しさを示す、輝かしい試金石」（B XVIII）が与えられた。物自体と現象の区別は、コペルニクス的転回の着想と密に絡んで、批判哲学の最重要論点を構成する。そして分析論と弁証論とを区切り繋ぐフェノメナ・ヌーメナ章は、『批判』の論証全体の間奏曲として、テクストがめざすところを明確に指し示す。

「現象」「物自体」を「フェノメナ」「ヌーメナ」に換言する語法は、一連の区別がプラトンに由来することを暗示する。そもそも「現象」「物自体」の分節根拠となる「感性」と「理性」の区別は、「アイステーシス」と「ヌース」の区別に対応する。そしてプラトンではアイステーシスで「フェノメナ」が見られ、ヌースで「ヌーメナ」が知られたのである[37]。だからプラトンとの対応に着目することは、カントの「現象」と「物自体」を解釈するさいの事前準備である。ただしカントはここでもプラトニズムの伝統をそのまま踏襲するのではなく、用語の継受をつうじて根本変革をもたらそうとする。

第一にプラトンでは、イデアは事柄の本質を指し示す「事柄それ自体」である。そして「ヌーメナ」の呼称は、それがただちに純粋知性認識の対象であることを含意する。これにたいしてカントは「物自体」を「ヌーメナ」と言い換えることで、それがけっして認識されえず、たんに思惟されうるもの（可想体）でしかないことを教示する。第二にプラトンの「ヌーメナ」は、「フェノメナ」から離れて独立に現実存在する実体《ウーシア》である。この思想伝統に縛られて、カントの「物自体」をも実体化して捉える誤解も絶えないが、くりかえし確認したとおり「物自体」と「現象」、「物自体界」と「現象界」は実在的に区別されるべきものではない。『批判』の「物自体」はたんに思惟されうるもので

あり、けっして実体化されてはならないのである。(38)

第三にプラトンのイデア論では、「善美なるもの」の真実の智慧を愛求するエロースの衝迫と、「存在 *εἶναι*」「思惟 *νοεῖν*」「言明 *λέγειν*」の厳格なる合致を唱えるパルメニデスの要請とにより、純粋知性認識の対象たる「ヌーメナ」のみが真実在で、感性的に認識された「フェノメナ」はたんなる仮象であり非存在《メー・オン》である。『批判』は、かかる「知性=理性主義 Noologismus, Rationalismus」の超越論的実在論のドグマを断じて採らない。近代科学の興隆期に生き、理論的認識において「経験」を重んじるカントは、存在論的反省の場ではむしろアリストテレスに随行し、感性的に見られる物（自然学的対象）と知性的超感性的に知られるべき物（形而上学的対象）のすべてをおおう概念として、「あるもの一般」の観点を継承する。そして『批判』は「物一般」への存在論的な問いの開けの場所に、「現象」「物自体」の認識論的区別を導入した。「純粋理性の歴史」をふまえつつ、「経験主義者」アリストテレスと「知性主義者」プラトンとを批判的に調停するためである。(39)

『批判』の超越論的論理学の「分析論 Analytik」はアリストテレスの「アナリュティカ」、そして「弁証論 Dialektik」はプラトンの「ディアレクティケー」との批判的対話の試みである。カントの分析論は、アリストテレスの「あるもの一般」にかんするロゴスに、自然認識のための理性の「内在的使用」を支える限定的権限を付与することで、その経験主義的モチーフを継承する。同時にプラトン的伝統が非存在だと軽んじてきた「現象」の存在意味を復権させる。他方、弁証論では「物自体」の思弁的認識を主張する「理性主義」の独断を排除して、イデア論の真意は「理性の実践的使用」にこそあると指摘する。そして思弁の迷宮で論理形式と戯れる学校哲学を、現実世界での実践のための形而上学へ転換すべく、まずは「物自体」の思惟可能性の場所を確保する。(40)すなわちプラトンを始めとして、あらゆる愛智者が希求してきた「無制約者」にかんする智慧を、「たんなる思弁」ではなく「純粋理性の実践的使用」のうちに探るべく、「悟性界」の概念のもとに、批判哲学的な思索と語りの「立脚点」を築くのである。

第六節　超越と内在

こうして『批判』は、アリストテレス＝プラトン哲学の精髄を自家薬籠中に取り込んだ。そして可能的経験の限界内でカテゴリーの客観的実在性を確保するとともに、その限界を「たんに思弁的」に超越しようとする純粋理性を、「実践的認識」の道へ導き入れる。『批判』はこの文脈で「現象」と「物自体」を区別して、道徳的実践的な「形而上学」の建築の、そして「信仰」の語らいのための「場所 Platz」（B XXIX, XXX）を、「物自体の次元 Ordnung der Dinge an sich selbst」に確保する。

超感性的なものの領野において、思弁的理性にあらゆる前進が拒絶されたあとでもなお、われわれにはまだ残された道がある。すなわちあの無制約者という超越的理性概念を規定するための与件《ダータ》が、理性の実践的認識のうちに見いだされないかどうかを試してみて、そのような仕方で形而上学の望みどおりに、あらゆる可能的経験の限界を超え出たところでは、たんに実践的な意図でのみ可能であるにせよ、われわれのアプリオリな認識が成功しないかどうかを試してみるのである。（B XXI）

「超感性的なもの」の認識をめざす形而上学の第二部門。それが理性の思弁的使用にとどまるかぎり、「われわれのアプリオリな認識」は「現実的」な対象との連関をもちえない。われわれの新たな形而上学は、むしろ理性の実践的使用において、対象の実現を意志して行為するという仕方で「のみ」、この世の「物」との連関をもちうるのである。

理性の認識は二つの仕方でその対象と連関させられうる。対象とその概念（これは余所から与えられなければならない）をたんに規定する bestimmen か、あるいはさらにその対象を現実へともたらす wirklich machen〔実現する〕かである。前者が理性の理論的認識であり、後者が理性の実践的認識である。（B IX-X）

理論的認識の対象を現象にかぎることで、アプリオリな実践的認識の場所を確保したカントは、『道徳形而上学の基礎づけ』（一七八五年）から『実践理性批判』（一七八八年）に連なる論述をとおして、「道徳法則」の定言命令のうちに、アプリオリな実践的総合判断の可能性を見いだす。そしてこの根本法則を自己の直接的な規定根拠とする「善意志」の「自律」の「自由」を礎として、新たな「道徳の形而上学」の建築術に乗り出してゆく。

それは「あるもの」を考察する「自然の形而上学」とは異なり、「あるべきもの *δέον*=das, was sein soll」つまり道徳的義務としてなされるべき行為《プラグマ》という「物《レス》」をあつかうものである。その原理的部門は、「存在論 Ontologie」から区別して「当為存在論 Deontologie〔義務論〕」と言う。そして理性批判をふまえた「実質的」で「本来的な形而上学」（XX 265, vgl. 292）は、自律の自由の「実践的定説的な教え praktisch=dogmatische Lehre」（XX 310, vgl. 273, 293-8 u.s.f.）に求められることになる。批判哲学の究極的な意図は、理論的部門における可能的経験（および近代経験科学）の超越論的な基礎づけというよりも、第二部門における「道徳的実践的 moralisch-praktisch」なものの根本原理の探究にある。[41]

ここではしかしその実践的超越の道筋をたどるのは差し控え、理性批判と伝統的存在論との根本差異をさらに厳しく見極めるべく、理性の理論的使用の場面に立ち戻ろう。第四節でふれたように、伝統的存在論はカテゴリーの「超越論的使用」を主張して、純粋知性の次元で「物一般」の無規定性から（積極的）「物自体」の規定性へと独断教条的に短絡する。かかる純粋知性認識を求める学校形而上学の上昇ベクトルに対抗して、カントの超越論的な理性批判は、たんに思弁的な純粋知性の次元では「物一般」の無規定性に踏みとどまり、「消極的」な意味の「物自体」のたんなる思惟に徹しつつ、物の理論的な認識規定を求めて「物一般」から「現象」へ、つまり純粋知性から感性への下降ベクトルを駆動して、カテゴリーの「経験的使用」を権利主張する。このベクトルの比喩をカントの用語で言い直せば、前者は思弁的な純粋知性認識により経験の限界を超え出る「超越」の空路をめざすのにたいし、カント理性批判は（いまだ実践的ならざる）理論的認識においては、あえて「可能的経験」の「客観的実在性」の大地に根ざす

「内在」の道を選び取る[42]。

ところで「形而上学 Metaphysik」における「可能的経験」からの「超越」、したがってまた「現象の総体」たる感性的な「自然 Natur」の超出という課題については、「超越的 transzendent」と「超越論的 transzendental」の識別のしにくさも災いして議論の絶えないところだが、この二つの術語の意味は基本的に、これらと対をなす「内在的 immanent」と「経験的 empirisch」の関係に照らして理解されなければならない。少し長くなるが、これらの語群が初めて公式に導入される重要箇所を引いておこう。

その適用がまったくもって可能的経験の制限内にとどまるような原則を内在的な原則と名づけ、この限界を跳び越えるべく求められている原則を超越的な原則と名づけることにしよう。ただしわたしがこの超越的原則のもとに理解するのは、カテゴリーの超越論的な使用すなわち誤用ではない。後者は判断力のたんなる過誤にすぎない。この判断力は批判によってしかるべく制御されていないために、〔経験の〕地盤の限界を充分に留意しないのだが、純粋悟性はこの地盤のうえでしか活動を許されないのである。これにたいし前者〔超越的原則〕は現実的な原則であり、われわれに無理強いをして、あの境界の柵杭をすべて引き倒し、まったく新たな地盤をわがものとして、そもそもこの地盤にはいかなる境界設定も認められないと豪語するように、われわれを仕向けている。ゆえに超越論的と超越的とは同じでない。われわれが先に講述した純粋悟性原則は、たんに経験的にのみ使用されるべきであり、超越論的に、経験の限界を超え出る仕方で使用されるべきでない。しかるにこの制限を取り去って、そのうえさらにこの制限を踏み越えるように命じる原則は超越的である。われわれの批判によって、かくも自惚れた原則が仮象だと発見するのに成功できたあかつきには、たんに経験的な使用にかんする先の原則は、後者の〔超越的な〕原則とは反対に、純粋悟性の内在的な原則と呼ばれうるであろう。（A295-6=B352-3）

「内在的」と「超越的」の区別は、純粋悟性の「使用」にかかわる「原則」についてなされている。カテゴリーの「超越論的」使用は誤りである。にもかかわらず、それをあえて主張して「可能的経験の限界を超え出る」ように命じる原則が「超越的」な原則である。これにたいし超越論的認識批判が指示したとおりに、カテゴリーの使用を「たんに経験的」なものに押しとどめ、その原則自身も「たんに経験的」にのみ使用されるような原則が「内在的」である。つまり純粋悟性の使用を「超越論的」なものとして権利主張するか、それとも「たんに経験的」なものにとどめるかの違いに応じて、「超越的」と「内在的」とが区別されている。先のベクトルの比喩を読み重ねれば、「超越的」とは「超越論的使用」への上昇ベクトル、「内在的」とは「経験的使用」への下降ベクトルを言い表す(43)。

この術語分節を敷延すれば、上昇ベクトルを本旨とする伝統形而上学は「超越的」であり、下降ベクトルを選択する理性批判は「内在的」ということになる。前者は経験を超えた「物」の純粋知性認識を僭称する「超越的」な哲学であり、後者は新たな「内在的」存在論の構築をめざす「経験的」認識の「超越論的」哲学だと言うこともできる(44)。純粋悟性の「超越論的使用」と「経験的使用」、その対照に類比的に連なる「超越的」と「内在的」の区別。プラトンの「理性主義」の路線で経験からの思弁的超出をもくろむ伝統形而上学の独断的性格と、理性の理論的使用において経験の重要性を見いだした超越論的理性批判。両者の根本差異が、一連の概念分節のうちに確認できる(45)。

第七節　「物一般」の二義性

伝統的存在論の「物一般」は、純粋知性の思弁的飛翔の上昇ベクトルにより、あらゆる経験の限界を出た「超感性的なもの das Übersinnliche」に向けて牽引されている。超越論的認識批判は、知性と感性の合致を求める下降ベクトルにより、「物一般」を「経験の地盤」に向けて押し戻す。たんに思弁的な超越か、それとも可能的経験への内在か。根本性格を異にする二つの哲学のはざまで、「物一般」は不可避的に二義性を帯びてくる。この二義性は「物自体」の「積極的」と「消極的」の区別に類比的に対応し、したがってまた「認識」か「たんなる思惟」か、「規定性」か「無規定性」かの区別にも重なっている。あるいは二つの認識ベクトルが行き着く対象を考慮して、「物自体」と

「現象」の区別に応じた二義性とも言えるだろう。ただし一連の区別は、カントの超越論的認識批判を待って初めて厳密な意味で成立する。だから問題の「物一般」の二義性は、理性批判による区別以前と以後のあわいの、哲学革命の現在を反映した二義性だと見たほうがよい[46]。くわしく確認してみよう。

純粋知性の超越論的な「一般」の反省の次元、この存在論的な「物」への問いの基本姿勢は、伝統的存在論と批判哲学とのあいだで大きく異なり、ゆえに「物一般」は二義的にならざるをえぬ。したがってまた「超越論的対象」も「超越論的使用」の概念も、同じ二義性を帯びてくる。そもそも「超越論的」という術語自体が最初から、この二義性のもとに導入されていた。「超越論的認識」の語を『批判』序論が初めて導入したとき、これには「対象」に「一般的にかかわるすべての認識」という意味と、われわれのアプリオリな「対象認識のあり方」に「一般的にかかわるすべての認識」という意味があることが確認されていた。そしてカント自身は、学校形而上学の唱える前者よりも、後者のほうを「超越論的認識」と呼ぶのだと公的に宣言した[47]。

批判哲学が独自に切り開く「超越論的認識」は、さらに「超越論的論理学」の導入箇所ではこう説明されていた。前章第一節で省略した部分も補って長く引く。

わたしはここに注釈をくわえておく。この注釈の影響力は、以下のすべての考察に及んでおり、人はこの点を充分はっきりと注意しておかなければならない。なんであれアプリオリな認識でありさえすれば超越論的と呼ばれてよいというわけではない。むしろ一定の表象（直観もしくは概念）がアプリオリにのみ適用され可能であるということ、そしてそれはいかにしてかということを、われわれがそれによって認識するようなアプリオリな認識だけが、超越論的と呼ばれるのでなければならない。（すなわちアプリオリな認識の可能性または使用が、超越論的と呼ばれるのでなければならない。）（A56＝B80）[48]

ここでは、われわれのアプリオリな認識の「可能性」にかかわるアプリオリな「認識」が「超越論的」と呼ばれている[49]。そこから転じて「アプリオリな認識の可能性または使用」そのものも「超越論的」と呼ばれることになる。この場合の「超越論的」な「使用」は、カントの超越論的認識批判で重要な地位を与えられるものであり、「物一般かつ自体に連関する」カテゴリーの「超越論的使用」のように、たんに「誤用」で「それ自体不可能」な形而上学的独断とは明らかに異なっている。その語義解説はこう続く。

それゆえ空間も、あるいは空間のなんらかのアプリオリな幾何学的規定も超越論的な表象ではなく、これらの表象が経験的な起源をもつのではけっしてない、という認識が超越論的なのである。また、それにもかかわらずこれらの表象が経験の対象にアプリオリに連関しうるという可能性と、それはいかにしてかということの認識が超越論的だと言えるのだ。同様にして対象一般にかんする空間の使用などというものがあるとすれば、それも超越論的だということになるだろう。しかし空間の使用はたんに感官の対象にのみ制限されるのであり、したがってそれは経験的である。それゆえ超越論的なものと経験的なものとの区別は、認識の批判にのみ属するのであって、認識対象への認識の連関にはかかわらないのである。（A56-7=B81）

表面的には前節までに確認された場合と同じく、ここでも「超越論的使用」が否定され「経験的使用」が肯定されている。しかしその否定と肯定の理由はまったく異なる。ここで「超越論的使用」が否定されるのは、それが「空間」の使用だからである。『批判』において「空間」はカテゴリーではなく感性的直観の形式であり、ゆえに「空間」は初めから「感官の対象」すなわち「経験の対象」にのみアプリオリにかかわっており、「物一般」という純粋知性の対象にはかかわらない。

これにたいし先に「カテゴリー」の「超越論的使用」が却下された理由は何か。「カテゴリー」は「物一般」にアプリオリにかかわっている。しかしそれは「たんなる思惟」においてのことであり、この純粋知性の次元だけでは物を「認識」するための「使用」は不可能である。物の認識のためには「思惟」とともに「直観」が必要で、その「直観」はわれわれの場合たんに「感性的」であり、われわれには「感官」をとおしてのみ対象（物）が「余所から」与えられる。かかる人間理性の特殊事情ゆえに、「カテゴリー」の使用も空間時間の使用法に合わせて、「経験的」なものに限られることになる。

じつはカテゴリーの客観的な超越論的演繹の主旨も、右の一点につきている。すなわち純粋カテゴリー自身は「物一般」「超越論的対象」にかかわりはするものの、対象認識の権利主張は「感官の対象」「われわれの感性的直観の対象」「経験の対象」つまり「現象」にたいするものに制限されねばならず、このことの論証を「経験の可能性の条件」の探究という文脈でおこなうのが、当該演繹にほかならない。それは言い換えれば、カテゴリーの「客観的妥当性」の権利主張が容認される範囲の公式認定である。そして当然のことながら超越論的演繹の論証過程では、カントに固有の意味での「超越論的使用」と「超越論的対象」の概念が、重要かつ積極的な役割を果たしている。

たとえば第一版の演繹は冒頭、論証の全体をつうじて展開されることになる「三段の総合」に関連して、次のように言う。

あらゆる経験の可能性の条件を含む三つの根源的源泉（魂の素質ないし能力）がある。……それはすなわち感官と構想力と統覚である。……これらすべての能力は、経験的使用のほかに、形式にのみかかわり、アプリオリに可能であるような超越論的使用をもっている。（A94）

「空間」という感性的表象の超越論的使用も、「カテゴリー」という純粋知性表象の超越論的使用も、それぞれの理由で否定されていた。それにたいし「感官と構想力と統覚」という三つの「能力」については、その「経験的使用」の根底にあって、これを可能にするアプリオリなはたらきとして、「アプリオリな多様の総観 Synopsis」「このアプリオリな多様の総合 Synthesis」「このアプリオリな総合の統一 Einheit」という「超越論的使用」があると言われている。しかも経験的認識のアプリオリな「形式」にのみかかわるこれら「超越論的使用」が一つになって、「アプリオリな直観の多様の総合的な統一」という「根源的統覚」の自発性のはたらきを形成するのであり、これによって初めて「経験一般が可能になる」と主張されるのだ[50]。

しかもこの「三段の総合」の頂点では、カントの超越論的認識批判に固有の意味での「超越論的対象」が、いよいよ「統覚の統一」との関連のもとに鮮烈に登場する。

> この超越論的対象（それは現実的には、われわれのあらゆる認識においていつも一様なもの、すなわちXである）にかんする純粋概念は、われわれのあらゆる経験的概念一般における対象への連関を、つまり客観的実在性を提供しうるものである。ところでこの〔純粋〕概念は規定された直観をまったく含まず、それゆえ認識の多様が一つの対象への連関のうちにあるかぎりにおいて、その多様のうちに見いだされるような統一にのみかかわるだろう。しかるにこの連関は、意識の必然的統一以外のなにものでもない。すなわち、一つの表象のうちで多様を統一する心の共通機能による、多様の総合の統一にほかならない。（A109, vgl. auch A104-5）

同じ趣旨は、あのフェノメナ・ヌーメナ章でも、より鮮明に反復されている。

> われわれのあらゆる表象は、じじつ悟性により、なんらかの客観へ関連づけられている。そして現象は表象以外のなにものでもないのだから、悟性はこれらの表象を、感性的直観の対象としての一つのなにか或るもの Etwas に関連づけている。ところでこの或るものは、そのかぎりではたんに超越論的な客観にすぎない。これはもちろん、一つの或るもの＝xを意味しているが、これについてわれわれはまったくなにも知らないし、それどころかそもそも（われわれの悟性の現下の装備のせいで）なにも知りえない。むしろこの或るものは、ただ統覚の統一の一つの相関項として、感性的直観における多様の統一のために役立ちうるだけであり、悟性はこの統一により、あの多様を一つの対象の概念のうちへ統合するのである。かかる超越論的対象は、感性的な与件から切り離されることがけっしてできない。それというのも、もしも切り離されたならば、それによってこの超越論的対象が思惟されるはずのものがなにも残らないからである。それゆえ超越論的対象は、認識の対

象それ自体（超越論的な外に現実存在する積極的な意味の物自体）ではない。むしろそれはたんに対象一般という概念のもとにあるかぎりでの諸現象にかんする表象であり、この対象一般は諸現象の多様によって規定可能である。（A250-1 傍点引用者 vgl. auch A253, A253-4=B309）

右の引用中で傍点をふった箇所に、『批判』固有の「超越論的対象」の認識論的性格が明瞭に現れている。ここで「物一般」は、「物自体」の純粋知性認識を求める伝統的存在論の超越上昇ベクトルからすっかり解放されている。そしてその規定可能性が「諸現象の多様」のうちに求められることで、「物一般」は内在の下降ベクトルに乗り、「感性的直観」との絆を強くする。その結合はカントの「物一般」に、つねにすでに本質的である。ここでは純粋知性次元の「物一般」のたんなる思惟可能性でさえ、「感性的な与件 Data」たる「感性的直観の多様」を不可欠不可分の素材（質料）として暗黙に前提し、「物一般」の思惟そのものが「経験的概念一般」の次元で、感性的直観の多様を総合統一するはたらきとして捉え直されているからである。

これに関連して重要なのは、「超越論的対象」が「統覚の統一の一つの相関項 ein Correlatum」だという点である。ここに浮き彫りとなる対象と自己意識、物一般と超越論的統覚との一対一の直面、「われ」と「物」との超越論的な主客連関のうちに、『批判』は経験的認識の客観性（普遍性と必然性）の根拠を見いだした。その場合、思惟する「われ」たる「統覚 Apperzeption=ad-perceptio」は、それが「純粋」「根源的」かつ「超越論的」だと形容される場合でも、つねにすでに「知覚 Wahrnehmung=perceptio」へと差し向けられている。「超越論的統覚」とは、「知覚」という感性的なもの一般と直に向き合う人間悟性である。理性批判の超越論的=存在論的な反省に固有の下降ベクトルは、その徹底的な認識批判においてやはり決定的に重要な役割を果たしている。

第八節　超越論的反省の新次元

かくして『批判』固有の「超越論的認識」「超越論的使用」「超越論的対象」の諸概念が、経験的認識一般の可能性にかんする超越論的反省の場所を新たに切り開く。理性批判はここで「物一般」への問い、「物」と自己との関係への新たな問いを可能にする。批判以前の独断的存在論の「超越論的対象」「物一般」は「尊大」にも、ただちに「積極的」な意味の「物自体」だと自惚れた。ゆえにカントの批判的認識論の文脈では、「物自体」は逆に「否定的消極的」な意味で登場せざるをえない。しかし徹底的な批判を経た「超越論的対象」は「謙虚」にも、自分が「積極的」な「物自体」でないという分別を持ちあわせるがゆえに、超越論的な認識批判のなかでもとりわけ重要な、経験的認識の主客連関を確保する局面で、かえって積極的かつ肯定的な役割を演じうることとなる。

ただし、こうして肯定的に語られる「超越論的対象」「超越論的使用」の概念は、それを含む前引箇所とともに第二版では削除される。これにより『批判』テクストに残る「超越論的使用」と、それが差し向けられるべき「超越論的対象」は、批判以前の否定的ニュアンスのものに限定され、これらの術語にかんするかぎりは二義性にまつわる誤解の種も減少する。しかしこの書き換えは、この超越論的反省の新次元を『批判』が放棄したことを意味しない。じじつ「超越論的」の語法の基礎となる「超越論的認識」にかんしては、その二義性が堅持されるばかりか、むしろかえって否定的な意味と肯定的な意味との差異が、第二版の加筆補正で尖鋭化されている(51)。

総じて第二版の書き換えは、カントみずから証言するように、思想そのものの変更を意味しない。それは証明方法と文章表現を改めることで、自己の一貫した思想をできるだけ分かりやすく、誤解の生じないかたちで読者に伝えるための便宜である。「超越論的使用」と「超越論的対象」の肯定的な用法の消去も、じつはその一例である。そしてこの消去が上首尾に実行できたのは、『批判』独自の超越論的反省の次元を表現するための、もっと適切な数々の言葉を発見したからにほかならない。

その新たな術語の一つが「直観一般 Anschauung überhaupt」である。これは第二版の演繹論で重責を担う鍵語であり、感性的であるかぎりでの直観を意味している。[52]

直観一般は、それがたんに感性的であって知性的ではないというのであれば、われわれの直観に似かよっていようと、そうでなかろうとかまわない。（B148）

「直観一般」の字面を見るかぎり、あらゆる様式の直観、つまり感性的直観のみならず知的直観も含む直観の全体集合を意味すると考えるほうが自然である。それがあくまでも感性的な直観一般にとどまるのはなぜか。『批判』に固有の超越論的な「一般」の次元が終始一貫、「経験の可能性の条件」を探究する認識批判の文脈で、現に成立している人間の「経験的認識」（すなわち「経験」）から、なにか或るものを「捨象する von etwas abstrahieren」という操作により浮かびあがってくるものだからである。
この「捨象」手続きは、超越論的感性論で「経験の可能性の条件」となる感性的直観のアプリオリな形式（空間・時間）を浮き彫りにするさいには、[53]経験的認識を構成するもののうち、感覚に依拠する「経験的なもの」と、悟性に由来する「知性的なもの」（すなわち悟性概念）とにかんして遂行されていた。これにたいし超越論的論理学で「経験の可能性の条件」となる純粋悟性概念に脚光が当てられる場合、[54]あるいは総じて「経験の可能性の条件」となるものが属する超越論的な「一般」の次元が取り出される場合、経験的認識から「感性的直観のあらゆる様式」が捨象されることになる。[55]
そもそも『批判』の認識論の不可疑の出発点が「経験」である以上、それに固有の超越論的な「一般」の次元は、つねにすでに「感性的なもの das Sinnliche」に繋留されている。その点は前節でも「超越論的対象」の概念について確認済みであり、ここにふたたび「直観一般」にかんして、同じことが確認できたのである。『批判』第二版の

「直観一般」は、「われわれ人間の認識」における純粋知性の一般の次元が、つねに同時に感性的なもの一般の次元でなければならぬことを示唆している。[56]「われわれにあっては、悟性と感性とが結合してのみ対象を規定することができる」（A258=B314）。カントの超越論的な認識批判は、つねに端的に「われわれ人間の経験」から出発し、種々の局面でなにかの捨象をとおして「経験の可能性の条件」を主題化する。「物一般」「対象一般」も、この論述方針のもとに位置づけられることで、術語の旧来意味の根本変容を迫られている。

この新たな術語法の根底には、人間存在の有限性への洞察がある。カント理性批判は有限性の自覚に始まり、この自覚を終始一貫保持している。伝統形而上学のめざした純粋知性次元での思弁的超越は、神ならぬ人間の望めぬ越権行為であり、『批判』と学校教義との差異もつきつめれば、この有限性の自覚の有無に帰着する。[57]人間的自己の有限性の自覚、その不可避の帰結たる「直観」と「思惟」の区別、それゆえに経験的認識が「感性」と「悟性」の協働で初めて成り立つことの指摘と、「たんなる思惟」と「認識」の峻別、そして最後に物一般の「無規定性」と対象認識の「規定性」との区別という、これら一連の「批判的区別」の延長線上に、『批判』固有の超越論的な反省の次元、すなわち「直観一般」「経験一般」「意識一般」「統覚一般」という概念群が成立するのである。

「意識一般」は『批判』第一版には見られず、『プロレゴメナ』で初めて登場し、第二版の演繹論にも導入される。それ自身は「直観一般」と同じく超越論的な「一般」の次元に属する概念であり、この「一般」次元に属する「意識」という以上の特別な含意があるわけではない。ただし第二版演繹論に「直観一般」と「意識一般」がそろって登場する背景には、『批判』の遂行する「超越論的認識」が、アプリオリな認識の可能性のアプリオリな認識として、認識の自己関係性のうちに成立するという、すぐれて反省的な論弁構造が作用しているはずである。『批判』第一版から第二版への書き換えは、理性批判という超越論的な反省の思索と語りそのものの深化を反映しているのにちがいない。

ただしその超越論的な自己関係性ないし自己反省的性格は、「一つの経験一般 eine Erfahrung überhaupt」（A125,

A222=B269, A223=B271, A225=B272, A610=B638, A614=B642, A632=B660, vgl. auch A224=B272, A230=B283）という概念において、充分先どりされている。この概念は、カテゴリーが「経験一般の可能性の条件」であることにともない、カテゴリーの「超越論的演繹」で、さらにまた「超越論的原則論」でも、すでに初版から重要な役割を果たしている。じじつ原則論の議論全体を貫く「全総合判断の最高原則」は、「経験の可能性の諸条件は一般に同時に、経験の諸対象の可能性の諸条件である」（A158=B197）と言い表されていた。それに先立つカテゴリーの演繹も、「一つの可能的経験のアプリオリな条件は一般に同時に、経験の諸対象の可能性の諸条件である」（A111）という、まったく同主旨の原理のもとに遂行されていた。

右の根本命題には、「対象がわれわれの認識にしたがう」とした「思考法の変革」との共鳴音が聴こえるだけでなく、「一般的」に観られた「一つの経験」から、そのつどの個々具体の「経験の諸対象」へという、先の内在の下降ベクトルの変奏旋律が聴き取れる。つまり〈超越論的観念論にして経験的実在論〉という還相の世界反転光学である。超越論的分析論はさまざまな局面で、この反転還相の下降ベクトルの主導動機を反復する。とりわけカテゴリーの超越論的演繹は、その下降ベクトルを原理的な場面で先取する。じじつ第二版の演繹では「直観一般」から「われわれの直観」へ、「対象一般」から「感官の諸対象」「諸現象」への下降ベクトルが鮮明に読み取れる。

その演繹前半部（第二十節まで）は、制約されたもの（われわれの経験）から制約へと遡行上昇する「分析的方法」により、超越論的な「一般」の次元における究極的制約の探究を遂行する。そして超越論的反省の弁論は、「経験一般の可能性の条件」の頂点たる「統覚の根源的総合的統一」に昇りつめてゆく〈経験的実在論にして超越論的観念論〉。理性批判の反省的上昇は、しかもここが最高点であり、それ以上を求めない。伝統的存在論の超越的上昇ベクトルの誘惑は、いまや完全に断ち切られている。ゆえにまた『批判』の論述はここで一気に反転する。そして演繹後半部（第二十二節以降）は、制約するものから制約されたものへと下降する「総合的方法」により、可能的経験への内在を決意した下降ベクトルを前面に押し出してくる。(58)

この経験内在的な分析と総合、上昇と下降の往還運動のなかで、「一般」の次元にある「純粋統覚の統一」とその諸機能たる「純粋カテゴリー」は、「産出的構想力」を介して「経験の諸対象」と接続する。そもそも「純粋カテゴリー」は「物一般」「対象一般」にかかわるものだった。超越論的分析論はその使用権限、したがってまた客観的実在性・妥当性の権利主張が及ぶ範囲を、「われわれの感性」のアプリオリな条件下で与えられる「感官の諸対象」へ、つまり可能的経験の限界内へ制限する作業に携わっている。そしてこの超越論的反省の内在的上下往還反転運動の、端緒を開くのがカテゴリーの演繹の口頭弁論なのである。[59]

第九節　理性批判の革命的展望

伝統形而上学は純粋カテゴリーの「超越論的使用」を求めて、「物一般」から「物自体」の純粋知性認識へ思弁的に上昇超越しようとした。カント認識批判以前の独断的思惟の立場では、「物自体」と「現象」、「積極的なヌーメノン」と「消極的なヌーメノン」、「たんなる思惟」と「認識」という一連の区別は欠けていた。[60] ゆえに「対象一般（超越論的な意味における）」について、「これが感性的直観の対象なのか、それとも知的直観の対象なのかをさらに規定することなしに」（A279=B335）いたずらに思弁がめぐらされ、たんなる純粋知性の次元で、消極的無規定的な「物一般」から積極的規定的な「物自体」への無批判的短絡が欺瞞的になされていた。

こうした独断教条の根底には、感覚軽視・感性蔑視の「理性主義」がある。感覚《アイステーシス》への現象は物自体の真相をゆがめた仮象であり、感覚は誤謬の源泉であり（古来の錯覚論法）、物の直接的な把握、真理の厳密な認識は、感覚の媒介を要する経験的認識ではなく、純粋知性認識であってこそ可能なのだという、パルメニデス＝プラトン以来の西洋形而上学のドグマである。この信念のもと、イデアは（たぶんプラトンの真意に反して）、現象を離れ自存する真実在として語られた。それと同様に純粋知性のたんなる思惟対象たる「物自体」すなわち「消極的」な「ヌーメノン」

も、純粋知性認識の対象たる「物自体」すなわち「積極的」な「ヌーメノン」へと弁証法的に実体化されることになる。[61]

　これにたいし理性批判は「物一般」を超越論的反省の次元にあるものと認め、その一般性を具体性の欠如、すなわち「われわれの直観様式の捨象」ゆえの「無規定性」として否定的に捉えたうえで、その積極的な「規定可能性」を確保するべく、「物一般」を「直観一般」「経験一般」という「感性的なもの一般」の次元に繋ぎとめ、これによって同時に純粋知性の超越論的な「一般」の次元を、「われわれの経験の可能性の条件」を与えるものとして捉え返してみせたのである。それは思弁によって宙を舞う従来の純粋知性を、「経験の地盤」に立脚したものたらしめようとする、哲学総体の一大転換なのだった。

　認識において物と直接かかわるものは、伝統的に「直観 intuitio=Anschauung」である。イデアの知、物自体の認識を説く学校形而上学は、純粋知性（*νοῦς*, intellectus）の思惟《ノエシス》を「直観的思惟 intuitives Denken」と見なしたが、人間の「論弁的知性 diskursiver Verstand」と神的な「直観的知性 intuitiver Verstand」を峻別する『批判』にあっては、「知的直観 intellektuelle Anschauung」は人間に認められない。われわれは「感性的直観」によってこそ対象と直接かかわるのである。感性論冒頭を、今度は長く引いておこう。

　認識がいかなる仕方で、いかなる媒介により対象に連関するにしても、それをとおして認識が対象に直接に連関し、あらゆる思惟がそれを媒介としてめざすものは、すなわち直観である。しかるに直観は、われわれに対象が与えられるかぎりでのみ成立する。ところで対象が与えられるということは、すくなくともわれわれ人間にとっては、それ〔対象〕が心を一定の仕方で触発することによってのみ可能である。われわれが諸対象に触発される仕方によって諸表象を獲得する素質（受容性）は、感性と言われる。それゆえ対象は感性を介してわれわれに与えられるのであり、感性のみがわれわれに諸直観を提供するのである。[62]（A19=B33）

人間の有限性の自覚があり、ゆえに感性が復権する。(63) それゆえにまた新たな「超越論的哲学」への「感性論」の導入という、画期的な事件が出来する。『批判』序論に言う。

人間の認識には二つの幹がある。それらはおそらく一つの共通の根から発生しているのだろうが、その根はわれわれには知られえない。ところでその二つの幹とは、感性と悟性とである。前者によってわれわれに対象が与えられ、後者によって対象が思惟される。ところで感性は、われわれに対象が与えられる条件をなすアプリオリな表象を含んでいるかぎりで、超越論的哲学に属するだろう。しかも超越論的な感性論は原理論の第一部に属するだろう。人間的認識の対象がそれにしたがってのみ与えられる条件は、その対象が思惟される条件に先行するからである。(A15-16=B29-30)

『批判』は経験的認識のアプリオリな条件を探究する原理論に、「感性論 Sinnenlehre, Ästhetik」を所属させている。しかもそれを「論理学 Logik」に先行させて、本論冒頭に位置づける。そうすることで理性批判は、有限性をかかえたわれわれ人間の立場を鮮明に打ち出した。そして理性的・自発的でありかつ感性的・受容的であることを人間の条件として引き受けて、純粋範疇《カテゴリー》言語使用の対象を「現象」へ制限する。「現象」の語は、感性論第二段落で、以下のように導入されている。

われわれが対象に触発されるかぎりにおいて、表象能力が対象から受ける作用結果《ヴィルクング》が感覚である。感覚により対象に連関している直観は、経験的といわれる。経験的直観の無規定的な対象は、現象と言われる。(A19-20=B34)

『批判』の「現象」は、「経験的直観の対象」でありながら、同時に無規定性の一般の次元にある。その意味で「現象」も超越論的な反省概念である。「感官の対象」としての現象は、ここで純粋知性の視点から「物一般」のレベルで捉えられている。「対象一般をフェノメナとヌーメナとに区別する」ことは、感性論冒頭ですでに決定的《クリティッシュ》に着手されている。

「純粋知性の対象」として「まったく無規定的 ganz unbestimmt」にとどまる可想的な「物一般」とは異なり、「現象」はつねにすでに「経験的」な「規定可能性 Bestimmbarkeit」のもとにある。超越論的論理学冒頭、「概念は可能的判断の述語としては、いまだ無規定的 noch unbestimmt な対象のなんらかの表象に連関する」（A69=B94）とも言われている。「現象」が「可能的経験の対象」であることも考えあわせれば、理性批判の内在的な下降ベクトルは、感性と悟性という二つの幹の協働を、「経験の可能性」「可能的経験」「経験の対象の可能性」という、超越論的な反省の新次元において探究しているのである(64)。

以上、『批判』の術語法の穿鑿が長びいた。とくに本章後半では、カントの超越論的批判と学校形而上学を単純な対立関係に置いて考察した。両者の超越論的な「一般」の次元の差異を見極めるためである。ただし理性批判のテクストは、学校形而上学に身を置いていた作者自身が、経験科学の興隆と経験主義の懐疑に衝撃を受けたことを機縁として、長年月をかけて醸成されたものである。『批判』はカントの精神の格闘の記録であり、近代理性そのものの、あるいはまた古代ギリシア以来の西洋哲学の、自己批判の記録である。

その「思考法の革新」は感性の復権につながった。これは、理性認識における「質料的なもの das Materielle」への回帰を意味している。伝統形而上学は純粋形相やイデアの知を熱心に探究した。カント『純粋理性批判』も、経験を可能にするアプリオリな形式を探究し、『実践理性批判』は道徳法則の普遍性の形式を、自由の実践可能性の根本原理として際立たせる。しかし批判哲学総体は、現実的な認識と行為を成す「質料的なもの」の意義を忘れない。それはたしかに理性批判の論述主題となってはいない。しかし感性論が分析論よりも分量的に劣るからといって、その価値が値切られてはならないように、「質料的なもの」の主題化の欠如はただちに軽視を意味しない。むしろ「質料的なもの」がわれわれにつねに現に与えられてあり、しかもそれが「経験の地盤」でのみ与えられうるのだということは、もはやことさらに主題化するまでもない、超越論的理性批判の根本前提なのである。

経験、感性、質料一般への信頼は、ここで一貫して揺るがない。だからこそ理性批判は、全思索の出立点を「経験の地盤」に据えたのである。「物」は「感官の対象」として「与えられて」ある（経験的実在論）。これを超越論的に反省してみれば、それはたしかに「現象」であり、たんに「表象」としてのみ「あるもの」である（超越論的観念論）。しかし改めて通俗の経験的な観点に立ち返っていえば、「現象」はやはり「物」であり「物」としてある。しかも経験的認識の場で感覚知覚において与えられた「物」の「現実存在 Dasein, Existenz」は、物理的なものであれ心理的なものであれ、けっして疑えない（経験的実在論）。

「物がある Ding existiert」。外的感官の対象も内的感官の対象も、物はわれわれに与えられるかぎりで「現実的 wirklich」に「ある es gibt」。超越論的理性批判は、物があるのか否かを問うているわけではない。そもそも「物がある」という端的な驚くべき事実（daß Ding ist）から出立して、それだけでは無規定なままにとどまる物が一般に、われわれ人間の感性と悟性のアプリオリによって、「いかにして wie 規定的に把握されうるか」ということを探究する。その超越論的反省が「経験の可能性の条件」を尋ねるものであることに重ねて言えば、それは「物一般」あるいは物の「存在 Sein」の規定可能性の探究であり、人間的認識におけるアプリオリな形式と経験的質料との出会いの可能性の探索である。

『批判』はこの認識規定の可能性を、最終的には「純粋悟性の諸原則」のうちに見定める。ここで「現象」としての「物」は、まずは量的な観点から外延量・内包量として、数学的に規定可能なものとなる。同じく現象としての「物の現存在 Dasein」は力動的かつ機械論的に、実体‐属性、原因‐結果、相互作用という関係において規定可能なものとなる。かくして西洋古代中世以来の伝統的な「物」の概念は、近代自然科学の知の形式に取り込まれることとなる。それは同時に「物」の存在の技術的な操作の可能性を開くことにつながっている。そのかぎりでカントの超越論的認識論は、物の存在の技術的な規定可能性の探究であり、近代以降急激に支配権を拡大してきた技術理性の自然支配関心にも呼応する。

たしかに一面で、『批判』をそう解釈することもできるだろう。しかし理性批判の全体は、あえて思弁的な知を限り、道徳と信仰の語りの場所を開くことを求めていた。その認識論は、理論的技術知の絶対的で究極的な基礎づけを意味しない。しかもその実践哲学は、仮言的に命令する技術理性の批判を敢行して、人間的実践の主導権を批判的＝道徳的な純粋理性の手中に取り戻すべく努めている。[65] すなわち批判哲学総体の建築術には、近代文明を現に駆動している技術理性そのものの批判の筋が歴然と読み取れる。

技術的な関心一色に彩られたデカルト的近代の理論知は、われわれ人間の知としても狭く限定されすぎており、いまや技術理性そのものの批判が急務である。かかる現代哲学の必需にあらかじめ応えるかのように、『判断力批判』は個々の「物」とりわけ「自然物 Naturdinge」や芸術作品との、たんに理論的＝技術的ではない出会いの可能性を集中的に探究する。[66] すなわち第三批判は「規定的」ならざる「反省的判断力」の思索において、「経験の地盤」のうえで出会われる「物」を、あらためていっさいの概念的規定性から解放して、既成の言葉の硬直から解き放ち、物と世界の「美感的 ästhetisch」な、そして「目的論的 teleologisch」な理解と解釈と表現の新たな可能性を切り開く。[67]

とりわけ「純粋趣味判断」の可能性を探る「超越論的趣味批判」は、「自然美の観想」という純粋に美感的な出来事における「物」と「われ」との一対一の出会いの可能性を、双方の無規定性の「自由」の喜ばしき「戯れ Spiel」として描き出す。[68] それは第一批判で着手された感性の復権の、よりいっそう尖鋭的なかたちを示すとともに、この世に「あるもの」一切を実体化・物象化して恣意的・技術的に支配せんとする近代合理主義の道具的理性を、根本的に批判する哲学の道を切り拓く。[69]〈物にして言葉、言葉にして物〉という世界反転光学の、「経験の地盤」における実質的な全面展開もまた、かかる自由な反省的思索のなかでこそ、初めて可能となるのにちがいない。

注

（1）直観の多様をめぐる空間時間とカテゴリーとの、アプリオリな総合からなる純粋悟性原則。「純粋悟性概念を可能的経験に適用する」「総合の使用」を二つに分節して、しかも「数学的 mathematisch」および「力動的 dynamisch」（A160-2=B199-202）と命名したテクストのさりげない口ぶりの奥底に、そういう発見の驚きの呻きを聴き取りたい。カントの思索は当初から、ガリレイ、ニュートンが開示した実験的経験科学の可能性に引きつけられていた。しかし幾何学と形而上学とのありきたりの対置法に縛られて、物理自然の「機械力学的 mechanisch」な語りの適切な場所を見定めることができないままに推移した。そして『可感界と叡智界』での感性と悟性、時間空間とカテゴリーの対置も、この旧来型の二項図式を引きずって、純粋自然哲学（すなわち「自然の形而上学」）の居場所を曖昧にした。純粋知性のカテゴリーはむしろ積極的に空間時間との協働に向かうべきである。この着想の閃きが、『批判』の「数学的」と「力動的」の区別と連繋の分節法に結実する。いうまでもなくこれは経験的実在的な世界認識をめぐる二律背反の解決策にも反映されることになる、すぐれて批判哲学的な言語分節である。若きカントの思索の道筋を辿りつつ、ぜひとも精査してみたい考察主題である。

（2）われわれの言語活動の生死・明暗が、不断に反転往還する境界面で、物に即した詩の言葉がそのつど根源的に立ち上がってくる。その刹那のありさまを、漱石と同時代のルーセルの「手法《プロセデ》」に取材して、フーコーは狂おしくもこう言い当てている。「私としては、そこには自動記述なんかではなくて、およそあらゆる記述《エクリチュール》のうちでも最も覚醒した記述が見られると思う——僥倖性のありとあらゆる感知しがたく断片的なはたらきをみずから制御してしまった記述が。……僥倖性に本質的なるものは、単語を通して語ることがなく、それら単語の屈曲において垣間見られるということがない。それは単語の溢出であり、そのだしぬけな現前なのである。つまり単語がそこから現出する、あの貯蔵所——言語のみずからに対するあの絶対的なしりぞき、言語をして語らしめるあのしりぞきである。それは光が畝を引く夜ではなく、明るく照らし出された眠りとか、うとうとしながら醒めている状態ではない。目覚めの抜きさしならぬ境界なのである。語る瞬間には語はすでにそこにあるということ、だが語る以前には何ものもないということを、それは示しているのだ。目覚めの手前には、覚醒状態があるのではない。そうではなくて、日が出るやいなや、夜はわれわれの前に、すでに頑固な小石の数々となって砕けて、横たわっているのであり、それらの小石によってなんとかわれわれの一日を作りださなければならないのだ。／言語において、唯一のまともな僥倖とは、数々の内部的な出会いのそれではなく、起源のそれである。純粋な偶発事であって、言語の中にあると同時に外にあるものだ、なぜならそれは言語の端緒の限界を形作るものだから。それを顕示するところのものは、言語がそのあるところのものであるということではなしに、言語があるという事実である。そして〈手法《プロセデ》〉はまさしく、説述《ディスクール》を『霊感』とか、幻想とか、筆《ペン》の走りとかいったああいう偽の偶然のすべてから純化して、言語がわれわれのもとに来るのは完全に明るくて制御することの不可能な夜の奥底からであるという、耐えがたい明証事の前にその説述を据えることに存しているのだ。文学的幸運、そのはすかいの道や抜け道の数々を抹殺すること、よりいっそう天啓的な偶然——言語の現出と一致する偶然の直線が姿を現わすように抹殺することだ。ルーセルの作品は——そしてこのことは、この作品が文学の流れに逆らって生まれている理由の一つなのだが——最も僥倖性の少ない説述にしたがって、偶然のうちでも最も不可避的な偶然を組織するための試みなのである」（フーコー、一九七五年、五三－四頁）。この本質的に革命的な文藝批評の語りに、やはり時代の「流れに逆らって生まれて」きた漱石の「則天去私」の文学方法論、およびカントの〈物にして言葉〉の超越論的批判の道筋を、ぜひとも読み重ねてみたいのである。

（3）　この統一の「原理の現実性を実体的なものとして根底にすえる」「逆転した理性 die verkehrte Vernunft（perversa ratio, ***ὕστερον πρότερον*** rationis）」の超越論的実在論の「誤り」に抗して『批判』は言う。「この体系的統一の理念は、ただ統制的な原理として、普遍的自然諸法則にしたがって、諸物の結合のうちにこの統一を探索するためにのみ役立つべきであろう。しかもこの統一について、経験的な道のうえでなにか或るものに出会われる、ただその分だけでも、理性使用の完全性に近づいたと信じるためなのであって、人はもちろんこの完全性にけっして到達することはないのである」（A692=B720, vgl. A680=B708, A692-3=B720-1, V 181-6, 404-10, 359, IV 306, 322, 325, XX 203-5, 208-11, 214-9）。

（4）　「立憲構成的」と「行政統制的」、「規定的」と「反省的」。さりげない分節に秘めた共和制革命の比喩については、拙稿序論末尾および第Ⅰ部第二章第七節を参照されたい。テュービンゲン神学寮に集い、国政と宗教と哲学の革命気運に沸き立つ青年たちが、この理性批判の暗号の意味に想到できていたら、十八世紀末転換期以降の近代哲学史は、もっとちがったものになっていただろう。一七九五年四月十六日付のヘーゲルのシェリング宛書簡に言う。「カントの体系とその最高の完成から、ぼくはドイツにおける革命を期待しているのだ」（*Briefe von und an Hegel*, Bd.1, S.23）と。しかし同時にスピノザ主義の洗礼を受けた若者たちは、唯一絶対の無限実体から出発して、理性批判とは真逆のイデア実在論の道へと逸れてゆく。かくして哲学の批判的な道の建築術は、カント一代限りで途絶する。

（5）　「知覚判断」の個別主観の主観性の延長線上に、『判断力批判』第一部の「美感的判断力 ästhetische Urteilskraft」をめぐる問題群が浮上する。第一節「趣味判断は美感的である」は冒頭に言う。「或るものが美しいか否かを区別するために、われわれは表象を、悟性をとおして認識のために客観に関係づけるのでなく、（おそらくは悟性と結びついた）構想力をとおして主観に関係づけ、その快不快の感情に関係づけている。ゆえに趣味判断は認識判断ではない。つまり論理的ではなく美感的である。そして美感的ということで理解されているのは、その判断の規定根拠が主観的でしかありえないということである」（V 203）。一点留意したい。右の「表象」と「客観」の区別は経験的実在論の観点でなされており、これをあえて超越論的観念論の見地で言えば、両方ともに表象なのである。

（6）言語論的観点から興味深いことに、「統覚の経験的統一」の「主観的妥当性」に関連して、こう言われている。「ある特定の語の表象を、ある人はある事象と結びつけ、別の人は別の事象に結びつける。そして経験的なものにおける意識の統一は、与えられたものにかんして必然的かつ普遍的に妥当することはない」（B140）。一連の「客観的」と「主観的」の対置は、『批判』第一版では「超越論的統覚」と「経験的統覚」（A106-7）の区別により、隔字体で説かれていたものにほかならない。

（7）「経験的判断は、それが客観的妥当性をもつかぎり経験判断である」。「経験判断の客観的妥当性は、その必然的な普遍妥当性以外のなにものも意味しない」。「かくして客観的妥当性と（あらゆる人にたいする）必然的な普遍妥当性とは、交換概念である」。すなわちあらゆる「経験的判断」のなかで、純粋悟性概念に照らして誰もがかならず承認するような普遍性と必然性をそなえた判断のみが「客観的」認識として認定されるのであり、ここで初めてその命題は「わたし」や「他人」といった個々の主観の状態を離れ、「一つの客観への関係」（IV 298）のもとに語られていると理解されることとなる。ここで主客対立は、そういう事後的分別知により成立しているのであって、デカルト的近代が語る主客対立が最初から前提されているわけではない。むしろ後者の実体的な区別の先入見を解消しつつ、新たに言語論的な観点から主客の区別が説明されているのである。

（8）目下の論点たる認識の客観性に関連して、原則論第二類推の解説に言う。「われわれの諸表象の時間関係における一定の順序が必然的であることによってのみ、これらの表象には客観的な意味が与えられるのである」（A197=B242-3）と。

（9）「超越論的観念論」を「形式的」「批判的」と改称し、これに合わせて「経験的観念論」も「質料的」（さらに「蓋然的」「懐疑的」か「独断的」か）と新たに命名する術語整理が無意味というのではない。これにより「超越論的観念論」の含意は鮮明になる。それになにより「超越論的」の語をめぐる多くの深刻な誤解から、テクストの真意を守る意味もあっただろう。ただし拙稿としては、それよりもむしろ〈経験的実在論にして超越論的観念論〉の言語論的な展開の筋を掘り下げて、「著者」自身が理解していたよりも深く、テクストを理解してみたいのである。

（10）つまり超越論的観念論は、われわれが認識するこの可感界のすべての物を、物自体でなく現象であり、ゆえに表象だと道《い》う見地である。しかもそれは超越論的実在論の呪縛を完全に脱却しており、物自体の現実存在する叡智界を彼岸に措定したりすることはもはやない。ゆえにテクストは同時に、空間時間の経験的実在性を主張するとともに、この世のすべての現象をたんなる仮象ではなく、経験的な実在物なのだと言い切ることができるのである。

(11)　これは前代未聞の理論《テオリア》であり、ゆえに当時の学校形而上学者には「超絶的 transscendent」（vgl. IV 373）に過激だと思われた。しかし『批判』の「超越論的 transzendental」な観念論は、以下のように平然と言ってのける。「『万物は流転する alles fließend、世界のうちに持続的 beharrlich で存続的 bleibend なものはなにもない』という古代の二、三の学派の命題は、〈経験的な言語行為の場で〉諸実体が想定されたとたんに成り立ちえない。とはいえこの命題は、自己意識の統一によって論駁されるのではない。じじつわれわれ自身、われわれが魂として持続的なのかどうかを、われわれの意識からは判断できない。……われわれが魂において出会われる持続的現象は、すべての現象に随行し結び合わせる〈われ〉表象 die Vorstellung Ich だけであるが、はたしてこの〈われ〉（一つのたんなる思想）が、これにより相互に連結される他の諸思想と同じく流転しないのかどうかを、われわれはけっして決められない」（A364）。古今東西に「色即是空、空即是色」と静かに共鳴するテクストの通奏低音——これは第二版観念論論駁で増幅される——を瞑目して聴き取りたい。

(12)　「私は観念という名称を、精神によって直接に把捉 percipere されるもののすべてとして理解する」（『省察』第三答弁）。デカルトは意識内在的なものの非物体性を確保すべく、species, phantasia, imago といった質料的含意のある語群を嫌い、神の内なる idea を転用して「思考の形相」と「定義」する。しかもその観念意識が当初から言語使用との連関で理解された点が興味深い。「観念 idea という語は、それぞれの思考の形相のことであり、形相を直接的に認識することによって、私は当の思考そのものを意識するのである。したがって、私が自分の言っていることを理解しながら、ことばによって何かを表現できるのは、まさにこのことからして、そのことばで意味されたものの観念が私のうちにあることが確かであるからである」（デカルト『省察』、山田弘明訳、一三五‐六頁）。

(13)　そして現代の言語哲学も同じ問題を抱えている。この点については、第Ⅳ部でくわしく検討したい。

(14)　このバークリの超越論的実在論とカントの〈経験的実在論にして超越論的観念論〉との対抗関係については、拙稿序論第一節を参照していただきたい。

(15)　たんに「観念的なもの」から「実在的なもの」へ、「知性の把握のうちに在る esse in apprehension untelluctus」ということから「実在界に存在する esse in rerum natura」ということへの、アンセルムスのアプリオリな論証が不可能だということは、すでにトマスが指摘していた。しかも人間の認識能力の有限性のゆえにである。「『神が在る』という命題は、それ自体としては自明 per se notum である。なぜならこの命題の述語は主語と同じものだからである。じっさい、後にあきらかにされるであろうように、神はその存在そのものなのである。しかしわれわれは神の『何であるか』を知らないから、この命題はわれわれにとっては自明でなく論証を必要とする」（『神学大全』第二問第一項）。トマスはそう述べてから「われわれにとってより先なるものによる論証」、すなわち経験的に既知なる結果から出発する「事実による論証 demonstratio quia」の「五つの道」を提示する（同第二、三項、以上、トマス・アクィナス『世界の名著　続5』、山田晶編訳、参照）。

　これら経験の道も、現象から物自体への超越論的実在論の思弁であるかぎりは、アンセルムスの存在論的＝超越論的論証に依存しており、論証としての意味をもちえないと、カントは言明する。そして「神の現存在」を道徳的実践的な見地から「要請」し、美しく生き生きとした自然の合目的性を経験的実在性の大地で、世界市民として詩的に語らう「理性信仰」の道を選択する。カントとトマスとの根本差異は慎重に考察すべき大問題だが、二人はともに理性の有限性を理由にして、観念から真実在への超越を否認したのである。

（16）ただし『批判』は諸理念をめぐって、若干の未練を超越論的実在論に残している。これからいよいよ誤謬推理、アンチノミー、理想の議論に入ってゆく直前に、「理性の根源的な諸法則に沿って理性のうちでまったく必然的に生み出される理念」について言う。「ところですくなくとも純粋理性諸概念の超越論的（主観的）実在性は、われわれがそうした諸理念へと、必然的な理性推論によってもたらされるという点に基づいている」と。議論の趣旨としては、これに「不可避的な仮象により客観的実在性を与える」（A339＝B397）詭弁的推論の非をあらかじめ指摘するものだが、「主観的」とはいえ「超越論的実在性」を諸理念に認めた点は概念整理上の不備である。純粋思弁理性批判から実践理性批判の文脈に移ることで、同じ諸理念に「客観的妥当性」が付与されることにもなるのである以上、この術語法の未整備は、ふたたび旧式の二世界論的読解の端緒を開きかねない致命傷である。諸理念の「実在性」は「経験的」であるわけにもいかず難しいところだが、〈経験的実在論にして超越論的観念論〉の反転光学の徹底性の見地からは断然改善を求めたい箇所である。

（17）表象一般を超えたところは、もはや思考しえずなにも語りえない空白にして暗黒、あらゆる言語《ロゴス》の外なる場所、外ならざる外、場所ならざる場所である。これを純粋な外のままに受けとめて、無念無想で思索して、この無人称・無名性の詩作的思索の難業に耐え抜くこと。そうした「明暗双双」の不断反転の詩学は、フーコーのいささか饒舌なブランショ論にも聴き取れる。「言語は起源と死とを交流させる、というかむしろそれらの無際限な揺れ動きの稲妻のうちに起源と死とを垣間見させるのだ――どんな尺度をも逸脱した空間の中に維持された、それらの一瞬の接触を。起源の純粋な『外』、言語が注意深く迎え入れようとするのはそれであるにしても、この『外』は決して、不動で入りこむことのできるような具体的なものに固定されることはない、そして死というつねに再開される『外』は、言語に本質的な忘却によって光の方へ向けられるにしても、真理がついに素描されるための出発点になるだろうような限界点を設定することは決してないのだ。起源と死とはたちまちおたがいの中に崩れ落ちこむ。起源は終りなきものの透明さをそなえて、死は始まりの反復に向かって無際限に開かれているのだ。……言語が起源と死の相互的な透明性として露呈されるならば、いかなる人間といえども、『私は話す』というこのただ一つの明言のうちに、みずからの消滅の、みずからの来るべき出現の脅威的な約束を受けとらない者はいないのである」（フーコー『思考集成Ⅱ』、三六四頁）。

こういう「外の思考 la pensée du dehors」に耐えがたく反発する「近代」の「人間学」は、彼岸の物自体を歴然たる「外」に実体化し安心して、迂闊にもカント以前の超越論的実在論に舞い戻る。そして叡智界の「目的自体」たる「自我」の形而上学的実定化にまで手を染める。人間主義の悲劇が始まる。しかし各個の「人格性」の「理念」は元来、「道徳的‐実践的」な不断の批判の根源語だったはずである。しかもこれはそういう判定原理として、あくまでもこの世のわれわれの表象意識の内である。たとえそれが「経験の可能性を超え出る」のだとしても、やはりまぎれもなく「われわれ人間」のただ一つの表象世界の内なのだ。『批判』はいまその一点を明言した。物自体は「限界概念」にすぎないと言うのも、この意味でのことである。そして物自体の「想念」の使用の積極的と消極的との差異を、超越論的な反省思考の内部で公的に弁別したうえでの言明である。「類は表象一般である」。この一句の覚悟は相当に厳しい。超越論的観念論の見つめる表象世界そのものの破れをも、テクストの行間で言外に無言で語る、深い「外の思考」に聴き従いたい。

(18)　理性批判はここで理論的（したがってまた技術的）な語りの道と、道徳的実践的な語りの道という、二筋の方向の差異を見定める。それとともにそのいずれの規定性にも縛られぬ「反省的判断力」の、美しく生き生きとした語りの場所も確保する。その件に立ち入ることは別の機会にゆずり、まずは理論的経験的な認識判断の場面に考察を集中したい。

(19)　ショーペンハウアーはカントを意図的に誤読して、超越論的実在論の形而上学に先祖還りした。『デカンショ節』が学生歌としてデカルト‐カント‐ショーペンハウアーを同列に称揚するのだとしたら、「明治の思想」もカントを致命的に誤読したのである。

(20)　「空間」概念の言語論的含意は第一節でふれた。カテゴリーにかんしては『プロレゴメナ』第三十九節が興味深い。理性批判の哲学者は一番大事なことを付録や脚注で語る癖がある。「純粋自然科学にたいする付録　カテゴリーの体系について」と題するこの節は、アリストテレスの「十個」の「純粋基礎概念 reine Elementarbegriffe」（IV 323）を編集し直して、純粋悟性の「カテゴリーのこの体系における本質的なもの」（IV 324）を見定めたことを自負している。その導入部は『批判』の言語論的解釈に着手するうえで意義深い。「いかなる特殊な経験も根底に有することなく、しかしあらゆる経験認識のうちに登場し、いわばその結合のたんなる形式をなす諸概念〔カテゴリー〕を、通常一般の認識から探し出す〔形而上学的演繹〕。これは多大な熟考や洞察を前提するものの、ある一つの言語 eine Sprache から言葉一般 Wörter überhaupt の現実的使用の諸規則を探し出し、一つの文法 eine Gramatik のための基本要素《エレメンテ》を蒐集する難しさには及ばない（実際のところこの二つの研究は、互いに非常に近い血縁にあるのだが）」（IV 322-3）。こういう親切な目配せに、ヘルダーやハーマンや現代人はなぜ素直に感応しないのか。まことにもって謎である。この二人の同時代人とカントの言語論的交渉については、第Ⅲ部第一章で取り上げたい。

（21）　かかる内外区別二義の批判的判別法を知らぬゆえ、ロック『人間知性論』は「二つの経験、二つの方法、二つの哲学」の「共存・並存あるいは混在」（大槻春彦、一九八〇年、二二三頁）というよりは、いたずらな分裂状態に陥って苦戦を強いられた。「ロックが知性探究の本来の道とする内観的事象記述は意識内在論・独我論ないし現象論を招来し、そこに展開される私的経験の世界は、知識論およびそれから接近する存在論の領域で私たちをいや応なしに徹底した不可知論もしくは懐疑論におちいらせて、この道をたどる者を抜け出すことのできない袋小路へ追い込む。これは、経験の私的性格に気づいた哲学者の避けられない宿命とも言えよう。／けれども、ロックは日常知を無視しない健全な思想人であり、自然学や人間社会の諸学に関心を寄せる学究である。かれは経験的実在論ないし自然主義を容認し、この立場に立って経験を内観の私的世界に閉じこめず、広く宇宙を眺め、その諸事物・諸事象の実在を承認して、これを他の人々とともに外部観察する公共的経験を是認する。そのような経験に対処する方法として物性的考察をかれはあえて行なう」（同、二二一頁）のである。

デカルト的物心二元論の呪縛下にある「外部観察」と「内観」のあれかこれかの方法論的使い分けは、『人間知性論』掉尾に言う「記号学ないし記号理説 *σημειωτική*, or the Doctrine of Signs」にも、無批判な内外区別の影を落とす。「心が観想する諸物は、心自身を除けば何物でもなく、その諸物はなにも知性に現前しないのだから、必然的に、心が考察する諸物の記号または代行表象 Representation として、別のなにかが知性に現前していなければならぬ。そしてこれは観念である」。こうして「物 Things」と「観念および言葉 *Ideas* and *Words*」との粗雑な対置を残しつつも、ロックは「記号論」のうちに「われわれがこれまで馴染んできたのとは別種の論理学と批判 Logick and Critick」（第四巻第二十一章第四節）の萌芽を見て取った。カント理性批判はかかるロック観念学を、個々人が「内観」する「私的経験の世界」という心理学的教条の閉域から解き放つ。そしてわれわれ世界市民の「公共的経験」の超越論的な語らいの場所を開くことで、先達のテクストの行間に埋もれた哲学的遺産を全面開花させたのである。

（22）『自然科学の形而上学的始元根拠』の序文に言う。「自然の形而上学は一方で、なんらかの規定された経験的対象に関係することなく、感性界のあれこれの物の自然本性については無規定なまま、自然一般という概念を可能にする諸法則を論じており、これは自然の形而上学の超越論的部門である。他方で自然の形而上学は、あれこれの種類の物の特殊な自然本性にかかわっていて、それについては経験的概念が与えられているとはいえ、この概念のうちに存するもの以外は、他のいかなる経験的原理もそれらの物を認識するのに用いることはない（たとえばこの形而上学は物質や思惟する存在者の経験的概念を基礎にすえ、これらの対象について理性がアプリオリに獲得しうる認識の範囲を探究する）」（IV 469-70 傍点引用者）。これに関連して犬竹正幸は言う。「空間は感性的直観の形式として超越論的観念性を有する。しかし、超越論的観念論は同時に経験的実在論であるというカントのテーゼにしたがうならば、空間には同時に経験的実在性が帰されなくてはならない。では、空間のこうした経験的実在性はいかなる場面で証示されるのか。それはもはや直観形式としての空間という場面ではありえない。この空間の経験的実在性が証示される場面こそ、運動と力の概念を中心とした力学および（カントではその前提におかれる）動力学の場面にほかならない」（犬竹、二〇一一年、まえがきx頁）と。しかし『批判』はすでに「直観形式としての空間」の「経験的実在性」を語っている。それと不可分の「物体」もすでに経験概念である。犬竹が「証示」の語で強調するのは、この基礎的な経験的実在性の認識の度の深まりのことだろう。

（23）すでに述べたように、これは一切の外部をもたぬ〈内〉である。「われわれの外」に広がるものとして語られる幾何学空間も、この〈内〉にある。しかもこの内部はたんに心理学や精神分析の対象などでは断じてない。あらゆる内外区分を越えて、すべての差異の境界を包蔵する〈開け Lichtung, Offenheit〉の〈内〉。われわれの言語活動が生まれ来る以前の縹緲たる空漠の〈内〉。内外分節以前ゆえ、じつは「内」と言うこと自体が意味をなさないような場所。それはたとえば禅僧が描き詩人が語る円のイメージ。科学哲学の合理主義の圏域から翻然と詩の哲学の場所に身を転じた、晩年のバシュラールの『空間の詩学』の最後の三章は、こうして『批判』を読む現在の道行きを勇気づけてくれている。ただし詩の「ロゴス」の「霊験 psychisme」の「超主観性 transsubjectivité」「間主観性 intersubjectivité」にはおよそ不似合いの、「夢想」する詩人の「孤独」な「個の意識の内部に」はたらく「想像力の現象学」といった、いまだ生硬な「主観性」の表現はいただけない。

(24) そもそも「超越 Transzendenz」をどう理解するかという点に、現象学青春期のフッサールとハイデガーとの師弟訣別の重要契機がある（榊原哲也、一九九四年および酒井潔、二〇一三年、五五‐八、一二三‐七頁、参照）。これにカントの「物一般」の「超越論的」反省の地平をからめたらどうなるか。この刺激的な論点をめぐる考察は、しかし別の機会にゆずらざるをえない。ただ一言すれば、後の現象学が「内在」と「超越」の怪しい交錯模様で考えようとしたことを、〈経験的実在論にして超越論的観念論〉の反転光学がもっと平易に語っていたのだということは、充分察しがつくだろう。

(25) カントにおける「認識主体」「超越論的統覚」「純粋自己意識」は「実体」ではない。「われ思う」の「われ」は、それ自身が「物」であるのみならず、悟性の自発性のはたらきの「基体＝主体 Subjekt」であり、あるいはまたアリストテレス以来の言い回しにしたがって、「命題の主語 Subjekt となって述語とならないもの」とも言われうる。しかしそれはけっして「実体 Substanz」として規定されはしない。カントの「純粋統覚」は、外なる物体的存在から独立して存在する精神実体ではなく、むしろ物一般との関係のもとにあるかぎりでの「自己意識」、あるいは自己を含めた諸物の関係（区切りと繋がり）そのものの意識として想定される。そして今後の議論を先取りしていえば、〈超越論的な一般の次元〉での「われ」と「物」との関係は、カントの超越論的認識批判の反省が極まった頂点で、まさしく「超越論的主体（純粋統覚＝意識一般）」と「超越論的対象（対象一般）」との一対一の相関関係として自覚され語られて顕在化することになる。

(26) その重大方針は、「われわれ自身が物の内に置き入れたものだけを、われわれは物についてアプリオリに認識する、という思考法の変革された方法」（B XVIII）とも、「アプリオリな認識において客観に添えることができるものは、思惟する主観が自分自身の内から取り出したものだけである」（B XXIII）とも言い換えられている。

(27) 以上三つの引用箇所は「存在論という尊大な名称」の拒絶直後と直前に位置している。

(28) 「それ自体 an sich selbst」はバウムガルテン『形而上学 Metaphysica』（一七五七年）の六三三節で in se の訳語であり、その in se は同書の他の箇所では an sich, an und vor sich, in und zu sich selbst, innerlich, schlechterdings, unbedingt の諸語で言い換えられている（麻生／黒崎他『羅独‐独羅学術用語辞典』、四一三頁、一七五頁）。カントは in se のこれら語感をバウムガルテンと共有する。すなわちカントの「物自体 Ding an sich selbst」は「われわれの感性の制約から離れて」という基本条件のもと、「それ自体において」「内的に」「端的に」あるものを言い表す。そしてカントが「無制約者 das Unbedingte」を物自体の次元に求めるのも、右の術語法から見てごく自然な展開である。

ところでトマスの「超越概念」リストで、「レス」はあらゆる「エンス」に「それ自体において in se」「肯定的」にともなうあり方である。この点を考え合わせれば、「物自体」は基本的に「あるものがそれ自体として肯定的に考察されたかぎりでの物 res quatenus ens in se et positive spectata」を言い表すドイツ語だと見ることができる。そのうえでこれを思弁的に認識可能とするか否かが、中世スコラや同時代のバウムガルテンらとカントとの決定的な相違点である。そしてこの思想闘争の果てに「物自体」は、それ自体で個的実体的に存在する物として形而上学的に〈考えられ語られてきたもの〉と喝破されることとなるのである。

(29)『批判』自家用本（A239）への書き込みに言う。「人はこれまでカテゴリーによってすでに現実的になにか或るものを認識したと信じてきた。いまやわれわれは洞察する。カテゴリーは思惟の諸形式にすぎず、諸直観の多様を統覚の総合的統一にもたらすものなのだと」（XXIII 35）。

(30) 伝統的存在論への対決姿勢は、感性的直観のアプリオリな形式と純粋悟性概念とを媒介して純粋悟性原則を可能にする条件を探る「超越論的図式論」に先取りされている。「カテゴリーの演繹で示されたことをふまえれば、そう期待したいのだが、以下の問いの解答に迷う者など誰もいないだろう。すなわちこれら純粋悟性概念はたんに経験的にのみ使用されるのか、それとも超越論的にも使用されるのか、言い換えれば純粋悟性概念は可能的経験の条件として、たんに現象にのみアプリオリに連関するだけなのか、それとも物一般の可能性の条件として（われわれの感性をいささかも顧慮することなしに）対象それ自体にまでおし及ぼされうるのかという問いの、答えに迷うことはないだろう」（A139=B178）。フェノメナ・ヌーメナ章はこの問いに明確に答えることで、超越論的分析論全体を締めくくる。

(31) 第一版演繹論の「三、概念における再認の総合について」でも、「対象一般」「超越論的対象」は「なにか或るもの一般＝X」（A104）として思惟されるのみである。

(32) ゆえにカントの『批判』も、カテゴリーから「理念 Idee」を、すなわち物自体として思考された無制約者にかんする純粋理性概念を、正当に導出しうるのである。

(33) ニーチェは古代ギリシア以来の哲学が「永遠の相のもとに sub specie aeterni」「非歴史化」してきた真実在の世界を「概念のミイラ」（『ニーチェ全集14』、三八頁）だと看破して、その根底にある光学的詐術を暴露した。「すべての価値の価値転換」（同、五七頁）の革命文書たる『偶像の黄昏』は、第三章「哲学における『理性』」の第六節に掲げる「第二命題」で言う。「事物の『真の存在』にあたえられてきた目印は、非存在の、無の目印である、――『真の存在』は現実的世界との矛盾から築きあげられてきたが、実はそれこそ、それがたんに道徳的・光学的錯覚であるかぎり、一つの仮象の世界にほかならない」（同、四四頁）。カントは百年前、同じ根本洞察を読者公衆に説き明かしたのだが、ニーチェは理性批判の基本趣旨を理解しない。この古代文献学者はまことに不思議なことに、「一個の偉大な批判家にすぎなかった、ケーニヒスベルクの偉大な中国人」（『ニーチェ全集11』、二〇八頁）のテクストの光学の語りに言及するそぶりさえ見せないのである。

（34）現象と物自体の純粋に光学的な区別を第二版序言が強調するに先立って、第四アンチノミーの反定立への注解も、天文学の比喩を交えて言う。「しかし明らかにこのアンチノミーには奇抜なコントラストがある。定立において根源存在者の現存在が推論されたのとまったく同じ証明根拠から、反定立ではその非存在が、しかも同じ強度で推論されている。……しかし双方の推論様式は、通常一般の人間理性にもまったく適っており、人間理性は自分の対象を二つの異なる立脚点から検討することで、たびたび自己自身と分裂する事態に陥るのだ。立脚点の選択をめぐる同様の困難から生じた二人の著名な天文学者の論争を、ド・メラン氏は充分に注目すべき現象と認め、特別の論文を執筆した。いわく一方の天文学者は、月は自分の軸のまわりを回転する、なぜなら月は地球にいつも同じ面を向けているからだ、と推論した。他方は、月は自分の軸のまわりを回転しない、まさに月は地球にいつも同じ面を向けているからだ、と推論した。双方の推論はともに正しかった。それは月の運動を観察する立脚点をどこに採るかしだいである」（A459-61＝B487-9）と。

（35）『道徳形而上学の基礎づけ』第三章は、「悟性界」が道徳的実践に向かうわれわれの思惟の「立脚点 Standpunkt」を意味することをさかんに強調する。

（36）デカルト的な超越論的物心二元論に基づいて、近代の主観‐客観対立図式に囚われた眼でテクストに接するとき、人はここに物自体の超越的な現実存在の暗黙の想定を読み込むだろう。しかし現象と物自体は実在的に区別されるわけではない。そして『批判』の根本視座は〈経験的実在論にして超越論的観念論〉の世界反転光学にある。その反転運動の言語論的な本格始動の準備にあたり、本章では、伝統形而上学の超越論的実在論から批判哲学的な経験的実在論への革命禅譲を可能にした『批判』の法廷弁論における、術語調整の妙味を堪能しておきたいのである。

（37）『可感界と叡智界』第三節に言う。「感性の対象 obiectum sensualitatis は可感的 sensibile である。これにたいし知性の能力 intelligentia によって認識されうるもの cognoscendum しか含んでいないものは叡智的 intelligibile である。可感的なものは古代人の諸学派からはフェノメノンと呼ばれ、叡智的なものはヌーメノンと呼ばれた」（II 392）。

(38) ドイツ観念論による壮大な誤読にあらかじめ抗弁して『遺作草稿群』は言う。「物自体と現象における物との概念の区別は〔超越論的な意味で〕客観的ではなく、たんに主観的である。／物自体（それ自身であるもの ens per se）は別の一つの客観ではなく、同じ客観にたいする表象の別の連関 Beziehung（顧慮 respectus）である」（XXII 26, vgl. 43f.）。「物自体」は純粋統覚たる「わたしの表象の外に現実存在している特別の客観」ではなく、「現象の形式の外なるものであるゆえに x だが、一つの思考可能なもの ein cogitabile（しかも必然的に思考可能なもの）」（XXII 23）であり、「表象の外なる所与の対象でなく、たんにこの客観に対応して思考された思想物 Gedankending の定立にすぎぬ」（XXII 31）。ゆえに「主観を触発する可想体 das Intelligibele としての X は、それだけで現実存在する所与の物や感官対象でなく、悟性のうちに横たわる概念的な有 ens rationis なのであり、これはたんに実在的な（与えられうる dabile）根拠の関係にすぎない」（XXII 4, vgl. 31）と。

(39) この点について詳しくは、「超越論的方法論」の最終章「純粋理性の歴史」の第二項（A854＝B882）を参照。カントによれば、近代においてアリストテレスを継承するのがロックであり、プラトンを継承するのがライプニッツである。

(40) 先に引いたB XXVI のテクストは、まさにこの文脈に位置づけられるべきものである。

(41) この実践哲学的な主導動機は、前批判期とりわけ六〇年代以降の諸著にも確認できる。たとえば『視霊者の夢』が「形而上学の夢」として語る「非物質的世界（mundus intelligibilis 叡智界）」（II 329）は、神に「創造されたすべての知性体 Intelligenzen〔知能〕」が「その自然本性に適った共同体 Gemeinschaft〔交互作用〕」をなす「霊魂の世界 Geisterwelt〔霊界〕」（II 322）であり、「純粋に霊的な諸法則にしたがう道徳的統一で体系的体制」（II 335）である。これを受けて『可感界と叡智界』が関心を寄せる「理性的」で「客観的」な「観念《イデア》」の代表例は、「経験することによってでなく、純粋知性そのものによって認識される」「道徳的概念 conceptus morales」である。そして「定説的 dogmaticus」な目的をもった知性概念がそなえる「本体的完全性 PERFECTIO NOUMENON」は、「理論的」観点では「最高存在者 ens summum たる神」であり、「実践的な意味」では「道徳的完全性」（II 395-6）だと言われている。理性批判の哲学は、この道徳的実践的な関心の優位を保持しつつ、物心二元および「本体的完全性」の超越論的実在論を完全に払拭したところで、心機一転、新たに語り直されるのである。

(42) ただしカント自身も「超感性的なもの」への超越を放棄するわけではない。先にも述べたように、かれはこの形而上学本来の課題を、思弁にではなく、実践に託す。カントによれば、純粋理性（すなわち純粋知性）の本領は、思弁にではなく実践の領域（「自由概念の領域」）にこそあり、形而上学における超越の課題の真の意味も、この世（diese Welt）における実践（とりわけ「善き生」）のためにこそある。「思弁」から「実践」へというこうしたモチーフは、かれの弁証論の各テーマを共通してささえる通奏低音であるとともに、『批判』第二版の書き換え箇所でも、繰り返し強調される隠れた主題なのである。

（43）そこから派生的に、「純粋悟性概念の客観的使用は、その自然本性にしたがえば、その使用が可能的経験にのみ制限されることによって、つねに内在的でなければならないのにたいし、純粋理性概念の客観的使用はつねに超越的である」と言われることになる。すなわち純粋理性概念（Idee）は、純粋悟性概念（Kategorie=Notio）から導出された概念であり、しかも「それにふさわしい対象が感官において与えられえない」概念であるがゆえに、基本的に「物一般」の次元に属するものとして「超越論的な理念」と呼ばれるのだが、しかしそれ自身が「あらゆる経験の限界を跳び超える」ものであるがゆえに、「結局は超越的 endlich transzendent」であるとも言われるのである（vgl. A327=B383-4, A320=B377）。そしてまた超越論的哲学（存在論としての一般形而上学）の示すところに基づいて、「あるもの」の特殊領域での思弁をめぐらす「特殊形而上学」の各部門も、基本的にまずは「合理的」ないし「超越論的」な心理学であり世界論であり神学であるのだが、たとえば合理的心理学（超越論的心理学）は「魂の人格性を物体との相互作用の外においても（死後においても）証明しようとの意図をもっているがゆえに、本来の意味において超越的」（B427）だと言われることになる。この「超越論的」から「超越的」への移行のうちにも、例の〈上昇ベクトル〉を読み取ることができるだろう。ちなみに超越的原則は経験の限界の超越を「なすべく求められる sollen」ものであり、あるいはこれを「意図し die Absicht haben」、「命じ gebieten」、「要求 zumuten」するものであるとの言い回しも、このベクトルを示唆していると解釈できる。テクストはこのベクトルを、思弁的なものから実践的なものへと言語論的に意味づけし直そうとしているのである。

（44）「超越論的分析論」の「付録」として末尾に加えられた「アンフィボリー」章は、「経験的悟性使用を超越論的悟性使用と混同することによる、反省概念の二義性」という表題からも察せられるように、伝統的存在論における諸概念――「一性と多性」「一致と矛盾」「内と外」「質料と形相」――を批判・吟味して、そこで主張されていた独断的意味（超越論的使用にかかわる）を、純粋理性にとって本来的と認めうる批判的意味（経験的使用にかかわる）へと変換すべく、この二つの意味の峻別をおこなうものである。それはまさしく伝統的な形而上学の一般部門たる存在論との批判的対決の締めくくりである。そしてこの章の最後に添えられた「無 Nichts の表」は、前者の「超越的」存在論――それは超越論的実在論をとる――に対抗する『批判』の経験「内在的」な存在論に属すべき表として、これまた前者との相違を明確にするために掲げられたものだろう。それというのもこの表は、超越論的な意味ではつねに「なにか或るもの」といわれる「対象一般」「あるもの一般」を、あえて「蓋然的に捉えられ、それがなにか或るもの Etwas であるのか無 Nichts であるのかについて未決定であるところの、対象一般の概念」（A290=B346）と言い直し、かかる意味での「対象一般」を、まさに経験的実在論の見地から「可能なもの das Mögliche」と「不可能なもの das Unmögliche」に分節しているからである。

（45）伝統的形而上学と『批判』との根本差異は、『プロレゴメナ』末尾の「付録」にみられる――ゆえに本質的に論争的な――「超越論的」の語義の注釈に如実にうかがえる。「超越論的という語の意味を、わたしは幾重にもかさねて告知してきたが、この評者はそれを一度も把握しなかった。（かれはそのようにして、すべてをうわべだけで見ていたのだ。）超越論的とは、すべての経験を超え出て行くなにか或るものを意味しない。それはむしろ、たしかに経験に（アプリオリに）先行するが、しかしただ経験認識を可能にするということ以上にはなにも決定権をもたないものを意味している」（IV 374 Anm.）。

（46）この区別以前と以後の差異を自覚して鮮明に表現したテクストを、長くなるが引いておく。「ところでわれわれの批判によって、経験の対象としての物と、物自体としての物との必然的区別が、まったくなされなかったと想定してみよう。そうすると作用する原因としてのあらゆる物一般へ、原因性の法則が、それと同時に原因性によって規定された自然のメカニズムが、完全に妥当しなければならないだろう。すなわちわたしは明瞭な矛盾に陥ることなしには、同一の存在者たとえば人間の心《ゼーレ》について、その意志は自由である、しかも同時に自然の必然性に拘束されている、言い換えれば自由でない、と言うことはできないだろう。なぜならわたしは心をこの二つの命題でまったく同じ意味に、つまり物一般として（事物自体そのものとして）als Ding überhaupt（als Sache an sich selbst）解したからである。そしてまた批判が先行しなければ、そうするよりほかにできなかったからである。しかし対象を現象と物自体そのものとの二重の意味に解することを教えている点で、批判が誤っていないのだとするならば、批判の悟性概念の演繹が正当であり、原因結果の法則もたんに第一の意味で理解された物にのみ、すなわち物が経験の対象であるかぎりにおいて、それに妥当するだけであって、第二の意味での物はこの原因結果の法則に拘束されていないのであるならば、たとえ同一の意志が現象（可視的な行為）においては必然的に自然法則にしたがうものとして、そのかぎりで不自由であるとしても、しかも他面で物自体に属するものとしては自然法則に拘束されず、したがって自由だと考えられるのだから、そこに矛盾は生じないのである」（B XXVII-XXVIII）。言うまでもなく右に原語を挿入した箇所が、批判以前の独断的＝教条的な学校形而上学の思索水準である。ここで『批判』の思索が自由のアンチノミーをめぐり、一見対立しあう「二つの命題」を「明瞭な矛盾に陥ることなしに」「言うことができる sagen können」道の探索であった点にも、注目しておきたい。

（47）カントは、前者との直接的な対決をとおして、その伝統的な思惟を継承しつつ変革しようとしているわけであるから、『純粋理性批判』のテクストに前者の意味での「超越論的」の語が登場することになるのも当然である。われわれは、この「超越論的」の語の二つの意味を注意深く読み分けなければならない。たとえば、「そのような超越論的な（秩序を逸脱した）認識がそもそも可能であるのかどうかということも、われわれにはわからないままに残るのだ」（A258=B314）と言われる場合、この「超越論的認識」は、「純粋悟性の対象」（超越論的対象、物一般）にかかわる認識を意味しており、これは明らかにカントに固有の意味でのそれではなく、伝統的存在論がめざした純粋知性認識をさしている。

（48）超越論的認識および超越論的認識論は、認識とりわけアプリオリな認識にかんして自己関係的である。この自己関係性は、伝統的存在論の言う物一般の認識にかんする批判的な反省のうちに成立し、経験の可能性のアプリオリな条件の超越論的探究において積極的な意義を獲得しえたものである。しかし現代の「超越論的論証」の自己関係性の形式をめぐる議論では、この事情が充分に考慮されていない（ヘンリッヒ／アーペル／ローティ他、一九九二年参照）。拙稿は伝統的存在論との差異を明らかにすべくカント超越論的批判の認識論的性格を強調する。しかし現代の「超越論的論証」にかんする議論にたいしては、カントの「超越論的論証」の存在論的背景のほうを強調しておきたい。

（49）第二版の「形而上学的究明」と「超越論的究明」の区別は、やはり決定的に重要である。「超越論的究明 transzendentale Erörterung のもとにわたしが理解するのは、ある概念を他のアプリオリな総合的認識の可能性がそこから洞察されうる一つの原理として説明することである。この意図のために必要とされるのは、以下の二点である。一、そのような認識が現実に、ここで与えられた概念から流れ出てくること。二、この認識が可能であるのは、この概念のここに与えられた説明様式を前提してのみであること」（B40）。あわせて形而上学的演繹と超越論的演繹の区別（B159f.）や、第二、第三批判の用法（V41, 113, 131Anm., 181-2, 475-6）も参観したい。

（50）感官、構想力、統覚は、「経験一般の可能性と経験一般の対象がそれに基づく三つの主観的な認識源泉」であり、その「経験的使用さえも可能にするアプリオリな要素、あるいは基礎」（A115）であると言われる。

（51）第二版の定式は本章冒頭に引用した。ゆえにここでは第一版のそれを引いておく。「わたしが超越論的と呼ぶのは、対象に一般的にかかわるというよりも、むしろ対象についてのわれわれのアプリオリな概念に一般的にかかわるようなすべての認識である」（A11）。後半部の「対象についてのわれわれのアプリオリな概念に一般的にかかわるような」という一節を、「アプリオリに可能であるとされるかぎりでのわれわれの対象認識のあり方に一般的にかかわるような」(B25) と書き改めることで、たしかにカント に固有な意味での「超越論的認識」の説明は精度を増している。

(52) それゆえ、「直観一般の対象」が、カント固有の意味でのかつての「超越論的対象」の代役を演ずることになる。そのかぎりでは、第二版が初めて自覚的に術語化する「直観一般」の実質的な内容は、すでに第一版のフェノメナ・ヌーメナ章でも先取りされている。「わたしが現象一般をそれに連関させる対象が超越論的対象であり、つまりなにか或るもの一般についてのまったく無規定的な思想である。これを〔積極的な意味での〕ヌーメノンと呼ぶことはできない。というのもわたしはそれについて、それがそれ自体において何であるのかを知らないからであり、それについてはたんに感性的直観一般の対象――ゆえにそれは、あらゆる現象にとって一様である――という概念よりほかに、いかなる概念も持ちあわせないからである」(A253 傍点引用者 vgl. auch A104-5, 108-9)。

(53) いうまでもなく時間は「すべての〔外的・内的〕経験の必然的な条件」であり、空間と時間は「現象としての対象の可能性のアプリオリな条件」(A89=B121-2) である。

(54) カテゴリーは「一つの経験一般の形式的で客観的な条件」(A223=B271) である。

(55) 第二版演繹に言う。「カテゴリーは感性から独立に、たんに悟性のうちで生じるのであるから、純粋悟性概念の演繹においては、わたしはさらに経験的直観に多様が与えられる様式を捨象して、カテゴリーを介して悟性によって、この直観のうちへと加えられる統一にのみ注目しなければならない」(B144)。ただし同様の捨象手続きはすでに第一版も、時間について行使している。「時間はただ諸現象にかんしてのみ客観的妥当性をもつ。というのもこれはすでに諸物であり、われわれはこれをわれわれの感官の諸対象として受け取っているからである。しかしわれわれの直観の感性という、われわれに固有の表象様式が捨象されて物一般が語られるとき、時間はもはや客観的ではないのである」(A35=B51) と。そしてこの「直観一般の対象」たる「物一般」、すなわちカント固有の「超越論的対象」と、「消極的な意味でのヌーメノン」とは、同一の捨象方式を共有する。「われわれの感性の外のなにか或る一つのもの一般としての悟性的存在にかんする、まったく無規定的な概念……。／われわれがその物を直観する様式を捨象することで、われわれの感性的直観の対象ではなくなったかぎりでの一つの物、これをわれわれがヌーメノンのもとに理解するとき、これは消極的な意味におけるヌーメノンである」(B307)。

(56) ちなみに初版演繹の三段の総合で言われた「超越論的使用」は、他のアプリオリな認識を基礎づけるという着眼を前面に出して、第二版演繹第二十四節で以下のように変奏されており、ここでも「直観一般」が活躍する。「感性的直観の多様のかかる総合は、アプリオリに可能でありかつ必然的であるが、形象的 figürlich（syntesis speciosa）と呼ぶことができる。これと区別されるのは、直観一般の多様にかんしてたんなるカテゴリーのうちで思惟されるであろうような総合であり、これは悟性結合 Verstandesverbindung（synthesis intellectualis）と呼ばれる。そしてこの両者は超越論的である。それらの総合そのものがアプリオリに行われるからというたんにそれだけの理由ではなく、むしろそれらが他のアプリオリな認識の可能性をも基礎づけているからにほかならない」（B151）。

（57）第二版の多くの書き換え箇所において、「知的直観」とわれわれの「感性的直観」との差異がよりいっそう強調されるのも（B68, B72, B148f., B159, B306, B429, B431）、基本的にはこのことと関連しているだろう。

（58）「分析的方法」と「総合的方法」については、『プロレゴメナ』の第四節と第五節、あるいは『論理学』の第一一七節を参照。ちなみにこの方法分類は第一版の演繹においても、いわゆる三段の総合における下から上へ——直観における覚知の総合（感官）から想像における再生産の総合（構想力）を経て、概念における再認の総合（統覚）へ——と、上から下へという二つの道によって遂行されている。

（59）「事実問題 quaestio facti とは、人がある概念をいかなる仕方で最初に占有することになったのかという問題である。権利問題 quaestio iuris とは、いかなる権利をもって概念を占有 besitzen し、使用 brauchen しているかの問題である」（XVIII 267）。角忍はこの覚え書きを援用し、第二版「超越論的演繹」の「二段階構成」の論証構造を、「権利問題」の内含する「占有 Besitz」と「使用 Gebrauch」との二つの論点に対応させて読み解いた。そして経験的なものも感性的なものも混淆しない「純粋なカテゴリー」の純粋悟性による「占有の権原 titulus possessionis」（VIII 190 Anm., VI 251, vgl. A236=B295）こそが、前半部第二十節までの論証主題だと主張した（角、一九九〇年、とくに三五三‐六〇頁参照）。その精緻かつ長大な論考は、その他の点でも示唆に富み、右の指摘も熟考に値する。

　そもそも『法論の形而上学的始元根拠』は第一部第一篇第一節の冒頭、「使用の可能性の主観的条件は一般に占有である」（VI 245）と言う。ゆえに「使用」の論点に先立ち「占有の権原」を演繹することは裁判法理に適っている。そして『批判』第二版が新たに第九節から第十二節までの番号を付して「形而上学的演繹」（B159）と命名した箇所に、当該論証を担当させる読み筋もある。そのうえでさらに超越論的演繹の「端緒 Anfang」（B144）たる前半部にも同じ任務を割り振るか、あるいはむしろ「形而上学的演繹」には「事実問題」（A84=B116）の確定手続きに専念させるのか否かといった点が問題になるだろう。ここではしかしそういった永年の演繹解釈の争点に立ち入らず、「カテゴリーを直観一般の諸対象のアプリオリな諸認識として、その可能性」を提示した前半部に分析的上昇ベクトルを、そして「いつもただわれわれの感官に到来することになるだろう諸対象」（B159）への総合的下降ベクトルを後半部に看取するのみにとどめたい。

いずれにせよ理性批判の演繹は「人間水準の正当化 eine Rechtfertigung *κατ᾽ ἄνθρωπον*」に努め、けっして超越的絶対的な「真理に訴える *κατ᾽ ἀλήθειαν*」ことがなく、ゆえにデカルト理性主義の独断的前提たる「創造主の賦与した表象や生得的な表象を断じて容認しない」。人間理性の超越論的な批判は、われわれ「同胞 Mitbürger」（A739=B767）の経験判断一般の言語論的・記号論的な基礎の究明に徹すべく、空間時間やカテゴリーという対象認識のための根源語群の「根源的取得 ursprüngliche Erwerbung」（VIII 221）を、この公的開放的な世界市民法廷で、討議的＝論弁的に権利主張する。

(60)　たとえばライプニッツは、感性的直観の制約を考慮して現象と物自体とを区別することなく、「超越論的場所論 transzendentale Topik」を欠いたまま、「感官の対象」を「物一般」と見なしていたと指摘されている（vgl. A271=B327-8）。

(61)　「物自体」のかかる実体化は『批判』が極力排除したものであり、われわれ読者も「物自体」概念を実体化して解釈するという愚を犯してはならない。これに関連して、第二版の「誤謬推理」章は、感性的なもののたんなる「捨象 abstrahieren」が、感性的なものからの「分離 Absonderung」へとすり替えられて、純粋知性的なものが「実体化 hypostasieren」されるという論点を導入しており、これは言語論的にも興味深い。

(62)　前章第五節末尾で確認したように、引用文中「すくなくともわれわれ人間にとっては」の一句は第二版で付加された。有限なる「人間という立脚点」を強調するためである。にもかかわらず物自体による触発を超人間視点から語りたがるカント研究は後を絶たない。この理性の僭越と怠惰をたしなめるべくアリソンは、あらためてデカルト以後の合理論と経験論に遡り、両者に共通の「認識の神中心 theocentric モデル」と、これに固有の「超越論的に実在論的な独断的諸想定」を剔抉する。そして人間知性の「論弁性 discursivity」を凝視して、「超越論的観念論と超越論的実在論の対置のより深い理解」（Allison, 2004, p.xv）を心がけ、後者由来の「超越論的仮象」にたいする批判的形式的観念論の「本質的に治療的な機能」（*ibid*., pp.xvii-xviii, see also p.19）を見定める。「存在論的 ontological」「形而上学的 metaphysical」という術語が不当にも超越論的実在論一色に染めあげられた現代欧米言語文化圏で、ゆえにあえてこれとの鋭い対照のもと、現象と物自体の「超越論的な区別 distinction」および「触発の超越論的な記述 account」の、純粋に「認識論的 epistemic」（*ibid.*, p.11, 19, 25, 44, 47, 71）で「方法論的 methodological」（*ibid.*, p.57, 70）な意義を強調する行論は、拙稿の世界反転光学の視座から捉え返せば充分に説得的である。しかるにこの労作は初版一九八三年時点の粗い組み立ても災いして、物自体の非時空性という論点をめぐる長く空しい論争を呼び起こし（Guyer, 1987, Part V）、日本でも新たに曲解されている（千葉清史、二〇一二年）。この残念な混迷情況はしかし、あの綿々たる超越論的実在論の哀れなまでに根深い妄執を逆照射していて、まことに興味深い。

(63) それは、当時の思想状況をふまえていえば、ヴォルフの理性主義にたいして、バウムガルテンの「感性論 Ästhetik」の立場を擁護することを意味するだろう。ただしカント自身は自らの「超越論的感性論」において、バウムガルテンの「美学」としての感性論から批判的な距離をとる（vgl. A21=B35-6 Anm.）。カントは超越論的理性批判の全体において、いわばバウムガルテンとヴォルフとを批判しつつ、かつ両者の調停を図っているのだと言えるかもしれない。

(64) 「物一般」としての「現象」は、かかる「経験の可能性」の範囲内につねにすでに属するがゆえに、「超越論的」には統覚の〈内〉なるものであり、その意味において「現象」は「表象 Vorstellung」すなわち〈統覚の前に立つもの〉にすぎないとも言われるのである。カントのかかる「超越論的観念論」はつねに同時に「経験的実在論」であった。そして「経験的」には、言い換えれば「現実的経験」の成立している地点から眺めるならば、現実的対象としての個々の具体的な物は、現実のこのわたし（経験的統覚）から独立に、それ自身において存在しているのであり、そのかぎりにおいてまた、「実体」のカテゴリーがこの物に適用されうることになるのである。

(65) 望月拙稿、一九九〇年、一九九二年を参照されたい。

(66) 「現実的なものの個体的な形成 die individuelle Formung des Wirklichen の問題、これが『判断力批判』の中心点に立っている」（Cassirer 1977, S.306）。カッシーラーの根本洞察を、「人間理性の目的論 teleologia rationis humanae」（A839=B867）たる批判哲学全篇の建築術の問題として、〈物にして言葉、言葉にして物〉の反転光学の律動に合わせ、テクストの語りに聴取すること。これが本書拙稿の積み残した最大の課題である。

(67) この点については、望月拙稿、一九九四年、一九九七年、一九九八年、一九九九年、二〇〇五年、二〇〇六年①、二〇一二年で詳述した。

(68) ハイデガーの言う現存在の存在理解の地平たる「世界」は、「不安」という根本気分のもとに開かれる。存在者を存在者たらしめながら、それ自身はもはや存在者ではない存在そのものの「開け Lichtung」としての「世界」は、否定的な「無」として出会われる。それは、すでにすべてが実体化され尽くした現況にたいする「否」の叫びでもあっただろう。あるいは「神なき時代」における「存在」の不可避的な現象だったのだろう。ハイデガーが否定的・消極的に経験した同じ事態を、カントは「自然美への満足」において肯定的・積極的に経験した。それは物一般の超越論的な場所をあらしめた「神」なるものへの信仰と、この場所との通路を開く「感性的なもの一般 das Sinnliche überhaupt, das Ästhetische überhaupt」への信頼に、密かに支えられてのことだったにちがいない。正直に告白すればわたし個人には、かれらの「神の死」も「神への信仰」もともに無い。ただかれらとともに〈物がある〉という不可思議な「こと」への素直な〈驚き〉を共有したいと思うばかりである。人間一般においてこの〈驚き〉は、肯定的な気分と否定的な気分との不断の動揺のうちに驚かれうるだろうし、この〈驚き〉の力動性に促されて初めて芸術作品は誕生し、哲学することにも意味が生まれ、われわれの束の間の生もなんらかの手ごたえを取り戻すことができるだろう。

(69)　ここに「物象化 Verdinglichung, Versachlichung」の語は、人を「物」のように扱う「物象化」、つまり人格や人間関係の「物件化」とは直接かかわらない。むしろそういう人間存在の疎外、「目的自体」を「たんに手段として使用する」ような「人間性」の道具化の進行の根底で、この世に「あるもの」、ありとあらゆる「物」を、つねにすでに個体的に実体化された具象相のみで理解し語る、古今東西の言語行為に根深い「有形化・現物化・実利化・物体化 Materialisation」の傾向性を言う。拙稿が思索の道標とする「明暗双双」「色即是空」は、この「人間-論理的 anthropo-logisch」な性癖を指弾した言葉であり、西洋哲学の歴史ではすでにヘラクレイトスの反撥的調和のピュシスのロゴスに、同じ趣旨の批判的な反転光学のつぶやきが聴き取れる。「我よりもロゴスに耳傾けて、万有は一なり ***ἓν πάντα εἶναι*** と唱和する ***ὁμολογεῖν*** ことこそ聡いというもの」(Dk. Fr.50)。しかし印欧語族の文法制約——主語となる体言に合わせて動詞定形が人称変化する基体主導規律——によるものか、東西文明の世界観の保守本流は、長きにわたって物象化=実体化の方向にある。そしてこの奔流の一つの源泉が、アリストテレス『形而上学』である。「あるものは多様に語られる。ただしかし一との関係で」(1003a3)。この「一」なるものを「実体」とし、定冠詞つきで「この人」「この馬」とか「この或るもの ***τόδε τι***, quod quid, the this」と名指しうる、質料・形相の結合体たる可感的「個物」こそが第一実体だとする存在理解。それは当初、彼岸に自存離在するイデア的普遍真実在の教説を批判して、此岸の経験的実在性の世界への帰還をめざしていた。しかしいつしかキリスト教の神の世界創造教義と癒着して、人間の感官一般から独立に現実存在する個体的 individuell な——個別および普遍の実体たる——「物自体」の超越論的実在論へ変質する。

時代は一気に下り二十世紀の分析哲学の流れにあって、クワインは、「普遍者 universals」の超越的実在性を説くプラトニズムから距離をとり、この「抽象的対象」の「無責任な物化 irresponsible reification」（クワイン、一九八四年、一九四頁）たる「実体化 hypostasis」（Quine, 1980, p.11, 65, 76, see also pp.102-29）をしりぞけた。のみならず自陣の経験主義に残る数個の形而上学的ドグマと格闘し、言語論的自然主義を徹底強化して、「物理的〔自然的〕physical 対象」を正しく「物象化」する言語活動の機序を究明した。『真理を追って』は、名辞でなく観察文から言語分析を始める方法論上の利点を誇示して言う。「わたしたちは、実体化の本性 the nature of reification とそれが科学理論にとってもつ有用性——これは第二章の話題である——に関して、あらかじめ実体化を行うことなく自由な立場で考えることができるわけだ。もしも名辞を出発点に採るならば、それは実体化を巧妙に持ち込んで、対象指示 objective reference を、その目的や本性への考察なしに最初から前提する結果となっただろう」（クワイン、一九九九年、一二頁）。そしてその第二章「指示」は冒頭第九節を「物体 Bodies」と題し、「実体化」の顚末を解説する。「実体化の始まり incipient reification がどういうものであるかは、すでに述定的な観察文 the predicational sentences のうちに窺うことができる（2節）。……／実体化の第二段階、すなわち通常の観察文を越える段階は、焦点付き定言観察文への移行 the move to focal observation categoricals において認められた（4節）。わたしは、子供がこの構成 construction を初めて習得するのは、自由な定言観察文の場合のように単に期待の一般化された表現として、これが生じればいつでもそれが生じるというようにであると考えている。……／しかしながら焦点付きの定言観察文は、自由な定言観察文とは違って、その焦点を絞り込まれているおかげで、物体に関して一般的に語っているという雰囲気 the air of general discourse about bodies を明確にもっている。……わたしの考えでは、物体が存在論的な意味においてまさに物体となる bodies materializing, ontologically speaking のはこの段階においてである。つまり、この段階で物体は、交差する複数の観察文の焦点に位置する理念的な結節点 ideal nodes となるのだ。ここにこそ実体化の根源 the root of reification があるとわたしは言いたい。／……個体化 individuation はもっと後にならなければ始まらない」（同、三一－三頁）。

カントのカテゴリー表中の「実体 Substanz」の機能にも肉迫した、じつにみごとな言語分析である。とくに科学哲学的な——ゆえにまだ超越論的ではない——論理的観点から「カントとラッセルをこき混ぜて……外部世界に関するわたしたちの知識 our knowledge of the external world はいかにして可能か」を糾問する「自然化された認識論」は、「経験的証拠」に立脚した「総合的な定言観察文」を重視した点で、「デカルト主義の夢を棄てる」（同、二六－七頁）べく観念論論駁を加筆したカント理性批判に誠実に寄り添っている。だからこそ厳しく批判しなければならないのだが、「経験主義者 an empiricist」を自認するクワインの物理、自然主義は、その方法論的制約ゆえに、不当にも「物」「対象」を「あらかじめ実体化」してしまっている。これらの術語をめぐるテクストはたしかに「実体 substance」にかんして「一般的に語っているという雰囲気を明確にもっている」のだが、〈経験的実在論にして超越論的観念論〉の反転光学は、「物」の安易な「物体」視を断じて許すわけにはいかないのだ。そもそも「存在論」を一定の「存在者 entities」の「実在論 realism」の意味で理解して、物理主義的な「実体」の「存在論」を暗黙のうちに「最初から前提」し、これと言語論的な「認識論」とを二分法的に対置したうえで、「存在論の信管分離 Ontology defused」だとか「存在論の相対性 ontological relativity」（同、四七頁、以上、原語挿入引用者）などを大仰に喧伝したりする前に、まずは「物」「対象」「存在論」という鍵語の意味を精査することが、現下の超越論的な言語批判に不可欠である。物にして言葉、言葉にして物。理性批判の反転光学の刹那に閃く〈存在-論的 onto-logisch〉な出来事の実相を、つづく第Ⅲ部以下では、徹底的に言語論的な観点から探索してみたい。

第Ⅲ部 言語への超越論的な反省——カント理性批判の深層

第一章　意識から言語へ？

第一節　言語論的沈黙の意味と背景

二十世紀欧米の、とくに六〇年代末以降の思潮では、ソシュールやウィトゲンシュタインに始まる現代《コンテンポラリー》を特徴づける出来事として、近代のデカルト主義的な自我の「意識」からわれわれの「言語」へのパラダイムシフトが喧伝されていた。哲学の「言語論的転回《リングイスティック・ターン》」と呼ばれる歴史批評言説である。(1)この言語論の視点は、多様な種族言語や人間の言語活動《ランガージュ》、物語の構造分析に関心を集中させて、構造主義の数々の業績を輩出した。さらにまた主体や作者や人間の死の後に来るテクストのありように批評の論点を集中させるポスト構造主義の記号論的展開を見せ、「ポストモダン」と呼ばれる文化現象の形成にも一部参与した。

拙稿がいま、カントのテクストを超越論的言語批判の討議《ディスクルス》として読み直すのも、そういう言説《ディスクール》世界のなかの出来事である。テクストの読者はいまや汎言語論的とも言うべき間テクスト性の言説空間のうちにあり、言語や記号の論点についてなにかを意識せずには、テクストを掘り下げて読むことができない情況にある。もちろん、そういう現状に無頓着に読む、現況を無視して純粋に読む、古典を古典としてテクスト内在的に読むという行き方もあるだろう。しかしそれもすでに今日の言説情勢にたいする消極的・否定的な、一つの態度決定である。そもそも何を古典とし、何を読むに値するテクストとするかの判定段階で、読者は伝統および同時代の間テクスト性の網状組織のうちにある。その点は脇へ置くにしても、いまこの時代に二百年以上も前の異国のテクストを、言語への反省を抜きにして読むなどということは、よほどの無自覚か頑迷固陋による行為でしかないだろう。拙稿筆者の場合、これにくわえて言語論的な思考力の欠如から、カントの新たな読みの遂行を長らく敬遠してきた。しかしながらカントも促している自己思考《ゼルプストデンケン》の哲学は、「決意と勇気」を欠く「未成年状態」の先延ばしのもとでは、いつまでたっても始まらない。だから無茶無謀の誹りを懼れずに、あえていまここで試みることにする。

ただし理性批判の文面は、すぐにそれと分かる仕方で言語の論題に立ち入っているわけではない。『カント事典』の項目「言語」も冒頭に言う。「近世哲学において、ロックやライプニッツなどをはじめ、哲学的問題として盛んに論じられていた言語についての考察は、カントではほとんど無視されている。言語に対するカントのこの沈黙、無視は、カントの同時代人によってすでに指摘されている」[2]。だからこそしかし、「この沈黙、無視」の理由が気にかかる。否、もっと正確にいえば、哲学史がそう鑑定してきた、理性批判の言語論的な「沈黙」の身振りこそが問題である。

批判テクストが生まれてきた間テクスト的状況を重く見るならば、「言語に対するカントのこの沈黙、無視」は、理性批判が徹底的に批判的でありつづけるための、論題設定上の禁欲の逆説表現である。カント自身は言語の論点に無関心だったわけでなく、かれの自然地理学や人間学等の講義から関連断片を編集してみれば、興味深い言語論的思索の跡が浮かび上がってくる。しかもカントの同世代には、北方の博士《マグス》として名高い同郷人ハーマン（Johann Georg Hamann, 1730-88）がいる[3]。一つ若い世代には、カントの講義を聴講したヘルダー（Johann Gottfried von Herder, 1744-1803）[4]がいる。カントの愛読したルソー（Jean-Jacques Rousseau, 1712-78）には、『言語起源論』（一七八一年）の著述もある。そしてルソーへのオマージュとも言うべき批判期小品――それ自体が批判的な歴史物語り行為でありメタ物語り的な聖書批評でもある——『人間の歴史の臆測的始元』（一七八六年）には、話し言葉の始まりについて、次のようなコメントがある。

自分の思うことを伝達しようとする衝動は、まだ独りでいる最初の人間をうごかして、かれの外にいる生きた存在者、とりわけ声《ラウト》を発する存在者で、しかもかれがその声をまねることができ、その声を名前として活用できるような存在者たちにたいして、まず最初に、自分の存在を告知するように仕向けたのにちがいない。この衝動にも似たはたらきは、子供や無思慮な人々にも見られるものだ。じじつこの人たちは、がさつな声を出したり大声をあげたり口笛をふいたり歌ったり、そのほかにも騒がしくおしゃべりして（しばしば騒々しく祈禱して）、同じ公共体に属し物事を考えている人々の邪魔をする。かれらをそのように仕向けている動因は、自分の周りの人々に、自分の存在を広く知らしめようとする意志以外には見当たらない。（VIII 110-1 Anm.）

自邸に隣接する刑務所の讃美歌に思索を妨げられ激昂するカント。その逸話を読み重ねると苦笑も禁じえぬ、じつに確信に満ちた率直な物言いである。この一節は、「最初の人間」が「すでに充分に成長」して「夫婦 Paar になって」おり、「直立して歩行することができたし、話すことができた《シュプレッヘン》」との想定のもと、論述を始めるさいの脚注である。一番重要なことを脚注に書くのは作者の悪い癖である。しかもこれは『旧約聖書』第一書第二章第二十節、「人はあらゆる家畜、空の鳥、野のあらゆる獣に名を付けた」という、当時も今も[5]、言語論上枢要の権威的言説へのコメントである。言語の起源に自己顕示の「衝動」と「意志」を見る点は、ルソー言語論にも唱和する。「無思慮」で「がさつな」人々の「騒がし」い発声を例示するのは、カント一流の皮肉だろう。そういう文章が、はたして聖なる言葉への注釈として穏便なものであったかどうか。ちょっと思念してみれば、これがどういう意味をもつテクストであるかは容易に察しがつく。

じつは『臆測的始元』の全体が、聖書物語の脱構築的な読みを敢行する、かなり思い切った理性批判の執筆行為《エクリチュール》である。[6] テクストは、人類史の曙を臆測し回顧する新たな物語り行為の「遊覧旅行」のために、「聖なる史料を地図として用い」るのだと、啓蒙の世の雑誌読者にむけて宣言する（VIII 109）。そのような語りぶりの奥で、聖書物語そのものも臆測なのだと作者につぶやかせる、うがった深読みも可能である。それにも増して深刻なことに、テクストは『旧約聖書』第一書「創世記」から第一章をはずし、あえて第二章から第六章までを取り上げた。この切り取りの批判的意義と言語論的含意は甚大である。「天地創造」と「エデンの園」とのあいだに刻まれた無言の切断線。それはまさに理性批判のめざす形而上学体系構想中、思弁と実践、自然と自由の領域区分に沿うものである。そしてちょうどこの時期にカントが巻き起こすヘルダーとの論争も、じつはこの一件と密接にかかわっている。

ヘルダーは当時、『人類史の哲学の構想《イデーン》』（第一部一七八四年四月、第二部一七八五年八月）を精力的に書きついでいた。カントはこれを厳しく論評し（『ヘルダー論評』八五年一月、十一月）、『人種の概念の規定』（八五年十一月）と『臆測的始元』（八六年一月）を、相次いで公表する。この二つを別個に書いた身振り《スピーチ・アクト》そのものが重要だ。理性批判は、自然の人類史と自由の人間史をさりげなく論じ分けてみせたのである。かれ自身、『世界市民的見地における普遍史の理念』（八四年十一月）では、この区別を看過した。その瑕疵を深く反省し、理性批判を歴史物語り論的に徹底深化して、右の区別を公式に打ち出した。批判の刃は創世記テクストのみならず、ヘルダー人類史第七編と第八編のあいだにも同じ切断面を刻み込む。話を二つに分けた執筆行為は、歴史言説を呪縛するキリスト教的普遍史の叙述慣習からの、理性《かたり》の批判的脱出《アウスガング》を読者公衆にも促した。それとともに理性批判の思索も、道徳目的論と自然目的論の批判的区分を明確に浮かび上がらせる。『実践理性批判』（一七八八年）と『判断力批判』（一七九〇年）は、そうした批判的思索の結実したテクストである。カントの言語論的沈黙の意味を精査するには、こうした間テクスト的な言説情況に目配りする必要がある。

かつてヘルダーは、ジュースミルヒの言語神授説[7]を公然と論難した。「人間はその自然的能力だけで言語を発明することができるのか」。これを課題とするベルリン・アカデミーの懸賞（一七六九年）に応募して、第一席を獲たのである。その『言語起源論』（一七七二年）の公刊が、カント沈黙の十年の初期に当たっている点が、幾重にも興味深い。

人間に言語の起源を求める説は、神を最も偉大な光のなかで示すものである。すなわち、神の作品である人間の魂は、それが神の作品であり、人間の魂であるがゆえ、自力によって言語を創造し、創造し続けていくのである。人間の魂は一個の創造者として、神の本質の似姿として、理性のあらわれとしての言語を自らつくるのである。従って言語の起源は、それが人間に求められる限りにおいてのみ、神的なものと呼ぶにふさわしいものとなるのである。[8]

説教師ヘルダーは、テクスト末尾でそう述べた。これに篤信家ハーマンが激しく異議を唱えて話は錯綜する。ヘルダーと同型の信仰の語り口は、若いカントも『天界の一般自然史と理論』（一七五五年）で採用していた。そういう人間理性や物理自然の自立の物語りを、ロンドン回心後のハーマンは嫌う。そして『神的かつ人間的な言語起源についての薔薇十字の騎士の遺言』（一七七二年）等で、神と人間の直接連繋こそを語れとヘルダーに迫る。師友ハーマンに駄目出しされたヘルダーは、『人類史の太古の史料』（一七七四年）で一転、天地創造の七日間をとりあげて、神が最初の人間に言葉や文字を直示した史実として読む。そしてこの言語論的な聖書解釈をめぐり、カントとハーマンが往復書簡で討議する。[9]創世記第一章を歴史の「アレゴリー」（X 160）と見なすのか。それともたんなる「詩でも東方的なアレゴリーでもなく、ましてエジプトの象形文字などではけっしてなく、最も本来的な意味での歴史文書」（X 156）だと主張するのかが、二人の争点である。[10]

言語の起源は、神か自然か偶然か。言語は動物的な叫びの延長か、人間の内省意識《ベゾネンハイト》や理性や社会性により作られたのか。いずれの筋を選び、どう語るのかという点で、二人のあいだには微妙で重大な偏差があった。しかし「言葉 verbum, Wort」も「理性 ratio, Vernunft」もギリシア語では「ロゴス λόγος」である。[11]ラテン語の ratio（理性）の響きは oratio（発言・話法）に通じ、ドイツ語の Vernunft（理性）は動詞 vernehmen（聞く）に由来する。この点は言語を哲学するうえで、あまりにも自明な前提だ。言葉で考える能力が理性なのであり、理性は言葉で考える。言語なしに人間は理性をもたず、理性なくして言語はありえない。端的にいって理性《ロゴス》は言語《ロゴス》であり、言語《ウェルブム》は理性《ラチオ》である。この基本認識の点で、かれらのあいだには一致があった。

　言語《シュプラッヘ》というものはすべて、思想《ゲダンケ》を表示する記号である。逆に思想表示記号のなかで最も優れているのは、言語による方法であり、言語は自己自身や他者たちを理解するための最大の手段である。思考《デンケン》は自己自身との語り《レーデン》であり（タヒチの原住民は思考を腹中の話《シュプラッヘ》しと呼んでいる）、ゆえに自己の内なる声に（再生産的構想力によって）耳を傾けることでもある。
（VII 192）

人間学講義で、カントもそう語っていた[12]。しかもかれらは詩的言語を重視した[13]。そういう言語論的な共通土俵のうえで、三人は公的に論争した。

　ヨーロッパ啓蒙の時節。知識人たちが各国の母語で言論活動を開始した時機に高まる言語論的関心を、カントもまちがいなく共有した。にもかかわらず、かれの理性批判は言語を一向に主題化しない。それどころか、これを一切「無視」しているようにさえ見える。だからこそハーマンもヘルダーも、カントへのメタ批判のなかで感情的な苛立ちを見せるのだ[14]。いまこそ待望の言語論を出していいはずの、『美と崇高』（一七六四年）や『視霊者の夢』（一七六六年）の著者が、予期に反し理性の哲学者然として、言語の論題を無視しているように見えるのが不可解なのである。あるいは理性批判でこそ言語を主題化すべきところを、あえてそれをしようとしない純粋理性の強情な潔癖症《プリスムス》が不愉快なのである。

　かれらの意図と思惑は、そのようにしてすれちがう。カント自身は、もはや同時代人たちが求めるような仕方では、言語を哲学することができなかった。それをしたくても、そうするのは危ういし不毛だと分かってしまう地点にまで、理性批判の思索は立ち到っていた。ゆえにかれは経験的で臆測的な言語論を超える新たな反省の場所で、超越論的論理学《ローギク》という「沈黙」ないし暗黙の言語論を構想した。最初に引いたテクストは、時代の啓蒙を牽引する『ベルリン月報』への寄稿論文断片である。理性批判の言語論上の基本姿勢は、ここに表明されている。重要なのは、文章の中身だけではない。そのさりげない執筆の身振りが、同時代の饒舌で独断的な言語論的言説状況にたいし、厳しく異議を唱えている。

『臆測的始元』は表面の漫遊口調とは裏腹に、理性批判の核心を時代にぶつけた激烈なテクストである。この実践哲学的な人間史は、最初の人間がすでに他者をもち、言語能力も備えたところから物語りを開始する。やはり始めに言葉《ロゴス》があったのだ。ゆえに批判哲学は、言語や理性の存在根拠《ラチオ》と起源を遡って問うことはあえてしない(15)。それは人間理性の権限が及ばぬ仕儀だからである。理性批判は「経験」の事実を前提し、これを可能にするアプリオリな言葉（空間時間やカテゴリー）を反省し分析する。しかしこれら根源語群の発生の起源や生成の系譜を話題にしない(16)。それらが生得的かどうかも問題にせず、つねにすでに言語能力をもって世界を経験している成人した理性のアプリオリな言語活動を批判する。

とはいえカントも言葉の始まりについて、やはりなにかを語りたかったのだろう。そこで先の気楽な言語起源の臆測を、『批判』ではなく、雑誌論文の本文でもなく、わざわざその脚注に配してみせたのである。論文自体が臆測的な歴史物語りだということは、表題中に謳っている。そのうえさらにテクストは、二重に慎重な仕草を見せている。それは同時代の言語起源言説が実証性を欠き、奔放で危うい臆測に満ちていることを、作者が鋭く見破っていたからにほかならない。そもそも論文は冒頭にこう書いている。

歴史《ゲシヒテ》を全面的に臆測だけで成立させるとしたら、それは小説《ロマン》を構想するのと大差ないことのように思われる。そのような歴史は、おそらく臆測的歴史を名乗ることさえできず、たんなる作り話《エアディヒトゥング》と呼ばれるだけだろう。（VIII 109）

テクストはそう言いながら、理念的な人間史の端緒をあえて臆測してみせるのだが、人はこの一文に、ヘルダー流の歴史形而上学への揶揄だけにとどまらぬ、言語論的で物語り論的な理性批判の片鱗を見ないだろうか。あるいは『臆測的始元』そのものを、聖書やヘルダーの普遍史的な信仰の語りへの、メタ物語り的な批評として読むことをしないだろうか。いまその点に深入りすることはできないが、すくなくとも当時の言語起源論の語りなどは「臆測的な歴史」ですらないとする理性《ロゴス》批判の厳粛な裁定が、脚注の身振りの根底にある。

そういう理性批判の冷徹さに、若きカントの講義を知るヘルダーは、傷つき戸惑ったにちがいない。あるいはそれを裏切りだとも思ったことだろう。カントの『普遍史の理念』から『臆測的始元』への批判的な回心は、それほどに激烈かつ迅速だった。理性批判の哲学者は、歴史の物語りや、われわれの公的な語り一般について、なにか決定的なものを見てしまったのである。だからこそかれは、自然の有機的形成力を熱く語るヘルダー人類史の形而上学的な飛翔に、早期是正を促した。また、自身の『普遍史の理念』第三命題と第四命題のあいだにも、異種の物語りの没批判的な癒着を見咎めた。ゆえにかれは「自然の意図」を前提し「自然」を主語にして語る普遍史の文体《スタイル》を、皮肉と抑制をきかせた「臆測」の語りに切り替えた。数年後の『判断力批判』の舞台への「自然の技術」および「自然の合目的性」の登場は、理性批判の哲学が成熟して、臆測的で比喩的な物語り行為の正当な権限と意義を新たに探りとるまでになった、徹底的な言語論的反省の成果なのである。

第二節　超越論的な言語批判

カント理性批判は、同時代の言語起源論から厳しく距離をとる。臆測的な言語論の危うい動向を警戒し、テクスト表面で言語を主題化するのを禁欲する。ハーマンやヘルダーとの言語論的討議を経験し、以下に引く決定的な示唆を形而上学講義の存在論末尾で披歴する人でもありながら、言語論の明示的展開を自制しとおしたのは並大抵のことではない。すでにこの沈黙の一事が、理性批判の言語哲学上の基本姿勢を明瞭に物語っている。

> 超越論的哲学は、人間的認識のアプリオリな諸因子たる諸原理の哲学である。……さてわれわれはいま人間的認識のアプリオリな諸原理を、以下のように区分する。
>
> 一、感性のアプリオリな諸原理。これは超越論的感性論であり、ここには空間時間のアプリオリな認識と概念が包括されている。そして
>
> 二、知性的な人間的認識のアプリオリな諸原理。これは超越論的論理学である。この人間的認識のアプリオリな諸原理は、上ですでに示してあるように悟性のカテゴリーであり、これらは悟性がアプリオリに含有するすべてのものを網羅する。……
>
> われわれが超越論的諸概念をそのように分解したならば、これは超越論的文法となるだろう。そしてこの文法には人間的言語の根拠が含まれる。たとえば現在 praesens、現在完了 perfectum、過去完了 plusquamperfectum は、いかにしてわれわれの悟性のうちにあるのだろう。副詞 adverbia とは何なのか。こういうことを熟考するのが超越論的文法だろう。論理学は、悟性の形式的使用を含むだろう。そのあとに超越論的哲学つまりアプリオリな普遍的諸概念の教説がくることになるだろう。（XXVIII 576-7）

一七九〇年代初頭の講義模様を伝える断片で、理性批判の言語論的読解を企図する者なら誰もが注目する論考である。カントは伝統的存在論を批判的な超越論的哲学へ、そして形式論理学を超越論的論理学へ解体構築する途次に、空間時間とカテゴリーの分析から見えてきたものを「超越論的文法」と呼ぶ。そしてこれは「人間的言語の根拠を含むだろう」と述べている。それがまっさきに時制《テンス》やアスペクトの成り立ちを問うているのは、有と時の連接や図式論との関連を思わせて興味深い。さらに百年前のポール・ロワイヤル文法との異同を探り[17]、百年後のソシュールが謎の沈黙のもとで静態言語学に数えた「一般文法 grammaire générale」にも比定しながら、カントの超越論的な文法の意義と可能性と限界を探ってみるのは、難儀ながらも魅力的な作業だろう。ここではしかし、やや違った角度からテクストを読んでみよう。言語論的な語りを表面上禁欲した理性批判の、体系的全体構成の語りからそれとして浮かび

上がってくるような、テクスト総体の言語哲学的含意を探りたい。「現代思想の言語論的転回」のはるか以前、十八世紀末のわれわれの近代《モデルネ》の始元において、理性批判がじつは最初から最後まで人間の言語《ロゴス》批判だったということを、テクストの声に耳を傾けながら、一つずつ確かめてゆきたいと思う。

デカルト的なコギトの合理主義《ラショナリズム》の趨勢に対抗し、ヴィーコ、ヘルダー、ハーマンの言語《ウェルブム》の哲学勃興の兆しがあった。理性批判はその時機に、言語の起源への「沈黙」を固守している。この点を際立たせて、近代の理性《ラチオ》主義の哲学の筋にカントを押し込めるのは容易いし、せっかくの言語パラダイムの萌芽を早々に摘みとった意識哲学の反動的元凶として糾弾することさえできるだろう。問題はまさに、そういう教科書的な歴史の語り方である(18)。われわれの近代《モデルニテ》における新たな言説批判は、この手の語りの吟味から始めなければならない。同じ批判的討議はしかも、十八世紀のドイツ学校哲学の教条的な語りへの徹底的な反省のうちで、すでにカント理性批判の着想懐胎とともに始まっていた。

理性批判は、たんに意識の哲学だったのか。むしろテクストはつねに同時に、人間の言語活動一般の超越論的な批判でもあったのではあるまいか。「意識から言語へ」という哲学史の標語によって、昨今なにか重大事が起こったのだと喧伝してみる前に、またそういう摑みやすい歴史言説に乗ってカントを古い意識の哲学だと決めつける前に、意識《こころ》と言語《ことば》が事柄としてそんなにも懸け離れたものなのかどうかを、改めて真剣に自問してみたほうがいい。そしてその切断を理性批判のせいにする前に、そういう哲学史の語り方や、カントの同時代人に端を発する理性批判の読み方のほうにこそ、純粋自己意識と言語とを初めから切り離して疑わぬ先入見が混入していなかったかどうか、徹底吟味してみるべきである。

〈われ思う〉は、われのあらゆる表象に随行できるのでなければならない。……［〈われ思う〉という］この表象は、ところで自発性の活動《アクトゥス》である。わたしは、この表象を純粋統覚と呼び、これを経験的統覚から区別する。あるいはまた、それを根源的統覚とも名づけるが、それというのもこの統覚は、それ以上さらに別の統覚によって随行されることがありえぬような、そういう自己意識だからである。じじつこの自己意識こそが、〈われ思う〉という表象を産出する。そしてこの表象は、他のあらゆる表象に随行できるのでなければならないが、しかもそれはあらゆる意識において同一であるような、そういう表象なのである。（B131-2）

『純粋理性批判』初版から『臆測的始元』をはさみ、一七八七年春に世に出た『批判』第二版の、超越論的演繹論のテクストで「意識」が語られている。〈われ思う das: Ich denke〉が舞台中央に登場する。これはしかしデカルトの「われ思う Ego cogito, Je pense」とは、似て非なるものである。あるいはそれを全面的に読みかえた、まったく異質の言葉である。

　デカルトのそれは、他のあらゆる知の対象を疑って切り捨てた果てに残る、絶対確実究極の真理であり真実在である。ここに直に発見された「考えてあるわれ」は、他の全存在から切り離されて（じつは誠実な神に蔭で支えられて）、絶対的に独立自存する実体である。以降、確実な学知の基礎づけをめざす近代デカルト主義は、不可疑の永遠真理たる理性の自己知を哲学の出発点にすえることとなる。これにたいし理性批判の哲学が「疑いのない」ものとして始元《アンファング》におくのは、われわれの「経験」である。あるいは「経験がわれわれの悟性の産出する第一の産物である」（A1, vgl. B1）という事実問題《クイド・ファクティ》の司法認定である。

　純粋統覚は批判哲学の端緒でなく、理性批判の分析的考察の一つの終極である。カントの〈われ思う〉は、「われわれ人間」の「経験の可能性のアプリオリな条件」を探究するなかで、もはやこれ以上遡れぬ究極の原理《アルケー》として出会われた「根源的」ななにかである。ゆえにそれは大文字の〈われ Ich〉、つまりわれわれ人間の意識一般の開けのなかで、他のあらゆる表象と可能的に繋がっている。この〈われ思う〉の純粋な「表象」が、〈われ〉の「あらゆる表象に随行できるのでなければならない」と言われるとき、〈われ Ich〉は〈われわれ〉のうちの個別の「わたし ich」

として他者の「わたしich」から経験的実在的に区別されるのに遙かに先立って、いわば自他一如の「超越論的な場所transzendentaler Ort」で[19]、言語活動的に生きる人間一般の現存在《ゾーエー》のまったき潜勢態《デュナミス》にある。

かかる純粋な可能態に還元した〈われ思う〉〈われ語る〉は、経験的な主客や物我の未分節の場所である。それが「統覚Apperzeption」と呼ばれるとき、これはデカルト的な精神実体ではなく、つねに「知覚perceptio, Wahrnehmung」に「向き合ってad」はたらく判断的《ウアタイレント》な思惟機能である。それは有限な人間悟性が、感性的直観に与えられた多様を総合的に統一する「活動《アクトゥス》」であり、「経験的思惟一般」の「自発性」の現実態《エネルゲイア》への自覚《めざめ》である。この統覚の根源的総合的統一のはたらきは、そのつどのいまここで経験的な「認識判断」(V 280-1)を形成する。認識の「主観」と「客観」が実体的な対立項のごとくに分離《タイレン》されるのは、じつはこの理論的で規定的《ベシュティメント》な言語行為《ディスクルス》が完遂されてから、しかもこれが広く言語行為的に習慣化されて以後のことである。ゆえに、感官を離れて独立自存する物自体なるものを無批判に前提して、主観‐客観対立図式をいたずらに『批判』に先行させてはならない。「認識の対象自体そのもの」(A251)がまずあって、それを「主観」がいかにして認識するのかという、デカルト的近代の認識問題を、理性批判は問うているわけではない。むしろわれわれ人間の経験的認識の場で、あくまでも感官に直に現象するかぎりの物こそが問題《レーデ》である。

可能的経験の全対象は物自体でなく、現象であり表象であり、これはつねにすでに純粋統覚のうちにある。この超越論的観念論の視座においては、アプリオリな悟性概念《ラ・ラング》の体系を駆使してはたらく統覚の言語活動《ランガージュ》があって初めて、「超越論的客観」たる「一つのなにか或るもの＝x」(A250)が「統覚の統一の相関者《コレラートゥム》」として、主観‐客観対立図式の創設に参与する。だから超越論的な言語活動が始動する以前の、まったき可能態にある無言の純粋統覚をあえて想定し、〈われ思う〉の言語表象を「根源的」に持ち来らし「産出する《ヘアフォアブリンゲン》」空空漠漠の「自己意識」のことを詩的に想像してみるならば、それは「われ」と「思う」とが主述に分節接合される命題意識に遙かに先立っているにちがいない。しかもあの大文字の〈われ〉があらゆる思考《かたり》の〈主語＝基体＝主観〉として始元的に立ちあがってくるよりも前《アプリオリ》の空無の場所で、世界諸現象の「多様襞襞 mannigfaltig」な知覚表象一般につねにすでに直に出会われていることだろう。そういう超越論的な沈黙の場所を、ここでかりに「自他一如」「主客未分」の境界《きょうがい》と呼んだとしても、それは特異な宗教的経験を念頭においてのことではない。あくまでも批判哲学の言語論的反省の論理《ロゴス》の徹底の事柄である。

　ところでそういう純粋統覚は、フッサール『デカルト的省察』が第四省察始めあたり（第三十三－四節）で語りだす「具体的」「事実的」「絶対的」な「モナド」たる「自我極」では断じてない。根源的統覚はもっと手前の第二省察始め（第十二節）で、「現象学的なエポケー」により開かれる経験の可能性のアプリオリな「地平 Horizont」、「超越論的な経験」という「清新なる無限の存在圏 Seinssphäre」の世界大の広がりのほうに重なるだろう。ところが厳密な学の確実性の基礎づけをめざす人はデカルトの「自我《エゴ》」に引きずられ、現象学的に「省察する哲学者としてのわたし」にも囚われつづけて、そういう純粋な存在の場所をなおも「超越論的主観性」と呼び、現象学の自我論《エゴロギー》的な語りの始動・展開にこだわった。ゆえにまた「独我論」の嫌疑を、たんに修辞疑問以上の深刻さで気にせざるをえなかった。

　しかるにカントの純粋統覚を、あの超越論的反省の無際限の広がりのもとに眺めてみれば、ここは可能的経験さえも寝静まる自他一如、主客未分の場所、父母未生以前の自己《なんじ》の真面目の住まい、あらゆる物と言葉の細胞分裂の可能性の培地にほかならない。これはまたわれわれ人間の生誕と死滅の等根源的な揺籃である。純粋統覚はこの超越論的なあわいの深層から覚醒し、生い立って、この世の経験の地盤のうえで現に生き、つねにすでに他の「われ」たちと出会われることで初めて、個別具体の「われ」の「人格、人柄、人称 Person」となる。他者との関係は、ここに自意識を得た経験的統覚の自我にこそ問題化する。そうである以上、「他の超越論的な自我」を主題化できるかどうかを現象学者が問うたのは、そもそも場違いな話だったのである。

　あらゆる言語活動《ランガージュ》が覚醒する前の根源の場所を、理性批判がなおも「超越論的自我」「純粋自我」と呼ぶとしても、それは個我や小我などではなく、大我や無我にも比定されるべき「なにか或るもの Etwas, aliquid」だろう。そしてこの世界大の無名《アノニュム》の存在《ザイン》が、かりに純粋な言語活動の目覚めとともに言葉《ロゴス》を発するのだとしたら、それはまずたんに「あり」、しかも人称変化を知らぬラ行変格活用動詞の終止形、もしくは完全に名詞《サブスタンティブ》化する手前の連用形の名詞的用法における「あり」の一語でなければならない。あるいはまた西洋言語文化圏でデカルト主義と対峙すべく、あえてことさらに純粋形式主語を立てて「われあり」と名乗るとしても、これを「超越論的独我論」だと咎めだてしてくるような他我や絶対者は、いまだ、もはや、どこにもないのである。「それというのもこの統覚は、それ以上さらに別の統覚によって随行されることがありえぬような、そういう自己意識なのだからである」。つまり超越論的な「天上天下唯我独尊」の純粋な「われあり」は、端的な「あり」の事実性への言語活動的な覚醒の驚きと、この事実《ファクトゥム》の無根拠性の苦い認識とを吐露しつつ、自他未分ゆえにいまだ他者なき、非人称無差別の自我《われ》の名乗りの不条理を詩的につぶやいている。そしてこれが批判哲学の言語論的反省の深層根底で発せられた、最初の言《こと》の端《は》である。[20]

　デカルトの〈われ思う〉とカントの純粋統覚との根本差異は、『批判』第一版から明確に打ち出されていた。しかしその肝腎の点が読者には充分伝わらない。そこでカントはテクストに手を入れる。第二版の大幅な書き換えは、いずれもこの件にかかわっている。理性批判はデカルト的合理主義の教義《ドグマ》と対峙して、〈われ思う〉の心霊的極小点を実体化する誤謬推理《パラロギスムス》と再度格闘する。そして〈われ思う〉の意識の無内容な形式性を徹底的に暴き出す。〈われ思う〉は人間的思惟の自発性の純粋自己意識ではあるだろう。しかし永遠に存在する個別具体の自我霊魂を直観した「認識」ではない。それはただ「われあり Ich bin, Ich existiere, mein Dasein, meine Existenz」（B157, B274, A405, B412 Anm., B422 Anm., usw.）の語で言い表されるだけの、無規定的で内容空虚な存在《あること》の「純粋意識」である。それはつねにすでに経験的認識活動一般の現実態《エネルゲイア》においてはたらく純粋思惟の意識でもあるだろう。しかしそれは「統覚の根源的総合的統一」という言語活動《ランガージュ》そのものの自己意識として、その統一の諸機能たる個々の純粋悟性概念《ラング》を超えている。そしてそれらアプリオリな概念を可能にするものである。ゆえにそれは超越論的《トランスツェンデンタール》と呼称されるのである。

それは諸カテゴリーによるアプリオリな判断一般の規定活動そのものなのであり、これを個々のカテゴリーで概念規定しようとしても、純粋悟性の思惟は「不断の循環」（A346=B404, vgl. B422）に陥らざるをえない。ゆえに「合理的心理学の唯一のテクスト」（A343=B401）たる〈われ思う〉の「われ」には、「実体」という純粋悟性概念をはじめ、「単純性」「単一性」「同一性」等を定言的《カテゴーリッシュ》に述語づけることができない。[21] 純粋統覚の「このわれ、もしくはかれ、もしくはそれ（この物 das Ding）」は、もはや特定の誰でもない無名《アノニュム》で無規定的《ウンベシュティムト》な「超越論的主体＝x」（A346=B404）なのであり、この非人称の主語についてなにかを語ろうとしても、もはやなにも定かに語ることはできないのである。[22]

そこをあえて比喩で詩的に語るなら、それは人間的な言語活動《ランガージュ》がまったき可能態《デュナミス》のうちに沈黙する、空無寂滅の「われありの意識 das Bewußtsein meiner Existenz」（V 162）である。そしてあらゆる言語活動の死と再生のあわいにおける、つねにあらたな始元の語りの出来事《エルアイクニス》である。世界万物万人の語りの根源究極の統一点。それがけっして独立自存の実体でなく、まさに空虚寂静の無限の開けであることにより、われわれの間主観的で間テクスト的な複数主義の語りの場所が、超越論的反省《レフレクティーレント》的に確保される。[23] 理性批判は、死すべきものたる人間の言語活動の奥深い臨界と、新たな哲学の道の開けを見つめている。

この「方法の論考」（B XXII）は、ゆえにこの地点で語りの一切を放擲せず、人間的認識の平叙文直説法から、接続法《かのように》の超越論的反省へ突き進む。そして分析論と弁証論の二場からなる批判第一幕から一気に話法《オラチオ》を転じて、純粋実践理性の「仮言的」ならざる「定言的な命令法 der kategorische Imperativ」の端的に自由な言語行為の可能性へと筆を進めてゆく。純粋統覚の「まったく空虚《うつうつ》 gänzlich leer」（A345=B404）たる〈われあり〉の場所《プラッツ》の自覚は、ここにおいて別の現《うつつ》の語りの道筋《ホドス》を見いだした。そして道徳法則による自己《なんじ》の意志の直接的でアプリオリな「規定可能性 Bestimmbarkeit」（vgl. V 196）を「経験の地盤」のうえで確保すべく、批判第三幕は「自然の技術」という類比の言葉をめぐる超越論的判断力の反省を全面展開する。しかしそうしたテクストの語りの前途、道徳性と幸福との比例的合致たる「最高善」の理念に向かう「希望」の道への論及は、いまは差し控えておかねばならぬ[24]。

これにたいしデカルトの場合はどうであったか。かれの方法的な誇張懐疑は、数学の記号論的な真理や、伝統論理学の教則、ルルスの言語結合による説得術も含め、あらゆるものを疑わしいと切り捨てた。当然のことながら人文学の伝統はもちろんのこと、他の動物から人間を際立たせる言葉《パロール》の日常用法に、学知の「確実性 certitudo」の基礎は求めえない[25]。ところが神や外界の存在論証と懐疑とを導く「四つの規則」の依拠した論理《ロゴス》、そしてまた純粋知性の自己直観の究極点を記述する概念《ことば》の本有性を、かれは暗黙の前提として疑わない。かれはこの不徹底を放置して、しかも善なる神の存在と個々人の霊魂の不死の信仰箇条に支えられ、肝腎のアルキメデスの点を「われ思う、ゆえにわれあり je pense, donc je suis」と、まことに罪つくりな一人称単数で表記した[26]。しかもこれを近代フランス市民に通ずる母語だけでなく、西洋古典の普遍的学術語たるラテン語でも再説し、定形動詞の含意する隠れた主語を呼び起こして、「われあり、われ現存する ego sum, ego existo」と精神物理的《プシュコフュジッシュ》な文字記号で叙述してみせたのである。

このときテクストは、「われあり」の「命題・宣言・発音 pronuntiatio」が「われによって作り出され言い表される a me profertur」ことにも触れている。こうして無造作に「われ」という主語を根源的発話行為に先行させることがすでに深刻な問題をはらむのだが、その点を知ってか知らずか、テクストは「われ」が何を意味するのかを問いただす。そして「思考作用 cogitare, cogitatio」だけが「われから引き離すことのできない」ものだと確認し、「考えている物 res cogitans」たる「われ」において初めて、精神《メンス》・心《アニムス》・知性《インテレクトゥス》・理性《ラチオ》といった「音・ことば・語 voces」の「意味 significatio」も知られてくるのだと述べている。こうしてデカルトの省察はぬかりなく言語論的反省をまじえている[27]。ならばしかし肝腎の「われ」とか「思う」とか「ある」という単語と基礎文法は、いったいどこからやってくるのだろう[28]。

そもそもこの徹底的な懐疑の遂行テクストを、この世のわれわれに向けて語る「われ」は、歴史的具体的な実存たるデカルト個人なのか、それとも時空を超えた不定の「考えている物」なのか[29]。いまから思えば『序説《ディスクール》』や

『省　察』《メディタチオーネス》の語りの魅力は、まさにこの二義性《アンフィボリー》のうちにあったのだ。おそらくは言語的なものの一般、とりわけ反省的な言語遂行には避けがたい根本的二義性に、かれも時代も気づかぬままに（あるいは気づかぬふりをして）、あの形而上学的な独断教条のまばゆいばかりの閃きを真に受けてきた。その点をふまえ、あえて厳しく論評するならば、このテクストの言語行為的な振舞い《アクロバット》は、物心二元論の近代的な自我《エゴ》の哲学の、「私的」で迂闊な悪い冗談だったのだ。さもなくばその哲学の私《わたくし》語りの公表は、全面的懐疑の詐欺的な騙りとしか言いようがない[30]。

そんな棘のある言語論的な批判を、はたしてカント個人がわがものとしていたかは定かでない。しかしわれわれの理性批判の、文字通りに公的開放的なテクストは、〈われ思う〉〈われあり〉と人が言う事態の、言語論的な根本性格を見破っている。すなわち純粋統覚の〈われあり〉は、われわれの認識判断にはたらく言語活動《ランガージュ》が自己の臨界にまで立ちいたり、そこから自身を省みて超越論的に発話した、すぐれて命題的な意識である。しかもその根源的で空虚な命題は、アプリオリな認識諸形式により総合統一される全判断表象に随行する。〈われ思う〉は、各個の「わたくし」を現に生きる「複数主義 Pluralismus」の〈われわれ〉の、根源的な言語活動の純粋形式を端的に一般に言語によって反省、表象したものにほかならない。つまり純粋統覚は、人間のあらゆる経験的統覚が共有する根源的に命題形成的な言語活動の自己意識である。そしてこの純粋言語活動の意識は、われわれがつねにすでにそこで生きている言語活動《ランガージュ》の場所的な開けの自覚である。純粋統覚は「自発性の活動」だという一文は、今日の間テクスト的な状況下ではそう読まれなければならない。そしてまた、この読み筋をさまたげるような論理《ロゴス》は、批判テクストに毫末も見当たらない[31]。

むしろ言語論的読解を促す示唆は、テクストのあちこちに撒種されている。比較的目につく大きな種を、二つだけ明かしておこう。第一に、統覚の根源的反省が語られる文脈は、「論理学 Logik」であって「心理学 Psychologie」ではない。しかるに近代的自我の哲学の心理主義的傾向は、理性批判をも心理学的に読むことを好んできた。そしてそこに秘める超越論的言語批判の読み筋を、たんなる意識パラダイムに押し込めようと画策した。理性批判はしかし、

「魂ψυχή」を思弁的に実体化し物象化した合理的心理学の伝統教義を批判する。そして近代の経験的心理学の各種知見を積極的に取りこみつつも、自身は超越論的な心理学でなく、理性《ロゴス》の言葉《ロゴス》を批判的に探究する超越論的論理学《ロゴス》を名乗ったのである。(32) しかもその論理学はあの断片がつぶやくように、意識活動一般の根源的な「書字記号γράμμα」の連接構造を探究する、超越論的「文法Grammatik」を名乗る可能性さえ持ちあわせている。

　第二に理性批判は、われわれの批判的啓蒙近代の公的言説空間が、いよいよ本格的に開かれつつある市民革命の時機に、同時代の言語行為情況を批判的に引きうけて成った、人間理性の自己反省の織物である。テクストはフリードリヒ大王の治世（一七四〇 - 八六年）が晩鐘の音を響かせ始め、宗教政策上の検閲が復活してくる寸前の、束の間の文明開化の薄明のうちに姿を現した。「啓蒙とは何か」。理性批判の語りは、公的開放的《オエッフェントリヒ》な批評の言語行為たることを自覚しつつ、いまここに啓蒙されつつあるわれわれの言語空間の、さらなる改良発展を祈念する。そして世界市民たる読者公衆に、徹底的な批判的討議と自己思考を呼びかける。学識をそなえた公衆が「自分の理性を公的開放的に使用する自由」（VIII 36）は、つねに無制限でなければならぬ。理性批判の精神は当代次代の「国家元首」（VIII 41）に宛てて、「一七八四年九月三十日」付で宣言した（VIII 42）。近代《モデルネ》の公共圏の批判的言論活動の自由を権利要求し、それをみずから実践した同じ作者が、批判テクストの深層で言語論的反省を怠っているとは思えない。

　ここにいう作者とはしかし、かならずしも歴史的に実在した哲学者個人でなくともかまわない。そのおびただしい数の研究書や、評伝記事や、あらゆる関連言説をつうじ、われわれの哲学の歴史物語りにおいて、つねに言説批判的に語られるような、そういうテクストとしてのカントが問題である。テクストというものがもつ本源的な間テクスト性。言語活動的な意識の主体がそこに生きる、われわれ人間の間主体性の場所。それが欧米の言語世界でも表だって自覚されるようになった今だからこそ、理性批判の読者たるわれわれは、このテクストを超越論的言語批判の範例《パラディグマ》として読みすすめることにしよう。

注

(1) アーペルは、二十世紀の言語哲学にカントの意味で超越論的な考察を担わせるべく、「哲学の変換」を唱道した。それは同時に、「心理学的」な「意識分析」と見られたカントの「超越論的論理学の記号論的変換」をもくろむものだった（アーペル、一九八六年、五九頁）。だが、じつは理性批判そのものが最初から、超越論的言語批判なのではなかったか。拙稿は、そういうささやかな異議申し立てを含んでいる。

(2) 黒崎政男、一九九七年、一五四頁。事典はさらに言う。「一部には、『カテゴリーを言語におきかえれば、カント哲学は言語哲学として今日的意義を有する』とする主張も昨今見受けられるが、この発想には基本的な無理がある」。「カントは意識的に、言語や記号を自らの哲学体系に取り入れなかった」のだし、そこに「カント哲学の特徴が示される」（同、一五五頁）のだと。ここに言う「基本的な無理」とは何なのか。デカルト的近代の実在観・言語観からはそうも見えるのだろう。しかし〈物にして言葉〉を謳う拙稿は、それとは違う新たな言語哲学・記号論の道を切り拓くべく、『批判』の世界反転光学に端緒を求めたい。

(3) ハーマン『美学提要　カバラ的散文による狂想詩』（一七六二年）に言う。「詩は人類の母語である。造園が耕地に—、絵画が文字に—、歌が朗読に—、比喩が推論に—、交換が取引に先立つように」（ハーマン、二〇〇二年、一一六-七頁）。「創造の初めの突発、またその出来事の記述者の最初の印象、——自然の原初の出現とその最初の享受とは、『光あれ』の言葉において一つに結ぶ。これにより事物の現存の実感が始まる」。そして神の似像たる人間の「創造とは、被造物を通じての被造物への語りかけである」（同、一一九頁）。「語りとは翻訳である。—天使の言葉から、人間の言葉へと。すなわち、思想は言葉に—、事物は名称に—、形象は記号へと訳出される。記号とは、詩的、つまり非可訳的《キュリオローギッシュ》なもの、歴史記述的、つまり象徴的《ジュムボーリッシュ》ないし象形文字的《ヒエログリューフィッシュ》なもの、——また哲学的、つまり特徴叙述的《カラクテリスティッシュ》なものでありうる。この種の翻訳（語りと解せよ）は、他ならぬ壁織物の裏側に当てはまる」（同、一二〇-一頁）。かかるハーマン言語論の美しい狂想詩と、カントの体系的超越論的言語論は、さしあたり表面上の趣を異にする。しかし感性の重視、自然への近しさの点で、じつは共同歩調をとりえたはずである。

(4) レヴィ=ストロースもデリダも重視するテクストは、『人間不平等起源論』（一七五五年）の註解としては長すぎたために削除された遺稿断片であり、ルソー没後三年目、カント第一批判と同年の公刊である。ルソーは美しく語る。「かくして韻律と音色は音節とともに生まれ、情念はあらゆる器官にものをいうようにさせ、その輝きのすべてでもって声を飾る。またかくして、韻文と歌と言葉は共通の起源を持つのである。わたしがさきに話した泉の周りでは、最初の話し言葉は最初の歌だった。リズムの周期的で拍子のついた反覆、アクセントの旋律的な抑揚は、言語とともに詩と音楽とを生みだした」（ルソー、一九七〇年、一〇三頁）。そして『不平等起源論』は、自然状態における「人間の最初の言語、もっとも普遍的でもっとも精力的な言語、つまり集った人々を説得しなければならなかった以前に人間が必要とした唯一の言語は、自然の叫びである」（ルソー、一九七二年、六二頁）と述べ、「全く」一種の本能により絞り出された」音声が言語的に分節化され、固有名詞や不定法現在動詞の発明をへて、文法的に洗練されてゆく長大な過程を想像しつつも、この種の議論の「困難」（同、六六頁）を指摘した。

（5）ベンヤミンは第一次世界大戦中の一九一六年十一月に、『言語一般および人間の言語について』を執筆した。そして創世記第二章十九節の「すべて人が生きものに名づける名はそのままその名前になった」にコメントし、ここに人間の精神的本質と事物の言語的本質との同一性への「形而上学的な認識が包含される」と指摘した（ベンヤミン、一九八一年、二二頁）。これと『臆測的始元』のあいだには、信仰を前面に出すか否かの差異がある。しかし言語の本質への超越論的反省の核心部では、まちがいなく同一歩調をとっている。

（6）この件については望月拙稿、二〇〇〇年、二〇〇四年、二〇〇六年を参照されたい。

（7）アカデミー総裁モーペルテュイ（Pierre-Louis Moreau de Maupertuis, 1698-1759）が、言語を人間の発明としたことに対抗し、神学者ジュースミルヒ（Johann Peter Süßmilch, 1707-67）は一七五六年にアカデミーで講演した。正式題目は「最初の言語が人間からではなく創造主からのみその起源を得たことを証明する試論」で、一七六六年に出版された。

（8）ヘルダー、一九七二年、一七一頁。この論争の言語哲学上の重要性については、堅田剛、一九八五年およびハッキング、一九八九年を参照。ハッキングは「日本語版への序文」で、ここに西洋近代哲学における「私秘的《プライヴェート》」な言語観から「公共的《パブリック》」な言語観への転換点を看取する。拙稿はこれに大筋賛同しつつも、カント理性批判への誤診の変更を要求する。

（9）一七七四年四月六日付カント、七日付ハーマン、八日付カント、四月八日以降推定ハーマンの計四通（X 153-164）。カントは公的発言を拒否。ハーマンの二通のみが公表された。

（10）批判期のカントとヘルダーの歴史形而上学論争の伏線がここにある。結論を先取りすれば、カントは信仰に基づくハーマンらの言語論の圏域を脱出し、人間のもとでつねにすでにはたらく言語活動を反省する。そしてこの超越論的言語批判により、経験判断や趣味判断や信仰の語りをも包括する、言説批評の広場《プラッツ》の建築術的秩序形成をめざすのである。
ところでベンヤミンの『言語一般および人間の言語』は、カントとハーマンにはさまれたヘルダーと同じ場所に立っている。旧約の神への信仰を隠さぬベンヤミンの語りは、ハーマンの言葉を二度も引きながら、創世記の最初の二章を言語哲学的に考察する。とはいえテクストは、読解の順番をさりげなく入れ替えている。しかも後半で第一章の読解を始めるにあたり、これを言語形而上学的なアレゴリーとして読むことを宣言する。ここでは「聖書解釈が目的として追求されるわけではなく、また、この箇所において聖書が啓示された真理として客観的に省察の基礎に置かれるべきだと主張するわけでもない。むしろ、言語の本性それ自体にかんがみて、聖書本文のなかから明らかとなるものを見出そうというのである」（ベンヤミン、一二七頁）。聖書と対話するテクストは、ハーマンと同じく信仰の音色を強く響かせる。しかし深層の言語論的考察は、まぎれもなくカントの超越論的批判の方角へ歩みよっている。

(11)　ヨハネ福音書冒頭「始めにロゴスありき」と語られるときも、ロゴスは世界を産出する神の知性の言葉（すなわち三位一体の第二位格たる子）を意味している。神による「無からの創造 creatio ex nihilo」と不断の連続創造による被造物の維持、そして終末における世界の「無化 annihilatio」という、一連のキリスト教神学の教義をめぐる実念論（普遍実在論）から唯名論（個物実在論）への思想変遷と、「言葉」の問題の深まり、そして「カントの『コペルニクス的転回』」との交錯模様については、「近代形而上学の運命としてのニヒリスムス」を鮮烈に論じた上妻精、一九九四年、一五六－六五頁を参照。しかしそれは神の不在を嘆き叫ぶ「不安」な「ニヒリスムスの陥穽から脱却する道」（同、一六三－四頁）の開拓だったのか。カント理性批判はむしろ、デカルト的近代理性主義の「運命」から翻然と脱却し、《神は死せり》の真理《ことば》を丸ごと引き受けて、澄明強靭なる〈微笑のニヒリスムス〉へと反転更生する、天然自然の詩作的思索の道の建築術的探索である。そしてまたわれわれの有限理性に受肉した言葉《ロゴス》に定位する批判的反転光学は、絶対的に真なる神的理性の言葉に聴従するヘーゲルの思弁、とりわけその「汎理性論（Panlogismus）の世界観」（中埜肇、一九七九年、九二頁）にたいしても、あらかじめ厳しく一線を画していたのである（vgl. VI 60-2）。

(12)　テクストは「思想」と「思考」とを注意深く語り分け、「思考」とは内的な「語り」だと言い切ることで、純粋思考を言語から自立させる主知主義の言語記号観を免れている。しかも「音声」は理性概念と結びつく。「対象の形状は聴覚をとおしては与えられない。そして言語音《シュプラハラウテ》は直接的には対象の表象をもたらさない。しかしまさにそれゆえに、そして言語音はそれ自体ではなにも意味せず、少なくとも客観を意味せずに、せいぜい内的感情を意味するにすぎないという理由も手伝って、言語音こそが概念を記号表示するのに最適な手段である。だから生まれつき耳が不自由な人たちで、ゆえに口をきくこともできない（言語を欠いた）人たちが、理性の類比物というほどのものにしかたどりつけないのも、こうした理由によるのである」（VII 155）。内話と発話、意識内外の区別に拘泥せずに、言語と理性思考を連接する議論は今日の眼から見て粗雑だろうか。そこにむしろシニフィアンとシニフィエのソシュール的連接の前身を見るのは不当だろうか。そもそも国権による検閲は、市民の思考の自由を妨げる（拙稿第Ⅳ部第一章第三節参照）。浅薄な内外分節に拘泥しない理性批判の言語論的思考の声に耳を傾けたい。

言語活動《ランガージュ》は、所与の言語体系《ラング》のもと、個々の発話や書字の言語行為《パロール》に顕在化する。だから日常具体の使用状況に照準を定めて言語を分析するのは意味がある。とりわけ「事実確認的 constative」または「行為遂行的 performative」な「言語行為 speech act」が、「発語行為 locutionary act」「発語内行為 illocutionary act」「発語媒介行為 perlocutionary act」の重層構造をもつことの確認は、言語の遂行的実用的な現実関与本性を教示する。しかし個別具体のコミュニケーションの場に顕現した言表のみを言語として、これに内的な意識および「能力 competence」を対置するのは表面的である。しかもこの手の安易な内外二分法は、オースティンが着想して果たせずに終る「言語論的現象学 linguistic phenomenology」の射程を狭め、言語分析哲学の思考と語りの根底にデカルト的な内外二元論を潜りこませる。

言語への超越論的な批判と反省は、人間理性の言語活動能力一般を最大限の広がりのもとに見すえつつ、その手の二元論《ドグマ》を突破したところで展開されなければならない。外的物質的対象と言語の関係をめぐるカント人間学講義の経験的観察の大らかさは、かかる批判哲学の根本視座のもとに成り立つものと解したい。本章ではそういう超越論的な言語批判の視座の開けを求め、〈意識〉内の「概念」もすでに言語活動の構成分をなすものと認定し、あえて「ことば」とルビをふる。この措置は、言語の本質を聴覚イメージと概念との「心的」関係に見て、シニフィアンとシニフィエの不可分相関と差異化のうちに言語記号システムの動態《いのち》を理解した、ソシュール一般言語学の本義にも矛盾しないはずである。

（13）最初の言語表現は比喩であり、人々はまず詩で語ったのだと言うルソー。「詩は人類の母語」だと教えるハーマン。詩歌は散文より古いとして、民族歌謡を重視し蒐集するヘルダー。ヴィーコに連なるこの系統に、じつはカントも属している。晦渋な第一批判テクストも、法廷や建築術や道や航海等の比喩による詩作的思索を、随処で発動させていた。そして第三批判の藝術分類は、言語藝術のなかでも詩歌を全藝術の第一位に置くのである。

（14）後年のヘルダーの『純粋理性批判のメタ批判』（一七九九年）や『カリゴネー』（一八〇〇年）は脇におく。それに先立ちハーマンは、出版者ハルトクノッホをカントに紹介した縁もあり、『純粋理性批判』を校正段階で読む。刊行後まもない一七八一年七月一日付の概説的な書評は末尾で言う。「ほとんどの者に理解されない／──ああ、虚しきかな、かかるもの全ては！／涙に値する──」

（ハーマン、二〇〇二年、二〇二頁）。数年後にハーマンは、皮肉な語調を強めて『理性の純粋主義にたいするメタ批判』（一七八四年執筆、一八〇〇年死後刊行）を書く。そして「経験」を純化する理性批判の潔癖症が、「理性の唯一最初で最後の器官《オルガノン》、またその尺度《クリテリオン》であり、『伝承』と『慣行』の他に保証を持たぬ言葉」を度外視したと論難する（同、二〇七頁）。理性批判はしかし、経験的言語使用の根底ではたらくアプリオリな言語活動を超越論的に考察する。ハーマンはその点を度外視した。じつはテクストの筋目を逆に読んだハーマンが、純粋理性と言葉を切断した張本人なのである。かれはまた感性と悟性の区別にふれ、「さて何の必要があって、自然が結び付けたものを、かくも乱暴かつ僭越的、独断的仕方で分かつのか。両方の幹は共に、その共通の根の二分と両断によってこと切れ、干涸らびないだろうか」（同、二一一頁、また一九八頁参照）と揶揄したが、カントはその自然本来の結びつきを取り戻し、経験的実在の認識を可能にする言語活動を再興するべく、合理主義の形而上学的独断と闘っていたのである。これをハーマンは完全に見落としている。この二重の失態を割り引けば、ハーマンの経験言語にかんする以下の見解は、理性批判を超越論的言語論として読むための重要な示唆を与えてくれる。「ひとつひとつの言葉は、『感性的』能力と『論理的』能力とを持つ。目に見え、発音できる対象として、それらは、その要素と共に『感性』と『直観』に属している。しかし、その『構成』と『意味』の霊に従っては、『悟性』と『概念』に属しているのである」（同、二一四頁）。

(15)『臆測的始元』は、「歴史の第一の始元にかんしては、自然がこの端緒を開く」（VIII 109）と想定する。そしてそれ以上はあえて問わないのである。この根源的な「自然」の想定、および「経験」に基づく「自然の類比」（*ibid.*）の着想が重要である。これらの問題含みの言葉を、いかに洗練して語るのか。これが第三理性批判の主要課題となる。

(16)「主要な問いはあくまでも、あらゆる経験から自由になった悟性や理性が何をどれだけ認識できるかであり、考える能力そのものがいかにして可能かではない」（A XVII）。『批判』はそう明言して、旧約の創世《ゲネシス》物語りはもちろんのこと、ロック流の「人間知性の生理自然学 Physiologie」すなわち「生成の系譜学 Genealogie」（A IX）の道はとらないと表明する。ハーマンはその言葉を逆手にとって、「考える能力はいかにして可能か」という「主要な問い」が残っているぞと反問し、「考える能力のすべてが言葉に基づくのだ」とまぜかえす（ハーマン、二〇〇二年、二一〇頁）。メタ批判が言いたいのは、大元の言葉も理性も神授の恵みということだろう。『批判』の超越論的言語論は、かかる神学教義――それはロックにも残存する――からの解放をめざしている。なによりもまずは批判的啓蒙の理性の独立運動を完遂し、〈存在-神-論的〉ならざる〈存在-論理的 onto-logisch〉な反省の場を確保して、〈物にして言葉〉の反転光学を安定軌道に乗せること。この大枠が整ったとき、そこで初めて言語的なものの生成をめぐる経験科学的な学際研究——たとえば神経生理学、心理学、社会学、文化人類学、言語学、記号学、認知科学、情報工学等の協働による構造主義的で構成主義的な「発生的認識論 épistémologie génétique」の試み（ピアジェ、一九七七年、第五章第六節および第六章参照）や、「言語進化論」をめぐる討議——も豊かに展開できることだろう。そしてこの文脈では、反省的判断力の発見的統制原理たる「自然の技術」が有意義に機能するはずである。『人間学』や『教育学』と三批判書とのテクスト連繫は、そういう探究の道筋を密かに暗示する。

（17）ジャンセニスムの僧院附属学校の言語教育改革のためにランスローとアルノーが編んだ文法書の正式名称は『一般的《ジェネラル》で理性的《レゾネー》な文法、語り《パルレ》の技法の基礎』で、初版はデカルト没後十年に当たる一六六〇年。往時の合理主義を色濃く反映して理性と言語の通底関係を前面に打ち出した表題であり、二年後にはニコルとアルノーの『論理学あるいは思考《パンセ》の技法』も刊行される。言語‐思考‐理性の三位一体。同書はしかもフーコーの意味での古典主義時代、すなわち表象の世紀の幕開けを告げて、デカルト『省察』と同じ観念語法を奔放に駆使している。塩川徹也、一九九〇年、参照。

（18）ドイツ言語哲学の系譜をライプニッツ、ヘルダー、フンボルト、ヘーゲル、ニーチェ、ハイデガー、ウィトゲンシュタイン、ガダマーの順にたどる麻生健は、カントを純粋意識の哲学の主流に位置づけて言う。「意識や認識主体の問題をテーマとしていた近世のヨーロッパ哲学の主流は……言語から独立した純粋な思惟というものを信じており、それがギリシァでは例えばヌース（理性）であり、近世では意識にとって変わったわけだが、彼らはむしろこの純粋思惟を一切の言語的な束縛から解放しようと努力したのである。つまりここで言う純粋性の最大のメルクマール（徴表）は、他ならぬ〈言語からの〉純粋性であると言ってよいであろう。したがってカントさえ、自らは言語、それもドイツ語という特定の言語を使用して反省を行なったにもかかわらず、この自分の思考の言語的な制約、前提そのものには反省を加えることはなく、また反省どころか、そこに問題そのものを見ていなかったようにも思われる」（麻生、一九八九年、一九‐二〇頁）。こうして「言語から独立した純粋な思惟」をカントに仮託するとき、麻生は「言語、それもドイツ語という特定の言語」の「制約」を念頭におく。カントはしかし、中世以来の学術・教会・行政の共通言語たるラテン語から、近代国民国家たるべきドイツの母語へ、学術討議言語が転換する移行期に思索した人である。ラテン語はヨーロッパ世界に通ずる普遍性をもつが、これは江戸期の漢文同様、一部教養支配層に限られた文語である。たいして「通俗 gemein, vulgaire」なドイツ語やフランス語は、各言語民族内に通用範囲が狭まるとしても、そこでは「日常」の「共通語」であり、一般庶民を含む「公共体 Gemeinwesen」の全体に開かれている。この点をふまえてカントの「共通理性 gemeine Vernunft」

「共通悟性 gemeiner Verstand」「共通感官 Gemeinsinn, sensus communis」の諸語を読み解くのも興味深い。かれは多くの重要局面でラテン語やギリシア語を参照し、異なる言語文化圏の哲学との批判的対話をとおして論述を進めている。そういう言語《ラング》のあわいで営まれる超越論的論理《ロゴス》学の反省は、「一切の言語的な束縛から解放」された思惟の「努力」ではなく、むしろ地域や階層の枠を超えて隠然とはたらく、人間の思惟一般の言語活動《ランガージュ》的な制約を開示する企てである。その認識批判の「分析」の最高点に位置する〈われ思う〉が「命題」と呼ばれ「テクスト」と称されることを見ても、理性批判の言語論的反省は徹底的に自覚的だと言ってよい。実定言語を思考や発話のたんなる道具と見なし、それを使用する純粋な意識主体として理性や悟性を立てる主知主義的な言語観の、およそ対極のところに理性批判の哲学はある。

（19）ある概念《ことば》が占めるべき位置は感性か、それとも純粋悟性なのか。この点をわれわれのアプリオリな概念のすべてにわたって判定する批判的反省を、カントは「超越論的場所論 die transzendentale Topik」と呼び、それぞれの概念にふさわしい「位置 die Stelle」を定冠詞つきで「超越論的な場所 der transzendentale Ort」と名づけている（A268=B324）。それをふまえて、この場所論的な反省を含む理性批判の法廷の広場《ひらけ》そのものを一つの「超越論的な場所」と呼んでみたい。坂部恵はこの語を用いて「生と死の〈あわい〉」の「相互浸透、Ineinander」の動性を詠うリルケの詩や、西田の「無の場所」の述語論理に言及する（坂部、二〇〇五年、一六九-八〇頁、および一九七六年、二二七、二四二頁）。斎藤慶典も、デカルトの〈われ思う〉を徹底吟味するなかで、〈考えるわれ〉さえもが「（そこにおいて）思考されるもの」となる端的な「思考すること」を鮮明に浮かびあがらせ、これを「図」にたいする「地」「媒体」「場所」と呼ぶ（斎藤、二〇〇三年、六七-九頁および九九頁）。その類比物（同一物ではない！）を、ここではカントの〈われ思う〉の言語活動性に読み込みたい。上田閑照によれば、西田はカントの〈われ思う〉を、そこにおいて「物が映され現われる」「経験の場所」と「改釈」し、「主語的統一」たる「私が」意識するのではなく、むしろすべては「述語的統一」たる「私に於て」「意識せられる」のだとする「独自の見方」へ転回した（上田、一九九八年、四-五頁）。そのような「改釈」はしかし、すでに理性批判のテクストが、しかもデカルト主義の近代に逆らい――ゆえにまた西田の「無の場所」の超越論的実在論への頽落にもあらかじめ抵抗して――もっと徹底的に遂行していたのである。拙稿全体が、その点のささやかな補説になりえればと願っている。

（20）そういう根源的統覚の「あり」は、古典主義時代の一般文法学が言語の始元《アルケー》に見定めた動詞「ある」の遙か極北にあるだろう。フーコーの『言葉と物』は、羅英の結節点たる仏語 verbe の二義、「言葉 verbum」と「動詞 verb」に耳を傾けて言う。「動詞はあらゆる言説《ディスクール》の不可欠の条件であり、それがすくなくとも潜在的に実在しないところでは、言語《ランガージュ》があると言うことはできない。名詞だけの命題はすべて目に見えぬ動詞を隠しているのであって、アダム・スミスの考えによれば、言語はその原初的形態において、非人称動詞（il pleut, il tonne といったタイプの）だけから組み立てられ、他のすべての品詞はこの動詞的核から、それぞれ派生的で副次的な細目として分離したのだという。言語《ランガージュ》の発端は、動詞の出現するところにある」（フーコー、一九七四年、一一八頁、さらに一四五頁参照）。そして「二つの物のあいだに主辞＝属辞関係が肯定されるとき、つまり、AはBで《ある》《エートル》というとき、そこに命題――そして言説《ディスクール》――が生じているのだ。すべての動詞は《ある》《エートル》を意味する唯一の動詞に帰着する。他のすべての動詞もひそかにこの唯一の機能を使用するが、種々の限定によってそれを覆いかくしている」（同、一一九頁、さらに一八五頁参照）。

言語の「知の考古学」は、往時のテクスト群に寄り添いさらに言う。「こうしたわけで、すべての言語《ランガージュ》をその指示する表象に関係づけるのが、《ある》《エートル》という動詞の本質的機能だということになろう」。しかしこの「動詞が指示するのは、結局のところ、言語《ランガージュ》の表象的性格、言語《ランガージュ》が思考のうちに場所を占めるという事実、記号《シーニュ》の限界を超え、記号《シーニュ》を真実に基礎づけうる唯一の語も、けっして表象それ自体にしか到達しないという事実、にほかならない」（同、一二一頁）と。この言説分析の内奥には超越論的実在論の残滓と、経験的観念論の懐疑的不安の気配が淀んでいる（同、八四－九六、一四四、一四六－七、二五九－六八、二九八－九頁参照）。これが〈経験的実在論にして超越論的観念論〉の反転光学の澄明な大気で一掃されたとき、歴史的経験的に実定化されてきた「われわれの近代性 notre modernité」（同、二一一－三頁、さらに六九、二二八－三二頁および第二部参照）とは異なる、つねに新たな批判的啓蒙近代の真の語らい《パレーシア》が革命的に始動する。

なお、カントの「ばらばらの紙片」は、「純粋理性の歴史」章や『臆測的始元』等の歴史哲学論考に美しく呼応して言う。「哲学の哲学的な歴史 eine philosophierende Geschichte der Philosophie」は「人間理性の漸次の展開」を語るが、「これは経験的 empirisch な道のうえを前進してきたものではありえないし、そこに始まったものでもありえない」（XX 340）。この歴史は「それ自身、歴史記述的 historisch ないし経験的ではなく、理性的 rational つまりアプリオリに可能である」（XX 341）。アプリオリな哲学史は「理性の諸事実 Facta を提示するにしても、これを〔過去の哲学者の〕歴史物語り Geschichtserzählung から借りてくるのではなく、人間理性の自然本性から引き出してくる。哲学的考古学 philosophische Archäologie として」（XX 341）と。カントの人間理性の考古学に言う哲学史のアプリオリと、フーコーの知の考古学の「歴史的アプリオリ」とを比較対照してみたいところである。

(21) 純粋統覚の「根源的総合的統一」の「一性 Einheit」は、「全称判断 allgemeine Urteil」の論理形式に対応する第一の「量のカテゴリー」たる「一性」を超えた超越論的概念であり、「普遍・特殊・個別」や「一・多・全」という思慮分別を離れた「根源的」「一性」である。そのかぎりでこれはスコラの超越概念《トランスケンデンタリア》たる「一なるもの unum」と同じ地位にある。しかも後者の超越論的実在論的な含意に抗して、明暗双双の言語批判の道に徹すれば、超越論的統覚の統一は、われわれ人間の言語活動が一般に、みずからおのずと語り始めて沈黙を破る原初の〈われ思う〉の〈われ〉、あらゆる人称と数の分別以前の根元的な非人称の〈われ〉の、非個体的・非実体的な主語の「暗い dunkel」「表象」（vgl. XVIII 332 [R5708]）の一性にほかならない。

(22) 「このわれ、もしくはかれ、もしくはそれ dieses Ich, oder Er, oder Es」。この根源的で超越論的な統覚を、直後のフィヒテの「絶対我 das absolute Ich」のように、大文字の一人称単数に固定限定して基体化（ゆえに実質的に実体化）するのではなく、もはや一人称でも三人称でもない非人称の「それ」の方角へ、そして「近代」の「西欧文化」の「人間」の「顔」が閑寂の波打ち際にかき消される「主体の死」の場所へと導いてゆく『批判』の筆さばき。ここに畳み掛けるコンマと「もしくは oder」の連接の奥に閃く、テクストの超越論的反省の深く閑かな息遣いに注目したい。現実のいまここの明るみで何事かを言表している個々具体の経験的実在的な私《わたくし》たちのざわめきと、これを一気に全面的に消し去った空空漠漠の〈われあり〉の縹緲たる場所の開け。この言語道断の――つまり「明暗双双」「則天去私」の――解釈仮説のもとに、『批判』を読み進めたいと思うのである。

(23) 純粋に思弁的というより、多分に文学的な匂いの漂うデカルトのテクストで、はたして問題の一人称単数主格の代名詞が何を意味するかは、多くの読者を苦しめてきた。ところでカント最晩年の『人間学』は、一人称単数語りの獲得の意味を冒頭で考察する。とくに第二節は「人間が〈われ Ich〉でしゃべり始めるその日から、人間は自分の愛する自己を、許されさえすればどこでも表に出すようになり、そうしてエゴイズムはたえまなく前進する」（VII 128）のだと説き起こし、論理的、美感的、道徳的なエゴイズムに「対置されうるのは複数主義《プルラリズム》だけだ」（VII 130）と締めくくる。さらに同節註解は、複数主義を装う慇懃な慣用表現の、エゴイズム的封建遺制の内情を暴露する。このエゴイズム批判の語りと、批判哲学本体の体系構成との類比的重なり合いは明瞭である。ところで日本古文には、近代ヨーロッパ語の〈je, ich, I〉のように常時同一の相貌で語る一人称単数人称代名詞が欠けている。そして明治末期に漱石の猫が無名の「吾輩」を名乗ったとき、これは世界公衆に向けて語る一人称複数を含意した。カント『人間学』の語りが一人称単数の言語行為批判から始まることには、やはり重大な含みがある。『批判』の〈われ思う〉は、かかる

「われ」の語りの反省をふまえて語られた、「われわれ人間」の複数主義に向かう超越論的な符号である。拙稿は、デカルト的なエゴの単数主義に抗した、カントの超越論的統覚の根源的総合的統一および理性批判体系全体の、根底にひそむ複数主義的志向に注視する。

ところでヘルダーは、人類＝人間性《フマニテート》のうちなる地域文化的差異を重視した。現代の批評家はこのナショナルな「多元論《プルラリズム》」を、「民衆帰属説《ポピュリズム》」「表現主義《エクスプレッショニズム》」とならぶヘルダーの「斬新、重要、かつ興味深い」「独創性」のなかでも、「恐らく最も革命的なもの」だと熱く語っている（バーリン、一九八一年、二八四頁、二九四‐九頁および三八七頁以下）。カントとヘルダーのテクストが与える印象は大きく異なり、「プルラリズム」の含意も違う。いまはこの点に立ち入れないが、多様の有機的体系的統一の「理念」を師弟が共有したことはたしかである。従来強調されてきた二人の対立は、じつは純粋理性のアプリオリか歴史相対主義か、普遍主義的同一性原理か経験的個別特殊の多元論か、世界市民的見地か諸民族諸国民かという表面的な選言にあるのではない。むしろ自然の体系的統一という共通理念の語り方、とりわけその強調点の置き所にこそ、論争の根はあったのだ。カントの「統制的」と「構成的」の批判的弁別が、この件に関連するのはもはや言うまでもない。

（24）　だが、どうしても確認しておきたいことがある。ヘーゲルの形而上学体系建築の道が、カントの「道徳性」批判に端を発するのは周知だが、「道徳性はカントによれば普遍のもとへの個別の屈服」（Hegel, Bd.1, S.299）であり、「カントの実践理性は普遍性の能力すなわち排除の能力」（*ibid.*, S.301）だとの決めつけは、いったいどこから来るのだろう。「普遍」を唯一絶対の「実体」としか理解しないスピノザ主義の超越論的実在論は、理性批判の道から完全に逸れている。この思弁が「神的自然」という「実体」の一属性たる「人倫的自然」（Hegel, Bd.2, S.457）、「実在的絶対的人倫性」（*ibid.*, S.504）、「人倫的実体」（Hegel, Bd.3, S.267, 311, 328）を具体化する「民族宗教」「国民精神」「時代精神」等の妖しい「実定性」を帯びた語群と結託して主体性を発揮するとき、カントの批判的道徳性の世界市民的な開けの場所は暗く閉ざされる。ヘーゲルは『精神現象学』以降、かかる普遍実体の発現たる諸実定性との悪戦苦闘の弁証法の旅に出る。スピノザの一即一切に「ヘラクレイトス」（Hegel, Bd.18, S.320）の原義を加味して、唯一実体をいくら主体化し精神化しようとしてみたところで、〈経験的実在論にして超越論的観念論〉の澄明な境域には届かない。この世の経験的実在的な諸実定性との哲学的闘争は、いまここの全実体性を撥無する〈物にして言葉〉の反転光学のもと、つねに新たに徹底的な言語批判をもって始めなければならない。

（25）　『省察』は「蜜蠟」の考察で、「私の精神」の可謬性にふれて言う。「これらのことを、たとえ私のうちで黙って声に出さずに考察しても、やはり言葉そのものにとらわれ、たいていの場合、日常的な話し方そのものによって欺かれるのである」（山田弘明訳、五四頁）。

（26）この一人称語りは読者を巻き込みながら、単数から複数に機敏に転換する。この「私」から「われわれ」への主語拡張という重大案件に、村上勝三は幾何学や自然学等の学問的真理認識の基礎づけの主題にからめて鋭く切り込んだ。そして魅力的な解釈の筋を提起した（村上、二〇一二年、一三四‐五、一四〇‐一、一四六‐六二、二八四‐六、三〇四‐六、三五〇‐六二頁）。しかしそこに「開披」されるという「非=私性と脱=私性」としての「知識の普遍性」（同、三五五頁）を、デカルト形而上学に則して心底共有しうる「われわれ」は、やはり神の実在と魂の不死と「観念《イデア》」の本有性とを信仰する者に限られてしまうのではあるまいか。そういう無粋な懐疑の念が、どうしても禁じえない。

（27）『序説』第五部終盤、自動機械や動物にはない人間固有の言語能力を強調する二段落には、チョムスキーの生成文法も注目したところだが、いわゆる〈デカルト派言語学〉の系譜なるものがはたして正当に語りうるのかどうかは議論が分かれている（谷川多佳子、一九九五年、二二二‐四頁参照）。この点は脇におき、いまはただ「言語」や「記号」の使用と「理性」との必然的連繋が、デカルトかカントかの別を越えて、哲学一般の基礎的な共通認識に属したことは改めて確認しておきたい。

（28）『省察』第六答弁は、ガッサンディの反論に応答する。「なるほど、〔あらかじめ〕『思惟とは何であるか、また、存在とは何であるかということを知っているのでなければ、何びとも、自分が思惟していることも、また、自分が存在していることも確知しえない』ということは真実です。が、だからといって、このためには反省された、あるいは論証によって獲得された知識が要求される、というわけではありませんし……そのことを、反省された〔獲得された〕知識に常に先行するところの、あの内的な思惟によって知れば、それで事足りるのであって、この内的な思惟たるや、思惟についても存在についても、すべての人間に本有的であり、もしかして先入見によって覆われてしまっていて、言葉の意味によりは言葉〔の音〕にいっそう多く注意を払うときには、自分たちはそれをもっていないと仮想するということが、われわれにはありうるにしても、しかし実際にもっていないということはありえない、というほどのものなのです」（『デカルト著作集2』、四八三頁）と。さらにガッサンディの再反論にたいし『クレルスリエ宛書簡』に言う。われわれのうちなる「概念をすべて払いのけるというのは不可能なことである」と（小林道夫、一九九五年、一〇九‐一一六、一三六‐七頁）。この点は『哲学の原理』第一部第九、十節でも話題になりかける。しかし「思惟」等の「用語」は「きわめて単純な概念」であり「私には十分自明」だとして主題化は回避される。この論述の根底では、暗黙のうちに神授の本有観念という不可疑の教義が関与しているのにちがいない。あるいはデカルトという作者は、自身が経験的に習得してきたフランス語やラテン語の文法を暗黙の前提として、あえて言語論的局面には、欺く神の誇張懐疑を及ぼそうとしなかった模様である。この問題そのものの洞察をうかがわせるテクストとして、一六二九年十一月二十日付メルセンヌ宛書簡、『デカルト全書簡集』第一巻、八五‐九頁参照。

（29）「思惟する主体一般」たる「純粋知性（pure intelligence）」をコギトに読み取る研究者に反発し、「デカルトのいう『私』が個人的で具体的なものでなければ、いったいどのようなものが個人的で具体的な私なのであろうか」と小林道夫は言う（小林前掲書、一七三頁）。そして『省察』の「方法的普遍的懐疑の主軸は、とりわけその頂点においては、普遍的知性ではなく、個別的な自由意志たらざるを得ないのである」（同、一〇四頁）と、実存的＝主意主義的解釈を打ち出して、「コギトの命題が三段論法によって普遍命題から導出されるものではなく、それ自身が単独に精神の単純な直観によって獲得される個別命題であるということを」強調する（同、一三四‐六、一四〇、一四七‐八、一五四‐五頁）。「私の覚知の順序で in ordine ad meam perceptionem」進むテクストで〈明示的 explicite〉にはいざ知らず、「物の真理そのものの順序で in ordine ad ipsam rei veritatem」は〈暗々裏 implicite〉に、すべての個物を同時に創造する全知全能の実無限たる神に世界万物は支えられ、あの誇張懐疑の極限にあるコギトの「われ」も――たとえ身体からも全意識内容からも切り離されたとしてもなお――むしろいっそうすぐれて〈個別具体の実体〉として、純粋活動態において現実存在せしめられているのにちがいない。ゆえに小林の読み筋はテクストの文字と精神に即して説得的であり、文学的にみて魅力的でさえある。しかし「読者への序言 Praefatio ad lectorem」で、右の伝統的な「順序」区分を持ち出して、改めて超越論的実在論の見地に立つことを宣言する『省察』は、すでに長らく読者世界の公共空間に投げ出されている。しかもあの六つの反論と答弁を付したテクストは、その形而上学的根本視座そのものへの徹底懐疑と批判をも、みずから充分覚悟していたはずである。だから拙稿は、あえて作者個人の意志と権威を超え、その宗教的＝形而上学的信念からも距離をとり、テクストが語る哲学的思索の論理の行方を見つめてみたいのである。

（30）『序説』も『省察』も方法的懐疑が相手にするのは「一私人 un particulier」たる「私の意見」に限られる。テクストは個人私邸の建て替えと、「公共 le public」の都市計画・国土計画とを対比して公言する。「町の建物をつくりかえ街路をいっそうりっぱにしようという計画だけのために、あらゆる建物を取り壊すなどということが見受けられないのは事実である。しかしながら、多くの人が自分の家を建てかえるためにこわさせることはよくあるし、家がひとりでに倒れそうになっていたり土台が十分しっかりしていない場合には、とりこわさざるをえぬことさえときにはあるものだ。こういう例を考えて私は、次のような信念をもつようになったのである。一私人が、一国のすべてを土台からつくりかえ、それをいったんくつがえして建て直すというようなやり方で、国を改革しようと計画することは、まことに不当なことであり、またそれほどのことでなくとも、もろもろの学問の組織を、あるいは学校でもろもろの学問を教えるために定められている秩序を、改革しようとすることすらも、一私人の計画すべきことではないであろう。しかしながら、私がいままで自分の信念のうちに受け入れたすべての意見に関しては話は別であって、一度きっぱりと、それらを取り除いてしまおうと企てること、そしてそうしたうえでふたたび、ほかのいっそうよい意見を取り入れるなりあるいは前と同じ意見でも一度理性の規準によって正しくととのえたうえで取り入れるなりするのが、最上の方法なのである。そしてこの方法をとることによって私は、自分がただ古い土台の上に建てたにすぎなかった場合よりも、……はるかによく私の生活を導くことに成功するであろう、とかたく信じたのである」(『序説』、野田又夫訳、一七二―三頁)。公的ならざる「私的」な省察の一般公開。公私のあわいを遊動するテクストの弁論術は、巧妙と言うほかにない。この私的な自己変革の報告書は、以後四百年の読者世界の公的哲学談義の基本線を方向づけてきた。

(31)　試みにフーコー『言葉と物』を読み重ねよう。第四章「語ること Parler」の第三節「動詞の理論」は、「命題 proposition」について言う。「命題は言語《ランガージュ》にたいして、表象が思考にたいするのと同様の関係にある。すなわちそれは、言語《ランガージュ》のもっとも一般的な形式であり、同時にそのもっとも基本的な形式にほかならない。なぜなら、命題を分解するやいなや、もはやそこに言説《ディスクール》はなく、ただばらばらの素材としての要素があるだけだからだ。命題以下のところには、たしかに語が見いだされるが、言語《ランガージュ》が言語《ランガージュ》となるのは語のうちにおいてではない。そもそもの起源において、人間がたんなる叫びしか発しなかったというのは事実だが、その叫びが言語《ランガージュ》といえるものになったのは、叫びが――たとえ一音節語の内部においてであっても――命題の次元に属する関係を含むようになった日のことである。……古典主義時代の思考にとって、言語《ランガージュ》は、表現のあるところにではなく、言説《ディスクール》のあるところにはじめてあらわれる」(フーコー、一九七四年、一一七―八頁)。

ここで「言説 le discours」が、神的な「直観的知性」から区別された人間の「論弁的知性 diskursiver Verstand」の言語的自然本性を示唆する点が興味深い。ただしこの考古学的根本洞察は、「古典主義時代」から「近代」への自己閉塞的内向化を超え、批判的啓蒙近代で新たに語り直さなければならない。カント理性批判はその道筋を切り拓く。純粋統覚の〈われあり〉は、「明暗双双」の「暗」における言語活動の大死から、「明」に反転する刹那の目覚めの一声である。それは「人間学の時代」たる「近代の思考」の、「経験的‐超越論的二重体」たる「人間」の死後に展望される新たな語りの可能性でもある。「この誰のものでもない、主体のいないシステムとは一体何なのか、誰が考えているのか。『私』は炸裂し（現代文学をみればわかります）――『イ・リ・ア』の発見です。人々／誰か（on）というのがあるわけです。ある意味では、一七世紀の視点に立ち戻っていると言えます。ただ次のような違いがあります。神の座に、人間をつかせるのではなく、誰のものでもない思考を、主体のない知を、アイデンティティのない理論性をもってくるわけです……」（フーコー『集成2』、三三〇頁）。かかる「人間の死」の空開に直面して、「西欧文化」の実定的実体的な個人主体たちは騒然とした。しかし「明暗双双」「則天去私」の詩学の視座からは、この非人称の語りは奇異でもなんでもない。そしてあの「ケーニヒスベルクの中国人」（フーコー、二〇一〇年、一三九頁）のテクストもまた、同じ縹緲空漠の場所との不断往還のただなかで語っていたのにちがいない。

(32)　合理的心理学による魂の実体化と対決する「超越論的誤謬推理」章もまた、超越論的論理学の弁証論に帰属する。同章に超越論的な心理学の含意を読み取る向きもあるが、拙稿は与しない。身体から概念的に区別された魂《こころ》の実体性を、デカルト的な超越論的実在論の意味においてではなく、「超越論的理念の統制的な使用」のもとでのみ容認したこと自体、「魂」という伝統的な概念をめぐる言語論的批判の一環として受け止めたい。

第二章　理性批判の言語論的展開

第三節　理性の反省的な言語批判

理性《ロゴス》批判は言語《ロゴス》批判である。批判とは理性の反省的な言語行為であり、理性《ラチオ》批判は言葉《ウェルブム》の使用への、論理学的《ローギッシュ》な言語論的反省からなる。それはわれわれ人間の理性の、言語運用能力への批判的な問いかけであり、理性批判の言語論的反省の活動自体が、理性の哲学的術語使用の技能を最大限駆使して遂行されている。理性批判は人間の言語の、言語による、言語のための、批評的で反省的な言語活動だと言ってよい。

理性批判にひそむ、言語の自己関係的な反省構造。それはテクストがみずから「批判 Kritik」を名乗ったこと、しかも理性そのものの「自己認識」(A XI) と銘うって(1)、批判の言語行為を敢行したことからおのずと発生した。「われわれの時代は批判の本来的な時代である」(A XI Anm.)。種々の「書物」や学問の「諸体系」だけでなく「宗教」も「立法」も、「あらゆるもの」が理性的な批判の吟味に服さねばならぬ。そして自己の権利主張の正当な根拠を、論理的に、言語によって、公に示してゆかなければならない。

そういうわれわれの新たな時代にあって、理性のみが批判を免れるということはありえない。理性の批判的言語行為は、理性批判というテクストにおいて、ついに「理性能力一般の批判」（A XII）という極点に到達する。批判的啓蒙近代の新たな理性は、自己の認識能力そのものの「反省 Überlegung（reflexio）」（A260=B316）を行わねばならぬ。理性の言語活動は、ここで自己自身に照準を絞りきる。理性批判はこの自己関係性により初めて、この世のすべてを網羅する批判となる。そしてわれわれの理性は、真実に批判的な近代《モデルネ》の理性となる。理性批判のテクストの語りのなかで、批判および理性という概念《ことば》の、新たな意味が歴史的《ゲシヒトリヒ》に生起する。

批判とは「審理 Untersuchung」の対象となる事柄の良し悪しを、他の諸事象との綿密な「比較 Vergleichung」（A261=B316-7）をまじえ、厳しく評価判定することである。批評はすぐれて知的な言語行為であり、啓蒙の時代には印刷出版業の発達と通信交通網の整備もあいまって、批評の執筆活動《エクリチュール》が著しく活発化した。いまや批評は学校学界や特権的文筆家サークルの枠を超え、広く読者世界を巻き込む公的開放的な言語行為となる。そういう新たな批評世界の生成のただなかに、理性批判の哲学は出現する。

批判テクストは、学校哲学の著述のように論理学や形而上学の完結体系の教科書を名乗らない。当時ドイツの大学では、特定の教科書を用いる授業形態が法的に義務づけられていた。カントもこれにしたがい、バウムガルテン『形而上学』やマイヤー『論理学』を講義教本に指定した。しかし多くの評伝記者が特筆するように、かれは教科書を教えない。他人のテクストの論理に乗っかって、これを頭から順に解説することはしなかった。かれの講義は既存諸体系を批判する。各所に疑義を呈し、講述の構成まで改変する。この構成変更による批評がとくに重要だ。三批判書は、長年の大学講義の徹底的に批判的で脱構築的な論述《ディスクルス》を地道に練り上げて成ったのである。

皮切りは『純粋理性批判』である。その第一部「超越論的原理論」は批判の基礎教程《エレメンタルレーレ》であり、第二部「超越論的方法論」は道の教え《メトーデンレーレ》である。ともに教えでありながら、いずれも教義学説の伝授書ではない。それは哲学史上前代未聞の批判的反省の道程を順序正しく再現呈示する。そして物の本性の道筋《メタ・ホドス》に沿って批判的に思考することを、世界市民たるべき読者公衆に呼びかける。たんに出来合いの教義体系を学ぶのではなく、みずから批判的に哲学する能力を学び、身につけよと訓戒《レーレン》する（A837=B865）[2]。学識者たる大学教授はいま十年の沈黙を破り、講義室を出て、世の公衆に訴える。かくして既成の大学の壁は解体し、世界《ウニヴェルスム》そのものが智慧の愛求の大学《ウニヴェルジテート》となる。

　理性批判が公的に掲げた課題は、かくも重大である。学生、市民、研究者でも、哲学テクストを読むのはすでに高度な言語行為である。そのうえさらに自分で考え、批判的に読み、われわれの新たな「批判的な道」を切り開くのが、これからの哲学の課題である。かかる本来的に哲学的《フィロゾフィーレント》な思索は当然、極度に自覚的で反省的な言語行為となる。理性批判のテクストは、そういう困難な課題に率先して取り組んだ。そして大著の掉尾で、長い思索に粘り強く同道した「読者」に呼びかける。この道を「わたしと連れだって」歩む「協会《ゲゼルシャフト》」を結成し、「この小径」を天下の「大道」（A856=B884）へ切り拓く近代の未完の建築運動に参画せよ。理性批判は市民革命の時代の、哲学的な政治演説である。

　理性批判はいまここで、新たな大気を呼吸する。しかもそれは古来の弁論術（*ῥητορική*, rhetorica, Redekunst）の伝統も引き継いだ。紀元前、書籍の数も接触機会も限られて識字率も低い頃は、市井の公衆に呼びかける手立ては広場《アゴラ》の演説である。ソクラテス、プラトンの提唱した愛智《ピロソピア》の営みも、時代の弁論術との熾烈な対決から生まれ出た。技術にたけたソフィストの弁論は、弱論を強弁して人を言いくるめる説得技法に偏執し、真実の言葉を求めていない。そういう言論情況の批判が哲学的問答の始まりだった。とはいえ真理認識を求め異論と対話する弁証法《ディアレクティケー》も、論証の言語形式を分析し体系化する論理学《アナリュティカ》も、それ自体は既存弁論術への弁駁から編み出された、新たな弁論《ディスクルス》の技法である。そのかぎりで哲学と弁論術は本質的に不可分である。そしてこの両者を繋ぎつつ鋭く区別し対峙させたのは、やはり時代の言葉《ロゴス》の現状を反省する、人間理性の自己批判的な言語行為にほかならない。

　そしてカント哲学が支柱に立てる「批判 critica, Kritik」は、弁論術《レトリカ》の主題の一つである。古代ギリシアのレトリカはヘレニズム期に体系化され、古代ローマのキケロとクインティリアヌスが定型にまで整備した。それは「創案発見 inventio」、「配置配列 dispositio」、「修辞能弁 elocutio」、「記憶 memoria」、「演示 actio, pronunciatio」の五部門から成る。そのなかにあって第二の「配列で話の素材とその組み立ての適否の判定に当たるのがクリティカ[3]」である。広場の演説であれ大学の講義であれ、あるいはカフェでの談話でも、人と話をするには何をどの順番で話すのかが、良好なコミュニケーションをはかるうえで大事である。話の内容は折々の「創案」により生まれくる。その題材を聞き手や読み手にいかにして伝えるか。たんに説得的で効果的というだけでなく、事柄の真実性に照らし、いかにして正しく論証を組み立てるのか。クリティカは発話の全体と細部にわたる組み立てを吟味し改良する、言語行為の構成技能にほかならない。

ゆえに第一批判原理論は、超越論的論理学の前に感性論を講述する。そして各章で経験的認識を可能にするアプリオリな条件を分析究明する。まずは空間時間を感性的直観の原理《ことば》として、ついで四綱目各三項のカテゴリーを知性的思考の原理《ことば》として、われわれの経験的認識から抽出し吟味する。そのうえでこの両者があいまってこそ、この世に実在する経験的対象の認識は可能なのだとして、諸原理の客観的妥当性の権利根拠を弁明する。理性批判の論理構造で、この章立ての構成自体がすでに決定的《クリティッシュ》に重要である。批判的理性のクリティカの技量は、テクストの全体設計《アーキテクチャー》という初発の局面から作動している。

数学ならば「概念に対応する直観をアプリオリに提示」して、概念を「構築 konstruieren, Konstruktion」し、それに基づき対象を認識することもできるだろう。じじつ幾何学は原理から帰結へ下降し、演繹的に論証する「総合的方法」をとる。しかし哲学の場合は、概念そのものを構築することができない。「哲学的認識は諸概念からの理性認識」（A713=B741）であり、それは所定の概念を出発点とする。そしてその概念に対応する直観は、感官の受容性たる感性をとおし、われわれ人間に与えられるしかない。

> 内容なき思想は空虚であり、概念なき直観は盲目である。……悟性はなにも直観することができず、感官はなにも思惟することができない。それらが合一することでのみ、認識は生じることができる。（A51=B75）

対句表現も印象的な訓戒で、ゆえにまた周知の一節だ。『批判』は「人間的な認識」にかんする根本的な発見着想《インヴェンチオ》を、論述全体に染みわたらせる。感性論《エステーティク》を論理学に先行させたのもその一環だし、[4] 論理学の分析の頂点を「知覚 perceptio, αἴσθησις」に向き合う統覚《アペルツェプツィオン》の根源的総合的統一に見定めたのもその延長である。この法廷弁論構成上の措置により、われわれの「経験の対象」は最初から、物自体でなく現象へ制限されている。そして可能的経験の限界を超出する思弁的形而上学の越権行為が厳しく抑止されるのだ。テクストの論述全体は、「経験」という第一の事実《ファクトゥム》から出発する。そして「経験の可能性」のアプリオリな条件を遡行的に探究すべく、「分析的」な上昇の道をとっている。[5] いずれの方法的な措置も、クリティカによる哲学的言語行為への反省吟味の成果である。

第四節　批判的建築術の言語論的含意

人間の言語活動への批判的反省のまなざしは、理性批判出現の歴史土壌から、テクストの建築術にまで及んでいる。しかも弁論術が重視する配置配列《ディスポジチオ》は、建築理論の重要契機でもある。その道の古典中の古典、ギリシアの建築理論を集大成した古代ローマのウィトルウィウス『建築書』の第一書第二章第一節でも、配置配列は「建築術 architectura」の六大要件の第二に挙げられる。[6] しかもここで建築術とは「建物を建てること、日時計を作ること、器械を造ること」[7] という広い守備範囲をもち、造形諸技術のなかでも棟梁《アルキテクトニケー》的な地位をしめている。同書は、「ディスポジチオ」がギリシア語「ディアテシス διάθεσις」の訳語であることを指摘したうえで言う。

> ディスポシティオーとは、物をぴったりと配置することであり、その組合せによって作品を質を以て立派につくり上げることである。ディスポシティオーの姿——ギリシア語でイデアイといわれるもの——はこれである。すなわち平面図・立面図・背景図。……この三つは熟慮と発明から生まれる。熟慮とはよろこんで課せられたことを達成するにあくまでも熱心

に、勤勉に、注意深く、心を砕くことである。一方、発明とはわからない問題を解明することであり、新しい事柄の理法を柔軟な頭で見いだすことである。以上がディスポシティオーの領域である。[8]

配置配列は「平面図・立面図・背景図」の設計構想にかかわっている。それが「熟慮と発明から生まれる」と言うのは、弁論術で「創案・発見」が「配置配列」に先行したことに対応する。ここで設計図が「ディスポジチオの形姿Species dispositionis」たる「イデア」を描くものとされている点が、哲学的観点からも注目に値する。

近代日本で建築学は工学部に属し、文学や哲学や言語学とは無縁と見なされている。しかし建築術の理想と理論は古より言葉で語られる。建築術の運営も言葉により統制される。しかも建築理論は言語使用のあり方へ、とくに弁論技法や詩の制作《ポイエシス》技術に類比的にあてはめられた。そして哲学を始めとする種々の学問体系の建築術に繋がっている。と言うよりも建築術がそれとして生起したのは、人間がこの世の諸物と世界《コスモス》を、つねにすでに言語的に分節して生きているからにほかならない。天空と大地、天蓋と台座、屋根と床。「純粋理性の建築術」(A832=B860)や「小説の構成《アーキテクチャ》」といった言葉は、たんなる比喩ではない。それは類比《アナロギア》を重ね、世界の釣合い《シュンメトリア》の比例《ラチオ》を求め、ともに語らい現に生きる人間の、言葉《ウェルブム》の体系的秩序《オルディナチオ》の形成の道に寄り添う、反省的思考のおのずからの表現である。そして理性批判の建築術は、人間の理性《ロゴス》の本性的な世界建築術の端的な反映にほかならない。

クリティカは弁論のディスポジチオの中枢であり、建築術の本質要件である。ここに理性批判の建築術的根本性格が改めて浮き彫りとなる。しかも批判哲学の建築術は、人間的理性の建築術的な自然本性と関心に由来する。テクストは二律背反《アンチノミー》の討議のただなかで、理性そのものの本性にまで掘りさげた自己認識をふまえ、人間理性の「建築術的な関心」を確認する(vgl. A474-5=B502-3)。そもそも理性の自己矛盾の事態への直面は、理性批判の思索そのものの実質的な出発点であり、それは同時に『批判』の反転光学的な思索の土壌でもある。すべての問題の根本的解決のためには、哲学的な術語使用の体系そのものを全面的に組み替えねばならぬ。この点に気づいたがゆえに、理性批判のテクストは全体として、言語論的かつ建築術的に叙述されなければならないのである(9)。「わたしは建築術 Architektonik のもとで、諸体系の技術を理解する」。カントは建築術をギリシア語音で表記して、体系形成術として意味規定する(10)。そのうえで理性批判と形而上学を含む「学問的なもの」の必須要件を、超越論的方法論の「純粋理性の建築術」章で訓戒する。「理性の統治《レギールング》のもとでわれわれの認識一般は狂想詩《ラプソディー》であってはならず、一つの体系をなさねばならない。われわれの認識一般は体系のうちでのみ、理性の本質的な諸目的を下支えして、促進することができるからである」（A832=B860）と。すでに本書第Ⅰ部でもふれたことだが、かかる体系志向はポストモダンの風潮には馴染まない。現代に活躍する思想家は、目前のテクストの片隅に体系《ジュステム》への肯定的ニュアンスを嗅ぎとった途端、テクスト全体を嫌悪して否定的に評価し始める。しかしその体系アレルギーが、まさにシステマティックである。そういう自動機械的な言語行為に身を委ねるより、まずは体系やシステムの語の意味をあらためて批判的に吟味してみる必要がある。

カント批判哲学は、「体系」等の術語の意味を問い直す言語批判の体系的遂行である。しかも理性批判の体系は、既存の学校形而上学の独断的で自己完結的な術語体系への批判から生成してきた、新たな哲学思考の広場《ひらけ》である。それは来るべき学としての形而上学の方法論考として、新たな体系的認識をめざしている。ただしこれからはつねに批判的反省的に、複数性《プルラリテート》にむけて開かれた体系の建築術を志す。しかもこの哲学がめざす形而上学体系は、自然と自由という二つの根本概念を主柱に据えた、われわれ人間の世界観の新たな構築である。理性批判はその意味で人間理性の批判的な世界建築術である。

そのテクストの批判的思索の動向のもと、数々の鍵概念の意味も根本的に転換され、われわれの新たな哲学言語世界が生まれてくる。「認識」と「対象」の関係をめぐるコペルニクス的転回により、われわれの現に生きる世界は、たんなる仮象界から諸現象の経験の実在性の現場へと一新される。これまで超越的な真実在《イデア》だと語られてきたものは、たんに思考可能な理念《イデー》だと喝破される。しかも『批判』の経験的実在論の視角では、「主観」「客観」の対立図式がアプリオリな認識形式のうえに基礎づけられるのだが、それは同時に超越論的観念論の視座のもとで、デカルト的な超越論的実在論の物心二元という究極の基礎の足枷から決定的《クリティッシュ》に解放されるのだ。

　人間的認識の対象となりうるのは感官の対象たる「現象」であり、これはすべてが「表象」であって、われわれの超越論的統覚の内なるものである。そして「実体」とは、思惟する統覚の〈われ〉でもなければ、外に独立自存する延長物でもない。むしろ実体とは、われわれが経験の可能性の場所で、外的および内的な感官に現象するかぎりの「物《ディング》」を、「持続性《ベハーリヒカイト》」の図式《シェーマ》に当てはめ、「定言的」な命題の「主語」にすえて語るアプリオリな言葉にすぎぬ。だから超越論的には、あらかじめなんらかの物が実体として現にあるのではない。むしろそれに先だってまずは「実体」のカテゴリーがある。そして実体としての物（この机や物質や原子や金銭や心、等々）は、それを「実体」と判断する人間理性の経験的認識とともに初めて打ち立てられる。この命題的措定《プロポジチオ》——文化的フェティシズムを含む物象化一般の根源事態——は、まさにわれわれの統覚の内なる語りの出来事である。

　理性批判はそういう人間の言葉の力を信じ、かつ警戒して、術語の意味内実と限界とを問い、言葉で反省的に討議する哲学的世界建築術である。それはたしかに体系を志向する。しかしこうした批判的建築術の理念を頭から拒絶しようと言うのであれば、たとえば脱構築を標榜する人は、もはや「構築」という建築の比喩に頼って語るべきではない。潔く押し黙るか、ただひたすら否定的で破壊的な「脱」に偏執して、きれぎれの断片のなかに自己解体してゆくべきである。しかもそのときには断片どうしのコラージュのもとに、なにか新たな意味が発生してくるのを待ち望んでもならない。テクスト諸断片のかたどる星座に、深長な意味を読み取ることも禁欲すべきである。なぜならそういうテクストの意味生成は、つねにすでになんらかの意味体系を暗黙のうちに前提し、これを打ち壊しつつ、新たな意味体系の形成を期待するところに出来するのだからである。脱構築の流行言説が脱の破壊的な身振りで、なにか新たなものを語りうるということ自体が、理性的＝言語的なものの体系建築術的な本性に密かに寄生することで成り立っている。

そもそもあるものがテクスト断片とみられた瞬間、それは野の一葉、路傍の石、生物の細胞ほどの小ぶりな意味にもせよ、体系としての語りの力を持ち始めている。しかも人はつねにすでに間テクスト的で体系建築的な言語《ランガージュ》の磁場に生きているので、当該断片の読解が進展し、そこに狂想詩の気配を感じたり、意味深い箴言を認めたりすれば、体系的意味生成の勢いは増してくる。俳人の遺稿帳に「かきくへば」の五文字を見たとしよう。一義的に確定した完結体系はここにない。だからこそ片言は豊かで多彩な意味形成の潜勢力をもつ。そしてなんらかの作品世界《コスモス》の生成を、構想力に喚起する。そういう短詩型文学の系統は、連歌や連句の座の営みをあげるまでもなく、俳句一句の成り立ちにおいても、間テクスト的で開放的な体系生成の道筋を語る範型《パラディグマティシュ》的な言語使用の一例である。

だから世にいう体系か断片かの選言は、あまりに性急で粗雑である。とくに言語をめぐってカントとともに批判的に哲学するにあたっては、その対立図式はナンセンスである。体系と断片は、その語り口の対極的な相貌にもかかわらず、思索の根底で通じ合う可能性もある。いみじくもカントはある断片で、こう述べている。

方法的に思索する者は、体系的に、もしくは断片《フラグメンターリシュ》的に、講述することができる。外見的には断片的であっても、それ自体は方法的な講述が箴言《アフォリスティッシュ》的である。（XVI 811）

カントが講義教本としたマイヤー『論理学』第四三五節への書き込みであり、学問的な語りをめぐる反省的考察である。「体系的」の語は「断片的」「箴言的」「狂想詩的」と対置されている。しかし根底では「方法的」な思考において通じあっている。これはカントの一貫した用語法であり、かれの講義録を編集した『論理学』第一一六節でも、こう言われている。

体系的な方法は、断片的ないし狂想詩的な方法に対置される。人が方法《メトーデ》にしたがって思考し、しかるのちにその方法を講述においても表現して、一つの命題から他の命題への移行が判然と示されている場合、人は認識を体系的に取り扱ったのだ。それにたいし、人がたしかに方法にしたがって思考したものの、講述を方法的に設《アインリヒテン》えることがなかった場合、そうした方法は狂想詩的と名づけられるべきである。（IX 149）

カントは方法的な思索を共通の根底に見る。そして体系も断片も狂想詩も、物の道理《ホドス》に沿って事柄の意味を見つめた、方法的思索の精華である。差異はただ講述《かたり》の外見にかかわっている。方法的に考えた事柄の道筋を「判然と」「表現」し講述したのが体系的、それを表立って見せない講述法が狂想詩的である。日常、われわれの思索が断片的であることはいくらでもある。そしてその場合に思考は、およそ体系にはほど遠いものとして理解されている。しかし右のテクストで体系と断片の差異は、方法的な思索を公開の場で弁論するさいの、言表スタイルの問題として語られている。その差異を、思惟の方法と語りの体裁の、距離の大きいものから順に配列すれば、断片、狂想詩、箴言、体系の序列になる。ここに大元の方法的な思索を、体系的な語りの可能態・潜勢態と見る、カント暗黙の想定も浮かび上がってくる。

　しかも、これら体系的講述や断片的講述とは別に、「騒乱的 tumultuarisch な講述」（*ibid.*）というものがある。語源に即して解釈すれば、これは「腫瘍 Tumor」のように腫れあがり、大げさに誇張されて「喧噪騒擾 Tumult」と化した語りであり、弁論術的にみて思想内容にそぐわぬ表現過多、実質的な意味のともなわぬ耳障りな上辺のおしゃべりのことだろう。逆にいえば弁論のスタイルがたとえ断片的であっても、これは方法的な思索の内実の片鱗を示す可能性がある。とりわけ箴言風の断片は、あたかも古代ギリシアの吟遊詩人《ラプソーデン》の吟じた狂想詩のごとく、いまこのときの場所と気分に即応して、方法的な思索内容を効果的かつ印象的に散りばめた叙述方法だということになる。

　ところで思いがけないことに、しかし考えてみれば当然のことながら、カントは人間学講義で、「精神異常 Verrückung」一般を、右の「騒乱的」「狂想詩的」「体系的」の三区分に応じて分類する。すなわち「痴愚 Unsinnigkeit（精神欠落 amentia）」は経験的言語使用の脈絡と意味を欠いて「騒乱的」であり、「狂想 Wahnsinn

（精神麻痺 dementia）」と「錯乱 Wahnwitz（詩的霊感 insania）」は想像と判断の一応の筋は通っていて「方法的」、そして「妄想 Aberwitz（精神錯乱 vesania）」は常軌を逸した「積極的な反理性」の「体系的」な精神異常である（VII 214-6）。つまり体系のうちには、狂気のそれもある。理性批判は「通常一般 gemein」で「健全 gesund」な理性の裏面を横目で睨みつつ、人間の言語使用能力を分析する。だからまた断片か体系かの表面的な二項対立に囚われていては、テクストの建築術的な読み筋はつかめずに終ってしまう。

断片とは、方法的な思索がいまだ全体的な体系《まとまり》をなさぬ以前の、結晶化作用の始まりである。箴言《アフォリスム》は、体系的な講述となりゆくものから、一部を「切り離し ἀφορίζειν」て語られたものである。そして狂想詩《ラプソディー》は、数々の叙事詩断片を「縫い合わせる ῥάπτειν」ことで成った、間テクスト的な詩文である。それらはいずれも余白の語りで新たな体系的全体へ向かう、現在進行形の詩作的思索のテクストである。現代思想の語りが断片や箴言と対置している「システム」は、カント理性批判も対峙した学校的で閉鎖的な完結体系のことだろう。あたかも美しい花のごとく、生き生きとした有機的身体組織や器官や新種のように、みずからおのずと形成されゆく批判的で反省的な体系。折々の間テクスト的環境に即応して、姿形を自在に整える哲学体系の批判的建築術は、箴言による思索の発動や断片連接の思索の力動性に対立するどころか、その方法的な自己思考の精神において通底し共鳴しあう。

「時代の流行口調《モーデトーン》として当然のことのように、形而上学にあらゆる軽蔑が示されるようになっている」（A VIII）。そういう歴史情況を確認し、オウィディウス『変身物語《メタモルフォーセス》』の女王ヘクバの悲嘆の声「いまわたしは連れ去られ、追放される、力なく」に傾聴し、形而上学の新たな再生を祈念して、理性批判は合理主義の独断教条の閉鎖体系を解体する。テクストはしかも、既存体系の懐疑論的破壊に終始しない。あるいは十九世紀以降の実証主義のように、相手が形而上学的というだけで問答無用に切り捨てたりもしない。理性批判は「自然設備《ナトゥアアンラーゲ》としての形而上学」が、人間の理性的な思考のもとでつねに「現実《ヴィルクリヒ》に」はたらいてあることに注意喚起する（B21f. vgl. IV 279）。そして人間理性の建築術的自然本性に寄り添い聴従《フェアネーメン》して、来るべき学問としての形而上学の建築をめざすのである。

それは形而上学の歴史に一旦区切りを入れ、われわれの新たな形而上学の批判的建築の道へ決然と転じてゆく、近代性《モデルニテ》の哲学革命の企図である。ここにはまだ学問としての形而上学体系はない。歴史上に登場した「あらゆる主観的な哲学」を超える「客観的」な大文字の哲学、「多様で可変的」な「諸建築物」の出来不出来を「判定する原型」としての哲学そのものなどというものは、どこまでも「ある一つの可能な学問のたんなる理念」である。「この学問はどこにも具体的《イン・コンクレート》には与えられていない」。ゆえにわれわれは「哲学を学ぶことはできず」、だからこそ「ただ哲学することを学びうるだけ」（A838=B866）である。

われわれ人間の哲学は、すべて言葉で成り立っている。そして種々の哲学は、人間理性の枢要な言葉を取り出し組み合わせ、各個の主観的な体系を建立したものである。われわれの哲学する営みは、そういう個々の体系建築をとおして、つねによりよい思索の弁論《かたり》を、人間理性の自己認識の法廷のなかで提起してゆくことにほかならない。しかもこの共同討議の場で個々の弁論のよさを判定するための基準は、一つの可能な学としての哲学の理念のみである。つまりここには既定絶対の普遍的判定基準はない。ゆえに哲学の法廷論争は不可避的に、哲学理念をめぐる覇権闘争となる。そしてかならずや、われこそがその理念を体現すると僭称する独断体系が、各種宗教の原理主義と同じくひきもきらずに出現する。理性批判は、この手の哲学のこわばった言説の関節をはずすのだ。そしてわれわれの手でふたたび、よりよい哲学身体の建築を開始すべく呼びかける。

理性批判の語りは、一つの絶対的で最終的な哲学体系を権利主張しない。それはむしろ囚われのない言語使用のうちに公平無私の哲学法廷を開設し、これを息長く維持運営してゆくことの提案である。カントの二本立ての形而上学の定礎も、批判法廷での哲学的弁論のありうべき事例を示したものである。時代の制約を引き受け、経験的要因を適宜勘案し、いまここでなしうる最善の弁論を試みた形而上学体系の設計構想案である。そういう思索の根本動向において、理性批判はまちがいなく智慧への道を歩んでいる。しかしそれはどこまでもいまだに学の完遂態《エネルゲイア》ではない。ゆえにここでは方法が重要であり、哲学するわれわれの語らいの技法たる弁論術《レトリカ》が、理性批判の隠れた主題となったのである。

純粋理性の批判《クリティカ》は、ものごとを体系的に思索する「学問の確かな道《ジッヒャー》」を指南する。それは安全で安定した「方法についての論考《トラクタート》であって学の体系そのものではない。しかしながら批判はこの学問の全体見取図を、その外枠《グレンツェ》にかんしてもあらゆる内的分肢の建築構造にかんしても描く」（B XXII）のである。「道」の比喩は「方法」をつうじて「建築術」と響きあい、理性批判のテクストの要所要所を断片的かつ箴言的に彩っている。それ自体が建築術的なクリティカを表題に謳うテクストは、多彩な比喩を交えた弁論により、批判的で建築術的な思索の語らいの法廷《ひらけ》を、読者公衆の世界市民的公共圏での弁論の範例として革命的に建立する。その一貫した批判的建築術の語りの方針は、人間理性に本質的で不可避な論弁性を自己認識したところから、みずからおのずと導き出されたのである。

第五節　論弁的知性と直観的知性の区切りと繋がり

理性批判は言語による哲学的思惟の遂行であり、その徹底的な言語批判により、人間理性は自己に不可避の言語的制約を自覚する。哲学的思惟は、言語の起源や背後にまでは遡れない。われわれの哲学は、人間がつねにすでに言語世界を生きているという事実《ファクトゥム》から始めるよりほかにない。言語の縛りを超えたもの、言語以前の無の場所の気配を感受しながらも、つねにそこから反転し、言語分節の世界へ帰って来て、この世の事柄の意味を尋ねつづけてゆかねばならない。

「わたしは何を知ることができるのか」、「何をすべきか」、「何を希望してもよいのか」（A805=B833, vgl. IX 25）。学派学校の既存体系枠内に閉塞しない、われわれの開かれた哲学の批判的で体系的な思索の歩み。「世界概念」（A838=B866, IX 23f.）にしたがって営まれる「人間理性の目的論」（A839=B867）たる哲学《ヴェルトヴァイスハイト》は、その世界市民的な問いを、超越《トランスツェンデント》的で秘教的なあの世に向けてではなく、この世のこの場所で問う。そして人間がつねにすでに言語的に生きる可能的経験の場所で、「人間理性の本質的な目的」を語りあう。一連の「わたし」の問いは、最後に一転して「人間」の問いとなる。この「世界市民的」な哲学の語りの絶妙の呼吸法に注目したい。言うまでもなく、その究極の問いは「人間とは何か」(IX 25, XXVIII 534)である。

カントの超越論《トランスツェンデンタール》的な哲学は、そういう経験世界への帰還を決意して長い沈黙を破り、近代啓蒙の時代に公的開放的に言葉を放つ、理性批判の徹底的に言語論的な反省である。人間は言語分節をとおしてでなければ、物事を思考したり認識したり、一定の意志をもって行為することさえできぬ。われわれの意識的な生は、つねに言語によって秩序づけられている。しかしまたこうして高度な言語能力を持つからこそ、人間は物、自己、世界を現に経験しているかたちで把握できる。自己の経験を他者と伝達共有《ミットタイレン》することもできるし、歴史を物語ることもできる。あるいは想像や夢や思想や信仰を語らうこともできれば、種々の自然事象を細部にわたり抽象化して科学的に研究することもできる。

カント理性批判は、そういう人間の言語的自然本性にかんする自己認識の営みである。その反省的で批判的な思索は、理性的な言語遂行の定型たる大前提、小前提、結論の三段論法の動向を手がかりに、人間の上級認識能力たる広義の理性を、悟性、判断力、理性(狭義)に分節する。この三分節は第一批判の超越論的論理学における、純粋悟性の概念《カテゴリー》論と、認識判断の原則論、そして純粋理性推理の弁証論《ディアレクティク》という論述構成に対応する。同じ三区分の類比からは、純粋思弁理性、判断力、実践理性の批判という、理性批判の哲学全体の体系的建築構想も派生する。

そういう理性批判《テクスト》の論述《ディスクール》が、言語による自己反省の論理的な記述《エクリチュール》報告であるのは、言わずもがなのことである。それはあまりに自明些細《トリヴィアル》であり、とりたてて言挙げするのもはばかられる。だからこそいまここで「論弁的知性 diskursiver Verstand」の概念に照らして、批判の語りの意味を再考する必要がある。カント理性批判は、人間知性(広義の理性)に不可避の論弁性を凝視する。そして、中世以来「神的知性 intellectus divinus」として語り継がれ、多くの神学や形而上学が憧れてきた「直観的知性 intuitiver Verstand」の概念から、人間知性を厳しく区別する。この知性的なものにかんする概念上の峻別が、理性批判のアルファにしてオメガなのだと言ってよい[11]。理性の言語的本性への自覚と反省は、この基礎的な術語整理のうちで、すでに厳粛に遂行されているのである。

哲学の伝統が語る「直観的知性」、あるいは「能産的自然 natura naturans」たる「能動知性 intellectus agens」「制作知性 *νοῦς ποιητικός*」は、世界全体を極小細部にいたるまで一挙に明晰判明に把握する。そこには全体と諸部分の分節さえないだろう。というより神の知性のうちでは、すべての実在が永遠真理の相にあり、思惟と存在はつねに一致しており、認識と実践と制作はことさら分かれることもない。そもそも「神的な認識は諸事物の原型だと考えられている」。だからそこでは「表象によって対象そのものが産出されるのでもあろう」（X 130, vgl. B145）。じっさい聖書にもあるように、神が「光あれ」と言えば、その言葉《ロゴス》で光自体が直ちに創造されるのだ。

そういう信念のもとに語られてきた「原型知性 intellectus archetypus」（A695=B723, vgl. X 130）に対比していえば、人間知性は、神の理想《イデアル》的な知のかたちを不完全になぞっただけの「模造知性 intellectus ectypus」（X 130）である。人間知性は、神の「本源的な直観 intuitus originarius」（B72）たる「知的直観 intellectuelle Anschauung」の能力を完全に欠く。だから、自己の内なる表象で対象そのものを産出するなどということは毛頭できない。人間が物を作るには、すでにこの世に与えられてある自然の質料を用いなければならない。質料までも含めてすべてを無から創造することなど、人間の身にはできない相談である。そして人間が実在的な対象と出会うには、「派生的直観 intuitus derivativus」の能力たる感性の「受容性」に頼らなければならない。われわれの場合、認識対象は「与えられ」ねばならず、感官は「触発され」なければならない。そして人間はこの経験世界を徘徊遍歴《ディスクッレレ》し、諸事象を順序正しく踏査してゆく必要がある。そのためにみなが世界中に四散し、各所で収集してきた経験知を持ち寄り討議《ディスクルス》して、事の真偽を批判的に確かめあい「一つの可能的な経験」を建築術的に形づくってゆく。人間知性が論弁的《ディスクルシーフ》であるというのは、そういうことである。そしてこの論弁性は明らかに、有限知性の言語遂行的な自然本性に直結する。

カントの理性批判は、伝統的な「知性（悟性）」概念をそのように整理した。つまり神の知性と人間知性のあいだに、太い切断線を刻みつけた。そのうえで、この世に生きるわれわれの知性を、神の知的直観とではなく、人間自身の感性と結びつけた。従来の哲学は、感性を下級認識能力だと軽視して、あらゆる錯誤歪曲の源泉として蔑視したが、理性批判は感官知覚をわれわれの統覚の心の窓として重視する。そして感性と知性との確かな連結を図ることで、外界（つまり空間内）の実在物との連絡通路を確保する。

　理性批判の主要課題は、有限知性の形而上学的思弁の、時空を超えた危うい夢中遊泳を戒めることにある。これまでの哲学言説は、神の存在や魂の不死の信仰の教義《かたり》に乗り、感性と知性のあいだに切断線を引いてきた。カントはこの切断線を、人間知性と神的知性のあいだに移動する。それと同時に、人間知性の思考を感性的直観に繋ぎとめ、ここに繋留された人間知性を「統覚」と名づけ、大地に足のついた経験的認識の実質を確保する。伝統が制度化してきたアリストテレスのカテゴリー体系を、ニュートン自然学の問いかけに応じて大幅に改変し、「空間 **ποῦ, κεῖσθαι**」と「時間 **πότε**」を感性的直観の現象の純粋形式に割りふったことの意義はやはり極めて大きい[12]。理性批判はクリティカの区切りと繋ぎの弁論術的な匠の技法により、西洋哲学史上に一大革命を起こしたのである。

　唯一絶対的な超越神の信仰から、もはや（もともと）遠く離れて生きる現代の通俗世界の人間からすれば、右の概念操作は巧みと言うにはおよばぬ、単純な言葉の整理にしか見えない。しかし信仰の世界に生きる立場からすれば、カントの理性批判は、すべてを破砕しつくす戦慄の危険思想だと思われた。それが知の言葉であれ信仰の言葉であれ、あるいは形而上学的な思弁空想の言葉であれ、人は言語の世界に生きている。とくに西洋伝統のキリスト教世界には、人間は「神の似像」だとする篤い信仰の言葉がある。原型知性と模造知性の比喩は、その絶対確実の教義にも支えられ、強い連結のもとに語られてきた。人間の上級能力たる知性は、神の知性の映しであり分有である。人はそう信じてきたからこそ、その繋がりを乱す肉的な感性を排除した。そして知性を純化し、魂を浄化し、この世の穢れを離脱して、神的彼岸世界へ超越しようと切実に希求した。

　だからそれは、たんに言葉の用法の問題ではない。人の生き方の問題であり、世界観（しかも共同の語り）の問題である。人間は言語世界に生きており、経験的実在界における意識的な生は、つねに各種多彩の言葉で具体的実質的に形づくられ織りなされている。そして経験的な世界形成に関与する言語の磁場では、政治、宗教、学問、思想上のイデオロギーの言葉が、それぞれに強い磁力を発しながら、たいていはそれと気づかれないで蠢いている。そういう言語の世界形成力のかかえる問題（いわゆる言説の権力分析）の具体相には、カントの超越論的理性批判は立ち入らない。しかし感性と知性の区別という理性批判の最基底の核心部で、テクストは深刻な問題をはらむ歴史生起《ゲシヒトリヒ》的なコンテクストに身をおいた。そしてわれわれの作者は、そのことを肌身で感じ取っていた。

ゆえに理性批判のテクストは、時空の感性的観念性の基本着想を得てからも、公的な弁論のかたちを得るまでに十年の沈黙を要したのである。その長い沈思黙考中の決定的な出来事は、プラトン‐デカルトの系譜を継ぐ超越論的実在論の全面撤回である。本書第Ⅱ部でふれたように、『可感界と叡智界』はニュートン自然学の成果と経験論の示唆をうけ、現象界の経験的実在性を主張する立脚地を確保した画期的な論考である。他方でしかし、それは叡智的実体的な物自体の真理認識を引きつづき主張する、超越論的実在論の形而上学の維持保存を画策した。理性批判の作者は、この欲張りな計画の無理に気がついた。この発見の出来事を回顧して、のちに『プロレゴメナ』は序言に言う。

> わたしは率直に告白する。あのデイヴィド・ヒュームの異議申立《エアインネルング》こそが、何年も前に初めて、わたしの独断的なまどろみを打ち破り、思弁哲学の領野におけるわたしの諸研究に、まったく別の方向を与えてくれたものである。（IV 260）

純粋悟性概念《カテゴリー》や理性概念《イデー》を物自体《ヌーメノン》に直接積極的にかかわらせ、これを「思弁的」に知性認識（*νοεῖν*, intelligere）しようとする「知的直観」の道を、理性批判は潔く断念する。そういう独断形而上学の未練を断ち切って、超越論的実在論の立場を全面撤回し、一気に反転して超越論的観念論の視座に立ち、これを現象世界の経験的実在論と反転光学的に組み合わせる。ここに批判の道の建築方針は確定する。

「ゆえに超越論的観念論者は一個の経験的実在論者である」（A371）。つまり経験的実在論にして超越論的観念論、超越論的観念論にして経験的実在論。物の実在と言葉《かんねん》をめぐる前代未聞の反転往還が、理性批判のテクストの語りの根本視座となる。そしてこの哲学の建築術上枢要の案件が、「知性」の概念整理にからんでくる。理性批判は、知性（悟性）という共通の伝統呼称で曖昧に繫ぎあわされていたものを、万物の質料産出の能動性と、認識および制作の質料の受容性のあいだで、ばさりと切り分ける。そして前者の神的能動知性については、もはやその現実存在や実在諸属性をめぐる、一切の思弁の語りを抑制する。それはちょうど、理性や言語そのものの起源を尋ねずにおくのと同じ、謙抑の基本方針に沿ったものである。語りえぬものについては、やはり沈黙しなければならない。

他方、われわれ自身の論弁的知性にかんしては、能力の有限性の自覚をふまえて、知と信、思弁と実践の差異を凝視する。そしてこの境界線上にたたずんで、哲学の「批判的な道」のうえに残された新たな語りの可能性と必然性とを探索する。かくして第一主著のあとがき《エピローグ》ともいうべき第二版序言《プロローグ》は、執筆公刊を間近にひかえた『実践理性批判』の論証行程を展望しながら、今後の哲学法廷戦術を明かすのである。

わたしはそれゆえ、信じる《グラウベン》ということが成りたつ場所《プラッツ》を確保するために、知識《ヴィッセン》というものを破棄《アウフヘーベン》しなければならなかった。（B XXX）

いまや思弁理性には、超感性的なものの領野での前進がすべて否認《アブシュプレッヘン》されている。とはいえそのあとでもまだ、われわれには手立てが残っている。あの無制約者にかんする超越的な理念を規定する証拠資料《ダータ》が、理性の実践的な認識のうちには見いだされないのかどうか。そのようにしてわれわれは、ただ実践的見地でのみアプリオリに可能な認識を手に、形而上学の願望にあわせて、あらゆる可能的経験の限界を超出してゆくことができるのではないか、という筋を試すのである。（B XXI）

われわれ人間は、物自体を考えることはできても、思弁的に認識することはできない。ゆえにこれまで叡智的な自体存在として前提されてきたものは、「われわれにとっては無《ニヒツ》である」（A280=B336）。物自体はしかし否定的かつ制限つきにではあれ、これからも思惟し語りつづけることができる。それはまったく「語りえぬもの」ではない。ゆえに批判哲学は物自体について「沈黙」しない(13)。まずは現象と物自体、論弁的知性と直観的知性の概念の、正しい区別を執拗なまでに語りつづけるのが、理性批判の主要任務である。そして物自体を「消極的」な「限界概念」として、つまり可能的経験の臨界を指し示し、認識と思惟、思弁と実践、自然と自由の弁別境界を標示する枢要概念として、われわれの哲学の語りのうちに正しく位置づけるのが、テクストの積極的な論述課題である。

物自体の存在および認識を主張するような、超越論的実在論の思弁に囚われているかぎり、批判哲学のうちに入ることも留まることもできない。しかしまたそういう物自体なるものの伝統的な教義《ドグマ》がなかったならば、これを批判吟味する哲学の語りも始まらなかっただろう。理性批判は物自体をめぐる言説の意味を究明する語りとして、つねにそのつど生成し存続する。物自体は認識できずとも思惟可能であり、そのかぎりで言葉はつねにそこに届いている。そしてわれわれは実践上、あるいは信仰上の理念・理想として、それを依然としてこの世で語りうるし、望むらくはともに和やかに語りつづけてゆかねばならぬ。

そのためにも、理性批判の途次の語らいのもとでは、「物自体」「ヌーメノン」は、感性から切り離された叡智的《インテリギベル》な「真実在」を騙ってはならない。むしろたんに可想的《インテリギベル》な理念《イデー》として、形而上学的思弁上の身分を格下げしなければならない。しかしまさにこの司法手続きにより、「物自体」および「イデア」の道徳実践的な含意を、よりいっそう強く鳴り響かせることができる。そしてわれわれは、この世のいまこの時の批判的言説空間で、可能的経験を超えた「超感性的なもの」を正しくふさわしく語れるようになるだろう。理性批判は事割りとしての事理《ロゴス》を見つめ、物の筋目に沿って事柄を適切に言別《ことわ》ける。そうした言語《ロゴス》批判の方法的な思索は、人間の言語活動の今後向かうべき新たな道筋を探りだす。そして理性《ロゴス》の批判的建築術の適正な方向を見定めて、この世の人間的な生の現実をよりよく、しかも詩的に美しく設《しつら》える修理修復を地道に進めてゆく(14)。

こうしたテクストの語りに傾聴するならば、哲学の伝統語法における「知性 νοῦς, intellectus」と「理性 λόγος, ratio」との、とりわけ中世末期ノミナリズム勃興以降の「序列の逆転」が、カント理性批判で決定的に完成されたとする概念史は、[15] 無条件には認めがたい。言うところの逆転は、[16] 人間理性の下位区分たる悟性（概念的思惟）、判断力（命題的思惟）、狭義の理性（推論的思惟）の序列では成り立っている。しかしカントは、あの直観的と論弁的の区別により神的知性と人間理性の序列を維持している。のみならずあえてロック、ライプニッツ、ヒュームの「人間知性 human understanding, l'entendement humain」系の呼称を避け、著述題目に最初から「理性」の批判を謳うことで、伝統的な知性と理性の序列区分を強化した、とさえ言うことができる。すなわち「直観的知性」と「論弁的知性」の差異を再三にわたり強調し、そのうえで近代に「人間知性」と呼ばれ始めていたものを、神の直観的能動知性から明確に区別して、広義の理性《ラチオ》すなわち「論弁的知性」と呼称する。そういうテクストの語りの基底部で、理性批判は伝統の術語法を誠実に保存している。[17]

こうした語法継承の身振りのなかで、しかも理性批判は超越論的実在論（結果的には経験的観念論）から、超越論的観念論（ゆえにまぎれもなく経験的実在論）への、思考様式の根本転回《ケーレ》をやってのけたのだ。そして超感性的な無制約者をめぐる人間の語りの様態を、根底から変更しようと企てた。これは伝統形而上学から見れば、庇を貸して母屋が乗っ取られた仕儀だろう。旧来語法を借りた理性批判の語り口は、しかし、たんに「わたし」の新たな見地を引き立てるための、見せかけの継承の素振りではない。直観的知性と論弁的知性を区別し対照する語りのうちで、さらに重要な思索の道筋が明かされている。

人間理性の学知の語りの「自然本性的」な「建築術」。これを自然の事理《ロゴス》に沿う「批判的な道」の「歩み《シュリット》」の「確かな進行《ガング》」にのせること。批判哲学のテクストは、そういう隠喩を連結した象徴的もしくはアレゴリカルな語りにより、たったいま厳しく峻別したばかりの直観的知性と論弁的知性との再接続、とはいえ批判的に抑制のきいた復縁の可能性を探っている。人間理性は、経験的自然世界の認識と語りの「体系的統一」を権利要求する。ゆえにテクストは、理性の本性的建築術の道を正当化すべく、純粋思弁理性の理念《ことば》（魂、自由、神）と、これを「経験の地盤」に具体化し展開する反省的判断力の原理《ことば》の、統制的使用のアプリオリな権能を主張し弁護する。

ところで同様の建築術は、若きカントが『天界論』で、神と自然の協働による「世界建築《ヴェルトバウ》」として美しく語っていたものである。このたびの人間理性の建築術は、かつての自然神学の独断教条的口吻を抑制し、批判的反省的に語り直したものにほかならない。言語活動的な批判的理性による経験世界の建築術は、信仰の伝統が神の世界創造の建築術として語ってきたものの、哲学詩的なミメーシスである。そしてそれゆえに批判テクストは、自然の「最大限に体系的」で「合目的的な統一」の理念を、依然として熱く語るのである。

この理念は、われわれの理性の本質と不可分に結びついている。同じ理念は、ゆえにわれわれにとって立法的である。同様に、この理念に一致対応《コレスポンディーレン》する立法的理性（原型知性）を想定するのは、きわめて自然である。われわれの理性の対象となる自然のあらゆる体系的統一は、この立法的理性から由来するのにちがいない。（A694-5=B722-3）

マクロコスモスとミクロコスモスの万物照応にも通じるなにかが、ここに奪還反復《ヴィーダーホーレン》されている。その意味内実はあくまでも「想定」の事柄として抑制されている。ただしこの批判第一幕ではなお教条的な語りの慣習にひきずられて「立法的」と言われている。それがのちに第三批判では、反省的判断力の「自己規律《ヘアウトノミー》」（V 185）へ格下げされる。しかしまさしくそのようにして、自然世界の合目的的な体系的統一をめぐる言葉《コスモロジー》は、われわれ人間の語りのうちに新たなかたちで取り戻されるのである。

そしてあの二つの知性の縁戚関係も、言語批判の哲学法廷で新たに承認し直されることになる。伝統語法が「原型」「模造」、「本源」「派生」の対概念で連結した二種の知性を、理性批判は「直観的」と「論弁的」とに種別化し切り離す。そしてあの対概念自体がすでに比喩にすぎぬことも暴露する。しかしこの言語批判により、二種の知性はあらためて類比《アナロギー》の相似関係に置かれるのである。ここに両者の区切りと繫ぎの、新たな語りの道筋が確保される。類比は比喩の語りで、論述の表情を豊かにする。それとともに通常一般の言葉では語りえぬものを、詩的に語る可能性を切り開く。それはきわめて重要な弁論上の技法であり、三批判書はそういう類比機能を十二分に熟知し活用する。テクストはとりわけ「建築術」と「道」の比喩を最大限に活用し、直観的能動知性の世界創造への信仰の語りを、論弁的知性の批判哲学的な思索の語りへ脱構築的にミメーシスする。(18)

伝統形而上学の思弁体系は、神的知性の彼岸的真実在への信仰により、超越論的実在論の語り《ロゴス》に呪縛されていた。批判理性の超越論的観念論はいま、そこから決然と身をふりほどく。そしてわれわれの経験的実在界で、物事をもっと自由に比喩的に語りあう言説空間の建築術の道に歩み出る。このときわれわれの語りの根本気分は、ボードレールの悲哀でもなければキルケゴールの不安でもない。十九世紀末転換期の欧州近代《モデルネ》とはちがう、もっと伸びやかで軽やかな明澄たるものとなってくれることだろう。(19)『判断力批判』の「自然の技術」の概念は、そういう近代性の新たな物語りの場所を開く哲学の比喩の言葉である。

その大きな物語り行為の広場では、第一批判の「図式的」な自然認識の理論とは異なる、「象徴的」な自然理解の解釈学とも呼ぶべきものが（vgl. V 351f.）、批判的節度をもって語りだされている。ここにかならずや、この世に生きる論弁的知性の討議的＝言語活動的な世界建築術の、美しい言葉の数々が芽生えてくるにちがいない。「始めにロゴスありき」という信仰の言葉も換骨奪胎されて、人間理性の超越論的な言語批判の冒頭句として、新たな生命を獲得することだろう。理性批判の根本をなす直観的知性と論弁的知性との区切りと繋ぎの弁論術は、このような言語哲学の道をひらく熱い力を秘めている。

注

（1）批判の「自己認識」モチーフは「汝自身を知れ」というソクラテスのモットーに通じ、「法廷」の比喩は、哲学に死刑を宣告したアテナイの裁きの庭の批判的反復を企図している。ハーマンへの二十年越しの応答として。かれの一七五九年七月二十七日付カント宛書簡に言う。「美しい身体の者たちに考えることを教えるのは、ソクラテスのような人にしかなしえぬ企図でした。……／わたしは叙事的に書くことにします。それというのも貴兄がまだ叙情的な言語を読むことができないからです。叙事的な作者とは、稀有な被造物たちや、かれらのいっそう稀有な生涯の、歴史物語りの記述者です。叙情的な作者とは、人間的な心の歴史物語りの記述者です。自己認識こそが最も困難で高度な認識なのです」（Ⅹ8）。

（2）　この哲学観はすでに『六五－六六年冬学期講義公告』のなかに見られる（Ⅱ306）。しかもその論理学概要には、「一つの全体としての哲学の批判と注意書き、この完全なる論理学」（Ⅱ310）という一句に連なって、「理性の批判」の初出用例が、「趣味の批判つまり美学」とならんで確認できる（Ⅱ311）。

（3）　坂部恵、二〇〇六年②、一五頁。坂部が指摘するこの事実は、理性批判の隠れた本質にふれるものであり、その言語論的読解を支える重要なモチーフとなる。「批判の術 *κριτική τέχνη*, ars critica」は、司法裁定や医療診断だけでなく、聖書等の文献批判や文法吟味、歴史批判、学術批判、文芸批評の場で活躍した。十六世紀以降のラムス派の弁証論理学では、よりよい「判断」の技能にかかわるものとして重視され、ヴィーコの例に見られるように、実際の蓋然性領域における実践論理（判断の方法論）と同義になってゆく。「批判」の概念史は、『批判』という表題の言語論的含意を鮮明に物語る。

（4）　論証上の事情から、『実践理性批判』は逆に理性から悟性そして感性へと下降する。しかし『判断力批判』の語りは、ふたたび感性から理性へ上昇する道を採択する。そういう論述構成の建築術において、クリティカの技能は物を言う。

（5）　ここに言う「分析的」と「総合的」の方法上の区別は伝統語法によるものであり、カントは前批判期から哲学と数学の認識方法を、これにより厳しく対置した。『六五－六六年冬学期講義公告』は、前年の『判明性論文』の主旨を解説して明瞭に言う。「一、形而上学。急いで仕上げたある短い論文のなかで、わたしはこう言おうとした。学識者たちが大いに努力してきたのにもかかわらず、この学問は、いまだにきわめて不完全であり不確かであるが、それはこの学問に固有の手続きについて誤解があったからである。形而上学の方法は、数学の方法のように総合的でなく、分析的なのである。ゆえに単純で最も普遍的なもの（根本原理）が、数量の学では最も容易なものにもなるのだが、この主たる学問では、これが最も難しいものになる。そして数学ではこの単純で最も普遍的なものが、その自然本性からして最初に登場するのにたいし、ここでは最後に登場するのでなければならない」（Ⅱ308）。ちなみにこの学的探究の方法の区別は、研究成果の著述の仕方と混同されてはならない。『純粋理性批判』は「どこまでも総合的な教授法 Lehrart にしたがって起草執筆した」が、『プロレゴメナ』は「分析的な方法」をとる（Ⅳ263, 279）。この言明は先の

『講義公告』の方法弁別の論点とは文脈が異なる。しかしまたこの叙述法の分節も、弁論の配置にかんするクリティカの意識の高さを物語る。しかも来るべき批判的形而上学の「設計図 Plan」を初めて描いた第一批判の「総合的教授法」が、学の「すべての分節肢 Articulationen を、一つの全く特異な認識能力の分肢構造 Gliederbau として、その構造の自然な結合において眼前に呈示するため」（IV 263）のものであったのだとして、自然の建築術の比喩がさりげなく披露されている点も、ことのついでに確認しておきたいとおもう。

(6)「建築は、ギリシア語でタクシスといわれるオールディナーティオー、ギリシア人がディアテシスと呼ぶディスポシティオー、エウリュトミア、シュムメトリア、デコル、ギリシア語でオイコノミアといわれるディストリブーティオーから成り立っている」（ウィトルーウィウス、一〇－一頁）。さらに上位の建築の「理法 ratio」として「強さと用と美」（同、一五頁）の三原理があり、右の六大要件の多くは「美の理法」にかかわっている。

(7) ウィトルーウィウス、一四頁。

(8) ウィトルーウィウス、一一頁。さらに中村貴志、二〇〇〇－一年、参照。

(9) 対立し合う学的主張を調停する思考法は、処女作『活力測定考』以来顕著であり、理性自身の二律背反の解決を動機とした『批判』の法廷の比喩に昇華する。この思想遍歴の途次、カントの方法論的自覚が深まる六〇年代半ば、『視霊者の夢』で正義の女神ユスティティアがもつ天秤に、道と光学の比喩が絡み合う。第一部第四章冒頭に言う。「天秤 Waage は、市民法で商売の尺度とされている。この天秤のまやかしを発見するには、品物と分銅の皿を交換してみればよい。悟性の天秤の偏り〔党派性〕は、これとまったく同じ手立てで暴露される。この技法なしには、哲学の諸判断でも、重量を比較して一致した結論を得ることなどけっしてできない。わたしは、わたしの魂を先入見から洗い浄め、すべての盲目的服従を捨てた。かつてこれがわたしに忍びこみ、多くの捏造知の入口となっていた。いまやわたしにとって重要で尊いものは、誠実さの道 Weg を経て、ある静穏でしかもあらゆる根拠を受けいれる開かれた心に場所を占めているものだけである。それがわたしの以前の判断を裏書きしようが廃棄しようが、どちらかに決めさせようが未決のままにしようがかまわない。わたしを教導してくれるものに出会うとき、わたしはそれをわがものとする。わたしの諸根拠を論駁する人の判断も、わたしの判断である。わたしはまずその判断を、自己愛の皿と対比して計量し、次にそれを自己愛の皿へ移し替え、わたしが考えている諸根拠との対比のもとに計量する。そしてそこにいっそう偉大な内実を見いだしたとき、それはわたしの判断となる。かつてわたしは普遍的人間知性を、たんにわたしの知性の立場からのみ考察していた。いまやわたしは自分を、他人の外的な理性の位置に移し置く。そしてわたしの諸判断を、その最も内密な諸動機もふくめて、他者たちの視点から考察する。この二つの考察を比較することで、たしかに強い視差 starke Parallaxen が生じてくる。しかしこの比較はまた、光学的な欺瞞 der optische Betrug を避ける唯一の手段であり、これによりわたしは諸概念を、それらが人間的自然本性のもつ認識能力にかんして占めるべき、真正の位置に置くことができる」（II 348-9）。

「自己愛の皿」を相対化する公平無私な「天秤」に、「わたしの知性の立場」に執着した「光学的な欺瞞」を浮き彫りにする「強い視差」の比喩を重ね合わせ、「他人の外的な理性」という「他者たちの視点」を受け容れつつ、「普遍的人間知性」に向かう「誠実さの道」を進みゆく壮年の思索。それはまだ超越論的実在論の独断のまどろみから、完全に覚醒するにはいたっていないとはいえ、テクストはすでに経験的実在論の大地への帰還を決意した。「勇気を出せ、諸君、陸地が見える」（II 368）。しかもその帰還の航路は、「人間的自然本性」に則した「真正の位置」を「諸概念」に指定しつつ、「知性の天秤」の「思弁の皿」よりも「未来の希望という銘をもつ腕木」の「皿」（II 349-50）に、あえて「純粋実践理性の優位」という名目の比重を公然とかけるべく宣言する、理性批判への一本道である。

ここに漱石晩年の「則天去私」との冥合をみるのは牽強付会だろうか。柄谷行人は『視霊者の夢』の「サタイア的な自己批評」を駆動する「視差 parallax」（柄谷、二〇〇一年、七四頁）の比喩に触発され、二視点間の「トランスヴァーサル（横断的）な、あるいはトランスポジショナルな移動」にちなみ、「カントやマルクスの、トランセンデンタル且つトランスポジショナルな批判を『トランスクリティーク』と呼ぶことにした」と言う。しかしその肝腎の反省光学をたんに「独断的な合理論に対して経験論で立ち向かい、独断的な経験論に対して合理論的に立ち向かうこと」の「くりかえし」（同、二〇‐一頁）だと表記するのを見るかぎり、テクストの読みはまだまだ甘い。しかもカントの「物自体」およびラカンの「現実界」の扱いは、超越論的実在論への「欲動」に大きな未練を残している（望月拙著、二〇一二年②、三四‐七、一三〇‐一、一五一‐二頁）。理性批判の言語論的な世界建築術の比喩は、むしろこの手の伝統形而上学教義からの全面解放とともに本格始動する。

（10）「～のもとに○○を理解 verstehen する」という言い回しは、言葉の「意味理解 Verstand」を表記確認する慣用句であり、英語の“understand, understanding”の語義にも直結する。理性批判の言語論的な読解にさいしては、この点も充分に顧慮したい。

（11）それは人間理性の自己認識のための、臆測的な比較による比喩である。理性批判のテクストは、中世以来の神や天使の知性への信仰の語りからは、禁欲的に身を引いている。

（12）『プロレゴメナ』第三十九節は、アリストテレスの十個のカテゴリーを列挙して、「第七、八、九番目」（IV 323）の「いつ Quando, Wann」「どこ Ubi, Wo」「位置づけ Situs, Lage」（IV 323 Anm.）を「あの登録簿から」「除外」したうえで、「感性の純粋な基本諸概念 die reine Elementarbegriffe（空間と時間）」（IV 323）に数えなおしたことをみずから強調する。

（13）ウィトゲンシュタイン『論理哲学論考』の序文（一九一八年）が提起し、同書（一九二一／二二年）の末尾にも掲げられた「語りえぬものについては沈黙しなければならない」という命題は、「語る reden, sprechen, speak」という語の用法を実証性の限界内でのみ有効とした、かなり制限のきついものである。かれはこの制限を形而上学的な意図のもとにおこなっている。「語りえぬもの」がすでにそれとして、この命題によって語られていることに、ウィトゲンシュタインが気づかぬわけはない。しかもかれは「沈黙」が、いかなる言葉よりも雄弁に語るということも知っていた。一九一九年晩秋のフィッカー宛書簡で、『論考』の作者は言う。「〔序文で〕私は次のように書こうと思ったのです。私の本は二つの部分から構成されている、つまりここで提示されている部分と、私が書かなかった部分である、と。そしてまさにこの第二の部分が重要なものです。つまり倫理的なものは私の本によっていわば内側から限界づけられます。そして厳密にただそのようにのみ限界づけられうる、と私は確信しています。要するに、私が信じることによれば、多くの人が今日口からでまかせにしゃべっているすべてのものを、それについて沈黙することによって、私の本において確定したのです」（細川亮一、二〇〇二年、一四頁）。知の限界を画定することで実践と信の場所を確保する。カント理性批判のモチーフとの照応関係に注目したい。

（14）第一批判の粉骨砕身の法廷弁論を受けて、第二批判第一部第一編第一章「純粋実践理性の原則について」は、理念の語りの「実践的」な「客観的実在性」を確保する。すなわち、いかなる経験にも依存せずにそれ自身がそれだけで「実践的」たりうる「純粋理性」、そしてそのように自律的な「理性的存在者たち」の住まう「一つの知性界すなわち超感性的自然」、つまり「原型的自然 die urbildliche Natur（natura archetypa）」といった理念に、「道徳法則」が「すくなくとも実践的な文脈では、〔われわれの意志の客体として〕客観的実在性を与える」（V 43-4）ことを確認する。本書はこの重要局面に踏み込めない。しかし最低限以下の四点だけは銘記しておきたい。

第一に、「道徳的法則のこの意識」と、その根底に存する「自由の意識」が「いかにして可能であるか」について、理性批判は「これ以上の解明はできない」（V 46）。「あらゆる人間的洞察は、われわれが根本諸力や根本諸能力に達するやいなや終る」のだから、「この道徳的原理の演繹を求めても空しい」。しかしそれゆえに「道徳的法則はいわば純粋理性の事実、われわれがみずからアプリオリに意識している事実、必当然的 apodiktisch〔自己弁護的・論証的〕に確実 gewiß な事実として与えられている」。テクストは誠実である。語りえぬものについては、やはり沈黙しなければならない。

論述はここで第二に、この根源的な無知の自覚を噛みしめて反転する。「逆にこの道徳的原理そのものが、ある究めがたい能力の演繹の原理として役立つのだ」。すなわち「思弁理性」には認識できず、たんに思惟可能なものとして残された「自由の能力」が、その「原因性」の「法則」を得ることで「初めて客観的実在性」（V 47）を獲得する。上述の道徳的な「超感性的自然」の「実在性」も、この根本的な反転の思索に基づき語られている。

しかも第三に、この批判的道徳性の語りは、彼岸の叡智界への超越の道を斥けて、つねに経験的実在性の生活世界に帰還する。われわれの理性はたんに「思弁的な手続きをとって進もうとすると、いつもその諸理念で過度に熱中していた」が、いまや道徳法則による直接的な意志規定の権限が認定されて「初めて客観的な、とはいえただ実践的な実在性」を手にすることができている。ここに「理性の超越的な使用は、内在的な（つまり経験の領野のうちで諸理念によりみずからはたらく原因であるという）使用へ転換」（V 48）されるのだ。くわえて第四に、こうした道徳的理念の「客観的実在性」の演繹は、その「実践的使用」に向けた「意味 Bedeutung」（V 50, vgl. auch 56）の獲得として語られている。つまり理性批判の全行程は、世界市民的な哲学が必然的に関心を寄せる事柄、つまりこの世での「最高善」の実現をめぐる、思索と語らいと行為に向けて進行する。そしてまさにそのようなものとして「智慧への道」なのである。

（15）坂部恵、一九九七年、第十二、十八講参照。坂部の歴史叙述の主調音は、中世スコラの「能動知性の凋落」（同、八三頁）と「レアリスムスのたそがれ」（同、四五頁）とを悼む終末の語りであり、これは『カント事典』の「理性」や、『哲学・思想事典』の「悟性」「知性」「合理主義」の項目、そして『坂部恵集1』の「〈理性〉と〈悟性〉——十八世紀合理主義の消長」（初出、一九八四年）でも繰り返される。それにたいして拙稿は、坂部自身の〈かたり〉の哲学の筋目に沿って、別の方角に進みたい。すなわちイデア的普遍概念の独立自存を主張する超越論的実在論〔実念論〕とは袂を分かち、経験的な個別・特殊・普遍を経めぐる論弁的知性の論理的＝言語活動的反省のもと、まずはそのアプリオリな普遍概念《カテゴリー》による実在世界の立憲構成《コンスティトゥツィオーン》の機能を権利主張する。それとともに個物偏重の実証主義的ノミナリズムの専横にも、ドイツ観念論の〈経験的‐超越論的二重体〉の実在論にも徹底抗戦する。〈経験的実在論にして超越論的観念論〉を根本視座とする、カント理性批判の言語論的展開は、それだけの起爆力をもちうるのだと確信する。

（16）この通説の典型は、ドイツで長く増補されている『哲学概念辞典』（原型初版一八八六年）の Intellekt 項に見える。「カントが理性 Vernunft（ratio）と知性 Verstand（intellectus）の意味を逆転 umkehren した。そして知性〔悟性〕には概念形成を、理性には理念認識と形而上学的概念形成を帰した。これにより術語法上の混乱が生じた」（Kirchner, u.a., 1998, S.320-1, vgl. auch S.704f.）と。この記述はカント理性批判と、ヤコービの「実在論的理性主義」（Jacobi, Bd.2, S.12）との根本差異を見過ごしている。「逆転」の元凶はむしろ、篤信家ヤコービの「プラトンの意味での哲学」（*ibid.*, S.58）と次代のスピノザ主義である。術語倒錯を決定的に権威づけたヘーゲルの哲学史はとりわけ罪深い。『エンツィクロペディー』（一八一七年）は第四十五節補説冒頭に言う。「カントによって初めて悟性と理性の区別がきっちりと際立たせられ、前者は有限で制約されたもの、後者は無限で無制約的なものを対象とする、というように確定された」（Hegel, Bd.8, S.121-2）と。

そもそも初期ヘーゲルの『キリスト教の実定性』（一七九五－六年）は、ヤコービ風の理性と悟性の区別を「学のためにカントがなした人間精神の諸力の領域の救済的な区分」だと評価して、「理性は必然的で普遍的な道徳諸法則を打ち立てる」（Hegel, Bd.1, S.188）と高唱する。『差異論文』（一八〇一年）も「絶対的なものが、その現象たる理性同様、永遠で同一であるならば（じっさいそうなのだが）、自己自身をめざし自己を認識した理性はいずれも一つの真の哲学を産出したのである。それはあらゆる時代にわたり同一の課題を解決し、その解決も同一である」（Hegel, Bd.2, S.17）と述べて意気盛んである。「理性」の過大視はそのまま、「ある」と「あるべし」の差異を度外視した「理性の普遍性」（Hegel, Bd.3, S.192f.）の過信に直結し、やがて「理性的 vernünftig にあるものは現実的 wirklich にあり、現実的にあるものは理性的にある」（Hegel, Bd.7, S.24）、「理性を現在という十字架におけるバラとして認識すること、そうして現在を喜ぶこと、この理性的な洞察こそが現実との和解であり、哲学はこれをもたらすのだ」（*ibid.*, S.26f.）という、『法哲学』序文（一八二〇年六月二十五日付）の神学的＝イデア論的根本命題にまで肥大化する。

（17）「論弁的知性」という鍵概念の遠い故郷として、トマス『神学大全』の「知性 intellectus」と「理性 ratio」の分節法を引いておく。「知性と理性は別々な能力ではなく、それぞれの異なるはたらきからそう名づけられる。すなわち知性の名は真理の内的透入から得られ、一方で理性の名は、推論と論弁から ab inquisition et discursu 得られる」（*Summa theologiae*, II.II.49.5 ad 3）。ここに理性批判の論理を当てはめれば、人間理性を「論弁的知性 intellectus discursivus」と等置して、神や天使の「直観的知性」と対置してみせるのは容易である。その概念史をめぐる精緻な省察として檜垣良成、二〇〇七年は示唆に富む。

（18）「十六世紀末までの西欧文化においては、類似というものが知を構築する役割 un rôle bâtisseur dans le savoir を演じてきた」

（フーコー、一九七四年、四二頁）。『言葉と物』は、古典主義以前の知の深層構造を「相似 similitudo, similitude」「類似 resemblance」に認め、その四契機——「調和 convenientia」「競合 aemulatio」「類比 analogia」「共感 consonantia」——の連関を分析し概括する。「物 les choses がその底に映り、そこでたがいの像を反射しあっていたあの巨大で静穏な鏡 le grand miroir calme は、実は en réalité 言葉《パロール》のざわめきに満ちているのだ。無言の反映 les reflts muet は、それを指し示す語によって par des mots qui les indiquent 裏うちされている。そして、他のすべての形式をつつみこみ、それらを唯一の円環に閉じこめる類似のもう一つの形式〔その標識 marque となる外徴 signature の言語 langage〕のおかげで、世界 le monde は話す人間 un home qui parle になぞらえうるものとなろう」（同、五二頁）。ここで「記号《シーニュ》は、それが指し示すものとの類似関係をもつ〔すなわち相似したものをもつ〕かぎりにおいて記号《シニフィエ》である」（同、五三 - 四頁）。「十六世紀は、解釈学と記号学を相似という形式のなかで重ねあわせていた。意味 le sense を求めるとは、たがいに類似したものとは何かをあかるみに出すことである。記号《シーニュ》の法則を求めるとは、たがいに類似した物 les choses qui sont semblables を発見することである。諸存在の文法 la grammaire des êtres は、すなわち存在の釈義 exégèse なのだ。そして、諸存在の話す言語《ランガージュ》によって語られるのは、まさしく諸存在を相互につなぐ統辞法 syntaxe にほかならない。物の性質〔自然本性〕la nature des choses、物の共存 coexistence、物同士を結びつけ通じあわせる連鎖関係といったものは、物相互の類似とべつのものではない。そしてこの類似は、世界のはてからはてへと張りめぐらされた記号の網目 le reseau des signes のうちにしか現われない n'apparaît のだ。『自然 nature』〔あるいは神！〕は、記号学と解釈学を上下に重ねつつへだてる、わずかな厚みのなかにとらえられているのである」（同、五四 - 五頁、以上、ルビは訳書原文、原語挿入引用者）。

　唯一絶対の創造神への信仰に由来する「相似の知」の建築物を、カント理性批判は物自体の超越論的実在論の伝統形而上学から解放し、諸現象の総体たる自然界の諸物との反省的な対話のなかで複数主義的・世界開放的に改築修繕し、「自然の技術」の道に沿う〈われわれ人間〉の比喩の言葉で新たに〈類比的〉に語り直す。独断的目的論の形而上学の説示から、徹底的に批判的な目的論的反省の物語り行為への移行。ここでは「類比 Analogie」そのものの意味変換が、密かにしたたかに敢行されている。

（19）彼岸の真実在が得られぬことを知ってなお、それを希求してやまぬ詩人の悲哀や、絶対の拠り所を喪失した虚空に生きる思索家の不安、絶望、虚無感は、われわれ人間の語りが歴史上経験した上質で貴重な生の真実である。危機に直面した詩と思索の、迫真の切実な言葉。われわれ人間の生のリアリティーは、空間に延長し運動する物体の質料のみに依存するのではなく、じつはこういう真実の語りのうちにこそある。カントの理性批判も、われわれの生の現実の危機に向き合う思索のうちで、絶えまない戦争、暴力、破壊の織りなす「輝かしい悲惨」（V 432）を語り、あまりにも不吉な「歴史の終り」（VIII 118）を直視した。だからこそテクストは、その破局を転じる別の物語りの道筋を探るのだ。こうした危機のいまここに求める、新たな語りの軽やかで伸びやかな気分とは、ゆえにたんにおめでたいオプティミズムではなく、破局的な危機の根本転換という、批判的な歴史物語り行為の困難な課題にかかわっている。ちなみにこのような「希望」を、カントとともに語る拙稿テクストを根底でささえるモチーフは、あの〈経験的実在論にして超越論的観念論〉の往還反復であり、漱石の着眼に示唆を受け、これを「明暗双双」および「色即是空、空即是色」に唱和させた無限復唱である。そういう言葉の運動に拠りどころを求める拙稿の語りは、しかし特定宗教の信仰に身を寄せるのでもなければ、汎言語主義の牙城の基礎固めに向かうのでもなく、ただひたすら近代の基礎づけ主義の偏執を脱却した批判哲学的な語りの開けを心静かに待望するのみである。

第三章　理性批判による言語哲学革命

第六節　理性の言語批判の歴史法廷

カント哲学は批判的啓蒙近代の言語哲学である。それはデカルト－カント－フッサールという哲学史物語内に押し込めてはならぬ、新たな思索の道の建築術である。共和的公共圏の生成草創期、世界市民的な間テクスト性の諸言説の場で、人間理性の言語活動能力一般を批判した思考の自由。自己批判する人間理性の言語論的反省の徹底はすさまじく、これにより近代的自我の哲学の系譜は、全面的かつ根本的に転覆されつくしている。批判哲学は、功利的で実証主義的な個我が思想界でも実社会でも優位に立つ寸前に、コギトの自閉的実体性の根底を掘り崩そうとした、近代哲学の革命的刷新の呼びかけである。

西洋近代哲学のテクスト群から、思惟《コギト》する純粋自我の系譜を切り取るのは可能であるし容易である。通例の歴史区分によれば、カントの純粋統覚は、現代思潮を開く超越論的な「間主観性 Intersubjektivität」の遙か以前、フッサール『デカルト的省察』（一九三一年）における「自我 ego」と「他我 alter ego」の「対《つい》形成 Paarung」の閃きよりもかなり手前の、近代理性確立の時代に属すものとされている。そしてどちらかといえばデカルト寄りの、孤立し自存する自我意識《コギト》の論理的な徹底として解説されがちである。そういう哲学史の解説により、理性批判の本義は丸ごと切り捨てられる。とりわけ超越論的統覚の反デカルト的な真意は完全に見過ごされる。

孤立する個人の実在感が生活世界でもいや増す二十世紀初頭、自我への「デカルト的な道」に囚われて、ゆえにこれとの批判的対決を余儀なくされた現象学者には、ともかくもまずはやはり自我が歴然としてあったのだ。フッサールは超越論的に省察する「自我《わたし》」に「固有《アイゲン》な」領分を主題化し、そこに「人間」としてのわたしの「身体《ライプ》」と「心」を見いだしたうえで、自己と「異なる《フレムト》」「第二の自我」を「類比」により「他我として構成」した。そしてそこに確保された自我と他我との接合《パールング》の可能性のうちに、「モナドの共同体」たる〈われわれ〉の根源の場所への糸口をさぐったのである。[1]

カントの生きた十八世紀末の近代市民社会創成期でも、個我の存在と意志の強度は、二十一世紀の今とも質的に異ならない。だからこそ理性批判は、およそ独我論や他我問題や他我構成などという発想の生まれてくる隙もないほど一瞬に、すべてをひっくり返そうとしていたのである。しかるにそのテクストはあまりに晦渋長大だったため、同時代人も後世の読者も、その革命的転覆の出来事に気づかぬまま、自我意識との悪戦苦闘を背負い込むことになったのだ。

カントの超越論的統覚は、コギトする精神実体でもなければ、近代市民社会の個人でもない。それはまだ特定の個我《このわたし》、カントの術語で言えば経験的統覚の、実存意識が目覚めていない太古の始元、あたかも意識一般の根源的な生成の培地でもあるかのような、言語活動《ランガージュ》の深層の場所を暗示する言葉である。ただしそれは言語以前というよりも、どちらかといえばわれわれの言語活動の初発の場所を名ざしている。しかもニュートン、アリストテレス、プラトンとの討議から生まれた『純粋理性批判』の原理論は、統覚の言語活動をためらいもなく西洋言語体系内に回収し、主語‐述語、実体‐属性、原因‐結果の分節関係を前面に押し出す認識論理を組み立てた。それをもってただちに「われわれ人間」の言語的意識一般の構造と呼びうるものかどうか。これはじつに致命的《クリティカル》な問題である。

たとえば「過ちは繰返しませぬから」という日本語文は、主語を欠いても意味をなす。むしろ文の主語も語る主体も表面から消去した純粋叙法により、言葉は広く深い内省の到来を惹起する。とはいえ文明開化の明治期以降に整備された国語文法が、洋風実証主義型への回収変性を余儀なくされたことを思うなら、カントの時空カテゴリー構造は、やはり「われわれの近代」の言語活動の動向をさし示したものと見ることもできる。しかもたいていの言語表現の分節が、「いつ、どこで、誰が（何が）、何を（誰を）、どのように、する（ある）」を基本にしているのだとするならば、そして「超越論的統覚」そのものはそういうカテゴリー群を超え、しかもスコラの存在-神-論的含意さえもさし引いた「超越概念」の純粋言語論的な意味あいで、われわれの言語活動一般の空無沈黙の場所《ひらけ》をこそ指し示すのだと見るならば、この術語にはなにかただならぬ意義が秘められていたことになる。

カントは世に言う近代理性の哲学ではなく、人間理性の超越論的言語批判の哲学である。理性批判は人間理性の自己認識、つまりわれわれの言語運用能力一般の有限性の自覚を呼びかける。そしてなによりもまずデカルト主義的な純粋理性の超越論的実在論的な言語使用に抗弁し、哲学の伝統語法の教条主義的越権を戒める。可能的経験を超えた物自体の思弁的認識の権利要求を却下して、この世の経験的言語使用における理性《ロゴス》と感性《センス》の協働を訴える。言葉《ロゴス》はわれわれのあいだで意味《センス》をもって初めて、生きた言葉となるのである。

人間的認識の対象は、感官を離れて独立に存在すると言われてきた「物自体」ではない。対象はあくまでも感性的直観への「現象」であり表象である。「表象 Vorstellung」を当時の英仏語に訳せば「観念 idea, idée」であり、これを現代哲学のコンテクストに類比的に通訳すれば「言語」である。つまりわれわれの認識対象は、現象であり観念であり言語である。かくも物凄い断案を秘めた超越論的観念論は、これに出逢う人を戸惑わせてきた。しかしそれが同時に、われわれの経験的実在論の語りの場所を確保するのだという点を見逃してはならない。

「超越論的観念論者は一個の経験的実在論者」である。批判的理性は、時空範疇分節のアプリオリな言語活動の成り立ちを反省して観る超越論的な視座に出て、この世の全実在がじつは言語表象だと喝破する。そしてあの縹緲たる沈黙の無の場所の気配を幽かに察して、そこから一気に反転し、この実在界へ新たに帰還する。経験的実在論即《にして》超越論的観念論、超越論的観念論即《にして》経験的実在論。この往還反復こそがカント理性批判の隠れた根本洞察であり、そういう反省的思索の運動総体が、デカルト的近代の超越論的実在論と、その論理必然的帰結たるバークリ流の経験的観念論とに、断固たる異議を申し立てている。その批判的な世界光学の妙義に、われわれはいまあらためて感応し瞠目せねばならぬ。

カントの超越論的統覚の語りの視座において、森羅万象はわれわれの表象である。ゆえに人間の言語活動はもはや〈われ das Ich〉の外、この世の彼方に真実在を求めてさまよう必要はない。十六世紀末までのシニフィアンとシニフィエの類似連繫、デカルト十七世紀以降の古典主義における両者の乖離。そういう西欧の知《サヴォワール》の原理探究の考古学《アルケオロジー》に関連づければ、十八世紀末の純粋統覚の自己意識において、言葉と物《レス》はもはや（すでにふたたび）分離していない。物にして言葉、言葉にして物。この世の物《ディング》はすべて現象であり、表象《かんねん》であり、すべては統覚の意識活動のうちなる言語分節と連接の、建築術的出来事である(2)。

精神と物体《コルプス》、思惟実体と延長実体、主観と客観という近代認識論の一連の二項対立図式、カントの指弾する超越論的実在論の騙りの罠にいつまでも囚われたまま、その延長線上で短絡的に言葉と物を切り離してはならぬ。超越論的に観て、意識および言語の〈外〉に、物自体や事実そのものが実在しているわけではない。われわれにとってすべては人間的な意識および言語の〈内〉なる出来事である。そのうえで経験世界に在るもの《エンス》としての物《レス》の表象は、純粋統覚の根源語《カテゴリー》による切断と接続の建築術により、客観的な実在《レエル》物として認識されるのである。主観と客観の対立や、精神と物体の区別や、個々の言葉と物との一致不一致などは、このとき初めて人間的認識の文法問題として、あるいは道徳的実践の命令法の語りの関連案件として、定言的《カテゴリッシュ》かつ規定的《ベシュティメント》に語りうることとなる。これら対立構図の設定は、あくまでわれわれの言語活動の分別によるものであり、経験的な語りにおいては通例の、とはいえ世界のある一面での描像にすぎない。ということはまた、それとは別の物語りの筋の可能性もある。そしてこの場所こそが、われわれの言葉が詩となるかどうかの分かれ目である。すぐれて詩的制作《ポイエシス》的な言語活動の幽遠なる故郷が、まさしくここにある。

カント自身は話をさほど明確に組み立てなかったが、テクストの言語論的思索の道筋は、そういう物との新たな出会いの場所に通じている。われわれの物-語りは、純粋統覚の外なる自体存在への偏執を断ち切って、すべてを一挙にひっくり返した地点で、つねに瞬時に始まりうる。そして多重の思考法革命を経た世界反転光学の視座からすれば、いまやすべてがシミュラークルと化したなどと大騒ぎをするまでのこともない。[3] 理性批判は、ポストモダンの哲学ではない。われわれは近代後の「啓蒙された時代」にあるのではなく、自己啓蒙する近代性《モデルニテ》のただなかで、哲学的思惟《フィロソフィーレン》の批判的徹底を生きている。われわれの理性は、この世の迷信や先入見や物象化の独断《ドグマ》に満ちた言説《かたり》の実定性の蒙昧《くらやみ》を、自然の光で照らしだし批判する。しかも啓蒙の主体たる理性はいま、自己の言語活動の純粋構造にも批判的である。それは徹底した反省により、既成の法および宗教の教義《ドグマ》やプラトン主義の二世界論、デカルト的物心二元論などに依りかかる、哲学的思考の未成年状態からの脱却をめざしている。カントはその意味で、徹底的に批判的な啓蒙近代の言語哲学なのである。

この批判的反省のなかで、人間理性の良心《コンスキエンチア》の語りは、不断に二重化し複数化する。批判哲学は独我論《ソリプシスム》でもなければ純粋自我の独話《モノローグ》でもなく、われわれの進むべき道を求めて討議する対話主義《ディアロギスム》の哲学である。理性批判は哲学諸言説の間テクスト的な反省の公開法廷であり、第一主著が「純粋理性の歴史」という短章で締めくくられているのは、時空範疇的言語活動アプリオリの、歴史生起的《ゲシヒトリヒ》な根本性格を探りとるうえでも注目に値する。理性批判のテクストは、哲学史上いつまでも片付かぬ論争を注視する。第一に「われわれのあらゆる理性認識の対象にかんする」純粋な感覚論哲学と知性論哲学。第二に「純粋理性認識の源泉にかんする」経験主義と理性主義。第三に「方法にかんする」自然主義的方法と学問的方法。そして最後に、学問的方法をめぐる教条主義〔独断論〕と懐疑主義。一連の対抗関係は、物自体の存在確信や、現象と物自体の混同の罠にはまり、それぞれの自閉的な思い込みから抜け出せずにいる。そういう人間理性の弁証《ディアレクティッシュ》的な歴史過程の全体を見つめ、二項対立思考の行きづまりを打開する方途を求めて、あの「道」の比喩が「読者」に呼びかける。

批判的な道だけがなお開《オッフェン》かれてある。読者がこの道をわたしと連れ立って歩みとおすだけの好意と忍耐とを持ち合わせておられたとすれば、いまや以下の点について判断されることだろう。すなわち、この小径を大通りにするために読者が自分の持てるものを寄与しようという気になったなら、これまでの多くの世紀にわたり成し遂げられなかったことが、今世紀の終らないうちにも達成されるのではないか、つまり人間理性の知識欲がつねに携わってきたのに、これまでは無駄に終ってしまった事柄〔学問としての形而上学の体系の建築〕において、人間理性を完全に満足させることになりうるのではないか、という点についての判断である。（A856=B884）

これは一七八一年と八七年に印刷頒布された、哲学的政治文書である。テクストはアメリカ独立革命の記憶を胸に、フランス大革命の勃発を目前に予感し、世紀末転換期の行く末をにらんで、思考法の転回を提言する。すでに本書第I部冒頭で見たように、この第一批判掉尾の哲学史の語りは、第一版序言の人間理性の「特異な運命」（A VII）の歴史物語りに呼応する。テクストはそこでも「忍耐強く公平な裁判官」たるべき「読者」（A XXI）に向けて、「時代の成熟した判断力」（A XI）の行使を呼びかけていた。理性批判の語りの、対話的＝討議的な基本性格は明らかである。

純粋理性批判は、思惟《コギト》する自我の独白ではなく、われわれ人間の理性の「自己認識」の「法廷」（A XI）である。それは純粋理性の二つの「立法」――思弁理性のアプリオリな自然法則の立法と、実践理性のアプリオリな道徳法則の立法――の国会審議に先立ち、これら立法権限そのものの妥当範囲を画定するという、至難の案件を世界公開法廷で審理する。しかもこの審判を下すにあたり、客観的な基準となる普遍概念はどこにもない。それどころか、判断の参考となる歴史上の判例さえ一つもない。

われわれ人間はただ、理性の自然本性に問いかけて、自分に何が認識できるか、何をなすべきか、何を希望してもよいかを、一つずつみずから見定めてゆくしかない。そして世界市民的な哲学はつねに「人間とは何か」と問いつづける。ここで「人間」も、無批判に主張された大前提などではない。むしろそれは、つねにすでに「われわれ」がそれでしかありえぬ存在《ダーザイン》のかたちであり、まさにそのようなものとして、不断に批判的に問われねばならぬ何物かである。かかる理性批判の哲学を、人間主義《ヒューマニズム》と呼ぶのははたして適当か。もはや実定的《ポジティフ》な神の教義《ドグマ》が前提されえないことをもって、人間の立場を前面に押し出した人間中心主義《ホモセントリズム》の主張だと、ふたたび安易にくってしまっていいのだろうか。

論弁的知性（理性《ロゴス》）の認識と実践のアプリオリな形式を手にした人間は、他方でひたすら受動的な感官《センス》に与えられる質料を待ち望みながら、この両方の幹を支えとして「神なき世界」を語らい生きてゆく。われわれの言葉《ロゴス》は、この世の生のうちに意味《センス》を得て初めて、真に内実のある生きた言葉《こころ》となる。そしてまたわれわれは、そういう意味《こころ》ある言葉の世界に生まれ育つことで、真実に人間として存在し始める。ゆえに本当は人間が言葉を持って使用するのではなく、言葉がわれわれを人間に育てあげるのだ。人間はロゴスをもつ動物だと規定した古語も、この意味で理解し直さねばならぬ。批判哲学は人間理性の自己関係的反省の深まりのなかで、みずからおのずと言語活動一般への批判となる。

批判とはすぐれて反省的な判断である。人間理性の言語使用にかんする自己批判は、なんらかの規定的な判断で決着がつくものではない。たとえば中世キリスト教世界のスコラ哲学のように、神信仰の教義や権威の言葉に依拠して、事柄を一義的に裁断分別する道はとりえない。われわれの論弁的で言語活動的な統覚は、神の直観的知性という上位の統覚に「随行される」ことはない。人間の統覚はそれ自身で「根源的」に、みずからの言語活動能力をもって経験世界を歩まねばならぬ。ゆえにまた批判的啓蒙の哲学も、人間理性の自然本性に沿って言語活動的に、諸言説の闘争の法廷でそれぞれの声に懇切に耳を傾ける。その裁定と調停は、事柄の正否を判定《ベウアタイレン》する公平無私の反省《レフレクティーレント》的な判断に委ねられる。しかも一旦下された審判も、近代の公共圏の討議では、つねに再審請求が許される。

じっさいのところ、経験の対象は現象にすぎぬというカントの審判に抗弁し、物自体の真実在を相変わらず確信して、通常の経験とはちがう特異場面で、神秘的超感性的な知的直観を主張する輩は後を絶たない。宗教上、藝術上、政治上の思想信条《イデオロギー》が、影に日向に人々の言説《かたり》を突き動かすからだろう。そういう諸言説にも後押しされて、数々のカント研究文献にも、「物自体」を暗に超越論的実在論的に実体視して説く習癖が、いまなお根強く残っている。[4] そういう事態がかならずや待っているだろうことは、カントも超越論的仮象の自然本性的不可避性の問題として覚悟していた（A296-8=B353-5）。だからこそ理性批判の哲学は、どこまでも反省的に遂行されてゆかねばならない。

この点を徹底的に自覚し引き受けて、批判的思考一般の主体たる反省的判断力そのものの権限確保と画定に乗りだしたのが『判断力批判』である。第一、第二批判の根底で無名のまま働いていた語り手は、ここで一気に舞台中央へ呼び出される。反省的判断力に焦点を当て、物語りの主役に立てた第三批判は、しかも新たな形而上学体系を基礎づけない。先立つ批判は悟性と理性のアプリオリな普遍原理の立法権限を正当化して、自然と道徳の形而上学の建築設計をお膳立てした。これにたいし第三主著では理性批判の語り手たる判断力が、みずからの反省行為を見つめ直し、自己批判に徹するのである。それは累乗された理性批判であり、この徹底的な批判的反省のもと、イデアの背後的真実在の伝統教義に依拠した美と藝術と有機体の形而上学の未練は、きっぱりと断ち切られる。

そしてこの批判的反省の徹底のなかで、事柄を一義的に規定する判断と、ひたすら事柄の意味を反省する判断との差異が鮮明に打ち出されてくる。二種の判断が、いずれも言葉によるものであることは言うまでもない。ゆえにまた人間の言語活動について、決定的に重要な示唆がなされているのであることも容易に察知できる。主語と述語、実体と属性、原因と結果という硬質の静態的概念枠組みにより、現象としての物の表象を分節し連接することを仕事とする、規定的な認識判断が一方にある。カントの哲学はそうした客観的認識の基礎づけ理論として、この一面だけを強調して語られてきた。しかし理性批判の体系的思索は、その一面だけでは終らない。

そこには別にわれわれ人間の概念《ことば》一般と戯れる《シュピーレン》、反省的判断力のもっと柔らかで伸びやかで動態的な言語使用の道が語られている。それは個々具体の特殊事象《もの》に出会われて、これを適切に包摂し表現するためのよりよい普遍《ことば》を求め、諸概念のあいだを遍歴彷徨《ディスクルス》する判断力の複数主義の思考の道筋である。規定的判断力と反省的判断力の区別については、これまでも数々の究明の試みがなされてきたが、その重要性はいまだ充分に知られていない。理性批判は、第一、第二批判で終らずに、第三批判への進みゆきを不可欠とした。そしてここではもはや規定的判断力の仕事でなく、ただひたすら反省的に遊動する判断力そのものの、アプリオリな統制原理が主題化されている。このことは、理性批判の反省法廷総体の理解と評価にかかわる重大案件である。

第七節　比喩の言葉の批判的建築術

理性批判の言語論的読解をさらに進めるべく、本書の中間総括も兼ねて、第三批判で全面展開される類比《アナロギー》の反省的思考に注目し、これに基づく比喩の力を確認しておこう。とくに批判哲学総体が物語る「革命」の比喩の、言語批判的な含蓄を汲み取りたい。すでに何度か見たように、テクストには共和制革命の比喩が隠されている。この政治哲学的な比喩は同時に、有限知性の規定的で「機械的《メハーニッシュ》」な認識判断の科学主義的一党独裁に対抗して、言語活動の「技術的＝藝術的《テヒニッシュ》」な自由を権利要求する。すなわち比喩や象徴を語る詩的言語の遊動の、実利実益に囚われぬ生存の権利を主張する。これは、名辞や命題の一義的で客観的な妥当性・実在性・真理性の論題に終始しがちな、現代の言語分析哲学の趨勢にも革命的刷新を要求して、哲学研究と文学理論との連帯共闘を呼びかけている。

理性批判は将来の新たな形而上学体系の建築に先立ち、それを準備する予備教育《プロペドイティク》である。第三批判も構想当初は、自然目的論の形而上学を基礎づけるものと考えられた。一七八七年十二月二十八日付ラインホルト宛書簡に言う。

この〔人間の心のなかの〕体系的なものが、わたしをこの途上へ連れ出してくれました。わたしはいまでは哲学の三つの部門を識別しています。しかもその各部門は、それぞれのアプリオリな原理をもっており、これらの原理は順番に数えることができ、そのようなしかたで可能な認識の範囲も、きっちりと規定することができます。――理論哲学、目的論、実践哲学。このなかでは、もちろん真ん中のものがアプリオリな規定根拠に最も恵まれないものだと思われます。できることなら復活祭の頃までには、これを『趣味の批判』という表題のもとにやりとげたいし、たとえ印刷にはいたらずとも草稿までは仕上げたいと思っています。(X 514-5)

しかし理性批判の徹底は、規定的でなく反省的な目的論的判断のアプリオリな原理を見いだして、形而上学の三部門構想から既定の二部門体制に引き返す。批判的建築術の重大な岐路がここにあったのだ。いまや理性批判そのものの積極的意義が新たに自覚されてくる。それはもはやたんに形而上学の予備学にとどまらず、比喩の言葉の活用による人間言語文化の間テクスト的形成という、言語活動的な経験世界の建築術への示唆を秘めている。そして自然の合目的性をめぐる思索も、われわれが住まい語らう「経験の地盤」のうえで、どこまでも批判的反省的な道を歩んでゆく。

道の建築術の設計を導く「自然の技術」は、自然と技術の類比《アナロギー》による比喩の言葉《パロール》である。第三批判は、その意味をめぐる徹底的反省である。テクストはこれが規定的「構成的」な原理でなく、反省的判断力の「統制的」原理であることを再三強調する。しかもこの批判的区別の指摘を、美の感性的《エステティッシュ》な趣味判断と、有機体の目的論的《テレオロギッシュ》な判断の両面で反復する。自然目的論の形而上学的教条の誘惑は、この二局面で根強いからである。そしてまたこの手の形而上学の政治的・宗教的な騙りの危険度は、想像以上に大きいからである。その点の批判を欠くヘルダーは、「有機的な自然」の歴史形而上学を奔放に展開する。この比喩の暴走に、カントは即座に警告抗弁した。後代の歴史も、「血と大地」の形而上学的優生思想がいかなる惨禍をもたらしたかを知っている。そして今でも宗教原理主義や自文化中心主義や功利便益至上主義が、それぞれの信奉する「自然」の形而上学を説いて、世界市民的で複数主義的な人間文化の体系的統一の建築術的生成を、実定的実質的に阻んでいる。

ゆえに理性批判は言明する。自然の「意図」や「合目的性」を規定的教条的に語る古来の形而上学的目的論は、われわれの新たな時代に正当な根拠をもちえない。「自然の技術」はあくまで比喩の言葉である。それは反省的判断力の類比推理で事柄をよりよく理解し解釈するための言語使用の道標である。自然の合目的的産出力をめぐる詩的な言葉は、形而上学的目的論の誘惑を断ち切り、世界建築術的な持ち場が限定的に承認されて初めて、人間の言語文化の反省的な語らいのもと、いままで以上に十全な意味作用を発揮させてゆけるだろうし、ぜひともそうすべきである。それというのも実証主義的な近代合理主義の世界では、機械論的な自然科学と道具主義的な自然理解に居直った人間中心の技術文明の奔流が、すべてを呑みこみながら勢いを増しており、技術理性の思考が諸人格をも物件化しつくそうとしているからである。

理性《ロゴス》批判は言語《ロゴス》批判であり、第三批判は判断力の規定的構成的な言語使用と、反省的で統制的な言語使用の差異を際立たせる。そして悟性や理性の指定する概念《ことば》に依存せずに、自立した判断力の自由な遊びのある、反省的言語使用の複数主義的な意義を教えている。カント理性批判はこの件をさしあたり超越論的に、反省的判断力のアプリオリな統制原理のレベルで考察したにすぎない。しかしこの原理的で一般的な議論への着手により、われわれの経験的言語使用全般にたいする、包括的な批判的考察の手がかりを提供している。それは言語活動で形成される人間文化の現状への、批判的で反省的な討議の場を切り開く。「自然の技術」という詩的な反省の概念《ことば》により、物の美と生命を産出する自然の制作詩学《ポエーティク》の構想が提起されただけではない。詩人にして自然学者であるゲーテをも魅了した『判断力批判』のこの側面も重要だが、いまやそれ以上に重大な関心をもって、「規定的」と「反省的」、「構成的」と「統制的」の批判的区別の意義に注目しなければならない。

既存の言語体系《ラング》内の諸概念に依拠する（超越論的または経験的な）規定的判断力は、一義的認識と機械的情報伝達と、適切で明確な指示命令のために実際的《プラグマティッシュ》に奉仕する。これにたいし反省的判断力の統制的使用は、もっと豊かな生産力を秘めている。たとえば今このときに思いがけず出来した、常の言葉では言い表しがたい物の感覚《センス》や感情の意味《センス》をなんとかうまく把握懐胎《ベグライフェン》して語るべく、言葉の広大な世界を反省的に徘徊遍歴《ディスクルス》し、事柄にふさわしい言葉を探索する。言葉の届かぬ「語りえないもの」は彼岸の物自体などではなく、この世の現下の現象の諸事態にこそある。(5)「特殊なるもの das Besondere」の出現に直面し、従来どおりの機械的意味規定（既成所定の普遍概念への惰性的包摂）を嫌って思案する。そこに図らずもなんらかの言葉が浮かびあがり、物との喜ばしい合致邂逅の一瞬が見いだされて、一つの語り《パロール》が生まれてくる。このとき、それは物および世界の別の新たな意味の発見と、言葉の詩作的な意味の発生をもたらしてくれる。

そういう判断力の反省は、自然誌博物学上の分類と定義を戸惑わせた、「カモノハシ」のような特異事例を契機に作動するだけでない。あるいはまた既存の科学理論仮説、カントの術語では「経験的な特殊自然法則」に刃向う、なんらかの実験観測報告があって初めて、「論理的で形式的な自然の合目的性」の統制原理が発動されるのでもない。「美しいもの」や「有機的に組織された存在者」と出会われた時はいつでも、われわれの反省的判断力の言語活動は起動する。そして一切の規定的判断を停止《エポケー》した刹那の反省のまなざしは、つねに新たに事柄そのもの《ザッヘ・ゼルプスト》の意味を求めて、経験の地盤上を遍歴する言語的生の全体を覆い尽すはずである。それになにより理性批判の全体は、その超越論的な反省の視座から、言語活動の可能性のアプリオリな条件を、理論《テオリア》－実践《プラクシス》－制作《ポイエシス》の三幕にわたり徹底的に見尽そうとする、気宇壮大な詩作的思索の道行きなのである。

反省的判断は物と言葉の稀有な出会いの現場であり、事柄の理解と表現をめぐる自由闊達な批評の広場である。一義的な規定的判断とは異なる、反省的で批判的な判断力の活用は、人間の言語文化の意味生成機能を不断に活性化するものと期待しうる。(6)かかる産出的で制作的な反省の境位に理性批判が辿りつけたのは、そもそも純粋統覚という術語が、直観と思惟のアプリオリな形式で規定されていない裸の物の出現《エアシャイネン》の場所、あらゆる言語活動《ランガージュ》がそこから生まれくる暗く静かな培地を、超越論的にまなざす視座の符牒だったからにちがいない。事柄を一義的に確定する実証的経験科学と、実利実益を求め功利的実際的に立ち回る技術思考。合理主義的な産業化の進む文明開化のただなかで、事柄の意味をつねに問いただし批判的討議の場を開く詩作的思索の生命の源泉は、実利実益の利害関心《オーネ・インテレッセ》を離れた視圏で物と自由に戯れる判断力の、間テクスト的で複数主義的な反省のうちにある。

そういうテクストのうちで最も大きな言語批判の威力を発揮する比喩は、やはり判断力の区別自体に隠されている。しかも第三批判になって初めて表面化した「規定的」「反省的」の区別に先立って、すでに第一批判から活躍していた「構成的」「統制的」の対概念に、近代の哲学革命の信管は埋め込まれている。この区別は純粋悟性概念《カテゴリー》と理念《イデー》というアリストテレス＝プラトン由来の術語の使用をめぐる、分析論《アナリュティカ》と弁証論《ディアレクティケー》の審理の鍵概念である。カテゴリーは経験的認識において構成的に使用され、純粋思弁理性の理念はただひたすら統制的に、経験の体系的統一の可能性のために使用される。哲学史上の二つの大きな名前との対話を経て裁断された区別と調停が、第一批判全篇の基本趣旨だといってよい。

カントはこの批判的断案により、イデアを真実在として実体視する形而上学的存在理解を転覆した。彼岸の叡智体《ヌーメノン》に比して仮象的非存在でしかなかった現象《パイノメノン》は、いまやこの世の経験的な実在となり、逆に、可想的《インテリギベル》で理念的《イデアル》なものの実在視のほうが超越論的仮象として論難される。この理性主義《ラショナリズム》の教義転覆の延長線上、コペルニクス的転回も成し遂げられる。構成的と統制的の対置は、理性批判の一連の思考法の変革劇に関与する。しかもその対置に秘める比喩の含意は、もっと深甚に革命的であり政治的である。

それは絶対独裁の旧体制《アンシャン・レジーム》を打倒して、批判的啓蒙の共和制を樹立せんとする近代市民革命を、純粋に哲学的なテクストの行間で呼びかけている。そして国家権力の不当な検閲も発禁処分もない、理性の自由な公的使用にむけて開かれた世界市民的討議空間の確保を要求する。それは自由、平等、友愛の普遍的な理念《ことば》の共有で結ばれた、われわれの反省的で間テクスト的な言語共同体の批判的建築術の提唱である。くりかえし確認してきたように、理性批判のテクストは市民革命の時代に構想された。そして完結篇たる『判断力批判』の刊行は、大革命勃発翌年の復活祭見本市に照準を合わせている。構成的と統制的の対概念に規定的・反省的という判断力使用の区別を重ねる哲学言語の新着想は、時代の一連の政治革命の進行と密接にかかわっている。

第三批判は悟性や理性の既定の概念《ことば》に依存せずに自立した反省的判断力の、体系建築的で統制的な言語使用を主題化する。その言語論的主題は、純粋思弁理性の理念《ことば》の統制的使用という断案の延長上にある。これがいま「自然の技術」という体系建築術の方針を示す比喩の言葉を得て、産出的自然《ナトゥーラ・ナトゥーランス》の美と生命の詩学へ、さらには「われわれの一なる経験」の世界建築術の解釈学に向かう、哲学的＝文学的な言語使用の道筋を示唆している。それは同時に、自然目的論の形而上学の批判的却下を経て、来るべき新たな二つの形而上学と理性批判本体との建築術的な区分と配置を按配しなおしている。

「体系の技術」たる「建築術」や、「自然の技術」という隠喩は、カント理性批判の隠れた主題である。おそらくは現代の体系嫌忌《システムアレルギー》も手伝って、この比喩《ことば》のみならず理性批判の建築術的な意義も見すごされてきた。構成的と統制的の概念対も、カント研究上の術語的な符合と化し、そこに秘められた共和制樹立要求の含意は注目されてこなかった。しかしカントが「真の市民的体制 eine wahre bürgerliche Verfassung」（VII 331）と呼ぶ「共和国 **res publica, Republik, gemeines Wesen**」の基本理念は、「立法」と「行政」と「司法」の三権分立であり（VI 313, 316, 318, 338）、立法権と行政権を独立させる批判哲学的な司法裁定が、そのまま「構成的 konstitutiv」と「統制的 regulativ」の概念対に対応する。そして『批判』第一版序言の批判の「法廷」開設の比喩が、これにあらためて唱和する。

「かつて、形而上学があらゆる学問の女王と呼ばれた時代があった」（A VIII）。そして「当初、形而上学の支配は教条主義〔独断論〕者たちの執政下にあって専制的だった。しかるに立法はまだ昔ながらの野蛮の名残をとどめていたので、形而上学の支配は、度重なる内戦によってしだいに完全な無政府状態に変異していった」（A IX）。「いまや」「諸学において支配しているのは、倦怠とまったくの無差別無関心主義である」（A X）。しかしこれは「時代の成熟した判断力の結果」（A XI）であり、啓蒙の時代は、純粋理性批判の法廷を設けよと催告している。序言は人間理性の歴史をこう総括して、これからは「宗教の神聖さ」も「立法の威厳」も批判を免れえないのだと、したたかに警告する（A XI Anm.）。

そして同書弁証論序論は「プラトンの共和国」（A316=372）の理念《イデア》の道徳的実践的含意に言及し、弁証論付録は純粋思弁理性の理念《イデー》の統制的使用に、「一つの経験」の体系建築術の機能を託す。批判哲学は、テクストの認識論的な織目の奥底で、言語批判の共和制の樹立を正当化する革命的審判を下している。そして規定的判断力の立法と反省的判断力の行政の権限分立を裁定する批判哲学法廷そのものは、共和国の実定的な二権よりも上位に立つ、人間理性の言語活動一般の徹底的に反省的な最上級審理機関なのである。

そういう建築術の比喩の、政治哲学的含意はまことに興味深い。『道徳形而上学』法論（一七九七年一月）が国家統治者への臣民の抵抗権を否定したのも（VI 319-23）、思考法の革命により創建された共和国の批判的理念に関連してのことである。しかもそれは大革命の道徳的理念に熱い期待を寄せつつも、そこに出来した暴力と恐怖《テロル》の支配を目の当たりにした執筆行為《エクリチュール》である。同年十月にベルリン市の検閲で公表を禁じられ、ハレの哲学部で出版許可を勝ち取った論文「あらためて立てられる問い――人類はより善い方向へ絶えず進歩しているか」（XXII 240-1）は、保守反動の国王フリードリヒ・ヴィルヘルム二世の没後、『諸学部の争い』第二部として一七九八年秋に公表される。問題の抵抗権否認論と漸進改革主義は、かかる批判的言語行為の全体文脈のもとで理解したい。

かくもきわどい政治的比喩を駆使したテクストの、言語批判的含意を総括しよう。批判哲学は人間理性の言語的思惟能力を徹底吟味して、思弁理性の立法権が管轄する自然の形而上学と、実践理性の立法権が管轄する道徳形而上学の二領域を峻別する。そしてこの二つの形而上学体系の定礎に着手する。しかし批判哲学の完結篇たる第三批判は、もはや新たな形而上学を基礎づけずに理性の言語使用の批判に徹している。理性批判はいま規定的構成的言語使用と反省的統制的なそれを要所要所で区別して、人間的認識における両者の混同を戒める言語批判の道の建築をみずからの課題に選び取る。

理性批判は形而上学の基礎づけを担う予備学《プロペドイティク》として、第三批判の脱稿・読了とともに完結するのではない。批判的啓蒙近代の新たな形而上学は、超越世界への飛翔をもくろむのではなく、われわれ人間が住まい語らう一つの経験世界の漸進改革的な体系的建築を呼びかける。しかもその世界建築術は、この世の言葉を手がかりに進めてゆくしかない。しかるにわれわれの言語使用には、自然認識でも道徳的実践でも数々の形而上学的独断の誘惑が不可避的にともなっている。ゆえに批判的啓蒙近代の哲学は、各種多様な独断専制の言葉と不断に対峙し、息長く言語批判を継続してゆかねばならない。そして来るべき新たな形而上学の建立にあたっては、この人間理性の言語批判の準備教育《プロペドイティク》がつねに先行しつづける。理性批判のテクストは、この永久革命を最後に宣言して筆を擱いたのである。

自然と道徳の形而上学の建築は、われわれ人間が経験の地盤の上でよりよく生きるための哲学的課題であり、その世界建築術は、現実の歴史過程における批判的討議の場で展開されてゆかねばならぬ。規定的で構成的な形而上学のアプリオリな立法府と、反省的で統制的な経験的ロゴス批判の行政府は、互いに独立しながら批判的に協働し、われわれ人間の言語的経験世界をよりよいものに設える。経験的実在論にして超越論的観念論、超越論的観念論にして経験的実在論。この世界反転光学のもとに批判哲学の建築術構想は、思考法革命を不断に反復しつつ、われわれの経験的言語世界の具体的細部で展開されてゆく。自然科学や技術開発や国策上の合理主義的な規定的判断の独断専行を制御して、正しく方向づけてゆくためにも、詩作的思索的な言語批判の反省の場を、われわれの近代の文化的開化《クルティフィーレン》の手中に保持しておかねばならぬ。理性の言語批判の法廷は、人間の言語使用の全体と細部にわたるすべての問題にたいし、つねに公的開放的に開設されなければならない。そういう批判的啓蒙近代の新たな言語空間の建築術として、世界概念に沿う哲学の理念がいま、理性批判の法廷で超越論的に提起されたのである。

注

（1）超越論的現象学を「独我論」とする非難に直面して、「他者経験」の問題に着手したフッサール（『デカルト的省察』第四十二節）は人間として誠実だ。しかもその現象学は、自我と他我との「対形成」の常時必然的な根源性と自然性にまでふれている（同、五十一節および五十五節）。にもかかわらずかれは問題を、基本的には自我から他我への方向で、「わたしの自我の固有な領分」における「他我の構成」として論述した。この点でかれは哲学的に不徹底である。かくして最後の肝腎の場面で「フッサールはやりすごしてしまう」（メルロ＝ポンティ、二〇〇一年、二一一頁）のだ。

　人間的な現象学の語りはむしろ、『臆測的始元』のように、それ自体が本質的に他人どうしである「夫婦Paar」のあわいから始め、「超越論的自我」なるものを最初からこの「よのなか」で言葉を話すものとして設定すべきだったのだ。そして十九世紀末転換期に論理学研究から出発した超越論的現象学を、「意識」の超越論的心理学との並行関係《パラレリスムス》で展開するのではなく（『デカルト的省察』、十四節、三十五節および四十一節等）、思惟されたもの《コギタートゥム》の志向的な「意味」の分析と記述が含意する思惟《コギト》論的で言語《ロゴス》論的な機能のほうを、前面に押し出すべきだったのである。しかも「独我論」の不当な嫌疑が、「超越論的実在論」というデカルト的「不合理」に依拠するのは明らかなのだから（同、四十二節および十節）、あえて第五省察の叙述を待つまでもなく、物自体の存在確信の先入見を排し、物の現象の仕方に注視する「超越論的な観念論」に態度決定したことをもって、いわゆる独我論の余地は当初から皆無なのだと端的に宣言すべきだったのだ。「超越論的主観性は間主観性である」（メルロ＝ポンティ、一一六頁）。この根本洞察に晩年のフッサールが達していたのだとするならば、かれは「超越論的自我」を始めから超越論的な間主観性の場所として語りだすとともに、具体的なこのわたしの内的経験さえもが、じつは空間内の外的対象や他の人間との経験的交渉のもとで初めて可能なのであることを、やはりカントの観念論論駁に倣って証示してみせるべきだった。そういう間主観性の現象学の言語論的分析と記述においては、人間のあいだでつねにすでにはたらく経験的で実定的な言語行為《パロール》にまつわる先入見の影響は免れがたい。だからこそ超越論的現象学は、反省的で没関心的な存在注視の懐のうちに、事象そのものを、つまり物のありのままの現象を虚心坦懐に迎え入れなければならない。そしてあらゆる初発の言語《ラング》の「世界奪還の祈願を果す」ためにも、われわれの言語行為をそのつど還元し批判しつづけ、「文学的ないし哲学的な各表現行為」（同、二四頁）を解釈学的・建築術的に更新してゆかなければならない。

（2）十六世紀のペトルス・ラムスの文法研究では、「神によって人間に与えられたとき」の「本源的形態において」「言語《ランガージュ》は、物に類似しているがゆえに、物の絶対的に確実で透明な記号《シーニュ》であった」（フーコー、一九七四年、六一頁）。まさに〈物のエクリチュール l'écriture des choses〉として、「言語《ランガージュ》は恣意的な体系 un système arbitraire ではない。言語《ランガージュ》は世界のなかにおかれ、世界の一部をなしている。というのは、一方では物それ自体 les choses elles-mêmes が言語《ランガージュ》としてみずからの謎を隠すとともに顕示するからであり、他方では、語 les mots が解読すべき物としてみずからを人間に呈示するからである。……／言語《ランガージュ》は、相似と外徴との大いなる分布の一部をなす。したがってそれは、それ自体一個の自然物 une chose de nature として研究されなければならない」（同、六〇頁）。しかし「十七世紀初頭、ことの当非はべつとしてバロックと呼ばれる時代に、思考は類似関係の領域で活動するのをやめる」（同、七六頁）。「ストア学派以来、西欧世界における記号《シーニュ》の体系は、能記と所記、そして外示（τύγχανον）が認められていたがゆえに三元的であった。それに反して十七世紀以後、記号《シーニュ》の配置は二元的となる。なぜなら、ポール＝ロワイヤルの人々とともに、記号《シーニュ》は能記と所記の結びつきとして規定されるからだ」（同、六七頁、さらに八九－九〇頁参照）。「これまで人は、実際のところ、記号《シーニュ》が、それが記号《シニフィエ》であるところのものをまさしく指示 désignait していることを、いかにして認知しうるかと問うてきた。ところが十七世紀以後、記号《シーニュ》がそれが記号《シニフィエ》であるところのものといかにしてつながりうるかが、問われるようになる。この問いにたいして、古典主義時代は、表象の分析 l'analyse de la représentation によって答えるであろう。そして（十九世紀初頭以降の）近代の思考は、意味と意味作用《シニフィカシオン》の分析によって答えるにちがいない。しかし、まさにそのことによって、言語《ランガージュ》は、表象の特殊な場合（古典主義時代の人々にとって）、もしくは意味作用《シニフィカシオン》の特殊な場合（われわれ近代人にとって）以上のものではなくなるであろう。言語《ランガージュ》と世界との深い相互依存はここに崩壊する。……物と語 les choses et les mots はやがて切り離されるであろう」（同、六八頁）。

　西欧文化の歴史をそう概観した知の考古学は、「近代」におけるシニフィアンとシニフィエの再連繫の可能性は「おそらく文学」という「一種の『反＝言説《ディスクール》 contre-discours』」においてのみ、しかも「斜めから暗示的なやり方で示す」ことによるしかないと言う。「近代の初頭において成立し、みずからをそうしたものとして指示した『文学』は、ある意味において、言語《ランガージュ》の生身の存在《エートル》の、予想もしなかったところにおける再現をあきらかにするものだと言うことができるだろう。……近代において、文学とは、言語《ランガージュ》の意味機能を補正するもの（確証するものではなく）なのである。文学をつうじて、言語《ランガージュ》の存在《エートル》が西欧文化の境界に――しかも核心に――ふたたび輝いているのだ」（同、六九頁、さらに一一四、三二一、四〇五－九頁参照）と。カント理性批判は、そういう文学の局地戦の窮境をあらかじめ一気に打開すべく、この記号論的乖離が近代世界に蔓延し常態化し実定化する直前に、すべてを革命的に反転した。そもそも経験の対象としての「物」は一般に、つねにすでに「現象」であり「表象」であり「記号」

である。『批判』はこの超越論的観念論の普遍記号学の視座から、経験的実在界における（それ以外にどんな世界があるというのか）アプリオリな認識形式（言語記号）の客観的な妥当性（意味作用）を公的に権利主張した。そして元来は不可分離の相関項だったはずの「言語と世界」、主観と客観、表象と物、シニフィアンとシニフィエ、「認識 la connaissance」と「物の存在《エートル》」（同、七九頁、さらに八四、九三頁参照）のあいだの離反現象を、詩作的思索の法廷パフォーマンスにより、根本から解消したのである。

だから「物と語」は、じつはけっして「切り離され」てなどいない。物にして言葉、言葉にして物。この反転光学の通奏低音に乗る理性批判は、ことさらに言語哲学の看板を掲げない。ましてや「物」の基礎実体たる個々のモナドなるものに、表象と欲求の能力を仮構して「照応の全体的体系」（同、八〇頁）たる真実界を蘇らせるような、学校哲学の形而上学的寓話をふたたび鋳造頒布する必要性など微塵も感じていない。伝統的な超越論的実在論が現実存在を独断教条的に主張してきた「積極的な物自体」（および神授の言語観）からはきっぱりと手を切ることで、われわれの批判的啓蒙近代は、「物と語」のあいだの切断＝接続の交流回路網をつねに新たに全面展開できるのだ。ゆえにこれからは〈経験的実在論にして超越論的観念論〉の反転光学の声明《しょうみょう》を不断に反復唱和しながら、この経験世界をともに批判的に遍歴彷徨《ディスクール》してゆくことにしよう。「現実を、言語《ランガージュ》の記号《シーニュ》がたしかに物それ自体に aux choses ells-mêmes 合致するというしるし《シーニュ》に変える」という、およそ「実現」不能な「約束」の「義務」を負う「ドン・キホーテ」の孤立無援の世界「巡歴 parcours」は、「つねに幻滅におわる」（同、七二頁、以上、仏語挿入引用者）しかないのだから。

（3）　むしろシミュラークルの実在感形成力の増大のうちに、われわれの経験世界の表象性と、物の表象を実在化し実体化する言語行為システムの実態が、哲学の超越論的反省によってだけでなく、日常のただなかでも暴露されつつあるのだ。「今、抽象作用とはもはや地図、複製、鏡あるいは概念による抽象作用ではない。シミュレーションは、領土、照合すべき存在、ある実体のシミュレーションですらない。シミュレーションとは起源（origine）も現実性（réalité）もない実在（réel）のモデルで形づくられたもの、つまりハイパーリアル（hyperréal）だ。領土が地図に先行するのでも、従うのでもない。今後、地図こそ領土に先行する――シミュラークルの先行――地図そのものが領土を生み出すのであり、仮に、あえて先のおとぎ話の続きを語るなら、いま広大な地図の上でゆっくりと腐敗しつづける残骸、それが領土なのだ」（ボードリヤール、一九八四年、一－二頁）。テクストはしかし、その「おとぎ話」を、もはや役立たずとして却下する。実在とシミュレーションの「差異」そのものが「消滅した」からだ。

ここまではじつにみごとであり、以後テクストは、この差異の消滅を徹底的に暴き出す。しかしそこになお「実在」と「ハイパーリアル」の差異の語りが残るのはなぜか。「決して実在が姿を現わす機会はないだろう」（同、三頁）。「あらゆるシステムは無重力になり、システムそのものは巨大なシミュラークルでしかなくなる――非実在、というよりシミュラークルだ。つまり決して実在と交換せず、自己と交換するしかない、しかも、どこにも照合するものも、周辺もないエンドレス回路の中で」（同、七－八頁）。しかし、そんなことが、なぜいまさら問題になるのだろうか。ここにはまだ、世界地図たる言語への超越論的な反省の点で、なにか致命的な不徹底があるとしか思われない。

（4）　それどころかこの手の教説に異議を唱える分析哲学の大家までもが、古来の「現象と実在 appearance and reality」（ストローソン、一九八七年、二九八頁）の対置に縛られて、カントの「超越論的観念論の形而上学」の「諸理説」の筆頭に、「超感性的実在 supersensible reality、すなわち空間的でも時間的でもない、それ自体で在る通りの事物 things, as they are in themselves の領域が存在する」という超越論的実在論のドグマを挙げ、「経験」は物自体が感官を「触発する」「準因果関係の所産」だと見なす失態を演じている（同、二七九－八〇頁）。ストローソン『意味の限界 The Bounds of Sense』が「有意味性 significance の原理」として抽出した『批判』の言語論的含意は注目に値する。しかし「それ自体において在る通りの『実在』の本性 the nature of Reality」と「感覚に縛られた限られた経験 the limited and sense-bound experience に現われる限りでの『実在』の本性」との二項対立に囚われて、前者の認識を主張する「超越的形而上学 transcendent metaphysics」（同、四頁）をはたしてカントは全面的に否認したのか、物自体の言説のうちに前提したのかという擬似問題に拘泥することにより、せっかくの『批判』の言語論的読解の道行きを停滞させている。「『批判』の語法 idiom は終始心理学的」（同、八頁）であり、「カントは、超越論的観念論者として、彼が自認していたよりもバークリに近い」と言い切ってしまうとき、ストローソンは「心理的状態 the psychological state」「意識状態 state of consciousness」「心的構成要素 the mental constituents」（同、一〇頁）を粗雑に語り、批判的観念論を「超越論的主観主義すなわち『自然』を創り出す心の理論 the theory of the mind making Nature」（同、一一頁）で「超越論的心理学」（同、一二三頁、以上、原語挿入引用者）だと見ることで、バークリの「心理学的」で外界懐疑的な「経験的観念論」との差異を閑却する錯視に陥っている。

（5）　「個体は摑みがたい Individuum est ineffabile」というゲーテも愛した旧知の箴言を、ここに引くことを赦されたい。この言葉をめぐる豊饒な詩作的思索の場所にいまは立ち入れずとも、個別特殊な諸現象の総体たる自然の「摑みやすさ Faßlichkeit」（vgl. XX

209, 213）を希求して「自然の技術」の比喩を語った『判断力批判』が、まさにこの命題の近傍で綴られたものであることだけは、ぜひとも確認しておきたいのである。

（6）　フーコー『言葉と物』が序の冒頭に引くボルヘス的動物分類の異様な思考不可能性の「笑い」。そして「手術台の上のミシンと傘の偶然の出会い」の詩的な美。これを第三批判の非規定的で反省的な判断力の言語活動に読み重ねたい。理性批判の完結篇はゲーテ『植物のメタモルフォーゼ』（一七九〇年）と同時期に、旧来型自然誌の学校的名目的人為分類とは異なる「自然的分離」「自然的な類」「自然的な種」をめざす「自然史」の思索のなかに生まれ出た（VIII 161-2, 163-4 Anm., 178, XX 215-6 Anm., vgl. auch V 427, ゲーテ、十四巻、七六、九九－一〇一頁参照）。このことの言語論的意義は大きい。「それにしても、物のあいだにひとつの秩序を設けることほど、暗中模索をくりかえす経験的事柄（すくなくとも表面にあらわれたかぎり）はあるまい。これほど明晰な眼、これほど忠実でみごとに抑揚をつけられた言語《ランガージュ》を必要とするものも、また質と形の増殖により方向づけられることをこれほど執拗にもとめるものもあるまい。……秩序とは、物のなかにその内部的法則としてあたえられるものであり、物がいわばそれにしたがってたがいに見かわす秘密の網目であるが、同時に、視線、注意、言語《ランガージュ》といったものの格子をとおしてのみ実在〔現実存在 existe〕するものにほかならない。だからその秩序が、言表される瞬間を沈黙のうちに待ちうけながら、すでにそこにあったものとして深層に姿をあらわしてくるのは、ただその碁盤目の白い仕切りのなかからにすぎない」（フーコー、一九七四年、一八頁）。中世ルネサンス期、古典主義時代との対照のもと、「われわれ」がまさに囚われている「近代」の「エピステーメー」の「網目」を掘り起こし、これとは別の「物の秩序」を革命的に展望する「知の考古学」は、カント理性批判の超越論的反省の視座と同じ境地から、「西欧文化」の「歴史」を批判的に凝視している。

第Ⅳ部　世界反転光学の言語批判

第一章　形而上学の言語批判的な基礎づけ

第一節　形而上学の二部門体制

いよいよ『批判』の大団円。超越論的方法論の第三章「純粋理性の建築術」は、新たな哲学体系構想を披歴する。「あらゆる哲学」は「純粋理性からの認識」か「経験的原理からの理性認識」かであり、「純粋な哲学」と「経験的な哲学」に分けられる（A840=B868）。そして前者の「純粋理性の哲学」は「準備教育（予行演習）Propädeutik（Vorübung）」の任務を担う「批判 Kritik」と、「純粋理性の体系（学問）、すなわち体系的連関のかたちをとった純粋理性からの（真のまたは見せかけの）哲学的認識の全体」たる「形而上学 Metaphysik」に分類される。とはいえ批判と形而上学の区別については補足説明がある。

ただし、この形而上学という名前は、批判総体を含む純粋哲学の全体に与えることもできる。そうするのは、いつかアプリオリに認識されうるすべてのものの研究のみならず、さらにはこの種の純粋哲学的な認識の体系をなすもので、しかもあらゆる経験的理性使用からも数学的理性使用からも区別されるものの叙述をも、いっしょに把握するためである。（A841=

B869）たんに「自然素質 Naturanlage」としてのみならず、「学問としての形而上学はいかにして可能であるか」（B22, vgl. IV 380）。純粋理性の批判はこの問いに取り組むかぎりで、形而上学本体から区別される。しかし理性批判は純粋理性認識の「方法の論考」（B XXII）としてすでに形而上学的であり、「批判」を含む「純粋哲学の全体」を「形而上学」と呼んでよい。ここに批判哲学の「建築術」の、区切りと繋ぎのモチーフが聴き取れる。それとともにこの広義の「形而上学」の語法が気にかかる。これはそもそも何を意味するものなのか。

これに関連して、ぜひとも注目したい点がある。テクストは次いで形而上学の主題分類、つまり「純粋理性の思弁的使用」による「自然の形而上学 Metaphysik der Natur」と、「実践的使用」に基づく「道徳の形而上学 Metaphysik der Sitten」（A841=B869）の二部門体制に説き及ぶ。この二部構成案はカントに早くから胚胎したもので[1]、カント愛読者にも馴染みのものである。ゆえに傍らを通り過ぎてしまいがちだが、テクストは通常語法からの逸脱を覚悟で、「形而上学」の語義転換を提起しているのである。

> ところで思弁理性の形而上学が、狭い意味で形而上学と呼び慣わされてきたものである。しかし純粋な道徳学にしても、これがやはり純粋理性からの、人間的でしかも哲学的な認識の特殊な幹に属するかぎり、われわれはこれにあの形而上学という名称を保持しておこう。（A842=B870）

テクストは何を企むのか。「形而上学」の伝統語法に、「道徳」との接合例はあまり見られない。「形而上学 metaphysica」という単語自体は、アリストテレスが「自然学 physica」の「あとに meta」話した講義草稿群を、後世の全集編纂者が『自然学』の次に置き、『自然学のあとの学 *τὰ μετὰ τὰ φυσικά*』と名づけたことに由来する。しかもその論究内容が自然学の守備範囲を超えたため、「自然を越えるものの学」を含意することになる[2]。そういう術語の成り立ちからすれば、これに「自然の」という限定句を付けること自体が不自然な印象を与えるし、「道徳の形而上学」というのもどこか奇異に響く名前である。

カントはなぜこの大胆な語法を導入したのだろう。理性批判は何をねらうのか。この問いもあまりに基礎的なためか、ほとんど主題化されてこなかった。しかしこれは哲学の建築術の根幹にふれる案件であり、真面目に問われてよい論題だ(3)。まずは一連の哲学分類の冒頭部に立ち還り、そこに言われたことから確認しておきたい。

さて人間理性の立法（哲学）には、二つの対象がある。自然と自由である。ゆえにこの立法は自然法則のみならず道徳法則をも含んでおり、最初はこれらを二つの特殊な体系に、しかし最終的には唯一の哲学的体系に含みもつ。（A840=B868）

すべての鍵がここにある。「哲学」は「人間理性の立法」だと言われている。この比喩がすでに意味深長だ。「人間理性」「立法」「哲学」はいずれも単数形だが、「自然と自由」という「二つの対象」にむけて二筋に分かれゆく。しかもこれらは「最初は二つの特殊な体系」だが、「最終的には唯一の哲学的体系」のもとに「自然法則」と「道徳法則」とを保持統合する。つまり理性批判は二つの独立した部門からなる、一つの形而上学体系の建築を企図している。この批判的建築術の区切りと繋ぎのリズムに、テクスト読解の呼吸を合わせ、そこに潜む「形而上学」の新たな語りに耳を澄ましたい。

カントはプラトンとアリストテレス、それからベーコン、デカルト、ライプニッツ、ロック、バークリやヒュームそしてニュートンとルソーといった先人たちとの対話から、人間理性の批判の不可避性を洞察した。そして理性の自己批判をとおして、自然と自由、理論的認識と道徳的実践のアプリオリな根本原理の、妥当領域を究明すべく決意した。これらの領域にたいする悟性と理性のアプリオリな立法権限は、『純粋理性批判』（一七八一／八七年）と『実践理性批判』（一七八八年）が批判的・制限的に確保する。この二つの批判書には、研究と読解の「予行演習」も配置されている。『学問として登場することができる、将来のすべての形而上学のためのプロレゴメナ』（一七八三年）と、『道徳形而上学の基礎づけ』（一七八五年）である。そしてまず『自然科学の形而上学的始元根拠』（一七八六年）が、「物体的自然」の「特殊な形而上学的自然科学」（IV 470）の定礎に乗り出した。[4] それからかなり遅れて最晩年に、『法論』と『徳論』の形而上学的始元根拠からなる『道徳の形而上学』（一七九七年）が姿を現すこととなる。

こうして批判哲学は明らかに、形而上学体系の基礎づけという「建築術的」性格をもつ。そして体系的にすすむ理性批判の叙述は、感性と理性、理論と実践、認識と欲求、知性と意志という人間的認識能力の「自然本性的」な分節に沿い、自然と道徳の二大立法領域からなる一つの形而上学の建築構想を描きだす。ここに問うべき点がある。一連の二項対置は、現象と物自体の区別や、現象界と物自体界、感性界と悟性界、経験界と叡智界の区別にそのまま押し及ぼしてよいのだろうか。カントの論述はその方向での読解と思索を促しているようにも見える。しかしその場合、感性と理性という人間「主観」の能力の「認識論的」な区別と、「客観」にかかわる二世界論的な「存在論的」区別との問題含みの接続を、どう理解したらよいのだろう。[5]

フェノメノンとヌーメノン、可感界と叡智界の区別は、学校形而上学が好んで用いた旧来型の概念枠組みである。そこには目の前の感性的で可変的な現象界を逃れ出て、遠い彼方の叡智的な永遠真理のイデア界、彼岸の本体的真実在の世界へ超越しようとする、純粋理性の「形而上学的＝超自然的 metaphysisch=hyperphysisch」な根本動機がはたらいている。カント理性批判はかかる伝統的思弁の越権をたしなめ、人間的認識の「対象」を可能的経験の限界内に制限する。われわれ人間は「物自体そのもの」を認識できず、ただ「現象」のみを認識することができるだけなのである。

従来の形而上学的思弁の独断教条をしりぞけて、来るべき新たな形而上学の批判的建築に乗り出す哲学は、しかし感性と理性、理論と実践、自然と自由、可感界と叡智界という二項対立枠組みに乗り、結局は旧来型の二世界論的形而上学へ先祖返りしていくのだろうか。感性的な自然世界を支配する機械的必然性の法則と、超越論的自由に依拠した自律的道徳実践の法則と。二つの立法のあいだのアンチノミーを、現象と物自体の区別で調停した『批判』の法廷弁論は、見かけの革新性とは裏腹に、じつは旧式の形而上学と同じ志向を胸中内奥に忍ばせていたのだろうか。だとするならばその形而上学批判の語りは、かなり巧妙に仕組まれた壮大な詐術ではなかったか。かくしてあの「自然」と「道徳」の形而上学二部門体制に、すべての嫌疑が集中してくる。[6]

　これはしかし、すでに確認済みの数々の証拠からも明らかに、あまりにひどい冤罪だ。そしてこの疑惑の躓《スキャンダル》きの石は、理性批判の核心をなす肝腎要の区別、現象と物自体、感性界と悟性界の区別の理解にあたり、旧来型の本体論的二世界説に固執しつづけた読み手のほうにある。理性批判の徹底性は、この根深い超越論的仮象にも対峙する。経験的実在論にして超越論的観念論、超越論的観念論にして経験的実在論。テクストは当初から「超越論的観念論者は一個の経験的実在論者」（A371）だと宣言して、不可思議な世界反転光学の視座を新たな哲学の営為の根底にすえている。そして批判的形而上学の建築術も、認識と対象をめぐるコペルニクス的転回も、すべてはこの反転光学の視座のもとに遂行されている。

　プラトン以来の「たんに知性的《インテレクトゥアル》な哲学者」の形而上学的二世界論、これを物心二元論へ書き改めたデカルト的近代の合理主義。これら「知性主義者《ノオロギステン》」（A853-4=B881-2）の系譜は、超越論的実在論の独断教条を共有し、経験的観念論に陥った。そしてこの世の万物のなかでも外的感官の対象たる物体と物理的自然界の現実存在を懐疑し（デカルトの蓋然的観念論）、あるいは否認して（バークリの独断的観念論）、ついには「たんなる仮象」におとしめた。しかるにわれわれの時代はまだ、一連の「質料的な観念論」を反駁することができていない。この形而上学的思索の無政府的混迷状況を、カントは「哲学と普遍的人間理性との醜聞《スキャンダル》」（B XXXIX Anm.）だと見咎めた。そして伝統的な超越論的実在論に根ざす二元論的な二世界論から、「形式的」で「批判的」な超越論的観念論への思考法の大転換を敢行した。

　対象への全認識の全面依存からアプリオリな認識形式への対象性の準拠へと、思考法を百八十度転回させる試みは、上述の哲学の視座の根本転換、つまり超越論的実在論から超越論的観念論への態度変更を大前提とする。感性から独立して真に存在すると言われてきた積極的な「ヌーメノン」たる「物自体」。これにかんする超越論的実在論の伝統教条から解き放たれて、新たな批判的思索の場所に立って、〈経験的実在論にして超越論的観念論〉の反転光学のもとで世界全体を見つめることで、初めて認識論上のコペルニクス的転回も可能になったのだ。じじつこの哲学革命は独立自存の物自体についてでなく、感官の対象たる現象一般、つまり超越論的統覚のうちなる表象一般について提起されている。

この一連の光学的概念操作により、形而上学的思考の方向性そのものが根本的に転換されている。純粋理性の思考は、超越論的実在論の危うく虚しい思弁的空中遊泳から、この世の「通常一般」の悟性と手をたずさえた常識的で「安全安心《ジッヒャー》」な経験的実在論に着地する。そして「経験」という「この地盤」、この世の生の現場たる「経験という実り豊かな低地」のうえで、学問としての形而上学の「確か《ジッヒャー》な進みゆき」を新たに確保する。天上世界への超越を夢見ていた「超自然的」な形而上学は、いまや独断のまどろみから覚醒し、この世の自然の大地のうえに帰還する。そしてわれわれの住まう経験的実在界を自分の足であまねく遍歴踏査する、「論弁的 diskursiv」な哲学の道を歩み始める。

理性批判以後の〈自然に沿う《メタ・ピュシン》〉形而上学は、〈経験的実在論にして超越論的観念論〉の世界反転光学のもと、経験の可能性のアプリオリな条件を問う超越論的反省をかさねつつ、つねにそのつど経験的実在性の現場に還って来る。そして新たな形而上学体系は、思弁部門をあえて感性的な「自然の形而上学」という逆説的な名称で打ち建てる[7]。そして感性から完全独立した純粋理性の固有活動領域を、「思弁」から「道徳的実践」へと転換する。ここに批判的建築術の二部門体制も淵源しているのである。かかる理性批判総体の思索の道筋を顧慮しつつ、批判哲学の出現を可能にした転回の思索の意味を探りたい。

第二節　哲学の思考と語りの現場

形而上学的思索の「実践」への視点転換モチーフは、『道徳形而上学の基礎づけ』を経て『実践理性批判』を直後にひかえた時節、コペルニクス的転回と同じく第二版の書き換え箇所でくりかえし強調されている（B IX-X, XXI, XXVI Anm., XXV, XXVIIIff., XXVI Anm., 166 Anm., 421, 423-6, 431-2）。ただし第一版でも、純粋理性の「実践的関心」（A466=B494）はアンチノミーの思索の鍵だった。そして超越論的方法論の第二章「純粋理性の規準」は、可能的経験の限界を超越するために「理性に残された唯一の道」（A796=B824）は、「思弁的」でなく「実践的な使用」であることを、論述主題にすえていた。それになにより従来の特殊形而上学（合理的心理学・宇宙論・神学）の思弁的越権を難ずる弁証論の冒頭、「理念一般について」と題する第一章第一節は、プラトンのイデア論の真意を実践的なものの完成の希求に見定めよと力説する。大事なところなので再度引く。

道徳性と立法と宗教の諸原理にかかわるものでは、イデアこそが初めて（善なるものの）経験そのものを可能にするのだから、イデアは経験のうちで完全に表現されえないにせよ、プラトンの精神的高揚の本来の功績は、まったくもってこの諸原理にかんしてこそ認められる。人々がその功績を認めないのは、その諸原理をまたもや経験的諸規則で判定しているからにすぎない。だが原理としての経験的諸規則の妥当性は、まさにイデアにより無効にされるべきものだったのだ。じじつ自然の考察では、経験がわれわれに規則を手渡してくれるし、経験こそが真理の源泉なのだが、これにたいし道徳的諸法則にかんして、経験は（遺憾ながら！）仮象の母である。そして自分がなすべきことについての諸法則を、なされていることから導き出したり、あるいはそれによって制限しようとしたりすることは、最も非難すべき事柄である。（A318-9=B375）

プラトンの対話篇は、イデアの知的直観への切実な衝迫に基づき「神秘的な演繹」に努め、イデアを「実体化した誇張表現」を駆使していた。しかしそれを真実在として直覚する認識能力を、われわれ人間の論弁的知性は恵まれていない。ゆえに理性批判は、イデア論の形而上学的思弁からは距離をとる。しかもなおカントはプラトンを「崇高な哲学者」と呼び、「著者が自身を理解した以上にかれを理解すること」をめざす。そしてプラトンの「高遠な言葉」を「もっと穏やかに諸事物の自然本性に適った仕方で解釈」し、テクスト本来の道徳的実践的な理想主義《イデアリスムス》の旋律を鳴り響かせることで、批判的形而上学の建築術にのりだしてゆく（A313-5=B370-1Anm.）。

『純粋理性批判』は感性論および分析論では、ニュートンやアリストテレスらとの討議を敢行し、経験的認識の可能性の条件をなすアプリオリな諸原理の解明に取り組んだ。それときれいに類比的に、しかも自然認識との差異を充分にひきうけて、道徳的に「なすべき」ことのアプリオリな「諸法則」についてはプラトンと対話しつつ、「イデアこそが初めて（善なるものの）経験そのものを可能にする」のだと言われている。「じじつ自然の考察では……経験こそが真理の源泉なのだが、これにたいし道徳的諸法則にかんして、経験は（遺憾ながら！）仮象の母」でしかない。「経験」を軸にした対句が、自然と道徳の差異を際立たせている。批判的形而上学の二部構成は、この世の生の苦い経験に根ざしている。

批判的建築術の根底には、人間理性の有限性、つまり論弁的知性の限界の直視がある。その洞察は純粋理性の思弁的使用について、「超感性的」で「叡智的」な物自体の認識不可能性を宣告した。ただしその純粋思考の権限だけはむしろすすんで認定した。そしていま弁証論審理では超越論的自由、魂、神の諸理念を矛盾なく思考しうる「論理的可能性」（B XXVI Anm.）が求められている。現象と物自体の区別も、その論理的な無矛盾性の確保のために不可欠の光学概念装置として打ち出されている。これも重要なので重ねて引く。

したがってわれわれは物自体としての対象についてではなく、むしろただ感性的直観の対象であるかぎりの現象としての対象についてのみ、認識をもつことができるのであり、この点は批判の分析的部門で証明される。するとそこからはたしかに、理性の思弁的認識はすべてたんなる経験の対象についてのみ可能だという制限が帰結する。しかしこれはよく注意しなければならないのだが、その場合でもなおつねに留保されていることがある。すなわちわれわれはまさに同一の対象を物自体としても、たとえ認識できないにせよ、すくなくとも思考することはできるはずである。（B XXVI）

認識できるのは現象のみで、物自体は認識できないと言う、その真意はこうである。経験的理論的に認識された「現象としての対象」を「物自体としても」「認識」することはできないが、「すくなくとも思考することはできるはず」だ。「認識」と「たんなる思考」、あるいは「認識」と「たんなる意識」。経験的に実在的な対象認識の「規定性」と「無規定性」とのあいだの、考察水準の精緻な解析がある。この意味で現象と物自体の区別はやはり実在的でなく、むしろ「同一の対象」をめぐる視点転換の光学的区別にすぎないのだ。こうして整備された術語法を、第二版序言は活用する。そして物自体の思考可能性に積極的意義を見いだすべく、脚注でかなり重要な示唆を与えている。

かかる〔無矛盾なだけの〕概念に、客観的妥当性（つまり実在的可能性、じじつ前者はたんに論理的可能性だった）を付与するためには、もっと多くのなにかが必要とされる。ただしこの追加分を、あいかわらず理論的認識源泉のうちに求める必要はない。それは実践的な認識源泉にもありうるのだから。（B XXVI Anm.）

ここで問うべきは、先に「認識」から区別された「思考」の意味であり、この思考の場所であり、超感性的な物自体の「理論的」な認識が否認されてなお、「実践的な認識源泉」に横たわる付加物により純粋理性概念（諸理念《イデア》）に与えられると言う「客観的妥当性」「実在的可能性」の正体である。この道徳実践的な「超越」の言語論的な意味《おもむき》を精確に見定めること。これが本書第Ⅳ部の課題であり、批判哲学革命の真価を探るうえで欠かせぬ手続きである。

経験的実在論にして超越論的観念論、超越論的観念論にして経験的実在論。不断に反転する世界光学の視座を、批判哲学は堅持してゆかなければならない。ゆえに道徳実践的な関心によるにせよ、超越論的実在論が唱える彼岸の清浄至福な別世界での、純粋知性の超越的飛翔に酔いしれることは許されない。ましてやデカルトのコギトのように、経験的生活世界からかけ離れた超越論的物心二元論の思弁世界で、外なる物体からも他者からも隔離され、自己の身体や経験や記憶内容からも切り離された純粋自我の、たんなる思惟活動そのものの不可疑性にとりすがってみても、形而上学は学問として確実に基礎づけられるどころか、「終りなき闘争の戦場」と化すだけである。この戦争状態のもとでは、「専制的」な教条主義の諸学派の言い争いに嫌気して、「一種の遊牧民《ノマーデン》」たる「懐疑主義者たち」が「無政府状態」を運んでくる。そして形而上学的問題への「倦怠と完全な無関心主義」が、世界をあまねく「支配する」こととなる。

『批判』第一版序言は「人間理性」の「特異な運命」を見つめて、「われわれの時代」の「いまこのとき」に、批判的反省的な超越論的思考の本来の活動の場所を見定めた。そして現下の無関心主義の奥底に「この時代の成熟した判断力」の息吹を察知して、人間理性の「自己認識」の「法廷」を開設すべく読者公衆に訴えた。批判的に思考する哲学は、近代の「自由で公的開放的」な言説空間に現に生きて発言する。「批判の本来的な時代」には「宗教の神聖性」も「立法の威厳」も、理性による批判の「吟味」を免れない。テクストは高らかに宣言して、自己の思索の法廷弁論を「純粋理性そのものの批判」と命名する（vgl. A VII-XII）。かくも劇烈な言語行為は、すでにそれ自体がすぐれて道徳的かつ政治的な実践だといってよい[8]。

プロイセン政府の宗教政策を牽制した『啓蒙とは何か』の執筆公表（一七八四年）は、『プロレゴメナ』翌年で『基礎づけ』前年である。「啓蒙の時代」にあってなお人民を精神的未成年状態に押しとどめる政治的・宗教的・学問的実定権力を、公的な言論の場で批判することが喫緊の世界市民的課題である。「著述によって本来の公衆に、つまり世界に語りかける学識者」の一人として、カントもその課題を自覚した。ゆえに雑誌論文は冒頭、「自分自身の知性を使用する勇気をもて！」という「啓蒙の標語」を掲げて、「自分で考えること」の重要性を「読者世界の全公衆」に訴えた。そして「公衆がみずから啓蒙する」のを文筆言論で支援すべく、学識者が「自分の理性をあらゆる点で公的に使用する」ための「無制限の自由」を権利要求した（vgl. VIII 35-40）。二年後の『思考の方向を定めるとはどういうことか』（一七八六年）の結論部は、さらに踏み込んで言う。現実世界の政治情勢が、ますます切迫していたからである。

思考の自由は第一に市民的強制と対立する。たしかに人は言う。話したり書いたりする自由は、上位の権力によってわれわれから奪われても、思考の自由がそれにより奪われることなどまったくありえないのだ、と。だが、もしもわれわれが自分の考えを他人に伝達し、他人がその考えをわれわれに伝達することで、いわば他の人々と共同して考えるということをしなかったならば、われわれはどれだけのことを、いかなる正しさをもって考えるというのだろう！　ゆえにおそらくこう言えるだろう。自分の考えを公的に伝達する自由を人間から奪い取るような外的権力は、思考の自由をも人間から取りあげるのだ、と。（VIII 144）

啓蒙専制君主フリードリヒ大王没後、とりわけフランス大革命勃発以降、カントの著述活動は著しく制限されることになる。(9) この史実をもちだすまでもなく、理性批判の思索と執筆と公刊は、世俗の政治権力や宗派・学派の思惑がせめぎあう諸言説の対立の場所、文の抗争の現場での政治的な言語実践だったのだ。その哲学的法廷弁論はたんに理論的認識論的でなく、道徳実践的に新たな「（善なるものの）経験そのものを可能にする」べく、思考可能な諸理念の意味内実を客観的に実在化する革命的方途を探っている。

第三節　批判的形而上学の討議的実践

経験的な実在界で現に生き、みずから考え、語り、書く。これに聴く、読むを織りまぜた人間の言語行為のうちに、われわれの哲学の現場もある。あまりにも自明な事実を改めて強調するのは、ほかでもない。理性の限界を見つめるたびに哲学者が強調した人間知性の「論弁的＝討議的＝言説的 diskursiv」な自然本性が、ここで新たに積極的・建築術的に、理性批判の哲学体系構想の言語論的解読を促しているからである。「批判」という表題は、弁論術《レートリケー》との古い近親関係をほのめかす。メタファーを散りばめた詩作的テクストは、ソクラテスの対話法との類比まで匂わせて（vgl. B XXXI）、「法廷」の比喩で弁論術の活動方針を宣言する。たんに最近の言語論的転回の風潮に乗るのではなく、理性批判の語りそのものの主導動機に聴き随って、言語哲学的なカント解釈の道を探りたい。

まずはテクスト総体が指し示す「超感性的なもの」の「規定可能性」の探索方針、つまり思弁的諸理念の純粋思考の「論理的可能性」から実践的見地での「実在的可能性」の確保へという、道徳形而上学的理性批判の方向性を、言語論的な読み筋で理解し直そう。

> さて思弁理性には、この超感性的なものの領野で、あらゆる前進が否認されたのだが、それでもなおわれわれには手立てが残っている。すなわち理性の実践的認識のうちに、無制約的なもののあの超越的理性概念を規定する与件が見いだされないかどうかを試してみるのである。そしてそのようにして形而上学の望みに応じて、あらゆる可能的経験の限界を超え、とはいえただ実践的見地でのみ可能な、われわれのアプリオリな認識を手に入れる。思弁理性はそのような手続きのもと、いつもこうした拡張のために、少なくとも場所《プラッツ》をわれわれに工面していた。とはいえ思弁理性は、この場所を空虚のままにしておかねばならなかった。ゆえに理性の実践的与件でこの場所をいっぱいに満たすことは、それがわれわれにできるのであれば、いまなおわれわれの裁量に任されているのだし、それどころかわれわれは理性によって、そうすべく勧告されているのである。（B XXIf.）

たんなる思弁では規定できない超感性的なもの（ヌーメノン、物自体）への、純粋理性の「実践的」な「超越 Transzendenz」のモチーフが、第二版序言で予告されている。同年暮れには『実践理性批判』の印刷も仕上がってくる。[10] それを先取りして、テクストはそれまでの禁欲的な語りとはうって変わって、感性の諸制約を離れ「あらゆる可能的経験の限界を超え」、諸現象の秩序から物自体の秩序へ超出する思考の道筋をためらいもなく唱えだす。学校形而上学の三つの特殊部門について、思弁的純粋認識の権利主張はすべて却下した。だが「形而上学の望みに応じて」、われわれには実践的超越の道が残されている。伝統的な「形而上学 Metaphysik」に固有の「超自然的 hyperphysisch」な次元への跳躍超脱の主導動機が姿を変え、批判的に強度を高めて本格的に反復変奏されようとしている。

じじつ「無制約的なもの das Unbedingte」の理念は、明確に「超越的 transzendent」と形容されている。それは「可能的経験」の「限界を飛び越えるべき」ものとして、もはや経験に「内在的 immanent」(A296=B352) ではなく、経験的認識の可能性のアプリオリな条件となる「超越論的 transzendental」原理でもない。第一批判の弁証論がとりあげた無制約者の純粋理性概念は自由の理念を始めとして、思弁的反省的な思惟により経験の「体系的統一」を建築術的に可能にするアプリオリな「統制的原理」としての「使用」権限が承認された (vgl. A562-3=B590-1, A642-68=B671-96)。その論証手続きは、諸カテゴリーとは異なるかたちではあれ、やはり法的な「演繹」(A669-70=B697-8) である。そしてこのかぎりで諸理念は依然として可能的経験の限界内に位置づけられる。ところが「実践的認識」「実践的見地」「実践的与件」という論点が打ち出されるやいなや、形而上学的な限界超出の声部が一気に勢いを盛りかえす。このテクストの転調の意味を見定めたい。

形而上学的思考の思弁から実践への照準転換は、哲学の思索そのものをたんに学派学校的なものから、世界のただなかでの批判的言語行為へと変貌させる。この形而上学革命の含意を秘めた実践領域への転回は、『判断力批判』では「自然概念の領域から自由概念の領域への移行 Übergang」のモチーフで徹底遂行されている。カントは同書草案着手のおりに、自然、道徳とならぶ第三の「目的論」の形而上学を構想しかけたが、かほどに危うい局面に批判の思索はさしかかっている。そしてこの一件からもうかがえるように、思弁から実践への転回による可能的経験の限界超越は、自然と道徳の二部門からなる批判的形而上学の建築構想に直にふれる重大な審理案件である(11)。

理性批判の完結編が取りまとめた超越的移行の基本方針を確認しよう。第三批判序論第九節「判断力による悟性と理性の立法の連結について」の第二段落に言う。

悟性は、自然にたいするアプリオリな諸法則の可能性をとおして、自然がわれわれには現象としてしか認識されないことを証明しており、ゆえに同時に、自然の超感性的基体への示唆を与えるが、これをまったく無規定 unbestimmt のままにする。判断力は、自然の可能的な特殊諸法則にしたがって自然を判定するアプリオリな原理をとおして、自然の超感性的基体に（われわれの内でも外でも）、知性的な能力による規定可能性 Bestimmbarkeit を提供する。ところが理性は、アプリオリな実践的法則をとおして、まさに同じものに規定 die Bestimmung を与える。かくして判断力は、自然概念の領域から自由概念の領域への移行を可能にする。（V 196）

多くのカント研究者が引く文章で、含蓄も深く、幾度も読みかえされてよいテクストである。ゆえにその読み方も多様だし、ここですべての論点に立ち入ることはできないが、すくなくとも「超感性的基体 ein übersinnliches Substrat」が、先の「超感性的なもの」や「無制約的なもの」に概ね対応するのは明らかだ。それが現象の総体たる「自然」の「基体」とされているのを見逃さないでおこう。そして「基体《ヒュポケイメノン》」をただちに「実体 Substanz」や「自立存在 Subsistenz」と言い換える哲学言語慣習を離れ、現象と物自体の批判光学解析に唱和して、ラテン語 substratus の根底に息づく動詞 substernere の響きに聴き入ろう。するとそこには感性的自然の基層に広く横たわり根をはりめぐらす、隠れたピュシスの培地のごとき形象《イメージ》がおのずと詩的に浮かびあがってくる。

「われわれの内でも外でも」という補足句と第三批判の二部構成とを照合し、「超感性的基体」が何ものかを見極めるのもカント研究上は重要だ[12]。しかしその手の穿鑿に立ち入らずとも、右の文章の論理構成はいたって明瞭だ。三つの文からなる一段落は、節の題目に密着して、「悟性」「判断力」「理性」の三段構えである。そして大前提・小前提・結論の理性推理との類比のもと、「まさに同じ」「超感性的基体」の概念をめぐり「まったく無規定」な知の「空虚」状態から、反省における「規定可能性」の確保をへて「知性的な能力」による「実践的」「規定」の充実態に到る、三部構成の建築術が平明に披歴されている。

　ここで批判的形而上学の基礎づけという主題にからめて、テクスト解釈上の作業仮説を立ててみよう。理性批判の思索は三批判書の全体をつうじて、現象と物自体の批判光学的な区別のみならず、これと繊細緻密にからむ〈経験的実在論にして超越論的観念論〉の世界反転光学をも、首尾一貫して保持しつづけたのではなかったか。「自分で考えること」と「他のあらゆる人の立場で考えること」という、それ自体がすでに光学的な二つの格率に続き、「達成するのが最も困難であり、第一と第二の格率の結合によってのみ、またこれらの格率をくりかえし遵守して、その技能を身につけたのちに初めて達成できる」第三の格率として、「つねに自分自身と一致して考えること」という「首尾一貫した思考法の格率」（V 294f.）を掲げたテクストを読む場合、これはごく自然な仮説である。逆に言えば、この超感性的次元への実践的超越という肝腎の局面で、読み手側が批判的思考の本筋から逸脱し、超越論的実在論の魔の手に搦め捕られてきたために、批判テクストの解読を困難にしてきたのではなかったか。そういうカント研究史の苦い自己反省を胸に刻みつつ、新たな読解の作業に着手しよう。

　結論を先に言う。超感性的なものの思弁的認識が断念されたあとで、その理念を「実践的見地」から「規定する与件Data」とは、「アプリオリな実践的法則」たる道徳法則が「意識されてある Bewußt-sein」という「純粋理性の事実 Faktum」以外にありえない。そして「法則による直接的な意志規定 Willensbestimmung」、つまり純粋に道徳的で自律的な決意に基づき新たにもたらされるはずの超感性的なものの「実践的認識」、および諸理念の実践的な「客観的妥当性」「実在的可能性」とは、もはや理論的な「知 das Wissen」というよりは実践的な「信 der Glaube」に近しい事柄である。『批判』第二版序言の告白を、ここではやや長めに引いておく。

　ゆえにわたしは、信ずるということに場所《プラッツ》を確保するために、知るということを破棄《アウフヘーベン》しなければならなかった。形而上学の教条主義は、形而上学において純粋理性批判をぬきにして前に進む先入見にほかならず、これこそが道徳性に対立するあらゆる不信の真の源泉であり、この不信はつねにきわめて独断教条的である。（B XXX）

理性批判《ロゴス》は意を決して形而上学革命を志し、たんなる思弁の独断教条主義の党派的閉塞状況を打破すべく、公的開放的な言語実践へ向けて純粋理性そのものの啓蒙的自己転回を敢行する。そして思弁的に思考しうる形而上学的な理念《ことば》を、この世で言語的に生きるわれわれの道徳実践的な共通関心事として、独善や独断や原理主義などに陥ることなく、世界市民的に「信念」をもって「使命的＝規定的 bestimmend」に語りあえる哲学実践の権限と、批判的思索の正道を、どこまでも「反省的 reflektierend」かつ言語《ロゴス》批判的に探索するのである。[13]

第四節　「あるもの」と「あるべきもの」

だから『批判』方法論第三章「純粋理性の建築術」は、哲学の「学校概念」と「世界概念」の批判的弁別を力説する。そしてそれに続いておもむろに、本章冒頭に引いた哲学体系区分の叙述が始まっている。その分類に着手する一段落を、先ほどは省略した最後の決定的《クリティッシュ》な一文も含めて再度引いておく。

さて人間理性の立法（哲学）には、二つの対象がある。自然と自由である。ゆえにこの立法は自然法則のみならず道徳法則をも含んでおり、最初はこれらを二つの特殊な体系に、しかし最終的には唯一の哲学的体系のうちに含みもつ。自然の哲学は、現にあるすべてのもの **alles, was da ist** に向かい、道徳の哲学は、現にあるべきもの **das, was da sein soll** にのみ向かう。（A840=B868）

ささいなことかもしれないが、自然と自由（道徳）という哲学の「二つの対象」の区別は、「現にあるすべてのもの」

と「現にあるべきもの」のあいだの、言語表記の差異に還元されている。しかもテクストは「あるist」と「あるべしsein soll」の用言部分の対照を隔字体で強調する。この繊細な弁論作法に注目したい。そして理性《ロゴス》批判が終始一貫、こういう基礎的な言語《ロゴス》分節の機微を凝視して進行していることを、あらためて確認したい。

「あるということは多様な仕方で語られている」。アリストテレス『形而上学』も、じつは「ある」の語り方を一般的・超越論的に分析し、その多様な語りの統一点たる「一つのピュシス」を、主語となって述語とならぬ基体的な「実体《ウーシア》」に見定めたうえで、(14)「ある」をめぐる十個の基礎概念範疇を提示した。ところがこの言語分析的な愛智の思索は、つねに同時に神学なのだった。『形而上学』第六巻第一章は、実践や制作より上位に立つ棟梁《アルキテクトニケー》的な観照的学問を「数学と自然学と神学」に分類し、「理論的な諸学のうちではこの神学が最も望ましいもの」だと断言して、以下の決定的な立言をする。

もしも自然によって結合された実体より以外にはいかなる実体も存在しないとすれば、なるほど自然学が第一の学だろう。しかし、もしもなにか或る不動な実体が存在するならば、これを対象とする学の方がいっそう先で第一の哲学であり、そしてこのように第一であるという意味で、この学は普遍的でもあろう。そして存在をただ存在として研究すること、存在の何であるかを研究し、また存在に存在として属するその諸属性をも研究すること、これこそはまさにこの哲学のなすべきことである。(*Met.* 1026a27-32)

そして第十二巻第七章は「ある」ものの第一原因を探し求め、天界《ウーラノス》の彼方の神的なものへ、すなわち「永遠的なものであり、実体であり、現実態である」ような「動かされないで動かすところの或るもの」へ、しかも「真に存在する美なるもの」で「常に最善のもの」である「それ自体において思惟的なもの」へと超越上昇し、全世界を統治する真実在たる「神《テオス》」を直観的に思惟《ノエーシス》する純粋知性《ヌース》の「神的な状態」を、「最も快であり最も善である」ところの「観照《テオリア》」と名づけている。そして「このような良い状態に、われわれはほんのわずかの時しかいられないが、神は常に永遠にいるのだ」と独断教条的に主張する。
カント理性《ロゴス》批判は、この神学的な超越論的実在論の長い伝統から一線を画す。そして神のごとき知的直観の能力をもたず、この世に「論弁的＝討議的＝言説的」に住まう人間の世界智の愛求の営みとして、〈経験的実在論にして超越論的観念論〉の不断反転光学の視座に立ち、理性の言語能力そのものの批判に徹するのである。哲学分類の「ある」と「あるべし」の区別にしても、そういう超越論的な言語《ロゴス》批判の文脈にある。そしてここにぜひとも確認したいのは、アリストテレスの観照《テオリア》－実践《プラクシス》－制作《ポイエシス》の三分法の批判哲学的な組み換えであり、哲学の思索の根本構造を転換した徹底的に言語批判的な建築術の妙味である。

容易に気づかれるように、一なる神をめぐるアリストテレスの「観照《テオリア》」の教義《ドグマ》は、プラトンのイデアの教説同様、それ自体が道徳実践的な関心を濃密にたたえている。そもそも『形而上学』第一巻第二章は、「智慧《ソピア》」の愛求たる哲学を「第一の原理や原因を研究する観照《テオリア》の学」と規定した。しかもわれわれにとって第一に知られる感覚的なものでなく、「それ自体において」最もよく知られる「普遍的なもの」を、「ただ知ることそれ自身のために知り、ただ認識せんがために認識する」、「最も純粋な学問」として特徴づけた（*Met.* 982a20-b10）。超感性的な普遍的真実在自体の認識のための認識、学問のための学問というテオリアの自己目的的な性格づけ。この「テオリア」が含意するものは、近代語のそれとはやはり根本的に異なっている。

そもそもアリストテレスのテオリアが求める「原因」は、近代の「理論 theory, Theorie」が探る機械的作用因でなく、「目的《テロス》」であり「善《アガトン》」である。しかも「諸学のうちで最も王者的」な第一哲学が問い求めるのは、「自然全体における最高善《ト・アリストン》」である。カントの理性批判が学校概念と世界概念の対置のもと、「哲学することの究極目的」を問いただし、新たに提起した哲学体系の設計変更は、このテオリアの語義の決定的変貌の実態をふまえている。そして批判哲学はプラトン、アリストテレス以来の愛智の営みの、字面ではなく道徳実践的な根本精神をこそ継承する。理性批判は、学派学校的理論体系から「善美なるもの」の目的論的含意が閉め出されつつあったデカルト的近代の世界智《ヴェルトヴァイスハイト》の危機に直面し、理論の知《ヴィッセン》（および思弁的思惟）にたいする道徳実践的な当為《ゾレン》の優位という、新たな憲法体制《フェアファッスング》を打ち建てた。そしてこの世に生きる人間の経験の地盤のうえで、純粋理性の言語能力の権限と限界を見極めるべく、批判的反省的に哲学し語らうことをめざすのである[15]。

古代のテオリアは、世界の目的論的存在秩序を「他ではありえない」ものとして大前提にすえ、その真実在の実相を観照する。デカルト的近代の理論的認識は、そこから完全に乖離した。数学的で経験的な自然科学の諸理論は、いまや本質的に技術的な利害関心と結びつき、「他ではありえぬ」機械必然的な因果性の理論的認識を恣意的に活用し、自然世界の物の秩序を人工的に改変する力を発揮する。ゆえにまたここではポイエシスにしても、もはや詩作的な「美しい技術 schöne Kunst」でなく、たんに物を製造する「機械技術 mechanische Kunst」へ狭隘化する。こうして現世の実利実益にかなう実用的技術《テクネー》こそが、実践《プラクシス》の名を不当に簒奪し始める。

カント理性《ロゴス》批判は、近代市民社会の言語意識のはらむ問題状況に対処するべく、人間的な営為における技術的なものと道徳的なものを峻別し、前者を理論哲学の系に位置づけて、後者のみを批判的実践哲学の主題とする。そして「思弁的純粋理性との結合における純粋実践理性の優位」という基本設計のもとに、テオリア－プラクシス－ポイエシスの序列を全面的に編成し直して、新たな哲学体系建築術の道をふみだした。西洋哲学の伝統が熱く語ってきた世界そのものの目的論的秩序の必然性は、いまやわれわれ人間がみずから道徳実践的に「あるべし」「なすべし」と語る話法の助動詞と、「義務」や「定言命令」の実践的強制力の言語表象により、主体的かつ自律的に引き受けられている。そして往古の美しく生き生きとした世界秩序の合目的性のテオリアは、もはや彼岸の神のうちなるイデア直観でなく、ただ一つの経験的実在世界を「自然の技術」の類比概念を導きの糸にして「観想的 kontemplativ」（IV 209, vgl. auch IV 258, VI 397）に遍歴踏査し地道に「観察 betrachten」する、「反省的」判断力の道行きのモチーフに引き継がれる[16]。

理性批判の第三法廷弁論は、この反省的判断力の徹底的に言語論的な統制差配のもと、「自然の技術」というアプリオリな類比概念を「移行」の思索の仲立ちとして、近代自然科学の機械技術的な理論的認識と、道徳実践的な「あるべし」という、二つの立法領域の連絡経路を確保しようと努めている。「感性的な自然」の根底に「基体」として横たわりつつ隠れてはたらく「超感性的なもの」。この詩的で「形而上学的 meta-physisch」な概念をめぐり、思弁的な無規定性から反省的規定可能性をへて道徳実践的になすべき「使命 Bestimmung」の規定性へと、この世の諸現象の経験の大地をすすみゆく人間理性の言語批判的自己認識。哲学古来の道の深層に鳴り響く「汝自身を知れ」の呼び声を、われわれの批判的啓蒙近代につねに新たに聴き取りながら、理性批判は理論《テオリア》－技術《ポイエシス》－実践《プラクシス》、思弁－藝術－道徳という単純明快な三部構成の奥底で、哲学的言語体系の新建築プロジェクトを密かに始動させていたのである。

注

（1）一七六五年十二月三十一日付ランベルト宛の長い手紙のなかで、カントは「形而上学の本来的な方法」への洞察の端緒を摑んだことを宣言し、批判哲学の道を早くも予感させながら、当該方法を論ずる予定の「主著」に先立つ「いくつかの比較的小ぶりな完成稿」として、『自然的な世界智《ヴェルトヴァイスハイト》の形而上学的始元根拠《アンファングスグリュンデ》』と『実践的な世界智の形而上学的始元根拠』を世に問うつもりだと明かしている（X 56）。そして六八年〔推定〕五月九日付ヘルダー宛書簡は批判哲学的にかなりの手ごたえをもって、「わたしはいま道徳の形而上学というものに従事しています」（X 74）と告げている。また『可感界と叡智界』献呈本に添えてランベルトに宛てた七〇年九月二日付書簡には、本格的な批判的形而上学の方法論の著述に先立ち「この冬には純粋な道徳的世界智と……道徳の形而上学とでも言うべきものについてのわたしの研究を整備して仕上げるつもり」だと書き記して、「道徳の形而上学」が「形而上学の形式を改変するという最重要の目論見に多くの点で道を開くだろう」（X 97）と意気盛んである。さらに七三年末推定のヘルツ宛書簡は端的に言う。「わたしの超越論的哲学を最後までもってゆけたならば喜ばしいことでしょう。これは本来、純粋理性の批判というものなのですが、その次にわたしは形而上学に進みます。これは二部門だけで、自然の形而上学と道徳の形而上学です。わたしはこのうち後者のほうを最初に出版するでしょうし、いまからそれが楽しみです」（X 145）。かくして形而上学の二部門体制の建築術は、理性批判の思索の生成と等根源的である。

（2）トマスは『ボエティウス「三位一体論」注解』で、理論哲学を「自然学」「数学」「神学」に区分する。そして「存在するためにも、また認識されるためにも、質料に依存せず、したがって、質料からまったく離存した、もっとも可知的な対象を取り扱う」（有働勤吉、一九七五年、四二五頁）神学を、「形而上学 metaphysica」つまり「自然学を越えるもの trans-physica」と言い換える（同、四一八頁）。

（3）見通しをよくしておくために、あらかじめ確認したい。一般形而上学（存在論すなわち超越論的哲学）と特殊形而上学という伝統的形而上学の建築物の総体を、『批判』は瓦解せしめる。とくに後者に属する合理的な心理学、世界論、神学は、「学問としての形而上学」を名乗ることを差し止められる。「魂の不死」と「神の現存在」は理性信仰の事柄となる。そして純粋理性の自律としての「自由」のみが、「道徳の形而上学」の礎石として取り出される。ここにあの二つの信仰箇条の出る幕はもはやない。「わたしは何を知りうるか」「わたしは何をなすべきか」。「形而上学（狭義）」と「道徳学」が主題化する二つの問いだけが、「学問としての形而上学（広義）」の問いとなる。そして「わたしは何を希望することがゆるされるか」という第三の問いは「宗教」の問いとして、理性批判の管轄下に置かれるのである。『たんなる理性の限界内の宗教』を経て、最晩年にようやく『道徳の形而上学』の徳論と法論の始元根拠が起草されえたことの意味は、やはりきわめて重い。

（4）外的感官および内的感官の対象、つまり「物体 Körper」と「魂 Seele」という物の「経験的な概念」の区別、そして「物理学 Physik」と「心理学 Psychologie」の学問分野の区分に応じて、感性界の「物の自然本性」も「物体的自然」と「思惟的自然」とに区分けされる。そしてこれらはそれぞれに「特殊」な自然の形而上学として、「普遍的」なそれ、つまり「一つの自然の概念を一般 überhaupt に可能にする諸法則」を取り扱う「自然の形而上学の超越論的な部門」（IV 469-70）から区別される。

（5）「主観的」と「客観的」、「認識論」と「存在論」を粗雑に重ねるこの問いは、すでに暗黙のうちに超越論的実在論の存在観にすり寄っているので要注意である。この点については本書第Ⅱ部冒頭で問題提起して、超越論的認識批判そのものの存在論的含意を確認済みである。さらにその言語論的含意を読み取るのが、第Ⅲ部を受けた第Ⅳ部の課題である。

（6）一八八九年初めに精神錯乱を来す直前のニーチェの多産期、八八年夏にシルス・マリーアで執筆された『偶像の黄昏　あるいは、いかにして人は鉄槌でもって哲学するか』の第三章「哲学における『理性』」末尾に言う。「第四命題。キリスト教のやり方においてにせよ、カント（結局のところ陰険なキリスト者――）のやり方においてにせよ、世界を『真の』世界と『仮象の』世界とに分けることは、デカダンスの一暗示にすぎない、――下降する生の一症候にすぎない……芸術家が実在性にもまして仮象を高く評価するということは、この命題に対するいかなる異議ともならない。なぜなら、『仮象』はここではもういちど実在性を意味し、実在性は、選択、強化、修正をうけているにすぎないからである……悲劇的芸術家はいかなるペシミストでもない、――彼はすべての疑わしい怖るべきもの自身へとまさしく然りと断言する、彼はディオニュソス的である……」（『ニーチェ全集14』原佑訳、四五頁）。こうしてニーチェはプラトニズム風のカント二世界論を捏造し、この錯視の害毒を読者世界にまきちらす。かれはどうしてテクストを逆向きに読んだのか。むしろ物自体の真実在のドグマのほうを「仮象」と裁定し、現象に「然り」の「断言」を寄せたはずの理性批判を、ニーチェはよりによって「キリスト教」的な「理性」の哲学と誤読する。そしてかれは第四章「いかにして『真の世界』が最後には寓話となったか」でも、「一つの誤謬の歴史」における中世キリスト教世界と、十九世紀実証主義にはさまれたカントを貶める。「3　到達されえず、証明されえず、約束されえないが、しかし思考されたものとしてすでに一つの慰め、一つの責務、一つの命令である真の世界。／（根本において古い太陽であるが、しかし霧と懐疑をとおしてみられている。崇高となった、青白く、北方的と、ケーニヒスベルク的となった理念〔イデア〕。）」（同、四六－七頁）。つづく第五章表題「反自然としての道徳」からも推察されるように、本能的で大地的な自然のディオニュソス的生と、理性的・キリスト教的・反自然的道徳のデカダンスを対置する狭量な「自然」概念が、かれをカントから遠ざけたのにちがいない。しかしカントの「超感性的自然」としての「道徳」は、「自然の技術」をとおして大地的な「感性的自然」と連繫する。この論点は「道徳の形而上学」の意義究明とも重なる重要案件である。別の機会にあらためて論じたい。

（7）『プロレゴメナ』第一節に言う。「まず形而上学的認識の源泉 die Quellen について言えば、これが経験的でありえないということは、すでに形而上学的認識という概念のうちに含まれている。ゆえにその諸原理（これにはその根本諸命題のみならず根本諸概念も属す）は、けっして経験から取って来たものであってはならない。じじつそれは自然的 physisch ではなく形而上学的 metaphysisch な認識、つまり経験の彼岸にある認識 jenseits der Erfahrung liegende Erkenntnis だとされている。ゆえに本来的な自然学の源泉をなす外的経験も、経験的心理学の基盤をなす内的経験も、形而上学的認識の根底に存することはないだろう。ゆえに形而上学的認識はアプリオリな認識、つまり純粋悟性と純粋理性からの認識である」（IV 265-6）。自然を「超えた」という旧来の含意を、「経験」に先立ち経験を可能にする「アプリオリ」な条件の「超越論的」認識のもとに引き受けることで、理性批判は「形而上学」を物の「自然本性」に則した学問へ編集し直すのである。

（8）カントの政治哲学を論じるのに、アーレントのように『判断力批判』を持ちだす必要はない。むしろ再三確認したように、「構成的 konstitutiv」と「統制的 regulativ」を区別する術語法のうちに、人類史上来るべき共和制革命への哲学的共闘の意志は読み取れる。「人間理性は、みずから棄却できない問いに悩まされている。それというのもそれらの問いは理性そのものの自然本性により理性に課せられているからである。しかも理性はこれらの問いに答えることができないからである。じじつこれらの問いは人間理性の全能力を凌駕しているのだ」（A VII）。理性の自己批判の幕開けにそう告げたテクストが、たんに近代西欧の人間主義の煽動書であるはずがない。そもそも「ヒューマニズムとは、道徳、諸価値、和解を用いて、解決することのまるで出来なかった問題を解決する方法でした。マルクスの言葉をご存じでしょう。人類は自ら解決できる問いしか問わない。私はこう言えると思います、ヒューマニズムは自ら問うことの出来ない問いを解決するふりをする、と。……それは人間と世界の関係という問題、現実という問題、芸術的創造の、幸福の、そして理論的問題である資格のまったくないさまざまな妄想です……われわれの〔新たな〕システムはそんなものを決して相手にしたりしません。私達の現在の課題はヒューマニズムから完全に自由になることであり、その意味で、私達の仕事は政治的なのです」（フーコー『論集Ⅱ』、三三二頁）。カントというテクストは、この意味で「政治的」に批判的＝建築術的なのである。

（9）　フリードリヒ大王が一七八六年八月十七日に没し、甥のフリードリヒ・ヴィルヘルム二世が王位に就き、八八年にヴェルナーが法務大臣兼宗教局長官の地位に就いてただちに「宗教勅令」を発布、プロイセン政府の保守反動化は加速する。三批判書を完結させたカントは宗教政策上の検閲制度と対峙しながら、九三年に『たんなる理性の限界内の宗教』を公刊。しかし一七九四年十月一日付のカント宛「勅令」（VII 6-7）により王と宰相から圧力がかかり、のちに『諸学部の争い』の第一部「哲学部と神学部との争い」となる論文は公表がさしひかえられた。そして同書第二部「哲学部と法学部との争い」にあたる論文も、九七年に検閲を受けて発禁処分。しかしフリードリヒ・ヴィルヘルム二世が同年十一月十六日に没すると、翌九八年一月にカントは同書第三部「哲学部と医学部との争い」となる論文を医学雑誌に寄稿、同年秋には先王によるカント宛の「勅令」の無効宣告を含む「序言」を付して、神学・法学・医学の上級三学部の専制と闘う『諸学部の争い』を公刊する。

（10）　一七八七年六月二十五日付のシュッツ宛書簡は『批判』第二版の献呈を知らせて言う。「わたしの『実践理性批判』はほとんど仕上がっており、来週には印刷のため、ハレに送付しようと考えています。……わたしが思弁理性について否認したものが純粋実践理性によって補完されること、そしてその純粋実践理性が可能であるということを、この『批判』はよりいっそううまく証明し、理解できるようにしてくれることでしょう」（X 490）。そして九月十一日（推定）のヤーコプ宛書簡は、「いまわたしの『実践理性批判』は〔ハレの印刷業者〕グルーネルトのところにあります。この批判には、理論理性の批判にかんする誤解を取りのぞくことのできる多くのものが含まれています。わたしはただちに『趣味の批判』の論述に着手します。これをもってわたしは、わたしの批判的な作業を終結させて、教義定説的《ドグマティッシュ》な作業へ進んでゆくことになるでしょう」(X 494)と述べ、十二月二十四日付ヘルツ宛書簡は「発行されたばかりのわたしの『実践理性批判』一部を、あなたにハレから配達させるつもりでしたが、時機に注文するのを失念しておりました」(X 512)と言う。

(11) 同じモチーフは、後年の『哲学における最近の高慢な口調』(一七九六年)でも、「プラトン主義化する感情哲学者」(VIII 399)のひとり、シュロッサー(Johann Georg Schlosser, 1739-99)の独断形而上学的陶酔への批判にいっそう明瞭に反復されている。「この新手のプラトン主義者がこれまでに語ってきたことは、その主題の取り扱い方にかんしては純然たる形而上学 lauter **Metaphysik** であり、ゆえに理性の形式的な諸原理にのみ取り組むことができている。しかるにこの形而上学は超自然学 eine **Hyperphysik** までもいっしょにこっそり押し込んでいる。つまり実践理性の諸原理ではなく、超感性的なものの自然本性にかんする(つまり神と人間精神についての)理論をも、いつのまにか持ち込んでいるのである」(VIII 399Anm.)。

(12) くわしくは望月拙稿、一九八六年を参照されたい。

(13) 古代ギリシア文献学者ニーチェは、「ロゴス」の二義性を充分に弁えていた。だから『偶像の黄昏』第三章「哲学における『理性』」でも、鋭い洞察をぶつけてくる。「以前には、変化、変移、生成は、仮象性の証明であると、私たちを迷わす何ものかがそこにはあるにちがいないということの徴候であるとみなされた。今日では逆に私たちは、理性の偏見が、統一、同一性、持続、実体、原因、事物性、存在を措定するよう私たちを強制するちょうどその限度において、私たちをほとんど誤謬のうちへと巻きこみ、誤謬をおかすよう強いると認めている。私たちは厳密な検算にもとづいて、ここには誤謬があるという事実を、内心それほど確信している。その事情は、大きな天体の運動の場合となんら変わりないのであって、大きな天体の運動の場合には誤謬は私たちの肉眼を不断の弁護人としているが、いまの場合には私たちの言語が不断の弁護人である。言語は、その発生から言って、心理学が最も未発達な形式をとっていた時代のものである。私たちが、言語形而上学の、平たく言えば理性の根本前提を意識するにいたるときには、私たちは一つの粗雑な呪物的なもののうちへと入りこんでゆくからである」(『ニーチェ全集14』、四二一‐三頁)。カント理性批判はしかし、この粗雑な二項対立の反理性的煽動に巻き込まれることなく、理性にして言語たる人間のロゴスの真理と仮象の境界線を新たに淡々と見極めたのである。

（14）「それゆえに実に、あの古くから、いまなお、また常に永遠に問い求められており、また常に難問に逢着するところの『存在とは何か？』という問題は、帰するところ、『実体とは何か？』である。けだし、このものを、或る人々は一つであると言い、他の或る人々は一つより多くあると言い、そしてそのうちの或る者どもは限られた数だけあるとし、他の或る者どもは無限に多くあるとしたのであるから」（『形而上学』第七巻第一章、1028b2-6）。アリストテレスの存在論は、こうして実体論に偏倚する。根底に神学への志向があったからだろう。ハイデガーはこれを「存在-神-論 Onto-theo-logie」として批判したのだが、それに遙かに先立って、カントの超越論的な理性批判は、アリストテレスによる存在の実体化の一歩手前のところで踏みとどまって、「存在《ある》を存在《ある》として」問うのである。

（15）イデア的なもの、普遍的なものの存在をめぐる「唯名論」と「実在論（実念論）」の対立を乗り越えて、道徳的実践的な理念をこの世の経験的実在性の地盤のうえで有意義に語らう道筋を探ること。これが理性批判総体の思索課題にほかならない。

（16）中世キリスト教（とりわけベネディクトゥス会）の伝統で、「観想的生 vita contemplativa」は、現世での「活動的生 vita activa」と鋭く対比され、ひたすら聖書の言葉に耳を傾けて瞑想や苦行にとりくみ、感覚的世界を離れ霊的実在世界に身を置いて、神との合一を体験するという神秘主義的色彩を濃厚にした。カント『判断力批判』にも自然神学的な色合いはあるものの、ここでの「観想 contemplatio, Betrachtung」は論弁的知性の事柄として、語義が根本的に変換されている。すなわちそれは彼岸の神的実在との合一ではなく、神的な世界直観との類比の遠さを自覚しながら、この世の自然諸事象との、理論的規定的・志向的ならざる、反省的で言語批判的な対話的交渉を意味するのである。

第二章　世界反転光学の言語論的展開

第一節　人間理性の超越論的言語批判

古代ギリシアの思索の源流で動詞 ***κρίνειν*** が示唆するように、「批評・批判 Kritik, critique, critica」とは、事柄を区別し、選り分け、引き離すこと、物事のよしあしを見分け、評価し、判断することである。そして言語を「差異の体系」と喝破した現代の洞察をふまえれば、「判断 Urteilen」は言語活動《ランガージュ》の本性を示す、理性思考の基本形である。判断は、ある事象を他から区別し適切に述語づける「根源的な分節活動 Ur-teilen」の表出である。それはたんに分離切断の技術ではない。言語分節は世界の諸事物を区切って繋ぎ合わせる。ゆえに判断は、事柄の区切りと繋がりの道筋を見定めて、事象を適切に表現する述語を選別し、これを主語に繋いで「文、命題 sentence, Satz, propositio」をかたちづくる。「理性 *λόγος*, ratio」の「推論 ratiocinatio, Vernunftschluß」も「三段論法 Syllogismus」に見られるように、複数の文の組み合わせで成り立っている。

伝統的な弁論術《レトリカ》における批判《クリティカ》の建築術的含意に思いを馳せて、自然と道徳の二部門からなる一つの哲学体系を構想したとき、『批判』の思索は、かかる言語活動の区切りと繋ぎの律動に深く呼吸を合わせていたはずである。自然の形而上学と、道徳の形而上学の二部門体制の設計構想は、人間理性の言語使用への徹底的な自己反省の表明である。しかもこの世に生きる人間の公的自己批判の現場には、「あること」と「あるべきこと」がいよいよ致命的《クリティカル》に分裂し始める「神なき時代」の言語意識の危機《クリシス》の根本経験があったにちがいない。ゆえに批判哲学は理論（思弁）理性と実践理性の使用権限を、あれほどまでに厳密に区別したうえで、その接続の方途を探ったのである。

　ちなみにこの二部門の弁別は、自然認識の直説法平叙文と、道徳実践の命令法《インペラティーフ》との、文法上の「文」の叙法《モードゥス》の区別に対応する。悟性・理性・判断力という三批判の分節は、神ならざる人間の理性の言語的＝論弁的自然本性に起因する。概念論・判断論・推理論という第一批判の超越論的論理学の組み立ても、われわれの言語的思考の基本構造を反映する。さらに言えば理性批判が、純粋悟性概念の「超越論的演繹」の本格着手に先立つ「形而上学《メタピュシカ》的演繹」で、伝統的論理学の「判断論」を微調整して、批判哲学の判断表を新たに確保したうえで、そこから懸案の「カテゴリー表」を導出してみせたのも、その法廷弁論の根底に人間理性の論理学的＝言語論的な自己反省の方針があったからにちがいない。批判の論述は有限で論弁的な人間理性の言語的自然本性《ピュシス》への根本洞察に基づき、その意味で自然の道に沿って、体系的かつ歴史的に建築されている[1]。

　批判とは「判断」することであり、人間理性の思惟の真偽や言語使用の正否を「判定」することである。第一批判は、推論を含む理性《ロゴス》の「認識判断」の成り立ちを「論理学的《ローギッシュ》」に省察し[2]、客観的に妥当な言語使用の原則を確定するための、この世の人間の語り《レゲイン》の最上級の審判である。ゆえにまた純粋理性の批判を「一つの法廷」に喩えた第一版「序言」の隠喩《メタファー》は、やはり軽視されてはならないのである。あの意味深長な比喩は、人間理性の言語的本性への徹底的に批判的な自省のうちで、みずからおのずと生まれてきたのにちがいない。そしてこの世界市民的法廷弁論に陪席する読者公衆は、理性批判が終始一貫して反省《レフレクティーレント》的な人間理性の言語使用であることを看過してはならない[3]。

　理性《ロゴス》批判は反省的な言語《ロゴス》批判であり、高度に自己批判的な言語行為である。その法廷弁論は、「物自体」の認識不可能性の断案にしても、その語義を消極的な「限界概念」に転換して「現象」との光学的区別のもとに新たな仕方で語り始めたことも、その論述の全体構成を含むすべてが自己関係的な人間理性の言語実践である。カント理性批判は、西洋古来の哲学的基礎術語群の全面的な組み換えを断行する。それは経験的観念論に陥った超越論的実在論の学校形而上学教義《ドグマ》から身をひるがえし、この世の生の「経験の地盤」に敢然と降り立って、〈経験的実在論にして超越論的観念論〉の反転光学の視座を確保しようとする、われわれ人間の形而上学的思考法の根本変革の呼びかけである。

叡智的な物自体《ヌーメノン》は神的知性《ヌース》が直観し、内なるイデアを観照して創造した、超感性的な独立自存の真実在である。この超越論的実在論の信念は古代ギリシア以来、唯一絶対神のキリスト教信仰にも支えられて独断教条的に語られてきた。しかしわれわれの直観はたんに受容的・感性的であり、人間知性は論弁的で言語活動的であり、ゆえに「物自体」を認識することはできない。われわれが認識できるのは可能的経験の対象、感官の対象たる「現象」である。この批判的審判が、人間理性の有限性の自覚に基づくことは言うまでもない。しかも理性批判が神的知性との対比のもと、人間知性の論弁性をくりかえし強調するとき、テクストは神学の正統教義を根本にすえた学校形而上学の語り口に訣別を告げるとともに、この意味で神なき時代の哲学の、徹底的に言語論的で自律的＝自己立法的な認識批判の道へ、新たに出立することを決意していたのである。

その点をふまえ改めて確認したいのは、物自体の認識不可能性の断案が「物 res, Ding」を「物」として、「あるもの ens, das Seiende」を「あるもの」として（τὸ ὂν ᾗ ὄν）、諸カテゴリーの弁別を超えて「一般 καθόλου, in genere, überhaupt, on the whole」に考察する「超越論的 transzendental」な見地からくだされていた点である。理性批判の弁論で、超越論的哲学は存在論的で認識論的である。この意味で超越論的な「物一般」の考察のもとに初めて、「物自体」と「現象」の批判光学的な区別の語りが可能となる。ここで「物自体」はもはや、超越論的実在論が語っていた彼岸の叡智的真実在ではない。「物」は一般に「それ自体そのもの」の局面では認識できず、ただひたすらわれわれへの「現象」としてのみ認識できるのだという、超越論的で批判的な有限性の自覚がここにもたらされる。

この世に「現にあるすべてのもの」は、われわれが経験的に認識しうるかぎりで、「物自体」でなく「現象」である。そしてこの経験的実在界にある「現象としての物」が一般に総体として「表象 Vorstellung, repraesentatio」と呼ばれ、そのなかでも「意識をともなう表象」が「知覚 perceptio」（A320=B376）である。しかもわれわれの「一つの意識一般」（B143）のうちなる「諸表象」は、ありきたりの言葉では言い表しがたいものも含めて、すべてがなんらかの仕方でつねにすでに記号表記されている。「得も言われぬ」とか「絵にも描けない」という言葉を駆使してまで、物は不可避的に言語分節されることになる。

ここに成り立つ経験的認識判断のうちで、あらゆる表象に随行しつつ「規定的」にはたらく「われ思う Ich denke」のアプリオリな総合的統一の言語活動は、つねに一般に「知覚 perceptio, Wahrnehmung」にむけて方向づけられている。ゆえにこの純粋自己意識は、超越論的な「統覚 ad-perceptio, Apperzeption」と呼ばれる。そしてこの超越論的な反省の見地では、この世で認識されるありとあらゆる現象物は、すべてが表象として知覚されうるかぎりで、つねにすでにわれわれの意識一般の言語活動の諸形式に収納されて「知られてある bewußt-sein」。

理性批判はこうして、人間理性の経験的言語使用の「権限 Befugnis」を、叡智的な物自体ならざる、感性的な現象としての物の世界に画定した。ただしこの制限は理性使用の全般にわたるものでなく、理論的認識場面での理性使用にかんする第一裁定である。この点を見過ごしてはならない。「わたしは何を知ることができるのか」。わたしが「人間」として知りうるのは、経験的実在界に現象するかぎりの物だけだ。そして可能的経験を超越した叡智的な物自体については、わたしはなにも知らないし知りえない。しかしわたしたちはいま、まさにこのことを理性批判の法廷に陪席することで知りえたのである。

イデア的真実在の絶対真理の直覚に憧れ、すべてを真か偽かで一義的に裁断したがる二値論理の思考には、物自体にかんするカントの不可知論は、まことに割り切れぬ曖昧性を残した敗北主義である。この哲学の淡々とした晩成の達観に、まだ若いフィヒテ、シェリング、ヘーゲルのイデア主義が苛立ったのも、神との融和合一の道を死守再生せんとする時代思潮からすれば無理からぬことだった[4]。しかし批判哲学の革命的断案は、理性主義の伝統が囚われた叡智的超越存在への未練を、知的直観の教説もろともきれいに断念し、超越論的実在論の独断教条を斬り捨てた世界市民的公共性の開けの場所に成り立っている。理性批判とは、旧式の形而上学的思弁の不当な越権を裁断する司法正義の剣である。

　理論・思弁・実践という理性使用の三分法。批判的建築術の言語論的意義を嚙みしめたい。そして批判哲学に言う「理性使用」が、この世に生きて言葉で物を考え討議する人間の、すぐれて言語行為的な営為であることに思いを致したい。理論的認識判断の形成だけが理性の言語使用ではない。われわれの「知」の権限の及ぶ範囲を思い知り、みずからの分際を弁えたうえで、思弁的なイカロスの飛翔をいたずらに冒すことなく、実践的な「信」の「場所」を経験の地盤に確保する。この基本線に沿うテクストがくりかえし強調するように、われわれは現象として認識しうる「まさに同一の対象を、物自体としても、たとえ認識はできないにせよ、すくなくとも思考することはできるはず」（B XXVI）なのである。

　しかもここで「実践的 praktisch」とは、たんに「技術的 technisch」でも「実用的 pragmatisch」でもなく、「道徳的 moralisch, sittlich」である。この道徳的な実践、すなわち定言的にあるべきもの、なすべきことへの普遍的な意図と関心に基づき、超感性的な無制約者の諸理念《イデア》を「思考する」。そしてこの想念を、世界市民的見地から「公的」に語りつづける。そういう言語行為の批判的で自己啓蒙的な意義を、この世の読者公衆に語りかける哲学の、法廷弁論のかたちでの理性使用それ自身が、あの「公的な理性使用」の無制限の「自由」の権利要求ともあいまって、すぐれて道徳的＝政治的な言語実践である。

　理性批判は、理論的・思弁的・実践的な言語使用の権限（権利問題 quid juris）を順次画定する司法手続きをつうじ、最終的には可能的経験の限界を超えて思考しうる道徳的＝政治的な諸理念を、われわれの新たな世界市民的討議の場で「規定的＝使命的 bestimmend」に語らうべく、理性使用の正しい道筋を「反省的 reflektierend」に探り当てようとする。だからことさらに第三批判をとりあげて、その「複数主義」のモチーフを言挙げせずとも、理性批判の法廷弁論全体が第一批判から一貫して、対話的かつ複数主義的なのであり、つねに世界市民的見地に立って政治哲学的である。批判テクストはそれ自体が人間理性の公的使用を、良心的、自己批判的に実践する道徳的な政治文書である。この哲学弁論はこの世の読者公衆を目の前にして、人間理性の自然本性がつねに同時に言語的で政治的《ポリス》だという洞察のもと、思考法の革命を重層的に展開する。

しかも理性批判は総体として「構成的 konstitutiv」と「統制的 regurativ」の建築術的な比喩をさりげなく巧妙に駆使することで、立法権と行政権を分立する共和制革命への、言語哲学的な参画を呼びかけていた。批判テクストが密かに通奏する、この政治哲学的な低音部に耳を澄ませば、一連の思考法の革命をたんにドイツ・プロイセンの政治的経済的な後進性ゆえの、内面性や観念性の表白だと安易に揶揄するのは厳に慎むべきだろう。そういう浅薄な社会思想史的な物言いには、哲学的に物を考え語ることへの蔑視がある。そして理性批判の自己思考に秘めた革命的世界建築術の企図の看過がある。それになにより精神と物質、上部構造と下部構造、理論と実践、意識と行動という、言語的＝観念的な二項対立図式への迂闊で無批判な囚われがある。

第二節　世界反転光学の言語哲学的意義

それにしても十九世紀以降の哲学史は、なにゆえに観念論《イデアリスムス》と唯物論《マテリアリスムス》を対置しなければならなかったのか。十八世紀末の理性批判は、デカルト的二元論に乗った唯心《スピリトゥアリスムス》論と唯物論の対立を乗り越えるべく、根底の超越論的実在論のドグマを打倒して、超越論的観念論の視座を打ち出した。ここに精神と物質の言語的＝観念的分別は、経験的実在論（経験的二元論）の語りの局面へ適確に落とし込まれた。ところがこの画期的な司法裁定を、以後の哲学史は完全に無視したまま、ドイツ観念論とマルクス主義の対立に目を奪われてゆく。そして観念論と唯物論の粗雑な対置法に乗り、ジェイムズや西田の唯心論的観念論（じつはバークリに連なる新手の超越論的実在論）が形而上学的思弁を反復変奏する。

他方、超越論的実在論の「基礎づけ主義」のドグマは、いわゆる「言語論的転回」を経たはずの現代哲学にも暗く長い影を落としている。その言語分析的な思弁のうちでは、語や句や文の「意味 meaning」と「指示 reference, designation」、心の「志向性 intentionality」をめぐり、言葉と物、概念図式と実在的感覚与件、科学理論と自然そのものとの「対応 correspondence」が、手を変え品を変えて話題になる。それればかりか自然言語や、形式的に整序された「対象言語 object language」、あるいは理想的人工言語と、実在世界との「対応」までもが、理性批判の反転光学ではたんに経験的なレベルの事柄であるにもかかわらず、無批判的に擬似超越論的レベルで問われている。それに起因して言語外在的な対象世界の実在論（ラッセル、『論考』的ウィトゲンシュタイン、セラーズ、ローゼンバーグ）か、はたまた言語内在的でプラグマティックな記述主義（クワイン、デイヴィドソン、ローティ）かが、じつに激しく物議を醸している。

ここにまことに興味深いのは、当初は「外在主義の見地 the ***externalist*** perspective」に立って、「形而上学的実在論 metaphysical realism」を唱えていたパトナムが、一九七〇年代半ばに「内在的実在論 internal realism」へ〈転向〉[5]し、新世紀からはいっそうプラグマティックに「自然な実在論 natural realism」に向けて自説を展開している事態である。[6]しかもその転向当初の語り口は「少なくともその精神において[7]」、理性批判の道筋に沿っている。ゆえにこれを二百年前のカントの批判的転回と比較対照してもおもしろい。[8]じじつパトナムは「言語の内部」、「使用者たちの概念図式の内部」に定位して、[9]「〈神の眼からの観点〉a God's Eye point of view」[10]に立つ外在主義の実在論のドグマと戦っており、「物自体 things-in-themselves」ならざる「われわれ-にとっての-物 things-for-us」[11]の実在性を語るべく努めている。そのかぎりでかれの言語論的思弁の方向性は、たしかにカント理性批判の筋と概ね一致する。

ただしかれのカントの「読み解き方」は、やはり「正しい解釈への第一次近似にすぎない[12]」。もとよりテクストの唯一「正しい解釈」がこの世にあるはずもない。しかしパトナムは、よりにもよって超越論的言語批判の係争事案の重要局面で、理性批判の肝腎要の言葉を聞き逃している。形而上学的な超越論的実在論者は、否応もなく経験的観念論に陥るのだが、これにたいして「超越論的観念論者は一個の経験的実在論者である」。この形而上学批判の画期の場所に、パトナム自身も現に立ち会った。しかるにかれは、この転回の思索の本質動向に充分に乗りきれない。経験的実在論にして超越論的観念論、超越論的観念論にして経験的実在論。この世界反転光学の妙味を少しも堪能できぬまま、遙か前方のカントの背中にたどたどしく歩み寄ろうとするばかりである。

　パトナムの前進が手探りにとどまるのは、近代経験主義や現代分析哲学の討議共同体で、自然科学の描像を偏重した物理主義的・唯物論的な「外在的実在論」が、人々の思索を縛っているからだろう。歴年の妄執を明るみにもたらし、これをなんとかして打ち破るべく、かれは数々のＳＦ的な思考実験を繰り出してくる。「意図」も知性も持たない「蟻」が「ウィンストン・チャーチルの漫画」らしきものを描いてみたり[13]、「双子地球」の「河や湖」が「H_2Oではない液体[14]」で満たされたりと、「指示の魔術説[15]」を打ち崩す論理の手練手管をパトナムは熱心に探っている。その努力には敬服するしかないが、「水槽の中の脳[16]」のおぞましさにも増して、じつに痛々しいのは「脳」の内部と外部の空間区分に、「心」の内外を安易に重ねて力説する比喩の危うさだ。パトナムのねらいは明らかに、外在主義の形而上学をささえる「指示の魔術説」を、古来の「指示の類似説[17]」もろとも根絶させる点にある。それならばかれはもっと徹底的かつ全面的に、カントの「超越論的」な観念論の真意を探りとるべきだったのだ[18]。そして外在的実在論から内在的実在論へという、空間移動の比喩でお茶を濁したりせずに、「批判的」で「形式的」な観念論の視座をもっときっぱりと前面に押し出すべきだったのである。

　理性批判の形式的で超越論的な観念論の見地では、「自然」とは「諸現象の総体」であり、この世に「現にあるすべてのもの」は現象であり表象である。しかもこれらすべての表象はつねに知覚と向き合う「超越論的統覚」のもと、われわれ人間の「意識一般」の〈内〉にある。そして感性から独立した彼岸や背後に実在すると言われてきた叡智的な「物自体」は、たんに理性的に思考しうるだけの可想体という表象になり果てている。批判哲学の革命モチーフに耳を澄まし、「物自体」を「限界概念」に切り下げて、学校形而上学の越権を裁断した第一批判の判決を聴き取るならば、「意識」や「言語」を「自然の鏡」としてイメージしてきた旧来型の思考枠組みそのものが、ここではきれいさっぱり一掃されていることにも容易に気づかれるはずである[19]。

この世のあらゆるものは現象であり、すべてが表象としてつねにすでに、超越論的統覚の根源的総合的統一の、言語的な区切りと繋ぎのはたらきの場所にある。そういうわれわれ人間の超越論的な言語活動一般に、そもそも外部はありえない。そしてこの一階上位のメタ言語論的反省局面では[20]、「言語的・意識的なもの」からの超越か内在か、外在主義か内在主義かという論争自体が、たんなる虚妄に終るのだ。人間的な認識能力たる理性は、どうあがいても可能的経験の限界を超えて外に出られない。そうである以上は、たんに思弁的な言語分析の討議共同体のうちでも、言語・表象・心の「超越的」な「指示」や「志向性」が「有意味 bedeutungsvoll」に問われる余地はもはや原理的に皆無である。

そもそも可想的なヌーメノンや物自体は、いまや「無 Nichts」（A290=B347）にほかならぬ。理性批判の法廷陳述は、特殊形而上学を批判吟味する弁証論へ歩み出す寸前、分析論付録「反省概念の多義性」の末尾に、「無の概念」の分類表を置く。その筆頭項目には「概念上の存在者 ens rationis」という術語が据えてある。法廷の陪審員たるわれわれは、このことの建築術的含意を深刻に受けとめるべきである。この「対象なき空虚な概念」（A292=B348）は自己矛盾をはらむわけではない。ゆえにそれは「否定的な無 nihil negativum」のように「不可能なもの」（A291=B348）というわけでなく、そういう「物でなし Unding」とは違い、思念可能な「思想物 Gedankending」である。しかし「たんに虚構 Erdichtung」（A292=B348）なのであり、これはまぎれもなく「無」だという判定である。

にもかかわらず人が思弁的に詭弁を弄し、これを「現にあるもの」だと言い張るとき、「仮象」が生じてくる。しかもこれがとりわけ「現にあるべきもの」だと道徳実践的に熱望される場合、自然本性的に不可避的な「超越論的仮象」が生じてくる。だからわれわれは警戒を怠らず、この手の「思考物」の語り方には充分配慮してゆかねばならぬ。「現にあるもの」と「現にあるべきもの」。言語表記の微妙な差異ではあるが、この世の「形而上学的＝メタ自然学的」な弁論術を「確かな」ものにしてゆくためには、やはりきわめて重い意味がある。批判第一法廷はこの点を考慮して、超越論的論理学を「真理」の分析論と「仮象」の弁証論に区分けした。そして批判的形而上学体系の建築術は、事柄の正しい論理《ロゴス》の声に聴従して、自然と道徳、理論と実践の二部門体制を新たに選択する。

かかる批判的言語哲学の道へ踏み出したときの人間理性の覚悟のほどは、かなりのものだったにちがいない。それがどれだけの気概に満ちた出立だったかは、「虚構」の「無」たる「思考物」の語に、不死の魂や唯一絶対の創造神という欧州世界永年の信仰箇条を代入してみれば、おおよその見当はつくはずである。[21] そしていま神なき世界を生きる現代的身心の眼から見ても、この革命的断案に直面した当時（そして以後二百年間）の篤信家たちに深刻な不安が萌しただろうことは、容易に想像がつく。ただし、ここで自己批判を決意した人間理性自身は、もはや一抹の不安も覚えなかったにちがいない。数々の独断的先入見に囚われた学界・教団・世評を尻目に、早くから視霊者や形而上学の夢と訣別し、この世の経験の地盤のうえで自己思考の道を踏みだした批判哲学は、もっと澄明なニヒリズムの「確か」で「安定した」旋律を、じつに晴れやかに奏でている。

この批判的革命の主旋律を重厚篤実に仕上げたのが、あの世界反転光学の語りの妙技にほかならない。「超越論的観念論者は一個の経験的実在論者である」。批判的な超越論的観念論は、世界の見方を転じれば、そのままただちに経験的実在論である。そしてこれまでは彼岸の真実在の陰でたんなる表象や仮象や非存在にまでおとしめられた現象総体が、ここに初めてわれわれ人間にとって唯一の実在世界となったのである。[22] 経験的実在論にして超越論的観念論、超越論的観念論にして経験的実在論。[23] この反転光学の始動と継続に、「神の誠実 veracitas Dei」のドグマはもはや不要である。批判哲学の語りと記述のすべては、人間理性の超越論的な言語批判の思索内部で自足する。そして西洋哲学史上の一大画期をなす批判光学のメタ言語論的な瞬時反転の妙技を、読者世界の「仲間 Gesellschaft」が十全に体得しえたならば、パトナムも「形而上学的」「外在主義」の「指示」の類似説や因果説などという過去の亡霊といたずらに闘う必要がなくなるにちがいない。

経験的実在論にして超越論的観念論。批判光学の視座では、自然の物質的なものも精神的なものも、この世のすべての現象が物であり表象である。ここでは「現にあるもの」が一般に物にして言葉であり、言葉にして物である。そしてこの現象物、表象、言葉の向こう側には、理論的にも思弁的にも有意味なものはなにもない。だからまたパトナムの内在的実在論にしても、プラグマティックな記述主義にしても、ことさらに「反表象主義」や「反実在論」を旗印に掲げる必要はない。むしろわれわれが感性的に受容して、知性的に概念把握することで経験的実証的に把握された種々の現象物は、そうしてわれわれに見られているかぎりですべてが表象である。だから超越論的言語批判の観念論の見地では、きっぱりと表象一元論を貫くべきである。しかもここではもはや「物自体‐表象‐意識」だとか「物質‐感覚与件‐精神」などという旧来型の三項構造は意味をなさない。だからパトナムやローティやクワインはもっと潔く、「超越論的」な表象主義や記号主義をすすんで打ち出すべきだったのだ。[24]

かくして理性《ロゴス》批判は、〈経験的な物心二元論にして超越論的な観念一元論〉の世界反転光学の不断反復のもと、徹底的なメタ言語《ロゴス》批判を敢行する。たしかにこの批判的反省の極みでは、通例の言葉で摑みきれぬもの、通常一般の人間理性では割り切れぬ物がつねに片付かぬままに残される。人間理性の言語批判はこれを充分覚悟して、みずからの思索の道に臨まなければならぬ。ただしかし人間の言葉が届かぬ物たちの「沈黙」の場所は、あらゆる経験の可能性の彼方、超感性的で超自然的な物自体の超越論的実在世界へ大仰に飛び出すふりをせずとも、じつはもっと身近なところにある。われわれ人間の住まう経験的実在的な生活世界のただなかにこそ、個々の自然言語や論理学的人工言語の分節法が行き届かない、新たな物の出現《エアシャイネン》の現場がある。これにたいする誠実な応答は、なによりもまずはわれわれの「沈黙」である。そしてそのうえでなお人間がこの世に生きより善く美しく、望むらくはもっと幸せに平安に語らいつづけるためにも、この意味での言葉の境界《きょうがい》の果て、この世のうちなる人間理性の言語のほつれの場所を、詩作的思索的に凝視しつづけることのほうが、よほど批判哲学的にも実存論的にも肝要である。

第三節　純粋概念の客観的妥当性

理性批判とは人間理性の有限性の自覚であり、その論弁的な言語分節能力の限界の画定であり、われわれの言葉が届かぬ直下《じきげ》の場所への感受性《アイステーシス》の喚起である。だからこそ第一批判の法廷弁論は感性論（しかも空間論）から始まっている。そしてつねに感性と理性の諸限界を見つめ、両者の対話的協働の方途を探りだす[25]。理性批判は〈経験的実在論にして超越論的観念論〉の反転光学のもと、経験の大地の険しい道を踏みしめて、徹底的に言語批判的な思索を敢行する。そしてわれわれの言語活動が届きうる「外延的」最大射程を画定すべく、まずは経験的理論認識の可能性のアプリオリな条件となる根源語群の「客観的妥当性 objektive Gültigkeit」を問い直す。

感性的直観の形式たる空間時間と、純粋悟性の思惟形式たるカテゴリー。これら純粋概念は、われわれの経験世界がまさに一つの世界《コスモス》として開示され、この場所にそれぞれの物が物として立ち現れてくる可能性の、アプリオリな言語活動的根本原理である。ゆえにその客観的妥当性は、やはりあくまでも感官の対象たる現象にかぎって権利認定しうるのである。第一批判前半部（感性論と分析論）は、この限定的な権限を、批判的啓蒙近代の世界市民的公共圏で正当化する。そしてその超越論的論証は、旧来型の学校形而上学的な超越論的実在論が専制的に僭称した、叡智的真実在たる積極的肯定的な物自体への、純粋悟性概念の客観的（正確にはむしろ形相的＝現実的）妥当性を再三再四却下して進行する。

しかも理性批判は、近代科学的物理主義の唯物論だけでなく、狂信的な信仰箇条に根ざす唯心論とも闘っている。この両面作戦に打って出ることで、世情と学界を惑わしたデカルト主義の超越論的二元論に即時退場を厳命するためである。われわれの外なる物体界の存在を懐疑し否定する経験的質料的観念論のスキャンダルからは、きっぱりと縁を切ろう。理性批判の法廷弁論は、すべての人間理性に自己啓蒙を呼びかける。そしてわれわれ読者が唯物論と唯心論の形而上学的陥穽から脱却し、通常一般の人間的生の成り立つ経験の地盤に生還したときに初めて、理性批判の〈経験的実在論にして超越論的観念論〉の世界反転光学は、その妙技を真に発揮する。超越論的実在論の形而上学的な物自体界から、経験的実在論の自然学的な現象世界へと人間理性が無事の帰還を果たしたのちに、いよいよ本格的に〈物にして言葉、言葉にして物〉の反転光学は反復運動を開始するのである。

この反転反復はあの世とこの世、叡智界と可感界、物自体界と現象界のあいだの往還ではありえない。批判光学の不断反転の思索の視座は、徹頭徹尾、経験的な現象物の世界に定位する。そしてつねにこの同じ場所に居て、世界全体の見え方だけが〈物にして言葉、言葉にして物〉と一挙瞬時に反転する。この反転光学の妙味が感得され、革命的含意が腑に落ちてきたならば、すべてはもはや一目瞭然だが、ここでは精神と物体の実体的区別だとか、それに基づく主観と客観の対立図式は微塵も前提になっていない。カントはこの手の独断的実在論の二項対立を基礎づけたのではない。それとはまったく反対に、理性批判はかかるデカルト的近代の思考枠組みを根本から打ち崩す。そして主観と客観が未分の一つの可能的経験の開けのうちで、物一般、現にあるもの一般をつねにすでに分節し連接している、言語活動の根源語群の客観的妥当性を問いなおす。しかもその純粋諸概念の客観的妥当性は、「経験の可能性」のアプリオリな条件であるかぎりで公的に承認されるのだ。じじつ「超越論的演繹」の弁論方針に言うように、「アプリオリな諸概念たるカテゴリーの客観的妥当性は、これによってのみ経験が〈思惟の形式にかんして〉可能であるという点に基づいている」。そして「経験の可能性の客観的根拠を交付する諸概念は、まさにそれゆえに必然的なのである」（A93-4=B126）。

知的直観の能力をもたぬわれわれの場合、純粋概念の客観的妥当性は、感官の外に真実在すると言われる物自体に及ぶことがなく、感官の対象たる現象物に制限されねばならない。このことを啓蒙近代の読者公衆のまえで公的に宣言することが、理性批判の弁論の第一眼目だったのだ。そのうえでいま新たに批判法廷は、経験的現象世界の出来事一般を主観‐客観対立構図で有意味に語るための、理性の言語行為の権限の正当化に乗りだしてゆく。ゆえにもう一度くりかえせば、ここでは実在的な主客対立がまずあって、そのあいだをどう繋ぐかが問題なのではない。むしろ心と物自体、精神と物体を始めから実体化し対立させる旧来型の超越論的二元論の思考枠組みをきれいに払拭したうえで、われわれ人間が現に生きる感性的な現象界で、「主観」「客観」という術語の対置法や、「主観的」「客観的」の区別立てを有意味に語りあうための論理学的条件が、超越論的観念論の言語批判の法廷で問われている。そしてこの世に語らうわれわれの経験的認識の客観性の、根本条件を探索する課題のために順次くりだされるのが、空間時間・カテゴリーというアプリオリで形式的な根源語群である。さしあたりまずは消極的に現象一般に制限して承認された純粋諸概念の客観的妥当性は、この第二の権限論証局面では、われわれの全認識の客観性のアプリオリな条件の正当化に寄与するという積極的な意義をはらんでくる。本書第Ⅱ部で垣間見た「客観的実在性」の批判的術語法の、言語論的な妙味を最後にできるだけ丁寧に探りたい。

この重大案件に立ち入るにあたり、再度確認しておきたいのだが、この法廷弁論では「実体‐属性」や「原因‐結果」の概念図式は、論述後半部で初めて発言権を付与されるのであり、けっして議論の最初から超越論的実在論的に前提されているのではない。しかもこの二組のカテゴリーは、能作と所作の「相互性」とともに「関係 Relation」の項目に置かれている。かくしてこの世の万物は一般に、「縁起」の相のもとに観られ語られることとなる。理性批判のこの根本洞察は、かなり重大な哲学の出来事だと言わねばならない。この世の物一般は現象であり表象である。超越論的観念論の世界観想法を会得した批判哲学は、みずから整備し直した判断表の各項目と順次丁寧に対話する。そして経験的現象界において認識の対象物をそのつど「実在的」な「実体」として立ちあがらせる、われわれ自身の言語活動一般を反省する。つまりここで「実体」とは、意識の彼方や言語外に始めから自存する超越論的真実在ではなく、「実在性」「現実性」などと同じく人間理性の根源語であり、しかもそれ自身は可能的経験の範囲内でしか意味をなさない言葉である。

ゆえに「現にある」物一般は、「思惟する物 res cogitans」や「延長する物 res extensa」として、あるいはまた窓をもたぬ「モナド」や「神即自然」の全体として、[26]最初から実体的・個体的に自存しているのではない。むしろわれわれが言語的に住まう現象界では、諸表象の「多様襞襞 das Mannigfaltige」が、感性的直観の純粋形式たる空間時間に受容され整序されつつある。そしてそれがまた、純粋思惟形式たる諸カテゴリーの結合機能により、量・質・関係・様相の順に重層的に構造化されてゆくのであって、この一連の言語活動のうちで初めて、なんらかの物が「実体」として立ちあがってくるのである。[27]しかも独り「実体」概念の手腕により「客観 Objekt, Gegenstand」が「客観」として、「主観」に「対して立つ gegen-stehen」のでもない。むしろ「実体 - 属性」の概念対を含むアプリオリな根源語群が体系的・建築術的に協働し、総体として整合的な「客観的」認識の「憲法体制 Konstitution, Verfassung」の確立に寄与するのである。

そしてわれわれの「客観的」な経験的自然認識の根底で、つねにすでに「わたしの全表象に随行」して、純粋諸概念の分節と連接の機能を統括すべくはたらくのが、それ自身も「われ思う Ich denke」という文で言語表記される「統覚の根源的総合的統一」（B131）にほかならない。ゆえに理性批判は革命的に宣言する。われわれの「純粋」で「根源的な統覚」（B132）の「質的」（B114, 131）で「必然的」（B142）で「超越論的な統一」の「自発性のはたらき」（B132）によってこそ、経験的認識一般には「対象への諸表象の関連づけ、すなわちその客観的妥当性」（B137）がもたらされるのだ。そして「いかなる直観も、わたしにとっての客観となるためには」、「意識の総合的統一」という「全認識の客観性の条件のもとに服していなければならない」（B138）のであると。

念のために確認すれば、ここに言われる「客観的妥当性」は、もはやたんにアプリオリな純粋概念のそれではない。われわれの経験的な「認識」が一般に、たんに個人の「主観的」な意識や思いや感じなどにとどまらぬ、れっきとした「認識」と呼ばれるための根本条件として、「所与の諸表象の、一つの客観への、規定された関連づけ」（B137）に焦点が当てられている。すなわち経験的な対象認識一般の成立根拠を問う超越論的論理学は、百年後の現象学にいう「志向性」や、言語哲学の「指示」の教説を遙かに根本的に先取りして、諸現象・諸表象一般の「客観的妥当性」を論題にすえている。

『プロレゴメナ』の語法で言い換えれば、われわれの「経験的な判断」を、たんに「主観的にのみ妥当」な「知覚判断」から「客観的に妥当」な「経験判断」へ高めるためのアプリオリな根本条件が問われているのである。そしてこのアプリオリな条件が、「悟性のうちで根源的に生み出された特殊な諸概念」（IV 298）たる、カテゴリーの「規定的」な判断機能に見いだされたのだ。ここに諸表象および経験的認識判断一般の「客観性」が、アプリオリな純粋概念の「客観的妥当性」に基礎づけられる。すなわち理性批判の法廷弁論は、純粋概念の妥当権限を物自体から現象に制限することで、一気呵成に反転攻勢し、経験的認識一般の「客観性」の、究極的で実体的な基礎なき、言語論的基礎づけに着手した。そして現象的な自然世界をめぐる「客観的」な経験的認識の批判的建築術の道に踏みだしてゆく。かかる批判哲学の法廷弁論の、捨て身で堅実な戦略の妙味を見逃さぬように心したい。

第四節　超越論的対象と経験的対象

この論証上の超絶技巧は、学校形而上学の超越論的実在論から〈経験的実在論にして超越論的観念論〉の反転光学への批判的回心《コンバージョン》により、初めて可能になったものである。しかもこの革命的着想は、『批判』第一回口頭弁論のときから積極的に打ち出されていた。

われわれのあらゆる表象は、じじつ悟性により、なんらかの客観へ関連づけられている。そして現象は表象以外のなにものでもないのだから、悟性はこれらの表象を、感性的直観の対象としての、一つの或るものに関連づけている。ところでこの或るものは、そのかぎりではたんに超越論的な客観にすぎない。これはもちろん、一つの或るもの＝xを意味《ベドイテン》しているが、これについてわれわれはまったくなにも知らないし、それどころかそもそも（われわれの悟性の現下の装備のせいで）なにも知りえない。むしろこの或るものは、ただ統覚の統一の一つの相関項《コレラートゥム》として、感性的直観における多様の統一のために役立ちうるだけであり、悟性はこの統一により、あの多様を一つの対象の概念のうちへ統合するのである。（A250-1）

ここに再掲した箇所に言われる「超越論的な客観」は、その徹底的な不可知性のためか、しばしば粗雑にも「物自体」と混同されてきた。しかも超越論的実在論にいう「積極的な意味」での「物自体」、すなわち背後世界の叡智的真実在たる「物自体」だと誤解されてきた。理性批判はしかし、この意味での「物自体」は思弁的に思惟しうるだけの「無」なのだと言い切って、たんに「消極的」な「限界概念」に切り下げた。ところがこの革命的断案の意義も無視されがちなため、あの誤読はカントの超越論的な認識批判全体を、ふたたび旧式の独断的形而上学の土俵上に引き戻しつづけている。

しかし理性批判の根本視座は、〈経験的実在論にして超越論的観念論〉の反転光学にある。そして「超越論的客観」はあくまでも「感性的直観の対象として」、彼岸の真実在たる「物自体」への未練を断ち切った超越論的観念論の見地から、われわれの経験的な自然認識の「客観性」「対象性」の条件を問うべく、認識批判の操作概念として新たに導入されている。しかもこの法廷弁論は「物自体」や「実体」だけでなく、近代哲学の思索を縛りつけてきた「客観」そのものも、じつはたんなる「思想」であり、学校哲学的な術語《ことば》にすぎないことを、(28)世界公衆の面前で暴露する。そして批判光学はこの同じ場所で、瞬時に一挙に反転する。つまり〈経験的実在論にして超越論的観念論〉から、〈超越論的観念論にして経験的実在論〉へ。この世界反転光学の絶妙の呼吸法に乗り、理性批判のテクストは純粋概念や諸表象の「客観的妥当性」を、随所でじつに軽々と「客観的実在性 objektive Realität」と言い換える。

この点をいぶかしく感じたり、そこに詐術の臭いをかぎとったりするのは、陪審員席にいる読者のほうが、超越論的実在論の旧態依然たる慣例語法から抜け切れずにいるからにちがいない。おそらくはそういう事態を懸念して、あるいはまた自分自身の思索の苦い経験もふまえてのことだろう、テクストはこの手の根深い超越論的仮象にたいしても、用意周到に予防線をはっている。ここにあの決定的な数行もあらためて引いておこう。

超越論的観念論者は一個の経験的実在論者であり、現象と見なされた物質に現実性を認めている。しかもこの現実性は推論されるものであってはならず、むしろ直接的に知覚されるのである。これにたいして超越論的実在論はかならずや窮地におちいり、経験的観念論に場所を明けわたすことを余儀なくされる。そうなるのも超越論的実在論が、外的感官の対象を外的感官そのものから隔絶された或るものと見なし、たんなる現象を、われわれの外にある自立的存在者と見なすからである。（A371）

テクストは、感性的直観の直接性と概念的思考の間接性の対比を、思索の要にすえている。そして現象界の「経験の諸対象」と「直接的に」出会われている感官の直観こそが、純粋理性の思弁的独断的な形而上学的飛翔の「蝶の羽」を矯め、われわれを経験的実在性の大地に批判的に繋ぎとめてくれるのである。

「内観 introspection」による「心的存在 mental entities」への「特権的接近 privileged access」というデカルト主義の教説に、理性批判は真っ向から反論する。そもそも感性的直観の直接性の点では、内外感官のあいだにいかなる権利上の差別もない。つまり外感も内感もひとしく「直接的に」経験の対象と触れあっている。たしかに、その対象たる外的物理現象と内的心理現象には、「知覚」の「質」にかんして「内包量」たる「実在性《レアリテート》」の「度合い」に微妙な差異があるとしても、それらが「現にある dasein」という基本線では特段の違いはない。ゆえに右の第一版誤謬推理テクストも、「物質の現実性 Wirklichkeit」は「直接的に知覚される」と明言する。そして第二版観念論論駁は、この洞察を前面に押し出して、「われ思う」の内的自己直観のドグマを徹底粉砕するべく、デカルト的物心二元論に皮肉まじりの異議申し立てを展開する。しかし、その真意も長い研究史のなかで、充分に受けとめられてきたとはいいがたい（くわしくは本書最終章参照）。

一連の無理解の大元には、人間理性の概念思考の自然本性的間接性と、そこに根深い二項対立図式がある。超越論的実在論の頑迷な隻眼が「外的感官の対象を外的感官そのものから隔絶された或るものと見なし、たんなる現象を、われわれの外にある自立的存在者と見なす」という愚行《ナンセンス》を好んだのも、そのせいだろう。理性批判の言語分析はこれに敢然と異議を唱えるべく、「われわれの外 außer uns」という基礎的表現の「避けがたい両義性」（A373）に注意喚起した。そしてその「超越論的な意味」と「経験的」用法を、批判的に見分ける必要性を訴えた（vgl. A370-6, 385-8, IV 336-7 および本書第Ⅱ部第二章、第三章）。じじつ超越論的実在論の欺瞞的主張はたいてい、その混同に起因する。理性偏重・感性蔑視のデカルト的二元論は、感官の内外区分に基づく「経験的」な外部、つまり感性的な「空間」内に広がる物質的現象世界を、意識一般の外部に「超越論的」に実在する（と言われてきた）叡智的物自体の世界へ無自覚無批判にすりかえる。そしてこの致命的な錯視により、「外的感官そのものから隔絶された或るもの」のたんなる思念を、「われわれの外にある自立的存在者」として独断形而上学的に仮構し実体化してきたのである[29]。

これと構造的に同じ錯誤を、言語哲学の物理主義的な「形而上学的実在論」も、それを「外在主義」と論難するパトナムの「内在主義」も犯している。自覚的に言語分析する優れた頭脳が、どうしてこの誤りに気づかないのかは不思議だが、カントは二百年以上も前に、デカルト的合理主義の概念枠組みと訣別し、経験の地盤に定位した新たなメタ自然学的形而上学を建築すべく、感性的直観の直接性を力説した。ゆえにまた『批判』は感性論を論理学に先行させて、序論冒頭でも「疑いもなく経験こそが、われわれの悟性が産出する第一の産物」（A1）だと謳っていた。じつに巧みなこの論述構成により、経験的実在界の可能的諸対象は、すべてが最初から「超越論的哲学」の思索圏内に取り込まれている。そしてこの弁論方針は、超越論的観念論の見地と整合して微塵も無理がない。

しかもこの超越論的言語批判の見地ならば、そこから反転帰還した経験的実在論の文脈で出会われる個々の物の認識の、「指示」や「志向性」のアプリオリな条件を積極的に探究できるはずである。ゆえにここでは経験的自然科学の物理主義的「外在主義」の「指示」の語りにも、ことさらに目くじらを立てる必要はない[30]。じじつデカルト的二元論の概念枠組みから脱却したあかつきには、「物質」と「精神」、「空間」と「時間」、「われわれの内と外」の区別は、人間の言語活動内の出来事として、とりわけ経験的実在論の語りに遍在する二項対置的弁別法として、言語批判的に自覚反省されてくる。しかもこの意味での内外区分は、たんに空間的な内外区分（たとえば自己の身体表面の内と外）には決定的に先立つものの、それ自体は内外感官の差異に対応した感性的で経験的な実在性にかかわる言語分節であり、その内外表象のふるまいはすべて超越論的観念論の観想範囲内におさまっている。

　経験的実在論にして超越論的観念論。経験的物心二元論にして超越論的現象一元論。理性批判の世界反転光学は、われわれの目の前にある経験的諸対象を、物理的なものも心理的なものも全部一挙に、物自体でなく現象であり表象なのだと道破する。それらは皆つねにすでにわれわれに認識され意識され判断され語られているのだから、これはいかにも当然の理である。「われわれの悟性」は、感官に直に与えられてある「生地の」多様錯綜の表象を、純粋諸概念により「加工 bearbeiten」（A1）し、客観的な経験判断に仕立てあげる。その言語活動的技能を、批判法廷弁論は、超越論的観念論の見地で論理学的に分析する。

　「われわれのあらゆる表象は、じじつ悟性により、なんらかの客観に関連づけられる」。そして「客観」は最初から「われわれの外」に自存するのではなく、われわれのアプリオリな認識形式で諸表象の統一点として、「主観」に対して立つように作りあげられた超越論的な概念《ことば》である。つまり感官の直接所与たる諸現象が[31]、「経験の客観として」（A93=B126）存立可能となり、「わたしにとっての客観となる」ように仕向けている張本人は、「一つの対象一般についての諸概念」たる「カテゴリー」（B128, vgl. A111）を駆使して、つねにすでに言語分節的に経験的認識判断を形成している、われわれの論弁的知性である。

　理性批判のテクストは、認識の根源語たる純粋諸概念の革命的意味転換を、多重的に敢行する。空間時間とカテゴリーは、人間の経験的認識をかたちづくるアプリオリな形式であり、これは彼岸の叡智的な物自体でなく、感性的な自然世界の諸現象にのみ客観的に妥当する。この批判的制限はしかし同時に、これら純粋諸概念に基づく諸表象の論理《ロゴス》的結合と、ここに成り立つ経験的認識判断そのものの、客観的妥当性を公的に権利保証する。そしてこれによりデカルト＝バークリ系の懐疑主義を乗り越えて、ひろく経験世界に「あるもの」の客観的認識が可能になる。人間理性の認識対象となりうる物は現象だ。この批判哲学の画期的裁定は、哲学史の教科書的な語りのもとでは、なぜか陳腐に響いてしまう。しかしカントの思索の根底では、以上のような形而上学批判のドラマが、じつに鮮やかに進行していたのである。

注

（1）理性批判の弁論は、新時代の形而上学の生成の道筋を示すものであり、その革命の歴史性を深く自覚したところに成り立っている。第一批判の判断表が大学での長年の論理学講義や、一七六二年の論文『三段論法の四つの格の誤った煩瑣性』等の、形式論理学批判の積み重ねのなかで形成された歴史をもつことは言うまでもない。理性批判の哲学自身が「純粋理性の歴史」（A852=B880）のもとに生起した画期の出来事であり、テクストはこの点の確認を最終弁論掉尾にすえている。

（2）テクストを心理主義的に読む傾向は根強く、「言語論的転回」を話題にするローティなども、この筋のカント解釈に呑みこまれかけている。しかし理性批判の超越論的論理学は分析論も弁証論も、「心的 mental なもの」と「物理的 physical なもの」の経験的実在的な区別を超えた、最広義の「自然 Natur, natura, *φύσις*」における物にして表象一般の考察次元で、純粋理性思考の根源語群をめぐる言語批判を遂行する。

（3）自然の真理認識や自由なる善意志のアプリオリな規定根拠の解明として、理性批判は両立法の「基礎づけ」である。しかしそれは「究極的な基礎づけ」でなく、理論と実践の根本原則をめぐる「権利問題」の弁証である。法廷の比喩はテクストのもう一つの重要な側面を示唆しており、これは第三批判の「反省的 reflektierend」な判断力の全面展開により表だってくる。「規定的」と「反省的」の批判的区分が、ローティ『哲学と自然の鏡』第七章に言う「認識論」と「解釈学」の区別に（類比的にせよ）重なることに気づいていたら、かれのカント解釈はもう少しちがったものになりえただろう。「われわれになしうることは、対立者に対して解釈学的であることだけである」（ローティ、一九九三年、四二四頁）。かれのカント解釈はしかし、ガダマーのそれと同様、あまりにも教科書的に「通常的」であり非解釈学的ですらある。

(4) ヘーゲルは一八〇一年八月、イェーナの「教授資格討論テーゼ」に言う。「六、イデア idea〔理念・観念〕は無限と有限との総合であり、全哲学はイデアのうちにある。七、批判哲学はイデアを欠いており、しかも懐疑主義の不完全な形式である。八、批判哲学が提起した理性の要請の実質は、この哲学自身を破壊するのであって、原理はスピノザ主義のものである」(Hegel, Bd.2, S. 533) と。ドイツ観念論の若い血潮は、理性批判の節度と謙抑の道の真逆をめざす。そして後年の『エンツィクロペディー』(初版一八一七年) は、まさにプラトニズムのイデアの意味で「理念 Idee」を規定する。「理念とは、即自かつ対自的に真なるものであり、概念と客観性との絶対的統一である」(Hegel, Bd.8, S.367) と。

(5) パトナム、一九九四年、七八頁。

(6) パトナム、二〇〇五年、一四頁。

(7) パトナム、一九九四年、序言 vi 頁。

(8) パトナムは言う。「カントはこれこそが自分のやっていることだとはけっして言っていないのだが、真理の『内在主義的』もしくは『内在的実在論の』見解と私が呼んでいるものを彼が初めて提案している、というふうにカントを読むのがベストだ、と私は言いたい」(パトナム、一九九四年、九三頁)。

(9) パトナム、一九九四年、八二頁。

(10) パトナム、一九九四年、七八頁。

(11) パトナム、一九九四年、九七、九八頁。

(12) パトナム、一九九四年、九四頁。

(13) パトナム、一九九四年、一‐二頁。

(14) パトナム、一九九四年、三五頁。

(15) パトナム、一九九四年、三、二三‐四、三〇、七一頁。

(16) パトナム、一九九四年、七‐一一、一七‐二二、七八‐八一頁。心的性質を脳内過程と同一視する仮説にたいしパトナムは批判的であり、それに対抗して心的性質とコンピュータのプログラムとの機能的同型性に着目する（同、一二〇頁以降）。だが、その類比をしばしば規定的・構成的に語るため、かれの議論は読む者に微妙な違和感を残してしまう。

(17) パトナム、一九九四年、八九‐九四、一一一頁。

(18)「私の手続きは、カントが『超越論的』研究と呼んだものと密接な関係をもつ。なぜなら、繰り返しになるが、私の手続きは指示の前提条件 ***the preconditions*** についての研究であり、それゆえ、思考の前提条件についての研究だからである――それは、（カントが望んだように）経験的な仮定からまったく独立しているわけではないけれども、われわれの心そのものの本性 the nature of our minds themselves に内蔵された前提条件の研究である。／……指示の魔術説は間違っている。それも、物理的 physical な表現について間違っているだけではなく、心的な表現 mental representations［表象］についても間違っている」（パトナム、一九九四年、二三‐四頁、原語挿入引用者）。パトナムも正しく指摘するように、カントの超越論的観念論は、空間に外在する物質世界の観念性・表象性を申し立てるのみならず、デカルトのコギトの実体化やバークリ流の唯心論的実在論にも対抗して、「内感の対象は超越論的に実在的（可想的）ではないこと、それは『超越論的に観念的』（われわれ‐にとっての‐物）であること、さらにそれの知られ方の直接性は、いわゆる『外的な』対象以上でも以下でもない、ということ」（同、九七頁）を強調する。こうして批判的観念論の超越論的な破壊力を見とどけているからこそまことに残念なのだが、右のテクストは肝腎の「心」（ないしカントでは「意識」）をめぐる経験的記述と超越論的記述との差異をかなり曖昧なままに放置して、「心そのものの本性」なるものを語ってしまっている。

(19) 心を自然の鏡とするメタファーをカントになすりつけたローティの詐術は、ゆえにまことに罪深い。「われわれは『心的過程 mental processes』の理解に基づいた『知識論』という概念を十七世紀に、わけてもロックに負っている。また、諸々の『過程』がそこで生起する独立の実体としての『心』"the mind" as a separate entity という概念を、われわれはやはり同じ時代に、とりわけデカルトに負っている。さらに、ほかの文化諸領域が行なう資格請求 the clame を支持したり却下したりする純粋理性の法廷としての哲学という概念を、われわれは十八世紀に、とりわけカントに負っているが、しかしこのカント的概念は、心的過程についてのロック的概念と心的実体 mental substance についてのデカルト的概念に対する一般的同意を前提にしていた」（ローティ、一九九三年、序論22頁）。デカルトへのカントの抗弁の意義にうすうす勘付きながら（同、三〇〇‐二頁、参照）、「表象の一般理論」たる「知識論」（同、序論22頁）の形成史を右のように総括して、カントを超越論的な実在論者に仕立て上げるとき（同、三九七‐八頁、四〇八‐九頁、四一四頁等参照）、ローティは一番肝腎なことを見逃している。

　カント哲学は、たんに「知識の資格請求を『基礎づける』基礎的学問分野」としての「純粋理性の法廷 a tribunal of pure reason」（同、序論22頁）ではなく、第一義的には「純粋理性そのものの批判」の法廷であり、超越論的実在論に言う形而上的な心的「実体」なるものを却下して、「心」の内なる「表象」と外なる「物」というデカルト主義的内外分離の枠組みに無効宣告するのである。だから理性批判こそがローティの信奉する「ウィトゲンシュタイン、ハイデガー、デューイ」（同、序論23頁、四二八頁）の「反デカルト主義的・反カント主義的革命」（同、序論25頁）の、「体系的 systematic かつ啓発的 edifying」な始元である。ローティの浩瀚の書は、「デカルト‐ロック‐カントの伝統」なるものに縛られた「分析哲学」（同、序論27頁、原語挿入引用者）の自己批判としては興味深い。しかし肝腎の哲学革命を完遂するには、その自文化中心的な近代哲学史観の自己批判こそが求められる。

すくなくとも『批判』の世界反転光学の機微を感受する触覚を欠き、理性批判の革命的含意に心の目を閉ざしたローティの叙述は、哲学的な思索一般の歴史性と言語的論弁的自然本性への自覚の点で致命的に片手落ちである。ゆえにかれは安易に言う。「今日の」「露骨に認識論的」な「『不純な』言語哲学の源泉は、カントが抱いていた哲学像――すなわち、知識論という形で、永遠にして非歴史的な枠組を科学的探究に与えるという描像――を温存しようとするところにある」（同、二九六頁、さらに三〇四‐五頁、三一一‐二頁も参照）のだと。表象する心を物理自然の鏡としたデカルト的近代の知識論を脱却し、「自然《ピュシス》」を理性の反省的思索の鑑《かがみ》とする言語論的批判哲学の道を、カントとともに新たに解釈学的に探索したい。

（20）「クレタ人のうちの一人、預言者自身が次のように言いました。『クレタ人はいつもうそつき、悪い獣、怠惰な大食漢だ。』この言葉は当たっています」（『新約聖書』「テトスへの手紙」第一章第十二‐三節）。「いまここでわたしが言うことは嘘である」。かかる嘘つきのパラドクスを回避すべく、言語の「階層性 hierarchy」を強調する一連の議論がある。たとえばタルスキは、「真理規約T」のもとに「真理定義」を形式的一般的に定式化すべき言語を「メタ言語 metalanguage」と呼び、この「真理定義」が適用される「対象言語」から区別した。拙稿本文に言う「一階上位のメタ言語論的な考察の局面」は、そういう「メタ言語」をことさらに想定して特別な論理記号で表記したりせず、もっと単純に批判的世界光学に身を任せて、言葉と物、de dicto と de re、観念と実在を概念的に切り分ける経験的実在論の見地から、人間的言語一般の批判的考察を可能にする超越論的観念論の境地へと、視座を一気に反転させたところにおのずと成り立つものである。理性批判の自己関係的な反省の深まりとともに覚醒した超越論的な言語批判。これをとくに真理論にかぎることなく、もっと広く言語一般を網羅する射程で展開したい。

（21）ニーチェの読書経験は、その触覚を欠いたとみられるが、『この人を見よ』でこう述べたとき、かれはそれと知らずに理性批判の足跡を追いかけていた。「表紙に見える偶像とは、はなはだ簡単、これまで真理と呼ばれていたもののことだ。偶像の黄昏――

わかりやすく言えば、古い真理はもうおしまいだ…」(『ニーチェ全集15』、一五六頁)。だからフーコーは「侵犯への序言」と題するバタイユ論で言う。「限界のさなかで、そこに開かれる隔たり、限界を存在させる閃光のような線条を描きだす隔たりの、桁外れの大きさ……〔この限界の〕侵犯のうちに否定的なものは何もない。それは限定された存在を肯定する。……おそらくそれは分割を肯定すること以外のなにものでもない。それにしてもこの分割という語から、切断の所作とか分離の設定あるいは隔ての措置を思わせるいっさいのものを払拭し、そこに差異の存在を指示しうるものだけを残しておくようにしなければならないだろう。／おそらく現代哲学は、非実定的肯定の可能性を発見することでひとつの段差を創始したのだ。それに匹敵するものとしては、カントのなした否定的無と剝奪的無の区別——人も知るようにそれが批判的思考の道を開いた区別だ——があるだけだ。この非実定的肯定の哲学、すなわち限界の試練の哲学は、わたしの考えるところではブランショが異議提起の原理として定義したものだ。……異議提起とは、存在がおのれの限界に到達し、限界が存在を定義する空虚な核心にまで赴くことなのだ。そこ、侵犯された限界において、異議提起の『ウイ』が響きわたり、それがニーチェのロバの『イ＝ア』をこだまのないままに放置するのだ」(フーコー『コレクション2』、七〇-一頁、さらに一二六頁参照)。

「カントのなした否定的無と剝奪的無の区別」は、『負量の概念を哲学に導入する試み』(一七六三年)第一章冒頭に言う「論理的反対」と「実在的反対」(II 171-2)との弁別のみならず、同年の『神の存在の唯一可能な証明根拠』を巻き込んで、二十年後の『批判』の「無の表」に波及する。まさにフーコー炯眼の閃きである。ただし、以下の致命的な蛇足はいただけない。「カントが、まだかなり謎めいたやり方で、形而上学の言説とわれわれの理性の限界に関する考察とを接合した日に、西欧哲学において施した切開……この開口部をカントは、みずから人間学的問いのうちに再び閉じ込めてしまった。結局のところかれは、その問いにいっさいの批判的問いを引きつけてしまったのだ。そしておそらくそれ以後、ひとはこの開口部を形而上学に対して無制限に認められた猶予として理解してきたのだ」(フーコー、同、七二-三頁、さらに八七頁参照)。言説の批評家は、後代の弁証法の耳が捏造した「カント」の声でなく、テクストの徹底的に批判的なロゴスに直に聴くべきだったのだ。その声は「かなり謎めいたやり方で」しかし明白に、「同じもの le Même」の隔たりと近接性との世界反転光学の「謎」をかけている。フーコーはこれを、ようやく最晩年になって確信しだしたのにちがいない。

(22)「仮象の論理学」(A293＝B349)たる超越論的弁証論の序論冒頭に言う。「現象と仮象はけっして同一視されてはならない。というのも真理か仮象かは、直観されるかぎりでの対象のうちにではなく、思惟されるかぎりでの対象についての判断のうちにあるからである。ゆえに、感官は誤らないのだとたしかに正当に言えるのだが、それは感官がいつも正しく判断するからでなく、感官がなにも判断しないからである。だから真理も誤謬も、そしてまた誤謬への誘惑たる仮象にしても、ただ判断のうちにのみ見いだされうる。つまり対象とわれわれの悟性との関係のうちにのみ見いだされうるのである。悟性の諸法則と汎通的に合致している認識のうちに誤謬はない。諸感官の表象のうちにも（感官の表象はいかなる判断も含まないのだから）誤謬はない。……しかるに悟性の諸法則との一致のうちに、あらゆる真理の形式的なものは存するのである」（A293-4=B349-50）。

ニーチェもそれと気づかずに、いささか生硬な二項対立に乗せて、同趣旨のことを言う。「感官が虚言するのは、エレア学派が信じているような仕方においてでもなければ、ヘラクレイトスが信じているような仕方においてでもない、――感官は総じて虚言はしない。私たちがその証言からでっちあげるもの、これがはじめて虚言を置き入れる、たとえば統一という虚言を、事物性、実体、持続という虚言を……『理性』こそ、私たちが感官の証言を贋物にする原因なのである。感官が、生成、消滅、変移を示すかぎり、それは虚言してはいない。……しかし、存在とは一つの空虚な虚構にほかならないということで、ヘラクレイトスの主張は永遠に正しいであろう。『仮象の』世界が唯一の世界である、『真の世界』は虚言し加えられたものにすぎない……」（『ニーチェ全集14』、三九‐四〇頁）。

最後の一文は、理性批判の言葉に置き換えればこうなるだろう。感官に現象する事物の世界が「唯一の世界」であり、理性の純粋諸概念がその経験的実在性を確言するのである。そして超越論的実在論の語る「真の世界」は道徳的な信を思弁的な知と錯視することで「虚言し加えられたものにすぎない」のだと。これはニーチェの「第一命題。『この』世界を仮象として特徴づけている諸根拠は、むしろこの世界の実在性を基礎づける、――別の種類の実在性は絶対に立証されることはできない」（同、四四頁）という飛躍ぎみの詩的修辞を、法廷弁論として論理的に洗練したものにほかならない。理性批判の哲学の道はここに本格的に始動する。そしてここがニーチェの語る「一つの誤謬の歴史」の到達点である。「6　真の世界を私たちは除去してしまった。いかなる世界が残ったのか？　おそらくは仮象の世界か？　……だが、そうではない！　真の世界とともに私たちは仮象の世界をも除去してしまったのである！／（真昼。影の最も短い瞬間。最も長いあいだの誤謬の終焉。人類の頂点。ツァラトゥストラの始まりINCIPIT ZARATHUSTRA）」（同、四七頁）。かくしてツァラトゥストラは作者の見立てとはまったく反対に、カント理性批判の無自覚の後継なのだった。あるいはもっと正確には、前批判期の思弁の克服の苦い反復だったのだ。

（23）　言語活動の現実態と可能態との、反転の機微を見つめるカント理性批判の光学の比喩。これを懐深く抱擁する漱石晩年の「明暗双双」の、縹緲たる生死《しょうじ》一貫の世界反転光学。これはいまフーコーの文藝批評を、正嫡後継と認知する。「ソクラテス以来、西欧の叡智を支えてきた運動の正確な裏面」、「狂人の哲学者の可能性」、その「非弁証法的な限界の言語」が彩なす「侵犯と存在の戯れ」。それをバタイユの「内的体験の形象」たる「〈眼〉」（フーコー『コレクション2』、八〇－一頁）の奥深い回転運動に仮託して、二十世紀のテクストは言う。「途方もない空虚の中で語る」新たな「哲学的言語の至高性」。「眼は、その場で抉りとられて、それを頭蓋の星を散りばめたような内部に反転させる運動に引きつり、内部にその盲目で白い裏側を示すとき、おそらくその作用のもっとも本質的なものを成就するのだ。……反転した眼球、それはもっとも閉じたものであると同時にもっとも開かれたものでもある。その球体を回転させ、したがって同じまま同じ位置にとどまりながら、その球体は昼と夜とをひっくり返し、それらの限界を越えるが、しかしその結果限界を同じ線の上に、逆向きに見いだすことになる。……純然たる死……その死を、眼はそれがあるその場で、それを揺さぶるその場の噴出のなかで体験するのだ。……引きつった眼は、それが限界と存在の戯れを形象化するときに、言語と死との関係を明らかにする。おそらくその栄光の理由は、それがこの戯れにひとつの言語を与える可能性を打ち立てる点にある」（同、八三－四頁、さらに九五－六、一三六－四一、一五四－五頁参照）と。

（24）　パトナムは、自分の「内在的実在論」が「『知る側とその『外部』にあるすべての対象との間には、両者を媒介する境界面《インターフェイス》が必要である』という基本前提」を残していた点を問題視して（パトナム、二〇〇五年、二七頁）、「知覚の哲学こそが、どのようにしてわれわれはそもそも『外部にある』事物を指示できるのかをわからなくしている」と反省し、「直接実在論（『自然な実在論』と呼ぶほうがよいのだが）を復活させる必要がある」と言うにいたる。かれは心身、内外の形而上学的区別にふりまわされたあげく、「普通人の自然な実在論」（同、三五頁）に戻ったのだ。かれ自身はそれと自覚していないが、パトナムはこのとき初めてカントの反転光学における経験的実在論の自然な直接性の見地に近づいたのである。

（25）　第二版「純粋悟性諸概念の超越論的演繹」もこう始まる。「諸表象の多様は直観のうちで与えられることができるのだが、直観はたんに感性的であり感受性にほかならない。そしてこの直観の形式は、われわれの表象能力のうちにアプリオリにありうるが、それは主観が触発される様式以外のなにものでもない」（B129）。感官の受容性からの出発を理性批判全論述の基本原則として認知するならば、本書序論の注（58）でも述べたように、「触発」も基本的には受動態で表現されるべきであり、「物自体が感官を触発する」という奇妙な思弁に入り込まぬように努めるべきだろう。どうしても能動態で言表したいのなら、感性的直観もしくは現象としての対象が「与えられている gegeben」という基本事態に呼応して、非人称仮主語の「～がある es gibt」を用いるにとどめるべきだ。しかも「それ es」に神を代入したりせずに、おのずからの天然自然の声に耳を傾けたいものである。

(26) スピノザ『エチカ』に言う。「全自然が一つの個体であり、その諸部分、すなわちあらゆる物体は、全体としての個体に何の変化ももたらすことなしに、無限に多くの仕方で変化することをわれわれは容易に理解するであろう」（工藤・斎藤訳、一四五頁）。「神即自然」を幾何学精神で永遠の相のもと規定的・構成的に個体化し実体化するのではなく、ただひたすら反省的判断力の言葉で詩的に語ること。ここにヤコービ、シェリング、ヘーゲルと、ゲーテとの差異がある。ゲーテの詩集『神と世界』の一篇「エピレマ」に言う。「自然を観察するにあたっては／つねに個をも万象をも重んずるがよい immer eins wie alles achten／なにものもたんに内部に　たんに外部にあるのではない。／なぜなら　内部にあるものとは　外部にあるものなのだ。／だからおこたりなく把握せよ／〔根源現象という〕聖なる公然の秘密 Heilig öffentlich Geheimnis をこそ」（ゲーテ、一巻、三三二頁、Goethe, HA I 358 原語挿入引用者）。

(27) そもそも「実体」とはある現象の名前である。「われわれがある現象に実体という名前を付与することができるのは、その現存在をすべての時間にわたって前提することによってのみである。こうしたことは持続性という言葉によっては、けっしてうまく表現されないのである。」（A185=B228-9）。

(28) デカルト的二元論の思考枠組みに縛られて近代の討議に登場してきた「客観」概念こそが、古くから哲学的思索を支配してきた「実体」や「物自体」にもまして、専門言語的な性格が気づかれてしかるべきである。ラテン語の動詞 obicere, objectare に由来して「告訴、告発、非難」を含意しつつ、投射的に「前に投げ置かれたもの objectum」を意味していたものが、いつしか認識主観に「対して自立するもの」という意味を獲得し、ドイツ哲学界でも「対抗立象 Gegenstand」という訳語があてられるようになった経緯を、批判テクストはふまえている。「超越論的客観」は「統覚の統一の相関項」にすぎぬとした洞察は、「客観 Objekt」の原義の取り戻しをねらった術語批判だと解しうる。

(29) 第一版誤謬推理章の総括に言う。「われわれが、内的諸現象と外的諸現象を経験におけるたんなる諸表象として相互に結びつけて保持しているかぎり、われわれはなにも不条理なもの Widersinnisches を見いださないし、この二種類の感官 Sinne の連帯を疎遠にするようなものはなにもない」（A386）と。デカルト的物心二元論に慣れた頭脳を唖然とさせる断案だが、この超越論的観念論の見地から言えば、身心問題もじつは超越論的実在論の形而上学的思弁が「みずから作り出した全困難」（A387）の一つ、つまり近代西洋哲学のこしらえた擬似問題である。「ゆえにわれわれの思考する存在者の自然本性や、この存在者と物体界との結合の自然本性をめぐる全論争は、人がなにも知らないものについて、理性の誤謬推理により欠陥を埋め合わせようとすることから帰結したものにすぎない。ここで人は、自分の思想を事物にして、それを実体化しているのであり、ここからはこれを肯定的に主張するにせよ否定的に主張するにせよ、空想的な学問が生じてくるのである」(A395)。

(30)「自分は穏かな実在論者《レアリスト》である。ただ、プラトニストとともにイデアの国に安住していないだけだ」(クワイン、一九八四年、四九八頁、さらに一九二‐二〇二、三二一‐二、四八一頁参照)。『ことばと対象』の「訳者あとがき」にみえる著者肉声である。超越論的実在論の形而上学を排し、「公的」で「間主観的」(同、一頁)な経験科学的な実在論に徹するプラグマティックな言語哲学。それはしかし物体と心、外と内、対象と記号、物と言葉、世界と言語の二項対立――反転光学を知らぬゆえの「経験的二元論」の硬直化――に縛られて、みずからすすんで物理自然主義に偏執する。「普遍的 universal」と「特殊的 particular」の「二分法」に絡み「抽象的対象が存在するかどうか whether there are abstract objects」を争う「実在論者」と「唯名論者」を横目に睨んで著者は言う。「さしあたり、典型的な抽象的対象としてはクラス、属性、命題、数、関係、関数を、すぐれて具象的な対象としては物理的対象 physical objects を挙げ、このような典型的なケースに関わるかぎりで存在論上の論点を考察すれば十分であろう。／クラス、属性などが存在することよりも、物理的対象の存在することのほうにはるかに強い確信 confidence を感ずるとしても、驚くには当たらない」(同、三九〇‐一頁、さらに一四五、一四九、一五六、一六八、一八七‐八、二一三、二八八‐九頁参照)。全体文脈と英語標準文法からも文意は明白であり、ここに「物理的対象」という「名辞 term」の「指示対象 reference」は、「非言語的」「直接的」な「感官面刺激」(つまり触発！)により「われわれ」がそのつど(理論負荷的に)経験する、「外界」の個々具体的な実体的個物である。ただしかし、ここでこうして記号作用する「物理的対象」の「語」は、カントの観念論論駁における「外的な物 äußere Dinge」と同じく、高度に「抽象的」な「一般名辞」であり、充分な権利をもって「クラス」と見なしうる。そしてまたこの術語を有意味たらしめる前引の文は、当該事象を一般的に記述した「命題」(同、二七六頁および第六章参照)である。クワインの言う「意味論的昇階 semantic ascent」(同、四五一頁以下)をテクストの鍵概念に適用して、論証のあげ足をとりたいのではない。われわれの言語活動《ランガージュ》に通有の〈自己関係的 self-referential〉な反省局面《アスペクト》こそが、超越論的理性批判の反転光学起動の機縁なのだという点を確認したいだけである。

『ことばと対象』はただひたすら経験科学的な実在論のもと、外部世界の物理的対象に直結した非言語的体表刺激と、「社会的」「文化的」に「意味 meaning」が学習・解読される言語的刺激(なかでもまずは一語からなる「観察文」の音韻分節)とを切り分ける。そして両項の「対応関係 correspondence」（同、四〇頁）を精密科学的に「観察」し跡づけるべく、「刺激意味」（同、五〇 - 一頁）なる「客観的実在 the objective reality」（同、六二頁）の成立局面《アスペクト》——ここで「一般 general - 単称 singular」「抽象 - 具象」という文法上の「区別」は捨象される（同、八二頁参照）——に分析照準を絞り切る。しかしこのテクストの語りそのものは、いったいどこに生起しているのか。その論証を記述する一連の文の体系的位置価はいかなるものか。「ことばと対象 Word and Object」を区切り繋ぐ接続詞「と」は、当該実在論の枠内でどこまで有意味たりうるのか。「世界の体系を表現するための厳格な〔量化の〕正準的表記法」（同、三八〇頁）の開発整備をめざす「理論」は、この種の反転光学の問いを方法論的に差し止めた。しかし超越論的理性批判の関心事は、当該方法論自体の妥当限界にある。「指示のメカニズム」に「関心」（同、一五一頁）を集中した言語哲学は、現代英語の「実名詞 substantive」の用法に沿い、「ことば」と「対象」および「物・事物 thing」（同、一四一 - 二、一五四、一八九、二一九頁）の語義を、経験科学的に分析可能な位相に切り詰めることで、科学哲学談義内では高水準の説明的意味をもちえている。しかしその論述全体は「バークレー」（同、二頁）や「ヒューム」（同、一四頁）の外界の経験的観念論への反駁企図にも制約されて、たんに「存在的 ontic」（同、四七〇 - 一頁）な、つまり「なにがあるのかについて On What There Is」のみを問題にして「あるとはなにか」の「存在論的 ontologisch」な問いを忘れた、指示理論の「思弁 speculate」に局限されすぎた（以上、原語挿入引用者）。そもそも英語圏の「言語学者」が「未開」の「原地人」の「発話」を原初的に翻訳する場面設定は、既存二言語体系《ラング》間を意味論的に繋ぐ根本的《ラディカル》な言語活動《ランガージュ》を暗黙の前提とする。そして『ことばと対象』は、この思考実験を端緒にした「言語の指示機能」理論の意味を、たんなる英文法制約を超えた人間の言語活動一般の事柄として理解しなおす、かなり高次の反省的な言語活動を読み手に要請しているはずである。

（31）　前引のフェノメナ・ヌーメナ章の条りに対応する第一版演繹論の重要箇所も、「対象一般」概念の間接性と、直観および現象の直接性を対比して言う。「いまやわれわれは、われわれの対象一般の概念をも、いっそう正しく規定することができるだろう。あらゆる表象は表象として、その対象をもつ。そしてそれ自身はふたたび他の表象の対象でありうる。現象は、われわれに直接的に与えられうる唯一の対象であり、そのうちで直接にみずからを対象へ関連づけるものが直観と呼ばれる。ところでしかし、これらの現象は物自体そのものではなく、それ自身は表象にすぎず、これはふたたびその対象をもつのだが、ゆえにこの対象はもはやわれわれには直観されえないのであり、したがってこれは非経験的な、つまり超越論的な対象＝xとでも名づけられたらよかろうものである」（A108-9）。

第三章　批判的反転光学の真理論

第一節　超越論的な真理の論理学

理性批判は伝統形而上学と対決し、純粋概念や諸表象の客観的妥当性をめぐる問いのありかたを根本的に転換した。経験的実在論にして超越論的観念論、超越論的観念論にして経験的実在論。世界反転光学のもとでは、精神の外に独立自存する「客観的」な真実在に向かう、人間知性の「主観的」な言葉や概念の「指示」「対応」「一致」「志向性」は問われない。カントも正教授就任論文直後までは、この古くて新しい問いに苦しんでいた。しかし第一批判は、この問題設定そのものから完全に脱却する。しかもきわめて自覚的に、新たな真理論への展望をもってである。

古くて有名な問いがある。人はこの問いで論理学者たちを困らせることができると考えた。そして論理学者たちが不幸な循環論法に従事せざるをえなくなるか、かれらの無知とその全技術の空疎さを告白せざるをえなくなるか、いずれかの窮地にかれらを追いこもうとした。その問いは、真理とは何かである。ここでその名目定義 Namenerklärung〔名前の説明〕は、真理とはつまり認識とその対象の一致だ、として与えられ前提されている。しかし人が知りたいと請求するのは、個々

すべての認識の真理の普遍的で確かな基準とはいかなるものか、という点である。（A57-8＝B82）

一般論理学の「純粋理性論 die reine Vernunftlehre」は、「心理学」が教える理性使用の「主観的で経験的な諸条件」を加味した応用面には立ち入らず、「悟性認識のすべての内容と、その諸対象の差異とを捨象して、思惟のたんなる形式のみを問題にする」（A53-4＝B77-8）。とはいえこの形式論理学でも、「すべての真理の不可欠の条件 conditio sine qua non」となる「たんなる論理的基準《クリテリウム》」、つまり「悟性および理性の普遍的で形式的な諸法則と認識との一致」という「消極的な試金石《プロヴィルシュタイン》」は示しうる。[1] しかし「知性と物との一致 adaequatio intellectus et rei」とか「認識とその対象の一致」などと言い表される「質料的（客観的）な真理」（A59-60＝B84-5）が話題にのぼると、この論理学は「窮地」に陥ってしまう。

理由の一つには、古代懐疑論者が指摘した「不幸な循環論法」がある。これは対応説的な真理概念に固有の難点であり、個々の認識と対象の一致が問われると、真理の証明は同語反復的な言いわけに終始することになるのである。[2] 理性批判はこの難題に立ち入ることなく、もう一つの問題局面に照明を当てる。「個々すべての認識の真理の普遍的《アルゲマイン》で確か《ジッヒャー》な基準はいかなるものか」。批判哲学の主題に直結する論点に、さりげなく一気に話頭を転じてみせる、この論題選別の身ぶり《パフォーマンス》が決定的に重要である。

真理が認識とその対象との一致のうちに成り立つのだとすると、これにより、この対象は他の諸対象から区別されなければならない。じじつ、ある認識は、それが他の諸対象によく妥当しうるようななにかを含んでいるとしても、それが関連づけられる当の対象と一致していなければ偽である。ところで真理の普遍的な基準とは、あらゆる認識について、その諸対象の区別をぬきにして妥当するものだろう。ところが明らかなことに、かかる基準の場合、認識の全内容（認識の客観への関連づけ）は捨象されており、しかも真理とはまさにこの内容にかかわるのだから、この認識内容の真理の徴表《メルクマール》を問うことは、まったく不可能だし不合理である。ゆえに真理の充分な、しかも同時に普遍的な識別記号《ケンツァイヘン》が申告されうることはありえない。……認識の真理は質料にかんしては、普遍的な識別記号が請求されえないのであり、それというのも、その識別記号はそれ自身で矛盾しているからである。（A58-9=B83）

真理定義に由来した先の難問とは打って変わって、ここで問題とされているのは、対応説的な真理定義と一般論理学の形式主義とのあいだのジレンマである。つまり認識内容を捨象する形式論理学は「内容にかかわる」真理を論じえないし、それが呈示する「消極的」な「普遍的基準」は「充分」で「確か」な真理標識たりえないという、もう一つの難局がここにある。(3) これら真理論上の二重の挑戦は、現代の言語哲学、数学理論、科学哲学を悩ます問題状況と構造的に類比的である。そこでは実在論系の陣営が、心の主観的表象圏外に超越的実在圏を置き、内面と外部との「対応」を問うことで、形而上学的困難をかかえている。そしてこの実在論的「対応説 correspondence theory」の窮地を打開すべく、無矛盾の命題体系に依拠した「整合説 coherence theory」や、タルスキの真理定義の「規約主義 conventionalism」、そして理想的発話状況を想定した「合意説 consensus theory」などが発案され、それぞれの有効性がさかんに吟味されている。

しかしながら「何を理性的に問うべきかを知ることが、すでに、怜悧さと洞察力を示すのに必要な、大いなる証明である」（A58=B82）。カントは皮肉たっぷりに挑発して、毒のきいた喩え話を古今将来の哲学的討議にぶつけてくる。

なぜならば問いがそもそも不合理で、無用の答えを請求している場合は、その問いがもたらす不利益は、問いを投げかける人が恥じ入るだけにとどまらず、さらにときおりは、この問いを不注意に聞きとった人を不合理な答えに誘導して、（古人たちが言ったように）一方が雄山羊の乳をしぼり、他方が篩《ふるい》を下にあてがうというような、笑止千万な光景を呈するにいたるのである。（A58=B82-3）

「真理とは何か」。哲学的営為の核心をなす「問い」をめぐって、これほどに挑戦的な言辞を吐くからには、弁者の覚悟と自信は相当のものだったはずである。そしてこの場面でも、あるいはこの重大局面でこそ、〈経験的実在論にして超越論的観念論〉の反転光学の通奏低音が、批判の法廷弁論を下支えしていたのにちがいない。

この大がかりな解釈仮説にくらべれば瑣末事に見えるかもしれないが、テクストが認識内容の捨象手続きにほどこす微妙な分節に注目したい。先に一般論理学は「悟性認識のすべての内容」と「その諸対象の差異」とを「捨象」すると言われていた。そしてここでも「認識の全内容」と「諸対象の区別」との分節がある。しかも一連の捨象分類のうち前者の系列には「認識の客観への関連づけ」という鍵語が絡むのにたいし、諸対象の「差異」や「区別」の論点は、あの対応説的な真理定義のほうに密着して、個々の真理主張への懐疑論的反駁の武器となったものである。大学でのカントの講義は後者の議論の筋を追跡して、「こうした告発はもちろん根拠のあるものだった」と評しながらも、「ただし上述の課題の解決は、端的にどの人間にとっても不可能というだけのことだ」（IX50）と一蹴する。理性批判はこれも理由の一つにして、後者の問題への論及を思いとどまったのにちがいない。

ここにはしかし、もっと重大な背景事由がある。理性《ロゴス》批判の哲学は、超越論的実在論の夢中遊泳からすでに経験的実在論の大地に帰還して、懐疑主義を越えた世界反転光学の視座のもと、この世の「生存Dasein」の現場で地道着実に諸物を遍歴し、徹底的に言語《ロゴス》批判的な自己啓蒙の思索を始めている。物にして言葉、言葉にして物。この批判光学の超越論的観念論の見地では、この世に「現にあるもの」一般は現象であり表象であり、すべてはわれわれ世界市民の意識一般のうちにある。ゆえにここでは旧来の対応説的な真理定義は無効であり、その定義の虚を突く懐疑の問いもまったく意味をなさない。だから古人の循環論証の指摘も、あえて黙殺しておくにかぎるのだ。

われわれ人間は「個々すべての認識の真理」について、そしてまたそれぞれの語や文や文章世界の「客観的な妥当性」や「実在性」については、そのつどの「経験」に尋ねるよりほかにない。そしてこれは人間的な認識の弱みだが、同時に強みでもある。じじつ日常経験の実際《プラグマティッシュ》的な言語使用の実情を顧みれば、語や文の「指示」や「意味」

の一義的限定よりも、理解と解釈の多様性をゆるす寛大な曖昧さが支配的である。そして学術論争の現場でも（あるいはそこでこそ）、論者間の概念把握の致命的なズレが少なくないことを、理性批判の討議実践は痛切に思い知っている。テクストの趣旨を曲解して恥じぬ批評の現状を、ことさらにふまえてのことかどうかは定かでないが、第二版の超越論的演繹論は、経験的統覚の統一の頼りなさをめぐり興味深い愚痴をこぼしている。

ある特定の語の表象を、ある人はある事柄《ザッヘ》と結びつけ、他の人は別の事柄と結びつける。そして経験的なものにおけるこの意識の統一は、与えられてあるものにかんして、必然的かつ普遍的に妥当するものではない。（B140）

カント以後の批判的な言語哲学は、われわれ人間の言語行為の不如意な実態を凝視した右の言葉を見すごしたまま、「指示の不可測性」と格闘する言語分析の思弁にふけっていてはならないだろう。だからといって、このあまりにも人間的な言語世界の現状に絶望し、神なき時代にいたずらに真理や価値の相対主義を決めこむ必要もない。すくなくとも「通常一般」の「健全」な悟性が常識的に住まう経験的実在性の世界では、新語や外来語が不断に増殖する母語体系圏内で、それなりに意味の「伝達共有 communication, Mitteilung」はなされている。そして遠く異なる言語《ラング》のあいだでも、翻訳はなんとか行われており、フィールド言語学者の直面する未知の言語の「根本的翻訳」でさえ、すくなくともそれがなんらかの「言語」だと推認されれば、つねに不完全ながらも――多かれ少なかれ部分的には翻訳不可能・共約不可能なところを残しながらも――試行錯誤のうちに実際上の支障がない水準まで実行されうるのである。(4)

しかもカントは、ラテン語やフランス語に依拠した学術世界が、母語による思索と語りへ移行するドイツ啓蒙期、欧州諸言語のあわいで、世界市民的に哲学することを学んだ人である。批判哲学の到来を微かに予感させる十年前の正教授就任ラテン語論文から一転、晦渋なドイツ語で執筆公刊された第一主著は、前半部の山場をなすカテゴリー論の冒頭、「権利問題」にかかわる「訴訟」手続きの法学的な「演繹」概念を比喩的に導入するにあたり、まずは経験的日常の言語行為における演繹の不要性を強調する。

われわれは多数の経験的概念を用いているが、誰からの異議申し立ても受けていないし、われわれ自身の正当な権利として、演繹なしでもこれらの概念に一つの意味 ein Sinn や、想像した意味 eingebildete Bedeutung を帰属させてよいと思っている。それというのもわれわれにはいつも経験が手もとにあり、これによってこれらの概念の客観的実在性が証明されているからである。（A84=B116-7）

経験は頼りになるし、あまり頼りにならない。経験的概念の演繹は不要だという指摘は、カテゴリーの超越論的演繹の必要性を浮かびあがらせるための弁論術上の方便でもある。しかし右の文言は、経験的言語使用への確かな信頼感もにじませている。しかもこの時代、経験的実験的な自然研究分野では、新たな学問知識の手ごたえも実感され始めていた。経験的実在論にして超越論的観念論。『批判』の反転光学は世界市民の「経験」一般について、学問的で客観的な理論的認識の精度と、「一つの経験」「一つの同じ普遍的経験」（A110）の建築術的統一の権利請求資格とを、公的にアプリオリに確保するべく、真理への超越論的な問いと答えの新たな方途を、革命的に照らし出そうとしているのである。

第二節　真理概念の言語論的変革

「スコラ哲学者たちのあいだでは」、「真 verum」という言葉は「有 ens」「一 unum」「善 bonum」（B113）となんで、あらゆるカテゴリーを超えた最高度に普遍的な「超越概念 transcendens」なのだった。しかも「古人たち」は、この論理的超越性と唯一絶対の創造神の超越性とが直に重なる言語共同体に生存したために、これを誤って「諸物の超越論的な述語」だと考えた。理性批判はこの超越論的実在論の独断専行に抗弁し[5]、それら普遍概念はむしろ

「諸物一般の認識のすべてにかんする、論理的な要求であり基準にほかならない」（B114）と認定し直した。そして「認識」と「物」の「一致」を告示する「真理」という概念《ことば》を、批判的啓蒙近代の世界市民のあいだで、有意味かつ客観的に使用する可能性のアプリオリな条件を、超越論的観念論の見地で探索しようとしている。

理性批判の法廷弁論は、伝統形而上学の超越論的実在論とは異なり、認識・概念・表象と対象との「一致」「対応」の判定基準に、彼岸の叡智的真実在を持ち出さない。そしてまた外的実在を明晰に把握する知的直観や、神の啓示や、学科専門の物理主義的教説を言葉巧みに押しつけない。そういう秘教的で詭弁《ソフィスティッシュ》的な説得の方便でなく、われわれ人間が生きる地理的歴史的な経験的実在界で、認識と対象の「対応」という事柄を有意味に客観的に語る、可能性の条件を公的に開示すること。これを超越論的理性批判はめざしている。そしてそのために空間時間やカテゴリーの客観的妥当性の「権能もしくは権利主張をも明らかにすべく」（A84=B116）、超越論的演繹の法廷弁論に臨むのである。

「仮象の本来の座である広大で怒濤逆巻く大洋」の彼方、あのイデア的真実在の世界への熱狂的妄執を敢然と断ち切って、批判的反転光学の視座を手中におさめた超越論的論理学は、経験的実在認識の可能性の本領たる「島《インゼル》」状の「大地《ラント》」（A235-6=B295-6）に無事帰還して、「経験の地盤《ボーデン》」に「確か」に立脚する。あとはこの実在世界を実地に遍歴踏査する経験の道が待つだけである。理性批判の超越論的論理学が採る形式的観念論の見地は、この常識的な経験的実在論の見地に不断に立ち還る光学技法を体得した点で、旧来型の超越論的実在論の不遜な頑迷固陋さに比して謙虚で堅実であり、歴然たる優位に立っている。

批判光学的な論理学は、伝統的な一般論理学のように「客観への認識のあらゆる関連づけを捨象」（A55=B79）して、理性主義的な形式主義に居直ったりしない。その「超越論的基礎教程《エレメンタルレーレ》」は論述冒頭に感性論を押し立てて、当初から「純粋直観」のアプリオリな認識内容を受け取ることで、「対象の純粋思惟の諸規則のみを含む論理学」（A55=B80、傍点引用者）の創出を革命的にめざしている。ゆえに論理学第一編「超越論的分析論」は、「諸対象が直観においてわれわれに与えられてある gegeben seien ことを純粋認識の条件として」思索と語りの大前提に据えるのだ。そしてこれにより「そもそもそれなしにはいかなる対象も思惟できないような諸原理」について講述する、「真理の論理学」（A62=B87, vgl. A131=B170）の名乗りをあげることができたのである。

この真理論の変革劇のなかで、いったい何が起こっているのか。もう少しこまかく見ておこう。純粋諸概念や経験一般の「客観的妥当性」、そして「超越論的対象」の論述から明らかなように、理性批判の真理論はつねに表象の「対象への関連づけ」の可能性を問う。とりわけ「超越論的演繹」は、「アプリオリな諸概念がいかにして諸対象に関連づけられうるのかという、その様式の説明」（A86=B117）にほかならない。そのかぎりで、これをある種の対応説と見ることもできる。じじつ超越論的論理学も「認識とその対象との一致」という「真理の名目定義」を採用していたし、これが随所で論述の「前提」になっている[6]。

ただしここで問い求められるのは、この意味での「個々すべての認識の真理の普遍的で確かな基準はいかなるものか」であった[7]。理性批判はこの論点をめぐり、外在主義的な超越論的実在論の対応説からも[8]、対象との全連関を捨象した一般論理学からも袂を分かつ。そして〈経験的実在論にして超越論的観念論〉の世界反転光学により、対応説か整合説か、実在論か観念論か[9]、実在論か反《アンチ》実在論かという二項対立を超え、新たな時代の真理論の公的開放的な共同討議の場所を確保する[10]。

理性批判が対峙する両面の敵対者のうち、形而上学的実在論との対決模様は、すでに本書第Ⅱ部で充分に観戦した。ここでは一般論理学から超越論的論理学への、批判的禅譲革命の経緯を追跡するのが手順である。「真理とは何か」。『批判』は懐疑論者の指弾する「循環論法」問題を黙殺したが、これには叙述の文脈制約もある。この法廷弁論は「超越論的論理学」全体への「序論《アインライトゥング》」で、われわれの新たな論理学の「理念」（A50=B74）を浮き彫りにすべく、「純粋理性論」の形式主義に籠城した伝統論理学の問題点をあぶりだす。そして受容的な感性的直観と自発的な知性的思考とを接続し、超越論的な感性論と論理学とを連繫させる確かな道筋を邁進する。理性批判の建築術は、感性的なものを切り捨てた純粋理性主義の独善を戒めて、感性と理性の批判的接続を企図している。

この論述方針は三批判書で終始一貫しており、その点で議論はきわめて単純だが、当面の真理論的討議の場では、「純粋直観におけるアプリオリな多様」（A138=B177）という絶妙の概念装置が、論理学革命の決め手になっている。[11]

> 超越論的論理学の目の前には、感性のアプリオリな多様が置かれており、この多様は超越論的感性論が、この論理学に提供してくれている。そしてこれにより純粋悟性諸概念に一つの素材が与えられるのだが、これがなかったならば、その諸概念はいっさいの内容を欠き、完全に空虚ということになっていただろう。（A76=B102）

「内容なき思想は空虚であり、概念なき直観は盲目である」（A51=B75）。人口に膾炙した名言とも呼応して、理性批判の訴訟手続きは感性のアプリオリな「素材」「内容」を、悟性の客観的な純粋思惟のために正当な権利をもって確保した。ゆえに超越論的論理学は、純粋統覚の根源的総合的統一のはたらきを空回りさせずに分析できるのだ。そして「統覚の統一の相関項」たる「対象一般」を思惟する純粋悟性概念も、「感性のアプリオリな多様」をつうじて、あらゆる経験的直観の「質料的」な素材との接続可能性を手中にできたのである。だから諸カテゴリーは「完全に空虚」なままに終ることもなければ、形而上の真実在との神秘的邂逅に空しく憧れる必要もない。そればかりか諸カテゴリーは経験的実在界での有意味な使用権限を、ここに初めて公的に承認されることとなる。この点に関連する条りを、第二版演繹論と図式論から引いておこう。

> われわれの感性的で経験的な直観だけが、それら〔純粋悟性諸概念〕に意味 Sinn と意味 Bedeutung を調達してやることができる。（B149）

さてここから明らかなように、悟性の図式作用《シェマティスムス》は、構想力の超越論的総合をとおして、内的感官における直観のあらゆる多様の統一を目的地とする。そして間接的には、この内的感官（受容性）と相呼応する機能として、統覚の統一をも目的地とする。ゆえに純粋悟性諸概念の諸図式《シェーマ》は、これらの概念に諸客観への関連づけを、つまり意味を調達する、真正唯一の条件である。そしてそれゆえに結局のところ、諸カテゴリーには可能的経験的使用のほかには、いかなる使用もないのである。（A145-6=B185）

ゆえに諸カテゴリーは諸図式なしには、諸概念にむかう悟性の諸機能にすぎず、対象を表象しない。この〔対象を表象する〕意味 Bedeutung は感性から諸概念にやってくるのであり、感性は悟性を制限することで同時に、悟性を実在化するのである。（A147=B187）

三番目の引用は図式論総括の弁舌であり、ここにカテゴリーの客観的妥当性の制限的権利認定のモチーフも鮮やかだ。そして他二件の弁論趣旨も、じつはこの一点につきている。[12]

最初の引用文中 Sinn と Bedeutung に、フレーゲの言う「意義」と「意味」、英訳で「意義 sense」と「指示 reference」ほどの明確な区別立ては見られない。しかし批判テクストの響きと語感からは、「意味《おもむき》 Sinn」と「感官 Sinn」「感性 Sinnlichkeit」の親族関係は明白だ。しかもこれらは感性的「直観」に与えられてある「対象」と、これを「受容」する意識一般との直接的な近さを表現する。これにたいし「意味《さししめし》 Bedeutung」のほうは、特定の「対象」を重視し指向して、その内容をあれこれ討議し解釈《ドイテン》する論弁的知性の思惟一般の自発性を含意する。しかも双方をつうじて意味感覚と意味理解を連動させた豊かな「意味」概念は、[13]「感性」と「悟性」の協働、「直観」と「概念」の結合、空間時間と「諸カテゴリー」の「図式」的連繫という、理性批判の主題を暗黙のうちにさし示す。

「意味」とは、ただの音声や紙面のインクのしみを初めて言葉にする、言語活動に本質的な要因である。[14] この点を考えあわせれば、理性批判の法廷弁論が言語哲学の最重要局面に立ち入っているのは明らかである。そもそも右のように感性と悟性、直観と概念、空間時間とカテゴリーを分節し連接するのも、批判的な超越論的哲学の根底にはたらく高次の言語活動なのではあるまいか。理性批判は、そういう言語論的反省の累乗を嚙みしめながら、「内的感官（受容性）」と「統覚の統一」の「機能」が邂逅し「悟性の図式作用」のうちで「相呼応する」、意識一般の奥深い場所に言葉の生育の培地を探り当てている。[15]

ここに言葉が生まれ、意味が立ちあがり、物が物として現れる。この不可思議な言語生成の深層を掘り当てて照明することなど、人間理性の光には毛頭できない相談である。しかし、すくなくとも通例の言語使用の経験からいえば、「意味」はじつに広い射程と重層性をもつ言葉であり、われわれの語りの世界も「意味」のおかげで豊かな厚みと深みをもちえている。そして『批判』は無矛盾な形式論理にも「意味」を認めるのを忘れないし[16]、演繹論冒頭ではさりげなく、「経験的概念」に「想像した意味を帰属させ」る言語使用にも言及する。あの一七九〇年代形而上学講義断片が存在論章末で「超越論的文法」に言及し、「人間的言語の根拠」に目を注いだときも、そこにまず問われていたのは普通名詞や固有名（個別名辞）や指示詞のような体言でなく、「たとえば現在、現在完了、過去完了は、いかにしてわれわれの悟性のうちにあるのか、副詞とは何なのか」（XXVIII 576f.）という、言語活動そのものの深層意識にせまる問いだった。

第三節　超越論的図式作用の意味論的含意

理性批判の形而上学革命の建築術は、理論と実践、「あるもの」と「あるべきもの」、「与えられて」いることと「課せられて」いること、そして純粋悟性のカテゴリーによる諸現象の「時間規定」と、純粋理性の定言命法による道徳的な「意志規定」という批判の対位法を鳴り響かせて、実践的な「善き意志の概念」や「義務の概念」（IV 397）の普遍的で必然的な有意味性を確保するべく、第二法廷弁論に歩み出る。[17] そういう言語論的展開の萌芽を柔らかに内包して、第一法廷の超越論的論理学の真理論は、「意味」概念をかなり限定した意味で用いている。すなわちこの世に「現にあるもの」を指示し志向する純粋諸概念の使用権限を根源的に獲得するべく、「意味」はここでさしあたり「統覚の統一」による所与のアプリオリな多様の客観的「実在化」(多様の根源的総合)、つまり理論的認識における主客連関の概念枠組みの「可能的経験的」な「実在化」という、狭く厳密な意味合いで使われている。そしていま超越論的言語批判の文脈で、諸カテゴリーの「諸客観への関連づけ」という客観的妥当性、実在性、有意味性の権利主張の公的な正当化が敢行されている。

それとともにここに初めて対応説的な「真理」概念の、経験的実在論上の有意味性も言語批判的に確保されたのだ[18]。あるいは同じことだが、諸カテゴリーの客観的実在性は、「超越論的真理」を経験的実在界で客観的に語りうるための、アプリオリな条件として意味論的に正当化されている。この超越論的な理性批判の法廷では、精神と物体、内面と外部、主観と客観が、最初から実在的に区別され対立しているわけではない。ここでは、そういうデカルト的近代の主観‐客観対立図式を脱して、「主観」と「客観」の概念対そのものが、人間理性の理論認識に固有の超越論的な根本図式として「可能的経験」の語らいの場所でつねに新たに「実在化」されるべく、アプリオリな認識諸形式の演繹手続きをつうじて言語批判的に基礎づけられている。しかもこの超越論的言語批判の場所は、カント理性批判が伝統形而上学の超越論的実在論の夢から撤退し、現実世界に覚醒したことで一気に切り拓かれたものである。経験的実在論にして超越論的観念論、超越論的観念論にして経験的実在論。物にして言葉、言葉にして物。この世界反転光学の視座でこそ、意識・言葉・観念一般をめぐる超越論的実在論的な内外区別に縛られぬ、言語批判の確かな道を歩み出すことができるのだ。

理性批判は「真理」や「客観」の客観的実在性をめぐるコペルニクス的転回により、そして「善」や「美」の概念の根本変革により、世界市民的な言語批判の法廷を公的に開設すべく呼びかけた。われわれの住まう経験的実在界に現にある物は一般に、すべてが現象であり表象であり、意識一般の場所でつねにすでに言葉になりゆくものである。

この超越論的観念論への視座反転の刹那、そのつどの物と言葉の経験的実在的な出会いはすべてが一挙に、一つの超越論的統覚の開けにおける直観と思惟、感覚と概念、感性と悟性の、邂逅の出来事へと類比的にひきうつされる。そしてこの超越論的反省の場所で、われわれの有意味な言葉の数々が新たな仕方で立ちあがってくる。人間理性の言語批判はこの根源深層の場所に不断に翻ってこそ、経験的常識的・通常科学的・超越論的実在論的に凝り固まりがちな諸概念を、根本から柔らかく解きほぐし新たに再生させることもできるのだ。

第一批判はこの意味で徹底的な超越論的言語批判を、「真理」「客観」「実体」という根源語群をめぐり断行した。この革命的で脱構築的な形而上学批判の企図にかんし、ここでぜひとも注目しておきたいのは、やはり「悟性の図式作用《シェマティスムス》」の言語論的含意である。

> 三角形一般の概念には、三角形のいかなる形象《ビルト》もけっして適合しないだろう。じじつ形象は概念の普遍性には届かないだろう。概念のほうは普遍性のおかげで、直角三角形や不等辺三角形などにかかわりなく、すべての三角形に妥当するのにたいし、形象はつねに、この領域の一部にだけ制限されているだろう。三角形の図式《シェーマ》は、思想のうち以外にはけっして現存《エクジスティーレン》できず、空間における純粋な諸形態《ゲシュタルト》にかんし、構想力の総合の一つの規則を意味《ベドイテン》している。まして経験の対象やその形象は、どこまでいっても経験的概念に届かない。むしろこの経験的概念は、つねに直接的に構想力の図式と繋がっており、これがわれわれの直観をある一定の普遍概念にしたがって規定する規則となる。犬の概念は一つの規則を意味《ベドイテン》しており、わたしの構想力はこの規則にしたがって、一つの四足動物の形態の普遍的目録を作成する。しかもこのときわたしの構想力は、経験がわたしに提供してくるただ一個のなんらかの特殊形態に制限されるわけではなく、わたしが具体的に描きだすことのできる個々の可能的形象に制限されることもない。われわれの悟性のこうした図式作用は、諸現象とそのたんなる形式《フォルム》にかんするものであり、人間の心《ゼーレ》の深層に隠された一つの技術なのであり、この技術の真の骨法をいつの日かわれわれが自然から察知し、覆い隠さずに眼前に見すえるなどということは、ほとんどないだろう。（A141=B180-1）

「三角形」という幾何学の純粋概念は何を指し、「犬」という日常言語の「経験的概念」は何を指示するのか。それぞれの概念の「図式」は、そのつど感性的に出会われている諸現象の「直観」を、三角形や犬という対象《もの》として「普遍的」に「規定」するための、「構想力の総合」の「規則」を「意味している」[19]。図式論の弁論はここから本題に転じ、「純粋悟性概念の図式」が「いかなる形象にも引き移されえないなにか」であり、「内的感官一般の規定……にかかわる構想力の超越論的な産物《プロドゥクト》」（A142=B181）なのだと説きすすむ。

その行論も興味深いのだが、いま注目したいのは、そういう超越論的図式の非形象性と対照的な、「三角形」「犬」という言葉《ロゴス》の図式作用の想像的《イマギネール》な形象性である[20]。とくに詩的制作的《ポイエシス》な言語哲学の見地からは、かかる「創造的 produktiv」（A141=B181）な形象化能力の、おそらくはあらゆる藝術作品の根源ともいうべき、「人間の心の深層に隠された一つの技術 eine verborgene Kunst」がまことに意味深い[21]。ヨーロッパなどの表音文字言語圏では[22]、古代エジプトの象形文字《ヒエログリフ》や漢字といった表意表語文字の文化圏に比べ、この「深層」の形象化作用はいっそう分厚く被覆されており、まさに「隠された技術」として映るだろう。こういう言語文化論的な詩学の主題もほのかに匂わせながら、理性批判は言語一般の根源的真実相にふれている。それでなければテクストはどうして、あの厳密精緻な法廷弁論のただなかに、奥深い「技術の真の骨法をいつの日かわれわれが自然から察知」するなどという、われわれの哲学の道の見果てぬ夢《ロマン》を語るのか。

この語りの深層ではまちがいなく、「自然の技術」という第三批判の「類比」の言葉が蠢動し始めている。批判完結篇は、悟性や理性の「規定的 bestimmend」な純粋概念に従属せず、みずから「反省的 reflektierend」になった批判的判断力の自己規律《ヘアウトノミー》の遊動を主題化するが、ここでカントは「人間の心の深層に隠された一つの技術」の端緒を「自然から察知」したのにちがいない。しかもこの「真の骨法 die wahre Handgriffe」を「覆い隠さずに眼前に見すえる」テクストの筆鋒は、隠れることを好む自然《ピュシス》の「非覆蔵性 Unverborgenheit」という、古代ギリシアの「真理《アレーティア》」の理念の閃きに照応する。法廷弁論の陪審員たるわれわれは、かかる達意の文章の機微を賞味せずして、その超越論的言語批判の世界建築術の一端にふれることもできないのである。

かくも気宇壮大な言語哲学の理念を内奥に秘め、第一批判はきわめて抑制的に、「客観的」な経験判断の「真理」の対応説図式を軸にして、まずは厳格に意味限定された言葉《ロゴス》の使用を主題化した。ちなみにこの言語批判論議の冒頭、「現象」は「一つの経験的直観の無規定な対象」（A20=B34）として意味規定されていた。そしていま感性的直観への物の立ち現れのすべてが、純粋悟性の図式作用のもと、「超越論的な時間規定を介して」諸カテゴリーへの「包摂」（A138-9=B177-8）にまでこぎつけたのだ。

「あらゆる可能的諸対象にかんする時間系列、時間内容、時間順序、最後に時間総括」（A145=B184-5）。これらの時間規定はかなり抽象的だし、「実体」「原因 Ursache〔根源事象〕と原因性 Kausalität」および「相互性〔交互作用〕」の「関係」カテゴリーに対応した「時間順序」の図式に目をこらしても、それは「時間における実在的なものの持続性」とか、「ある一つの規則に従属するかぎりでの多様の継起」、あるいは「一つの普遍的規則にしたがった、一つの実体の諸規定と他の実体の諸規定との同時存在」（A144=B183-4）といった、ごく基礎的な規定にとどまっている。しかし純粋悟性の諸カテゴリーは、ここでまさに可能的経験の「実在的なもの das Reale」に繫ぎ留められたのだ。ゆえにいまや経験的認識の真理の定言的《カテゴーリッシュ》な語りの、全体論的かつ規約説的で、しかも同時に整合説的かつ対応説的な根本原則が確定する。

> 経験の可能性の諸条件は一般に同時に、経験の諸対象の可能性の諸条件であり、それゆえに、一つのアプリオリな総合的判断のうちで、客観的妥当性をもつのである。（A158=B197）

何度見つめても、じつに驚くべき「われわれ」の「立言 sagen」（A158=B197）である。理性批判は、この簡潔な定言命題のなかに「経験」と「経験の諸対象」との「可能性の諸条件」「一般」の「同時」相即を凝縮し表明する。そして「あらゆる総合的判断の最高原則」（A154=B193）のもとで、「体系的」かつ整合的に「表象」（A158=B197）されるべき純粋悟性諸原則そのものの多様の統一の、世界建築術的基本設計の「客観的妥当性」が、この一句のうちにみごとに確保されている。

第四節　経験的真理の超越論的な権利根拠

ここに経験的認識の真理の「可能性」の場所が指示された。つまり「アプリオリな直観の形式的諸条件と、構想力の総合と、一つの超越論的統覚における構想力の必然的統一」の客観的実在性を確保すべく、それらアプリオリな多様の総合的統一のはたらきを「われわれが……一般に関連づける」最終目的地として、「一つの可能的経験認識」（A158=B197）が、この世界市民的言語活動の根本規約のなかで批判的制限的に指定されたのである。

しかしあらゆる可能的経験の全体のうちにこそ、われわれの全認識は横たわっている。そしてこの可能的経験への普遍的関連づけのうちにこそ、超越論的真理が成り立っており、この超越論的真理は、すべての経験的真理に先立って、これを可能にするものである。（A146=B185）

経験的実在論にして超越論的観念論、超越論的観念論にして経験的実在論。革命的な世界反転光学の視座が、第一法廷弁論の根本中核に据えられた[23]。

ゆえにこれを機に、旧来型の教科書的なカント解釈は全面転換されねばならない。カントの超越論的認識批判は、とくに新カント派以降、近代自然科学の物理主義的な真理の基礎づけとして読まれてきた。この解釈は『批判』分析論から『自然科学の形而上学的始元根拠』へ進む道筋に沿うかぎりでは妥当だが、一面的かつ表面的である。ましてやカントが時間の純粋持続を不当に空間化しただとか、時間を最初から客観的で物理学的なものに切りつめたとか言い立てる批評は、言いがかりにもほどがある[24]。

そういう浅薄な評言は、この世のたいていの討議共同体に付きものだ。しかし徹底的な言語批判の法廷に陪席したわれわれは、そこに展望される「超越論的文法」が、言語行為一般に本質的な時制（現在、現在完了、過去完了）や副詞――「いまや」「もはや」「いまだ」などの時の副詞も含むにちがいない[25]――の語りの意識を主題化しようと企図していたのを知っている。しかも超越論的な「時間そのものは可変的でなく一定不変」であり、「時間がみずから推移するのではなく、時間のうちでこそ可変的なものの現実存在がみずから推移する」（A144=B183）のだという、逆説的な事態を『批判』は暴きだす[26]。こうした画期的な「時間」概念の洞察と、魂を超越論的に実体化する合理的心理学の誤謬推理の阻止とが、人間理性の批判的討議のうちにあいまって初めて、経験的統覚や時の「流れ」の形象も、これを研究する経験的心理学や記述的現象学も、そして意識の流れの近代小説さえもが、この世の人間の語らいの場で可能になってくるのにちがいない。

しかもここでは「実体」概念もまた、超越論的実在論的な絶対化から一転して、たんに「現象における実体、すなわち現象の実在的なもので、すべての変移の基体として、つねに同一にとどまる実在物」（B225）へと経験的実在論的に相対化され、その概念使用の権限も適正に制限されつくしている。つまり「実体」はもはや彼岸の超感性的で永続的な自立存在でなく、感性的直観の純粋形式たる時間の概念的諸規定の一つへ、超越論的言語批判の手で切り下げられている。この形而上学的な術語革命は、「主語となって述語とならないもの」という「実体」の始元の言語論的含意の、批判的な取り戻しにほかならない。

くわえて第一批判法廷では、外界の物体のみならず、魂の超越論的実体化の語りの阻止が弁論の核心をなし、この件が第二版の誤謬推理章の全面的書き換えや、観念論論駁の新たな書き下ろしに反映する。そして、時間の空間化と揶揄されがちな超越論的演繹論の一節（やはり第二版）も、この重要案件と密接にかかわっている。

われわれは思想のなかで線を引かなければ線を考えることができず、円を描かなければ円を考えることができず、空間の三次元性も、同一の点から三本の線を互いに垂直に置かなければ、まったく表象することができない。そして時間を表象することさえも、一本の直線を引くなかで（直線は時間を外的に形象化した表象だとされている）、多様の総合のはたらきにだけ注目し、このはたらきにより内的感官を継起的に規定して、これをとおして内的感官におけるこの規定の継起に注目する、ということをしなければ不可能である。（B154）

線、円、空間、時間とたたみかけて、われわれの再考を迫ってくる意味深い弁論である。これが超越論的図式作用の非形象性と、構想力の図式《シェーマ》の不可避的形象性との対照への、第一版以来の苦い洞察に連絡するのは明らかだ。しかも「直線」による「継起的」時間の形象化は、あくまでも図式的な時間規定の一事例として、当代流行の物理学的時間概念を取りあげたまでのことで、テクストはこれを手放しで正当化しているわけではない。むしろ古代の円環的時間も、近代的自我の体験的時間の伸び縮みする歪みも、小説や映画のプロットの前後顚倒やフラッシュ・バックなども、なんらかの空間的な外的形象をぬきには表象できないし、あの宵の少年の悲しみも、山の端の夕焼けとの照応を離れてはリアルに語れない。

「超越論的真理は、すべての経験的な真理に先立って、これを可能にするものである」。第一批判前半の論述の根幹をなす立言は、たしかに近代自然科学の客観的経験認識の真理の権限確保を、最重要論点としたのにちがいない。ただし「判断力とは規則のもとに包摂する能力であり、或るものが所与の規則のもとに（casus datae legis 所与の法の事例として）あるかどうかを区別する能力」（A132=B171）である。「原則の分析論」の序論がこう説き起こした時点からすでに、「すべての経験的真理」という概念には、「医者」「裁判官」「政治家」（A134=B172-3）の判断の解釈学的な正しさも含意されている。

個別・特殊を普遍に「包摂」し「規定する」命題の形成が、すぐれて言語行為的事象であるのは言うまでもない。いつ、どこで、誰が、何を、どのように……。この抽象的で一般的な疑問詞にたいし、そのつどのいまここで具体的に応答する語りのもと、一定の物の形象が鮮明に浮かび上がってくる。そして折々の言語行為がたとえ暗黙のものにとどまるにせよ、この世に現に生きる人間の語らいの場でこそ、あらゆる物はたんに「現にある」というだけでなく、その意味内実《レアリテート》の度を深めてゆくことができる。

『批判』の超越論的論理学の真理論は、超越論的実在論の語る彼岸的真実在の幻影と、あらゆる対象を捨象する一般論理学の空虚な形式性という、二つの難所にはさまれた形而上学の隘路をかいくぐり、経験の可能性の大地に言語論的に安着した。「経験の可能性の諸条件は一般に同時に、経験の諸対象の可能性の諸条件である」[27]。この「全総合判断の最高原則」のうちに、批判哲学の革命的な世界反転光学の真髄が閃いている。あるいはこの根本命題中の「一般に同時に」という副詞句に続く読点の余白――原文では主語を超越論的反省的にまなざす副詞〈überhaupt〉と、命題の主述の同時存立を告げる副詞〈zugleich〉にはさまれた、繋辞 sein の非時制的三人称複数形〈sind〉の言表作用の只中――に、批判光学の不断反転の中心軸が設えられたのだ。

　ここに空間時間、カテゴリー、図式、純粋悟性原則という、「われわれのあらゆるアプリオリな認識」の「客観的実在性」（A156=B195）の権利根拠が確保された。そして客観的で実在的な「経験の諸対象」との直接的な出会いの「可能性」の場所が開かれた。経験的実在論にして超越論的観念論、超越論的観念論にして経験的実在論。批判光学の不断反転のもと、対応説的な「真理」概念も、われわれの住まい語らう経験的実在界で、有意味かつ客観的に使用される可能性の、アプリオリな条件が十全に整備されたのである[28]。

　しかも理性批判の法廷弁論には、存在論的な真理観と認識論的な真理観とを対置して、これを世界と心、物理的と心理的、客観的と主観的という一連の区別に安易に重ね合わせたりする、デカルト的近代の思考法はない。そういう主客対立の教科書的先入見を完全に払拭すべく重ねて強調すれば、この批判的真理論の立言は、存在論的で認識論的な不断反転光学の見地で、「現象の総体」たる自然世界に「現にあるもの」一般についてなされている。そしてこの批判的超越論的な真理論は、「あらゆる可能的な経験の全体」のうちに現象する物一般をめぐり、「われわれの全認識」にどこまでも「普遍的」かつ建築術的に関連するかぎりで、このうえもなく「全体論的 holistic」である。ゆえにここで言語活動一般の論理学的な「規約 convention」が話題になるとしても[29]、それは歴史主義的・文化相対主義的・自文化中心主義的な仕方で、プラグマティックに正当性が主張されるような、特殊共同主観的な経験的諸規則ではありえない。むしろ理性批判の超越論的な真理規約は、すくなくとも権利問題 quid juris として、自然界の経験的理論認識の場で、感性的な理性的存在者たる人間主観一般が、アプリオリに共有しておかねばならぬ「法則 Gesetz」である。この全人類的規模の根本命題の普遍性および必然性にくわえて、第三批判が全面展開する分類法を前借りすれば、自然認識の「超越論的法則」は、種々の「質料的」「経験的特殊法則」が、すべてまぎれもなく「自然」の法則としての必然性をそなえることを論理的・言語論的に可能にし、それら特殊法則を全体として体系的に包括する「アプリオリ」で「形式的」な「普遍的自然法則」のことを言う[30]。

人間知性のアプリオリな超越論的法則の、主客両面にわたる最高度の普遍性と必然性により、所与の諸現象は「自然」の現象となる。あるいは「自然」はここで初めて真実に近代科学的な「自然」となる（vgl. A113-4, 125-8）。それは「客観的」な自然の世界として、自然をめぐる個々人の主観的思念からも、「超自然的」な超常現象からも言語文化的に区別される。そして自然必然性の法則的な体系的統一のもと、「一つの経験」「一つの力学的な全体」たる「自然」の「世界」（A418-9=B446）の整合性が権利保証されるのだ。

しかも経験的実在的な自然世界では、個々の認識事象の対応説的真偽の判別は、当該認識（および概念や名辞）の「指示」する対象の同定や、虚構と実在、夢と現実の正確な区別も含めて[31]、周辺事象との区別、相互関係、前後の脈絡を顧慮して[32]、法則の特殊と普遍の論理的包摂関係にも照らし合わせ、整合説的に「検証」されるのである[33]。さらにまたこの対応説的かつ整合説的で、しかも同時に全体論的かつ規約説的な『批判』の真理観のもとに初めて、われわれ人間のあいだの経験判断の普遍的な伝達可能性や合意可能性も、超越論的に権利保証されることになる[34]。

かくしてカントの言語論的理性批判は、アプリオリな認識形式からなる「普遍的で必然的な諸法則」のもとに、

「経験の真理」（IV 292）の「確かな基準」を見いだした。人間的認識の真理性ないし客観的妥当性は、個々の日常的な経験判断や自然研究の理論的諸命題のみならず、「幾何学のアプリオリな認識」の「客観的実在性」さえもが、純粋悟性のアプリオリな超越論的認識法則の普遍性と必然性に基づいている。この驚くべき真理論の審判を、理性批判は〈経験的実在論にして超越論的観念論〉の不断反転光学のもと、「（本来的に批判的な）観念論」（IV 375）の見地から下している。「超越論的哲学」は、たんに「悟性の純粋諸概念において与えられる諸規則（あるいはむしろ諸規則にたいする普遍的条件）」（A135=B174-5）をアプリオリに呈示するだけでなく、「むしろ同時に諸対象があの諸概念との一致のうちに与えられることができる諸条件を、普遍的だが充分な識別記号《ケンツァイヘン》において詳述しなければならない」（A136=B175）。原則論序論末尾に確認された弁論の主要課題が、いまや一般論理学の形式性をこえて十全に達成されたのである。

注

（1）原則論第二章第一節「すべての分析的判断の最高原則について」の冒頭に言う。「われわれの認識の内容がいかなるものであれ、そしてわれわれの認識がどのようにしてこの客観に関連するのであれ、われわれのすべての判断一般の普遍的な、だがたんに消極的な条件は、それらの判断が自己自身と矛盾しないということである。さもなければ、これらの判断はそれ自体が（客観を顧慮せずとも）無である」（A151=B189）。ゆえに「われわれは矛盾律をすべての分析的認識の普遍的で完全に充分な原理として認定しなければならない」し、それはたしかに「われわれの認識の真理の不可欠の条件」だが、これはまだ「真理の規定根拠」（A151-2=191）とはなりえない。ここからもアプリオリな総合判断の可能性を問う批判の方針が垣間見える（vgl. IX 50-1）。

（2）論理学講義はこの点に論及する。たとえば『論理学』（イェッシェ編、一八〇〇年）序論第七節冒頭に言う。「認識の主要な完全性、それどころか認識の完全性すべてにとって本質的で分離できない条件は真理である。真理は認識と対象との一致にあると言われている。ゆえにこのたんなる語義の説明では、わたしの認識が真として妥当するには、それは客観と一致していなければならない。ところがわたしは、わたしがこの客観を認識しているということによってのみ、この客観をわたしの認識と比較することができる。ゆえにわたしの認識は自分を自分で保証すべきだが、これではまだ真理の条件として充分でない。じじつこの客観はわたしの外にあり、認識はわたしの内にあるので、わたしはいつもただこの客観についてのわたしの認識が、この客観についてのわたしの認識と一致するかどうかを判定しうるにすぎない。かかる説明上の循環を古人たちは循環論証と呼んだ。そしてまた現実にこの誤謬のことで論理学者たちは、いつも懐疑論者たちに非難されてきた」（IX 49-50, vgl. XXIV 386）。しかも講義はこの難点を裁判の比喩で解説する。「ある人が法廷で証言をするさいに、誰も知らない人を証人に立てたところ、この証人は自分を信用させようとして、自分を証人に召喚した人は誠実な人間だと主張した」（IX 50）。この一口話は、『批判』の法廷の比喩とも重なってまことに興味深い。

（3）この言明は、純粋一般論理学にのみ妥当するものと解したい。カントの超越論的論理学は、この問いの立て方そのものを批判光学的に転換することで、ここに求められた「個々のすべての認識の真理の普遍的で確かな基準」の解明に寄与したのである。この読み筋を確保すべくallgemeineを文脈に応じて「一般」と「普遍的」とに訳し分けるしだいである。

（4）クワインは自然言語間の「根本的翻訳 radical translation」や、「原理的には自国語にもあてはまる」文レベルの「翻訳の不確定性 indeterminacy」（クワイン、一九九九年、七〇頁）から区別して、文を構成する語、たとえば一語文ならざる「ガヴァガイ」という名辞の「指示の不可測性 inscrutability of reference」を語ってきたが、これはむしろ「指示の不確定性」と呼んだほうがよかったと弁明する（同、七三‐五頁）。これは「不可測性」が外在的（場合によって超越論的）に実在的なものを暗示するのを避ける措置だろう。理性批判の言語哲学は、これを歓迎する。と同時に、経験的実在性レベルでの翻訳・指示の「不確定性」という日常・学術上ありふれた事態が、いま初めて熱心な論題となったかのような討議情況に軽い違和感を覚える。さらに訝しく思うのは、このテクストが掉尾で「グローバルな科学の経験的な決定不全性 the empirical under-determination」（同、一五二頁）に説き及び、「不可入な球体の直径」を測るのに球体の「中に入ることはできない」（同、一五一頁）という、かなり危うい比喩を弄した件である。「球体」の「世界」についてクワインは言う。「わたしたちは実在 reality が人間の能力の及ぶ範囲を何か計り知れない仕方で越えていると信じるにやぶさかではない」（同、一五二頁）と。経験科学的実在論が超越論的実在論へ「化体（全質変化）the transubstantiation」（同、九九頁、原語挿入引用者）しかねない剣呑な岐路にさしかかって、老大家の真理追究は終っている。
最重要局面なので、ウィトゲンシュタインの愛したゲーテの詩を引いておく。『哲学探究』の題辞候補だった『とはいえ ALLERDINGS〔万物一体全体ともかくもしかし〕――物理学者に』である。「『自然の内部へは』／ああ、俗物よ！／『いかなる被造物の精神も入りこむことはできない』／私や兄弟姉妹たちに／そんな言葉を／思い出させないでくれ！／我々はこう考える――その場所ごとに Ort für Ort ／我々は内部にいるのだと／……自然はすべてを、豊かに、喜んで与えてくれる／自然には核もなければ Natur hat weder Kern ／外皮もない Noch Schale ／自然はすべて一回限り Alles ist sie mit einem Male ／よく考えてみるがいい、／君自身、核であったり、皮であったりするのかどうかを」（粂川麻里生、二〇〇一年、三六‐九頁参照、Goethe, HA I 359 原語挿入引用者）。

（5）とはいえあの「超越性」の重なり合いを、あくまで類比の事柄と自覚して、知と信の区別、客観的認識とたんなる思考の差異をわきまえつつ神や来世を慎ましく語ることは、けっして差し止められていない。否むしろそういうイデア的なものの詩的な語りの正当な権限の確保に、第三批判は積極的に取り組んでいるのだし、じつは理性批判の全体も、「自然の技術」という類比の趣に沿って、世界建築術な思索を詩的に展開しているのである。

（6）原則論は「全総合的判断の最高原則について」の節の結論部に言う。「ゆえに経験は、経験的な総合として、その可能性において、他のすべての総合に実在性を与える唯一の認識様式なのだから、アプリオリな認識としての総合も、それが経験一般の総合的統一のために必然的であるもの以上のなにも含まないことによってのみ、真理性（客観との一致）をもつ」（A157-8=B196-7）のだと。そして第二類推も、「超越論的対象」の概念との関連で言う。「認識と客観との一致が真理なのだから、ここではただ経験的な真理の形式的諸条件だけが問われうるのだ」（A191=B236）と。

（7）岩崎武雄は「真理ということばの定義を求める」「真理の意味の問題」と「真なる判断の定義を求める」「真理の基準の問題」を区別して、「現代の真理観の混乱はこの二つの問題の混同から生じているのではないか」と鋭く指摘した。ただし拙稿の見立てによれば『批判』はこの「混乱」や「混同」を免れている。カントは「真理の意味」にかんする対応説を経験的実在論的に前提したうえで、「決して成り立つものではない」「真理の基準についての対応説」（岩崎、一九七六年、二五頁）などとは異なる、新たな真理基準を超越論的観念論的に問うたのだ。

「神の立場の真理ではなく人間の立場の真理をとらえる」こと。近代西洋哲学の合理論から経験論への歩み、そして「整合説から対応説への移りゆきの根底」には「真理というものに対する一八〇度の転回」があり、「これこそカントの言ういわゆるコペルニクス的転回の真の意味ではないか」（同、七六‐七頁）。この指摘も啓発的であり、「整合説と対応説の総合」に基づく「説明の成功」説をうちだして（同、一〇二頁以降）、「人間の立場」からの「不確実な真理」への「転回」（同、一六六‐七頁）を追求する論旨も魅力的である。しかるに「カントにおいてもやはり経験というものに対する不信が根本において消失していない」（同、七八頁）し、「なお合理論的伝統を全くは離れることができず、真理は絶対に確実なものであるべきであり、したがって先天的認識によってのみとらえられると考えてしまった」ために、「主観のうちに先天的認識形式を認める認識論的主観主義の立場を取った」（同、一六五頁）のだと岩崎は言い放ち、カントの「不徹底」「中途半端」（同、七九頁）や「不十分」（同、一七〇頁）をあげつらう。ここには明らかにテクストの読みの甘さによる軽率な誤解が入り混じっている。

（8）当人には心外だろうが、その代表格はヘーゲルである。『論理の学』「概念論」導入部（一八一六年七月二十一日付）に言う。「実体はすでに実在的本質であり、あるいは有と合一して現実性の中に入ったかぎりの本質である」。そういう「有《ザイン》と本質《ヴェーゼン》を考察する客観的論理学」（Hegel, Bd.6, S.245-6）に続き、「主観的〔主体的〕論理学の体系」たる「概念論」（*ibid.*, S.243）が登場する。「有と本質は概念の生成の契機だが、概念はそれらの基礎であり、それらがそのうちで没落し保存される同一性たる真理であり」（*ibid.*, S.245）、「即自的なもの」たる「実体の真理である」（*ibid.*, S.246）と。これは「スピノザの体系」（*ibid.*, S.249）を弁証法的に賦活化して、唯一絶対実体の臓腑に万物の命を呑み込む新手の超越論的実在論の発話である。そしてこの見地からはやはり「カント哲学はただ概念の心理学的反省にとどまっており」、「カテゴリー」も「たんに心理学的観念論を基礎とする」（*ibid.*, S.256）としか見えないようである。「純粋論理学たるわれわれの学では、この前段階は有と本質である。心理学で悟性に先行するのは感情と直観であり、次に表象一般である。意識論たる精神現象学では、感性的意識の段階を経て、次に知覚の段階を通り悟性に高まった。カントが悟性に先行させるのは感情と直観のみである」（*ibid.*, S.256）。こう難癖をつけたテクストは、真理論でも放言を繰り返す。カントは「真理とは何かという古くて有名な問いに言及し、真理とは認識とその対象との一致だとする名目定義を、さしあたりなにか陳腐なものとして呈示しているが、この定義には大きな価値、いや最高の価値がある。人がこの定義を想起しつつ超越論的観念論に接するならば、これは理性認識が物自体を把握できず、実在性は概念のまったく外にあるという根本主張だから、直ちに明らかなのだが、自分の対象たる物自体と一致することのできないような理性、そして理性概念と一致しない物自体、実在性と一致しない概念、概念と一致しない実在性は、非真なる表象だ。かりにカントが直観的知性の理念をあの真理の定義に基づいて考えたならば、かれはここに求められる一致を表現したこの理念を、思想物でなく、むしろ真理として扱ったことだろう」（*ibid.*, S.266）。ヘーゲルはカントの反転光学を台無しにして、絶対的観念《イデア》論を提唱する。「理念《イデア》こそがはじめて概念と実在性との統一」（*ibid.*, S.258）であり、「この適切《アデクヴァート》な概念」たる「理念の領域である理性こそが自己を露わにした真理」（*ibid.*, S.271）だと熱く信じていたからにほかならない。

(9) ローティは言う。「われわれは視覚的メタファー、とりわけ鏡映のメタファーをわれわれの言語活動《スピーチ》から一切取り除かねばならない。そうするためには、言語活動を内的表象 inner representations の外在化 the externalizing と考えないばかりではなく、そもそも表象と考えないことである。われわれは、思考のみならず文に関しても、実在との対応《コレスポンデンス》という概念を捨て、文を世界とではなく、他の文と結びつくものと見なければならない」(ローティ、一九九三年、四三一頁)と。しかし鏡の比喩も含めメタファーは、メタファーだと明確に自覚されているかぎり、哲学の語らいのもとにとどめおかれてよいはずだ。しかもローティの鏡映メタファー攻撃と、「観念論」(同、一〇七頁、一六八‐九頁、三一五‐九頁、三三〇頁、三七八頁、三八七‐八頁、三九八頁、四〇九頁、四一八頁等)への過剰防衛、そして「超越論的なもの」の全面禁忌(同、四三九‐四四頁)は、かれ自身がデカルト的二元論による超越論的実在論的な内外区別のもと、実在論か観念論かの対立構図に囚われたがための失策をあぶりだす。かれは「超越論的観念論者のみが経験的実在論者たりうる」というカントのテーゼに目を注ぎながら、外的空間内の物理自然の経験的実在論と、叡智的な物自体の超越論的実在論との弁別を欠いたため、「実在論的な超越論的論証」を執拗に論難する(ローティ、一九九二年、二五‐八頁)。カントの〈経験的実在論にして超越論的観念論〉の反転光学は、もっと啓発的で解釈学的かつ体系的な哲学の軽妙闊達な語りを可能にする。

(10) ダメットがフレーゲ『算術の基礎』を批判的に読み込んで、「実在論‐反実在論論争」を「意味理論のレベル」で審理する「言語論的転回」を提起したとき、かれはカントの超越論的観念論(「観念論」の称号を嫌うなら超越論的言語批判)の視座に近づいたと言えるだろう(金子洋之、二〇〇六年、三四‐七頁、vgl. auch Chiba, 2012)。ただし「反実在論」の標語は余計だし邪魔である。この一番大事な定式化局面で言語分析の審理法廷はなぜ、あれかこれかの二項対立に縛られたままなのか。反転光学を知らぬ分析哲学の「実在 reality」「実在論 realism」の硬直的・教条《ドグマ》的な用例として、ダメット、一九八六年、二七‐八、三二‐三、四一‐二、四六、九四‐八、一一一頁等、逆にダメットの批判的思考が示唆し希求した慎重かつ穏当な用例は、同、二五‐六、三三、四三、九三頁等を参照。

カントは、すべての超越論的実在論を峻拒する点で「反実在論」だが、内外感官の対象の現実存在を露も疑わずに、通常一般の言語使用や科学理論の標準文法に歩調を合わせ「経験的実在論」を実際《プラグマティッシュ》的に宣言する。この「実在」観が人間の理論的な規定的判断力の本性に発する以上、淡々とそれに従うしか道はなく、そうするほうが言語行為上も得策だからである。しかも経験的実在界をそっくりそのまま現象界だと見切ることができたなら（超越論的観念論）、これを仮象界だとおとしめて、背後や根底にイデア的真実界を虚構する余計な手間も要らないからである。それになにより疑っても疑ってもなお、否それだからこそやはり、山は是れ山、水は是れ水だからである。

経験的内容をもたぬ純粋数学の形式的理性認識、つまり経験的でも哲学的でもない純粋理性使用は、純粋直観のうちにアプリオリに与えられた規定的概念の「構築 Konstruktion」（A723-4=B751-2）に基礎を置くことができるという（純粋形式的な意味論上の）強みをもつ。第一批判はそう明言し、さらに第二批判は「道徳的実践的」な理性使用、つまり真に自由な共和的世界を創設する公的開放的な言語行為の見地から、超感性的な理念《イデア》の「客観的実在性」を有意味に語らう道へ突き進む。人間理性がつねにすでにそれを生き、現に住まい語らうこの世の「言語ゲーム」において「意味とは使用である」。このウィトゲンシュタイン風のテーゼをふまえて言えば、理性批判は理論的・実践的・詩作的な純粋理性について、この世にありとあらゆる「物 res」の自然本性に沿う「実在的 real」な概念使用の権限を超越論的に演繹する、語用論的で意味論的な言語批判の法廷弁論なのである。

（11）直観と思惟のアプリオリな形式を凝視する批判哲学の形式主義は、一般論理学の抽象的な形式性を克服したところに成立する。カント論理学講義は「真理の確かで普遍的な、そして応用上使用可能な基準」を求め、「客観的で質料的」な基準と「主観的で形式的」（IX 50）な基準を区別して前者の不可能性を確認し、後者の筋の考察に立ち入ってゆく。こうして「客観的」と「主観的」に「質料的」と「形式的」を機械的に重ねる粗雑な二分法を『批判』は解体し、「アプリオリな多様」という質料を新規に仮設仮構する。ここに客観との一致としての真理への問いは言語論的かつ権利論的に洗練されて、感性の純粋直観と悟性の純粋思惟のあいだを架橋する、超越論的真理論が新たに生成するのである。

（12）同趣旨の諸断片を原則論からも補おう。「諸カテゴリーは、われわれに可能な唯一の直観がこれらのカテゴリーから取り除かれる場合には、あの純粋な感性的諸形式よりも、もっとわずかな意味しかもちえない。つまりこれらの感性的形式によってやはり少なくとも客観が与えられるのとは反対に、そのうちでのみ多様が与えられうる直観がつけ加わらない場合には、われわれの悟性に固有の多様の結合の仕方は、まったくなにも意味しなくなる」（B306）。「諸カテゴリーは、空間と時間における諸直観の統一に関係してのみ意味をもちうるので、諸カテゴリーはまさにこの統一をも、空間と時間のたんなる観念性のためにのみ、アプリオリな普遍的結合概念によって規定することができる。この時間統一が見いだされえないところでは、したがってヌーメノンにおいては、諸カテゴリーの全使用、それどころか諸カテゴリーのすべての意味が完全になくなるのである」（B308）。そもそも直観的知性の認識にかんしてカテゴリーは「いかなる意味ももたない」（B145）し、「すべてのカテゴリーは、経験的使用だけが可能であり、可能的経験の対象、すなわち感性界に適用されないときにはどんな意味ももたない。この分野の外においては、諸カテゴリーは許容されるとしても、しかしそれによってはなにも理解されえないような、たんに諸概念にたいする名称にすぎない」（A696=B724）のである。

（13）　カントのSinnとBedeutungの分節に、フレーゲの分析を類比的に重ねあわせ、フッサールの「意味充実Bedeutungserfüllung」と「意味志向Bedeutungsintention」の対置を折り重ねて、異同をさぐるのも興味深いが立ち入れない。むしろ『批判』が当時の哲学討議の語用慣習のもと、Sinnとsensus、Bedeutungとsignificatioの翻訳呼応関係を鳴りひびかせながら、現代記号論を密かに先取りしている点を確認しておきたい。

（14）　ローティは比喩をまじえて言う。「少なくともウィトゲンシュタインとセラーズ以来まったく明らかなことだと思われるが、印刷された刻字の『意味meaning』は、それがもつ余分な『非物質的』特性なのではなく、言語ゲームの中でその刻字を取り囲む諸々の事象が形成する文脈において、すなわち生活形式の中でそれが占める位置にほかならないのである。このことは脳内の刻印についても同様にあてはまる。脳を眺めることによっては志向的特性は観察されえないと言うことは、マヤの法典を眺めてもわれわれはひとつの条文だに理解できないと言うことにほぼ等しい。つまり、われわれは何を捜すべきかを単に知らないだけなのであるが、これは目に映るものをいかにして記号体系に関連づけるかをいまだ知らないからである」（ローティ、一九九三年、一三頁）。作者の意図がどこにあるのかは別にして、デカルト的物心二元論を打破せんとする挑発的な立言と解したい。

（15）　この視点からテクストを読みかえすと、理性批判は当初から言語論的思索を始動させていたのに気づかれてくる。空間論結論部を改めて引く（本書、二六〇頁参照）。「したがってわれわれは人間という立脚点からのみ空間や、延長する存在者などについて語るredenことができる。われわれがそのもとでのみ外的直観を獲得しうる主観的条件を離れ、われわれが諸対象により触発されることができる条件から立ち去るならば、空間についての表象はまったくなにも意味bedeutenしない。この述語Prädikatは諸物がわれわれに現象するかぎり、つまり諸物が感性の諸対象であるかぎりでのみ、諸物に付与されるのである」（A26-7=B42-3）。

（16）　『批判』は純粋悟性概念による思考可能性を排除せず、これに「諸表象のたんなる統一という、一つのたんに論理的な意味」（A147=B186）を認定しているし、形式的な一般論理学にも、思惟と認識の真理の不可欠条件を見いだした。ゆえにわれわれは諸理念や道徳的な「義務」の概念を正当に語ることもできるのであり、すくなくともここで初期ヴィトゲンシュタインのように「沈黙する」そぶりを見せる必要はないのである。

（17）その論述の核心部だけでも垣間見ておけば、『道徳形而上学の基礎づけ』は序盤で、「進退きわまった場合でも、わたしは守るつもりのない約束をすることが許されないのか」という問いには、「偽りの約束をするのは賢いか、それとも義務に適っているか」という「意味」の「差異」の分節が「容易に」認められると指摘する（IV 402）。そしてまた『実践理性批判』の自由のカテゴリー分析論は言う。「ところで善や悪はつねに意志への関連づけを意味しており、しかもこの意志は、或るものをみずからの客体とすべく理性法則によって規定されている」（V 60）。そして「純粋実践理性のすべての指令で問題なのは、たんに意志規定のみであり、その意図の遂行の（実践能力の）自然制約ではないのだから、自由の最高原理に関連するアプリオリな実践諸概念はただちに認識となるのであり、意味を獲得するために直観を待つ必要はない。しかもこれには注目すべき理由がある。アプリオリな実践諸概念は、それが関連するもの（意志の志操）の現実性をみずから産み出すのであり、これは理論的諸概念にはまったく見られない事情である」（V 66）。こうして理性批判は言葉の「意味」の意味合いを、理論と実践のあいだで厳しく見分けるのである。

（18）ここに「対応」は、個々の経験判断と経験的対象とのあいだの出来事であり、純粋統覚の超越論的な外なる物自体との関係を意味しない。つまり理性批判の対応説は、超越論的実在論でなく経験的実在論の文脈で成り立っている。出口康夫の「擁護」する「対応実在論（correspondence realism）」（出口、二〇〇九年、四一頁）にも、同じことが言えるはずだが、出口は右の「実在論」の批判的区別を等閑視して、自身のそれを「カントの言う超越論的実在論」（同、四四頁）と等置してしまっている。この致命的な欠点を取り除けば、出口の説く「ロバストネス基準」は感覚的日常経験および経験科学の教える諸「真理」（同、四八頁以下）を、われわれ人間のあいだで有意義に共有してゆくために多くの示唆を与えてくれるにちがいない。

（19）あえて言語遂行論的な解釈をほどこせば、規定的《ベシュティメント》な判断力の作動規則は「犬」の場合、歴史的・文化的に制約されて実用的《プラグマティッシュ》で融通無碍な性格のものになり、「三角形」の場合は抽象度と恒常性と強制度の高い学術的・論証的な語用論的《プラグマティッシュ》規則となるにちがいない。

（20）Bild は当時学界でラテン語 imago の訳語として定着していた。Einbildungskraft は、これをふまえた vis imaginationis もしくは imaginatio の訳語である。カント『人間学』は「感性的な創作能力 Dichtungsvermögen」の種別を論ずる章で、「空間における直観の造形的 bildend な創作能力」を imaginatio plastica（彫塑的想像力）に対応させ、また imaginatio associans（連想的想像力）には「時間における直観の協同的 beigesellend な創作能力」（VII 174）という独訳をあてている。

（21）『判断力批判』の「美しい技術 schöne Kunst」論は、「人間が話すさいに用いる表現様式」たる「語、挙措、音調（音節、身ぶり、抑揚）」との「類比」（V 320）で「天才」の藝術分類を試みて、筆頭に「語りの技術 die redenden Künste」をあげ、「雄弁術 Beredsamkeit は悟性の仕事を構想力の自由な戯れとしておこなう技術であり、詩作術 Dichtkunst は構想力の自由な戯れを悟性の仕事として遂行する技術である」（V 321）と語っている。それをここに考え合わせてみるのは、不当だろうか。そういう批判的思索の成熟を待ち望みながら、ここには若きカントの自然神学的な天界論の熱い語りの余韻が聴き取れる。「カオスから、みずからおのずと完全な世界体制を形成する隠れた技術 eine geheime Kunst を、神は自然力のなかに付与した」（I 229）。ここから「神」の手の直接介入の信仰語りが抑制的に引き去られたとき、理性批判の世界建築術の詩学は成熟完成する。

（22）一般記号学を展望するソシュール一般言語学が、蓄音機や電話の発明を背景に、音声学・音韻論の精緻化から始まったこと、そして「シニフィアン」がまずは単語の音素を基礎にして、「聴覚イメージ」として理解されたことは興味深い。

（23）フェノメナ・ヌーメナ章からも引いておく。「じじつこの可能的経験は、みずからの統一を総合的統一からのみ獲得する。そしてこの総合的統一は、悟性が構想力の総合に、統覚への関連において、根源的におのずから付与するものである。しかも一つの可能的認識への所与である諸現象は、すでにアプリオリにこの総合的統一に関連し、それに一致していなければならない。ところでしかし、これらの悟性諸規則はたんにアプリオリに真であるのみならず、さらにあらゆる真理の源泉なのであり、つまりわれわれの認識と客観との一致の源泉である。しかもそれは、これらの悟性諸規則が経験の可能性の根拠をみずからのうちに含むことによってであり、ここで経験とは、諸客観がそこでわれわれに与えられることになる全認識の総括である」（A237=B296）。

（24）『批判』の感性論から経験の類推までにあえて限定取材して、中島義道は言う。「そこに登場するのは、日常的に『今ここで』という語を発するときにわれわれが端的に理解している〈今〉でも、哲学的な反省を経た後にわれわれが洞察する豊かな内実をもった〈今〉でもなく、物理学的時間における〈今〉。せいぜい可能的な〈今〉なのであって、〈今〉の本来的な姿をつかみえていない」（中島、一九九四年、四頁、さらに一三一頁参照）と。同じ中島が自由のアンチノミーに「本来的な時間」への示唆を探るとき（同、三二頁および第二章以降）、右の断案は、旧来型カント解釈への痛烈な皮肉を帯びた異議申し立てとなる。

（25）これは中島が言う「〈私〉の原初的な時間了解」（中島前掲書、七、二八頁）、「すでに（日常的に）われわれが了解していなければならず、それなくしては時間を語れない事柄」、しかも「フッサールの〝originär〟という意味よりむしろ〝natürlich〟に近い意味」（同、三四頁）での時間了解に相当するだろう。中島はそれを「〈今〉現存する〈私〉」一般の視点から意味論的に分析し、「これまで」と「これから」の分節により「過去と未来との不等価性」を際立たせる。そして『批判』の様相原則に言う「可能性」は現在、「必然性」は未来、「現実性」は「未来とは不等価な過去世界を特徴づける概念」（同、二二頁）であり、「〈私〉が原初的に知っている時間とは過去時間のみ」（同、七頁）だと言明する。「過去とは、物自体からの触発という受容性の条件のもとで、しかも自発的に、われわれが原初的に構成する『現にあった』客観的な世界」（同、五一頁）だと。この「過去」が「一億年後に生きる〈私〉」（同、二三頁）のそれでありうるとしても、この分析にはにわかに同調しがたい。それが過去の罪を後悔し自責・帰責する現在の反省にかかわるならばなおさらのこと、過去・現在・未来を分節し語らう《いまここ》の言語活動の開けを「まず」は考えたい。

「経験を一般的に可能にする条件としての超越論的統覚」（同、一一頁）と、経験的に規定され「ここに今こうして生きているこの私」とのあわいで、経験的思惟一般の要請は「この」でも「あの」でもない「個々の〈私を〉一般的に要請する」（同、一三頁）。「カントは、〈私〉のうちにまず可能な〈今〉系列、可能な〈ここ〉の秩序へと超える能力を認めた。こうした能力を有する〈私〉こそ超越論的統覚と呼ばれる〈私〉である。それは現実の〈今ここ〉にとどまり続けるのではなく、まず可能な〈今ここ〉へと視点を定位し、その可能な〈今ここ〉から現実の〈今ここ〉を見返すという能力を有する〈私〉である。そして、カントによれば、現実的な世界に生きながら、まず可能性としての世界を構成することこそ、神と異なる人間主観の特性」（同、一八－九頁）である。こうして中島も〈経験的実在論にして超越論的観念論〉の反転光学の一端にふれている。ただし「表象としての自然」の「可能な〈今〉系列」の典型たる「物理学における時間」との対比で、「本来的な〈今〉」（同、七、三一、三七頁）のことを語るとき、中島はこれを限定もためらいもなく「ショーペンハウアー」の「生への意志、すなわち物自体」たる「実在的な客観」の「現在」（同、三三、一四七頁）に求め、「『自由であった』時としての過去」は「『もはやない』時としての過去」よりも「レアール」（同、九二頁）だと無造作に言う。ここに潜む超越論的実在論への罠には警戒を怠らず、中島の啓発的なカント改釈の言語論的旋律のほうを増幅展開してみたい。

（26）　この点は原則論の第一類推の証明（第二版）でも強調されている。「ゆえに時間は、そのうちで諸現象のあらゆる変移が思考されるべきものであり、一定不変で変移しない。それというのも時間は、継起存在や同時存在がそのうちでのみ、時間の諸規定として表象されうるようなものだからである」（B224-5）。

（27）　この命題は第一版演繹論中盤で、「一つの可能的経験のアプリオリな諸条件は一般に同時に、この経験の諸対象の可能性の諸条件である」（A111）として先どりされている。

（28）経験的思考一般の「可能性」要請に関連して言う。「ゆえにこれらの概念がどの経験においても、諸知覚の諸関係をアプリオリに表現しているという点に鑑みて、われわれはこれらの概念の客観的実在性を、すなわちその超越論的真理を認識するのである。しかもたしかに経験から独立にこの真理を認識するのだが、とはいえしかし経験一般の形式との関連、そしてそのうちでのみ諸対象が経験的に認識されうるような総合的統一との関連のすべてから独立に認識するのではない」（A222=B269）。

（29）論理実証主義系の科学哲学の「規約主義」では、科学理論の規約的要素と事実的要素が、分析的言明と総合的言明として対照されるが、カント認識論の根本規約たる純粋悟性原則はアプリオリな総合命題である。このみごとなまでのズレは興味深いが、いまは深入りできない。むしろここに注目したいのは「規約 convention」という言葉の意味であり、とりわけ「集会、協議会、党大会」での「申し合わせ、取り決め、協定」や、社会・団体の「因習、しきたり、慣例、約束ごと」という討議的含意である。ちなみにラテン語の conventio には「告訴」という古義があり、批判の法廷の比喩と共鳴する。

（30）「自然の論理的形式的合目的性」として語られる反省的判断力のアプリオリな統制的原理は、自然における美の「主観的形式的合目的性」および有機体の「客観的質料的合目的性」の反省的な語りを準備するものとして、第三批判序論に登場する。この一連の「自然の合目的性」「自然の技術」の思想は、第一批判弁証論「付録」の二つの節「純粋理性の理念の統制的使用について」と「人間理性の自然的弁証論の究極意図」で先どりされており、そのうち前者が自然の「体系的統一」における論理的合目的性を主題化する。

（31）『プロレゴメナ』第一部注解三は明快に言う。「しかし真理と夢のあいだの区別は、対象に関連づけられる表象の性質によって決定されるのではない。じじつ、そうした表象は両者で同じである。その区別はむしろ、諸規則にしたがった諸表象の連結によって決定されるのだ。つまりその諸規則は、諸表象の連関を一つの客観の概念において規定して、諸表象がどれくらい一つの経験のうちで共存できるかどうかを規定するのである」（IV 290, vgl. 376 Anm.）。

（32）この点は現実性様相の原則に明らかである。「諸物の現実性 Wirklichkeit を認識せよという要請は、知覚を要求し、人がみずから意識している感覚を要求する。たしかにその現実存在 Dasein が認識されるべき対象そのものについての知覚が、直接的に要求されるのではない。しかしこの対象がなんらかの現実的な知覚と連関していること、しかも一つの経験における、あらゆる実在的な結合を一般的に現示する経験の諸類推にしたがって、なんらかの現実的な知覚と連関していることを要求するのである」（A225

=B272)。

(33) クリプキの『名指しと必然性』は、「アプリオリ」「分析的」「必然的」を粗雑に等置した思考伝統と格闘し、「認識論的」(かつ言語共同体的)なアプリオリと、「形而上学的」な論理必然性とを区別する(野本和幸、一九八八年、二四二頁、三二六 - 七頁)。そして「固有名 proper name」や、それと類縁的な「自然種名 natural kinds terms」等に限って、すべての「可能世界」で同じ物を指示する「固定指示詞 rigid designators」を提起する(同、二八四 - 五、三〇二 - 四、三〇九頁)。その様相論理は、フレーゲ、ラッセル、ウィトゲンシュタインの超越論的実在論的な、指示対象(外延)と「意義 Sinn, meaning」(内包)の「記述(束)説」を厳しく批判するが、依然として形而上学的実在論の臭みをぬぐいきれない。これを『批判』の反転光学の可能性・現実性・必然性の様相概念に照らして、批判的に問い直すことができるだろう。クリプキも同書「補遺」で初めて示唆するように、「カントが『必然的』を命題のタイプを表わすために使い、『アプリオリ』を知識の様相を表わすために使う時、彼がこれら二つの術語を置換可能な同義語として扱う現代の通常の慣習に染まっていることなどありえない」(クリプキ、一九〇頁)。そればかりか理性批判の超越論的論理学は、ライプニッツの個体の超越論的実在論に附随する可能世界の形而上学からも、ウィトゲンシュタイン、カルナップ、クワイン、ヒンティカ、クリプキらの(独断的、懐疑的、相対主義的な)思索のもとに浮上してくる「可能多世界意味論 possible worlds semantics」(野本、一八一頁)の論理学的思弁からも手を切って、ひたすら〈われわれの一つの経験〉を可能にする「アプリオリな総合命題」の探究に専念し、「経験的思考一般の諸要請」という禁欲的論題のもと、この世の現象物一般をめぐる認識判断の様相論理を〈存在論的=認識論的〉に解明する。ゆえにその超越論的言語批判は、けっして実体的(ないし基体的)な「個体」を名指す「固有名」等から出発して意味や指示を云々するのではなく、われわれ人間の「経験」の歴史的・宇宙論的総体性から出発して、経験的な実在性の地盤で出逢われうる物を「一般」に現象で表象だと見切る世界反転光学を不断の刹那に駆使してゆくのである(経験的実在論にして超越論的観念論)。そして個体や自然種といった経験的実在物が、それに対応する諸名辞とともに超越論的観念性の海に浮かびあがるのは、この世のわれわれの言語行為——命名や名前の学習や直接指示言表等——が具体的実質的に進行してからのことである(超越論的観念論にして経験的実在論)。

(34) 理性批判は対応説的な真理概念に絡めて、間主観的な合意説的真理観も表明する。「真理とはしかし、客観との一致に基づいている。ゆえにこの客観については、皆の悟性の判断が合致しているのでなければならない(consentientia uni tertio, consentiunt inter se 一人の第三者から同意が得られる人たちは、互いに意見が一致している)」(A820=B848)。理想的発話状況を想定したハーバーマスの真理の合意説や、パトナムの言う「理想化された合理的受容可能性」としての真理概念の超越論的な権利保証がここに見いだされる。そしてコミュニケーションの可能性については、ベック宛一七九四年七月一日付書簡が興味深い。「言えるのは本来、ある表象が他の物に帰属するということではなく、むしろその表象が認識要素となるべきときは、〔その表象が内属する主観とは〕別のなにかへの連関が、その表象に帰属するということだけであり、その表象はこれ〔なんらかの客観への連関〕により、他の人たちに伝達可能 communicabel となるのです」。そして「われわれが理解し他人に伝達できるのは、われわれがみずから作る machen ことのできるものだけです」。愛弟子への懇切な解説は、表象が「誰にでも妥当する für jederman gültig〔伝達可能である〕」ことと、それが「ある客観に連関している」（XI 515）ことを軽々と重ね合わせて、超越論的な理性批判の思索方針を明かしている。

第四章　実践的自己規定の語らいの道へ

第一節　わが上なる天空と内なる道徳法則

第一批判法廷の真理論に長らく陪席した。ふたたび批判的形而上学の二部門体制の意味解明という本筋に立ち還ろう。「人間理性の立法（哲学）」の「二つの対象」たる「自然と自由」。「あるもの」と「あるべきもの」。拙稿では、純粋悟性のアプリオリな普遍的立法に基づく超越論的な「自然法則」の、存在論的で認識論的、かつ真理論的で言語論的な意味究明がなされたにすぎない。残るもう一つの立法的な「哲学」の「対象」たる「自由」について、純粋理性のアプリオリな普遍的立法に基づく「道徳法則」は、いかなる意味合いの「客観的実在性」を調達するのだろうか。第一の「自然」の現象一般の理論認識にかかわる弁論は、「一つの可能的経験」の限界内という感性的制限の遵守を呼びかけた。第二批判法廷では、理性そのものの超感性的な自然本性に応えて、その限界の超出こそが実践的な見地で求められてくる。鋭い対照をなす「二つの特殊な体系」を「最終的には唯一の哲学的体系のうちに」統轄する、この建築術的な法廷弁論の機微を、物にして言葉なるものの自然本性に聴き随いつつ、ひきつづき言語批判的な読み筋で探りたい。

その実践哲学の道に本格的に立ち入るのは別の機会に譲り、ここでは最後に、理性批判の移行の思索に立ち会いたい。拙稿は第Ⅰ部冒頭、第一批判最終段落の道の比喩と対話した。今度は第二批判「結語」冒頭を、少し長めに引いておこう。自然と道徳の二部門からなる批判的形而上学の建築術の道筋を鮮明に示すテクストだからである。

二つの物がいつも新たな讃嘆と畏敬の念で心を充たし、それをより繁くじっと熟考すればするほどに、その思いはますます強まってくる。わが上なる星鏤めた天空と、わが内なる道徳的法則。この両方をわたしは、暗闇のうちに覆い隠されたものとして、あるいは熱狂的なもののうちに包み隠されたものとして、わたしの視野の外に探したり、たんに臆測したりしてはならない。むしろわたしは、それらをわたしの前に見る。そしてわたしの現実存在の意識と直接結びつける。第一の物は、外的な感性界の内にわたしが占めているこの場所に始まり、わたしがその内に立つこの結合を見渡しがたく大きなものにまで拡張し、諸世界を超えた諸世界、諸体系の諸体系と結びつけ、そのうえでさらに、それらの周期的な運動の果てしない時間、その始まりと持続にまで拡張する。第二の物は、わたしの見えざる自己、わたしの人格性に始まり、ある一つの世界の内に現に立つわたしを呈示する。この世界は真の無限性をもつが、知性にのみ追跡可能である。そしてこの世界と（それをとおして同時にまた、あのあらゆる可視的な諸世界とも）結ばれているわたし、しかもあそこ〔第一の場合〕でのように、たんに偶然的にではなく、普遍的かつ必然的に結ばれているわたしを、わたしは認識するのである。（V 161-2）

「感性界」と「知性にのみ追跡可能」な「世界」との鋭い対置は、フェノメナとヌーメナ、現象と物自体の概念対を介し、現象界とイデア界、仮象界と実在界、可感界と叡智界、現世と来世の旧来型の二世界論の読み筋に搦め捕られる危険もある。しかし批判哲学は、そういう超越論的実在論の語り口からきっぱりと縁を切って出立した。そして〈経験的実在論にして超越論的観念論〉の世界反転光学の視座に腰を据えて、自然の道に沿う新たな形而上学の語りの完遂をめざしている。この批判哲学の小径の上では、二世界論的錯視の要となる「物自体」「ヌーメノン」の概念も、超自然の形而上学的実在論の含意を払拭されて、「同じ一つの物」をあるときは感性的に、あるときは純粋知性的に「考察」し、それを「現象」と「それ自体そのもの」との二面相で矯めつ眇めつ見つめつづける、「二重視点」の光学の言葉に換骨奪胎されている。ゆえに「物自体」はもはや聖なる「暗闇のうちに覆い隠された」背後世界の超越的真実在ではなく、あくまでも哲学的な超越論的認識批判の「限界概念」として、われわれにはけっして直観することができず、ただ思考し語りうるだけの「表象」と化している。

テクストの世界光学的含意を精確に読み取ろう。「わが上なる星鏤めた天空」と「わが内なる道徳的法則」は、此岸の経験的内在界と彼岸の超越的実在界というように、相互に独立する二つの実在界を指すのではない。崇高な「二つの物」は、われわれが現に生きてある一つの世界の「最初の方の眺望」と「第二の眺望」（V 162）を打ち開く、徹底的に批判的な啓蒙近代の新たな哲学の鍵概念である。感性界と知性界、現象界と物自体界、可感界と可想界という一連の区別は、理性批判の反転光学のもとでは、森羅万象がそこに現実存在し、われわれ人間が住まい語らう一つの実在界の、感性的な理論的相貌と理性的な実践的相貌とを、相互に比較対照して語りだす「智慧への道」の途次の語法にほかならない。

ゆえに『道徳形而上学の基礎づけ』第三章も明言する。「実践理性が、知性界へ身を移して考え入れたとしても、そのことにより理性の限界を踏み越えたことにはならない」。そもそも「知性界の概念はたんに一つの立脚点にすぎないし、理性は自己自身が実践的であると考えるために、この立脚点を諸現象の外に取ることを余儀なくされているる」（IV 458）のだと。「感性界」と「知性界」の批判的区別は、われわれの有限な純粋理性そのもののたんに「理論的使用」から「実践的使用」への態度変更の符牒である。

その言語論的な含意を前面に出して言えば、それは対象認識判断の平叙文から、行為主体の道徳的決意の定言的命令文への、人間理性のアプリオリな根本命題の話《ナラツィオン》法の転換である。「可感界」と「可想界」の対置は、理性批判の超越論的反省の語りの、透明な非人称主体の智慧への歩みの途上での、一つの根本的な転回の刹那の詩的な比喩である。批判哲学の全討議は、つねにすでにわれわれが投げ出されてある、経験的実在性の大地で行われている。そのテクストの公的な語りを終始一貫支えるのが、〈経験的実在論にして超越論的観念論、超越論的観念論にして経験的実在論〉という世界反転光学の不断の反復継続である。

以上の基礎確認事項をふまえて、「結語」に立ち戻ろう。この文面に登場する「わたし」とは何者か。それは表面的には、第一批判掉尾の「わたし」と同じく書物の作者たる個人を言う。イマヌエル・カントという固有名の「わたし」が、著述の最後で「読者」に語りかけているのである。ただし、いまことさらに問うべきは、そういう表層の事態ではない。テクストは日々に新しい。そもそもある書物や断片がテクストとして立ち上がるとき、そこでは作者を含むわれわれ人間の言語行為《かたらい》がつねにすでに発現している。そもそも一切の読みの営為がないところに、テクストの語りもありえない。しかも批判哲学は偉大な「著者が自身を理解した以上にかれを理解すること」（A314=B370）をめざした、解釈学的で間テクスト的な思索と語りの弁証的＝討議的な出来事である。

そういう高度に言語行為的なテクストにあって、「わたし」とはいったい何者か。それは作者カント個人であって誰でもなく、テクストをここで読むわたし自身であって誰でもない。「わたし」という一人称単数の意味を理解し、みずから「わたし」と名乗りうる個々すべての「わたし」であって、しかも特定の誰のものでもないこの「わたし」。ゆえに通例の自他の区別を超えた、あるいはそういう実定言語的な分節以前の、不可思議不可解なる「わたし」の相貌が、テクスト行間に浮かんでくる。

カントというテクストは、かかる弁論術《レートリケー》的な言葉の機微に、徹頭徹尾自覚的である。じじつ『人間学』は本論第一節を「自分自身を意識することについて」と題し、「人間が自分の表象のうちに、わたしというものを持つことができること」に注目する。そして「わたしというもの」の「表象」こそが、「地上に生きる他のあらゆる存在者を超えて人間を無限に高める」し、「これにより人間は一つの人格」となり、「一個の同じ人格《ペルゾーン》」として自己同一性を獲得すると説き起こす。しかもわれわれは「理性を欠いた動物たち」と異なり、「たとえわたし《イッヒ》というものをまだ話すことができない時期であっても」、「やはりわたしというものを考えの内に持っている」。「あらゆる言語は、それが第一人称《ペルゾーン》で語るときには、たとえこのわたし性《イッヒハイト》を特定の語で表現していない場合でも、わたしというものを考えているはずである」（VII 127）[1]。誰か特定の「わたし」が語るのでなく、個々具体の事実的発話状況に本源的に先立って、「あらゆる言語」がみずから言語一般として、つねにすでに潜在的に「第一人称で」物を「考え」「語る」のだ。ここにかなり特異な言い回しで告知された「わたし」という物による、言語活動《ランガージュ》の深層への超越論的な反省水準を見逃さないようにしたい。

こうして人間学講義は、高度に言語論的な考察で始まっている。そして自分のことを「三人称で話していた」カール坊やが、「遅くとも一年後には」一人称単数の「わたしで語り始める」瞬間に説き及ぶ。次いで第二節「エゴイズムについて」では、一人称単数の語りに根ざした「論理的」（VII 128）、「美感的」（VII 129）、「道徳的」な我執の総体に、画然と「複数主義」を対置する。「自分は全世界を自分の自己の内に掌握しているなどと考えるのではなく、むしろたんに一個の世界市民たる自己を見つめ、そういう者として行動する」ような、自己相対化の多元的な「考え方」[2]。この世界市民的複数主義と、独我論的エゴイズムとの「区別」そのものはしかし、経験的で「実用的」な「人間学」の守備範囲を超えており、「純粋に形而上学的」（VII 130）な問題——ある省察断片に言う「超越論的人間学 anthropologia transcendentalis」（XV 395）の主題——なのだと告知されている。

理性批判のテクストは、かかる人間学的＝言語論的な自我論を暗黙の前提として、〈経験的実在論にして超越論的観念論〉の批判的＝形而上学的な世界反転光学を展開する。この光学的通奏低音に重ねて、「わたし」という代名詞はまず、「内的感官もしくは経験的統覚」と「超越論的統覚」（A106-7）とに語り分けられる。ここで話題となる理論的認識命題の形成にさいし、「わたし」はみずからおのずと経験的統覚にして超越論的統覚である。これにたいし第二批判の定言的命令文は、個別特殊の「格率」の主体と「普遍的立法」の主体とが、理不尽にも不可避的に乖離する人間学的＝自然本性的な現実を直視して、この両面の合致を命じている。この命令そのものの宛先に「わたし」ならざる「汝」を据えた言表形式のうちに、道徳的実践命題固有の特殊事情が凝縮されている。「汝の意志の格率が、つねに同時に普遍的立法の原理として妥当しうるように、行為せよ」。この文で「行為せよ」と命じられているのは、「意志の格率」の主体たる「汝」である。これはみずからの有限な自然本性を苦く噛みしめた人間的実践理性が、つねに内的に分裂し矛盾対立しがちな自己自身に呼びかけた、詩的な二人称単数代名詞である。(3)

　このアプリオリな命令法の語りそのものの主体たる透明な「わたし」と、親密な聞き手たる「汝」としての「わたし」。人間理性の超越論的な自己反省・自己認識の場所で、当為の発話の能動と命令聴取の受動に分節された、そのつどの「わたし」自身の、実践的決意の刹那の内的対話がここにある。そしてこの緊迫した人間的な生の現実の言語行為の只中で、経験的な格率の主体にして超越論的立法の主体たるべき、あらゆる「わたし」の理念がつねに新たに話題になりゆくのである。

第二節　わたしの存在意識という紐帯

　理性批判の哲学は、こうして多重に差異化する「わたし」のすべてを包みこむ。テクストの語りは、公的開放的な読者世界に生きる「わたし」たちの言語行為である。かくも意味深い「わたし」の「上なる星鏤めた天空」と「内なる道徳的法則」。この二つを「わたし」は「わたしの現実存在《エクジステンツ》の意識」と「直接結びつける」。経験的実在論にして超越論的観念論、超越論的観念論にして経験的実在論。ゆえにまた物にして言葉、言葉にして物。われわれが生きてあるこの世の万物が、なかでも「畏敬」すべき「二つの物」が、超越論的反省のテクストが語る大切な言葉である。そして「わたし」はいまここで、それらすべての物を「わたしの表象」として「わたしの前に見る」。

　ここに言う「わたしの現実存在」とは何であり、その「意識」とは何なのか。くりかえしを厭わずに言えば、さしあたりは実在の作者個人の「わたし」、および過去現在未来の読者世界に生きる「わたし」たちの「現実存在の意識」である。それぞれに明確な限定詞をもつ個々の「わたし」は、「この外的な感性界のうちに」特定の「場所《プラッツ》」を「占めて」現実存在する。それはあまりにも卑小な「わたし」の存在だ。この世界の空間時間の「見渡しがたく大きな」広がりに比して、「一つの動物的被造物としてのわたしの重要性」は、ほとんど無に等しい。「わたし」は「ある短い時間」の「生命力」しか授からず、避けがたくおとずれる死の時節には、「自分がそこから生じた諸物質を、この惑星（世界全体のたんなる一点）にふたたび返却しなければならない」（V 162）。これが世界の第一の眺望で、これよりほかに「わたしの現実存在」はない。「わたし」の実存の場所は、人間が住まい語らう経験的実在界。「わたし」たちはここに生まれ、ここに生き、ここで死ぬ。これはどうにも逃れられぬ現実であり、哲学する「わたし」を含めた人間一般の無条件の条件である。[4]

しかし「わが内なる道徳的法則」は、それとは異なるもう一つの「眺望」を打ち開く。この普遍的立法の主体たる「わたしの見えざる自己、わたしの人格性」と、ここに閃き出る「一つの世界」。われわれの世界は、感性的・空間時間的に「無際限」というだけでなく、「知性にのみ追跡可能」な「真の無限性」をそなえている。「わたし」の道徳的自律の自由は、「一つの世界の内に現に立つわたしを呈示する」。ここに「一つの知能 Intelligenz〔知性活動体、叡智者〕としてのわたしの価値」は「無限に高め」られ、「少なくともこの法則によるわたしの現存在《ダーザイン》の合目的的な規定 Bestimmung〔使命〕から聴き取られるかぎりにおいて」、「動物性にも全感性界にさえも依存することのない一つの生命」が、理性的＝言語活動的な「わたしに」「開示され」（V 162）てくる。

世界の二つの「眺望」を対比する弁論術は巧みで印象深い。やはり旧来型の二世界論では断じてない。われわれがそこに住まい語らう同一の実在世界への二様一対のまなざし、「わたし」たち人間の感性的で知性的な視座の、徹底的に批判的で言語論的な光学的区別の語りである。しかるに同時代・次世代のキリスト教言語文化圏の読者は、現世と来世、経験的内在界と彼岸の超越界、感性的現象界と叡智的実在界、感覚的自然界と霊的超自然界という二世界論の響きを増幅させて、来世での個々の魂の永遠の生の信仰箇条を読み重ねたのにちがいない。そして教科書的なカント解説も、「純粋実践理性の要請としての魂の不死性」を引き合いに出し、「物自体」たる「本来的自己」や「叡智的性格」「ホモ・ヌーメノン」という鍵語の超越論的実在論の読み筋を、後生大事に長らく語り継いできた[5]。

しかし理性批判総体は、〈経験的実在論にして超越論的観念論〉の反転光学の調べに乗せて、もっと斬新な世界観と自己認識を、批判的啓蒙近代の読者公衆に語りかけている。第一批判の結語も、かなり慎重な言い回しで、世界市民的公共性の革命に向かう徹底的に批判的な読み筋を指し示す。これまでに確認したように、人間理性（有限な論弁的知性）の自己批判の法廷弁論は、旧式の「感性界」と「知性界」の形而上学的実在論の術語法から脱却し、頑固なあれかこれかの二世界論的対置を全面変換して、ただ一つの経験的実在界に語らうわれわれ自身の感性的経験的な自然認識の平叙文から、理性的超感性的な自然本性に根ざす道徳的実践の命令文への、話法の転換として革命的に換骨奪胎してみせたのである。

この言語批判文脈で、問題の「わたし」に何が生じているのかを、最後に慎重に探っておこう。世界の経験的自然認識の相貌では、個々の「わたし」の実存様態はこのうえなく多様多彩である。のみならずわれわれがそれぞれの場所で現にある「外的な感性界」そのものが、「無数の世界からなる一つの集合」（V 162）であり、「諸世界を超えた諸世界、諸体系の諸体系」として見渡しきれぬほどの複数性をはらんでいる[6]。ところがそこから刹那一転、第二の道徳的実践の純粋知性的眺望では、端的に「一つの世界」が語られる。しかも「この世界と（それをとおして同時にまた、あのあらゆる可視的な諸世界とも）結ばれているわたし、しかもあそこでのようにたんに偶然的にではなく、普遍的かつ必然的に結ばれているわたし」を、「わたし」は「認識する」のである。感性と理性、理論と実践の双眼光学のもとに奏でられる多様の統一の世界建築術的モチーフ。ここに打ち出された新たな「わたし」の自己認識の、特異な様相を精確に見極めたい。

いまや「わたし」は、あの崇高な「二つの物」を「わたしの前に見る」。そしてわたしの現実存在の意識と直接結びつける」。しかもそれは「わたし」たちの世界の二つの眺望が反転する刹那、「同時に」意識される結合だ。ただし「わが上なる星鏤めた天空」という、この「外的な感性界」、このうえなく多様で「可視的」な物理自然界との結びつきは、卑小な個々の「わたし」には「たんに偶然的」である。これにたいし「わが内なる道徳的法則」が開示する同じ「一つの世界」と「わたしの見えざる自己」は、「普遍的かつ必然的に結ばれている」。いまここで「わたし」は「世界」と端的に内的に一体となる。それはたんに時間を直観形式とする内的感官の内面性などよりも、もっと奥深い内面での一体化である。「わたし」は真に無限なこの「世界」と等しく無限大に広がっており、「この法則によるわたしの現実存在の合目的的な規定〔使命〕」は、世界の第一眺望での「この生命の諸制約および諸限界に制限されることなく、無限に進行する」(V 162)。

かなり詩的に高揚した語りだが、胸裏内奥の「讃嘆と畏敬」の感情は、個々の「わたし」の「生命」の無限性を、来世の魂の不死に向けて教条的に言い募ることはしていない。カントというテクストが見つめるのは、この世で現に生きてある「わたし」たちの道徳的な「意志規定」、「世界市民」たるわれわれ人間の「使命」の無限な広がりだ。この批判的謙抑の語りを確認したうえで、一連の世界反転光学における「わたしの現実存在の意識」の帰趨を、第一批判のテクストのうちに見定めたい。

経験的認識に必要な「質料的直観」の「多様襞襞」は、「外的感官」に与えられる。個々の「わたし」の心理の自己認識も例外ではない。「われわれは認識のための全素材を、われわれの内的感官のためにさえ、われわれの外の諸物から手に入れる」(B XXXIX Anm.)。「内的直観」でも「外的感官の諸表象が本来の素材をなしている」(B67)。ゆえに「わたしの現存在の経験的な意識」は、「わたしの現実存在と結びついた、わたしの外に存在するなにものかへの連関によってのみ規定されうる bestimmbar」(B XL Anm.)のだし、「デカルトも疑うことのできぬわれわれの内的経験でさえ、外的経験を前提してのみ可能である」(B275)。

だから「わたし」は「わたし」自身の手足はもちろん、「わたし」の着ている服や、あの人の声と面影、「わたし」が暮らすこの街や、いつか登ったあの山の表象（デカルトの言う像《イマーゴ》）をとおして、これらの物（にして言葉）との繋がりのもとで、自己の感じや思いを内的に経験する。そしてここに初めて「わたしの現実存在の意識」が、ほかならぬこのわたし、固有名をもつ個の「わたし」のリアルな心情として、経験的実質的に規定されてくる。ゆえに「観念論論駁」の「定理 Lehrsatz〔教義命題〕」は端的に言う。

わたし自身の現存在のたんなる意識、とはいえ経験的に規定された意識は、わたしの外の空間内の諸対象の現存在を証明する。(B275)

テクストはこの命題に、拍子抜けするほど短い「証明」を与え、三つの簡単な「注解」を付す。この第二版加筆部分は言語明断で、論述の趣旨も分かりやすい[7]。それを数々の研究書が難解だと言うのは、〈経験的実在論にして超越論的観念論〉の反転光学の骨法を充分に体得していないからである[8]。しかも多くの場合に的外れにも、超越論的実在論に言う「外的」な諸事物（物自体、ヌーメノン、あるいはまた超越論的対象＝x）の現実存在の証明を、この断片に読み取ろうとしてきたからである[9]。

第三節　観念論論駁のための補正弁論

すでに何度も確認したように、理性批判の哲学は、視霊者や学校形而上学の夢から覚醒し、彼岸の真実在の知的直観を独断教条的に説く超越論的実在論から、この世の経験の地盤に帰還したところに出立する。ゆえにテクストは当初から経験的実在論の低い地盤で、外なる物体と内なる精神の経験的二元論を唱えている。だから「（外的関係の）観念性についての第四誤謬推理」（A356）を吟味した初版テクストも宣言する。あの「超越論的実在論者」すなわちデカルト的物心二元論者は、「時間と空間をなにかそれ自体として（われわれの感性から独立に）与えられたものと見なしている」のだが、「本来、そのあとでかれは一個の経験的観念論者を演じることとなる」（A369）。

これにたいして超越論的観念論者は、一個の経験的実在論者たりうるし、ゆえに人が言うところの二元論者たりうるのである。つまりかれは、物質の現実存在を承認できるのであり、しかもそのさいにたんなる自己意識を超え出てゆく必要がなく、わたしの内なる諸表象の確実性 Gewißheit、したがって〈われ思う、ゆえにわれあり cogito, ergo sum〉より以上のなにかを想定する必要がない。（A370）

断片の読解には注意が必要である。ここに〈経験的実在論にして超越論的観念論〉の反転光学は、ひときわ明確に打ち出されている。だが「物質の現実存在を承認できる」経験的実在論の常識的見地から、高度に反省的な超越論的観念論へと瞬時にレンズを切り替えて、この世の可能的経験一般の諸対象、つまり内外諸現象を丸ごと「わたしの内なる諸表象」だと見る反転光学の筆鋒が目も眩むほどに超高速なため、後段の「たんなる自己意識」が、超越論的統覚の高い水準にあることが見えにくい。おまけに純粋自己意識一般に、よりによってデカルト的実体我由来の「確実性」を加味したうえで、これに外的物体の現実存在を基礎づけるという場違いな筆遣いを見せたことで[10]、せっかくの反転光学の革命的な威力が減殺されている。この二重の不始末も災いして、ゲッティンゲン批評（一七八二年一月）の誤解が生じたのである[11]。

テクストはしかし、本当はこう呼びかけたかったのにちがいない。「われわれが超越論的感性論で」「明示した」（A378-9）方針にしたがい、超越論的実在論の独断教条から「すべての現象の超越論的観念論」（A369）へ世界観を一気に転換するならば、デカルト派の教祖でさえ物質の現存在を容易に認めることができるのだと。だからテクストは直後に言う。

ゆえに外的諸物が現実存在するのは、わたしという自己が現実存在するのとまったく同様のことであり、しかも両者は、わたしの自己意識という直接証拠のうえに現実存在する。……わたしは外的諸対象の現実性について推論する必要はないが、それはわたしの内的感官の対象（わたしの思考内容）の現実性について推論する必要がないのとまったく同様であり、それというのもこれらの対象は両方とも表象にすぎないからである。そしてこれら表象の直接的な知覚（意識）は同時に、それらの現実性の充分な証明である。（A370-1）

「わたしという自己 ich Selbst」は、「外的諸物」と同じく認識対象となる経験的実在物である。この客体我にたいし、その「現実存在」の確実な「直接証拠」となる「わたしの自己意識」のほうは、超越論的統覚の思考活動の主体性の水準にある。[12]「自己」をめぐるこの決定的差異はしかし、やはり反転光学の解析力に不慣れな素朴実在論にも、学校形而上学の教説に囚われた超越論的実在論の目にも不明瞭なままである。しかも（おそらくは暗に原則論第二要請を顧みてのことだろう）、内外感官の対象たる「これら表象の直接的な知覚（意識）は同時に、それらの現実性の充分な証明」だと適切にコメントしながらも、この言明を先の「直接証拠」に重ねてしまったことで、経験的統覚（もしくは内的感官）と超越論的統覚との肝腎要の差異が、テクスト表面から雲散霧消しかねないありさまである。それゆえに、反転光学の閃きを遮蔽する読み手の致命的錯視も生じてくる。そして初版第四誤謬推理の観念論批判は、あたかもデカルトのコギトの明証性に拠りかかっているかのような、不本意な印象まで与えてしまう。ただしテクストはすでに問題の急所にふれていた。

経験的観念論とは、われわれの外的諸知覚の客観的実在性について、見当はずれに考えこむ慎重さなのであり、[13]これを論駁するには、外的知覚が空間における現実性を直接的に証明する、ということですでに充分だ。（A376-7）

ゆえにテクストの建築術は、この最重要論点を前面に押し出すべく、[14]「論駁」の本領発揮の舞台を弁証論から分析論へ、しかも原則論の「経験的思考一般の要請」第二項へ引き移す。すなわち「現実性」の様相範疇に関連して、「経験の質料的諸条件（感覚）と繫がっているものが現実的である」（A218=B266）と鮮烈に言明する、アプリオリな総合命題の「解明」のうちに「観念論論駁」の節は挿入されるのだ。[15]

テクストの語りは、〈経験的実在論にして超越論的観念論〉の呼吸を一貫して保持している。しかもこの反転光学のもとで、「わたし」たちの外に広がる空間中の物質の現実存在は、内的感官の対象となる「わたしの現存在の意識」と同様、通常一般の健全な人間知性の「経験的思考」に直接与えられた感性的事実である。ところが理性主義の「心理学的観念論」は、この点を素直に認めない。この頑迷さは、真正の「形而上学の本質的な諸目的」に照らして、「無罪」で「ない」。「われわれの外なる諸物の現存在を……たんに信仰に基づき想定するだけで、誰かがそれをふと疑ったときに、それに対抗して充分な証明を提示することができないというのは、哲学と普遍的人間理性の躓《スキャンダル》きの石である」。テクストはみずからの論理の必然性に迫られてというよりは、むしろ論争上の必要性に応じて「外的直観の客観的実在性の厳密な証明（しかもわたしの信ずる唯一可能な証明）」（B XXXIX Anm.）を企てた。

論駁の「定理」を読み返そう。「わたし自身の現存在のたんなる意識、とはいえ経験的に規定された意識は、わたしの外の空間内の諸対象の現存在を証明する」（B275）[16]。ここに「わたしの外の空間内の諸対象」とは、「超越論的な意味で「われわれの外」なる物では断じてない。「物自体そのものとして、われわれから区別され現実存在するなにか或るもの」の存在証明は、まったくもって論外だ。他方、「経験的に外的な諸対象」（A373）や外的現象世界の「現存在」にしても、それをここで初めて「証明する」などということが、当該論証の主眼であるはずがない。じじつ論駁テクストのしめくくり、「注解三」の末尾近くに言う。「ここで証明すべく求められていたのは、内的経験一般が、ただ外的経験一般を通じてのみ可能なのだ、ということだけである」（B278-9）[17]と。

そしてまた「定理」直前には、「デカルトも疑うことのできぬわれわれの内的経験でさえ、外的経験を前提してのみ可能」（B275）なのだと言われている。理性批判はつねにすでに経験的実在論に立脚し、「観念論論駁」もこの文脈で、一定の内的経験のためには一定の外的経験が欠かせないという点を強調する。「内的」な物と「外的」な物について、理性主義的教条とは真逆の序列を、テクストは「経験一般」の可能性の現場でつきつける[18]。これにより「デカルトの蓋然的」で「質料的」（B274）な観念論にたいし、かなり辛辣な反撃に出ているのである[19]。

ここに新旧観念論論駁の「証明様式」（B XXXIX Anm.）は一変する。七年前の初版はデカルト派に親身であった。〈われ思う、ゆえにわれあり〉の「確実性」にも若干の未練を残していた。[20] 肝腎の反転光学も超越論的観念論の局面のほうに軸足を置き、「外的諸物」と「わたしという自己」の双方がまったく同様に、「わたしの自己意識という直接証拠のうえに現実存在する」（A370）のだと、デカルト派と類比的に同じ基礎づけ構造に身を寄せて、外界懐疑を払拭すべく空しい説得を繰り返していた。[21] 第二版は逆にデカルトの形而上学的知性そのものを、批判哲学の本領たる可能的経験の現場に引きずり出す。そして「この人は、ただ一つの経験的主張（宣告 assertio）、すなわち〈われあり〉だけを不可疑だと宣言している」（B274）と、あえて言語理性批判の見地から診断する。[22] それと同時に超越論的観念性局面での内外同様路線からも撤退し、[23] むしろ経験的実在性の現場で、内的経験の成立可能性に寄与する外的経験の不可欠性・重要性を前面に押し出してくる。[24]

かくして新たなテクストは、デカルト派（とりわけ直近のヴォルフ派）に、かなり苦い薬となるはずだった。反駁論証の最大妙手は、「定理」の主語たる「わたし自身の現存在のたんなる意識」の中心を貫通する、「経験的に規定された」という但し書きである。ゆえに「証明」も人間的自己の「内的経験一般」の場所で、「わたしはわたしの現存在を、時間のうちで規定されたものとして自分に意識してある」と切り出した。ところで「あらゆる時間規定は、知覚においてなにか持続的なもの etwas Beharrliches を前提する」のだが、「この持続的なものはわたしの内のなにかではありえない[25]」。「それゆえに、この持続的なものの知覚は、わたしの外の一つの物によってのみわたしに可能なのであり、わたしの外の物のたんなる表象によって可能というわけではない」（B275）。

ここに傍点（原文隔字体《ゲシュペルト》）で強調された「物」と「表象」の対比が、テクストで唯一の曲者だ。これを迂闊にもデカルト的な物体（延長実体）と精神（思惟実体）の「超越論的二元論」の眼で見たとたん、物自体の独立存在を前提した学校形而上学の「超越論的実在論」に舞い戻る。これはしかし観念論論駁の本筋を完全に逸しており、「内的感官」と「超越論的統覚」を混同した致命的錯誤である。テクストの語りはむしろ、感性的直観のアプリオリな形式たる「空間」と「時間」、「外的感官」と「内的感官」の区別の筋目に沿い、物理現象（外的自然）と心理現象（内的自然）の「経験的二元論」の枠組みで動いている。(26)ゆえに「わたしの外の物」と「表象」との対置も、「経験的実在論」の文脈にある物心の分別を映す派生態にほかならない。(27)

かくして論駁テクストの「わたし」は「経験的統覚」の水準にある。そして「わたし」の外と内、物理的と心理的、物質と精神、空間と時間の二項対立は、経験的認識の可能性の場所ではたらく論弁的知性の言語活動に起因する。あまりに自明な事柄を再度強調するのは、ほかでもない。所与の感性的直観の多様襞襞を建築術的に区切り繫ぎ、経験的実在界を遍歴踏査する人間知性の「自発性」の「活動《はたらき》 Aktus, Handlung」の、すぐれて言語論的な根本性格への自覚の刹那にこそ、理性批判の世界反転光学の語りがつねに新たに発動してくるのだからである。

第四節　超越論的統覚の〈われあり〉の語り

それと同時に、「わたしの現実存在の意識」をめぐり決定的な事態が浮き彫りになってくる。「超越論的論理学《ローギク》」の言語批判の反省的思索は、人間理性の自己認識の「頂点」（B134 Anm.）、つまり「超越論的統覚」の空空漠漠たる〈われあり〉の語り《ロゴス》に到達する。これは西洋近代の根本命題の、革命的な意味変換である。「神」という唯一無限実体と、「物体」と「自我」という有限実体を根本措定したデカルト派の超越論的実在論、その理性主義の第一命題「われ思う、ゆえにわれあり」は、理性批判の超越論的観念論の言語論的反省の頂点をなす終極の命題へ、じつに巧みに体系的位置価を一新されている。

同書第二版の書き換えは、「本来の増補」（BXXXIX Anm.）たる観念論論駁のみならず、超越論的演繹論も超越論的誤謬推理章も、感性論の諸解明も第二序言も、すべてがこの重大案件に関与する。しかもそれは『プロレゴメナ』や、『道徳形而上学の基礎づけ』、『自然科学の形而上学的始元根拠』を公表し終えて、これからいよいよ『実践理性批判』の集中的な執筆に向かおうとする、その時機の論争的言語行為である。だから一連の加筆箇所に注目するのが読解の手順だし、[28]「自然の立法」から「道徳の立法」へ向かう批判的形而上学の建築術の道理にも適っている。もはや詳しく立ち入れないが、肝腎の論点だけは見ておこう。

第二批判の法廷弁論が目指すべき標的は、定言命法が命じる道徳的に善なる行為への決意、アプリオリな道徳法則による直接的な意志規定である。ところで「人間理性の立法」たる「哲学」のうち、「自然の哲学は、現にあるすべてのものに向かい、道徳の哲学は、現にあるべきものにのみ向かう」(A840=B868)のであった。現にある世界と、あるべき世界。この世に現にある「わたし」と、あるべき「わたし」。話法の転換と、それにともなう二様の「わたし」の区切りと繋がりのうちに、批判的建築術の骨法は鮮明だ。

このうち経験的実在界に実存する現実の個々の「わたし」を、われわれは身も心も「現象」として直観し認識する。[29]しかも「わたし」の心理現象が「時間」のうちで「経験的に規定される」ためには、外的経験との連関が不可欠である。この点を充分にふまえつつ、第二版演繹論第二十五節は冒頭に言う。

> それにたいしてわたしは、諸表象の多様の超越論的総合において、一般に、すなわち統覚の総合的根源的統一において、わたし自身を自分で意識する。しかもわたしがわたしにどう現象しているかとか、わたしがわたし自体そのものとしてどうあるかではなく、ただ〈われあり〉《イッヒ・ビン》ということだけを意識する。この表象は一つの思考作用であって、一つの直観作用ではない。(B157)

厳密に言えば、ここに打ち出された超越論的統覚の「わたしの現実存在の意識」こそが、理性批判の形而上学体系二部門の、真に「根源的」な紐帯をなす。そしてこれまでに確認してきた「わたし」の諸規定は、この純粋統覚の「わたし」の言語活動の、それぞれの局面での限定態である。

すなわち「わたし」の自己意識のうち、「内的感官」の対象として「経験的に規定」されうる「わたし」の心理現象は、「外的な感性界」に「場所」を「占めて」現実存在する個々の「わたし」の身体現象や、その周りの外的諸事物の現象とも不可分に結びつき、これにより「わたし」はリアルな「経験的統覚」となる。他方、「わが内なる道徳的法則」によって決意した「わたしの見えざる自己、わたしの人格性」は、ここに開示される「一つの世界」の「真の無限性」と「普遍的かつ必然的に結ばれて」いる。そしてこの道徳的意志規定とともに「一つの知能としてのわたしの価値」は「無限に高め」られ、「動物性にも全感性界にさえも依存することのない一つの生命」が「わたし」に「開示され」てくる。鋭い対照をなす「わたし」の二様の自己規定のあわいで、「超越論的統覚」の根源的総合的統一のはたらきに即した純粋な〈われあり〉の意識と語りは、空空漠漠たる無内容性・無規定性により、みごとな体系的紐帯たりえている。

この根源的な純粋統覚の〈われあり〉の「表象」は、「一つの思考作用《デンケン》であって、一つの直観作用《アンシャウエン》ではない」。この簡明な一句のうちに、デカルト主義の〈われあり〉の知的直観による実体化ドグマへの、批判的抗弁の論旨が凝縮されている。[30]しかも「この〈われ思う〉は、すでに述べたように一つの経験的命題であり、[31]〈われ現実存在す〉という命題をみずからのうちに含んでいる」。ゆえにここで「わたしの現実存在」は、「デカルトがそう思いなしたとおりに〈われ思う〉という命題から帰結したものと見なすことはできず、……むしろこの命題と同一なのである」(B422 Anm.)。カント理性批判は、デカルトの〈われ思う、ゆえにわれあり〉から、思弁的独断的な「ゆえに」を削除する。そして〈われ思う〉と〈われあり〉を端的に同一命題と認定する。[32]

ところで「もしもわたしが、わたしの現存在の知性的な意識を、わたしの判断や悟性のはたらきのすべてに随行する〈われあり〉の表象のうちで、同時に、知的直観によるわたしの現存在の規定と結合しうるのだとしたら」、「わたし」はこの純粋自己意識から外に出ることなく、「わたし」がそれ自体としてあるがままの内的実相を認識できただろう。しかしわれわれに恵まれたのは感性的直観である。ゆえに「わたしの現存在がそのうちでのみ規定されうる内的直観」も「感性的なのであって、時間条件に結びつけられている」。そして「わたしの現存在」を時間のうちで経験的に規定するためには、空間中の「わたしの外のなにものかへの関係の意識」（B XL Anm.）が必要不可欠である。

何度も反芻される人間理性の有限性を重く見れば、端的にこう言ったほうがよい。「〈われ思う〉という命題」は「経験に先立っている」が、発言当初から「一つの未規定的な経験的直観を、つまり未規定的な知覚を表現している。（したがってやはりこの命題が証明しているように、この実存論的命題《エクジステンツィアルザッツ》の根底にはすでに感覚が、したがって感性に属する感覚が横たわっている）[33]」。しかも「ここで一つの未規定的な知覚が意味しているのは、ただ実在的ななにか或るものでしかなく、これは与えられたもの、しかもただ思考一般のために与えられたものにすぎない。ゆえにこれは現象として与えられているのではなく、また事柄それ自体そのもの（ヌーメノン）として与えられているのでもなく、むしろ事実 **in der Tat**〔思惟行為のうちに〕現実存在するなにかとして与えられているのであり、〈われ思う〉の命題のうちで、そのようなものとして記号表示《ベツァイヒネン》されているのだ」（B422-3 Anm.）と。

理性《ロゴス》批判のテクストは、こうして高度に形而上的な「命題」の論理的言語分析を遂行する。この点はしかし、もはや驚くには当たらない。いま注目したいのは、〈われ思う〉という「合理的心理学の唯一のテクスト」（A343=B401）をめぐる言語批判により、デカルト主義の〈われ思う、ゆえにわれあり〉の超越論的実在論が、批判哲学の〈われ思うわれあり〉の超越論的観念論へ革命的に転換された事態である。そしてこの根本視座の大転換により、デカルト的近代の独我論的自我が抱え込む経験的観念論が根こそぎ転覆され、逆に通常一般の健全な人間理性の経験的実在論の見地が、安定的に奪還されたという一事である。

かくして新たな批判的啓蒙近代の哲学の思索と言葉は、独断的形而上学の夢から決定的に目覚め、現実世界の肥沃な経験の低地に帰還した。にもかかわらず「観念論論駁」の意義が理解できないとしたら、それはこの壮大な革命を成し遂げた思索のダイナミズムを看過しているからである。経験的実在論にして超越論的観念論、超越論的観念論にして経験的実在論。この世界反転光学の不断の反復がいまここに本格始動する。それは同時に〈物にして言葉、言葉にして物〉という、すぐれて言語論的な反転光学の創始である。

「超越論的統覚」をめぐる批判哲学のテクストとともに、空空漠漠たる〈われ思うわれあり〉の稀有な境界《きょうがい》が縹緲と開示されている。ここに言う〈われ〉は、もはや他の物（外的物体や他我や神）から独立自存するデカルト的実体ではない。むしろ「実体」という術語そのものが、この場所では、新たに「統覚の根源的総合的統一」（B131）の作動様式たる諸カテゴリーの一つとして、つまり〈われ思う〉の経験的思想内容一般を実在論的に語るための根本語彙として、体系的な位置価を大きく切り下げられている。

ではこの〈われ〉とは何ものか。それは〈われ思う〉と言う純粋思考の「主体Subjekt」であり、この命題の「主語Subjekt」である。純粋統覚の〈われ〉は、「一つの思考する主体の自己活動性の、たんに知性的な表象」（B278）である。それは「知能《インテリゲンツ》として現実存在する」（B158）が、この〈われ〉はもはや彼岸の叡智界に住む個々の自我自体たる真実在ではない。むしろ思考する知能たる〈われ〉が現実存在《エクジスティーレン》する場所は、現にこの世で生き死にする〈われわれ〉の思索と語らいのうちにあり、(34)そしてまた端的にここにしかないのである。ここに〈われ〉と〈われわれ〉の区別はいまだなく、自他も主客も未分である。いわば言語活動そのものを非人称仮主語とした〈われ思うわれあり〉の原初の発話。かかる言語活動的な〈われ〉は「自己自身を主語として、たんに思考作用および意識の統一との相関のもとで……考察しているかぎりでの」「一つの本然活動体ein Wesen」であり、ただひたすらそのようなものとして、超越論的言語批判の思索の場所で「話題《レーデ》」（B411）にすべき「なにか《エトヴァス》」である。(35)

第五節　理性批判の超越論的反省の語り

「思考する物」それ自体たる叡智的精神「実体」の明晰判明な知的直観から、論弁的な人間知性の思考、判断、推論の「主体・主観・主語」たる「一つの存在者」の「表象」をめぐる反省《レフレクティーレント》的な思索の語りへ。〈われ〉という単純な人称代名詞の基本語義と体系的位置価の転換のうちに、デカルト理性主義の絶対王権的な超越論的実在論から、カント理性批判の世界市民的な超越論的観念論への、形而上学革命の真骨頂がある。批判的啓蒙近代の純粋統覚の〈われ〉は、実在性に満ちた濃密な充実体ではない。ましてやそこからすべての述語が流出論的に自発自展してくる、本体的な真如の精神実体では断じてない。むしろそれは「単純な、それだけでは内容的にまったく空虚な表象たるわれ以外のなにものでもない」。

しかもこの表象について、それは一つの概念だなどと一度たりとも言うことはできない。むしろそれはあらゆる概念に随行する一つのたんなる意識である。この思考するわれ Ich、あるいはかれ Er、あるいはそれ Es（この物 das Ding）により表象されるのは、諸思想の超越論的主語＝x以上のなにものでもない。そしてこれはその諸述語である諸思想によってのみ認識されるのであり、この主語だけを隔離したなら、われわれはこれについてごくわずかの概念も、けっして持つことができないのである。（A346=B404）

「われわれ」の理性批判の超越論的な反省の語りはいま、人間の言語行為一般の「超越論的主語＝x」をかろうじて「単純」な〈われ〉と呼びうる「一つのたんなる意識」の場所に坐す。この「単純な表象としての〈われ〉によっては、いかなる多様も与えられていない」（B135）。あらゆる経験的所与の内実、感性的直観の質料的多様を捨象し、純粋に〈われ思うわれあり〉と無念無想でつぶやくだけの、内容空虚で言語道断の〈無の場所〉で、しかもなお理性批判のテクストの語りがつねに変らず能弁でありえているのは、やはり「われわれ」人間が〈経験的実在論にして超越論的観念論〉の反転光学のもと、内的感官の対象たる「わたし」と、超越論的統覚の〈われ〉との区別と接続を、不断に反復しつつ言語行為的に現に生きてあるからである。

〈われ思う〉は、わたしの現存在を規定するはたらきを表現する。ゆえにこの現存在は、これによりすでに与えられている。しかしわたしはいかにしてこの現存在を規定すべきか、つまりこの現存在に属する多様をわたしの内でいかにして定立すべきかという仕方は、それによってはまだ与えられていない。そのためには自己直観が必要なのだが、これはアプリオリに与えられた形式つまり時間を根底に持ちすえている。そしてこの自己直観は感性的であり、規定されうるもの das Bestimmbare の受容性に属している。（B157 Anm.）

そもそも内的経験的に認識可能な「客観」たる対象我は、〈われ思うわれあり〉の純粋自己意識すなわちたんなる思考活動一般のうちで、なんらかの認識対象を「規定するものの意識ではなく、規定されうる自己の意識、つまりわたしの内的直観（しかもその多様が思考における統覚の統一の普遍的条件にしたがって結合されうるかぎりにおいて）の意識のみ」（B407）である。[36] この規定可能な「わたしの現実存在の意識」は、この世の経験の地盤のうえで、それぞれのいまここに生きてある。そしてそのつどの経験的な規定性のもとに語りだされることで、個々の「わたし」の実在性の度を高めてゆく。

そういう経験的実在性の局面にある個別の「わたし」、内的感官の対象としてかぎりなく多様に現象する具体的な「わたし」の意味内実の濃密度に比べれば、この世にただ一つの純粋統覚の〈われ〉は、どこまでも抽象的で一般的な超越論的観念性の局面を、つまり不断の反省作用《レフレクティーレン》における無規定性の〈零度の経験的実在性〉を生きている。かかる「わたしの内なる規定するもの das Bestimmende in mir」については、「その自発性をわたしはただ意識するのみ」であり、この「自己活動的な存在者としてのわたしの現存在を、わたしは規定することができない」。そして「わたしはただわたしの思考作用という、この規定作用 das Bestimmen の自発性を表象するにすぎない」（B158 Anm., vgl. B427）。

しかしながら「この自発性のおかげで、わたしは自分を知能《インテリゲンツ》と呼ぶ」（B158 Anm.）ことができる。ここに自己をそう「呼ぶ nennen」という、名乗りの超越論的言語行為が権利保証されている。まずはこの点に注目したい。そして「わたしは知能として現実存在する」（B158）という形而上学的実在論者垂涎の問題含みの命題も、じつは右の根源的命名行為に依拠した、高度に反省的な言語批判の発言だったこと、しかもその発言自体が〈経験的実在論にして超越論的観念論〉の光学の高速反転の閃きのさなかに行われていることを確認したい。

この反転光学のもと、とくに超越論的観念論の反省局面で、〈われあり〉の純粋意識は「一つの普遍的な自己意識」(B132)、「一つの意識一般」(B143)として、世界大の広がりをもっている。すなわち「そのうちであらゆる知覚が汎通的かつ合法則的な連関のもとにあるものとして表象される一つの経験」(A110, vgl. A379)、「一つの可能的経験一般」(A111)の大きさほどに〈われ〉は大きいのである。あるいは「すべての現象の総体たる自然(質料的に見られた自然)」「(形式的に見られた自然としての)自然の必然的合法則性」、「一つの自然一般」(B163, vgl. A114)を覆いつくす(A165)の縹緲たる広がりほどに〈われ〉は広いのである。[37]

かくして理性批判のテクストの語りにおいて「わたし」とはまず、この世で語らい生き死にする、すべての人間の経験的実在的な「わたし」であり、哲学に最後に残る「批判的な道」で「世界市民」として語らう「われわれ」である。そこから一転、この世のすべての物事は現象で表象だと洞見した超越論的観念論の見地で言えば、それは世界大に拡がった批判的な思索の形式主語たる「わたし」である。この反省のうちに語りだされた〈われ思うわれあり〉の縹緲たる〈無の場所〉は、経験的自然認識の可能性の根底に横たわるだけでなく、道徳的定言命令に則した意志規定の根底でもはたらく〈われ思う〉であり、一連の理性批判のテクストを息長く綴る〈われ語る〉でもあったはずである。あるいはもっと詩的に言えば、理論と実践、自然と自由の二局面に立法権を分割せざるをえぬ人間存在の、自己分裂した生、実存、現存在の規定性を柔らかく大らかに包容しつつ、超越論的反省の語りの場所をつねに新たに創出する基体的な培地であったのだ。

ゆえにテクストは哲学の狭い「学校概念」を、広大な「世界概念」に転換することをめざしている。だからこそ「魂の不死」という古来の形而上学的理念をめぐっても、デカルトの〈われ思う〉という「一本の毛の先端で」ぐるぐると「一つの独楽を絶えず回して」いるだけの、「学派学校」の「たんに思弁的な証明」にはきっぱりと見切りをつけて、われわれ人間の住まう「世界のために有用な諸証明」（B424）に話頭を転じてゆく。

ゆえに、われわれの自己認識への付加をわれわれに与えるような、理説としての合理的心理学は存在しない。むしろそれはただ訓練としてのみ存在する。この訓練は思弁理性にたいして、この領野で越えることのできない限界を定め、かくして一方では魂なき唯物論《マテリアリスム》の懐に身を投ずることなく、他方では、生きてあるわれわれにとって根拠のない唯心論《スピリトゥアリスム》にうろうろと迷い込まぬようにしてくれるのだ。そしてこの訓練はわれわれに注意喚起する。こうしてわれわれの理性は、この生を越え出てゆく好奇の問いに、満足な答えを与えることを固辞しなければならないが、このことはむしろわれわれの自己認識を、実りなき熱狂の思弁から実り多き実践的使用へ転じよという、理性の警告と見なすべきなのだ。この実践的使用は、いつもただ経験の諸対象にのみ向けられているが、とはいえその諸原理は、より高いところから取ってこられる。そしてあたかもわれわれの使命〔規定〕が経験を越え、したがってこの生を越えて遙か無限に及ぶものであるかのように行動態度を規定する。（B421）

ただ「現にあるすべてのものに向かう」だけの「自然の哲学」とは趣を異にして、「現にあるべきものにのみ向かう」「道徳の哲学」の道が、すでに明確に展望されている。ゆえにこの第二版誤謬推理章は、末尾の「一般的注解」で「合理的心理学から世界論《コスモロギー》への移行に関連して」（B428）言う。「われわれが自身の現存在にかんして立法的であり、しかもこの現実存在をみずから規定するのでもあると、まったくアプリオリに前提する機縁」が見いだされるならば、「このことで一つの自発性が発見されて、われわれの現実性はこの自発性により、経験的直観の条件をさらに必要とすることなしに、規定されることだろう」（B430）。

そしてここにわれわれは気づくだろう。われわれの現存在の意識には、なにかがアプリオリに含まれており、このなにものかは、感性的にのみ汎通的に規定されうるわれわれの現実存在を、しかしある一つの内的能力にかんしては、一つの可想的な（もちろん思考されただけの）世界に向けて規定するために役立ちうるのだ、と。（B430-1）

「わが内なる道徳的法則」は、この世のすべての「わたし」たちの「現実存在」を「現にあるべきもの」の理念に向けて定言的に使命づけ、純粋理性の自律（自己立法）の自由へと「規定する」。しかもいまや「われわれの現実存在」の自己規定は、つねに同時に普遍的立法原理の開示する「一つの可想的な世界」を公的に「思考」し語らうことで、「共同体的な諸法則による、さまざまな理性的存在者たちの体系的結合」たる「一つの国」（IV 433）、つまり「一つの自然の国としての、諸目的の可能的な一つの国」（IV 436）を、この経験的実在性の大地のうえで実現してゆこうと、不断に意志規定することにほかならない。

かくして「われわれ自身の現存在」は、アプリオリな道徳的実践の言語行為により革命的に変容する。「いつもただ経験の諸対象にのみ向けられている」「われわれの理性」の「実践的使用」には、可能的経験の限界よりも「高いところから取ってこられ」た「諸原理」による決意という、かなり重い意味内実が、世界建築術的に「付加」される。われわれの純粋理性の「道徳法則」は、「一つの感性的自然としての感性界に〈理性的存在者たちにかんして〉、一つの知性界つまり一つの超感性的自然の形式を付与する」（V 43）こととなる。

かくも壮大な哲学の思考と語りの無矛盾性を公的に確保したうえで、われわれの生存の根本体制をいまここで全面的に一変させるべく、自然必然性と自由の二律背反は、合理的心理学でなく「世界論《コスモロギー》」の批判法廷で論述しなければならない。そしてまたこの大文脈からも明らかなように、「道徳的世界」の理念的成員〈諸目的、理性的存在者たち〉を複数形で語るテクストは、「われわれの現実性」の革命的変容の、たんに論理的ならざる経験的実在的な可能性の道行きをめざしている。しかるにこの肝腎要の複数形に抵抗感や困惑を表明する諸研究書は、あいもかわらず思弁的学校形而上学の本体論的教条に囚われて、理性批判の〈経験的実在論にして超越論的観念論〉の骨法を完全に逸しているのである。

拙稿最終章では、この反転光学の本義を、「わたしの現実存在の意識」の規定性、規定可能性、規定作用、無規定性をめぐる超越論的反省の語りの機微に則して確認した。内的感官の対象たる個々の「わたし」の心理現象の「時間規定 Zeitbestimmung」から、普遍的な純粋統覚の〈われ〉の空虚な無規定性へ。そして純粋思考の自発性のはたらきの自己意識から、「われわれ自身の現存在にかんして立法的な」「一つの内的能力」による超感性的な「意志規定 Willensbestimmung」へ。理性批判のテクストの語りは〈われ思うわれあり〉の縹緲たる〈無の場所〉に坐し、みずからの思考の規定作用そのものの無規定性を自覚し表明する。そしてこの最高度の反省的判断の只中で、われわれのテクストの無色透明の語り手は、理論的自然認識の規定性から道徳的実践の自律的な規定性に向けて、哲学の二立法領域間を移行し始める。

かかるテクストの襞の流れに沿い、理論的・実践的な判断の「規定的 bestimmend」な業務《アルバイト》とはまったく別に、みずから「反省的 reflektierend」となって自立し成熟した判断力の「自由な遊動《シュピール》」もおのずと主題化され浮上する。悟性（純粋思弁理性）は「自然の超感性的基体を暗示するが、これをまったく無規定のままに残す」。判断力はこれに「（われわれの内でも外でも）知性的能力による規定可能性を与え」、「理性はこの同じものに、みずからのアプリオリな実践法則によって規定を与える」。『判断力批判』第二序論は、同書のライトモチーフをこう総括することで、理性批判のテクスト総体がつねにすでに反省的判断力により駆動されていたことを明かしている。そもそも規定的判断力と反省的判断力の区別そのものが、すぐれて批判的で反省的な判断によっている。そして無規定－規定可能性－規定という論述の道筋が、理性批判の語りの徹底的に反省的な出自を如実に物語っている。

自然と自由。「あるもの」と「あるべきもの」。二つの大きな対象をめぐる最高度に普遍的な立法を、一つの包括的な普遍性の無の場所で接合する新時代の形而上学。その思索の道の批判的建築術の語りは、徹底的に反省的でなければならない。「方法の論考」たる「準備教育」を自認する理性批判のテクストは、みずからの語りの根本性格を自覚して、法廷、立法、道、建築術等の比喩を詩的反省的に語りだす。旧来型の学校的な超越論的実在論の思弁から袂を分かつ批判哲学の革命は、〈経験的実在論にして超越論的観念論〉の世界反転光学の体得とともに、いよいよ本格的に始動するのである。

注

（1）ゆえに「愛してる。」という主語を立てない文脈依存型の日本語文でも、つねにすでに「わたしというものを考え」、暗黙のうちに「第一人称で語って」いることになる。だからこそこの簡潔極まりない一文で、ほかならぬ「僕」が眼の前の「君」を愛しているという事態を表現することもできる。言語というもののはたらきをこの水準まで遡って考えるならば、実際の語用段階で主語が立てられているか否かという点は、第二義的な特殊言語文化的な問題となる。人間の言語一般は、それが本源的に作動する語りの現場では、つねに一人称（しかもおそらくは単複未分）で考えているのだろう。

（2）こういう「わたし」の語法は、世界市民的見地に立つ批判哲学に固有の三つの問い、「わたしは何を知ることができるか」「わたしは何をなすべきか」「わたしは何を希望することが許されるのか」を、「人間とは何か」という究極の問いへ収斂させる論理学講義序論の叙述のうちに容易に聴き取れる。

（3）ドイツ語の親称二人称単数 du は、日記での自己自身への語りかけや日々折々の内省でも、普通に用いられる。そして次の詩句では、さしあたり作者の自己を指す。「すべての峰をおおって／憩いがある／あらゆる梢のうちに／汝はわずかの／微風も感じない／小鳥たちは森に沈黙する／待てしばし、やがて／汝もまた憩うだろう」（ゲーテ「旅人の夜の歌」）。ここに言う「憩い Ruh」とは休息であり安息であり、森羅万象物皆寝鎮まる「夜」の暗黒の静寂である。そして詩の語り手も読み手も全言語活動も、ただじっと待っていさえすれば、「やがて balde［まもなく］」そういう天地自然の「沈黙」のうちにみずからおのずと溶け込んでゆくことだろう。壮年の詩人の言葉そのものはまだ主客未分、物我一如の場所にない。しかし少なくともこの詩の語りを反芻し味読するすべての自己は、いまこのときの「汝」への呼びかけにみずからおのずと感染するのである。

（4）たんに「わたしの現実存在」のみならず、そもそも「あらゆる現実存在についてのわれわれの意識は（それが知覚による直接的な意識だろうと、あるいはなにかを知覚と結合する推論による意識だろうと）、あくまでも経験の統一に属している。そしてこの領野の外の現実存在は、たしかにこれを端的に不可能だと宣告することはできないが、それは、われわれがなにによっても正当化できない、一つの前提である」（A601=B629）。

（5）筆者自身も「カント哲学に於ける自我」を卒業論文と修士論文で論じたさいには、ケアードやハイムゼートに依拠しつつ同様の形而上学的実在論の読み筋を踏襲した。すなわち理論的経験認識の局面では、思惟する主体我を規定することはできず、ただ感官に現象する対象我にしか出会えないのにたいし、道徳的実践的な意志規定の現場では主体的な自我自体に直接見えることができるのだ、と。こういう若書きのロマン趣味をここで断固払拭して、もっと徹底的に批判的な術語立てで同じ事柄を新たに厳密に論じ直すことが、拙稿の隠れた課題である。

（6）第Ⅰ部第二章で見たように、若きカントは『天界の一般自然史と理論』（一七五五年）で、数々の恒星系や諸銀河からなる「一つの世界建築の体系的体制」（Ⅰ 246）の物理学的生成の仮説を語っていた。そして長らく埋もれていた同書の抜粋版が一七九一年に公表され、さらに全体が一七九七年以降に版を重ねることになる。

（7）関連して XVIII 306-10[R5653], 312-3[R5654], 332[R5709], 610-16[R6311-6] を参照。ただしこれらの覚え書きには立ち入らない。これらの資料を参照せずとも、『批判』テクスト内で充分理解できるからである。しかも六三一二番の紙片――編者アディッケスが「キーゼヴェッター8」と命名――には、「われわれの外なる或るもので、しかもそれ自身はふたたびたんなる内的表象つまり現象の形式ではなく、したがって事物自体であるもの」や、「諸現象の根拠を含む叡智的なもの」（XVIII 612）への安易な言及がみられ、これを読む者を超越論的実在論の視圏に引き戻しかねない危険性をはらんでいる。

（8）湯浅正彦の労作は細部にわたり示唆に富むが、この大事な点で微妙な違和感が残る。はたして「『批判』第一版」は「超越論的観念論のテーゼの内実に関する明確な見通しを欠いていた」（湯浅、二〇〇三年、三頁）のだろうか。むしろ第二版加筆は、その「明確な見通し」をより精緻かつ明瞭に、誤解の余地なく論じ尽くすための努力なのではあるまいか。「『意識』という言葉の二義性」を「カントが十分に自覚的に区別して明確に特徴づけなかった」（同、七五頁）ことを湯浅は難じるが、反転光学の通奏低音に集中してテクストの語りに接すれば、カントの運筆が徹頭徹尾注意深いものだったことが見えてくる。

（9）古くは二つの版を論争史的に比較対照したベンノー・エルトマンの労作に、以下の記述がある。「物自体の現実性 Wirklichkeit はもはや第一版のように自明の前提ではなく、もはやプロレゴメナのようにたんに必然的な徴表でもなく、むしろ〔第二版では〕一つの問題である。この問題はその実在論的 realistisch な解決に向けて、ある特別の証明を必要としており、体系連関からしても無制約的な保証をもって、この証明を獲得することができる」。「この証明」は「明らかな自己矛盾を含む」が、「この矛盾を第二版にだけ帰すのは歴史的に不当である。じじつすでに初版の仕事でも、あの普遍的で批判的な思想は、以下の特異な想定と結びついていた。すなわち物自体は物一般として純粋なカテゴリーの客体であり、現象の実在性 Realität により、これに対応する物自体の現実存在 Existenz が自明に措定される、という想定である」（B. Erdmann 1878, S.202-3）。ここに、観念論論駁のみならず「物自体」をめぐる致命的な誤読の連鎖が、学校的に権威づけられたのだ。

ゆえに山崎庸佑も言う。「第一版の〔第四誤謬推理論の〕観念性批判が第二版では全面削除されたのはなぜだろうか。観念性の批判が削除され、『観念論論駁』とはっきり銘打って、しかも原則論の『要請』論に挿入された奇妙な経緯《いきさつ》は、何を語っているだろうか。それは第一版の、観念性批判はすなわち経験的実在論（＝超越論的観念論）の主張だという解決に、不満が残ったということではないだろうか。／……これではカントとしても、問題の核心から離れすぎて、本当の（超越論的）観念論の論駁になってはいないという自責の念を拭《ぬぐ》えなかったであろう。感性論の空間の経験的実在性＝超越論的観念性という観点によるかぎり、本質上、『空間それ自身とそのあらゆる現象は、表象として、もちろんわれわれの内にある』（A375）ことは見え透いているからである」（山崎、二〇〇二年、四六－七頁）。先人たちはどうしてこういう読み方をするのだろう。「単に『経験的に外的』ではない超越論的な意味での『外』」なる世界の「存在」（同、四七頁）に執着し、「統覚の自己がそれに呼応相即する絶対の他である或るもの一般＝X、超越論的対象＝X」（同、四七－八）に、その真実在を読み込むからである。そして「自己あるいはカントが統覚と呼んだ根源の意識が《ある》という場合の《ある》は、世界地平である超越論的対象＝X、自己にとっては《絶対の他》であり、アレコレの措定的・実証的な事物を基準に有無を言えば《無》としか言えない《或るもの一般＝X》が《ある》と言われる場合の、その超越論的・叡智的な《存在そのもの》に呼応相即するところに成り立つ叡智的・本体的な《ある》であった」（同、六〇頁）と言い放つ、新手の超越論的実在論の方角に思索が逸れていくからである。

　この点をいま問題として取り上げるのは、ほかでもない。山崎の慧眼が「超越論的観念論・即・経験的実在論という反転相即」を早くから指摘しておきながら、なぜか無造作にショーペンハウアー、西田幾多郎、ウィトゲンシュタイン『論考』の超越論的実在論を動員して、この「反転相即」は「現象と物自体の『区別』の別形ということになる」（同、一〇三頁）と、拙稿とは真逆の読み筋を展開したからである。かなり微妙だが決定的に重要な最後の難関を見つめつつ、カントというテクストに則して、よりいっそう徹底的に批判的な世界反転光学の論理を厳しく研ぎ澄ましてゆくことにしたい。

（10）デカルト派の合理的心理学は、「与えられた諸知覚の原因としてのみその現存在が推論されうるようなものは、たんに疑わしい現実存在をもつ」（A366）という命題を大前提として、「外的諸感官のすべての対象の現存在」の「不確実性」（A367）を言い募る。初版第四誤謬推理の節はそれを正面から批判しようと目論んでおり、この論争的文脈のなかで「統覚」や「内的知覚」等の『批判』本来の術語立てがいささか錯綜ぎみに映るのである。

（11）カント理性批判がバークリ「よりも高い観念論」の「体系」（IV 373）だと曲解されるにいたったもっと大きな瑕疵は、「懐疑的観念論者」を「人間理性の恩人」（A377）と持ち上げて、その「観念論的異論」こそが「われわれに残されている唯一の逃げ道 die einzige Zuflucht、つまり、すべての現象の観念性へ向かう逃げ道を摑みとるべく、われわれに強いたのだ」（A378）と、いたずらにデカルト派にすり寄った論弁上の気遣いにある。そしてまた「唯物論の危険に対抗して、われわれの思惟する自己を安全に保つ sichern」（A383）合理的心理学の「重要な否定的効用」（A382）を強調するあまりに、「思考する主観をわたしが取り除くならば全物体界が消滅するにちがいない」（A383）と、怪しげな唯心論的口吻でつぶやいたことも、肝腎の超越論的観念論の正しい理解の妨げとなったのだ。

（12）テクストの反転光学は言う。「経験的対象は、それが空間において表象される場合には外的対象と呼ばれ、それがもっぱら時間関係において表象される場合には内的対象と呼ばれる。しかし空間および時間は、ともにわれわれの内部でしか見いだされない」（A373）。

（13）デカルト派の過度の「慎重さゆえの懸念 Bedenklichkeit」に抗して、すでに言う。「ゆえにわれわれの教説〔超越論的観念論〕では、あらゆる懸念が消え去るのであって、われわれはなんの躊躇もなく、われわれのたんなる自己意識の証言に基づき、物質の現存在を想定し、これによってその現存在は証明されたと宣言するのであって、それはちょうど思惟する存在者としての、わたし自身の現存在とまったく同様のことである」（A370）と。

（14）「現象としての物質の現実性は推論されるのではなく、直接知覚される」（A371）。そして「すべての外的知覚は、空間のなかの現実的なものを直接的に証明する。あるいはむしろ現実的なものそれ自身である。ゆえにそのかぎりで経験的実在論は懐疑の外である。つまりわれわれの外的諸直観には、空間におけるなにか現実的なものが対応する」（A375）。初版は前もって当該テーゼを復唱する。そして第二版序言は観念論論駁加筆にからめて強調する。「じじつ外的感官はすでにそれ自体で、わたしの外のなにか現実的なものへの直観の関係なのである」（B XL Anm.）と。そして経験的実在論の見地を前面に押し出して言う。「どのような所与の直観にわたしの外の諸客観が現実に対応するのかということは、……経験一般（内的経験でさえ）を想像物から区別する諸規則にしたがって、おのおのの特殊ケースにおいて決定されなければならないのだが、そのさいには外的経験が現実にあるという命題が、いつも根底に横たわっている」（B XLI Anm.）のだと。

（15）このとき経験的質料的観念論の論駁は、以前にもまして明確にデカルト派の「懐疑的」観念論に標的を絞ってくる。そして第一版誤謬推理論時点では、バークリ風の「独断的観念論者」を「いまはまだ相手にせずに」（A377）、次のアンチノミー論に譲るとしていたのだが、第二版では「このような観念論の根拠は超越論的感性論において、われわれによって排除されている」（B274）と、一言のもとに一蹴して、論駁論証の負荷を軽減するとともに、感性論の重要性をますます際立たせている。

ところでこの新たな論述は、なぜこの場所に配置されたのか。「直観の公理」「知覚の予料」「経験の類推」をへて「経験的思考一般の要請」を語るこの節で、「定理」「証明」「注解」という体裁で「観念論論駁」が語り直されたのには、なにか特別の理由があったのか。この論争の相手はデカルトである。かれの主著『省察』は「第二答弁」末尾に「幾何学的」配列で「諸根拠Rationes」を付す。「定義」「要請」「公理あるいは共通概念」のあとに「神の現実存在」にかんする三つの「定理」が続き、最後に「精神と身体とは実在的に区別される」という「定理Ⅳ」とその「証明」が来る。物心および身心の「実在的区別」を「実体」的に措定したデカルト的近代の超越論的実在論、そして形而上学を「定義」から始めた幾何学的精神に、『批判』テクストの建築術が痛烈に抗弁しているのだと受け止めたい。

（16）そして定理そのものの「証明」の結句は、「わたし自身の現存在の意識は同時に、わたしの外の他の諸物の現存在の直接的意識である」（B276）と、さらに端的に言明する。

（17）これを先どりして「証明」の「注解一」は言う。「しかしここで証明されているのは、外的経験が本来的に直接的だということである。そして外的経験を媒介にしてのみ、われわれ自身の現実存在の意識が可能だとまでは言わないが、しかし時間におけるわれわれ自身の現実存在の規定、すなわち内的経験が可能なのだ、ということである」（B276-7）。ここには「われわれ自身の現実存在」をめぐって、たんなる「意識」と時間規定による「内的経験」との批判的な区別が新たに述べられている。この重要論点は次節で主題化したい。

（18）かかる外的経験の重視は、理性主義者の目に意外なだけでなく、おそらくは少なからざるカント研究者、とりわけ経験的実在論の見地を度外視して、ひたすら超越論的観念論の局面に偏執し、「すべての現象一般のアプリオリな条件」たる「時間」や「超越論的統覚」、そして「超越論的図式作用」にのみ照準を定めて立論する人たちをも戸惑わせるものだろう。しかし理性批判のテクストは、じつはあの絶妙の世界反転光学の旋律に乗り、超越論的形式面から経験的質料面へと論述の照準を変えているだけなのである。

（19）「注解一」が厳しく指弾するように、デカルト派は「唯一の直接的経験は内的経験であり、そこから外的諸事物が推論されるしかない」と「想定した」（B276）。人間精神の直接的自己知を不可疑の明晰判明な第一原理とする、自我特権化のドグマ。これを

「定理」および「証明」は根本から転覆するのであり、「観念論論駁」の趣旨もまさにこの点にある。そしてこのデカルト派への抗弁趣旨は、「わたしの外」なる空間中の「持続的なもの」という論点にからめて、「魂の持続性にかんするメンデルスゾーンの証明の論駁」節を新設した第二版誤謬推理論の構成とも密接に関係する。

(20)　七〇年代後半の「『L1形而上学講義』のカントは、外的感官の直観は感覚的であり不確実であるのに対して、わたしの内なる内的感官の直観は例外的に知性的直観と同様の直接的で絶対的な確実性をもつと考えていた（XXVIII 206）」と、城戸淳は指摘する（城戸、二〇〇七年、四二頁）。『批判』初版の叙述は、この先入主を吟味する徹底性を欠いたのだ。

(21)　この内外同様路線は、デカルト派の超越論的二元論を批判的な経験的二元論に明確に切り下げたうえで、以下の立言に到達する。「たんに経験的な意味において、すなわち経験の連関においてのみ、物質は現実に現象における実体として外的感官に与えられてあるのであり、それはちょうど思惟する自我が、やはり現象における実体として内的感官に与えられてあるのと同様である」（A379）。ここに外的感官と内的感官の対象を切り分けて「実体」とした記述が、はたして第二版加筆後にこのまま維持されうるかが問題となる。すでに拙稿前章で確認したように、批判的反転光学のもとでは、「実体」の純粋悟性概念そのものが、あくまでも可能的経験のうちで「時間における実在的なものの持続性」（A144=B183）を図式とする言葉なのである以上、かつては独立自存の異種の形而上学的二実体を主張していた「物心二元論」も、すでに第一版で根本的に変容しているはずなのだが、この興味深い案件についての考察は別の機会に譲りたい。

(22)　この批判的診断は『省察』第二答弁に照らして正当である。デカルトは言う。「われわれがわれわれは思惟する事物《もの》であることに気づくという場合はと言えば、それはいかなる三段論法よりしても結論されることのない或る種の第一の知見でありますし、また、誰かが『この私は思惟する、ゆえに私はある、言うなら私は存在する』と言うという場合には、彼は、〔彼の〕存在をば〔彼の〕思惟から三段論法によって演繹するのではなくて、あたかも自ずからに識られた事物《もの》として精神の単純な直視によって認知するのであり、そのことは、存在を三段論法によって演繹するというのであれば、彼はそれよりも先に『思惟するところのものはすべて、ある、言うなら存在する』というこの大前提を識っていなければならなかったということになろう、ということよりして明らかであります。けれども〔それとは反対に〕、まさしく彼の存在をばむしろ彼は、彼自身のうちにおいて彼が、存在するというのでないかぎりは思惟するということはありえぬ、と経験するということから、学び知るのです。というのは、一般的な命題を特殊なものの認識から形造るということ、それがわれわれの精神の本性であるからです」（『デカルト著作集2』、一七二頁、補説は訳書原文、傍点引用者）。

また対話篇『真理の探求』に言う。「しかし、実のところ、懐疑や思考や存在こそは、上述のように明晰でそれ自身によって認識されることがらに、数えることのできるものなのです。／実際私は、存在とは何であるかということをまず教わったうえでなければ、自分があるということを推論することも主張することもできないほどに愚かな人間がいたなどということを、信ずるわけにはいかないのです。懐疑や思考に関しても事情は同じことです。さらにつけ加えると、これらのものは、それ自身によってでなければ知られえず、それらについては、われわれ自身の経験や、各人がそれらを検討するときにみずからのうちに見いだすところの、意識すなわち内的証言によってでなければ、納得することができないのです」と（『デカルト著作集4』、三二八頁、さらに三四〇頁参照、傍点引用者）。

(23)　とはいえ〈経験的実在論にして超越論的観念論〉の反転光学に徹し、誤解の余地を取り除いておけば、内外同様路線も容認可能である。第二版序言末尾脚注に言う。「ゆえに経験一般の可能性のために、外的感官の実在性は、内的感官の実在性と必然的に結びついている。つまりわたしは、わたしの感官に関係する諸物がわたしの外にあることを意識しているのだが、それはちょうどわたし自身が時間において規定されて現実存在していることを意識しているのと、まったく同様に確か eben so sicher なのである」（B XLI Anm.）と。ここに内外同様論は「経験一般の可能性」の場で成り立っている。しかも第一版のコギトに基づく「確実性」が、アプリオリな「諸規則」にしたがう「唯一の経験」（B XLI Anm.）に根ざした「確かさ」へ、さりげなく転身している点にも注目したい。

(24)　同じ頃のカント草稿に言う。「われわれは、われわれの外なるなにかをすべての時間規定の根底に据え、それゆえに持続的なものとして表象するのであり、したがってまたそれを自己規定の自発性と見なすことはできない」（XVIII 308［R5653］）。「持続的なものは時間における規定と考えることができず、自己規定の自発性に属しえない。……したがって、それは心のたんなる受容性と関係させて……表象されなければならない」（*ibid.*, 309）。かかる思索動向にふれてレーマンは見当はずれの感慨をもらす。「カントがこの観念論論駁におけるほどまでに唯物論に接近したことはかつてない。ただしそれはもちろん『アプリオリな』、その意味で『批判的な』唯物論なのではあるが」（Lehmann 1969, S.181）と。前半の強調や後半の限定句でかれは何事かを言いたかったのだろうが、意味不明である。そもそも「唯物論」か「唯心論」かの二項対立は、超越論的実在論の独断的形而上学に固有の係争案件であり、これを理性批判は思索の本筋から遠ざけた。ゆえにここでは、いかなる意味でも「唯物論」が話題になることはありえない。強調されたのは外的経験の重要性である。

(25) 第二版序言末尾脚注はなお「若干の不明瞭さ」を気にかけて、再度の書き換えを発議する。「この持続的なものはしかし、わたしの内なる直観ではありえぬ」(B XXXIX Anm.) と。

(26) この一連の批判的内外分節に沿い、「自然の形而上学」があくまでも「内在的な自然学 die immanente Physiologie」として、「物体的な自然」と「思惟する自然」を対象にするとき、それぞれの形而上学は「合理的」な「物理学」と「心理学」と新たに呼ばれて、「超自然的 hyperphysisch」なものへの思弁的な超越圧力から解放されることとなる (A845-7=B873-5)。

(27) この全体文脈を重く見て「定理」の主語を顧みるならば、「経験的に規定された」という限定句はつねに強勢で読むべきであり、これを安易に捨象してはならない。かりに試みにこれをはずしたとしても、残る「わたし自身の現存在のたんなる意識」は、もはや超越論的な純粋統覚の意識一般として読まれるべきでなく、むしろ経験的に「外」なる空間中の物質的・身体的なものから区別された、「内的感官」の対象たる個々の「わたし自身」の現存在の「たんなる意識」、つまりたんに経験的心理学的な自己意識の、まったく未規定的な純粋可能態というほどの意味に理解されてくるはずである。

ただし観念論論駁テクストは、それだけを取り上げてながめれば、まさに反デカルト主義の論争文脈にあるために、読者の目からはどこまでも「外的」「内的」の反省概念をめぐる「多義性 Amphibolie」にさらされている。だから右の「わたし自身の現存在のたんなる意識」も、いつしか暗黙のうちにデカルト的な超越論的実在論に言う個的精神実体にひきつけて読まれる可能性を残している。しかし理性批判の総体は、デカルト的近代の形而上学的思弁が曖昧に放置して詭弁を弄してきた問題の核心部に斬り込んだ。そしてそこに隠れた争点を見極めて、肝腎の内外区別の「経験的」と「超越論的」な意味の差異を明快に打ち出した (vgl. A265-6=B321-2, A384-8)。第二版書き換え部分がいずれも難解にみえるのは、第一に、そういう理性批判の徹底的思索の全成果を、短い章句に一気に総動員した論述だからにほかならない。くわえて第二に、デカルト主義の本陣に座る「われ」の曖昧性を衝き、内的感官と純粋悟性、経験的統覚と超越論的統覚とをつねに批判的に区別する、それ自身高度に論争的で皮肉たっぷりのテクストだからである。表面的には「定理」「証明」「注解」の学術的手順をふんで淡々と進む論述の奥に、辛辣な皮肉を忍ばせる芸当は、『視霊者の夢』でなによりもまずは自己自身の形而上学的執着を、「読者 der Leser」の目から「嘲笑 belachen」(II 318, vgl. X 70) してみせた練達の文筆家にはお手のものである。定理の主語の意味を探って途方にくれるデカルト派や、後代のカント研究者たちの迷走ぶりを、死後の作者は草葉の陰で微苦笑して見ているにちがいない。

(28)　この美しい読み筋を示す貴重な先例として、渋谷治美、二〇〇九年、二二七頁参照。ただし観念論論駁の「定理」の「主語」に、「純粋統覚（超越論的統覚）」と「内感におけるわたし自身の内的経験に関する経験的統覚」との「二重性」（同、二一七－八頁）を読み込む提案には、かなり微妙だが若干の異議を唱えたい。〈経験的実在論にして超越論的観念論〉の不断反転光学は、演繹論や誤謬推理論の書き換え箇所のみならず、理性批判のテクスト全篇を貫いている。ただし観念論論駁テクストでは、当該反転光学はあえて経験的実在論への帰還完了相に停滞すると、拙稿は見る。これにより、直前注にも述べたデカルト的近代の超越論的実在論への反駁の威力は、格段に増すと見込まれるからである。

(29)　第二版超越論的演繹論第二十四節の末尾に言う。「したがってわれわれは、内的感官の諸規定を現象として時間の内に秩序づけねばならないのであって、それはちょうど外的感官の諸規定を空間の内に秩序づける仕方とまったく同様である。すなわち外的感官について、われわれは触発されるかぎりにおいてのみ、それによって客観を認識するのだということを認めるならば、われわれは同時に内的感官についても次のことを認めなければならない。すなわちわれわれは、ただわれわれがわれわれ自身によって内的に触発されるという仕方でのみ、内的感官によってわれわれ自身を直観するのである。つまり内的直観にかんしてわれわれは、われわれ自身の主体をただ現象としてのみ認識するのであって、それがそれ自体そのものであるものにしたがって認識するのではない、と」（B156）。

(30)　観念論論駁も言う。「〈われ〉という表象におけるわたし自身の意識は、けっして直観でなく、一つの思考する主体の自己活動性の、たんに知性的な表象」（B278）である。

(31)　誤謬推理章は加筆を免れた序盤に言う。「この命題〈われ思う〉は、〈われ〉そのものの知覚を表現しており、わたしはこの命題において一つの内的経験をもつ。したがってこの命題の上に建立される合理的心理学が、けっして純粋でなく、むしろ部分的に一つの経験的原理に基づいているということを、人は難点と考える必要はない。というのもこの内的知覚は、たんなる統覚の〈われ思う〉以上のなにものでもないからである。しかもこの統覚が〔実体、原因等の〕あらゆる超越論的諸概念を可能にする」（A342-3=B400-1）のであり、ゆえにこの統覚は「超越論的」（A343=B401）なのである。拙稿はここに「統覚」の二義性、すなわち「経験的」と「超越論的」の「二重性」を、前掲渋谷とともにすすんで認めたい。そしてこれを〈経験的実在論にして超越論的観念論〉の反転光学発動の典型例と認定する。そのうえで、しかし第二版の観念論論駁の語りは、あくまでも右の「内的経験」「内的知覚」の局面相に、高感度スローモーション・カメラで照準を合わせたものだと解するのである。その点を重ねて確認しておきたい。

（32）すでに第一版誤謬推理論に言う。「いわゆるデカルト的な推論〈われ思う、ゆえにわれあり cogito, ergo sum〉は、じつは類語反復であり、じじつこの〈われ思う cogito〉（われ思考しつつあり sum cogitans）は、現実性を直接的に言い表している」（A355）と。そして第二版観念論論駁に言う。「たしかに〈われあり〉という表象は、あらゆる思考に随行することのできる意識を表現している。この意識は、ある一つの主体の現実存在を、自己の内に直接的に含有する。しかしそれはまだこの主体の認識ではなく、したがってまた経験的認識たる経験でもない」（B277）。

（33）『プロレゴメナ』は思惟する主体たる「統覚の表象、〈わたし〉」について言う。これは「いささかの概念ももたない現存在の感じ Gefühl 以上のなにものでもなく、あらゆる思惟がそれとの関係（偶有性の関係 relatio accidentis）のうちに立つものの表象にすぎない」（IV 334 Anm.）と。第二版第四誤謬推理批判は、この感性的・経験的側面を強調して言う。「〈われ思う〉ないし〈われ思惟しつつ現存す〉という命題は、一つの経験的命題である。しかるにそういう命題の根底には経験的直観がある。ゆえにまた現象として思考された客観も根底にある」（B428）。「ところで〈われ思う〉という命題は、それが〈われ思惟しつつ現存す〉というほどのことを述べているかぎりは、たんなる論理的機能ではない。むしろその命題は、この主語を（これはしかも同時に客観である）現実存在にかんして規定するのであり、内的感官をぬきにしては成り立ちえない。そしてこの内的感官の直観は、つねに客観を物自体そのものとしてでなく、むしろたんに現象として手渡すのだ」（B429-30）と。

（34）この語らいの現場を、入不二基義の言う「現実の現実性」、つまりカテゴリー表の「可能性と現実性についてのカント的な区別」以前の場所で、その「両方を包み込みかつ浸透する」（入不二、二〇二二年、一四-五頁）なにごとかの語りの現在性に接続させて考えたい。その「空っぽの現実（現実の現実性）は、特定の認識論的な内容を持たないだけでなく、そのような〔たとえば俳句十七音のような〕『一定の形』さえ持たない。……／現実が『空っぽ』であることは、形式が『空っぽ』であることとは異なっている。『器や鋳型の凹み』に相当する『空っぽさ』ではなくて、その『器や鋳型』さえない『空っぽさ』である。しかも、形式も内容もない『空っぽさ』である現実の現実性の方が、むしろ最も強い意味で『ある』（『現にある』）。『現に』ということほど、横溢しているものは他にはない。形式であろうと内容であろうと、すべてその『現に』の影響下にあるという意味において、現実とは内容でもなく形式でもなく『副詞的に働く力』なのである」（同、一三頁）。ただし入不二は、この全体的包括的な「現実」がそのつど「現実化」してくる肝腎の場所、すなわち「現実の遂行的発動表示」たる「この」が指示する「『α』という場」について言う。この「現実という融通無碍の力の方が本体であり、『α』という諸姿はその現れである」（同、一一頁）と。ここに召喚された「本体」「現れ」の概念対は、「『現実』の存在論的なあり方（空っぽな充実性）」（同、一二頁）と「認識論的な内容」とのデカルト的近代通有の二項図式と相俟って、せっかくの精緻な超越論的言語批判を超越論的実在論の形而上学へ引き戻しかねない危険性をはらむ。まさに「『空っぽ』であり、かつ充実している」（同、一一頁）と道《い》う「絶対現実」（同、二五頁）の双面性を、ここではむしろ〈経験的実在論にして超越論的観念論、超越論的観念論にして経験的実在論〉という不断反転光学の往還刹那の出来事のうちに受け止めて、右に怪しく響く「絶対」の一語も含め、どこまでも副詞的に解したい。

（35）ここに引くのは合理的心理学の犯す「媒概念曖昧の虚偽 Sophisma figurae dictionis〔陳述型式の詭弁〕」（B411, vgl. A402）を、簡潔な三段論法の形に定式化して、唯一容認可能な「小前提」についてくわしく解説した条りである。すなわちこの小前提では「いかなる客観のことも考えることなく、ただ主語〔主観〕としての（思考の形式としての）自己への関係のみが表象されている」（B411 Anm.）だけであり、ゆえにそこから正当に帰結するのは「わたしの現実存在の思考において、わたしはわたしをただ判断の主語としてのみ用いることができる」（B412 Anm.）ということだけである。そしてこの点は、第二版誤謬推理論の第一項目に掲げられた重大事項である。すなわち「一、あらゆる判断においてわたしはいつも、判断を形成する関係を規定する主語 das bestimmende Subjekt である。ところで〈われ思う〉ところの〈われ〉は、思考作用においていつも主語として妥当しなければならず、しかもたんに述語のように思考作用に付随するだけではないものと見なされうるなにものかとして妥当しなければならないのだが、これは一つの必当然的で、それ自身同一的な命題である。しかしこの命題は、わたしが客観としてわたしだけでみずから存立する存在者であり、あるいは実体であるということを意味しない」（B407）。

（36）「わたしは、たんに思考することによってなんらかの客観を認識するのではなく、そのうちですべての思考が成立している意識の統一にかんして、わたしが与えられた直観を規定することによってのみ、わたしはなんらかの対象を認識することができる」（B406）。

（37）それは「自然の超越論的普遍法則」が網羅する可能的経験世界の開け、すなわち理性批判の視点から超越論的に反省された存在論的地平の広大さに等しいだろう。第一批判弁証論「付録」は、第三批判の「自然の技術」の思索を先どりし、自然の論理的な体系的統一のための「同類性」「種別化」「連続性」の統制原理を論じているが、そのさいに人間理性が使用する「個々の概念」を「観察者の立脚点」に喩え、そこに広がる「諸物の集合」としての「地平 Horizont」（A658=B686）に言及する。そして「最高の類は普遍的な真の地平であり、これは最高の概念の立脚点から規定され、もろもろの類や種や亜種といったすべての多様性をみずからのもとに包括する」のだが、「この最高の立脚点にわたしを導くのは同類性の法則であり、すべての低次の立脚点とその最大の多種性へわたしを導くのは種別化の法則である」（A659=B687）と言う。ここで「視点」と「地平」の比喩に主客対立図式を当てはめることも可能だが、それではすべてが台無しになる。拙稿としてはむしろ、超越論的な言語批判としてのテクスト深層の語りに寄り添って、諸現象の差異と同一をめぐる概念と外延の論理的相即連関に〈言葉にして物〉の旋律を聴き取りたい。そのうえでさらに自然の個別・特殊・普遍をめぐる多様の総合的統一の世界建築術的モチーフに、個々の経験的統覚の狭さと超越論的統覚の地平の縹緲たる広さとの対照の妙を、あえて類比的に読み重ねてみたいのである。

参考文献

引用・参照文献

Kant, Immanuel, *Kant's gesammelte Schriften*. Herausgegeben von der Königlich Preußischen Akademie der Wissenschaften, Berlin 1900ff. ／『カント全集』全22巻、別巻1、岩波書店、一九九九－二〇〇六年

麻生健『ドイツ言語哲学の諸相』、東京大学出版会、一九八九年

麻生健／黒崎政男／小田部胤久／山内志朗編『羅独－独羅学術語彙辞典』、哲学書房、一九八九年

アーペル、カール－オットー『哲学の変換』、磯江景孜他訳、二玄社、一九八六年

アーペル、カール・オットー「責任倫理（学）としての討議倫理（学）――カント倫理学のポスト形而上学的変換」、舟場保之訳、加藤泰史他編『カント・現代の論争に生きる』下、理想社、二〇〇〇年

アリストテレス『アリストテレス全集3　自然学』、出隆／岩崎允胤訳、岩波書店、一九六八年／Aristoteles, *Physics*, 2 Vol., Loeb Classical Library, Harvard U.P. 1934

アリストテレス『アリストテレス全集12　形而上学』、出隆訳、岩波書店、一九六八年／Aristoteles, *Metaphysica*, recognovit brevique adnotationecritica instruxit W. Jaeger, Oxford U. P. 1957

アーレント、ハンナ『カント政治哲学の講義』、ロナルド・ベイナー編、浜田義文監訳、法政大学出版局、一九八七年／Arendt, Hanna, *Lectures on Kant's Political Philosophy*, Chicago 1980

飯田隆「ウィトゲンシュタインとゲーテ的伝統」、『モルフォロギア　ゲーテと自然科学』第二三号、ナカニシヤ出版、二〇〇一年

石川文康「論争家としてのカント　『観念論論駁』をめぐって」、『現代思想』第二二巻第四号、青土社、一九九四年

石川文康『カント第三の思考　法廷モデルと無限判断』、名古屋大学出版会、一九九六年

犬竹正幸『カントの批判哲学と自然科学――『自然科学の形而上学的原理』の研究』、創文社、二〇一一年

入不二基義『時間は実在するか』、講談社、二〇〇二年
入不二基義『時間と絶対と相対と　運命論から何を読み取るべきか』、勁草書房、二〇〇七年
入不二基義『相対主義の極北』、筑摩書房、二〇〇九年
入不二基義「現実の現実性」、西日本哲学会編『哲学の挑戦』、春風社、二〇一二年
岩崎武雄「主観と客観」、出隆／粟田賢三編『岩波講座哲学7　哲学の概念と方法』、岩波書店、一九六八年
岩崎武雄『真理論』、東京大学出版会、一九七六年
ウィトゲンシュタイン、ルートヴィヒ『哲学探究』（ウィトゲンシュタイン全集、第八巻）、藤本隆志訳、大修館書店、一九七六年／Wittgenstein, Ludwig, *Philosophical Investigations*. The German Text, with a Revised English Translation by G.E.M. Anscombe, 2001 Blackwell Publishing
ウィトゲンシュタイン、ルートヴィヒ『論理哲学論考』、野矢茂樹訳、岩波書店、二〇〇三年／Wittgenstein, Ludwig, *Tractatus Logico-Philosophicus. Logisch-philosophische Abhandlung*, Frankfurt am Main 1963
ウィトルーウィウス『建築書』、森田慶一訳註、東海大学出版会、一九七九年
ヴィンデルバント、ヴィルヘルム『哲学概論』第一部、速水敬二／高桑純夫／山本光雄訳、岩波書店、一九三六年／Windelband, Wilhelm, *Einleitung in die Philosophie*, zweite Auflage, Tübingen 1920
上田閑照『西田哲学への導き　経験と自覚』、岩波書店、一九九八年
上田閑照『言葉　哲学コレクションⅢ』、岩波書店、二〇〇八年
植村恒一郎「刹那滅と排中律――山口瑞鳳博士の論考を手掛かりに――」、『思想』第九六六号、岩波書店、二〇〇四年
有働勤吉「トマスにおける理論哲学の問題」、松本正夫／門脇佳吉／K・リーゼンフーバー編『トマス・アクィナス研究　没後七〇〇年記念論文集』、創文社、一九七五年
エッカーマン、ヨーハン・ペーター『ゲーテとの対話』中、山下肇訳、岩波書店、一九六八年
堅田剛「言語と歴史――ヘルダーとグリムの言語起源論をめぐって」、『新岩波講座哲学15　哲学の展開　哲学の歴史2』、岩波書店、一九八五年
カッシーラー、エルンスト『カントの生涯と学説』、門脇卓爾／高橋昭二／浜田義文監修、みすず書房、一九八六年／Cassirer, Ernst, *Kants Leben und Lehre*, Darmstadt 1977
金子洋之『ダメットにたどりつくまで　反実在論とは何か』、勁草書房、二〇〇六年

柄谷行人『トランスクリティーク――カントとマルクス』、批評空間、二〇〇一年

木田元「主観」、『岩波哲学・思想事典』、岩波書店、一九九八年

城戸淳「誤謬推理論における理性批判と自己意識」、御子柴善之／檜垣良成編『理性への問い　現代カント研究10』、晃洋書房、二〇〇七年

粂川麻里生「ファウストとしてのヴィトゲンシュタイン」、『モルフォロギア　ゲーテと自然科学』第二三号、ナカニシヤ出版、二〇〇一年

栗原隆「事実から事行へ　ヘーゲルによるシュルツェ批判、クルーク批判の前哨」、廣松渉／坂部恵／加藤尚武編『講座ドイツ観念論　第五巻　ヘーゲル　時代との対話』、弘文堂、一九九〇年

クリプキ、ソール・A『名指しと必然性　様相の形而上学と心身問題』、八木沢敬／野家啓一訳、産業図書、一九八五年

クールマン、ヴォルフガング「カントの実践哲学における独我論と討議倫理学」、舟場保之訳、加藤泰史他編『カント・現代の論争に生きる』下、理想社、二〇〇〇年

黒崎政男「思考における言語の役割」、加藤尚武編『ヘーゲル読本』、法政大学出版局、一九八七年

黒崎政男「ドイツ観念論と十八世紀言語哲学――記号論のカント転換点説」、廣松渉／坂部恵／加藤尚武編『講座ドイツ観念論　第六巻　問題史的反省』、弘文堂、一九九〇年

黒崎政男「記号」「言語」「言語起源論」、有福孝岳／坂部恵他編『カント事典』、弘文堂、一九九七年

クワイン、ウィラード・ファン・オーマン『ことばと対象』、大出晃／宮館恵訳、勁草書房、一九八四年／Quine, Willard van Orman, *Word and Object*, The MIT Press 1960

クワイン、ウィラード・ファン・オーマン『論理的観点から　論理と哲学をめぐる九章』、飯田隆訳、勁草書房、一九九二年／Quine, Willard van Orman, *From a logical Point of View. Nine Logico-philosophical Essays*, second edition, revised, with a new Foreword by the Author, Harvard U. P. 1980

クワイン、ウィラード・ファン・オーマン『真理を追って』、伊藤春樹／清塚邦彦訳、産業図書、一九九九年／Quine, Willard van Orman, *Pursuit of Truth*, revised edition, Harvard U. P. 1992

ゲーテ、ヨハン・ヴォルフガング・フォン「神と世界」、田口義弘訳、「プロメテウス」、山口四郎訳、『ゲーテ全集』第一巻、潮出版社、一九七九年

ゲーテ、ヨハン・ヴォルフガング・フォン「自然の単純な模倣、手法、様式」、芦津丈夫訳、「箴言と省察」、岩崎英二郎／関楠生訳、

『ゲーテ全集』第十三巻、潮出版社、一九八〇年

ゲーテ、ヨハン・ヴォルフガング・フォン「客観と主観の仲介者としての実験」「経験と科学」「分析と綜合」「自然―断章―」「色彩論―教示編―」「近代哲学の影響」「直観的判断力」「省察と忍従」「形成衝動」、木村直司訳、「植物変態論」、野村一郎訳、『ゲーテ全集』第十四巻、潮出版社、一九八〇年／Goethe, Johann Wolfgang von, *Goethes Werke*. Hamburger Ausgabe. Band 1, 12, Hamburg 1948, 1953/*Die Metamorphose der Pflanzen*. Mit Erläuterungen und einem Nachwort von Dorothea Kuhn, Weinheim 1984

ゲーテ、ヨハン・ヴォルフガング・フォン『自然と象徴―自然科学論集―』、高橋義人編訳／前田富士男訳、冨山房、一九八二年

上妻精「ニヒリズムの萌芽――ヤコービとその周辺」、大峯顯編『叢書ドイツ観念論との対話　第五巻　神と無』、ミネルヴァ書房、一九九四年

コジェーヴ、アレクサンドル『ヘーゲル読解入門――『精神現象学』を読む』、上妻精／今野雅方訳、国文社、一九八七年

小林道夫『デカルト哲学の体系　自然学・形而上学・道徳論』、勁草書房、一九九五年

斎藤慶典『デカルト「われ思う」のは誰か』、ＮＨＫ出版、二〇〇三年

坂井昭宏「デカルトの二元論――心身分離と心身結合の同時的存立について」、デカルト研究会編『現代デカルト論集Ⅲ　日本篇』、一九九六年、勁草書房〔初出『千葉大学教養部研究報告Ａ』一三号、一九八〇年〕

酒井潔『ライプニッツのモナド論とその射程』、知泉書館、二〇一三年

榊原哲也「フッサール――超越の問題をめぐって」、大橋良介編『ハイデッガーを学ぶ人のために』、世界思想社、一九九四年

坂部恵『理性の不安　カント哲学の生成と構造』、勁草書房、一九七六年

坂部恵『ヨーロッパ精神史入門　カロリング・ルネサンスの残光』、岩波書店、一九九七年

坂部恵『モデルニテ・バロック　現代精神史序説』、哲学書房、二〇〇五年

坂部恵「知覚の予料・火・エーテル演繹」「最晩年の「移行」――Opus postumum I Convolut の世界――」、『坂部恵集1　生成するカント像』、岩波書店、二〇〇六年①

坂部恵「カントの生涯」、『カント全集』別巻、岩波書店、二〇〇六年②

坂部恵『かたり――物語の文法』、筑摩書房、二〇〇八年

塩川徹也「虹と秘蹟　記号から表徴へ」、坂部恵他『現代哲学の冒険⑥　コピー』、岩波書店、一九九〇年

渋谷治美「カント『観念論論駁』再考―「定理」の主語の二重性を中心に―」、『埼玉大学紀要　教育学部』第五十八巻第二号、二〇〇九年

ストローソン、ピーター・フレデリック『意味の限界　『純粋理性批判』論考』、熊谷直男他訳、勁草書房、一九八七年／Strawson, Peter Frederick, *The Bounds of Sense. An Essay on Kant's Critique of pure Reason*, Routledge 1966

スピノザ、バルッフ・ド『エティカ――幾何学的秩序によって証明された』、工藤喜作／斎藤博訳、下村寅太郎編『スピノザ　ライプニッツ　世界の名著30』、中央公論社、一九八〇年

角忍「超越論的演繹の証明構造」（一・二）、『高知大学学術研究報告』第38、39巻、人文科学その1、一九八九、九〇年

関口浩喜「探究――ウィトゲンシュタイン的観点から」、飯田隆他編『岩波講座　哲学03　言語／思考の哲学』、岩波書店、二〇〇九年

タウト、ブルーノ『建築藝術論』、篠田英雄訳、岩波書店、一九四八年

タウト、ブルーノ『建築とは何か』、篠田英雄訳、鹿島出版会、一九七四年

タウト、ブルーノ『続　建築とは何か』、篠田英雄訳、鹿島出版会、一九七八年

高橋義人『形態と象徴　ゲーテと「緑の自然科学」』、岩波書店、一九八八年

高橋義人「形而上学でも唯物論でもなく――『色彩論』歴史篇におけるゲーテの近代批判」、『モルフォロギア　ゲーテと自然科学』第一二号、ナカニシヤ書店、一九九〇年①

谷川多佳子『デカルト研究　理性の境界と周縁』、岩波書店、一九九五年

ダメット、マイケル『真理という謎』、藤田晋吾訳、勁草書房、一九八六年

千葉清史「ヘンリー・アリソンの方法論的二側面解釈」、日本カント協会編『カントと形而上学　日本カント研究13』、理想社、二〇一二年

辻村公一『ドイツ観念論断想Ｉ』、創文社、一九九三年

デカルト、ルネ『方法序説』、野田又夫訳、『世界の名著22　デカルト』所収、野田又夫責任編集・解説、中央公論社、一九六七年／Descartes, René, *Discours de la méthode* [Französisch-Deutsch], Hamburg 1997

デカルト、ルネ『デカルト著作集』全四巻増補版、白水社、一九九三年

デカルト／エリザベト『デカルト＝エリザベト往復書簡』、山田弘明訳、講談社、二〇〇一年

デカルト、ルネ『省察』、山田弘明、筑摩書房、二〇〇六年／Descartes, René, *Meditationes de prima philosophia* [Lateinisch-Deutsch], Hamburg 1977

デカルト、ルネ『情念論』、谷川多佳子訳、岩波書店、二〇〇八年

デカルト、ルネ『哲学原理』、山田弘明／吉田健太郎／久保田進一／岩佐宣明訳・注解、筑摩書房、二〇〇九年／Descartes, René, *Die*

Prinzipien der Philosophie [Lateinisch-Deutsch], Hamburg 2005
デカルト、ルネ『デカルト全書簡集』第一巻、山田弘明他訳、知泉書館、二〇一二年
出口康夫「真理対応説の擁護：実在論とロバストネス」、日本カント協会編『カントと人権の問題　日本カント研究10』、理想社、二〇〇九年
ドゥルーズ、ジル『差異と反復』上・下、財津理訳、河出書房新社、二〇〇七年
トマス・アクィナス『世界の名著　続5　神学大全（抄）』、山田晶編訳・解説、中央公論社、一九七五年
トマス・アクィナス『真理論』、花井一典訳、哲学書房、一九九〇年
冨田恭彦『ロック哲学の隠された論理』、勁草書房、一九九一年
冨田恭彦『対話・心の哲学　京都より愛をこめて』、講談社、二〇〇五年
冨田恭彦『観念説の謎解き［ロックとバークリをめぐる誤読の論理］』、世界思想社、二〇〇六年
朝永三十郎『デカルト省察録　大思想文庫9』、岩波書店、一九八五年（初出一九三六年、復刻版）
ドレイファス、ヒューバート・L／ラビノウ、ポール『ミシェル・フーコー　構造主義と解釈学を超えて』、山形頼洋／鷲田清一ほか訳、筑摩書房、一九九六年
中島義道『時間と自由――カント解釈の冒険』、晃洋書房、一九九四年
中埜肇『ヘーゲル哲学の基本構造』、以文社、一九七九年
中畑正志『魂の変容　心的基礎概念の歴史的構成』、岩波書店、二〇一一年
中村貴志『建築論の射程――ディアテシスのイデア』Ⅰ・Ⅱ、中央公論美術出版、二〇〇〇－一年
夏目金之助『漱石全集』全二十八巻および別巻、岩波書店、一九九三－九年
西田幾多郎『西田幾多郎全集』全二十四巻、岩波書店、二〇〇三－九年
ニーチェ、フリードリッヒ『ニーチェ全集14　偶像の黄昏　反キリスト者』、原佑訳、筑摩書房、一九九四年
ニーチェ、フリードリッヒ『ニーチェ全集15　この人を見よ　自伝集』、川原栄峰訳、筑摩書房、一九九四年
ニュートン、アイザック『自然哲学の数学的諸原理』（中公バックス、世界の名著31）、川辺六男訳、中央公論社、一九七九年
野田又夫『西洋哲學史　ルネサンスから現代まで』、ミネルヴァ書房、一九六五年
野田又夫『デカルトとその時代』、筑摩書房、一九七一年
野田又夫「カントの生涯と思想」、『世界の名著39　カント』、中央公論社、一九七九年

野本和幸『現代の論理的意味論』、岩波書店、一九八八年

ハイデッガー、マルティン『物への問――カントの超越論的原則論に寄せて』、有福孝岳訳、晃洋書房、一九七八年

バークリ、ジョージ『人知原理論』、大槻春彦訳、岩波書店、一九五八年

バークリ、ジョージ『視覚新論　付・視覚論弁明』、下條信輔／植村恒一郎／一ノ瀬正樹訳、鳥居修晃解説、勁草書房、一九九〇年／Berkeley, George, *Philosophical Works. Including the Works on Vision*, David Campbell Publishers Ltd. 1975

バークリ、ジョージ『ハイラスとフィロナスの三つの対話』、戸田剛文訳、岩波書店、二〇〇八年

波多野精一『波多野精一全集』第一巻、岩波書店、一九六八年

ハッキング、イアン『言語はなぜ哲学の問題になるのか』、伊藤邦武訳、勁草書房、一九八九年

服部正明「唯識学派における根拠の転換」、辻村公一編『一即一切――日独哲学コロクィウム論文集――』、創文社、一九八六年

パトナム、ヒラリー『実在論と理性』、飯田隆他訳、勁草書房、一九九二年／Patnam, Hilary, *Realism and Reason. Philosophical Papers* Volume 3, New York 1983

パトナム、ヒラリー『理性・真理・歴史　内在的実在論の展開』、野本和幸他訳、法政大学出版局、一九九四年／Patnam, Hilary, *Reason, Truth and History*, New York 1981

パトナム、ヒラリー『心・身体・世界　三つ撚りの綱／自然な実在論』、野本和幸監訳、法政大学出版局、二〇〇五年

ハーバーマス、ユルゲン「現代《ゲーゲンヴァルト》の心臓に打ち込まれた矢とともに――カントの『啓蒙とはなにか』についてのフーコーの講義をめぐって」、同著『新たなる不透明性』、河上倫逸監訳、松籟社、一九九五年

ハーマン、ヨハン・ゲオルク『北方の博士・ハーマン著作選』、川中子義勝訳、沖積社、二〇〇二年

バーリン、アイザイア『ヴィーコとヘルダー』、小池銈訳、みすず書房、一九八一年

ピアジェ、ジャン『心理学と認識論』、滝沢武久訳、誠信書房、一九七七年

檜垣良成『カント理論哲学形成の研究――「実在性」概念を中心として――』、渓水社、一九九八年

飛田良文・琴屋清香『改訂増補哲學字彙　訳語総索引』、港の人、二〇〇五年

ヒューム、デイヴィッド『人間本性論　第一巻　知性について』、木曾好能訳、法政大学出版局、一九九五年／Hume, David, *A Treatise of Human Nature*. Analytical Index by L.A. Selby-Bigge. Second Edition with text revised and notes by P.H. Nidditch, Oxford 1978

フーコー、ミシェル『言葉と物――人文科学の考古学』、渡辺一民・佐々木明訳、新潮社、一九七四年／Foucault, Michel, *Les mots et les choses*, Gallimard 1966

フーコー、ミシェル『レーモン・ルーセル』、豊崎光一訳、法政大学出版局、一九七五年
フーコー、ミシェル『ミシェル・フーコー思考集成Ⅱ　1964-67 文学・言語・エピステモロジー』、小林康夫ほか訳、筑摩書房、一九九九年
フーコー、ミシェル「カントについての講義」、小林康夫訳、『ミシェル・フーコー思考集成Ⅹ　1984-88 倫理・道徳・啓蒙』、筑摩書房、二〇〇二年①
フーコー、ミシェル「啓蒙とは何か」、石田英敬訳、『ミシェル・フーコー思考集成Ⅹ　1984-88 倫理・道徳・啓蒙』、筑摩書房、二〇〇二年②
フーコー、ミシェル『フーコー・コレクション』全六巻、小林康夫／石田英敬／松浦寿輝編、筑摩書房、二〇〇六年①
フーコー、ミシェル『フーコー・ガイドブック』フーコー・コレクション別巻、小林康夫／石田英敬／松浦寿輝編、筑摩書房、二〇〇六年②
フーコー、ミシェル『カントの人間学』、王寺賢太訳、新潮社、二〇一〇年／Foucault, Michel, "Introduction à l'Anthropologie de Kant," en Emmanuel Kant, *Anthropologie du point de vue pragmatique*, précédé de Michel Foucault, Paris 2008
フーコー、ミシェル『知の考古学』、慎改康之訳、河出書房新社、二〇一二年／Foucault, Michel, *L'archéologie du savoir*, Gallimard 1969
フッサール、エドムント『デカルト的省察』、浜渦辰二訳、岩波書店、二〇〇一年／Husserl, Edmund, *Cartesianische Meditationen. Eine Einleitung in die Phänomenologie*, Hamburg 1977.
ベーコン、フランシス『世界の大思想6　ベーコン』、服部英次郎他訳、河出書房新社、一九六六年
ヘッフェ、オットフリート「一つの共和的理性――〈独我論＝非難〉の批判のために」、高橋祐人訳、加藤泰史他編『カント・現代の論争に生きる』下、理想社、二〇〇〇年
ヘルダー、ヨハン・ゴットフリート『言語起源論』、大阪大学ドイツ近代文学研究会訳、法政大学出版局、一九七二年
ヘルト、クラウス「ハイデガーとフッサール」、新田義弘訳、新田義弘／村田純一編『現象学の展望』、国文社、一九八六年
ベンヤミン、ヴァルター「言語一般および人間の言語について」、佐藤康彦訳、『ベンヤミン著作集3　言語と社会』、晶文社、一九八一年
ヘンリッヒ／アーペル／ローティ他『超越論哲学と分析哲学――ドイツ哲学と英米哲学の対決と対話』、竹市明弘編、大橋容一郎／山本精一／加藤泰史／北尾宏之他訳、産業図書、一九九二年
細川亮一「存在論と超越論哲学――「一般」に定位した『純粋理性批判』への接近」、『哲学年報』第五十三号、一九九四年

細川亮一『形而上学者ウィトゲンシュタイン――論理・独我論・倫理』、筑摩書房、二〇〇二年
ボードリヤール、ジャン『シミュラークルとシミュレーション』、竹原あき子訳、法政大学出版局、一九八四年
松山壽一『ニュートンとカント　力と物質の自然哲学』、晃洋書房、一九九七年
村上勝三『観念と存在　デカルト研究1』、知泉書館、二〇〇四年
村上勝三『数学あるいは存在の重み　デカルト研究2』、知泉書館、二〇〇五年
村田純一「色彩の多次元性――ゲーテとウィトゲンシュタイン――」、『モルフォロギア　ゲーテと自然科学』第二三号、ナカニシヤ出版、二〇〇一年
メルロ=ポンティ、モーリス『言語の現象学　メルロ=ポンティ・コレクション5』、木田元編、みすず書房、二〇〇一年
望月俊孝「カント哲学における自然と自由との間」、京都大学哲学論叢刊行会編『哲学論叢』第一二号、一九八五年
望月俊孝「機械的自然と合目的的自然」、日本倫理学会編『倫理学年報』第三五集、一九八六年
望月俊孝「カントにおける体系的統一の思想」、『関西哲学会紀要』第二一冊、一九八七年
望月俊孝「カント以後の形而上学とは？――形而上学をめぐるハーバーマスとヘンリッヒの論争――」、『理想』第六四一号、理想社、一九八九年
望月俊孝「技術理性の批判にむけて」、『文藝と思想』（福岡女子大学文学部紀要）第五四号、一九九〇年
望月俊孝「技術理性は批判すべきか――道徳性の批判的パースペクティヴの正当化――」、溝口宏平編『道徳規範の妥当根拠の総合的究明』（平成二・三年度科学研究補助金総合研究Ａ［課題番号〇二三〇一〇〇六］研究成果報告書）、一九九二年
望月俊孝「規定された自然と自然の未規定性――自然に関する人間の倫理への一試論――」、『文藝と思想』第五七号、一九九三年①
望月俊孝「自然の技術」、竹市明弘／坂部恵／有福孝岳編『カント哲学の現在』、世界思想社、一九九三年②
望月俊孝「自然美の批判的意義――カントの超越論的趣味批判を手引きにして――」、『文藝と思想』第五八号、一九九四年
望月俊孝「カントにみる「美しい技術」の概念――「自然の技術」というアナロギーに即して――」、『文藝と思想』第六一号、一九九七年
望月俊孝「カントの有機体論――「生命」の概念をめぐって――」、『文藝と思想』第六二号、一九九八年
望月俊孝「カントにおける自然・技術・文化」、『アルケー』（関西哲学会年報）第七号、一九九九年
望月俊孝「カントにおける哲学と歴史」、『文藝と思想』第六五号、二〇〇一年

望月俊孝「カントの目的論――技術理性批判の哲学の建築術」、日本カント協会編『カントの目的論　日本カント研究3』、理想社、二〇〇二年
望月俊孝「カント歴史哲学の批判的生成」、『文藝と思想』第六七号、二〇〇三年①
望月俊孝「世界史の批判的建築術――カント歴史哲学における自然」、『人間存在論』（京都大学大学院人間・環境学研究科紀要）第9号、二〇〇三年②
望月俊孝「物語りとしての歴史――カント『臆測的始元』を読む」、『文藝と思想』第六八号、二〇〇四年
望月俊孝「自然と人間――カントの批判哲学に環境倫理の基礎を問う」、竹市明弘／小浜善信編『哲学は何を問うべきか』、晃洋書房、二〇〇五年①
望月俊孝「建築の近代――タウトの批判の眼」、『文藝と思想』第六九号、二〇〇五年②
望月俊孝「カントにおける技術への問い」、木岡伸夫編『比較文明史的アプローチにおける技術と自然の変容過程序説』（平成十六年度～平成十七年度科学研究費補助金（基盤研究（B））研究成果報告書）、二〇〇六年①
望月俊孝「批判的啓蒙の歴史の哲学」、『カント全集　別巻　カント哲学案内』、岩波書店、二〇〇六年②
望月俊孝「自然のロゴスに沿う建築――タウトの近代日本文化批判」、木岡伸夫・鈴木貞美編『技術と身体――日本「近代化」の思想』、ミネルヴァ書房、二〇〇六年③
望月俊孝「漱石文芸の根本視座――『三四郎』、諸視点の磁場」、伊藤徹編『「作ることの視点における一九一〇―四〇年代日本近代化過程の思想史的研究」成果論集』（平成十九年度科学研究費補助金（基盤研究（B））研究成果報告書）、二〇〇九年
望月俊孝「超越論的観念論と純粋経験説の立場――カント・漱石・西田」（三）、『文藝と思想』第七五号、二〇一一年
望月俊孝「目的論と生命の問題」、有福孝岳／牧野英二編『カントを学ぶ人のために』、世界思想社、二〇一二年①
望月俊孝『漱石とカントの反転光学――行人・道草・明暗双双』、九州大学出版会、二〇一二年②
山崎庸佑『自と他の哲学　〈観念論論駁〉とその周辺』、冨山房、二〇〇二年
山内志朗『「誤読」の哲学　ドゥルーズ、フーコーから中世哲学へ』、青土社、二〇一三年
山田晶『トマス・アクィナスの《エッセ》研究　中世哲学研究第二』、創文社、一九七八年
山田晶『トマス・アクィナスの《レス》研究　中世哲学研究第四』、創文社、一九八六年
山本道雄「ドイツ啓蒙主義の哲学」、宗像恵／中岡成文編著『西洋哲学史［近代編］科学の形成と近代思想の展開』、ミネルヴァ書房、一九九五年

山本道雄「デカルト、ランベルト、カント――近世的二元論の問題」、湯川桂一郎／小林道夫編『デカルト読本』、法政大学出版局、一九九八年

山本道雄『カントとその時代』改訂増補版、晃洋書房、二〇一〇年

湯浅正彦『存在と自我　カント超越論的哲学からのメッセージ』、勁草書房、二〇〇三年

ライプニッツ、ゴットフリート・ヴィルヘルム『モナドロジー〈哲学の原理〉』、西谷裕作訳、下村寅太郎他監修『ライプニッツ著作集』第九巻、工作舎、一九八九年

ライプニッツ、ゴットフリート・ヴィルヘルム『人間知性新論――予定調和説の著者による――』、谷川多佳子／福島清紀／岡部英男訳、下村寅太郎他監修『ライプニッツ著作集』第四・五巻、工作舎、一九九三・一九九五年

ラヴジョイ、アーサー・オンケン『存在の大いなる連鎖』、内藤健二訳、晶文社、一九七五年

ランスロー、クロード／アルノー、アントワーヌ『ポール・ロワイヤル文法』、ポール・リーチ編序、南舘英孝訳、大修館書店、一九七二年

ルソー、ジャン・ジャック『言語起源論　旋律および音楽的模倣を論ず』、小林義彦訳、現代思潮社、一九七〇年

ルソー、ジャン・ジャック『人間不平等起源論』、本田喜代治／平岡昇訳、岩波文庫、一九七二年

ローティ、リチャード『哲学と自然の鏡』、野家啓一監訳、産業図書、一九九三年／Rorty, Richard, *Philosophy and the Mirror of Nature*, New York 1979

渡辺祐邦「ドイツ観念論における自然哲学」、廣松渉／坂部恵／加藤尚武『講座ドイツ観念論　第六巻　問題史的反省』、弘文堂、一九九〇年

渡辺祐邦「自然哲学にとって十八世紀とは何であったか」、伊坂青司／長島隆／松山壽一編『ドイツ観念論と自然哲学』、創風社、一九九四年

Allison, Henry E., *Kant's Transcendental Idealism. An Interpretation and Defense*, revised and enlarged edition, Yale U. P. 2004

Caygill, Howard, *A Kant Dictionary*, Blackwell 1995

Chiba, Kiyoshi. *Kants Ontologie der Raumzeitlichen Wirklichkeit. Versuch einer anti-realistischen Interpretation der Kritik der reinen Vernunft*, Berlin/Boston 2012

Eichberger, Tassilo, *Kants Architektur der Vernunft. Zur methodenleitenden Metapholik der Kritik der reinen Vernunft*, Freiburg/München 1999

Erdmann, Benno, *Kants Kritizismus in der ersten und in der zweiten Auflage der Kritik der reinen Vernunft: Ein historische Untersuchung*, Leipzig 1878

Erdmann, Johann Eduard, *A History of Philosophy, Vol.2 Modern Philosophy*, London 1897.

Fichte, Johann Gottlieb, *Fichtes Werke*, 11 Bde, hrsg. Immanuel Hermann Fichte, Berlin 1971／『フィヒテ全集』全二十二巻・補巻一、晢書房、一九九五年‐刊行中

Guyer, Paul, *Kant and the Claims of Knowledge*, Cambridge U. P. 1987

Hegel, Georg Wilhelm Friedrich, *Briefe von und an Hegel*, hrsg. von Johannes Hoffmeister, Band 1, Hamburg 1952

Hegel, Georg Wilhelm Friedrich, *Werke*, 20Bde., Suhrkamp 1971／『ヘーゲル全集』全三十二冊、岩波書店、一九五〇‐二〇〇一年

Heidegger, Martin, Unterwegs zur Sprache, *Gesamtausgabe* Bd 12, Frankfurt am Main, 1985

Heimsoeth, Heinz, Die sechs großen Themen der abendländischen Metaphysik und der Ausgang des MA, zweite Auflage 1965 ／ハイムゼート、ハインツ『近代哲学の精神　西洋形而上学の六つの大テーマと中世の終わり』、座小田豊／後藤嘉也／須田朗／本間謙二訳、法政大学出版局、一九九五年

Heimsoeth, Heinz, *Transzendentale Dialektik. Eine Kommentar zu Kants Kritik der reinen Vernunft*, 4 Teile, Berlin 1966-71 ／ハイムゼート、ハインツ『魂・世界および神　カント『純粋理性批判』註解　超越論的弁証論』第一部・第二部、山形欽一訳、晃洋書房、一九九六・九年

Heimsoeth, Heinz, *Studien zur Philosophie Immanuel Kants II. Methodenbegriffe der Erfahrungswissenschaften und Gegensätzlichkeiten spekulativer Weltkonzeption*, Bonn 1970

Heimsoeth, Heinz, *Studien zur Philosophie Immanuel Kants I. Metaphysische Ursprünge und ontologische Grundlagen*, zweite durchgesehene Auflage, Bonn 1971 ／ハイムゼート、ハインツ『カントと形而上学』、小倉志祥監訳、以文社、一九八一年

Hume, David, *Enquiries concerning Human Understanding and concerning the Principles of Morals*, Reprinted from the 1777 edition with Introduction and Analytical Index by L.A. Selby-Bigge. Third Edition with text revised and notes by P.H. Nidditch, Oxford 1975

Jacobi, Friedrich Heinrich, *Friedrich Heinrich Jacobi's Werke*, Zweyter Band, Leipzig 1815

Kaulbach, Friedrich, "Architektonik, architektonisch", in: *Historisches Wörterbuch der Philosophie*, Bd.1, Basel/Stuttgart 1971

Kirchner, F. /Michaëlis, C. /Hoffmeister, J. /Regenbogen, A. /Meyer, U. vollständig neu hrsg., *Wörterbuch der philosophischen Begriffe*, Darmstadt 1998

Lehmann, Gerhard, *Beiträge zur Geschichte und Interpretation der Philosophie Kants*, Berlin 1969

Locke, John, *An Essay concerning Human Understanding*, Edited with an Introduction by Peter H. Nidditch, Oxford 1975／ロック、ジョン『人間知性論』一・二・三・四、大槻春彦訳、岩波書店、一九七二－七年

Mendelssohn, Moses, *Ausgewählte Werke*, Studienausgabe 2 Bde.（Herausgegeben und eingeleitet von Christoph Schulte, Andreas Kennecke und Grażyna Jurewicz）, Lambert Schneider, Darmstadt 2012

Schelling, Friedrich Wilhelm Joseph von, *Schellings Werke*, nach der Originalausgabe in neuer Anordnung herausgegeben von Manfred Schröter, 3. unveränd. Aufl., München 1977-1979／『シェリング著作集』、西川富雄他監修、燈影社、二〇〇六年－刊行中

Taut, Bruno, *Der Weltbaumeister. Architektur-Schauspiel für symphonische Musik*, neu herausgegeben und mit einem Nachwort zur Neuausgabe von Manfred Speidel, Berlin 1999

その他の参考文献

アガンベン、ジョルジョ『言葉と死　否定性の場所にかんするゼミナール』、上村忠男訳、筑摩書房、二〇〇九年

アディッケス、エーリッヒ『カントと物自体』、赤松常弘訳、法政大学出版局、一九七四年

有福孝岳『カントの超越論的主体性の哲学』、理想社、一九九〇年

飯田隆「意味の理論と形而上学」、同著『言語哲学大全Ⅳ　真理と意味』第六章、勁草書房、二〇〇二年

礒江景孜『ハーマンの理性批判　十八世紀ドイツ哲学の転換』、世界思想社、一九九九年

伊藤邦武『パースのプラグマティズム』、勁草書房、一九八五年

伊藤徹『作ることの哲学　科学技術時代のポイエーシス』、世界思想社、二〇〇七年

岩田淳二『カントの外的触発論――外的触発論の類型学的・体系的研究――』、晃洋書房、二〇〇〇年

オースティン、ジョン・ラングショウ『言語と行為』、坂本百大訳、大修館書店、一九七八年

大橋容一郎「『言語』をめぐる問題群――カントの言語論への小考察――」、日本カント協会編『カントと現代』、晃洋書房、一九九六年

カウルバッハ、フリードリヒ『カントとニーチェの自然解釈』、小島威彦訳、明星大学出版部、一九八二年

神尾和寿「『論理哲学論考』における「沈黙」の問題」、『流通科学大学論集－人間・社会・自然編』第十六巻第二号、二〇〇三年

神尾和寿「思索的な詩作を詩作的に思索すること――ヘルダーリン解釈」、秋富克哉／安部浩／古荘真敬／森一郎編『ハイデガー読本』、法政大学出版局、二〇一四年

木岡伸夫『〈あいだ〉を開く――レンマの地平』、世界思想社、二〇一四年

久呉高之「カントにおける現象の観念性――表象としての現象――」、牧野英二／福谷茂編『批判的形而上学とはなにか　現代カント研究Ⅱ』、理想社、一九九〇年
グッドマン、ネルソン『世界制作の方法』、菅野盾樹訳、筑摩書房、二〇〇八年
久保元彦『カント研究』、創文社、一九八七年
グリムズリ、ロナルド編・解説『モーペルテュイ、テュルゴ、メーヌ・ド・ビラン　言語表現の起源をめぐって』、益邑齊・冨田和男訳、北樹出版、二〇〇二年
黒田亘「経験の可能性」、同著『経験と言語』、東京大学出版会、一九七五年
クワイン、ウィラード・ファン・オーマン「自然化された認識論」、伊藤春樹訳、「経験的内容」、森田茂行訳、「いわゆる第三のドグマについて」、高頭直樹訳、『現代思想』、一九八八年七月号
クワイン、ウィラード・ファン・オーマン／冨田恭彦「ある経験論的自然主義者の軌跡――クワインとの対話」、『思想』第八二五号、岩波書店、一九九三年
クワイン、ウィラード・ファン・オーマン「『二つのドグマ』を回顧して」「観察文をたたえて」、冨田恭彦訳、『思想』第八六一号、岩波書店、一九九六年
古東哲明『〈在る〉ことの不思議』、勁草書房、一九九二年
小林道夫『デカルト哲学とその射程』、弘文堂、二〇〇〇年
斎藤慶典『「実在」の形而上学』、岩波書店、二〇一一年
笹澤豊「ヘーゲルとヤコービ――スピノザ主義の問題をめぐって」、廣松渉／坂部恵／加藤尚武『講座ドイツ観念論　第五巻　ヘーゲル　時代との対話』、弘文堂、一九九〇年
佐野之人「絶対知の立場（ヘーゲル）」、門脇卓爾編『叢書ドイツ観念論との対話4　知と行為』、ミネルヴァ書房、一九九三年
佐野之人「哲学とは何か――ヘーゲル哲学との対話を通じて――」、『西日本哲学年報』第十九号、二〇一一年
須藤訓任『ニーチェ　〈永劫回帰〉という迷宮』、講談社、一九九九年
ストラウド、バリー「内的と外的――『経験的』と『超越論的』」、土屋陽介訳、同著『君はいま夢を見ていないとどうして言えるのか　哲学的懐疑論の意義』第四章、永井均監訳、春秋社、二〇〇六年
ソシュール、フェルディナン・ド『一般言語学講義』改訂版、小林英夫訳、岩波書店、一九七二年
ソシュール、フェルディナン・ド『ソシュール一般言語学講義　コンスタンタンのノート』、景浦峡・田中久美子訳、東京大学出版会、

二〇〇七年
ソシュール、フェルディナン・ド『一般言語学講義抄』、菅田茂昭新対訳、大学書林、二〇一三年
互盛央『言語起源論の系譜』、講談社、二〇一四年
高橋昭二『カントの弁証論』、創文社、一九六九年
高橋義人「ゲーテと反近代」、廣松渉／坂部恵／加藤尚武編『講座ドイツ観念論　第四巻　自然と自由の深淵』、弘文堂、一九九〇年②
高橋義人「現象か法則か――「自然の表情学」としてのゲーテ色彩論」、『思想』第九〇六号〔自然の現象学〕、岩波書店、一九九九年
田邊元「先驗演繹論に於ける直觀と思惟との關係」「直觀知と物自體」「批判的方法に於ける循環論に就いて」「綜合と超越」、『田邊元全集』第四巻、筑摩書房、一九六三年
谷隆一郎『アウグスティヌスと東方教父　キリスト教思想の源流に学ぶ』、九州大学出版会、二〇一一年
谷川多佳子「言語とデカルト」、『思想』一九八二年十一月号
タルスキ、アルフレッド「真理の意味論的概念」、飯田隆訳、坂本百大編『現代哲学基本論文集Ⅱ』、勁草書房、一九八七年
辻村公一『ハイデッガー論攷』、創文社、一九七一年
辻村公一『ハイデッガーの思索』、創文社、一九九一年
デイヴィドソン、ドナルド『真理と解釈』、野本和幸他訳、勁草書房、一九九一年
出口康夫「カントの超越論的観念論について」、『哲學研究』第五五七号、一九九一年
出口康夫「科学的実在論から超越論的哲学へ」、安孫子信／出口康夫／松田克進編『デカルトをめぐる論戦』、京都大学学術出版会、二〇一三年
デュージング、クラウス「観念論的な実体形而上学――イェーナにおけるシェリングとヘーゲルの体系展開の問題――」、栗原隆／滝口清栄訳、加藤尚武／座古田豊編訳『続・ヘーゲル読本〈翻訳編／読みの水準〉』、法政大学出版局、一九九七年
デリダ、ジャック『声と現象』、林好雄訳、筑摩書房、二〇〇五年
円谷裕二『経験と存在――カントの超越論的哲学の帰趨』、東京大学出版会、二〇〇二年
トゥーゲントハット、エルンスト「現象学と言語分析」、村田純一訳、新田義弘／村田純一編『現象学の展望』、国文社、一九八六年
冨田恭彦『アメリカ言語哲学の視点』、世界思想社、一九九六年
冨田恭彦『クワインと現代アメリカ哲学』、世界思想社、一九九六年
冨田恭彦『観念論ってなに？　オックスフォードより愛をこめて』、講談社、二〇〇四年

中岡成文「意識・経験・自己意識」、加藤尚武／安井邦夫／中岡成文編『ヘーゲル哲学の現在』、世界思想社、一九八八年
中川久定「一八世紀フランスの言語論――コンディヤック、ディドロ、ルソー――」、同『啓蒙の世紀のもとで――ディドロと『百科全書』――』、岩波書店、一九九四年
長倉誠一『カント知識論の構制』、晃洋書房、一九九七年
中島義道『カントの時間構成の理論』、理想社、一九八七年
中島義道「ランベルトの現象学」、廣松渉／坂部恵／加藤尚武編『講座ドイツ観念論　第一巻　ドイツ観念論前史』、弘文堂、一九九〇年
中島義道『カントの自我論』、日本評論社、二〇〇四年
野家啓一他編『岩波講座　現代思想4　言語論的転回』、岩波書店、一九九三年
野本和幸「カント哲学の現代性――〈論理的意味論〉としての『純粋理性批判』とアンチノミー論」、『講座ドイツ観念論　第二巻　カント哲学の現代性』、弘文堂、一九九〇年
野本和幸『意味と世界』、法政大学出版局、一九九七年
野本和幸「綜合性とアプリオリ性再考――カント批判哲学の今日的射程――」、日本カント協会編『批判哲学の今日的射程　日本カント研究6』、理想社、二〇〇五年
ハイデッガー、マルティン『カントと形而上学の問題』〔ハイデッガー全集第3巻〕、門脇卓爾／ハルトムート・ブフナー訳、創文社、二〇〇三年
ハイデッガー、マルティン『有についてのカントのテーゼ』〔ハイデッガー選集20〕、辻村公一訳、理想社、一九七二年
ハイデッガー、マルティン『カントの純粋理性批判の現象学的解釈』〔ハイデッガー全集第25巻〕、石井誠士／仲原孝／セヴェリン・ミュラー訳、創文社、一九九七年
ハイデッガー、マルティン『現象学の根本諸問題』〔ハイデッガー全集第24巻〕、溝口兢一／松本長彦／松野祥一／セヴェリン・ミュラー訳、創文社、二〇〇一年
ハインテル、エーリヒ他『言語哲学の根本問題』、礒江景孜他訳、晃洋書房、一九七九年
量義治『カントと形而上学の検証』、法政大学出版局、一九八四年
浜田義文『若きカントの思想形成』、勁草書房、一九六七年
平田俊博『柔らかなカント哲学』、晃洋書房、一九九六年
廣松渉『カントの「先験的演繹論」』、牧野英二／野家啓一／松井賢太郎編著、世界書院、二〇〇七年

廣松渉『もの・こと・ことば』、筑摩書房、二〇〇七年
ヒンスケ、ノルベルト『批判哲学への途上で――カントの思考の諸道程』、有福孝岳／石川文康／平田俊博編訳、晃洋書房、一九九六年
福谷茂『カント哲学試論』、知泉書館、二〇〇九年
プラウス、ゲロルト『認識論の根本問題　カントにおける現象概念の研究（現代哲学の根本問題2）』、観山雪陽／訓覇曄雄訳、晃洋書房、一九七九年
プラウス、ゲロルト『カント認識論の再構築』、中島義道／円谷裕二／渋谷治美／福田喜一郎訳、晃洋書房、一九九一年
プラース、ペーター『カントの自然科学論』、犬竹正幸／中島義道／松山寿一訳、哲書房、一九九二年
プラトン『プラトン全集2　クラテュロス　テアイテトス』、水地宗明／田中美知太郎訳、岩波書店、一九七四年
プラトン『プラトン全集12　ティマイオス　クリティアス』、種山恭子訳、岩波書店、一九七五年
フレーゲ、ゴットロープ『フレーゲ哲学論集』、藤村龍雄訳、岩波書店、一九八八年
ヘンリッヒ、ディーター『カント哲学の体系形式』、門脇卓爾監訳、理想社、一九七九年
ヘンリッヒ、ディーター『神の存在論的証明――近世におけるその問題と歴史』、本間謙二／須田朗／中村文郎／座小田豊訳、法政大学出版局、一九八六年
牧野英二『カント純粋理性批判の研究』、法政大学出版局、一九八九年
牧野英二『遠近法主義の哲学――カントの共通感覚論と理性批判の間』、弘文堂、一九九六年
牧野英二『カントを読む　ポストモダニズム以降の批判哲学』、岩波書店、二〇〇三年
松田毅『ライプニッツの認識論――懐疑主義との対決』、創文社、二〇〇三年
松本正男『ドイツ観念論における超越論的自我論　大文字の〈私〉』、創文社、二〇〇二年
松山壽一『ドイツ自然哲学と近代科学』、北樹出版、一九九二年
松山壽一『若きカントの力学観　『活力測定考』を理解するために』、北樹出版、二〇〇四年
溝口宏平『超越と解釈――現代解釈学の可能性のために――』、晃洋書房、一九九二年
嶺秀樹『存在と無のはざまで――ハイデッガーと形而上学』、ミネルヴァ書房、一九九一年
美濃正「現代の英米哲学とカント」、竹市明弘／坂部恵／有福孝岳編『カント哲学の現在』、世界思想社、一九九三年
ムーア、ジョージ・エドワード『観念論の論駁』、勁草書房、一九六〇年
森口美都男『「世界」の意味を索めて　哲学論集一』、晃洋書房、一九七九年

山内志朗『天使の記号学』、岩波書店、二〇〇一年

山内志朗『普遍論争　近代の源流としての』、平凡社、二〇〇八年

山内志朗『存在の一義性を求めて　ドゥンス・スコトゥスと13世紀の〈知〉の革命』、岩波書店、二〇一一年

山口祐弘「ラインホルトの言語哲学　言語制約説と意識理論」、廣松渉／坂部恵／加藤尚武編『講座ドイツ観念論　第三巻　自我概念の新展開』、弘文堂、一九九〇年

山崎庸佑編著『カント超越論哲学の再検討――あるいは最新版「哲学」案内――』、北樹出版、一九八七年

山崎庸佑「カントの物自体、超越論的対象および可想体」、同著『超越論哲学　経験とその根拠に関する現象学的考察』、新曜社、一九八九年

山本道雄「カントの『経験的実在論』について」、安孫子信／出口康夫／松田克進編『デカルトをめぐる論戦』、京都大学学術出版会、二〇一三年

米盛裕二『パースの記号学』、勁草書房、一九八一年

渡邉浩一『『純粋理性批判』の方法と原理　概念史によるカント解釈』、京都大学学術出版会、二〇一二年

Ameriks, Karl, *Kant's Theory of Mind, An Analysis of the Paralogisms of Pure Reason*, Oxford U. P. 1982

Becker, Wolfgang, *Selbstbewußtsein und Erfahrung. Zu Kants transzendentaler Deduktion und ihrer argumentativen Rekonstruktion*, Freiburg/München 1984

Caird, Edward, *The Critical Philosophy of Immanuel Kant*, in 2 Vol., New York 1968

Cohen, Hermann, *Kommentar zu Immanuel Kants Kritik der reinen Vernunft*, 5. Auflage, Hildesheim/New York 1978

Figal, Günter, *Gegenständlichkeit. Das Hermeneutische und die Philosophie*, Tübingen 2006

Förster, Eckart, Kants Metaphysikbegriff: vor-kritisch, kritisch, nach-kritisch. In: *Metaphysik nach Kant?*, Hrsg. v. D. Henrich und R.P. Horstmann, Stuttgart 1988

Fulda, H.F./Stolzenberg, J.(Hg.), *Architektonik und System in der Philosophie Kants*, Hamburg 2001

Goy, Ina, *Architektonik oder die Kunst der Systeme. Eine Untersuchung zur Systemphilosophie der >Kritik der reinen Vernunft<*, Paderborn 2007

Heidemann, Dietmar Hermann, *Kant und das Problem des metaphysischen Idealismus*, Berlin/New York 1998

Henrich, Dieter, *The Unity of Reason. Essays on Kant's Philosophy*, edited and with an Introduction by Richard L. Velkley, translated by Jeffrey

Edwards et al., Harvard U. P. 1994

Henrich, Dieter, *Between Kant and Hegel. Lectures on German Idealism*, edited by David S. Pacini, Harvard U. P. 2008

Henrich, D./Horstmann, R.-P.(Hg.), *Metaphysik nach Kant?*, Stuttgart 1988

Horstmann, Rolf-Peter, *Bausteine kritischer Philosophie. Arbeiten zu Kant*, Bodenheim bei Mainz 1997

Klemme, Heiner F., *Kants Philosophie des Subjeks. Systematische und entwicklungsgeschichtliche Untersuchungen zum Verhältinis von Selbstbewußtsein und Selbsterkenntnis, Kant-Forschungen Band 7*, Hamburg 1996

Makkreel, Rudolf A., *Imagination and Interpretation in Kant. The Hermeneutical Import of the Critique of Judgment*, Chicago U. P. 1990

Patt, Walter, *Transzendentaler Idealismus*, Berlin/New York 1987

Prauss, Gerold, *Kant und das Problem der Ding an sich*, Bonn 1974

Rockmore, Tom, *Kant and Idealism*, Yale U. P. 2008

Rosas, Alejandro, *Transzendentaler Idealismus und Widerlegung der Skepsis bei Kant*, Würzburg 1991

Rorty, Richard (ed.), *The Lingistic Turn. Essays in Philosophical Method*, Chicago and London 1967

Schmucker, Josef, *Das Weltploblem in Kants Kritik der reinen Vernunft. Kommentar und Strukturanalyse des ersten Buches und des zweiten Hauptstücks des zweiten Buches der transzendentalen Dialektik*, Bonn 1990

Schulting, Dennis/Verburgt, Jacco(ed.), *Kant's Idealism. New Interpretations of a Controversial Doctrine*, Springer 2011

Walsch, William H., Subjective and Objective Idealism, in Henrich, D.(Hg.), *Kant oder Hegel? Über Formen der Bgründung in der Philosophie*, Stuttgart 1981

Westphal, Kenneth R., *Kant's transcendental Proof of Realism*, Cambridge U. P. 2004

あとがき

自分が自分であるのが嫌だった。理由はいまでも分からない。同一性の不快とか自同律嫌悪とかいう青年心理だと後で知り、なるほどと合点したのを覚えている。過剰に昂進する自意識が、いたずらに自滅していたのだろう。ゆえに漱石をむさぼり読み、我執の問題にますます呑み込まれ、愛は不可能だと嘯いて、大学では哲学をやりたいと考えた。実社会からの落伍逃避の甘美な魅惑もあった。今から思うと可哀想なほどに暗く無様な青春である。しかし哲学には、なにか期するものがあった。命懸けの熱い営みだという覚悟もあった。哲学がじつは智慧への愛の道行きなのだとは、迂闊にもまるで知らなかった。

デカルトはコギトの口髭が偉そうで嫌だった。それでドイツ語クラスを選択し、ひたすらカントを愛読して、第一批判で卒論を書いた。主題はもちろん自我である。必然的に初版と第二版の書き換え部分を何度も読んだ。われわれが認識できるのは現象我のみで、認識主体それ自体は不可知だが、道徳法則がその実践的認識を可能にする。まことに教科書的な結論である。

修士課程では、第二批判を熟読した。自我が道徳法則に打ちのめされて、尊敬感情がアプリオリに生成する。この最重要局面で、我執の自惚れは殲滅されるが、自己愛が全否定されることはない。むしろ自然的な自己愛から理性的なそれへの、質的転換だけが説かれている。それがいかにも甘いと思われて、テクストの真意がなかなか分からなかった。しかし前者が利己的な格率の自己愛で、後者は法則に決意し我執を破る自己愛だと判然《はっきり》してくると、漱石の「則天去私」との重なりも見えてきて、密かに嬉しかった。それで修論は、格率の「個我」と法則の「普遍我」の対比を論述の筋にした。ここに「小我」「大我」の対比も重ねてみたかったが、なにやら危ういものを感じて自重した。

本書は、このうち卒業論文のやり直しである。右の哲学的な出自からして、「物」や「言葉」が自分の主題になるとは夢にも思わなかった。そもそもカントに言語哲学を見るという発想自体が奇異である。しかし今回も、漱石との対話が道を拓いてくれた。そしてまた思い直して再訪してみると、テクストはすでに各所で〈物にして言葉〉への道標を立てていた。本書は、この批判の道に沿って三批判書を遍歴踏査する、新たなカント解釈の冒険の第一弾である。

この続きがいつ出るか、そもそもその機会に恵まれるかは、運を天に任せるよりほかにない。ただすくなくとも修論の頃はまだ、肝腎要の点がなにも見えていなかった。そのことが今回ようやく分かったし、行く先の道筋も幽かに見えている。だから牛になる事はどうしても必要だ。朝晩のラジオ体操を欠かさずに、日々の学問に精進して、うんうん死ぬ迄超然として、文士ではなく人間を押して行くだけである。

哲学は根暗で危ないと言われるが、じつは知恵を愛することなのだよと、女子大の入門講義で三十年近く教えてきた。こうして耳慣れた「知恵」は、拙稿再校段階で全部「智慧」に書き改めた。理性批判の建築術がめざすWeisheitは、けっして並大抵のものでない。いまにしてようやく、そう思い知らされたからである。それが大乗の般若の智慧と同じだと言うのでない。ただし両者が向かう方角は、やはりきれいに重なっている。しかも「智慧」の二文字はそれだけで、善悪生死有無の分別知と無差別との、明暗双双たる反転往還をみごとに示唆してくれている。そこがなにより大変興味深いのである。

この奥深い反転光学の妙味に比べれば、じつに些細な表面瑣事にすぎないが、本書は哲学史の教科書定説に噛みついている。第一に、subject, object の語義がカントで逆転したと言うのは、真っ赤な嘘である。第二に、「理性」と「知性・悟性」の伝統序列をカントが逆転させたと言うのも、怪しい詭弁である。そして第三に、「物自体」が感官を「触発する」という知覚因果説的な読み方自体が、はなはだいかがわしい。そもそも第四に、そういう超越論的実在論の形而上学に囚われたままで、「存在論」と「認識論」を安易に対置する哲学概論や言語哲学の語りがまことに罪深い。

この近代哲学史の一連の瑕疵と、カント理性批判への無理解とを、本書はしきりに告発指弾する。そしてデカルト的近代の主観 - 客観対立図式から、新たな批判的啓蒙近代の主客連関の道へと、われわれの哲学の根本視座を転換すべく呼びかける。もはやことさらに言うまでもなく、「物にして言葉」こそが、この新世紀の形而上学革命運動の旗印である。

本書のはじめにも書いたように、漱石の「明暗双双」の暗示がなければ、この鍵語も浮かんでこなかった。しかもあの“Empirical realism and a transcendental idealism”を「経験的実在論にして超越論的観念論」とした訳解《ヘルメーネイア》の刹那、拙著の物-語りの筋はすべてあらかじめ定まっていたようである。じじつ、この反転光学はみずからおのずと〈経験的実在論にして超越論的観念論、超越論的観念論にして経験的実在論〉となって不断の往還を開始した。ここに西洋近代の主客対立ドグマを雲散霧消させる秘訣も見えてきて、「にして」の反転の不可思議にいよいよ夢中になった。するといつしか〈物にして言葉、言葉にして物〉の律動が、これに類比的に折り重なってきたのである。

ただしそのときはまだごく単純に、「物」は「経験的実在論」、「言葉」は「超越論的観念論」に対応するのだと思い込んでいた。しかし理性批判のテクストと直に対話して、よくよくあとから考えてみれば、歴代形而上学の超越論的実在論はもとより、日常素朴な経験的実在論も、たんなる実在論の隻眼は「物」と「言葉」を截然と対置しており、これでは「にして」反転の境界《きょうがい》に遠く及ばない。〈物にして言葉、言葉にして物〉の反転往還光学は、むしろ丸ごと〈経験的実在論にして超越論的観念論、超越論的観念論にして経験的実在論〉の不断生起とともに、その中央読点の重なり合う近傍で、つねに新たに一気に始まるのだと、いまではそう思い直している。

そしていま、ひとまずの終わりにあたり拙稿は、「にして」の明滅の機微よりも格段に不可思議な、世界反転光学二層の重なり具合と、二而一の中央読点の余白を、黙然茫然と見つめている。カントの〈経験的実在論にして超越論的観念論、超越論的観念論にして経験的実在論〉よりも、漱石の「明暗双双」の振幅のほうが広くて深い。一度はそう評定してみたが、じつは二つは同じ一つの反転光学の変奏である。じじつ「経験的実在論にして超越論的観念論」も「物にして言葉」も、ともにまだ言語活動渦中の「明」相なのだとすれば、反転光学が往還折り返す刹那の、中央読点が開く縹緲たる空無の場所こそが、あらゆる言語活動の寝静まる「暗」相にほかならない。

そしてあの長大饒舌な『批判』の論述は、やはり「経験的実在論にして超越論的観念論」の分別知の「明」相圏域にとどまっているのだが、テクストの比喩の語りに耳を澄ましてみれば、十年にわたる作者の死の沈黙の声もおのずと聴こえてくる。たとえばあの初版序文の無差別系語彙の強勢連打は、心中内奥の超越論的実在論の残滓にとどめを刺した日の、呻吟絶句の残響だったのにちがいない。

漱石は遺著『明暗』執筆の日々、午前は小説の仕事、午後は漢詩の遊びという、明暗双双の日常工夫を生きていた。そして一所懸命の思索的詩作《エクリチュール》の最期に、「則天去私」の文章座右銘を揮毫した。この渾身の詩学の神髄に拙稿が襲われることがなかったら、カント理性批判に言語哲学の深層を読むなどという、まことに常識破りの不作法も犯さずにすんだだろう。だからこれはやはり、どうにもやむにやまれぬ仕儀であったということを、どうかよろしくご理解ご海容願いたい。

こうして蛇足の駄弁を弄していると、大学恩師の一喝が聴こえてくる。拙稿第I部第二章前身の紀要論文を、かつて先生にお送りしたところ、ありがたくもお電話をくださった。そして開口一番、「望月君、こんなに長くだらだらと書いていてはいかん」と、厳しいお叱りをいただいた。腕によりをかけ、輪をかけて長々と書き連ねた拙稿を、一番読んでほしかった人はもういない。だが先生が長年愛用されたカッシーラー版のカント全集は、縁あってご家族のご厚情により、拙宅書棚の硝子戸の中に並んで坐している。そして若き日の先生の力強い書き込みの数々が、拙稿の出立を大いに励ましてくれている。先生をはじめとして、哲学の先達や友人たちの学恩に報いるべく、次のカント論考の起筆に向けて、まずは深い沈黙の拙を守りたい。

本書は、永年勤務する福岡女子大学の、平成二十六年度研究奨励交付金Cの出版補助をいただいた。そして本書編集担当の奥野有希さんをはじめ、九州大学出版会の皆さんには、前著同様大変お世話になった。ここに深く感謝申し上げるしだいである。それになにより故郷に住む父と母に、この本を贈る念願が叶い幸せだ。私事ながら、この世で僕を生み育ててくれた両親の愛に、心からの感謝の言葉を書き添えて、公の筆を擱くことをお赦し願いたい。

二〇一五年一月六日

望月　俊孝

索　引

カント著作一覧（公刊順）

『活力測定考』（1749）　117,194,243
『天界の一般自然史と理論』、『天界論』（1755）　109-33,162-7,332,380
『形而上学的認識の第一原理』（1755）　237,243
『自然モナド論』（1756）　184,194,236
『オプティミズム試論』（1759）　170-1
『神の存在論証の唯一可能な証明根拠』（1762）　131,461
『負量の概念』（1763）　131,461
『一七六五－六六年冬学期講義計画公告』（1765）　155,177,179,382
『視霊者の夢』（1766）　23,214,238,315,383-4
『空間方位論』（1768）　214
『可感界と叡智界』、正教授就任論文（1770）　27-8,50,61,105,184,195,202-6,224,236-7,314-5
『純粋理性批判』、『批判』、第一批判（1781/7）　7-8,17-8,27-8,33,73-81,98,108,136,163,154,182-6,196-9,208-9,231,244-5,254-5,281-5,301-2,361,391,402,438
『プロレゴメナ』（1783）　22,28,86,143-7,235-6,385,433
『世界市民的見地における普遍史の理念』（1784）　87,133,331,335
『啓蒙とは何か』（1784）　31,76,345,421
『道徳形而上学の基礎づけ』（1785）　286,494,502
『人間の歴史の臆測的始元』（1786）　87,132,174,259,330-1,334-5,350,406
『自然科学の形而上学的始元根拠』（1786）　93,235-6,311
『思考方向論』（1786）　33,76,422
『実践理性批判』、第二批判（1788）　81,87,286,301,385,403,492,494,500-1
『判断力批判』、第三批判（1790）　30,44,66,84-5,95-6,101,122-7,150-2,158-60,165-9,249,259-60,303,322,397-405,424-5,495
『純粋理性批判の無用論』（1790）　230,234
『たんなる理性の限界内の宗教』（1793）　432,434
『永遠平和のために』（1795）　94,164
『最近の高慢な口調』（1796）　17,174,435
『道徳の形而上学』（1797）　95,286,405,413-5,431-2,438
『実用的見地における人間学』（1798）　155,157,354,494,503
『諸学部の争い』（1798）　404,434
『論理学』（1800）　487,155,457,492
『形而上学の進歩』　97
『遺作草稿群 Opus postmum』　93,229-30,235,315

人名索引

あ行

麻生健　351
アーペル　91-2,318,346
アリストテレス　60,80,108,168,186-7,216,230-2,237,241,243,257,284-5,310,323,375,385,413,428-9,436
アリソン　321-2
石川文康　55,57,157
犬竹正幸　311
入不二基義　246,534-5
岩崎武雄　41,489-90
ウィトゲンシュタイン　68,159,161,252,329,385,443,492
ヴィンデルバント　17,45

ま・や・ら行

事項索引

あ行

さ行

た行

な行

は行

ま行

や・ら・わ行

著者略歴

望月俊孝（もちづき・としたか）

1960年静岡市に生まれる。1982年京都大学文学部卒業。1987年同大学院文学研究科博士課程単位取得退学，福岡女子大学文学部講師。

現在，福岡女子大学国際文理学部教授（哲学）。

著書：『漱石とカントの反転光学——行人・道草・明暗双双』，九州大学出版会，2012年。

共訳：ローティ他『超越論哲学と分析哲学——ドイツ哲学と英米哲学の対決と対話』（産業図書，1992年），ヘッフェ『政治的正義』（法政大学出版局，1994年），『カント全集14巻　歴史哲学論集』（岩波書店，2000年），『カント全集21巻　書簡1』（岩波書店，2003年）

物《もの》にして言葉《ことば》
——カントの世界反転光学——

2015年4月15日　初版発行

著　者　望　月　俊　孝

発行者　五十川　直　行

発行所　一般財団法人　九州大学出版会
〒812-0053　福岡市東区箱崎7-1-146
九州大学構内
電話　092-641-0515（直通）
URL　http://www.kup.or.jp/
印刷・製本／大同印刷㈱

ISBN978-4-7985-0153-6